DAS BUCH DER ENGEL
Träume – Zeichen – Meditationen

Die Traditionelle Engellehre

Band 1

Kaya
Christiane Muller

universe/city Mikaël
GEMEINNÜTZIGER VEREIN

Kontakt für die deutschsprachigen Länder:

Verlag Universe/City Mikaël (UCM)
Gemeinnütziger Verein
Chemin d'Arche 41a
CH-1870 Monthey
Schweiz
Telefon: (0041) 24 471 92 17
Fax: (0041) 24 471 92 15
E-Mail: verlag@ucm-europa.eu
Homepage: www.ucm-europa.eu;
 www.72engel.eu

Internationaler Sitz:

Universe/City Mikaël (UCM)
Publishing
Non-profit organization
51, rue Saint-Antoine
Sainte-Agathe-des-Monts, QC
Canada J8C 2C4
E-Mail : info@ucm.ca
Homepage: www.ucm.ca

Verwalter : Jean Morissette, Rechtsanwalt

Die französische Originalausgabe erschien 2003 unter dem Titel *Le Livre des Anges, Rêves – Signes – Méditation* bei Éditions Univers/Cité Mikaël (UCM), osbl inc., Sainte-Agathe-des-Monts, Quebec, Kanada.

Redaktion und Revision der französischen Originalausgabe: Andrée Hamelin
Deutsche Übersetzung und Revision: Rita Haidu und Lisa Grelot
Schlusskorrektur: Petra Hallenberger
Umschlaggestaltung: „Das Buch der Engel", Gemälde des Kunstmalers Gabriell, Angelica Exposition
Foto : M'Dean Mazboudi
Grafische Gestaltung: Ozalid Graphik

1. Ausgabe: 2. Quartal 2007
Anmeldung: 2. Quartal 2007
Nationalbibliothek Quebec
Nationalbibliothek Kanada
ISBN: 978-2-923097-13-8
Printed in Canada

© Éditions Univers/Cité Mikaël (UCM), osbl inc., 2003 für die französische Originalausgabe
© Verlag Universe/City Mikaël (UCM), gemeinnütziger Verein, 2007 für die deutsche Übersetzung

Alle Rechte für die Übersetzung, Verarbeitung oder Reproduktion jeder Art sind für alle Länder vorbehalten.

Zum Druck wurde 100 %-iges 'Rolland Enviro 100'-Altpapier verwendet, das in einem chlorfreien Verfahren mit Biogaz-Energie hergestellt wird; Öko-Logo-Zertifikat und FSC-Recycled.

Der Leser wird die Sprache dieses Buches besser verstehen, wenn er sich vor Augen hält, dass es sich – von den einführenden Kapiteln abgesehen – um die Wiedergabe einer mündlich übermittelten Lehre handelt.

Kaya

Dieses Buch enthält Auszüge aus Vorträgen, die mein Ehemann und ich gemeinsam vorbereitet haben und die von mir in Kanada abgehalten wurden. Die Liebe, die uns vereint, stellt die Lebenskraft meiner Worte dar.

Ich möchte Sie ganz einfach einladen, anhand der erwähnten Beispiele und Ereignisse unseren Alltag zu entdecken sowie denjenigen zahlreicher anderer Menschen, die ebenfalls diese überlieferte Quelle des wahren Wissens und der wahren Erkenntnis im praktischen Leben anwenden.

Christiane Muller

VORWORT

Das Buch der Engel tauchte in meinem Leben als Antwort des Himmels auf, zu einem Zeitpunkt, da ich mich in einer Art Sackgasse angelangt fühlte. Ich hatte mich nach meiner Einwanderung nach Kanada von der internationalen Wirtschaft und Politik abgewandt, für die ich in Europa 10 Jahre lang beruflich tätig gewesen war. Ich war nicht mehr bereit, meine Sprachkenntnisse in einem Milieu zur Verfügung zu stellen, in dem die wahren, altruistischen Werte in so hohem Maße abwesend waren. (Das Gesetz der Resonanz und der Rückschluss auf mich selbst waren mir damals noch unbekannt.)

Da ich jedoch nicht weniger den Wunsch und den Ruf meiner Seele vernahm, aus meinem Leben etwas Sinnvolles zu machen, etwas, was dem Wohl der Menschheit dienen konnte, wandte ich mich dem Bereich des Gesundheitswesens zu und begann diverse Methoden der alternativen, sanften Medizin zu studieren und anzuwenden. Das brachte mir zunächst eine gewisse Befriedigung und sehr viel Freude und Begeisterung – die Freude und Begeisterung des Forschers und Entdeckers, dem sich offenbart, dass die Erde nicht flach ist und dass sie auch nicht isoliert durch den Weltraum schwebt. In meinem Fall war es die Entdeckung, dass der Mensch nicht nur aus einem physischen Körper besteht und dass dessen Funktionieren durch die Interaktion feinstofflicher Energien bewirkt wird, die ihrerseits höheren Gesetzen gehorchen.

Ich studierte, experimentierte und arbeitete also im Rahmen meines Verständnisses mit den feinstofflichen Körpern und Energien und hoffte, damit Gutes zu tun – zumindest war dies meine Absicht und meine Motivation. Doch schon nach einigen Jahren musste ich mir eingestehen, dass der Mensch nicht von außen wirklich – d.h. in der Tiefe und ganzheitlich – geheilt werden konnte, nicht ohne sein Zutun, nicht ohne sein Wissen, Gewissen und Bewusstsein. Ich konzentrierte daraufhin mein Suchen auf das Selbstheilungsvermögen des Menschen und wollte herausfinden, was der Mensch tun konnte und musste, um im Bereich der Gesundheit autonom zu werden.

Nach insgesamt 13 Jahren des Suchens und Experimentierens, in denen ich wohl ein größeres Wissen angesammelt, eine gewisse Fähigkeit der feinstofflichen Wahrnehmung entwickelt und eine große Bewusstseinsöffnung gegenüber den unsichtbaren Welten erfahren hatte, spürte ich dennoch immer stärker, dass sich vor mir eine Wand aufbaute. Ich hatte natürlich erkannt, dass im Prozess der Selbstheilung dem Geist eine wesentliche Rolle zukam und dass der Mensch, um heilen zu können, auch den Wunsch und den Willen entwickeln musste, sich selbst kennen zu lernen und in sich selbst Ordnung zu schaffen. Auch musste er bereit sein, seinen Platz und seine Aufgabe im höheren Ganzen bewusst anzunehmen. Doch w i e konnte er dies tun?

Sehr viel tat sich wohl auf der geistigen Ebene. Zahlreiche Werke und Methoden behandeln das positive Denken und die geistige Schöpfungskraft des Menschen, doch bleibt dabei der Blick meistens auf die Welt der Folgen gerichtet. Man will durch die Macht des Geistes die sichtbaren Folgen positiv verändern. Das ist gewiss nicht schlecht, doch unzulänglich, denn den Folgen gehen die Ursachen voraus. Ich spürte immer eindeutiger, dass ich als Ansatzpunkt die Welt der Ursachen nehmen musste. Doch w i e gelangt man in die Welt der Ursachen? Kann der Mensch dies allein mit seinem persönlichen Willen und seiner Vorstellungskraft schaffen? Und angesichts dessen, was sein persönlicher Wille und die Kraft seiner Vorstellung und Einbildung auf der materiellen Ebene als Folgen hervorgebracht hatten, würde MAN ihm, würde die Kosmische Intelligenz ihm ohne weiteres den Zugang zu dieser Welt gestatten? Ich konnte mir nicht vorstellen, dass dies ohne Ihre Genehmigung und ohne die würdevolle Zusammenarbeit mit Ihr möglich sein sollte. Was musste der Mensch also tun, um mit Ihr kommunizieren und zusammenarbeiten zu können?

Dieser Art waren meine Überlegungen und Fragen als eines Tages ein Arzt mich für eine Besprechung und eine Behandlung aufsuchte. Ein Kollege hatte ihn manisch-depressiv diagnostiziert und er nahm schon seit Jahren dafür Medikamente ein, die ihn jedoch in eine seelische und körperliche Verfassung versetzt hatten, die er nicht mehr länger hinnehmen wollte. Er suchte nach Alternativen. Er hatte einen offenen Geist und auch den Glauben an Gott als einer höheren Macht, doch ich spürte, dass sein wissenschaftlich orientierter und geprägter Geist Antworten brauchte, die ich ihm nicht liefern konnte, da ich sie selbst noch nicht gefunden hatte. So sandte ich während der Behandlung ein ganz inständiges Gebet an den Himmel und bat darin um Führung: „Bitte lasst uns die Antworten auf unsere Fragen und das fehlende Wissen finden."

In den darauf folgenden Tagen häuften sich die 'Zufälle' dermaßen, dass der größte Skeptiker sie nicht mehr als solche hätte bezeichnen können und in ihnen die Sprache der Zeichen sowie einen von einer höheren Macht orchestrierten Synchronismus erkennen musste. In diesen Tagen legte mir auch eine Freundin in einer Buchhandlung Das Buch der Engel, Band 1, in die Hände und ein Freund rief mich an, um mir mitzuteilen, dass die Autoren eines ‚wirklich sehr guten Buches über die Engel' in unserer Region einen Vortrag abhalten würden..., ja, es handelte sich um das gleiche Buch. In beiden Fällen spürte ich innerlich ganz klar, dass durch sie der Himmel zu mir sprach und mir den Weg zeigte. Und ich nahm ihn. Und ich fand und finde immer mehr der fehlenden Antworten, des fehlenden wahren Wissens und der fehlenden wahren Erkenntnis auf diesem Weg, der den Menschen lehrt, wie er durch die Vereinigung von Geist und Materie, durch die Verbindung der physischen und der metaphysischen Wirklichkeit, durch das Verständnis der Symbolsprache, der Zeichen und der Träume, durch die Bereinigung seiner unbewussten Seinsebenen und durch die Transzendierung seiner Fehler und Schwächen ein Engel werden und an der Göttlichen Schöpfung teilhaben kann. Natürlich beinhaltet dieser Weg auch die Heilung. Denn heil sein bedeutet froh, frei, glücklich und erfüllt sein und dort, wo man sich befindet, bewusst seinen Platz und seine Rolle im Schöpfungsprozess zu übernehmen.

Was mich persönlich betrifft, so hat mich meine Suche dahin geführt, wo ich sein musste: hier und dabei, dieses Vorwort zu schreiben. Der Himmel hat mich auf meinem Weg der Suche zur Wiederaufnahme der Tätigkeit als Übersetzerin geführt und mir gleichzeitig auch die Verschmelzung meiner sprachlichen Fähigkeiten mit meinen spirituell-medizinischen Kenntnissen und Interessen gewährt. Die Freude und Erfüllung, die man empfindet, wenn man für den Himmel arbeitet und sich dabei durch die Kosmische Intelligenz führen lässt, kann nicht in Worten ausgedrückt werden. Doch ich wünsche sie allen Menschen und weiß, dass alle Menschen sie eines Tages erleben werden, denn wir sind EINS. Und wenn einer sucht, suchen alle. Und wenn einer den Weg der Erkenntnis, der Wahrheit und der Freiheit beschreitet, beschreiten ihn alle. Wenn einer sich erhebt, erheben sich alle.

So will ich zum Schluss dieses Vorwortes noch Kaya und Christiane sowie den zahlreichen freiwilligen Helferinnen und Helfern weltweit von ganzem Herzen dafür danken, dass sie für die Menschheit diesen Weg bahnen, und meine besonders herzliche Dankbarkeit auch meinem Lebensgefährten Alain für seine Liebe und seine große Geduld aussprechen, sowie meiner Freundin und Kollegin Lisa für unsere wunderbare Zusammenarbeit bei der Übersetzung dieses Buches und all denen, die folgen.

Rita Haidu
Übersetzerin

EINLEITUNG

In diesem Buch können wir uns alle wiedererkennen. Die darin geschilderten Erlebnisse und Träume wurden uns von Menschen berichtet, die an den Vorträgen der *Universe/City Mikaël* teilnehmen oder die wir sonst kennen.

Wer bewusst den Weg der Spiritualität gewählt hat, wird in diesem Buch einen wertvollen Führer finden, um einerseits seine Träume und die Situationen des täglichen Lebens analysieren zu können und um andererseits einen Überblick über seinen Einweihungsweg zu gewinnen. Die zahlreichen, einfach formulierten Erklärungen von Träumen und Zeichen machen den Leser mit der Symbolsprache vertraut. Auf verständliche Art und im Hinblick auf ihre praktische Anwendung werden auch die theoretischen Grundlagen der Traditionellen Engellehre und der Kabbala aufgezeigt.

Im Gegensatz zur allgemein verbreiteten Vorstellung sind Engel keine geflügelten Wesen, die um uns herumfliegen. Sie sind Teil unseres Wesens, Teil unserer Göttlichen Natur. Sie stellen höhere Bewusstseinszustände dar, die die Göttlichen Qualitäten, Tugenden und Kräfte in ihrer ursprünglichen, reinen Essenz zum Ausdruck bringen. Das Ziel der menschlichen Existenz besteht darin, diese Bewusstseinszustände wieder zu beleben und unsere Gedanken, unsere Gefühle und unsere Handlungen in Übereinstimmung damit neu zu programmieren. Wenn die Einweihungswissenschaft seit jeher das Bild geflügelter Wesen verwendet hat, um auszudrücken, was sich im Inneren eines Menschen abspielt, der diese mächtigen Energien erneut zum Leben erweckt, so deshalb, weil ihm die Erkenntnis, der Frieden, die Freiheit und die Liebe, die er dadurch wieder erfährt, wahrhaftig Flügel verleihen.

Gelingt es dem Menschen, diese Engelenergien erneut in sich lebendig werden zu lassen und sie zu werden, so öffnet sich ihm das Tor zum wahren Wissen und zur wahren Erkenntnis und er erhält Zugang zum Unterbewusstsein sowie zu den verschiedenen Schichten des Unbewusstseins. Der Mensch erhält auf seinem Lebensweg ständige Führung und es ist ihm gegeben, die Parallelwelten und die Geheimnisse des Universums zu entdecken.

Die ersten Kapitel dieses Buches umfassen die theoretischen Grundlagen und den historischen Ursprung der Traditionellen Engellehre und der Kabbala, die Methoden für die Arbeit mit den Engeln, die Listen, anhand deren wir die persönlichen Engel – unsere Schutzengel – herausfinden können, sowie eine Darstellung des Lebensbaums mit den Sephiroth. Es folgt die Beschreibung der 72 Engel mit den Qualitäten, Tugenden und Kräften, die Sie versinnbildlichen, und eine Auflistung der entsprechenden Verzerrungen.

Kernstück des Buches bilden die schriftlich festgehaltenen Vorträge über die Engel, die wir im Jahr 2001 in Kanada abhielten. Es handelt sich dabei um eine regelrechte Reise ins Zentrum der eigentlichen Schule, die die Traditionelle Engellehre darstellt. Die Vorträge geben Hunderte von Erzählungen von Menschen wieder, die ihre Träume und Erlebnisse zu verstehen suchen. Diese werden im Lichte des Einweihungsprozesses erläutert.

DIE TRADITIONELLE ENGELLEHRE

Die Traditionelle Engellehre, die auch als Einweihungspsychologie bezeichnet werden kann, findet ihren Ursprung in der Kabbala, deren psychologische und praktische Bereiche sie darstellt. Kabbala und Traditionelle Engellehre stellen ein außergewöhnliches Wissen und ein unschätzbares Vermächtnis dar: Sie sind das Ergebnis der unermüdlichen Suche des Menschen nach seinem Ursprung. Höchstes Ziel dieser althergebrachten Tradition ist es, den Menschen durch die zahlreichen Einweihungen zu führen, dank deren er seinen himmlischen Ursprung und damit seine wahren Kräfte und Fähigkeiten wiederentdecken wird.

DIE KABBALA

'Kabbala' bedeutet *verborgene Weisheit, übertragenes Wort, mündlich überlieferte Lehre.* Diese Einweihungswissenschaft ermöglicht jedem Menschen das Erreichen höchster geistiger Ebenen durch ein vertieftes Studium seines eigenen Bewusstseins. Ihrem eigentlichen Wesen nach vermittelt uns diese Lehre – oder Philosophie – Erkenntnisse, die wir durch unser Experimentieren sowohl auf der physisch-konkreten (sinnlich wahrnehmbaren) wie auf der metaphysischen (übersinnlichen) Ebene erlangen können. Das Studium der kabbalistischen Grundlagen führt den Menschen zu einer intensiven Innenschau, die dann ihren Höhepunkt erreicht, wenn er durch die vollkommene Vereinigung von Geist und Materie die wahre Natur von Mann und Frau, der Engel, der Göttlichen Schöpfung und des Allmächtigen erkennt.

Die Kabbala vereint verschiedene Methoden, mit deren Hilfe wir die Schöpfung von Grund auf verstehen können. Es sind dies (1) das Studium der Hohen Prinzipien und Gesetze des Universums, (2) die Arbeit mit den Engeln, die man als Einweihungspsychologie bezeichnen kann, und (3) das Studium der Symbole sowie die Sinndeutung der Träume und der Zeichen des alltäglichen Lebens.

Es ist schwierig, den historischen Ursprung der Kabbala genau nachzuvollziehen, da sie aus uralter Zeit stammt. Nach aktuellem Wissensstand soll sie in den ägyptischen, phönizischen und babylonischen Zivilisationen entstanden und von israelitischen Schreibern in babylonischer Gefangenschaft um das Jahr 450 v. Chr. schriftlich festgehalten worden sein.

Die Kabbala war und ist das Hohe Verborgene – esoterische – Mysterium des Judaismus und damit des Christentums. Im *Zohar* oder *Buch der Herrlichkeit*, einem von den Göttlichen Mächten inspirierten Kommentar der von Moses geschriebenen Bücher, ist zu lesen: *„Als sich Adam im Garten Eden aufhielt, ließ ihm der Heilige Vater durch Erzengel* RAZIEL, *der den Mysterien der Höchsten Weisheit, Hochmah, vorsteht, ein Buch überbringen. Dieses enthielt die heiligen Geheimnisse erhabenster Natur, die heilige Weisheit der 72 Arten von Wissen, Tugend und Macht."* (Zohar, 155B).

Von allen Lehren der Kabbala blieben die Bereiche, die ihre psychologischen und praktischen Gesichtspunkte betreffen – das heißt die Engellehre – am längsten verborgen. Die durch das Studium der Engelenergien erreichten Bewusstseinszustände verleihen dem Menschen nämlich so viel Kraft und Macht, dass diese Wissenschaft zum Teil sogar in Kreisen Eingeweihter geheim gehalten wurde. Wie uns die Tradition lehrt, haben außergewöhnliche Menschen wie Abraham, Moses, Joseph und Jesus diese Schule des Hohen Wissens, das nur auserkorenen Personen mündlich übertragen wurde, durchlaufen.

Das philosophische Studium der Kabbala – d.h. das intellektuelle Studium der Hohen Prinzipien des Universums – ist zwar nützlich, wird aber nie die tiefgründige Arbeit ersetzen, die jeder Mensch in sich selbst leisten muss, um seinen Ursprung wiederzuentdecken und das wahre Wissen und die wahre Erkenntnis zu erlangen, den Schlüssel zu Frieden und Glück. Der wichtigste Aspekt dieses Weges besteht darin, die Geheimnisse unmittelbar im eigenen Innern durch ein vertieftes Studium der Engel-Bewusstseinszustände – im allgemeinen Sprachgebrauch Engellehre oder praktische Kabbala genannt – zu erschließen.

DIE PRAKTISCHE KABBALA

Die erste bekannte Kabbala-Schule, der Kahal, wurde im Jahr 1160 n. Chr. auf Anregung von Isaac el cec in Gerona, einer kleinen Stadt in Katalonien (im Nordosten Spaniens), gegründet. Die Studenten erarbeiteten eine Methode, um das wahre Wissen und die wahre Erkenntnis im täglichen Leben anzuwenden. Seine Blütezeit erlebte der Kahal von 1200 bis 1475; während dieser Zeitspanne wurden der detaillierte Aufbau des Lebensbaums sowie die Liste der Qualitäten der Engel mit den entsprechenden Verzerrungen aufgezeichnet.

Im Jahr 1492 wurden die in Gerona lebenden Juden während der Inquisition gezwungen, entweder zum Katholizismus überzutreten oder das Land nur gerade mit ihren persönlichen Habseligkeiten zu verlassen. Der Kahal wurde auf Befehl des Inquisitors geschlossen und der Judenbezirk von Gerona völlig zugemauert. Die Nachkommen der Juden, die zum Katholizismus übergetreten und in der Nähe des alten Stadtviertels in Gerona geblieben waren, überlieferten aber im Geheimen ihre Tradition mündlich weiter. Im Jahr 1975 verschafften sich einige von ihnen Zugang zum eingemauerten Bezirk und entdeckten die versiegelten Manuskripte der Engellehre, die ihre Vorfahren in einem Gebäude versteckt hatten, das heute eine historische Stätte ist und besichtigt werden kann.

WAS IST EIN ENGEL?

Ein Engel stellt die Qualitäten, die Tugenden und die Kräfte des Schöpfers in ihrer ur-reinen Essenz dar. Die Kabbala spricht von 72 Engeln, den 72 Facetten des Schöpfers. Gelingt es dem Menschen, diese ursprünglichen Energie-Essenzen wieder zum Leben zu erwecken und erneut in sein Wesen zu integrieren, so erreicht er Zustände hohen Bewusstseins, Zustände der Freude und Glückseligkeit. Das ist ein langer Weg, doch dieser Weg ist der wahre, alleinige Grund seiner Existenz auf Erden.

Die Engel sind reine Energieessenzen, doch solange der Mensch diese nicht richtig erfasst hat, macht er als eher unwissendes Geschöpf schlechten Gebrauch davon und dadurch verzerrt er die wesentlichen Aspekte des Schöpfers. Die Verzerrungen der Engelenergien entsprechen den Fehlern und Schwächen des Menschen. Dessen ungeachtet besitzt jeder Mensch diese ursprünglichen

Engelessenzen in seinem Innern, ob er nun die Namen der Engel kennt oder nicht.

In der Engellehre entsprechen jeder Engelessenz ein hebräischer Name und eine Schwingung. Wenn der Mensch diese heiligen Namen laut oder innerlich ausspricht, entsteht ein direkt auf sein Zellgedächtnis einwirkendes Schwingungsecho, durch das er mit den unermesslichen Bewusstseinsfeldern, die den Namen entsprechen, verbunden wird. Mit der Zeit verleihen ihm die so erreichten hohen Bewusstseinsebenen Flügel. Jedem Engel wird außerdem eine Zahl zugeordnet, durch die Er in die Himmlische Hierarchie eingeordnet ist.

DIE VORTEILE DER TRADITIONELLEN ENGELLEHRE

Man kann sich fragen, wieso man die Engel anrufen soll, statt sich direkt an den Schöpfer zu wenden. Der Vorteil der Arbeit mit den Engeln liegt darin, dass man über Richtlinien und über eine Arbeitsstruktur verfügt. Gott ist ja so allumfassend und – zumindest zu Beginn – so abstrakt!

Die Besonderheit der Traditionellen Engellehre besteht darin, dass man ganz genau feststellen kann, was man in sich zu berichtigen hat, dass sie dem Menschen die nötigen Instrumente für die durchzuführenden Umwandlungen bietet und er das Ausmaß der Veränderungen messen kann, die sich auf seinen unbewussten Seinsebenen durch die schrittweise Öffnung seines Bewusstseins vollziehen.

Alle Engelenergien sind untereinander verbunden. Während man mit einem bestimmten Engel arbeitet, existieren alle anderen Engel im eigenen Innern weiter, die Aufmerksamkeit ist jedoch auf einen ganz bestimmten Strahl der Hohen Kosmischen Intelligenz gerichtet.

DIE ARBEIT MIT DEN ENGELN

Im Wesentlichen besteht die Arbeit mit den Engeln darin, im Menschen die ihm nicht bewussten Inhalte seiner Gedächtnisspeicher neu zu programmieren. Das kommt einer Läuterung gleich: Die von Verzerrungen geprägten Erinnerungen werden eine nach der anderen durch die Macht des jeweiligen Engels und durch die

Stärke der Absicht und Gesinnung des Menschen berichtigt. Das Anrufen der Engel-Bewusstseinszustände spornt im Menschen den Willen zur Reinheit an. Er lernt sich innerlich zu sammeln und wird sehr intensiv. Die Kabbalisten nennen diese wichtige Etappe 'kawana', was *Intensität der Absicht* bedeutet. Sie wird erreicht, sobald der Mensch erkennt, dass die Spiritualität kein Zeitvertreib ist, sondern ein intensiver Verwandlungsprozess, in dessen Verlauf viele Einweihungen – d.h. Stufen auf dem Weg zur *Entgiftung* des Bewusstseins – zu bestehen sind.

Während seiner Lernzeit auf Erden – im Laufe seiner verschiedenen Inkarnationen – zeichnet der Mensch all seine Erfahrungen in seiner Seele auf, in der gleichen Art wie ein Computer Daten festhält. Alle Ängste, Leiden, Einschränkungen und natürlich auch die ganze Fülle der Qualitäten und Möglichkeiten werden im Unterbewusstsein und in den verschiedenen Schichten des Unbewusstseins gespeichert. Die Abbildung auf Seite 6 zeigt eine bildhafte Darstellung der verschiedenen Bewusstseinsebenen der menschlichen Seele. Dabei versinnbildlicht die Trennlinie den Schleier, der den Grossteil der Erinnerungen vor der Ebene des bewussten Seins verborgen hält, weshalb man vom Schleier des Unbewussten spricht.

Durch die Arbeit mit den Engel-Bewusstseinszuständen verschwindet dieser Schleier. Oder anders gesagt, es wird ein Durchgang zwischen dem Bewusstsein, dem Unterbewusstsein und den verschiedenen Schichten des Unbewusstseins geschaffen, wodurch die verzerrten Erinnerungen erreicht und neu programmiert werden können. Diese Arbeit zielt darauf ab, die Seele des Menschen zu läutern, sie zum vollen Bewusstsein zu führen und ihm den darin aufgezeichneten Wissensschatz wieder zugänglich zu machen, so dass er in den Bewusstseinszuständen der Engel leben kann.

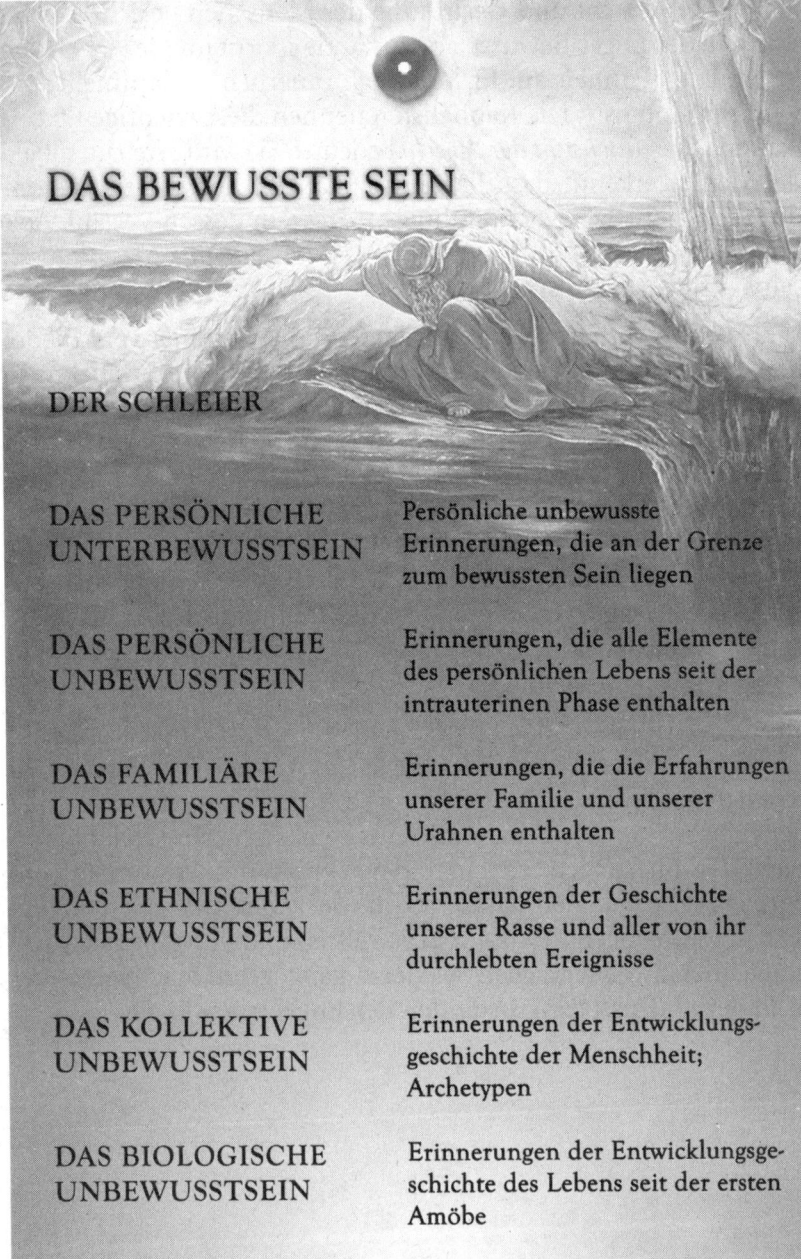

Abbildung 1: Bildhafte Darstellung der verschiedenen Bewusstseinsebenen

Die Rezitier-Übung mit den Engel-Bewusstseinszuständen löst allmählich den Schleier zwischen dem bewussten Sein und den verschiedenen Schichten des unbewussten Seins auf.

DIE ANRUFUNG DER ENGEL ODER ENGEL-REZITIER-ÜBUNG

Im Mittelpunkt der Arbeit mit den Engeln steht die Engel-Rezitier-Übung. Mehrere orientalische Traditionen empfehlen die Wiederholung geweihter Formeln, 'Mantra' genannt. In der Kabbala bezeichnet man diese Übung 'Shem Hamephorash' und in der Engellehre spricht man von der Anrufung der Engel, auch Engel-Rezitier-Übung genannt.

Diese Übung ist sehr einfach: Sie kann im Stehen, Sitzen oder Liegen durchgeführt werden und besteht im Wesentlichen darin, in Gedanken, oder mit leiser oder lauter Stimme, kontinuierlich den Namen eines Engels zu wiederholen, und zwar so oft wie möglich, wobei man jedoch den eigenen Rhythmus achtet. Man kann dabei eine der folgenden Anrufungsmethoden verwenden:

1) Die Anrufung beim Einatmen
Diese Methode besteht darin, tief durch die Nase einzuatmen und dabei innerlich einmal oder mehrmals den Namen des Engels zu wiederholen – z.B. MIKAEL, MIKAEL, MIKAEL. Danach hält man einige Augenblicke lang den Atem an, bevor man langsam und kontinuierlich durch die Nase ausatmet. Sobald man sich ruhig fühlt, atmet man normal weiter – ohne die Luft anzuhalten – und wiederholt jedes Mal beim Einatmen den Namen des Engels.

2) Die Anrufung beim Ausatmen
Bei dieser Methode atmet man tief ein und wiederholt beim Ausatmen in Gedanken oder mit leiser oder lauter Stimme den Namen des Engels – z.B. VEULIAH, VEULIAH, VEULIAH. Dann atmet man erneut ein und wiederholt den gleichen Vorgang beim Ausatmen, usw.

3) Das kontinuierliche Anrufen
Während man tief atmet, wiederholt man fortlaufend in Gedanken – sowohl beim Einatmen als auch beim Ausatmen – den Namen des Engels. Bei Menschen, die das tiefe Atmen nicht gewohnt sind, kann diese Form der Engel-Rezitier-Übung leichte Benommenheit verursachen. Tritt dieser Fall ein, dann sollte man den Atemrhythmus verlangsamen oder abwechselnd eine andere Anrufungs-

methode verwenden. Es ist auf alle Fälle wichtig, immer den eigenen Rhythmus zu respektieren.

4) Die Anrufung mit einer Absicht
Bei dieser Anrufungsmethode wiederholt man den Namen des Engels im Stillen oder mit leiser Stimme auf eine der drei erwähnten Arten und fügt der Anrufung eine Botschaft an den Engel bei, in der man Ihm die Absicht mitteilt, eine bestimmte Qualität oder eine besondere Fähigkeit entwickeln oder eine Verzerrung berichtigen und transzendieren zu wollen. Zum Beispiel: *Engel HARIEL, läutere meine Seele, führe mich zur Reinheit, HARIEL, HARIEL, HARIEL, hilf mir die Reinheit zu werden und die Weisheit zu integrieren, HARIEL, HARIEL, HARIEL, lehr mich, was ich erkennen muss, um meine Seele zu läutern, HARIEL, HARIEL, HARIEL, HARIEL, HARIEL...*

5) Die Anrufung mit einer Frage
Diese Methode hilft uns die Antwort auf eine Frage zu finden. Man formuliert dabei zuerst in klarer, einfacher Form die Frage, auf die man eine Antwort wünscht. Danach wählt man eine der ersten drei Anrufungsmethoden und wiederholt den Namen des Engels, wobei man die Frage und die Bitte um Führung beifügt. Zum Beispiel: *Engel JELIEL, ist es richtig und gut für mich, eine Beziehung mit diesem Menschen einzugehen? JELIEL, JELIEL, JELIEL, JELIEL, hilf mir bitte zu erkennen, ob er der richtige Mensch für meine Entwicklung ist, JELIEL, JELIEL, JELIEL, erleuchte mich, ich will Gottes Wille tun, JELIEL, JELIEL, JELIEL, ist es richtig, mich mit diesem Menschen zu verheiraten? JELIEL, JELIEL, JELIEL...*

Die Engel-Rezitier-Übung mit einer Frage sollte man mindestens fünf Tage lang – und in dieser Zeitspanne so oft wie möglich – mit dem gleichen Engel durchführen, oder so lange, bis man eine Antwort erhalten hat. Auf diese Weise bleibt man auf die Frage fokalisiert und erhält Zugang zu dem Programm, das die Kosmische Intelligenz für uns vorgesehen hat. Die Antwort wird sich in unseren Träumen oder in Form von Zeichen im Alltagsleben einstellen.

Auch bei der Anrufung mit einer Absicht sollte man mindestens fünf Tage lang die Engel-Rezitier-Übung mit dem gleichen Engel durchführen, damit sich die beabsichtigten Veränderungen manifestieren können.

Ganz gleich welche Anrufungsmethode man wählt, die Engel-Rezitier-Übung ist so einfach durchzuführen, dass man sie in jeder Lebenslage und Situation anwenden kann: beim Gehen, bei der Hausarbeit, beim Sporttreiben, Autofahren, Meditieren, Entspannen, vor dem Einschlafen, beim Aufwachen, in schwierigen Lebensphasen wie in Glücksmomenten – wobei man immer den eigenen Rhythmus achten und die Anrufung in dem Bewusstsein tun sollte, dass man damit eine heilige Geste vollbringt.

Die Energien, die durch die Arbeit mit den Engeln belebt werden, äußern sich anhand von Eingebungen und Träumen sowie durch die Zeichen des täglichen Lebens. Es ist faszinierend, die Übereinstimmungen zwischen diesen und den Qualitäten und Verzerrungen der jeweiligen Engelenergie zu erkennen. Die Aktivierung der Engelenergien durch die Rezitier-Übung setzt einen Einweihungsprozess in Gang, bei dem der Name des Engels wie eine *magische Formel* wirkt. Die innere Arbeit mit den Engeln ist ein großartiges Abenteuer – das Abenteuer der Einweihung –, das den Menschen in die erkennende Betrachtung der mehrfachen Wirklichkeiten oder Parallelwelten eintauchen lässt.

Die Engel-Rezitier-Übung lässt sich auf ideale Weise mit den Übungen des Angelica Yoga – dem Yoga der Engel – kombinieren, die in den Büchern der *Universe/City Mikaël* zum Thema „Angelica Yoga" erläutert werden.

DIE WAHL DES ENGELS

Für die Wahl des Engels kann man dem Engelkalender Nr. 1 (siehe Seite 16 und 17) folgen, der auch als Jahreskalender der Engel bezeichnet wird. Die Verwendung dieses Kalenders bietet den Vorteil, dass wir im Laufe eines Jahres mit den 72 Engelbewusstseinszuständen arbeiten, unsere spirituelle Arbeit eine Struktur erhält und die Kosmische Intelligenz die verschiedenen Etappen unseres Lernprozesses genau vorausplanen kann.

Obwohl der Engelkalender Nr. 1 eine hervorragende Arbeitsstruktur bietet, bleibt die Wahl des Engels doch immer eine persönliche Frage und lässt sich durchaus der momentanen Situation anpassen. Im Grunde genommen kann man mit jedem beliebigen Engel arbeiten und diesen gemäß den persönlichen Bedürfnissen wählen oder im Hinblick auf eine bestimmte Situation, die man verstehen oder lösen will.

Damit der Bewusstseinszustand eines Engels tiefgründig in unserem Wesen aktiviert werden kann, empfiehlt es sich, mit jeweils nur einer einzigen Engelenergie zu arbeiten und dies während einer Zeitspanne von mindestens 5 Tagen zu tun. Natürlich reichen fünf Tage nicht aus, um alle Qualitäten und Tugenden des jeweiligen Engels zu integrieren, doch über die Jahre hinweg werden wir durch die Arbeit mit den verschiedenen Engeln sämtliche *Strahlen* unseres Bewusstseins aufsuchen und somit auf dem Weg, der zur Erleuchtung führt, methodisch voranschreiten. Man kann natürlich auch länger mit dem gleichen Engel arbeiten, wenn man sich auf einen bestimmten Bewusstseinsstrahl konzentrieren möchte, doch sollte man regelmäßig den Engel wechseln, denn das Bewusstsein des Menschen ist dazu bestimmt, eines Tages die Gesamtheit der Göttlichen Essenzen zum Ausdruck zu bringen.

DIE KURZZEIT-WIRKUNG

Natürlich muss man beim Aufräumen damit rechnen, auf verlorene Gegenstände, Staub und Schmutz zu stoßen. So kann man zum Beispiel während der Rezitier-Übung mit dem Engel 7 ACHAIAH, dessen Haupteigenschaft die Geduld ist, plötzlich noch ungeduldiger werden als üblicherweise, weil der Engel die Tür zum Unbewusstsein öffnet und die mit der Ungeduld verknüpften Erinnerungen weckt. Bis diese befreit sind, kann es Minuten, Stunden oder auch Tage dauern. Wenn man keinerlei Erwartungen hegt, kann es sein, dass man plötzlich – wie durch Zauberhand – ein neues Wohlgefühl empfindet, da ein bestimmter Teil des mit dem Engel ACHAIAH verknüpften Gedächtnisspeichers geläutert wurde. Im Laufe dieser Anpassungsphase wird man auch ungeduldigen Menschen begegnen und Situationen erleben, die unsere Geduld auf die Probe stellen. Dies bezeugt, dass man in engem Kontakt mit dem Strahl des gewählten Engels steht. Dabei sind dann diese Situationen als Gelegenheit zu nutzen, um sich besser kennen zu lernen.

Stellen Sie sich vor, Sie würden ein neues Zimmer in Ihrem Haus entdecken, ein Zimmer, das Sie noch nie betreten haben. Beim Öffnen der Tür bemerken Sie, dass es voller Staub, Ratten usw. ist. Da ist Saubermachen im ganzen Haus angesagt, denn allein durch das Öffnen der Tür ist der Staub in alle anderen Zimmer gelangt. Bei der Arbeit mit den Engeln ist es, als ob Sie entscheiden würden, diese Tür nicht wieder zu schließen, Ihr Haus zu vergrößern und zu putzen, bis alles einheitlich sauber ist. Beim Aufräumen entdecken Sie schließlich in dem neuen Zimmer Schätze und Bücher – die Wissen und Erkenntnisse darstellen – und Sie beschließen, diese in Ihre Bibliothek zu integrieren.

Während der intensiven Läuterungsphasen wechselt man von einem extremen Seelenzustand zum anderen. Nach einem wichtigen Traum oder Alptraum, oder wenn ein Erlebnis eine Bewusstseinsöffnung bewirkt, ist unser ganzes Wesen verstört. Es ist wichtig, dies zu wissen und die Angehörigen über das mögliche Auftreten ungewöhnlicher Seelenzustände zu informieren. Tatsache ist, dass man einerseits die Eigenschaften der Engelenergie zu kosten bekommt – was einen Glückszustände erleben lässt –, andererseits aber kurze Zeit später wieder in bedrückende Seelenzustände taucht, da die verzerrten Erinnerungen geläutert werden müssen, was große Ängste aufkommen lassen kann. Versteht man diesen Prozess, so gewöhnt man sich daran und gewinnt allmählich eine große Standfestigkeit. Man findet seine Flügel wieder und fühlt sich immer wohler. Dies kann jedoch manchmal eine jahrelange Arbeit bedeuten.

Während dieses ganzen Prozesses empfiehlt es sich, auf die mit unterschiedlicher Häufigkeit auftauchenden Träume und Zeichen zu achten. Das Studium ihrer Symbolik stellt eine Ergänzung zur Engelarbeit dar, denn die Symbole bilden den Wortschatz der Sprache des Unbewussten und der Seele. Man lernt die Zeichen des Alltags lesen und erkennt, dass es keine Zufälle gibt. Die zahlreichen Erlebnisse und Träume, die im zweiten Teil dieses Buches – in den Kapiteln, die die Engel im Einzeln behandeln – wiedergegeben werden, bieten Ihnen die Möglichkeit, sich mit der Symbolsprache vertraut zu machen.

DIE AUSWIRKUNGEN DER ARBEIT MIT DEN ENGELN

Wenn man täglich mit den Engeln arbeitet, vollzieht sich eine stufenweise Öffnung sowohl des Unterbewusstseins als auch des Unbewusstseins, die sich auf verschiedene Arten erkennen lässt:

- Zunächst können die Seelenzustände wie erwähnt von einem Extrem zum andern schwanken, zum Beispiel von intensivem Wohlbefinden zu tiefen Ängsten;

- Die Sinne (Sehen, Hören, Riechen, Schmecken und Fühlen) werden außerordentlich geschärft, bis hin zur Ausbildung von Hellsehen, Hellhören, Hellriechen und Hellfühlen;

- Häufigkeit und Intensität der Träume steigern sich allmählich und die Traumdeutung wird leichter;

- Die Traumdeutung und das Lesen der alltäglichen Zeichen führen zu tiefen mystischen Erfahrungen;

- Der Mensch gewinnt eine große spirituelle Autonomie, da er durch das Studium der Zeichen und Träume innerlich über die verschiedenen Etappen seines Einweihungswegs unterrichtet ist;

- Die Seele wird befähigt, sich vom Körper zu entfernen, über Raum und Zeit hinweg die verschiedenen Dimensionen zu besuchen und die Geheimnisse des Universums zu entdecken.

Die Arbeit mit den Engelenergien führt den Menschen über die Grenzen von Raum und Zeit hinaus und ermöglicht ihm das Reisen durch die zahlreichen Dimensionen des Universums.

DIE SCHUTZENGEL

Bei seiner Geburt werden dem Menschen drei Schutzengel zur Seite gestellt. Ihre Qualitäten und die entsprechenden Verzerrungen geben Aufschluss über seine Stärken und über die Schwächen, an denen er in diesem Leben zu arbeiten hat. Der erste Schutzengel entspricht dem physischen Körper und der Welt der Handlungen und der Materie. Er lässt sich mit Hilfe des Engelkalenders Nr. 1 aufgrund des Geburtsdatums finden.

Der zweite Schutzengel entspricht den Emotionen und Gefühlen. Er weist auf die Fähigkeiten und Tugenden hin, an denen der Mensch auf gefühlsmäßiger Ebene zu arbeiten hat. Man findet ihn im Engelkalender Nr. 2 aufgrund des Geburtstages.

Der dritte Schutzengel entspricht dem Intellekt und berührt die Gedankenwelt. Er ist im Engelkalender Nr. 3 aufgrund der Geburtsstunde zu finden.

Genau wie in der Astrologie dient der Moment der Geburt als Orientierungs- und Ausgangspunkt. Ziel der Arbeit mit den Engel-Bewusstseinszuständen ist nicht nur die Entwicklung und Integrierung der Qualitäten, Tugenden und Kräfte der drei Schutzengel, sondern das umfassende wahre Wissen und die umfassende wahre Erkenntnis, die die 72 Engel insgesamt darstellen.

DIE ENGELKALENDER

ENGELKALENDER Nr. 1
Physische Ebene

21. März	bis	25. März	1 VEHUIAH
26. März	bis	30. März	2 JELIEL
31. März	bis	04. April	3 SITAEL
05. April	bis	09. April	4 ELEMIAH
10. April	bis	14. April	5 MAHASIAH
15. April	bis	20. April	6 LELAHEL
21. April	bis	25. April	7 ACHAIAH
26. April	bis	30. April	8 CAHETEL
01. Mai	bis	05. Mai	9 HAZIEL
06. Mai	bis	10. Mai	10 ALADIAH
11. Mai	bis	15. Mai	11 LAUVIAH
16. Mai	bis	20. Mai	12 HAHAIAH
21. Mai	bis	25. Mai	13 IEZALEL
26. Mai	bis	31. Mai	14 MEBAHEL
01. Juni	bis	05. Juni	15 HARIEL
06. Juni	bis	10. Juni	16 HEKAMIAH
11. Juni	bis	15. Juni	17 LAUVIAH
16. Juni	bis	21. Juni	18 CALIEL
22. Juni	bis	26. Juni	19 LEUVIAH
27. Juni	bis	01. Juli	20 PAHALIAH
02. Juli	bis	06. Juli	21 NELKHAEL
07. Juli	bis	11. Juli	22 YEIAYEL
12. Juli	bis	16. Juli	23 MELAHEL
17. Juli	bis	22. Juli	24 HAHEUIAH
23. Juli	bis	27. Juli	25 NITH-HAIAH
28. Juli	bis	01. August	26 HAAIAH
02. August	bis	06. August	27 YERATHEL
07. August	bis	12. August	28 SEHEIAH
13. August	bis	17. August	29 REIYEL
18. August	bis	22. August	30 OMAEL
23. August	bis	28. August	31 LECABEL
29. August	bis	02. September	32 VASARIAH
03. September	bis	07. September	33 YEHUIAH
08. September	bis	12. September	34 LEHAHIAH
13. September	bis	17. September	35 CHAVAKHIAH
18. September	bis	23. September	36 MENADEL

ENGELKALENDER Nr. 1 (Fortsetzung)
Physische Ebene

24. September	bis	28. September	37 ANIEL
29. September	bis	03. Oktober	38 HAAMIAH
04. Oktober	bis	08. Oktober	39 REHAEL
09. Oktober	bis	13. Oktober	40 IEIAZEL
14. Oktober	bis	18. Oktober	41 HAHAHEL
19. Oktober	bis	23. Oktober	42 MIKAEL
24. Oktober	bis	28. Oktober	43 VEULIAH
29. Oktober	bis	02. November	44 YELAHIAH
03. November	bis	07. November	45 SEALIAH
08. November	bis	12. November	46 ARIEL
13. November	bis	17. November	47 ASALIAH
18. November	bis	22. November	48 MIHAEL
23. November	bis	27. November	49 VEHUEL
28. November	bis	02. Dezember	50 DANIEL
03. Dezember	bis	07. Dezember	51 HAHASIAH
08. Dezember	bis	12. Dezember	52 IMAMIAH
13. Dezember	bis	16. Dezember	53 NANAEL
17. Dezember	bis	21. Dezember	54 NITHAEL
22. Dezember	bis	26. Dezember	55 MEBAHIAH
27. Dezember	bis	31. Dezember	56 POYEL
01. Januar	bis	05. Januar	57 NEMAMIAH
06. Januar	bis	10. Januar	58 YEIALEL
11. Januar	bis	15. Januar	59 HARAHEL
16. Januar	bis	20. Januar	60 MITZRAEL
21. Januar	bis	25. Januar	61 UMABEL
26. Januar	bis	30. Januar	62 IAHHEL
31. Januar	bis	04. Februar	63 ANBISEL
05. Februar	bis	09. Februar	64 MEHIEL
10. Februar	bis	14. Februar	65 DAMABIAH
15. Februar	bis	19. Februar	66 MANAKEL
20. Februar	bis	24. Februar	67 EYAEL
25. Februar	bis	29. Februar	68 HABUHIAH
01. März	bis	05. März	69 ROCHEL
06. März	bis	10. März	70 JABAMIAH
11. März	bis	15. März	71 HAIAIEL
16. März	bis	20. März	72 MUMIAH

ENGELKALENDER Nr. 2
Emotionale Ebene

JAN.	FEB.	MÄRZ	APRIL	MAI	JUNI
1: **#65**	1: **#25**	1: **#53**	1: **#12**	1: **#41**	1: **#71**
2: **#66**	2: **#26**	2: **#54**	2: **#13**	2: **#42**	2: **#72**
3: **#67**	3: **#27**	3: **#55**	3: **#14**	3: **#43**	3: **#1**
4: **#68**	4: **#28**	4: **#56**	4: **#15**	4: **#44**	4: **#2**
5: **#69**	5: **#29**	5: **#57**	5: **#16**	5: **#45**	5: **#3**
6: **#70**	6: **#30**	6: **#58**	6: **#17**	6: **#46**	6: **#4**
7: **#71**	7: **#31**	7: **#59**	7: **#18**	7: **#47**	7: **#5**
8: **#72**	8: **#32**	8: **#60**	8: **#19**	8: **#48**	8: **#6**
9: **#1**	9: **#33**	9: **#61**	9: **#20**	9: **#49**	9: **#7**
10: **#2**	10: **#34**	10: **#62**	10: **#21**	10: **#50**	10: **#8**
11: **#3**	11: **#35**	11: **#63**	11: **#22**	11: **#51**	11: **#9**
12: **#4**	12: **#36**	12: **#64**	12: **#23**	12: **#52**	12: **#10**
13: **#5**	13: **#37**	13: **#65**	13: **#24**	13: **#53**	13: *
14: **#6**	14: **#38**	14: **#66**	14: **#25**	14: **#54**	14: **#11**
15: **#7**	15: **#39**	15: **#67**	15: **#26**	15: **#55**	15: **#12**
16: **#8**	16: **#40**	16: **#68**	16: **#27**	16: **#56**	16: **#13**
17: **#9**	17: **#41**	17: **#69**	17: *	17: **#57**	17: **#14**
18: **#10**	18: **#42**	18: **#70**	18: **#28**	18: **#58**	18: **#15**
19: **#11**	19: **#43**	19: **#71**	19: **#29**	19: **#59**	19: **#16**
20: **#12**	20: **#44**	20: **#72**	20: **#30**	20: *	20: **#17**
21: **#13**	21: **#45**	21: **#1**	21: **#31**	21: **#60**	21: **#18**
22: **#14**	22: **#46**	22: **#2**	22: **#32**	22: **#61**	22: **#19**
23: **#15**	23: **#47**	23: **#3**	23: **#33**	23: **#62**	23: **#20**
24: **#16/17**	24: **#48**	24: **#4**	24: **#34**	24: **#63**	24: **#21**
25: **#18**	25: **#49**	25: **#5**	25: **#35**	25: **#64**	25: **#22**
26: **#19**	26: **#50**	26: **#6**	26: **#36**	26: **#65**	26: **#23**
27: **#20**	27: **#51**	27: **#7**	27: **#37**	27: **#66**	27: **#24**
28: **#21**	28: **#52**	28: **#8**	28: **#38**	28: **#67**	28: **#25**
29: **#22**	29: **#52**	29: **#9**	29: **#39**	29: **#68**	29: **#26**
30: **#23**		30: **#10**	30: **#40**	30: **#69**	30: **#27**
31: **#24**		31: **#11**		31: **#70**	

Wie man seinen Schutzengel der emotionalen Ebene findet:
Im obenstehenden Kalender entspricht die erste Ziffer jeder Kolonne dem Geburtstag des jeweiligen Monats, während die zweite, fettgedruckte Ziffer der Zahl des Engels entspricht.

Besonderheiten:
*1) Das Sternchen * bedeutet, dass an diesem Tag von 0 Uhr bis 12 Uhr mittags der Engel des Vortages die Regentschaft innehat, während sie von 12 Uhr mittags bis 24 Uhr dem Engel des nächsten Tages anvertraut ist. Zum Beispiel: Der Engel Nr. 27 regiert am 16.*

ENGELKALENDER Nr. 2 (Fortsetzung)
Emotionale Ebene

JULI	AUG.	SEPT.	OKT.	NOV.	DÉZ.
1: #28	1: #57	1: #15	1: #44	1: #3	1: #33
2: #29	2: #58	2: #16	2: #45	2: #4	2: #34
3: #30	3: #59	3: #17	3: #46	3: #5	3: #35
4: #31	4: #60	4: #18	4: #47	4: #6	4: #36
5: *	5: #61	5: #19	5: #48	5: #7	5: #37
6: #32	6: #62	6: #20	6: #49	6: #8	6: #38
7: #33	7: #63	7: #21	7: #50	7: #9	7: #39
8: #34	8: #64	8: #22	8: #51	8: #10	8: #40
9: #35	9: #65	9: #23	9: #52	9: #11	9: #41
10: #36	10: #66	10: #24	10: #53	10: #12	10: #42
11: #37	11: #67	11: #25	11: #54	11: #13	11: #43
12: #38	12: #68	12: #26	12: #55	12: #14	12: #44
13: #39	13: #69	13: #27	13: #56	13: #15	13: #45
14: #40	14: #70	14: #28	14: #57	14: #16	14: #46
15: #41	15: #71	15: #29	15: #58	15: #17	15: #47
16: #42	16: #72	16: #30	16: #59	16: #18	16: #48
17: #43	17: #1	17: #31	17: #60	17: #19	17: #49
18: #44	18: #2	18: #32	18: #61	18: #20	18: #50
19: #45	19: *	19: #33	19: #62	19: #21	19: #51
20: #46	20: #3	20: #34	20: #63	20: #22	20: #52
21: #47	21: #4	21: *	21: #64	21: #23	21: #53
22: #48	22: #5	22: #35	22: #65	22: #24	22: #54
23: #49	23: #6	23: #36	23: #66	23: #25	23: #55
24: #50	24: #7	24: #37	24: #67	24: #26	24: #56
25: #51	25: #8	25: #38	25: #68	25: #27	25: #57
26: *	26: #9	26: #39	26: #69	26: #28	26: #58
27: #52	27: #10	27: #40	27: #70	27: #29	27: #59/60
28: #53	28: #11	28: #41	28: #71	28: #30	28: #61
29: #54	29: #12	29: #42	29: #72	29: #31	29: #62
30: #55	30: #13	30: #43	30: #1	30: #32	30: #63
31: #56	31: #14		31: #2		31: #64

April sowie am 17. April bis 12 Uhr mittags, während der Engel Nr. 28 am 17. April ab 12 Uhr mittags sowie am 18. April die Regentschaft innehat.

2) Am 27. Dezember regiert der Engel Nr. 59 von 0 Uhr bis 18 Uhr und der Engel Nr. 60 von 18 Uhr bis 24 Uhr.

3) Das Gleiche gilt für den 24. Januar: Von 0 Uhr bis 18 Uhr regiert der Engel Nr. 16 und von 18 Uhr bis 24 Uhr der Engel Nr. 17.

Diese Besonderheiten ergeben sich aus der Verschiebung der Tage (365) und Grade (360) sowie aufgrund der Präzession der Tagundnachtgleiche.

ENGELKALENDER Nr. 3
Intellektuelle Ebene

0.00	bis	0.19 Uhr	1	VEHUIAH
0.20	bis	0.39 Uhr	2	JELIEL
0.40	bis	0.59 Uhr	3	SITAEL
1.00	bis	1.19 Uhr	4	ELEMIAH
1.20	bis	1.39 Uhr	5	MAHASIAH
1.40	bis	1.59 Uhr	6	LELAHEL
2.00	bis	2.19 Uhr	7	ACHAIAH
2.20	bis	2.39 Uhr	8	CAHETEL
2.40	bis	2.59 Uhr	9	HAZIEL
3.00	bis	3.19 Uhr	10	ALADIAH
3.20	bis	3.39 Uhr	11	LAUVIAH
3.40	bis	3.59 Uhr	12	HAHAIAH
4.00	bis	4.19 Uhr	13	IEZALEL
4.20	bis	4.39 Uhr	14	MEBAHEL
4.40	bis	4.59 Uhr	15	HARIEL
5.00	bis	5.19 Uhr	16	HEKAMIAH
5.20	bis	5.39 Uhr	17	LAUVIAH
5.40	bis	5.59 Uhr	18	CALIEL
6.00	bis	6.19 Uhr	19	LEUVIAH
6.20	bis	6.39 Uhr	20	PAHALIAH
6.40	bis	6.59 Uhr	21	NELKHAEL
7.00	bis	7.19 Uhr	22	YEIAYEL
7.20	bis	7.39 Uhr	23	MELAHEL
7.40	bis	7.59 Uhr	24	HAHEUIAH
8.00	bis	8.19 Uhr	25	NITH-HAIAH
8.20	bis	8.39 Uhr	26	HAAIAH
8.40	bis	8.59 Uhr	27	YERATHEL
9.00	bis	9.19 Uhr	28	SEHEIAH
9.20	bis	9.39 Uhr	29	REIYEL
9.40	bis	9.59 Uhr	30	OMAEL
10.00	bis	10.19 Uhr	31	LECABEL
10.20	bis	10.39 Uhr	32	VASARIAH
10.40	bis	10.59 Uhr	33	YEHUIAH
11.00	bis	11.19 Uhr	34	LEHAHIAH
11.20	bis	11.39 Uhr	35	CHAVAKHIAH
11.40	bis	11.59 Uhr	36	MENADEL

ENGELKALENDER Nr. 3 (Fortsetzung)
Intellektuelle Ebene

12.00	bis	12.19	Uhr	37	ANIEL
12.20	bis	12.39	Uhr	38	HAAMIAH
12.40	bis	12.59	Uhr	39	REHAEL
13.00	bis	13.19	Uhr	40	IEIAZEL
13.20	bis	13.39	Uhr	41	HAHAHEL
13.40	bis	13.59	Uhr	42	MIKAEL
14.00	bis	14.19	Uhr	43	VEULIAH
14.20	bis	14.39	Uhr	44	YELAHIAH
14.40	bis	14.59	Uhr	45	SEALIAH
15.00	bis	15.19	Uhr	46	ARIEL
15.20	bis	15.39	Uhr	47	ASALIAH
15.40	bis	15.59	Uhr	48	MIHAEL
16.00	bis	16.19	Uhr	49	VEHUEL
16.20	bis	16.39	Uhr	50	DANIEL
16.40	bis	16.59	Uhr	51	HAHASIAH
17.00	bis	17.19	Uhr	52	IMAMIAH
17.20	bis	17.39	Uhr	53	NANAEL
17.40	bis	17.59	Uhr	54	NITHAEL
18.00	bis	18.19	Uhr	55	MEBAHIAH
18.20	bis	18.39	Uhr	56	POYEL
18.40	bis	18.59	Uhr	57	NEMAMIAH
19.00	bis	19.19	Uhr	58	YEIALEL
19.20	bis	19.39	Uhr	59	HARAHEL
19.40	bis	19.59	Uhr	60	MITZRAEL
20.00	bis	20.19	Uhr	61	UMABEL
20.20	bis	20.39	Uhr	62	IAHHEL
20.40	bis	20.59	Uhr	63	ANAUEL
21.00	bis	21.19	Uhr	64	MEHIEL
21.20	bis	21.39	Uhr	65	DAMABIAH
21.40	bis	21.59	Uhr	66	MANAKEL
22.00	bis	22.19	Uhr	67	EYAEL
22.20	bis	22.39	Uhr	68	HABUHIAH
22.40	bis	22.59	Uhr	69	ROCHEL
23.00	bis	23.19	Uhr	70	JABAMIAH
23.20	bis	23.39	Uhr	71	HAIAIEL
23.40	bis	23.59	Uhr	72	MUMIAH

DER LEBENSBAUM

Gott ist ein riesiger Lebender Computer, in dem wir alle existieren und der die Allumfassende Liebe, die Höchste Weisheit, die Vollkommenheit und die Absolute Macht über die ganze Schöpfung umfasst. Es ist dem Menschen möglich, zu erkennen, wie die Strukturen dieses Kosmischen Computers funktionieren. Der Lebensbaum (siehe S. 27), zentrales Element der Kabbala, stellt diesbezüglich einen Schlüssel dar, mit dem wir uns die Geheimnisse der Schöpfung erschließen können. Er versinnbildlicht die kausalen Sphären, die den Zusammenhang von Ursache und Wirkung erkennen lassen und den Aufbau des Bewusstseins veranschaulichen; je weiter man im Lebensbaum hinabsteigt, umso dichter werden die Energien, bis sie schließlich als Materialisierungen in Erscheinung treten.

In der kabbalistischen Überlieferung wird das Universum durch zehn unterschiedliche Regionen dargestellt, die untereinander verbunden sind und den ersten zehn Zahlen entsprechen, deren Kombination alle übrigen Zahlen ergibt. Diese Regionen sind im Lebensbaum durch Sphären dargestellt, die man Sephiroth – in der Einzahl Sephira – nennt. Der Ausdruck 'Sephira' bedeutet *Zählen* oder *Zahlensystem*. Es existiert eine elfte Sephira, die verborgen ist und direkt unter der Sephira KETHER, zwischen BINAH und HOCHMAH liegt: Sie heißt DAATH und verkörpert die große Kosmische Bibliothek, in der die Informationen des gesamten Universums enthalten sind.

Die Traditionelle Engellehre ordnet jeder Sephira einen Erzengel und einen Planeten zu. Die Sephiroth sind untereinander durch Kommunikationswege, Pfade genannt, verbunden, die den 22 Buchstaben des hebräischen Alphabets entsprechen.

Die Sephiroth können auch als Kosmische Gedächtnisspeicher des Universums angesehen werden, die unter Gottes Leitung stehen und dank deren Er mit uns kommuniziert.

In der Überlieferung wurde das Bild des Baums immer schon verwendet, um die Verbindung oder Einheit zwischen Himmel und Erde auszudrücken: Die im Boden verankerten Wurzeln, der Stamm, die Äste, Blätter und Früchte sind alle miteinander verbunden und bilden ein Ganzes. Knüpfen wir an dieses Symbol heute die Vorstellung an, dass Gott ein Lebender Computer ist, so können wir die unermessliche Größe und Macht der Kosmischen Organisation noch besser erfassen. Um diesen Wirklichkeiten, die das menschliche Verständnis übersteigen, Ausdruck verleihen zu können, fügten die Kabbalisten im Baum oder Computer des Lebens über der Sephira KETHER eine Region hinzu, die AÏN SOPH AUR, das *Endlose Licht* genannt wird.

Die Sephiroth sind auf drei Säulen aufgegliedert: Die rechte Säule versinnbildlicht die **Milde**, die männliche Kraft, und umfasst die Sephiroth HOCHMAH, HESED und NETZACH. Die linke Säule symbolisiert die **Strenge**, die weibliche Kraft, auf ihr befinden sich die Sephiroth BINAH, GEBURAH und HOD. Die zentrale Säule, auf der sich die Sephiroth KETHER, (DAATH,) TIPHERETH, YESOD und MALKUTH befinden, entspricht dem **Gleichgewicht**.

Die durch die zentrale Säule veranschaulichte Harmonisierung der rechten und der linken Säule bedeutet das Gleichgewicht der männlichen und der weiblichen Polarität, das alle Menschen eines Tages verwirklichen müssen.

DIE ZUORDNUNG DER ENGEL IM LEBENSBAUM

Mit Ausnahme der Sephira MALKUTH ist jede Sephira des Lebensbaums Wohnsitz einer Gruppe von acht Engeln, die jeweils unter dem Vorsitz eines Erzengels stehen. In Tabelle 1 (siehe S. 25) sind die Bedeutungen der Namen der Sephiroth und der Erzengel aufgeführt.

Insgesamt beherbergen also neun Sephiroth je acht Engel, d.h. es gibt insgesamt 72 Engelenergien. Tabelle 2 (siehe S. 29) zeigt Ihre Verteilung in den Sephiroth und die Bedeutung Ihrer Namen.

Die Darstellung Gottes durch den Lebensbaum ist ein immerwährendes Meditationsthema. Dasselbe gilt für die Vorstellung Gottes als ein Lebender Kosmischer Computer. In Bezug auf das wahre Wissen und die wahre Erkenntnis, die sie enthalten, sind diese Bilder unerschöpflich.

DIE BEDEUTUNG DER NAMEN DER SEPHIROTH UND DER ERZENGEL

Tabelle 1

Sephira	Bedeutung	Erzengel	Bedeutung
KETHER	die Krone	METATRON	Der am Thron teilhat
HOCHMAH	die Weisheit	RAZIEL	Das Geheimnis Gottes
(DAATH)	die Kosmische Bibliothek		
BINAH	die Gesetze	TSAPHKIEL	Die Gesetze Gottes
HESED	die Milde	TSADKIEL	Der Reichtum Gottes
GEBURAH	die Strenge	KAMAEL	Die Kraft Gottes
TIPHERETH	das Bewusstsein	MIKAEL	Der Gott gleicht
NETZACH	die Schönheit	HANIEL	Die Gnade Gottes
HOD	die Intelligenz	RAPHAEL	Die Heilkraft Gottes
YESOD	das Fundament	GABRIEL	Die Reinheit Gottes
MALKUTH	das Reich	SANDALFON	Gott ist mein Licht (die Kraft, die Ur-Geist und Materie vereint)

DER LEBENSBAUM ODER KOSMISCHE COMPUTER

Der Lebensbaum stellt aus makrokosmischer Sicht die Struktur des Universums und aus mikrokosmischer Sicht die Struktur des Menschen dar.

Die Hierarchie der Engel gliedert sich in neun Gruppen von jeweils acht Engeln auf. Die acht Engel einer Gruppe werden von jeweils einem Erzengel vertreten. Die neun Gruppen von jeweils acht Engeln ergeben insgesamt 72 Engel. Die zehnte Sephira, MALKUTH genannt, stellt die Erde dar.

1. Die Engel Nr. 1 bis Nr. 8 bewohnen die Sephira KETHER;
   Erzengel METATRON

2. Die Engel Nr. 9 bis Nr. 16 bewohnen die Sephira HOCHMAH;
   Erzengel RAZIEL (Sephira DAATH, die große Kosmische Bibliothek)

3. Die Engel Nr. 17 bis Nr. 24 bewohnen die Sephira BINAH;
   Erzengel TSAPHKIEL

4. Die Engel Nr. 25 bis Nr. 32 bewohnen die Sephira HESED;
   Erzengel TSADKIEL

5. Die Engel Nr. 33 bis Nr. 40 bewohnen die Sephira GEBURAH;
   Erzengel KAMAEL

6. Die Engel Nr. 41 bis Nr. 48 bewohnen die Sephira TIPHERETH;
   Erzengel MIKAEL

7. Die Engel Nr. 49 bis Nr. 56 bewohnen die Sephira NETZACH;
   Erzengel HANIEL

8. Die Engel Nr. 57 bis Nr. 64 bewohnen die Sephira HOD;
   Erzengel RAPHAEL

9. Die Engel Nr. 65 bis Nr. 72 bewohnen die Sephira YESOD;
   Erzengel GABRIEL

10. Sephira MALKUTH;
    Erzengel SANDALFON

AÏN SOPH AOUR

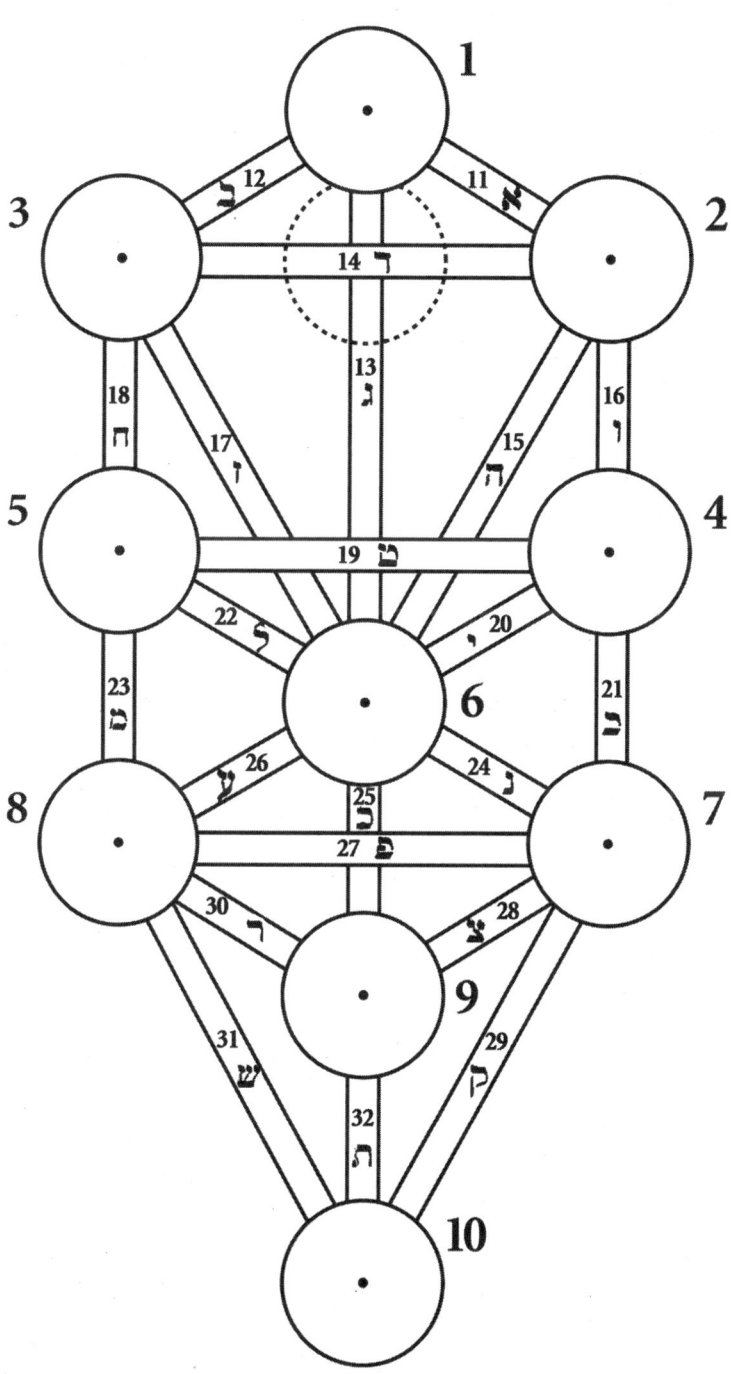

DIE BEDEUTUNG DER ENGELNAMEN
Tabelle 2

Sephira	Erzengel	Engel	Bedeutung der Engelnamen
1 KETHER	METATRON	1 VEHUIAH	Gott, Der über allen Dingen Stehende und Erhabene
		2 JELIEL	Gott, Der Versöhnung ist
		3 SITAEL	Gott, Der Baumeister des Universums
		4 ELEMIAH	Gott, Der Verborgene
		5 MAHASIAH	Gott, Der Berichtigende
		6 LELAHEL	Gott, Der die Schönheit ist
		7 ACHAIAH	Gott, Der Gütige und Geduldige
		8 CAHETEL	Gott, Der Segnende
2 HOCHMAH	RAZIEL	9 HAZIEL	Gott, Der Barmherzige
		10 ALADIAH	Gott, Der Gnade Gewährende
		11 LAUVIAH	Gott, Der Gelobte und Erhabene
		12 HAHAIAH	Gott, Der Zuflucht Gewährende
		13 IEZALEL	Gott, Der Treue
		14 MEBAHEL	Gott, Der Seine Versprechen hält
		15 HARIEL	Gott, Der Läuternde
		16 HEKAMIAH	Gott, Der Loyale
3 BINAH	TSAPHKIEL	17 LAUVIAH	Gott, Der Offenbarende
		18 CALIEL	Gott, Der Gerechtigkeit walten lässt
		19 LEUVIAH	Gott, Der sich Erinnernde
		20 PAHALIAH	Gott, Der Erlöser
		21 NELKHAEL	Gott, Der Allwissende und Alles-Erkennende
		22 YEIAYEL	Die Rechte Hand Gottes
		23 MELAHEL	Gott, Der von Übel und Krankheit befreit
		24 HAHEUIAH	Gott, Der Beschützer
4 HESED	TSADKIEL	25 NITH-HAIAH	Gott, Der Weisheit schenkt
		26 HAAIAH	Gott, Der Harmonie schafft
		27 YERATHEL	Gott, Der Vertrauen ist
		28 SEHEIAH	Gott des Ewigen Lebens
		29 REIYEL	Gott, Der Befreier
		30 OMAEL	Gott, Der Vermehrende
		31 LECABEL	Gott, Der Eingebung verleiht
		32 VASARIAH	Gott, Der Milde

Sephira	Erzengel	Engel	Bedeutung der Engelnamen
5 GEBURAH	KAMAEL	33 YEHUIAH	Gott, Der Einweihende
		34 LEHAHIAH	Gott der Gehorsamkeit
		35 CHAVAKHIAH	Gott, Der Versöhnende
		36 MENADEL	Gott der Arbeit
		37 ANIEL	Gott der Veränderungen
		38 HAAMIAH	Das Gott-Geweihte
		39 REHAEL	Das Gott-Empfängliche
		40 IEIAZEL	Gott, Der Tröstende
6 TIPHERETH	MIKAEL	41 HAHAHEL	Gott, Der Seelenhirt
		42 MIKAEL	Das Gott-Gleiche
		43 VEULIAH	Gott, Der Wohlstand Gewährende
		44 YELAHIAH	Der Diener Gottes
		45 SEALIAH	Gott, Der Antrieb aller Dinge
		46 ARIEL	Gott, Der Wahrnehmende
		47 ASALIAH	Gott, Der die Wahrheit weist
		48 MIHAEL	Gott, Der Fruchtbarkeit Gewährende
7 NETZACH	HANIEL	49 VEHUEL	Gott, Der Große und Erhabene
		50 DANIEL	Das Wort Gottes
		51 HAHASIAH	Gott der Medizin
		52 IMAMIAH	Gott, Der Erlösende
		53 NANAEL	Die Kommunikation mit Gott
		54 NITHAEL	Gott der Ewigen Jugend
		55 MEBAHIAH	Gott, Der Alles-Sehende
		56 POYEL	Gott, Die Stütze des Universums
8 HOD	RAPHAEL	57 NEMAMIAH	Gott des Unterscheidungsvermögens
		58 YEIALEL	Gott des schöpferischen Gedankens
		59 HARAHEL	Gott, Der alle Dinge kennt
		60 MITZRAEL	Gott, Der den Unterdrückten Linderung bringt
		61 UMABEL	Die Begegnung mit Gott
		62 IAHHEL	Gott, Das Höchste Wesen
		63 ANAUEL	Gott, Der Allumfassende
		64 MEHIEL	Gott, Der Alles-Belebende
9 YESOD	GABRIEL	65 DAMABIAH	Gott, Die Quelle der Weisheit
		66 MANAKEL	Gott, Jenseits von Gut und Böse
		67 EYAEL	Gott, Der Sublimierende
		68 HABUHIAH	Gott, Der Heilende
		69 ROCHEL	Gott, Der Wiedergebende
		70 JABAMIAH	Gott, Der Begleiter
		71 HAIAIEL	Gott, Meister des Universums
		72 MUMIAH	Gott der Wiedergeburt

DIE BESCHREIBUNG DER SEPHIROTH

Eine Sephira ist ein Lebenszentrum, ein Energie-Transformator, der die Schöpfungskraft Gottes umwandelt. In diesem Abschnitt werden die spezifischen Eigenschaften jeder einzelnen Sephira sowie ihre symbolische Verbindung mit den Planeten untersucht.

1) Die Sephira KETHER

Die Sephira KETHER stellt den Ur-Atem, der das Universum schafft, dar, die Schöpferische Willenskraft sowie die Quelle, wo jegliche Willenskraft ihren Ursprung hat. Diese Lebenssphäre versinnbildlicht das Ur-Feuer. Ihre symbolhafte Erscheinungsform ist der Planet Neptun, der die Eingebung des Göttlichen Schöpfungsplans verkörpert.

2) Die Sephira HOCHMAH

Fontäne des Lichtes, Quellpunkt der Kosmischen Energie in ihrem ur-reinen Zustand, Zentrum der Göttlichen Liebe und Weisheit – die symbolhafte Offenbarung der Sephira HOCHMAH ist der Planet Uranus. Die Güte ist das Kennzeichen der Uranus-Energie, welcher das Böse fremd ist und die alles Böse auflöst. Der Planet Uranus versinnbildlicht die Brüderlichkeit, den Altruismus und die Evolution.

3) Die Sephira BINAH

Die Sephira BINAH verleiht den Formen ihre Begrenzung. Ihrer Verantwortung unterliegt der Kristallisationsprozess, dank dem der Ur-Geist über einen physischen Körper verfügen kann, den er braucht, um seine Erfahrungen machen zu können. Diese Sephira stellt die weibliche Kraft des Universums, die Ur-Matrize, dar. Sie enthält gewissermaßen die Gebrauchsanweisung der Kosmischen Regeln und Gesetze. Symbolisch tritt sie in der Form des Planeten Saturn in Erscheinung, der u.a. das Pflichtbewusstsein, die Ausdauer, die Konzentrationsfähigkeit und die Stabilität versinnbildlicht.

4) Die Sephira HESED

Als Lebenszentrum der Organisation, der konkreten Ausführung, des Wohlstands und Reichtums, der Macht und Autonomie hat die Sephira HESED paradiesischen Charakter. Sie ist symbolisch dem Planeten Jupiter verbunden, der u.a. die Anwendung der Kosmischen

Gesetze, den Gemeinschaftssinn und die Geselligkeit, den Optimismus und generell die Ausdehnungskraft sinnbildlich darstellt.

5) Die Sephira GEBURAH

Dieses Lebenszentrum ist Sitz der Himmlischen Chirurgen, die dann eingreifen, wenn die Kosmischen Gesetze nicht beachtet wurden. Die Sephira GEBURAH verleiht ausdauernde Lebenskraft und Rüstigkeit, und sie betrifft die Arbeit. Sie ist symbolisch mit dem Planeten Mars verbunden, der u.a. die Tatkraft, die Aktivität, die Dynamik, den Mut und die Offenherzigkeit versinnbildlicht.

6) Die Sephira TIPHERETH

Dieses Lebenszentrum schafft im Menschen das Bewusstsein. Es dient als Übermittlungsort zwischen den Ebenen des Geistes und den Ebenen der Form. Die Sephira TIPHERETH stellt die Synthese aller Sephiroth dar. Symbolisch ist sie mit der Sonne verbunden, welche u.a. die Kreativität, die Autorität, die Synthese und die Ausstrahlung versinnbildlicht.

7) Die Sephira NETZACH

Die Sephira NETZACH vermittelt die Schönheit und ist jener Teil unserer inneren Göttlichkeit, welcher uns Geschenke und glückliche Lösungen anbietet. NETZACH stellt die Materialisierung der Liebe und die Gewährung des Glücks dar. Sie ist eine Oase, ein Bereich der Ruhe und des Wohlseins und tritt symbolisch durch den Planeten Venus in Erscheinung, der u.a. die glücklichen Ereignisse, die Sanftheit, die Raffinesse und die Schönheitsliebe verkörpert.

8) Die Sephira HOD

Als Endstadium der Ausarbeitung des Lebensplans wendet die Sephira HOD die Gesetze der Sephira BINAH auf einer Materialisierungsebene an, die der physisch-körperlichen Welt bereits verhältnismäßig nahe ist. In der materiellen Dimension des Universums tritt diese Sephira in der Form des Planeten Merkur in Erscheinung, welcher u.a. die praktische Intelligenz, die Fähigkeit der Analyse, die Wissenschaft der Analogien und die Fähigkeit des menschlichen Intellekts, zwischen Richtig und Falsch zu unterscheiden, verkörpert.

9) Die Sephira YESOD
Als Zentrum, in dem die Bilder erzeugt werden, projiziert die Sephira YESOD das Höhere Bewusstsein – welches die Sephira TIPHERETH darstellt – nach unten und leitet damit das physisch-körperliche Handeln ein. Das geschieht, indem sie die Synthese der Befehle, die von den andern Sephiroth kommen, aufnimmt, und sie an die Ebene der Materialität (MALKUTH) weiterleitet. Andererseits kanalisiert sie nach oben die Informationen, die von der Sephira MALKUTH kommen – d.h. die Gesamtheit der Kenntnisse, die durch unsere Handlungen und Taten auf der physisch-materiellen Ebene erworben werden – und die auf diese Weise dem Höheren Bewusstsein übermittelt werden. In der materiellen Dimension des Universums tritt dieses Lebenszentrum symbolhaft in der Form des Mondes in Erscheinung, der u.a. die Rezeptivität (Empfänglichkeit), die weibliche Polarität, die Einbildungskraft und die Fruchtbarkeit verkörpert. Die ihr innewohnende Eigenschaft der Neutralität macht es dieser Sephira möglich, die erhaltenen Antriebe und Stosskräfte zu übermitteln, zu verdichten und zu kristallisieren, ohne sie zu verändern.

10) Die Sephira MALKUTH
Dieses Lebenszentrum stellt das physisch-körperliche Ich dar und ist dem Planeten Erde verbunden. Es betrifft die Materialität, d.h. die Körperlichkeit, das materielle Bestehen, die konkret-materielle Existenz.

DIE HIN- UND RÜCKWEGE

Wie wir gesehen haben, sind die Engel in neun Gruppen von jeweils acht Engeln aufgeteilt, die eine besondere Charakteristik gemeinsam haben, jene der Sephira, die Ihr Domizil darstellt. Jeder der acht Engel einer Gruppe bringt Seine spezifischen Eigenschaften in einer anderen Sephira zum Ausdruck als derjenigen, die Seinen Wohnsitz darstellt, außer einem Engel in jeder Gruppe, der Seinem Wesen in Seiner ursprünglichen Lebenssphäre Ausdruck verleiht. Die Engel einer Gruppe unterscheiden sich folglich untereinander nach der Art und Weise, in der Sie Ihr Wesen zum Ausdruck bringen, was man Ihre Besonderheit nennt.

Folgende Analogie hilft, diese Erklärung besser zu erfassen: Wir wollen dazu die Sephiroth mit Ländern vergleichen, die alle ihre eigene Kultur haben. Wenn ein Mensch, den wir A nennen wollen und der in Deutschland geboren ist, nach Italien auswandert, dann wird er die Kultur seines Herkunftslandes beibehalten, sich aber gleichzeitig an die Mentalität seines Gastlandes anpassen und dessen Sprache erlernen müssen. Dieser Bewegungsverlauf beschreibt das, was man einen Weg von Deutschland nach Italien nennt. Der umgekehrte Weg, der von Italien nach Deutschland führt, wird – wie man leicht schlussfolgern kann – von einem Menschen, den wir B nennen wollen, zurückgelegt, der in Italien geboren ist und nach Deutschland auswandert, wo er sich an die deutsche Kultur anpassen und auch die Sprache seines Gastlandes erlernen muss. In diesem Beispiel werden die mit A und B bezeichneten Menschen als sich ergänzend (komplementär) betrachtet.

Diese Gedankenfolge beibehaltend, erwägen wir nun das Beispiel von zwei komplementären Engeln: Der Engel Nr. 22 YEIAYEL, der in der Sephira BINAH wohnt und der Seine Besonderheit oder Ausdruckskraft in der Sephira NETZACH zur Geltung bringt, und der Engel Nr. 50 DANIEL, der umgekehrt in der Sephira NETZACH Seine Residenz hat und dessen Besonderheit in der Sephira BINAH zum Ausdruck kommt. Diese beiden Engel werden als komplementär bezeichnet, weil Sie Wege beschreiben, die die gleichen Sephiroth verbinden, jedoch in entgegengesetzter Richtung. Was jene Engel betrifft, deren Besonderheit in der Sephira in Erscheinung tritt, die auch Ihr Domizil darstellt, so kann man Sie mit Menschen vergleichen, die ihr ganzes Leben in ihrem Ursprungsland verbringen.

Hinsichtlich ihrer numerischen Anordnung im Lebensbaum nimmt die Sephira BINAH einen höheren Platz ein als die Sephira NETZACH. Aus diesem Grund bezeichnet man den vom Engel Nr. 22 YEIAYEL zurückgelegten Weg als einen *Hinweg*, und umgekehrt den vom Engel Nr. 50 DANIEL durchlaufenen Weg als einen *Rückweg*, denn sein Wegverlauf ist aufsteigend, d.h. die Energien verfeinern sich (während sie sich auf dem abwärts verlaufenden Hinweg verdichten). So ergibt die komplementäre Zuordnung von je zwei Engeln im Lebensbaum die *Hin- und Rückwege*. Tabelle 3 auf Seite 36 verbildlicht diese Zuordnung. In dieser Tabelle ist unter der Zahl des jeweiligen Engels die Zahl des komplementären Engels aufgeführt. Die Hinwege sind mit H und die Rückwege mit R angegeben.

Jene Engel, die Ihrer Besonderheit in Ihrer ursprünglichen Sephira – d.h. in Ihrem Domizil – Ausdruck geben, bezeichnet man als doppelte Engel, da Ihre Ausgangs- und Zielpunkte identisch sind. Es handelt sich um die Engel Nr. 9 HAZIEL, 18 CALIEL, 27 YERATHEL, 36 MENADEL, 45 SEALIAH, 54 NITHAEL, 63 ANAUEL und 72 MUMIAH. Diese Engel sind in der Tabelle 3 mit dem Buchstaben D vermerkt.

Es gibt keinen Rückweg in die Sephira KETHER. Das erklärt sich aufgrund der Tatsache, dass diese Lebenssphäre die symbolische Darstellung des Göttlichen Willens ist.

DIE HIN- UND RÜCKWEGE

Tabelle 3

1 KETHER			2 HOCHMAH			3 BINAH		
1 Vehuiah	HOCHMAH	A	9 Haziel	HOCHMAH	D	17 Lauviah	HOCHMAH	R
						10		A
2 Jeliel	BINAH	A	10 Aladiah	BINAH	A	18 Caliel	BINAH	D
			17		R			
3 Sitael	HESED	A	11 Lauviah	HESED	A	19 Leuviah	HESED	A
			25		R	26		R
4 Elemiah	GEBURAH	A	12 Hahaiah	GEBURAH	A	20 Pahaliah	GEBURAH	A
			33		R	34		R
5 Mahasiah	TIPHERETH	A	13 Iezalel	TIPHERETH	A	21 Nelkhael	TIPHERETH	A
			41		R	42		R
6 Lelahel	NETZACH	A	14 Mebahel	NETZACH	A	22 Yeiayel	NETZACH	A
			49		R	50		R
7 Achaiah	HOD	A	15 Hariel	HOD	A	23 Melahel	HOD	A
			57		R	58		R
8 Cahetel	YESOD	A	16 Hekamiah	YESOD	A	24 Haheuiah	YESOD	A
			65		R	66		R

4 HESED			5 GEBURAH			6 TIPHERETH		
25 Nith-Haiah	HOCHMAH	R	33 Yehuiah	HOCHMAH	R	41 Hahahel	HOCHMAH	R
11		A	12		A	13		A
26 Haaiah	BINAH	R	34 Lehahiah	BINAH	R	42 Mikael	BINAH	R
19		A	20		A	21		A
27 Yerathel	HESED	D	35 Chavakhiah	HESED	R	43 Veuliah	HESED	R
			28		A	29		A
28 Seheiah	GEBURAH	A	36 Menadel	GEBURAH	D	44 Yelahiah	GEBURAH	R
35		R				37		A
29 Reiyel	TIPHERETH	A	37 Aniel	TIPHERETH	A	45 Sealiah	TIPHERETH	D
43		R	44		R			
30 Omael	NETZACH	A	38 Haamiah	NETZACH	A	46 Ariel	NETZACH	A
51		R	52		R	53		R
31 Lecabel	HOD	A	39 Rehael	HOD	A	47 Asaliah	HOD	A
59		R	60		R	61		R
32 Vasariah	YESOD	A	40 Ieiazel	YESOD	A	48 Mihael	YESOD	A
67		R	68		R	69		R

7 NETZACH			8 HOD			9 YESOD		
49 Vehuel	HOCHMAH	R	57 Nemamiah	HOCHMAH	R	65 Damabiah	HOCHMAH	R
14		A	15		A	16		A
50 Daniel	BINAH	R	58 Yeialel	BINAH	R	66 Manakel	BINAH	R
22		A	23		A	24		A
51 Hahasiah	HESED	R	59 Harahel	HESED	R	67 Eyael	HESED	R
30		A	31		A	32		A
52 Imamiah	GEBURAH	R	60 Mitzrael	GEBURAH	R	68 Habuhiah	GEBURAH	R
38		A	39		A	40		A
53 Nanael	TIPHERETH	R	61 Umabel	TIPHERETH	R	69 Rochel	TIPHERETH	R
46		A	47		A	48		A
54 Nithael	NETZACH	D	62 Iahhel	NETZACH	R	70 Jabamiah	NETZACH	R
			55		A	56		A
55 Mebahiah	HOD	A	63 Anauel	HOD	D	71 Haiaiel	HOD	R
62		R				64		A
56 Poyel	YESOD	A	64 Mehiel	YESOD	A	72 Mumiah	YESOD	D
70		R	71		R			

TABELLE DER ENTSPRECHUNGEN MIT DEM TIERKREIS

Tabelle 4

1 KETHER		2 HOCHMAH		3 BINAH	
1 Vehuiah	Widder	9 Haziel	Stier	17 Lauviah	Zwilling
2 Jeliel	Widder	10 Aladiah	Stier	18 Caliel	Zwilling
3 Sitael	Widder	11 Lauviah	Stier	19 Leuviah	Krebs
4 Elemiah	Widder	12 Hahaiah	Stier	20 Pahaliah	Krebs
5 Mahasiah	Widder	13 Iezalel	Zwilling	21 Nelkhael	Krebs
6 Lelahel	Widder	14 Mebahel	Zwilling	22 Yeiayel	Krebs
7 Achaiah	Stier	15 Hariel	Zwilling	23 Melahel	Krebs
8 Cahetel	Stier	16 Hekamiah	Zwilling	24 Haheuiah	Krebs

4 HESED		5 GEBURAH		6 TIPHERETH	
25 Nith-Haiah	Löwe	33 Yehuiah	Jungfrau	41 Hahahel	Waage
26 Haaiah	Löwe	34 Lehahiah	Jungfrau	42 Mikael	Waage
27 Yerathel	Löwe	35 Chavakhiah	Jungfrau	43 Veuliah	Skorpion
28 Seheiah	Löwe	36 Menadel	Jungfrau	44 Yelahiah	Skorpion
29 Reiyel	Löwe	37 Aniel	Waage	45 Sealiah	Skorpion
30 Omael	Löwe	38 Haamiah	Waage	46 Ariel	Skorpion
31 Lecabel	Jungfrau	39 Rehael	Waage	47 Asaliah	Skorpion
32 Vasariah	Jungfrau	40 Ieiazel	Waage	48 Mihael	Skorpion

7 NETZACH		8 HOD		9 YESOD	
49 Vehuel	Schütze	57 Nemamiah	Steinbock	65 Damabiah	Wassermann
50 Daniel	Schütze	58 Yeialel	Steinbock	66 Manakel	Wassermann
51 Hahasiah	Schütze	59 Harahel	Steinbock	67 Eyael	Fische
52 Imamiah	Schütze	60 Mitzrael	Steinbock	68 Habuhiah	Fische
53 Nanael	Schütze	61 Umabel	Wassermann	69 Rochel	Fische
54 Nithael	Schütze	62 Iahhel	Wassermann	70 Jabamiah	Fische
55 Mebahiah	Steinbock	63 Anauel	Wassermann	71 Haiaiel	Fische
56 Poyel	Steinbock	64 Mehiel	Wassermann	72 Mumiah	Fische

DIE 72 ENGEL DER TRADITIONELLEN ENGELLEHRE

Für Reisen in unbekannte Länder sind geografische Karten sehr nützlich oder sogar unerlässlich. Dasselbe gilt für die Erforschung des Bewusstseins, das so weitläufig ist, dass man, will man sich damit beschäftigen, Anhaltspunkte braucht, um sich nicht darin zu verlieren. Jeder Bewusstseinsstrahl hat seine Besonderheiten. Damit wir die Strahlen unterscheiden können, hat die Traditionelle Engellehre für jeden Engel die Liste Seiner Qualitäten sowie der entsprechenden Verzerrungen überliefert. Diese werden im nachfolgenden Kapitel aufgeführt. Das regelmäßige Studium dieser kurzen Zusammenfassungen macht uns mit jedem einzelnen der 72 Engel vertraut und vermittelt unserer Arbeit eine Struktur.

Diese sehr alten Listen sind das Ergebnis jahrhundertelanger intensiver Suche und gewissenhafter Nachforschungen im Bereich des Bewusstseins. In diesem Buch wurden sie für eine umfassende Anwendung an unsere Zeit angepasst.

Wie bedient man sich dieser Aufstellungen? Arbeitet man mindestens fünf Tage lang mit einer Engelenergie, so konzentriert man seine ganze Aufmerksamkeit auf diesen bestimmten Strahl oder Teil des Bewusstseins. Dies erlaubt, zu beobachten, wie sich der Engel manifestiert. Er zeigt sich – je nach dem Inhalt des mit dem betreffenden Strahl verbundenen persönlichen Gedächtnisspeichers – entweder in Seiner ganzen Reinheit oder aber Er lässt die Verzerrungen hervortreten. Eines ist jedoch absolut sicher: Er wird sich zu erkennen geben. Es ist in der Tat außerordentlich erstaunlich, wie man in den Träumen und den alltäglichen Gegebenheiten und Ereignissen des Lebens genau den Besonderheiten des angerufenen Engels begegnet. Wenn man auf den Inhalt der Träume und Erlebnisse achtet, kann man die Entsprechungen in der nachfolgenden Engel-Merkliste erkennen und dadurch bewusst an der Arbeit, die der Engel vollbringt, teilhaben.

Anmerkung: Es ist wichtig, die Qualitäten und Verzerrungen zuerst vor allem in der Sprache des Bewusstseins zu deuten, das heißt, dass sie nicht nur im buchstäblichen Sinn zu interpretieren sind.

1 VEHUIAH

- Göttlicher Wille
- Überbringer der ursprünglichen Schöpferflamme
- Fähigkeit, etwas in Angriff zu nehmen, zu beginnen
- Erfolgreiche Neuschöpfungen
- Führt zu einer noch nie da gewesenen Arbeit im Bereich der Avantgarde
- Geht als gutes Beispiel voran, stellt ein Vorbild dar, ist ein Leader
- Hilft aus Verwirrung und Sackgassen herauszufinden
- Wiedergewinn von Energie, die die Heilung von Krankheit und Depression unterstützt
- Reichhaltige Energie, Mut, Kühnheit, Tapferkeit
- Fähigkeit zu lieben, als wäre es das erste Mal

Verzerrungen
- *Mangelnde Dynamik, schwacher Wille*
- *Dickköpfig, verbissen, aufdringlich, autoritär,*
- *Löst Wut und turbulentes Geschehen aus*
- *Mischt sich in Angelegenheiten ein, die schlecht ausgehen*
- *Handelt, ohne zu überlegen; gefährliche Leidenschaft*
- *Gewalttätige Situationen, Unbeherrschtheit, Zerstörung des Umfelds*
- *Unfähig, seinen Kurs zu bestimmen*
- *Zwingt seinen Willen auf, will das Schicksal erzwingen*

Physisch: **21. März bis 25. März**
Emotional: **9. Januar, 21. März, 3. Juni, 17. August, 30. Oktober**
Intellektuell: **0.00 bis 0.19 Uhr**
Domizil: KETHER / Besonderheit: HOCHMAH

2 JELIEL

- Liebe, Weisheit
- Fähigkeit, jegliche Realität zu konkretisieren und zu verstärken
- Von der Vorsehung bestimmte Verbindung
- Vermittelt Zuverlässigkeit, Ruhe und Fruchtbarkeit
- Gewährt die Treue des Lebensgefährten
- Regelt jeden Streitfall, jede Konfliktsituation
- Altruismus (Nächstenliebe, wohlwollende, uneigennützige Liebe), versucht überall die Liebe zum Ausdruck zu bringen
- Vermittler, Schlichter
- Vereinigt das männliche und das weibliche Prinzip
- Gesellige Gemütlichkeit; harmonisches Leben
- Machtvolles Wort, das Ruhe verbreitet
- Hilft die eigenen inneren Aufstände zu besänftigen
- Überzeugungskraft, Klarheit in der theoretischen Analyse

Verzerrungen
- *Mangelnde Liebe, fehlende Weisheit*
- *Perverse Gewohnheiten, Korruption*
- *Hält sich in schlechter Gesellschaft auf*
- *Tyrannei, Unterdrückung, Streit, dauernder Konflikt*
- *Uneinigkeit, Trennung, Scheidung*
- *Egoistisches Junggesellentum, lehnt aus Egoismus die Kinder ab*
- *Schwierigkeit, einen Lebensgefährten zu finden*

Physisch: **26. März bis 30. März**
Emotional: **10. Januar, 22. März, 4. Juni, 18. August und Vormittag des 19. August, 31. Oktober**
Intellektuell: **0.20 bis 0.39 Uhr**
Domizil: KETHER / Besonderheit: BINAH

3 SITAEL

- Aufbau
- Baumeister, sowohl innerlich wie äußerlich
- Praktische Veranlagung, Planer, Stratege
- Ehrlicher und integrer Verwalter
- Hilft jede Schwierigkeit und alle Widrigkeiten überwinden
- Schenkt Expansionskraft, lässt alles Früchte hervorbringen
- Gewährt Unterstützung beim Bewusstwerden der Fehler und bei der Auflösung des Karmas
- Würde und Großherzigkeit (Großzügigkeit, Milde)
- Ist seinem gegebenen Wort treu; Friedensstifter
- Arbeitsstelle mit großer Verantwortung
- Architekt und Ingenieur im Dienste des Göttlichen
- Verhandlungstalent; Begeisterung
- Soziale und politische Bekanntheit

Verzerrungen
- *Zusammenbruch der Strukturen, ungünstige Zeitspanne, Ruin*
- *Gier, Maßlosigkeit, teuflische Strategie*
- *Fehler in der Vorbereitung, Planung und Einschätzung*
- *Aggressivität, Undankbarkeit, Prahlerei*
- *Heuchelei, legt nur auf das Äußere Wert, ist nicht authentisch*
- *Hält seine Versprechen nicht, ist dem gegebenen Wort nicht treu*

Physisch: **31. März bis 4. April**
Emotional: **11. Januar, 23. März, 5. Juni, 19. August am Nachmittag und 20. August, 1. November**
Intellektuell: **0.40 bis 0.59 Uhr**
Domizil: KETHER / Besonderheit: HESED

4 ELEMIAH

- Göttliche Macht
- Gerechte und angemessene Autorität
- Wiederaufrichtung; Entdeckung eines neuen Wegs
- Kraft, die hilft aktiv zu werden; Entscheidungskraft
- Beteiligung an der Schicksalsgestaltung
- Studium und Enthüllung des Lebensplans
- Entdeckung der beruflichen Ausrichtung
- Initiative, Unternehmungsgeist, Engagement
- Optimismus; Ende einer schwierigen Lebensphase
- Verschwinden von Unruhe und Sorgen
- Erlaubt diejenigen zu identifizieren, die uns verraten haben, damit wir mit ihnen Frieden schließen können

Verzerrungen
- *Teuflische Macht, die auf die Befriedigung der persönlichen Bedürfnisse ausgerichtet ist*
- *Trägheit, zerstörerische Tendenzen*
- *Beruflicher Misserfolg, Konkurs, Rückschlag, zerstörerische Phase*
- *Verrat, Vorhandensein innerer Verräter*
- *Pessimismus, Sorgen, seelische Qualen, gefährlicheEntdeckungen*
- *Gier und Machtmissbrauch*
- *Wird von anderen beherrscht*
- *Erschöpfung, ist am Ende seiner Kräfte*
- *Gefühl der Überlegenheit oder Minderwertigkeitsgefühl*

Physisch: **5. April bis 9. April**
Emotional: **12. Januar, 24. März, 6. Juni, 21. August, 2. November**
Intellektuell: **1.00 bis 1.19 Uhr**
Domizil: Kether / Besonderheit: Geburah

5 MAHASIAH

- Berichtigung der Fehler
- Wiederherstellung der Göttlichen Ordnung; Reformen
- Korrigiert vor der Materialisierung das, was nicht aufrecht gedeiht
- Erleichtert das Lernen
- Fähigkeit, in Frieden zu leben und die einfachen und natürlichen Dinge zu genießen
- Erfolg bei Prüfungen
- Eintritt in eine Einweihungsschule
- Traumdeutung, Studium der Symbolsprache
- Entschlüsselung der im Alltagsleben enthaltenen Zeichen
- Begabung für die Einweihungswissenschaften
- Verbesserung des Charakters; schönes und glückliches Leben
- Begabung für des Erlernen der Sprachen

Verzerrungen
- *Rachsüchtig, nachtragend, voller Vorurteile, arrogant*
- *Boshaft, heimtückisch*
- *Unwissenheit*
- *Zügellosigkeit, sexueller Missbrauch*
- *Streitet seine Fehler ab, schlechter Charakter, schwieriges Zusammenleben*
- *Schwierigkeiten beim Lernen, trifft schlechte Wahlen, autoritär*
- *Tritt einer spirituellen Bewegung bei, um der Realität zu entfliehen*
- *Schwache Gesundheit*

Physisch: **10. April bis 14. April**
Emotional: **13. Januar, 25. März, 7. Juni, 22. August, 3. November**
Intellektuell: **1.20 bis 1.39 Uhr**
Domizil: **KETHER** / Besonderheit: **TIPHERETH**

6 LELAHEL

- Das Göttliche Licht, das alles heilt (das Licht der Liebe)
- Klarheit des Geistes, klares Verständnis
- Berühmtheit, Glück, Vermögen, Reichtum
- Verschönerung, natürliche Schönheit
- Spiegel der Seele
- Kunst, sich in der Gesellschaft gut auszudrücken
- Berühmtheit, die auf dem Talent und den geschaffenen Werken beruht
- Künstler

Verzerrungen
- *Ehrgeiz*
- *Verbirgt sich hinter Masken, Persönlichkeit mit vielen Gesichtern*
- *Rein äußerliche Schönheit*
- *Hält sich für unentbehrlich*
- *Gefühl der Überlegenheit oder Minderwertigkeitsgefühl*
- *Unnötige Ausgaben, Verschwendung*
- *Tendenz, alles als selbstverständlich anzunehmen*
- *Unrechtmäßig erworbenes Vermögen (schmutziges Geld)*
- *Emporkömmling, hochmütig*
- *Ist nur auf das Materielle fixiert*
- *Setzt seinen Charme zu persönlichen Zwecken ein*
- *Lebt über seine Mittel und Verhältnisse hinaus*
- *Unsichere Situation*

Physisch: **15. April bis 20. April**
Emotional: **14. Januar, 26. März, 8. Juni, 23. August, 4. November**
Intellektuell: **1.40 bis 1.59 Uhr**
Domizil: KETHER / Besonderheit: NETZACH

7 ACHAIAH

- Geduld
- Erkennt die Rolle, die die Geduld im Entstehungsprozess des Universums spielt
- Hilft die Wahrheit zu entdecken; Erforschung der inneren und äußeren Dimensionen
- Gute Verwendung der Wartezeiten
- Erleichtert das Ausführen schwieriger Arbeiten
- Fähigkeit, zu unterscheiden und das Verborgene aufzudecken
- Verbreitet das Licht (des wahren Wissens und der wahren Erkenntnis)
- Erleichtert die Verbreitung über die Medien wie Computer, Fernsehen, Radio, Presse und Verlage
- Hilft Prüfungen zu bestehen und schwierige Probleme zu lösen, weckt den Wunsch, zu lernen
- Deckt die verborgenen Geheimnisse auf, findet neuartige Lösungen

Verzerrungen
- *Ungeduld, Aufstand, Resignation*
- *Faulheit, Vernachlässigung, Unbekümmertheit, Unwissenheit*
- *Hat keine Lust zu lernen, studiert nicht*
- *Misserfolg bei Prüfungen, Verwirrung und Ratlosigkeit angesichts neuer Situationen*
- *Fühlt sich bei widrigen Umständen gelähmt*
- *Wird von Führungsposten ferngehalten oder entfernt*
- *Manipulation durch Medien; strebt nach persönlichem Ruhm*
- *Hält seine Versprechen nicht*

Physisch: **21. April bis 25. April**
Emotional: **15. Januar, 27. März, 9. Juni, 24. August, 5. November**
Intellektuell: **2.00 bis 2.19 Uhr**
Domizil: KETHER / Besonderheit: HOD

8 CAHETEL

- Göttlicher Segen
- Dankbarkeit
- Materialisiert den Göttlichen Willen
- Geburt, Niederkunft
- Leichter Erfolg, Fortschritt, hilft die Lebensart ändern
- Große Arbeitskapazität, aktives Leben
- Materieller Reichtum
- Fruchtbarer Boden, reiche Ernte, Nahrung für die Seele
- Harmonie mit den Kosmischen Gesetzen
- Schutzpatron der vier Elemente: Feuer, Luft, Wasser, Erde
- Befreit von bösen Geistern

Verzerrungen
- *Persönlichkeitskult, Räuber*
- *Materieller Misserfolg, Ruin*
- *Unnütze und fruchtlose Tätigkeit*
- *Übermäßige Willenskraft, Sturheit, Starrsinn*
- *Willkür, Hochmut, boshafter Charakter, Gotteslästerer*
- *Vermögen, das einzig zu materiellen Zwecken verwendet wird*
- *Strömende Regenfälle, Überschwemmungen, Wasserverschmutzung*
- *Katastrophales Klima, Feuersbrünste*
- *Unklare, verworrene Gefühle, Aggressionen, Übertretungen*
- *Gesetzwidriges Handeln, Korruption, richtet seine Mitmenschen zugrunde*

Physisch: **26. April bis 30. April**
Emotional: **16. Januar, 28. März, 10. Juni, 25. August, 6. November**
Intellektuell: **2.20 bis 2.39 Uhr**
Domizil: KETHER / Besonderheit: YESOD

9 HAZIEL

- Göttliche Liebe
- Göttliche Barmherzigkeit
- Gabe des Verzeihens, Versöhnung
- Gutgläubigkeit
- Vertrauen, Aufrichtigkeit
- Güte, die alles Böse vergibt
- Machtvolle Energie, die alle negativen Einstellungen verwandelt
- Stütze, Freundschaft, Rückhalt, Gnade, Gunst der Mächtigen
- Versprechen, Engagement
- Altruismus, Uneigennützigkeit
- Kindliche Reinheit

Verzerrungen
- *Fehlende Liebe: Besitzergreifung, Eifersucht, Leidenschaft, Angst, zu lieben und geliebt zu werden*
- *Hass, Krieg, Unversöhnlichkeit*
- *Heuchler, täuscht die Mitmenschen*
- *Manipuliert, um die Gunst der Mächtigen zu gewinnen*
- *Nachtragend, boshaft, feindselig*

Physisch: **1. Mai bis 5. Mai**
Emotional: **17. Januar, 29. März, 11. Juni, 26. August, 7. November**
Intellektuell: **2.40 bis 2.59 Uhr**
Domizil: HOCHMAH / Besonderheit: HOCHMAH

10 ALADIAH

- Göttliche Gnade, die alle Fehler vergibt und verzeiht
- Karmaauflösung
- Spiritueller und materieller Wohlstand
- Unschuld
- Wiedereingliederung in die Gesellschaft
- Große Heilkraft
- Regenerierung, blühende Gesundheit
- Hilft den Mittellosen
- Neuer Aufbruch, zweite Chance

Verzerrungen
- *Gefährliche Spiritualität, falscher Guru*
- *Verschwendung*
- *Nicht gehaltene Versprechen*
- *Verborgene Straftaten*
- *Moralischer Verfall*
- *Vernachlässigung*
- *Nonchalance, Gleichgültigkeit, Schlappheit*
- *Schwache Gesundheit, schwieriges Karma*
- *Bulimie (Fresssucht), sexuelle Ausschweifung, Wolllust*
- *Sträfling, Verbrecher*

Physisch: **6. Mai bis 10. Mai**
Emotional: **18. Januar, 30. März, 12. Juni und Vormittag des 13. Juni, 27. August, 8. November**
Intellektuell: **3.00 bis 3.19 Uhr**
Domizil: HOCHMAH / Besonderheit: BINAH

11 LAUVIAH

- Göttlicher Sieg
- Erfolg, Renommee, Berühmtheit
- Sachverstand
- Leben voller Ergebenheit
- Altruismus, Güte
- Empfängt Gottes Licht
- Vertrauen, Begeisterung, Freude
- Erfolgreiche Einweihungen
- Lobpreisende Liebe für Gottes Werk
- Für die Menschheit nützliche und vorteilhafte Unternehmen
- Kann von den Großen dieser Welt alles erhalten
- Kosmische Organisation

Verzerrungen
- *Misserfolg, Eifersucht, Hochmut, Verleumdung*
- *Extravaganz, Ehrgeiz, Machtgier*
- *Verweigert die Berühmtheit*
- *Mittelmäßiges Leben*
- *Sucht einzig die Befriedigung in physisch-materiellen Mitteln*
- *Wendet Listen an, um zum Ziel zu kommen; perverse Werke*
- *Steckt seine Ziele zu hoch oder zu tief*
- *Blitzschlag, Rüge der Kosmischen Intelligenz*
- *Übertreibungen*

Physisch: **11. Mai bis 15. Mai**
Emotional: **19. Januar, 31. März, 13. Juni** nachmittags und **14. Juni, 28. August, 9. November**
Intellektuell: **3.20 bis 3.39 Uhr**
Domizil: Hochmah / Besonderheit: Hesed

12 HAHAIAH

- Himmlische Zuflucht, Meditation, Verinnerlichung
- Liebt das Alleinsein, die Einsamkeit
- Innere Harmonisierung, indem man sich in Frage stellt
- Verwandelt zerstörerische Haltungen
- Isoliert negative Tendenzen in einem Energiekreis
- Studium des eigenen Lebens
- Auflösung der Aggressivität
- Erleichtert die Traumdeutung, verschafft Zugang zu den verborgenen Mysterien
- Schenkt Frieden, beschützt
- Verstärkt die medialen Fähigkeiten
- Positive Haltung, Diskretion

Verzerrungen
- *Isoliertheit, Abkapselung*
- *Impulsivität, Aggressivität*
- *Abhängigkeiten*
- *Negative Einstellung, Indiskretion*
- *Lüge, Vertrauensmissbrauch, Verrat*
- *Halluzinationen*
- *Vorspiegelung falscher Tatsachen und Hirngespinste eines geistig gestörten Mediums*
- *Verwechslung von Traum und Wirklichkeit*
- *Krankhafte Ängste (Phobien): Agoraphobie (Platzangst beim Überqueren offener, freier Plätze), Klaustrophobie (Platzangst in geschlossenen, engen Räumen) usw.*

Physisch: **16. Mai bis 20. Mai**
Emotional: **20. Januar, 1. April, 15. Juni, 29. August, 10. November**
Intellektuell: **3.40 bis 3.59 Uhr**
Domizil: **HOCHMAH** / Besonderheit: **GEBURAH**

13 IEZALEL

- Treue
- Versöhnung, seelische und geistige Verwandtschaft, Affinitäten
- Leichtes Lernen
- Fähigkeit, sich glückliche Erinnerungen ins Gedächtnis zu rufen
- Freundschaft, Zusammenkünfte
- Treuer Diener
- Bereitet die Begegnungen vor
- Ist den Göttlichen Prinzipien treu
- Gibt der Einheit, dem Bund Form
- Ergänzung und Gleichgewicht zwischen dem männlichen und dem weiblichen Prinzip
- Ordnung, Harmonie

Verzerrungen
- *Untreue*
- *Ankettung, Leidenschaft*
- *Schwierigkeiten in der Ehe, Trennung*
- *Unkenntnis, Fehler, Irrtümer*
- *Beschränkter Geist*
- *Tendenz, aus den Erfahrungen keine Lehre zu ziehen*
- *Entfernung der geliebten Menschen*
- *Lug und Betrug*
- *Will nicht lernen*
- *Negativer Einfluss auf die Mitmenschen und Situationen*

Physisch: **21. Mai bis 25. Mai**
Emotional: **21. Januar, 2. April, 16. Juni, 30. August, 11. November**
Intellektuell: **4.00 bis 4.19 Uhr**
Domizil: HOCHMAH / **Besonderheit:** TIPHERETH

14 MEBAHEL

- Engagement
- Humanitäre Hilfe, Altruismus
- Devise: Wahrheit, Freiheit, Gerechtigkeit
- Bedingungslose Liebe
- Inspirationen, die aus den Höheren Welten kommen
- Befreiung der Unterdrückten und Gefangenen
- Hilft denen, die die Hoffnung verloren haben
- Rechtschaffen, liebt, was richtig ist, stellt die natürliche Ordnung wieder her
- Respektvoller Umgang mit der Umwelt
- Exorzist
- Vermittler
- Reichtum, Erhebung der Sinne

Verzerrungen
- *Hält seine Verpflichtungen und Versprechungen nicht ein*
- *Gefühl, nicht geliebt zu werden oder verstoßen zu sein*
- *Teuflische Kräfte, innere Kämpfe*
- *Lügt, legt falsche Zeugnisse ab*
- *Prozess, Anklage, Gefangenschaft, Unterdrückung, Verleumdung*
- *Gesetzwidrige Machtergreifung, widrige Umstände*
- *Übeltäter, Verbrecher*
- *Tyrann, Opfer*
- *Identifiziert sich mit den sozialen Gesetzen*
- *Schwimmt gegen den Strom*

Physisch: **26. Mai bis 31. Mai**
Emotional: **22. Januar, 3. April, 17. Juni, 31. August, 12. November**
Intellektuell: **4.20 bis 4.39 Uhr**
Domizil: HOCHMAH / Besonderheit: NETZACH

15 HARIEL

- Läuterung, Reinigung
- Reinheit der Sitten, Makellosigkeit
- Spirituelle Gefühle
- Entdeckt neue Methoden, nützliche Erfindungen
- Inspiriert Wissenschafter und Künstler
- Läuterung des Bewusstseins durch die gleichzeitige Eingebung der Göttlichen Gesetze, des wahren Wissens und der wahren Erkenntnis
- Schenkt eine große Klarheit des Denkens, weckt die Urteilskraft
- Stellt die Kommunikation zwischen Individualität und Persönlichkeit wieder her
- Befreit vom Gelähmtsein, von allem, was am Handeln hindert
- Befreit von jeglicher Form der Abhängigkeit

Verzerrungen
- *Puritanisch*
- *Macht sich zum Komplizen der Mächte der Finsternis*
- *Bereit zu sterben, um eine naturfremde Wahrheit durchzusetzen oder zu verteidigen, Terrorist, Extremist*
- *Engstirniger, sektiererischer Geist*
- *Misserfolg, Zusammenbruch*
- *Bekämpft die natürliche Ordnung*
- *Geisteshaltung, die alles verdorren lässt, Tendenz, alles übertrieben auseinanderzunehmen*
- *Verfälschte Urteilsfähigkeit, verkehrte Prinzipien*
- *Separatismus*

Physisch: **1. Juni bis 5. Juni**
Emotional: 23. Januar, 4. April, 18. Juni, 1. September, 13. November
Intellektuell: **4.40 bis 4.59** Uhr
Domizil: HOCHMAH / Besonderheit: HOD

16 HEKAMIAH

- Loyalität gegenüber den Göttlichen Prinzipien
- Königliche Haltung
- Respektiert seine Verpflichtungen und Engagements
- Koordinator, Friedensstifter
- Offenheit, Freimütigkeit, Edelmut
- Erhält viel Verantwortung anvertraut
- Befreier
- Göttliche Liebe
- Hat die Veranlagung zum Leader, Chef oder Präsidenten
- Politische und soziale Organisation

Verzerrungen
- *Tücke, Verrat, Krieg, Revolten*
- *Zerrissenheit, Hin- und Hergerissensein*
- *Widersetzt sich der Verwirklichung seiner Höheren Natur*
- *Ichbezogene oder personenabhängige Liebe, Leidenschaft*
- *Komplott, Machenschaften, Intrigen*
- *Provoziert Uneinigkeit und Zerfall in einer Gruppe*
- *Gefühl der Herabwürdigung, Unterwürfigkeit*
- *Unverantwortlichkeit*
- *Götzenanbetung, Ichbezogenheit, Megalomanie (Größenwahn)*
- *Uneinigkeit, mangelnde Übereinstimmung*

Physisch: **6. Juni bis 10. Juni**
Emotional: **24. Januar gemeinsam mit dem Engel Nr. 17, 5. April, 19. Juni, 2. September, 14. November**
Intellektuell: **5.00 bis 5.19 Uhr**
Domizil: **Hochmah** / Besonderheit: **Yesod**

17 LAUVIAH

- Offenbarungen
- Intuitives Verstehen, ohne analysieren oder studieren zu müssen, Telepathie, Kenntnis der Funktionsweisen der Psyche
- Ist wirksam bei Sorgen und Traurigkeit
- Zustand ständiger Freude, spiritueller Aufstieg
- Begabung für die transzendentale Musik, Poesie, Literatur und Philosophie
- Hohe Wissenschaften
- Gewährt die Wahrnehmung der großen Geheimnisse des Universums (der Kosmischen Gesetze) während der Nacht; Offenbarungen, die in Träumen und meditativen traumähnlichen Zuständen erhalten werden
- Dringt in den Bereich des Unbewussten vor

Verzerrungen
- *Unwissenheit, falsche Wahrnehmungen, Gottlosigkeit, falsches Verhalten, hält seine Versprechen nicht*
- *Sorgen und seelische Qualen, Depression, Traurigkeit*
- *Schlaflosigkeit, Hyperaktivität*
- *Existenzängste, Außenseitertum*
- *Unglücksprophet, trügerischer, ungesunder Geist*
- *Starrsinn, materielle Probleme*
- *Mangelnder Glaube, mangelnde Begeisterung, mangelndes Vertrauen sowohl in sich selbst als auch in die andern*
- *Verschobene Ausrichtung von Körper und Geist; verliert sich im Abstrakten*
- *Gewissenlose Wissenschaft*
- *Schwierigkeit, dem Wissen Ausdruck zu verleihen*

Physisch: **11. Juni bis 15. Juni**
Emotional: **24. Januar gemeinsam mit dem Engel Nr. 16, 6. April, 20. Juni, 3. September, 15. November**
Intellektuell: **5.20 bis 5.39 Uhr**
Domizil: BINAH / Besonderheit: HOCHMAH

18 CALIEL

- Absolute Wahrheit
- Beseitigt jeglichen Zweifel, führt zur Unschuld zurück
- Göttliche Gerechtigkeit, ein das Karma berücksichtigendes Blickfeld
- Gerichtshof des Gewissens
- Fähigkeit, zu erkennen, was richtig und gerecht ist
- Verständnis des Zusammenwirkens von Gut und Böse
- Befolgung der Göttlichen Gesetze
- Perfekte Urteilskraft, Ehrlichkeit
- Richter, Rechtsanwalt, Notar, Magistrat
- Integrität, Gerechtigkeitsliebe
- Entdeckt die Göttliche Wahrheit, findet die Quelle der Erhebung wieder
- Fähigkeit, die Absichten zu erraten

Verzerrungen
- *Verurteilung*
- *Schlägt Kapital aus der Justiz*
- *Strebt nach Gewinn und Bereicherung, rivalisiert*
- *Falsche Zeugenaussage, falsche Beweise, Schmeichelei*
- *Ungerechte Prozesse, widrige Umstände*
- *Skandale, Niedrigkeiten, Korruption, Unehrlichkeit, Falschheit*
- *Konfuse, verworrene Situation*
- *Entfernung von der Göttlichen Wahrheit, dunkle, finstere Zeitspanne*

Physisch: **16. Juni bis 21. Juni**
Emotional: **25. Januar, 7. April, 21. Juni, 4. September, 16. November**
Intellektuell: **5.40 bis 5.59 Uhr**
Domizil: BINAH / Besonderheit: BINAH

19 LEUVIAH

- Ausdehnung der Intelligenz
- Erinnerung der früheren Leben, Kosmisches Gedächtnis
- Außerordentliches Erinnerungsvermögen
- Tor, das zum Kosmischen Gedächtnisspeicher führt, Behüter der DAATH-Archive (Kosmische Bibliothek)
- Meisterung der Gefühle durch die Vernunft, große Geduld
- Mitteilsamkeit, Bescheidenheit, großzügige Gesinnung
- Fähigkeit, die Widrigkeiten geduldvoll zu akzeptieren und zu ertragen
- Bereitschaft, jenen zu helfen, die Hilfe brauchen

Verzerrungen
- *Verlust der intellektuellen Fähigkeiten*
- *Unnötige Erinnerungen, Amnesie (Gedächtnisschwund), Gedächtnislücken*
- *In früheren Leben begangene Grausamkeiten*
- *Kummer, Sterilität, bornierter Geist, Misstrauen*
- *Traurigkeit, Trübsinn, Verzweiflung, Hoffnungslosigkeit, jammernde Haltung*
- *Führt zu Verlusten, lässt Bitterkeit aufkommen, komplizierte Person*
- *Beschuldigt die anderen und weckt bei ihnen Schuldgefühle*
- *Verwendet Wünsche und Begehren, um zu manipulieren, versucht zu beeindrucken*
- *Fehlende menschliche Wärme, Unfähigkeit, seine Gefühle auszudrücken*
- *Stellt die Intelligenz in den Dienst der Mächte der Finsternis*

Physisch: **22. Juni bis 26. Juni**
Emotional: **26. Januar, 8. April, 22. Juni, 5. September, 17. November**
Intellektuell: **6.00 bis 6.19 Uhr**
Domizil: BINAH / Besonderheit: HESED

20 PAHALIAH

- Erlösung, Rettung
- Transzendierung der Sexualität
- Erwachen der Kundalini, der Lebensenergie
- Themen, die die Spiritualität und die Moral betreffen
- Erkenntnis von Gut und Böse
- Reinheit, Bereitschaft, für seine Entwicklung Opfer zu bringen
- Berichtigung der Fehler, die aufgrund überspannter Wünsche begangen wurden
- Festlegung von Regeln im instinktgesteuerten Verhalten, Strenge
- Durchquert mutig und dynamisch alle Prüfungen
- Beispielhaftes moralisches Benehmen, hoher Eingeweihter
- Begegnung mit dem Höheren Selbst
- Harmonisches spirituelles Leben

Verzerrungen
- *Sexueller Missbrauch und Vergeudung der Sexualenergie*
- *Ausschweifendes Liebesleben, kurzfristige Liebschaften, Prostitution*
- *Machtmissbrauch, Fanatismus, extreme Gewalttätigkeit*
- *Verbissener Kampf, schweres Schicksal, Unbeugsamkeit*
- *Niedergeschlagenheit, Entmutigung, Befürchtungen, Besorgnis, Krankheit*
- *Glaubt nicht an eine höhere Macht, übertritt die Göttlichen Gesetze*
- *Strebt nach materiellem Besitz*
- *Nimmt die Religion wortwörtlich, versucht zu bekehren*

Physisch: **27. Juni bis 1. Juli**
Emotional: **27. Januar, 9. April, 23. Juni, 6. September, 18. November**
Intellektuell: **6.20 bis 6.39 Uhr**
Domizil: BINAH / Besonderheit: GEBURAH

21 NELKHAEL

- Erleichterung des Lernens
- Studiert gerne, hat Erfolg bei den Prüfungen
- Allwissenheit
- Schließt vom Konkreten auf das Abstrakte, von der Realität auf die Idee
- Begabung für die Wissenschaften, die Technologie und die Poesie
- Verständnis der Geometrie, der Astronomie, der Astrologie und der Mathematik
- Inspiriert die Wissenschaftler und die Philosophen
- Besitzt das Bewusstsein der Kosmischen Organisation
- Gute Konzentrationsfähigkeit, Ausarbeitung des Wissens
- Vorwegnahme, Vorausahnung
- Schützt vor Verleumdungen, Fallen und Hexenkunst
- Exorzismus anhand des wahren Wissens und der wahren Erkenntnis
- Lehrer, geborener Pädagoge

Verzerrungen
- *Unwissenheit, lernt, ohne zu verstehen*
- *Lehnt das Lernen ab, schwache Geisteshaltung, verliert sich im Abstrakten*
- *Hat Vorurteile, ist rachsüchtig*
- *Fehlerhafte Gedankengebilde*
- *Strebt nach dem wahren Wissen und der wahren Erkenntnis, um sich ihrer für persönliche Zwecke zu bedienen*
- *Verhexung aufgrund eines Mangels an wahrem Wissen und wahrer Erkenntnis*
- *Unfähigkeit, das wahre Wissen und die wahre Erkenntnis anzuwenden*

Physisch: **2. Juli bis 6. Juli**
Emotional: **28. Januar, 10. April, 24. Juni, 7. September, 19. November**
Intellektuell: **6.40 bis 6.59 Uhr**
Domizil: BINAH / Besonderheit: TIPHERETH

22 YEIAYEL

- Renommee, Berühmtheit
- Mäzen, Philanthrop (Menschenfreund)
- Politische, künstlerische und wissenschaftliche Tätigkeit
- Bedeutsame Großzügigkeit
- Ermutigt und fördert die Güte
- Leader, Führungs- und Befehlsposten, Diplomatie
- Vermögen, Handel, Altruismus
- Ermöglicht überraschende Entdeckungen
- Reisen

Verzerrungen
- *Megalomanie (Größenwahn), Tyrannei, Profitgier*
- *Sklaverei, Unterdrückung*
- *Manipulation, Verbissenheit, Wettbewerbsdenken*
- *Fühlt sich verkannt, wünscht sich, reich und berühmt zu sein*
- *Hat Schwierigkeiten, sich selbst anzuerkennen*
- *Gierig, unersättlich, hochmütig*
- *Verluste*
- *Widersprüchliche Gefühle*
- *Unausgeglichenes Leben, Untätigkeit*

Physisch: **7. Juli bis 11. Juli**
Emotional: **29. Januar, 11. April, 25. Juni, 8. September, 20. November**
Intellektuell: **7.00 bis 7.19 Uhr**
Domizil: BINAH / Besonderheit: NETZACH

23 MELAHEL

- Fähigkeit, zu heilen
- Arzt, Heiler, Wissenschaftler
- Kennt die Eigenschaften der Heilpflanzen
- Gesunde Nahrung, gesunder Anbau, gesunde Kulturen
- Naturheilkunde, Pflanzenheilkunde, Naturwissenschaften
- Fähigkeit, selbst wie eine Heilpflanze zu wirken
- Pazifist, friedliebend, hat eine besänftigende Ausstrahlung
- Meistert seine Gefühle, kann sich jeder Situation anpassen
- Glaubenskraft, die das wahre Wissen und die wahre Erkenntnis vorwegnimmt
- Umweltschutz, respektvoller Umgang mit der Natur
- Ist in die Geheimnisse der Naturkräfte eingeweiht

Verzerrungen
- *Krankheiten*
- *Gewissenlose Medizin*
- *Verschmutzung, die dem Pflanzenreich und der Umwelt schadet*
- *Künstliche Landwirtschaft, künstliche Nahrung*
- *Verdorbene Gefühle, korrupte Unternehmungen*
- *Tut sich schwer, seine Gefühle auszudrücken und zu improvisieren*
- *Beschmutzende, zerstörerische Geisteshaltung, ungesunde Gedanken*

Physisch: **12. Juli bis 16. Juli**
Emotional: **30. Januar, 12. April, 26. Juni, 9. September, 21. November**
Intellektuell: **7.20 bis 7.39 Uhr**
Domizil: **BINAH** / Besonderheit: **HOD**

24 HAHEUIAH

- Schutz, Beschützung
- Warnung vor Gefahren
- Ehrlichkeit, Wahrheitsliebe, Unbestechlichkeit
- Blockt das Böse ab und verhindert seine Manifestierung, übt Gerechtigkeit
- Beschützt die Vertriebenen und die Einwanderer
- Beschützt vor Dieben und Mördern
- Beschützt vor den teuflischen Mächten
- Beschützt vor schädlichen Tieren
- Beschützt vor Behexung und bösem Zauber
- Ermöglicht die Rückkehr ins Ursprungsland
- Ende einer schwierigen Zeitspanne

Verzerrungen
- *Versteht den Sinn der Prüfungen nicht*
- *Unbeständigkeit, Zusammenhanglosigkeit, Verirrung, Verfehlungen*
- *Rachegefühl, Verfolgung, Bestrafung*
- *Flucht vor den Verantwortungen*
- *Emotionelle Gleichgültigkeit und Gefühlskälte*
- *Teuflische Kräfte*
- *Lebt von unlauteren Mitteln, führt illegale Taten aus*
- *Delinquent, Verbrecher, erntet die Früchte der Gewalttätigkeit*
- *Korruption, Betrug, Diebstahl, Gefängnis*
- *Opfer der Justizstarre*

Physisch: **17. Juli bis 22. Juli**
Emotional: **31. Januar, 13. April, 27. Juni, 10. September, 22. November**
Intellektuell: **7.40 bis 7.59 Uhr**
Domizil: BINAH / Besonderheit: YESOD

25 NITH-HAIAH

- Träger der Göttlichen Weisheit und Liebe
- Meisterung der spirituellen Kräfte
- Studium der Metaphysik und der Kabbala
- Verständnis des Zeitbegriffs
- Kann die Musik der Höheren Sphären hören
- Ist den Engeln gleich
- Kann alles erhalten
- Entdeckung der verborgenen Geheimnisse der Schöpfung
- Offenbarungen, die sich in Träumen und meditativen traumähnlichen Zuständen manifestieren; erleichtert den Erhalt von Visionen
- Hilft einen Ort, ein Haus für die Meditation zu finden
- Liebt den Frieden, die Einsamkeit, die Stille; ruhiger, sanftmütiger Mensch
- Weiße Magie, wünscht andern das Gute, das Wohlergehen
- Spirituelles Charisma

Verzerrungen
- *Schwarze Magie, Teufelspakte*
- *Verzichtet auf Gott, Atheismus*
- *Besessenheit, Behexung, Zauberei*
- *Unglück, Hoffnungslosigkeit, Verzweiflung*
- *Materielles Interesse, Egozentrik (Ichbezogenheit)*
- *Innere Aufruhr, Zusammenhanglosigkeit, Ungeduld*
- *Handelt seinem Schicksal und den Kosmischen Gesetzen zuwider*

Physisch: **23. Juli bis 27. Juli**
Emotional: **1. Februar, 14. April, 28. Juni, 11. September, 23. November**
Intellektuell: **8.00 bis 8.19 Uhr**
Domizil: Hesed / Besonderheit: Hochmah

26 HAAIAH

- Diskretion, Takt
- Organisationssinn, Familiensinn
- Kontemplation, besinnlich-beschauliche Versunkenheit beim Betrachten der Göttlichen Strukturen
- Politwissenschaften, Harmonisierung des gesellschaftlichen Lebens
- Friedliches Zusammenleben, Göttliche Ordnung
- Fähigkeit, sich jeder Situation anzupassen
- Politische und wissenschaftliche Einstellung, die sich mit der Göttlichen Wissenschaft in Einklang befindet
- Politischer und sozialer Führer, Katalysator, Verwalter, Entscheidträger, Diplomat, Botschafter, Verfechter der Gerechtigkeit
- Hilft zu erkennen, welche Haltung in zweideutigen Situationen einzunehmen ist; Wahrheitssuche mittels der Vernunft
- Stimmungsschaffer, treibende Kraft des Gruppengeistes

Verzerrungen
- *Indiskretion, Taktlosigkeit, Ichbezogenheit, familiäre Probleme*
- *Motivation, die auf Ehrgeiz und Begierde beruht, Leidenschaft, Eifersucht, Hochmut, Eitelkeit*
- *Sucht seinen Verantwortungen und seinem Lebensplan zu entfliehen*
- *Strebt nach irdischer Macht und irdischem Ruhm, Wettbewerbsdenken; Autoritäts- und Machtmissbrauch, Gesetz des Dschungels*
- *Soziale Unordnung, Anarchie, Verschwörung, Verrat*
- *Zwingt seinen Gesichtspunkt auf, schenkt den anderen kein Gehör*
- *Gefühl der Überlegenheit oder Minderwertigkeitsgefühl*
- *Negative Folgen eines ordnungslosen Handelns*

Physisch: **28. Juli bis 1. August**
Emotional: **2. Februar, 15. April, 29. Juni, 12. September, 24. November**
Intellektuell: **8.20 bis 8.39 Uhr**
Domizil: HESED / Besonderheit: BINAH

27 YERATHEL

- Vertrauen
- Unerschöpfliche Energiequelle
- Verbreitung des Göttlichen Lichts
- Stimmungsschaffer, Optimist
- Lehrt durch Wort und Schrift, Verbreitung auf sozialer Ebene
- Zivilisiert, macht umgänglich
- Befreit von Verleumdern und boshaften Absichten
- Befreit uns von jenen, die sich unserer Entwicklung in den Weg stellen
- Befreit im Falle von Besessenheit
- Löst die Verwirrung auf, führt zum Erfolg
- Liebt die Gerechtigkeit, die Wissenschaften, die Künste und die Literatur

Verzerrungen
- *Hyperaktivität*
- *Besitzergreifung, Sklaverei*
- *Vergeudung, Verschwendung*
- *Abhängigkeiten, perverse Gewohnheiten, Fanatismus*
- *Zwanghafter Wunsch zu gefallen, herausforderndes Verhalten*
- *Spielzwang*
- *Egoismus, Schmeichelei, legt großes Gewicht auf den äußeren Schein*
- *Gesetz des Dschungels, Boshaftigkeit, Unwissenheit, Intoleranz, Verleumdung*
- *Destruktive Wissenschaften, Künste, Literatur und Musik*

Physisch: **2. August bis 6. August**
Emotional: **3. Februar, 16. April und Vormittag des 17. April, 30. Juni, 13. September, 25. November**
Intellektuell: **8.40 bis 8.59 Uhr**
Domizil: HESED / Besonderheit: HESED

28 SEHEIAH

- Voraussicht, Vorsorge, Fürsorge
- Glückliches, langes Leben
- Schutz vor Blitzschlag, Brand, Sturz, Unfällen und Krankheiten
- Wunderheilung, Rehabilitation, Gesundheit
- Schutz und Sicherheit durch die Himmlische Vorsehung
- Weisheit, die durch das Studium der gemachten Erfahrungen erlangt wird
- Vorahnung, beschützende Eingebung
- Vorsicht, Fähigkeit, die Ereignisse vorauszusehen
- Große innere Ruhe

Verzerrungen
- *Sorglosigkeit, Unvorsichtigkeit*
- *Zusammenhanglosigkeit*
- *Sturz, Unfall, Krankheit*
- *Ruin, Tumult, Aufruhr*
- *Löst Katastrophen aus, ist leichtsinnig, kopflos*
- *Unbesonnenheit, Unbändigkeit, unüberlegtes Handeln*
- *Energiestrudel*
- *Übermäßige Willenskraft, jähzorniger Charakter*
- *Tiefe Beunruhigung, Ängstlichkeit, Zukunftsangst*
- *Innere und äußere Gelähmtheit und Handlungsunfähigkeit*

Physisch: **7. August bis 12. August**
Emotional: **4. Februar, 17. April nachmittags und 18. April, 1. Juli, 14. September, 26. November**
Intellektuell: **9.00 bis 9.19 Uhr**
Domizil: HESED / Besonderheit: GEBURAH

29 REIYEL

- Befreiung
- Führt auf hohe Gipfel
- Befreit vom Bösen, von Bezauberungen und Verhexungen
- An kein Glaubensbekenntnis gebunden (gehört keiner religiösen Gruppe oder Sekte an)
- Lebensverbesserung durch Meditation und Selbsterkenntnis
- Vertrauen, Verbreitung der Göttlichen Wahrheit
- Freier Bürger des Universums, allumfassende Sichtweise
- Verhaltenswissenschaft
- Wahrheitssuche, Befreiung von materiellen Bindungen
- Entwurf, Konzeptausarbeitung, Herstellung
- Entdeckt die Geheimnisse der Göttlichen Schöpfung mittels der Meditation
- Stellt eine Verbindung zu den Geistigen Führern her

Verzerrungen
- *Einschränkende Situation, Sackgasse*
- *Misstrauen, Fanatismus, Scheinheiligkeit, Heuchelei*
- *Verbreitung falscher und gefährlicher Ideen*
- *Verhexung, schlechter Umgang*
- *Sektierertum, Nationalismus, Glaubenskämpfe, doktrinäre Erziehung und Beeinflussung*
- *Gefangener*
- *Setzt sich uneigennützigen, altruistischen Realisierungen entgegen*
- *Materialistische Philosophie, mondäne, weltliche Vergnügungen*

Physisch: **13. August bis 17. August**
Emotional: **5. Februar, 19. April, 2. Juli, 15. September, 27. November**
Intellektuell: **9.20 bis 9.39 Uhr**
Domizil: HESED / Besonderheit: TIPHERETH

30 OMAEL

- Vermehrung, Multiplikation
- Materialisierung, Entwicklung, Ausdehnung
- Planung, Verwirklichung, Herstellung, Anwendung
- Geduld, Verantwortungsbewusstsein
- Wiederherstellung der Gesundheit, Heilung, berührt die Ärzteschaft
- Fruchtbarkeit, Geburt, berührt die schwangeren Frauen
- Entfaltung, Freude, lebendes Antidepressivum
- Aufbauende, stärkende, belebende Wirkung
- Schutzpatron des Pflanzen- und Tierreichs
- Förderung von Anbau und Ernte
- Wiederentdeckung des inneren Kindes

Verzerrungen
- *Unfruchtbarkeit, Erfolglosigkeit, wiederholtes Scheitern*
- *Misslungene Materialisierung, mangelnde Planung und Organisation, materialistische Philosophie*
- *Armut, Ungeduld*
- *Vivisektion (Sezieren lebender Wesen)*
- *Sterbehilfe (Euthanasie), Selbstmord, Überbringer des Todes*
- *Völkermord, Ausrottung, Durchführung abscheulicher Versuche, zerstörendes Wüten*
- *Traurigkeit, Depression, Hoffnungslosigkeit*
- *Schlechte Ernten*

Physisch: **18. August bis 22. August**
Emotional: **6. Februar, 20. April, 3. Juli, 16. September, 28. November**
Intellektuell: **9.40 bis 9.59 Uhr**
Domizil: **Hesed** / Besonderheit: **Netzach**

31 LECABEL

- Begabung für die Lösung der Rätsel des Lebens
- Starker Intellekt, klarer Verstand, Klarsicht, findet praktische Lösungen
- Meisterung der Gefühle durch die Vernunft
- Stratege, Geschäftsführer, Verwalter, Ingenieur, Architekt, Agronom
- Zukunftsplaner, Entscheidträger, Schöpfer neuer Ideen, Unternehmensführung
- Studium der exakten Wissenschaften
- Lichtvolle, Wohlstand erzeugende Ideen
- Genauigkeits- und Präzisionsliebe
- Offenbarung der Kosmischen Vorgänge durch die Beobachtung des unendlich Kleinen
- Auszeichnung, Streben nach materieller Ordnung
- Einhaltung der Etappen und Zyklen, langfristige Planung

Verzerrungen
- *Manipuliert und beutet seine Mitmenschen aus*
- *Unlautere Mittel, dunkle Geschäfte, Drogenhandel*
- *Opportunist, Unehrlichkeit, Geiz*
- *Zu analytische Verwaltung und Handhabung, unzufriedener Perfektionist*
- *Verwahrlosung, Nachlässigkeit, Vergeudung*
- *Schlechte Verwendung des Kapitals und der Mittel, übereiltes Handeln, unlösbare Probleme, Verlustgeschäfte, Konkurs*
- *Ist von den Ergebnissen abhängig, besitzergreifend, will das Schicksal erzwingen*

Physisch: **23. August bis 28. August**
Emotional: **7. Februar, 21. April, 4. Juli und Vormittag des 5. Juli, 17. September, 29. November**
Intellektuell: **10.00 bis 10.19 Uhr**
Domizil: HESED / Besonderheit: HOD

32 VASARIAH

- Milde, Güte
- Aufrichtigkeit, Wohlwollen, Großherzigkeit, Großzügigkeit
- Bescheidenheit, Liebenswürdigkeit, Freundlichkeit
- Hilft sich von Schuldgefühlen zu befreien
- Edelmut, hoher Gerechtigkeitssinn
- Erinnerungsvermögen, Gedächtnis, Erkenntnis von Gut und Böse
- Verständnis für den Sinn der Prüfsteine
- Natürliches, selbstverständliches Verzeihen
- Richter, Magistrat, Rechtsanwalt
- Begabter Redner

Verzerrungen
- *Rache*
- *Ungerechtigkeit, Gemeinheit, Niederträchtigkeit, nachtragendes Wesen*
- *Schuld, Schuldgefühle, Anklage, Verurteilung*
- *Flucht vor den Verantwortungen, Schwierigkeit, zwischen Gut und Böse zu unterscheiden*
- *Widersetzt sich seiner Entwicklung, nährt Absichten, die den andern schaden*
- *Puritaner, Moralprediger, schädlicher Einfluss*
- *Krankheit, die sich verschlimmern kann*
- *Ist auf die schlechten Erinnerungen fixiert*
- *Überheblich, anmaßend, unerzogen*
- *Hochmütig, materialistisch*

Physisch: **29. August bis 2. September**
Emotional: **8. Februar, 22. April, 5. Juli nachmittags und 6. Juli, 18. September, 30. November**
Intellektuell: **10.20 bis 10.39 Uhr**
Domizil: HESED /Besonderheit: YESOD

33 YEHUIAH

- Unterordnung
- Fähigkeit, hohe Spannungen zu ertragen,
  Hohe Einweihungen
- Loslassen, Abwenden von Konfrontationen
- Treue gegenüber dem Übergeordneten, Aufrichtigkeit
- Fähigkeit, die wahre Hierarchie zu erkennen
- Ist sich seines Platzes in der Kosmischen Ordnung bewusst
- Entlarvung der Verräter, Aufdeckung der Ränkespiele
- Unterstützt altruistische Initiativen, schenkt
  Pflichtbewusstsein
- Führt zu wissenschaftlichen Entdeckungen
- Vertrauensperson
- Engagement, Verträge, Bündnisse, philanthropische
  Vereinigungen

Verzerrungen
- *Verweigert jegliche Unterordnung, Rebellion, Aggression*
- *Erträgt keine Hierarchie, wird von Befehlsposten ferngehalten
  oder entfernt*
- *Bietet den Anordnungen der Himmlischen Mächte die Stirn*
- *Perversität, mannigfache Begierden, mangelnde moralische
  Standfestigkeit*
- *Ausgrenzung, Erbeutung und Eroberung von Nutzlosem,
  Verlassenheit*
- *Konfliktsituationen; im genetischen Kode, im Unbewusstsein
  verankerter Verrat*
- *Verachtung*
- *Gefühl der Überlegenheit oder Minderwertigkeitsgefühl*
- *Weltliches Vergnügen*

Physisch: **3. September bis 7. September**
Emotional: **9. Februar, 23. April, 7. Juli, 19. September, 1. Dezember**
Intellektuell: **10.40 bis 10.59 Uhr**
Domizil: GEBURAH / Besonderheit: HOCHMAH

34 LEHAHIAH

- Gehorsamkeit
- Treuer Diener
- Besitzt das Vertrauen und die Gunst der Übergeordneten
- Disziplin, Ordnungssinn
- Treue, Ergebenheit, uneigennütziges, altruistisches Handeln
- Versteht die Göttliche Gerechtigkeit
- Unterstellt sich den Göttlichen Gesetzen und der Autorität, die sie vertritt
- Stellt sein Leben in den Dienst einer etablierten Ordnung (Minister, Regierungschef, Präsident, Direktor)
- Kommt gut in zweideutigen Situationen zurecht
- Intelligenz, innerer Frieden, Harmonie
- Gehorsam, der nicht notwendigerweise mit dem Verständnis einhergeht
- Unbestechlichkeit, Rechtschaffenheit, Verantwortungsbewusstsein
- Akzeptiert die Strenge seines Schicksals, ohne zu protestieren

Verzerrungen
- *Ungehorsam*
- *Ungerechte Gesetze, autoritäre Staatsform, Diktatur*
- *Mangelnde Autorität, Unverständnis*
- *Wettbewerbsdenken, Widerspruchsgeist, will unbedingt Recht haben*
- *Gewalttätigkeit, gefährliche Wut, Verrat, führt zum Ruin*
- *Rebellion, Konflikte mit den Vorgesetzten, Frustration*
- *Krieg, Streit, Starrsinn*
- *Emotionsgesteuertes Temperament, Tendenz, sich gegen die Gesetze aufzulehnen*
- *Mangelnde Rezeptivität; Impulsivität, Ablehnung*

Physisch: 8. September bis 12. September
Emotional: 10. Februar, 24. April, 8. Juli, 20. September und Vormittag des 21. September, 2. Dezember
Intellektuell: 11.00 bis 11.19 Uhr
Domizil: GEBURAH / Besonderheit: BINAH

35 CHAVAKHIAH

- Versöhnung
- Harmonische Familienbeziehungen
- Anerkennung der Treue und Wertschätzung der geleisteten Dienste
- Fähigkeit, die Weisheit der Ahnen aufsteigen zu lassen
- Human- und Sozialwissenschaften
- Vermittler, Schlichter
- Erbschaft, Aufteilung der Besitztümer, Schenkungen
- Rückkehr ins verlorene Paradies
- Bringt die Menschen einander näher, erneuert die Bindungen
- Friedensliebe

Verzerrungen
- *Familiäre Probleme*
- *Zwietracht, Uneinigkeit*
- *Ungerechte Prozesse*
- *Beleidigung, Kränkung, seelische Verletzung*
- *Ruin*
- *Ist der Vergangenheit verhaftet*
- *Rassismus, Nationalismus, Sektierertum, Engstirnigkeit*
- *Egoismus*
- *Mangelnde soziale Organisation und Ordnung*

Physisch: **13. September bis 17. September**
Emotional: **11. Februar, 25. April, 9. Juli, 21. September** nachmittags und **22. September, 3. Dezember**
Intellektuell: **11.20 bis 11.39 Uhr**
Domizil: G̲ᴇʙᴜʀᴀʜ / Besonderheit: Hᴇsᴇᴅ

36 MENADEL

- Arbeit
- Hilfsbereitschaft, Uneigennützigkeit, Altruismus, Berufung
- Vorsteher in Gottes Werkstatt
- Hilft eine Arbeitsstelle zu finden
- Hilft die für den Lebensunterhalt notwendigen Mittel zu erwerben
- In der Arbeit gefundene Freiheit und Wahrheit
- Innere Arbeit, Anpassungsvermögen
- Befreiung der Gefangenen und Vertriebenen
- Verständnis der Arbeit
- Schenkt Arbeitswillen
- Wiederinanspruchnahme seines eigenen Potenzials
- Ergebenheit, Widmung

Verzerrungen
- *Materialistische Philosophie*
- *Sklaverei*
- *Arbeitsplatzverlust, Schwierigkeit, einen Arbeitsplatz zu finden*
- *Exil, Flucht, Faulheit, Ablehnung der Verantwortung*
- *Fehlende Zielsetzungen, mangelnde Intensität, Ideenarmut*
- *Ist zu sehr in der Materie geschäftig*
- *Erschöpfung, Kälte, Abkapselung*
- *Versteht den Sinn der Arbeit nicht*
- *Will das Schicksal erzwingen, sucht den Erfolg um jeden Preis*
- *Strebt nach persönlichem Ruhm*

Physisch: 18. September bis 23. September
Emotional: 12. Februar, 26. April, 10 Juli, 23. September, 4. Dezember
Intellektuell: 11.40 bis 11.59 Uhr
Domizil: GEBURAH / Besonderheit: GEBURAH

37 ANIEL

- Aufbrechen der alten Schemen und Strukturen
- Änderung der Mentalität und Denkweise, neue Ideen
- Entwicklung des Willens nach Unabhängigkeit
- Aufbrechen des Teufelskreises der Abhängigkeiten
- Meisterung der intellektuellen und emotionalen Impulsivität
- Spirituelle Autonomie
- Befreiung von den negativen Kräften
- Auflösung des emotionalen Kreislaufs, der den Zugang zur Kosmischen Gedankenwelt verhindert
- Träger neuer Wissenschaften und neuer Auffassungen des Universums
- Ermutigung des Neuen

Verzerrungen
- *Bietet neuen Strömungen Widerstand*
- *Ist den alten Strukturen, dem Altbekannten verhaftet*
- *Ist der Materie unterworfen*
- *Dreht mit den fortwährend gleichen Gedanken im Kreis herum*
- *Kämpft verbissen, um den bestehenden Zustand zu erhalten*
- *Scharlatan, perverse, betrügerische Geisteshaltung*
- *Fanatischer Traditionalist*
- *Emotionale und materielle Abhängigkeiten*
- *Spricht von dem, was er nicht kennt*

Physisch: **24. September bis 28. September**
Emotional: **13. Februar, 27. April, 11. Juli, 24. September, 5. Dezember**
Intellektuell: **12.00 bis 12.19 Uhr**
Domizil: GEBURAH / Besonderheit: TIPHERETH

38 HAAMIAH

- Verständnis für den Sinn der Rituale und Vorbereitungen
- Geleitet zu den höchsten menschlichen Verwirklichungen
- Einführung der Rituale im Alltag
- Verhaltenswissenschaft
- Schönheit, Harmonie, Frieden
- Lebenskunst, Höflichkeit, Umgänglichkeit, Gesellschaftsfähigkeit
- Hoher Ort der Transzendenz
- Exorzismus
- Auflösung der inneren und äußeren Gewalttätigkeit
- Hilft die perfekte Ergänzung zu finden
- Außergewöhnliche Liebesgeschichte
- Rituale, Zeremonien, Einweihungen
- Anbetung des Göttlichen

Verzerrungen
- *Kulte, Rituale und Zeremonien der schwarzen Magie*
- *Mangelnde Vorbereitung*
- *Lüge, Irrtum, verweigert die Beachtung der Regeln*
- *Fehlende Spiritualität*
- *Ist mit der Wahrheit nicht im Einklang, steht im Widerspruch zur Wahrheit*
- *Anbetung von Monumenten*
- *Dämon, böser Geist, Besessenheit, Aggression, Gewalttätigkeit*
- *Schlechte Manieren*
- *Lässt sich von seinen materiellen Interessen lenken, fehlende Liebe*

Physisch: **29. September bis 3. Oktober**
Emotional: **14. Februar, 28. April, 12. Juli, 25. September, 6. Dezember**
Intellektuell: **12.20 bis 12.39 Uhr**
Domizil: **GEBURAH** / Besonderheit: **NETZACH**

39 REHAEL

- Rezeptivität und Unterstellung unter die Göttliche Gerechtigkeit und Autorität
- Kinder, die ihren Eltern vollkommen ergeben sind
- Vaterliebe
- Gehorsam und Respekt
- Heilung der Geisteskrankheiten, der Depressionen und der Angstzustände
- Regenerierung
- Achtung vor der Hierarchie

Verzerrungen
- *Verweigert den Gehorsam, Widerspenstigkeit, Rebellion*
- *Respektlosigkeit gegenüber der Hierarchie*
- *Mangelndes Zuhören, mangelnde Rezeptivität*
- *Verbrechen an Eltern und Kindern*
- *Die Eltern projizieren auf ihre Kinder das, was sie selbst nicht geschafft haben*
- *Gewalttätigkeit, Hass, Grausamkeit*
- *Autoritätsansprüche, autoritäres Verhalten*
- *Auferlegung der Gehorsamkeit mit grausamer Härte*
- *Geisteskrankheiten*
- *Emotionelle Probleme*
- *Innere Unruhe, Angstzustände, Depression, Selbstmord*

Physisch: **4. Oktober bis 8. Oktober**
Emotional: **15. Februar, 29. April, 13. Juli, 26. September, 7. Dezember**
Intellektuell: **12.40 bis 12.59 Uhr**
Domizil: GEBURAH / Besonderheit: HOD

40 IEIAZEL

- Trost, Aufmunterung
- Befreit von der gefühlsmäßigen Konditionierung und den diversen Abhängigkeiten (Alkohol, Drogen, usw.)
- Spendet Trost nach den geleisteten Anstrengungen
- Stellt den Körper wieder her, gibt ihm neue Kräfte; hilft die gute Form wieder zu erlangen
- Verhindert die Überschwänglichkeit der Gefühle
- Ende einer Zeitspanne schwerer Prüfungen oder schwieriger Situationen, Ankündigung einer neuen, leichteren Periode
- Beginn einer Neuschöpfung
- Freude, Fröhlichkeit
- Befreiung der Gefangenen
- Berührt die Schriftstellerei, das Verlagswesen, den Druck, die Buchhandlungen und die Lektüre
- Berührt die Künste: Musik, Malerei usw.

Verzerrungen
- *Pessimistische Gedanken, Traurigkeit*
- *Unbedeutendes und/oder unheilvolles Schreibwerk*
- *Entmutigung, fehlendes Vertrauen*
- *Krankheit, die zum Tod führen kann*
- *Tendenz, dem sozialen Leben zu entfliehen, Abgeschiedenheit*
- *Zerstörerische Musik und andere zerstörerische Kunstformen*
- *Abhängigkeiten, Leidenschaften, stark bewegte Emotionen*
- *Schwierige Zeitspanne, Prüfungen*

Physisch: **9. Oktober bis 13 Oktober**
Emotional: **16. Februar, 30. April, 14. Juli, 27. September, 8. Dezember**
Intellektuell: **13.00 bis 13.19 Uhr**
Domizil: **Geburah** / Besonderheit: **Yesod**

41 HAHAHEL

- Mission
- Treuer Diener
- Bedingungsloses Geben
- Seelenhirte, Missionar
- Berufung im Zusammenhang mit der Spiritualität
- Schürt den Glauben an
- Geistiger Reichtum
- Unabhängig vom mondänen Weltgeschehen
- Handelt auf unsichtbarer Ebene in unabhängiger, unpersönlicher Weise
- Warnt vor den Feinden der Spiritualität
- Offenbart den All-Gott, die Universalität Gottes
- Opferbereitschaft, Seelengröße

Verzerrungen
- *Versucht zu überzeugen*
- *Identifiziert sich mit den Märtyrern, fühlt sich verfolgt*
- *Bekämpft das, was er selbst nicht sein kann*
- *Skandalöses Benehmen*
- *Scheitert in seinen Projekten*
- *Falsche Tugend, die nur auf dem Schein beruht*
- *Verleugnet seine Göttlichkeit*
- *Feind der Spiritualität*
- *Spott, Verachtung, Hass*
- *Inquisition, religiöser Extremismus*

Physisch: **14. Oktober bis 18. Oktober**
Emotional: **17. Februar, 1. Mai, 15. Juli, 28. September, 9. Dezember**
Intellektuell: **13.20 bis 13.39 Uhr**
Domizil: TIPHERETH / Besonderheit: HOCHMAH

42 MIKAEL

- Politische Ordnung
- Führt auf Erden die Gesetze des Himmels ein
- Verschafft Klarsicht und Durchblick
- Entlarvt die Verräter
- Entdeckung der Geheimnisse, der Mysterien
- Natürliche Autorität, Gehorsam, Treue
- Präsident, Chef, Beauftragter, Minister, Botschafter, Konsul
- Lehrer
- Sicherheit und Schutz auf Reisen
- Schutz vor Unfällen
- Erfolgreiche Außenbeziehungen
- Unterrichtserteilung in der Nacht
- Errichtung der absoluten Monarchie des Geistes

Verzerrungen
- *Demokratisches System, welches den Ausdruck der niederen Instinkte legalisiert*
- *Doppelspiel, korrupte Regierung*
- *Äußerungen, die nicht dem Göttlichen Gedanken entsprechen*
- *Verrat der Ideale, Verbreiter falscher Nachrichten*
- *Verschwörung, Verrat, Lüge, Verleumdung, üble Nachrede*
- *Unfälle*
- *Politische und soziale Unordnung*

Physisch: **19. Oktober bis 23. Oktober**
Emotional: **18. Februar, 2. Mai, 16. Juli, 29. September, 10. Dezember**
Intellektuell: **13.40 bis 13.59 Uhr**
Domizil: **T**IPHERETH / Besonderheit: **B**INAH

43 VEULIAH

- Gedeihen, Wohlstand, Reichtum
- Freude, Bereicherung des Bewusstseins
- Fülle edler Gefühle
- Strategisches Talent bei der Bekämpfung der inneren und äußeren Feinde
- Altruistische, uneigennützige Verwendung der persönlichen Mittel
- Lässt alles Früchte hervorbringen, ist den andern gegenüber hilfsbereit
- Natürliche Autorität, hat das Vertrauen der Vorgesetzten und Übergeordneten
- Bewusstseinsöffnung, die von den finsteren Beweggründen sowie den lasterhaften und heimtückischen Gewohnheiten befreit
- Frieden, Erfülltheit
- Vorbereitung der zukünftigen Unternehmerschaft
- Bedingungsloses Geben

Verzerrungen
- *Materialistische Philosophie; künstlicher, illusorischer Wohlstand; strebt nach künstlichen Paradiesen*
- *Durch illegale Mittel erstrebter und erworbener Reichtum*
- *Geld- und Energievergeudung, Armut, Geiz*
- *Uneinigkeit, Zank, Trennung*
- *Tief sitzende Unsicherheit, Zukunftsangst*
- *Existenzkampf, Separatismus, Machtmissbrauch, Revolution, Krieg, Zerstörung*

Physisch: **24. Oktober bis 28. Oktober**
Emotional: **19. Februar, 3. Mai, 17. Juli, 30. September, 11. Dezember**
Intellektuell: **14.00 bis 14.19 Uhr**
Domizil: TIPHERETH / Besonderheit: HESED

44 YELAHIAH

- Krieger des Lichts
- Himmlischer Beschützer
- Anwendung der Göttlichen Gerechtigkeit
- Fähigkeit, die durch das eigene Verhalten geschaffenen Konflikte zu lösen; hilft während der Einweihungsprozesse
- Militärisches Talent im Dienste der gerechten Sachen
- Weiht sein Leben der Abtragung der karmischen Schuld
- Trägt den Sieg davon und bringt den Frieden
- Offenherzigkeit, Loyalität, Mut, Kühnheit
- Erfolggekrönte Unternehmungen
- Erworbene Weisheit

Verzerrungen
- *Extremist, Terrorist*
- *Krieg, Plagen*
- *Aggressivität, Rachsucht, Brutalität*
- *Teuflische, dämonische Kräfte*
- *Massaker und unbarmherzige Behandlung der Gefangenen*
- *Verbrecher, Übeltäter*
- *Gefängnisaufenthalt*
- *Ungerechtigkeit*
- *Tendenz zur Überforderung, Überarbeitung*

Physisch : **29. Oktober bis 2. November**
Emotional: **20. Februar, 4. Mai, 18. Juli, 1. Oktober, 12. Dezember**
Intellektuell: **14.20 bis 14.39 Uhr**
Domizil: T<small>IPHERETH</small> / Besonderheit: G<small>EBURAH</small>

45 SEALIAH

- Motivation
- Wiedergefundene Willenskraft, Konzentrationsfähigkeit
- Eifer, Begeisterung, Hoffnung
- Schwung, Spannkraft, Erwachen, Triebkraft des Universums, die die Eingeschlafenen weckt
- Bringt Festgefahrenes erneut in Bewegung
- Gibt den Gedemütigten und Gefallenen neue Hoffnung
- Entlarvt die Hochmütigen und Eitlen
- Erhebt das Bewusstsein
- Stellt das Gleichgewicht in der Lebenskraft wieder her
- Träger der Gesundheit und der Heilung
- Schutzpatron der vier Elemente: Feuer, Luft, Wasser, Erde

Verzerrungen
- *Mangelnde Motivation und Begeisterung*
- *Hochmut, Eitelkeit, Maßlosigkeit*
- *Ist von sich eingenommen; ein Mensch, mit dem es sich schwer leben lässt; Despot*
- *Ungleichgewicht und Entfesselung der Naturelemente (Erdbeben, Überschwemmungen, Wirbelstürme, Trockenheit, Vulkanausbrüche, Naturkatastrophen) und ihrer Entsprechungen im Innenleben des Menschen*
- *Schwieriges Leben, Prüfungen*
- *Will das Schicksal erzwingen, fehlende Selbstmeisterung*

Physisch: 3. November bis 7. November
Emotional: 21. Februar, 5. Mai, 19. Juli, 2. Oktober, 13. Dezember
Intellektuell: 14.40 bis 14.59 Uhr
Domizil: TIPHERETH / Besonderheit: TIPHERETH

46 ARIEL

- Offenbarende Wahrnehmung, Medialität
- Fähigkeiten des Hellsehens, Hellhörens, Hellriechens, Hellfühlens
- Entdeckung verborgener Schätze
- Entdeckung der Geheimnisse der Natur
- Anerkennung, Dankbarkeit
- Feingefühl, Takt, Diskretion
- Träger neuer Ideen, Erfinder
- Offenbarungen, die in Träumen und meditativen, traumähnlichen Zuständen erhalten werden
- Entdeckung philosophischer Geheimnisse, die zu einer Neuorientierung des Lebens führen

Verzerrungen
- *Ungeläuterte Medialität*
- *Falsche Wahrnehmung*
- *Gesinnungsschwäche*
- *Zusammenhanglosigkeit, Unschlüssigkeit, unsinniges Verhalten, Missgeschicke, Widerwärtigkeiten*
- *Krankhafte Schüchternheit*
- *Unlösbare Probleme*
- *Nutzlose Tätigkeiten*

Physisch: **8. November bis 12. November**
Emotional: **22. Februar, 6. Mai, 20. Juli, 3. Oktober, 14. Dezember**
Intellektuell: **15.00 bis 15.19 Uhr**
Domizil: TIPHERETH / Besonderheit: NETZACH

47 ASALIAH

- Kontemplation (besinnlich-beschauliche Versunkenheit)
- Verherrlichung des Göttlichen, mystische Erfahrungen
- Globale Vision, Gesamtüberblick
- Sinnende, kontemplative Betrachtung von einem erhöhten Standpunkt aus
- Fähigkeit, Informationen leicht in einer Synthese zu verknüpfen
- Eingeweihter, übernatürliche Fähigkeiten
- Pädagoge, Ausbilder, Professor
- Psychologe
- Findet die Göttliche Wahrheit in den alltäglichen Kleinigkeiten
- Offenbarung der Kosmischen Vorgänge
- Schöpferisches Genie, Stratege, Planungstalent
- Intuition, Ausgeglichenheit, strahlt Integrität und Unterscheidungskraft aus
- Großes Interesse an der Esoterik

Verzerrungen
- *Unmoralische, skandalöse Taten und Handlungen*
- *Umsturz der Wahrheit, Unehrlichkeit, Scharlatan, falscher Professor*
- *Falscher Glaube, falsche Anschauungen, Verbreitung gefährlicher, irreführender Lehren, Götzenanbetung*
- *Übertriebene Analyse und Zergliederung*
- *Lüge, Unwissenheit, falsche Abschätzung*
- *Nimmt die Inkarnation berühmter Persönlichkeiten für sich in Anspruch*
- *Sexueller Missbrauch und Vergeudung der Sexualenergie*

Physisch: 13. November bis 17. November
Emotional: 23. Februar, 7. Mai, 21. Juli, 4. Oktober, 15. Dezember
Intellektuell: 15.20 bis 15.39 Uhr
Domizil: TIPHERETH / Besonderheit: HOD

48 MIHAEL

- Fruchtbarkeit
- Frieden und Harmonie im Eheleben
- Heirat, Treue zwischen Mann und Frau
- Aussöhnung und Vereinigung der männlichen und der weiblichen Polarität
- Vermehrung, Wachstum
- Hilft eine große Seele zu zeugen
- Ein leichtes Schicksal im Hinblick auf Partnerschaften und Verbindungen
- Gabe des Hellsehens, Verbesserung der Wahrnehmung
- Innerer und äußerer Frieden
- Hilfe bei der Materialisierung der Göttlichen Absichten
- Himmlischer, durch die Vorsehung gewährter Schutz

Verzerrungen
- *Zwietracht zwischen den Eheleuten, Eifersucht*
- *Sterilität*
- *Unbeständigkeit, Uneinigkeit, Untreue*
- *Angst, den andern zu verlieren, Besitzergreifung, Unterjochung, Macho-Gebaren*
- *Suche nach sinnlichem Vergnügen als Ersatz für das fehlende spirituelle Leben, Wolllust, Leidenschaft*
- *Unfruchtbare Unterfangen*
- *Erhebt Anspruch auf den Platz des andern, Wettbewerbsdenken*
- *Fühlt sich angezogen und abgestoßen*
- *Mehrfache Beziehungen, Ausschweifungen, Prostitution*

Physisch : **18. November bis 22. November**
Emotional: **24. Februar, 8. Mai, 22. Juli, 5. Oktober, 16. Dezember**
Intellektuell: **15.40 bis 15.59 Uhr**
Domizil: T‍IPHERETH / Besonderheit: Y‍ESOD

49 VEHUEL

- Erhebung zu Größe und Weisheit
- Verherrlichung und Lobpreisung des Göttlichen
- Erleuchtung
- Loslösung von der Materie
- Erhebt sich durch das Dienen
- Berührt die großen Persönlichkeiten
- Erarbeitet den Keim des menschlichen Denkens
- Empfindsame, großzügige Wesensart
- Inspirationsquelle
- Altruismus, Diplomatie
- Befreit vom Einfluss der instinkthaften Begierden und Wünsche
- Gefühle der Brüderlichkeit, humanitäre Hilfe
- Strebt nach dem Hohen und Erhabenen
- Großer Schriftsteller
- Große Ergebenheit, starker Wunsch, sich den andern zu widmen

Verzerrungen
- *Erniedrigung und völlige Abhängigkeit von den materiellen Neigungen und den instinkthaften Begierden*
- *Egoismus, Prinzipienlosigkeit, Scheinheiligkeit*
- *Widersetzt sich den Gefühlen der Brüderlichkeit*
- *Kritischer Schriftsteller, ein Mensch, der einen negativen Einfluss ausübt*
- *Leidenschaft, Hass*
- *Flucht*
- *Angst vor der Materie*

Physisch: **23. November bis 27. November**
Emotional: **25. Februar, 9. Mai, 23. Juli, 6. Oktober, 17. Dezember**
Intellektuell: **16.00 bis 16.19 Uhr**
Domizil: N<small>ETZACH</small> / Besonderheit: H<small>OCHMAH</small>

50 DANIEL

- Redekunst, begabter Redner
- Schöne, angenehme Weise, den Dingen Ausdruck zu verleihen
- Kunstvolle Ausdrucksweise, die niemanden verletzt
- Redeart, die die Härte einer schneidenden Wahrheit mildert
- Güte, Schönheit, Harmonie
- Hilft klar zu sehen
- Hilft die Ereignisse als das zu sehen, was sie sind, und die angemessensten Entscheidungen zu treffen
- Hilft sich von der Materie zu lösen, um den Kern der Wahrheit erkennen zu können
- Fähigkeit, die Gedanken durch die Taten Wirklichkeit werden zu lassen
- Rede, Gesang

Verzerrungen
- *Redegewandtheit, die für das Erlangen persönlicher Vorteile eingesetzt wird*
- *Beschwatzer, Betrüger*
- *Wickelt mit seinen schönen Reden die Leichtgläubigen und Naiven ein*
- *Sprachschwierigkeiten*
- *Entartung der Sprache, degenerierte Ausdrucksweisen*
- *Egoismus*
- *Dunkle Geschäfte, Machenschaften*
- *Lebt von unlauteren Mitteln*
- *Manipulant, der sich die Unterstützung einflussreicher Personen sichert*

Physisch: **28. November bis 2. Dezember**
Emotional: **26. Februar, 10. Mai, 24. Juli, 7. Oktober, 18. Dezember**
Intellektuell: **16.20 bis 16.39 Uhr**
Domizil: NETZACH / Besonderheit: BINAH

51 HAHASIAH

- Universalmedizin
- Unendliche Güte, bedingungsloses Dienen
- Große Verständnisfähigkeit
- Endgültige Heilung, die durch das Verständnis möglich wird
- Aufdeckung und Identifizierung der Ursachen von Krankheit und Schmerz
- Großer Heiler, Träger universeller Heilmittel
- Führt zum Stein des Weisen
- Schutzpatron der Hohen Wissenschaft
- Gestattet den Zugang zum Wesen der Wahrheit, was zum Verständnis der Kosmischen Dynamik führt
- Experte in esoterischem Wissen: Kabbala, Alchemie, Metaphysik usw.
- Wahrhafter Magier, erhabene Seele

Verzerrungen
- *Schlägt Kapital aus der Medizin*
- *Scharlatan, hält seine Versprechen nicht*
- *Schmeichler, Beschwatzer*
- *Missbraucht die Gutgläubigkeit der andern*
- *Betrüger, Manipulant*
- *Opfer von Betrügereien*
- *Illusion*
- *Gewissenlose Wissenschaft*
- *Machtstreben, Ehrgeiz*

Physisch: **3. Dezember bis 7. Dezember**
Emotional: **27. Februar, 11. Mai, 25. Juli** und Vormittag des **26. Juli, 8. Oktober, 19. Dezember**
Intellektuell: **16.40 bis 16.59 Uhr**
Domizil: NETZACH / Besonderheit: HESED

52 IMAMIAH

- Große Fähigkeit, seine Fehler zu erkennen und einzugestehen
- Ermöglicht das Abtragen, die Begleichung und Wiedergutmachung der Fehler und Irrtümer (der karmischen Lasten und Schulden)
- Mühelose Ausführung schwieriger Arbeiten
- Stellt in schweren Augenblicken eine Stütze dar
- Harmonie im sozialen Leben
- Eifer, Stärke, große Lebenskraft
- Schließt mit seinen Feinden Frieden
- Befreit aus den inneren Kerkern
- Treuer Diener
- Geduld, Mut
- Demut, Einfachheit

Verzerrungen
- *Unstabiles, bewegtes Gefühlsleben*
- *Wetteifern in Liebesangelegenheiten*
- *Leidenschaftliche Beziehungen, perverse Begierden*
- *Abneigung, Rauferei, Streiterei, Grobschlächtigkeit*
- *Übermäßige Empfindsamkeit, übermäßige Willenskraft*
- *Boshaftigkeit als Folge des Nichteingestehens der eigenen Fehler, Beleidigungen und Missetaten*
- *Verschlimmert sein Karma, schwieriges Schicksal*
- *Konfliktgeladener, rebellischer Geist*
- *Hochmut, Gotteslästerung, Rivalität und Feindseligkeit*

Physisch: **8. Dezember bis 12. Dezember**
Emotional: **28. Februar und 29. Februar, 12. Mai, 26. Juli nachmittags und 27. Juli, 9. Oktober, 20. Dezember**
Intellektuell: **17.00 bis 17.19 Uhr**
Domizil: NETZACH / Besonderheit: GEBURAH

53 NANAEL

- Spirituelle Kommunikation
- Schenkt die Inspiration zur Meditation
- Kenntnis der abstrakten Wissenschaften und der Philosophie
- Interesse für das spirituelle Leben und den Unterricht
- Faszination für die Kontemplation der Höheren Welten
- Mystik
- Liebt die Einsamkeit und das meditative Sein
- Erleichtert die Kommunikation mit Gott

Verzerrungen
- *Lehnt die Spiritualität sowie das wahre Wissen und die wahre Erkenntnis ab*
- *Unwissenheit*
- *Irrt und täuscht sich oft*
- *Tut sich schwer mit dem Lernen*
- *Möglicher Eintritt in einen Orden aus Angst vor dem Leben*
- *Kommunikationsschwierigkeiten sowie Schwierigkeiten bei der Verwirklichung der eigenen Zielsetzungen*
- *Angst vor den Aufgaben des Alltags*
- *Gefühl des Scheiterns*
- *Gibt spirituellen Unterricht, ohne das wahre Wissen und die wahre Erkenntnis erworben zu haben*
- *Strebt nach spiritueller Macht*
- *Schwermut, Isolierung*
- *Egoistisches Zölibat*
- *Schwierigkeit, in einer Paarbeziehung zu leben*

Physisch: **13. Dezember bis 16. Dezember**
Emotional: **1. März, 13. Mai, 28. Juli, 10. Oktober, 21. Dezember**
Intellektuell: **17.20 bis 17.39 Uhr**
Domizil: NETZACH / Besonderheit: TIPHERETH

54 NITHAEL

- **Ewige Jugend**
- **Schönheit, Anmut, Feinheit**
- **Gastfreundschaft, warmherziger Empfang**
- **Künstlerische Begabung und Gefühl für die Ästhetik**
- **Berühmtheit, Prestige**
- **Kindliche Frische**
- **Heilung**
- **Rechtmäßige Nachfolge**
- **Synchronismus, Stabilität**

Verzerrungen
- *Verführung zu persönlichen Zwecken*
- *Richtet sich nach dem Schein und nach der äußeren Schönheit*
- *Wolllust, Ehrgeiz, Götzenanbetung*
- *Unrechtmäßigkeit*
- *Umsturz, anhaltende Verschwörungen*
- *Haltung und Wort entsprechen sich nicht*
- *Krankheit, Unfall, Ruin*
- *Unstabile Situation*
- *Hält alles für selbstverständlich*
- *Angst vor dem Altern*
- *Fresssucht (Bulimie), Magersucht (Anorexie)*
- *Gefühl der Überlegenheit oder Minderwertigkeitsgefühl*

Physisch: **17. Dezember bis 21. Dezember**
Emotional: **2. März, 14. Mai, 29. Juli, 11. Oktober, 22. Dezember**
Intellektuell: **17.40 bis 17.59 Uhr**
Domizil: NETZACH / Besonderheit: NETZACH

55 MEBAHIAH

- Intellektuelle Klarsicht
- Klare Ideen, die Güte und Wohlwollen zulassen
- Verständnis mittels der Sinne
- Harmonisiert und regelt das Sehnen und Verlangen
- Harmonisiert das Verhalten
- Pflicht- und Verantwortungsbewusstsein, Engagement
- Bewusste und wohlbedachte Öffnung des Herzens
- Dem Verständnis entspringender Trost
- Vermittelt dem Intellekt das Geheimnis der Göttlichen Moral
- Tiefreichende, mystische Geisteserfahrung
- Vorbild der Göttlichen Moral, beispielhaftes Benehmen

Verzerrungen
- *Übermäßige Logik, austrocknender, analytischer Geist*
- *Mangelnde Klarsicht, undurchlässiger Verstand*
- *Lüge*
- *Zerstörung der Spiritualität*
- *Gegner der göttlich-moralischen Prinzipien*
- *Interesse nur für materielle Dinge*
- *Scheitern, Misserfolg*
- *Verleugnung jeglicher gefühlsmäßiger Regung*
- *Misstrauen, bekämpft die positiven Gedanken*
- *Unzufriedener Perfektionist*
- *Launenhafter Mensch*

Physisch: **22. Dezember bis 26. Dezember**
Emotional: **3. März, 15. Mai, 30. Juli, 12. Oktober, 23. Dezember**
Intellektuell: **18.00 bis 18.19 Uhr**
Domizil: NETZACH / Besonderheit: HOD

56 POYEL

- Vermögen, Unterstützung
- Bescheidenheit, Einfachheit, Altruismus
- Überbringer der Geschenke der Göttlichen Vorsehung
- Reichtum auf allen Ebenen
- Schöpfer von Ideen und Stimmungen
- Guter Ruf, Renommee und Berühmtheit in aller Demut
- Gesundheit, Talente
- Genießt die Achtung aller
- Redegabe, drückt sich klar und einfach aus
- Angenehme Laune
- Hoffnung, Optimismus
- Humor

Verzerrungen
- *Armut*
- *Hochmut, schlechte Laune, Ehrgeiz*
- *Sprachschwierigkeiten*
- *Will sich über die andern erheben*
- *Gefühl der Überlegenheit oder Minderwertigkeitsgefühl*
- *Maßlosigkeit, Verschwendung, weltliche Vergnügungen*
- *Schlechte Verwendung der Ressourcen*
- *Krankheit*
- *Prahlerei, Zurschaustellung des materiellen Reichtums*
- *Erniedrigung der andern, Kritiksucht, Polemik, Gehemmtheit, Mittelmäßigkeit*

Physisch: **27. Dezember bis 31. Dezember**
Emotional: **4. März, 16. Mai, 31. Juli, 13. Oktober, 24. Dezember**
Intellektuell: **18.20 bis 18.39 Uhr**
Domizil: NETZACH / Besonderheit: YESOD

57 NEMAMIAH

- Unterscheidungsvermögen
- Macht handlungsfähig
- Deckt die Ursache der Probleme auf
- Befreit die Gefangenen
- Verzichtet auf die materiellen Privilegien, um sich seiner Mission zu widmen
- Strategisches Genie, Entscheidungskraft
- Seelengröße
- Widmet seine Gedanken und Ideen den großen Sachen
- Verständnis des Lebensplans
- Ein begabter Geist, besitzt die Macht der Vorausahnung

Verzerrungen
- *Düstere und prinzipienlose Gesinnung*
- *Dunkles, verworrenes Leben*
- *Unentschlossenheit, Unentschiedenheit*
- *Beziehungsprobleme*
- *Meinungsverschiedenheit, Uneinigkeit*
- *Verrat, Feigheit*
- *Bleibt in der Routine festgefahren*
- *Schreitet nicht zur Tat über*
- *Ist ein Gefangener auf der psychischen Ebene*
- *Will keine Erfahrungen sammeln, entflieht der konkreten Welt*
- *Chronische Krankheit und chronische Müdigkeit*

Physisch: **1. Januar bis 5. Januar**
Emotional: **5. März, 17. Mai, 1. August, 14. Oktober, 25. Dezember**
Intellektuell: **18.40 bis 18.59 Uhr**
Domizil: Hod / Besonderheit: Hochmah

58 YEIALEL

- Verstandeskraft, Geistesstärke
- Strenges, klares Unterscheidungsvermögen
- Entwicklung des Denkvermögens und der geistigen Fähigkeiten
- Klugheit, Besonnenheit, bekundet Logik und Geduld
- Konzentrationsfähigkeit, Präzisionsliebe
- Gute, brauchbare Fähigkeiten bei der Verwendung der Computer und bei deren Programmierung
- Klarsichtige, klar durchblickende Person, die auch ihre Fähigkeiten und Kräfte meistert
- Meisterung der Leidenschaft und der emotionalen Impulsivität
- Direktheit, Kühnheit, Tapferkeit
- Ordnungs- und Gerechtigkeitssinn, Strenge
- Bedingungslose Loyalität

Verzerrungen
- *List, Hinterlist, Verschlagenheit, drängt seine Ideen auf*
- *Sturheit, Dickschädligkeit, Eigensinn*
- *Trübsinn, Niedergeschlagenheit, Traurigkeit, Pessimismus*
- *Verbrechen*
- *Machtmissbrauch, Wut und Zorn*
- *Starrheit, Steifheit*
- *Unlogik*
- *Lüge, Verrat*
- *Rachsucht, Rächer, Härte*
- *Böse Absichten*
- *Manipulation*

Physisch: **6. Januar bis 10. Januar**
Emotional: **6. März, 18. Mai, 2. August, 15. Oktober, 26. Dezember**
Intellektuell: **19.00 bis 19.19 Uhr**
Domizil: Hod / Besonderheit: Binah

59 HARAHEL

- Intellektueller Reichtum, intellektuelle Fruchtbarkeit
- Verbreitet das Gute, das Schöne und die Wahrheit
- Praktische Intelligenz, lernt gerne und mit Leichtigkeit
- Ausgeglichene Intelligenz für Geschäfte und in allen Bereichen
- Kinder, die ihren Eltern Ergebenheit und Hochachtung entgegenbringen
- Kann dank seiner intellektuellen Fähigkeiten zu Wohlstand und Vermögen gelangen
- Schriftstellerei, Journalismus, Verlagswesen und Druck

Verzerrungen
- *Intellektueller Unsinn*
- *Zerstörerische Schriften, Verbreitung von Negativem und schlechte Beeinflussung der Menschheit*
- *Undurchsichtiger Verstand, Unverständnis*
- *Sterilität*
- *Rebellische und respektlose Kinder*
- *Feuersbrunst, verbrennt alles auf seinem Weg*
- *Feind des Göttlichen Lichts*
- *Erfolglose Projekte*
- *Manipulation der Medien zu persönlichen Zwecken*
- *Betrug*

Physisch: **11. Januar bis 15. Januar**
Emotional: **7. März, 19. Mai und Vormittag des 20. Mai, 3. August, 16. Oktober, 27. Dezember am Abend zusammen mit Engel Nr. 60**
Intellektuell: **19.20 bis 19.39 Uhr**
Domizil: HOD / Besonderheit: HESED

60 MITZRAEL

- Instandsetzung, Reparatur
- Berichtigung, Wiedergutmachung durch Bewusstwerdung
- Verständnis von Gehorsam und Autorität
- Unterstützt die Ausübung der Psychologie und Psychiatrie
- Heilung von Geisteskrankheiten
- Intellektuelle Arbeit und Harmonisierung
- Schlichtheit, Einfachheit

Verzerrungen
- *Verweigert jegliche Unterordnung, Ungehorsam*
- *Verfolgung*
- *Jeder-für-sich-Mentalität*
- *Aufruhr, Revolte*
- *Geisteskrankheiten: Wahnsinn, Schizophrenie usw.*
- *Rachsucht, Kritiksucht, Kompliziertheit*
- *Chronische Müdigkeit und Migräne*

Physisch: **16. Januar bis 20. Januar**
Emotional: **8. März, 20. Mai nachmittags und 21. Mai, 4. August, 17. Oktober, 27. Dezember** tagsüber gemeinsam mit Engel Nr. 59
Intellektuell: **19.40 bis 19.59 Uhr**
Domizil: HOD / Besonderheit: GEBURAH

61 UMABEL

- Freundschaft, geistige und seelische Verwandtschaft, Affinitäten
- Studium der Resonanzen (des Einklangs)
- Hilft ins Unbewusste vorzudringen und die wahren Beweggründe zu erkennen
- Physik, Astronomie, Astrologie
- Verständnis der Analogien zwischen dem Universum und der irdischen Welt
- Enthüllt die Geheimnisse des Mineral-, Pflanzen- und Tierreichs
- Unterstützt die Bewusstseinsentwicklung
- Befähigt, das weiterzugeben, was man selbst gelernt hat
- Lehrer, Ausbilder
- Lernt das Unbekannte anhand des Bekannten kennen

Verzerrungen
- *Zügellosigkeit, Ausschweifung*
- *Einsames Herz*
- *Probleme mit der Mutter*
- *Einsamkeit, Nostalgie, lebt in der Vergangenheit*
- *Narzissmus*
- *Außenseiter, handelt gegen die natürliche Ordnung*
- *Drogenprobleme*
- *Gewissenlose Wissenschaft*
- *Falscher Professor*

Physisch: **21. Januar bis 25. Januar**
Emotional: **9. März, 22. Mai, 5. August, 18. Oktober, 28. Dezember**
Intellektuell: **20.00 bis 20.19 Uhr**
Domizil: Hod / Besonderheit: Tiphereth

62 IAHHEL

- Wiedererlangen des wahren Wissens und der wahren Erkenntnis
- Philosoph, Mystiker
- Erleuchtung
- Vermittelt die Göttliche Weisheit und das Verantwortungsbewusstsein
- Hilfreich, wenn Bedarf nach einer Auszeit besteht; erleichtert die Verinnerlichung
- Bescheidenheit, Sanftmut
- Einsamkeit, Alleinsein, Ruhe
- Erleichtert die (innere und äußere) Begegnung von Mann und Frau
- Abtragung der karmischen Schulden
- Friedliebend, Pazifismus
- Verfeinerung der äußeren Sinne bis hin zu den inneren (feinstofflichen) Sinnen des Hellsehens, Hellhörens, Hellriechens und Hellfühlens

Verzerrungen
- *Tut so, als würde er über das wahre Wissen und die wahre Erkenntnis verfügen*
- *Schwindler, falscher Gelehrter*
- *Skandal, Luxus, Ehrgeiz*
- *Vergnügungssucht*
- *Unbeständigkeit*
- *Scheidung, Zwietracht*
- *Gebraucht das Wissen zu rein materiellen Zwecken*
- *Selbstgefälligkeit, Eitelkeit*
- *Unruhe, Aggressivität*
- *Braucht die Zustimmung der anderen*
- *Isolierung, Absonderung*

Physisch: **26. Januar bis 30. Januar**
Emotional: **10. März, 23. Mai, 6. August, 19. Oktober, 29. Dezember**
Intellektuell: **20.20 bis 20.39 Uhr**
Domizil: H<small>OD</small> / Besonderheit: N<small>ETZACH</small>

63 ANAUEL

- Wahrnehmung der Einheit
- Erfolg in den zwischenmenschlichen Beziehungen
- Urheber von Projekten und Unternehmen, die im Dienste des Göttlichen stehen, Altruismus
- Meisterung der Emotionen
- Organisationssinn, Verwalter, Koordinator, Planer
- Kaufmann, Bankier, Geschäftsmann
- Visionär, Industrieller
- Erleichtert die Kommunikation
- Logik, praktische Intelligenz
- Globale Sicht der Ereignisse
- Bürger des Universums

Verzerrungen
- *Glaubt nicht an eine höhere Macht*
- *Mangel an gesundem Menschenverstand und an Weitsicht*
- *Übertriebene Freigebigkeit (gibt mehr aus, als er besitzt)*
- *Ruin, Vergeudung, Verschwendung*
- *Falsche Überlegungen; lässt sich von seinem Begehren manipulieren*
- *Rein rationell denkender Geist*
- *Kaltes Abschätzen und Erwägen*
- *Kritiksucht und beschränktes Denkvermögen*

Physisch: **31. Januar bis 4. Februar**
Emotional: **11. März, 24. Mai, 7. August, 20. Oktober, 30. Dezember**
Intellektuell: **20.40 bis 20.59 Uhr**
Domizil: Hod / Besonderheit: Hod

64 MEHIEL

- Belebung, Inspiration
- Intensives und fruchtbares Leben
- Gegengift gegen die Mächte der Dunkelheit
- Betrifft die Schriftstellerei, das Verlagswesen, den Druck, den Vertrieb, die Buchhandlungen und die Redekunst
- Positive Kraft für die intellektuelle Arbeit, den Umgang mit Computern und für deren Programmierung
- Technologische Entwicklungen
- Betrifft Fernseh- und Radiosendungen
- Entwicklung der Denkfähigkeit in Harmonie mit der Einbildungskraft
- Hilft über die persönlichen Erfahrungen nachzudenken und sie zu verstehen

Verzerrungen
- *Inspirationsmangel*
- *Widerspruch, Kritik, Polemik*
- *Verformung der Wirklichkeit, Wohlgefallen in der Illusion*
- *Tyrannei, Unterdrückung, Falschheit*
- *Zerstörerische Neigung; will das Schicksal erzwingen*
- *Versteht das Szenarium seines eigenen Lebens nicht*
- *Megalomanie (Größenwahn)*
- *Übertriebener Rationalismus*
- *Spielt eine Rolle, ist nicht echt, nicht authentisch*
- *Persönlichkeitsprobleme*

Physisch: **5. bis 9. Februar**
Emotional: **12. März, 25. Mai, 8. August, 21. Oktober, 31. Dezember**
Intellektuell: **21.00 bis 21.19 Uhr**
Domizil: HOD / Besonderheit: YESOD

65 DAMABIAH

- Quelle der Göttlichen Weisheit
- Reinheit, Sanftmut, Güte
- Strahlt hohe spirituelle Qualitäten aus wie Uneigennützigkeit, Ergebenheit, Großzügigkeit, innere Ungebundenheit und bedingungslose Liebe
- Hilft auf dem einfachen Weg voranzukommen
- Erfolg bei für die Gemeinschaft nützlichen Projekten
- Ist mit dem Wasser (Meere, Seen, Flüsse, Quellen), den Emotionen und Gefühlen verbunden
- Vom Himmel gesandte Person, die aussichtslose Situationen regeln kann

Verzerrungen
- *Sturm, Schiffbruch*
- *Heftige Emotionen*
- *Wut, Aggressivität*
- *Unbeständige Gefühle; Sittenstrenge, Puritanismus*
- *Führt zum Verhängnis*
- *Fehlende Großzügigkeit*
- *Maßloses Verhalten; Zwangshandlungen*

Physisch: **10. Februar bis 14. Februar**
Emotional: **1. Januar, 13. März, 26. Mai, 9. August, 22. Oktober**
Intellektuell: **21.20 bis 21.39 Uhr**
Domizil: YESOD / Besonderheit: HOCHMAH

66 MANAKEL

- Erkenntnis von Gut und Böse
- Stabilität, Vertrauen
- Hohe moralische Werte
- Beruhigt; heilt Krankheiten
- Freundlich, wohlwollend
- Befreit das in den inneren Tiefen verborgene Potenzial
- Träume, Hohe Einweihungen
- Wiedervereinigung der Eigenschaften von Körper und Seele

Verzerrungen
- *Gefährlicher und machiavellistischer Manipulant*
- *Körperliche und moralische Störungen*
- *Strebt nach der Befriedigung rein materieller Bedürfnisse und nach sozialem Prestige*
- *Kennt keine Nächstenliebe und keine altruistischen Werte, ist prinzipienlos*
- *Für die Frau: spätes Zutagetreten ihrer Persönlichkeit*
- *Für den Mann: späte Begegnung mit der Frau*
- *Empfindet Wut gegenüber Gott, Rebellion*
- *Weigert sich, das wahre Wissen und die wahre Erkenntnis anzuwenden*
- *Impulsiver, zerstörerischer Geist*
- *Hält seine Versprechen nicht*
- *Gefährliche Freundschaften*

Physisch: **15. Februar bis 19. Februar**
Emotional: **2. Januar, 14. März, 27. Mai, 10. August, 23. Oktober**
Intellektuell: **21.40 bis 21.59 Uhr**
Domizil: YESOD / Besonderheit: BINAH

67 EYAEL

- Sublimierung
- Wissenschaft der Mischungen und des Austauschs
- Transsubstantiation (Verwandlung einer Substanz in eine andere)
- Geschichte des Universums
- Verwandlung, Mutation, Metamorphose, Transfiguration (Verklärung), Übertragung
- Kochkunst, Malerei, Musik
- Fähigkeit, den Ursprung und den Entstehungsverlauf zu erkennen
- Visionär; Zeichenlesung
- Fähigkeit, die abstrakte Wahrheit in konkrete Wahrheit umzuformen
- Studium der Hohen Wissenschaften
- Freude
- Liebt das Alleinsein

Verzerrungen
- *Angst vor Veränderungen*
- *Fehler, Irrtümer, Vorurteile, Sorgen, Traurigkeit, Isoliertheit*
- *Verbreitung falscher, fehlerhafter Systeme; falscher Professor*
- *Mangelnde Klarheit; hat keine moralischen Werte und keine Prinzipien*
- *Schreitet von Erfahrung zu Erfahrung, ohne sie zu verstehen*
- *Schwere, Trägheit, ist ganz von der Materie in Besitz genommen; meditiert nicht*
- *Künstliche Nahrung*

Physisch: **20. Februar bis 24. Februar**
Emotional: **3. Januar, 15. März, 28. Mai, 11. August, 24. Oktober**
Intellektuell: **22.00 bis 22.19 Uhr**
Domizil: Yesod / Besonderheit: Hesed

68 HABUHIAH

- Heilung
- Harmonisiert und regelt das Sehnen und Verlangen
- Bringt sich erneut in Einklang mit den Göttlichen Normen
- Gleicht die Phasen- und Zeitverschiebungen zwischen den feststofflichen und den feinstofflichen Ebenen aus
- Liebt die Natur, das Leben auf dem Land, die Weite
- Landwirtschaft, Ernte, landwirtschaftlicher Sachverstand

Verzerrungen
- *Unfruchtbare Erde; Hungersnot*
- *Lebensfeindliche Haltung*
- *Insekteninvasion, Verschmutzung, Plagen*
- *Ansteckende Krankheiten, Epidemien*
- *Doppelleben; Kluft zwischen Gedanken und Gefühlen*
- *Ist nicht bereit, alte Privilegien aufzugeben*
- *Mangelnde Übereinstimmung zwischen dem, was man sein und tun möchte, und dem, was man ist und tut*
- *Für Frauen: Tendenz zu dominieren*
- *Für Männer: Tendenz, sich von Frauen dominieren zu lassen*

Physisch: **25. Februar bis 29. Februar**
Emotional: **4. Januar, 16. März, 29. Mai, 12. August, 25. Oktober**
Intellektuell: **22.20 bis 22.39 Uhr**
Domizil: Yesod / Besonderheit: Geburah

69 ROCHEL

- Rückerstattung; gewährt jedem, was ihm zusteht
- Findet verlorene und gestohlene Gedanken, Gefühle und Sachen wieder
- Nachfolge, Erbschaft
- Notar, Richter
- Intuition (Eingebung)
- Studium der Göttlichen Gesetze und Gerechtigkeit
- Studium der Kosmischen Geschichte
- Archiv und Bibliothek des Universums (DAATH)
- Praktische und theoretische Wissenschaften
- Geben und empfangen
- Verwaltung, Buchhaltung, Sekretariat
- Das Wiederfinden des Göttlichen Ichs, der ursprünglichen Androgynie (Wiedervereinigung der männlichen und der weiblichen Polarität)
- Bereinigung und Auflösung der karmischen Lasten und Schulden

Verzerrungen
- *Aneignung dessen, was einem nicht gehört*
- *Paarbeziehungen, die einzig auf der Sexualität und dem Materiellem basieren; Besitzergreifung, Eifersucht*
- *Widerrechtliche Aneignung, Diebstahl, List*
- *Ruin*
- *Auffallende Ungerechtigkeit; endlose Prozesse*
- *Energieraub, vampirisiert die Energie seiner Mitmenschen*
- *Existenzängste, Unsicherheit*
- *Familiäre Probleme*
- *Mangelnde Rezeptivität oder mangelnde Emissivität*

Physisch: **1. März bis 5. März**
Emotional: **5. Januar, 17. März, 30. Mai, 13. August, 26. Oktober**
Intellektuell: **22.40 bis 22.59 Uhr**
Domizil: Yesod / Besonderheit: Tiphereth

70 JABAMIAH

- Alchemie
- Verwandelt das Böse in das Gute
- Heilung
- Regenerierung, Belebung, Wiederherstellung der Harmonie
- Verwandlung, Veredlung zu spirituellem Gold
- Meisterung der Instinkte
- Begleitet die ersten Schritte der Verstorbenen ins Jenseits
- Veränderung der Gesellschaft mit lichtvollen Ideen
- Hilfe bei der Sterbebegleitung

Verzerrungen
- *Blockierungen, Stauungen*
- *Tendenz, sich festzufahren*
- *Probleme mit Übergewicht*
- *Versteht das Gute und das Böse nicht*
- *Atheist, ungläubig*
- *Konflikt, Konfrontation*
- *Unheilbare Krankheit*
- *Angst vor Veränderung und Tod*
- *Überschwänglichkeit, Schwerfälligkeit*
- *Ist unfähig, sich ein Ziel zu setzen*

Physisch: **6. März bis 10. März**
Emotional: **6. Januar, 18. März, 31. Mai, 14. August, 27. Oktober**
Intellektuell: **23.00 bis 23.19 Uhr**
Domizil: YESOD / Besonderheit: NETZACH

71 HAIAIEL

- Göttliche Waffen
- Unterscheidungsvermögen (Symbol des Schwertes)
- Leuchtende, lichtvolle Aura (Symbol des Schildes)
- Göttlicher Schutz, um die beste und richtige Entscheidung zu treffen
- Befreit von denen, die uns unterdrücken
- Beschützt und schenkt Mut, Tapferkeit und Sieg
- Entwickelt viel Energie
- Leadership

Verzerrungen
- *Terrorist, Aktivist*
- *Rachsucht, Diktator, Tyrann*
- *Zwietracht, Verrat*
- *Lieferung von Waffen, die zum Töten bestimmt sind*
- *Innere Widersprüche*
- *Bruch (Scheidung, Vertragsbruch usw.)*
- *Kriminelle Ideen, Extremismus*
- *Übertriebener Rationalismus*
- *Nichteinhaltung der Engagements*
- *Krieg, dauernde Konflikte*
- *Korrupte Regierung*

Physisch: **11. März bis 15. März**
Emotional: **7. Januar, 19. März, 1. Juni, 15. August, 28. Oktober**
Intellektuell: **23.20 bis 23.39 Uhr**
Domizil: **YESOD** / Besonderheit: **HOD**

72 MUMIAH

- Wiedergeburt
- Setzt den Keim für ein neues Leben
- Verständnis des Reinkarnationsgesetzes
- Kündigt das Ende eines Zyklus und den Beginn eines neuen an
- Bringt zum Abschluss, hilft zu beenden, was man angefangen hat
- Konkrete Realisierung, Materialisierung
- Berührt Medizin und Gesundheit
- Schlussphase, die den Keim des Neubeginns enthält
- Sterbebegleitung
- Große Lebenserfahrung
- Bewusstseinsöffnung

Verzerrungen
- *Selbstmord, unbewusstes Sterben*
- *Verzweiflung, Ausweglosigkeit, verbarrikadierter Horizont, Depression*
- *Verneint seine eigene Existenz, negativer Einfluss*
- *Schlechte Gesundheit, Behinderung*
- *Verfall, Ruin, Verlust der Arbeitsstelle, des Lebensgefährten, der Freunde usw.*
- *Schreitet von Erfahrung zu Erfahrung, ohne sie zu verstehen*
- *Versucht zu überzeugen*
- *Handelt gegen die natürliche Ordnung*
- *Erzwingt die Materialisierung*
- *Mangelnde Offenheit*

Physisch: **16. März bis 20. März**
Emotional: **8. Januar 20. März, 2, Juni, 16. August, 29. Oktober**
Intellektuell: **23.40 bis 23.59 Uhr**
Domizil: Yesod / Besonderheit: Yesod

Engel 24 HAHEUIAH
Der Himmlische Schutz

Sind wir immer beschützt? Das ist das Thema dieses Vortrags, der von der Kosmischen Intelligenz in die Wege geleitet wurde, um uns zu helfen, unsere Auffassung des Schutzes und des Beschütztseins zu ändern, und um uns verstehen zu lassen, dass die Himmlischen Mächte immer, in jeder Situation gegenwärtig und bereit sind, uns zu helfen – jedoch nicht unbedingt so, wie wir es uns vorstellen.

Wenn man über das Schicksal der beiden Menschen, über die ich Ihnen berichten werde, nachdenkt und dabei das gewöhnliche Bewusstseinsniveau beibehält, könnte man meinen, dass sie nicht beschützt waren, da beide ermordet wurden. Dringt man jedoch weiter in die Tiefe vor, so erkennt man, dass nichts dem Zufall überlassen worden war. Sie werden anhand der sehr überraschenden 'Zufälle', die diese beiden Leben verband, sehen, dass im Universum alles mit großer Genauigkeit und äußerster Präzision berechnet ist. Es handelt sich dabei um hohe Mathematik, um die Kosmische Mathematik.

Wie werden unsere Schicksalswege und Lebenspläne erstellt? Sie werden durch die Erfahrungen unserer früheren Leben bestimmt. Für jeden Menschen sind die Hauptlinien vorgegeben.

Ein Journalist hat eine gewisse Anzahl von Verbindungszeichen festgestellt, durch die das Leben der zwei besagten Menschen miteinander verknüpft war. Ein Verbindungszeichen ist eine geheimnisvolle Verbindung zweier scheinbar voneinander unabhängiger Tatsachen. Das bezeichnet man gemeinhin als Zufall, doch der Ausdruck *Verbindungszeichen* legt die Betonung auf die Tatsache, dass die Verbindung bedeutungsvoll ist.

Die Reihe der nachstehend aufgeführten Verbindungszeichen vergleicht das Leben zweier sehr bekannter Persönlichkeiten, die beide

Präsidenten der Vereinigten Staaten waren. Im ersten Fall handelt es sich um Abraham Lincoln, der im 19. Jahrhundert lebte, und im zweiten Fall um John F. Kennedy, der im 20. Jahrhundert lebte. Lincoln wurde 1846 in den Kongress benannt und Kennedy 1946, d.h. 100 Jahre später. Lincoln wurde 1860 zum Präsidenten gewählt und Kennedy 1960, d.h. wieder 100 Jahre später. Die Ehefrauen der beiden Präsidenten verloren jeweils ein Kind, während sie im Weißen Haus wohnten. Lincolns Sekretärin hieß Kennedy und Kennedys Sekretärin hieß Lincoln. Beide Präsidenten wurden durch einen Kopfschuss von einem Mann aus dem Süden ermordet. Lincolns Mörder wurde 1839 geboren und Kennedys Mörder 1939, also abermals 100 Jahre später. Die Nachfolger der beiden Präsidenten hießen Johnson. Der Nachfolger Lincolns wurde 1808 geboren, derjenige Kennedys 1908, nochmals 100 Jahre später. Lincoln wurde im Kennedy-Theater ermordet und Kennedy in einem Auto der Marke Lincoln. Beide Mörder wurden getötet, bevor sie vor Gericht erscheinen konnten. Schließlich befand sich Lincoln eine Woche vor seiner Ermordung in Monroe im Staate Maryland, während Kennedy sich in Begleitung von Marilyn Monroe befand. Ist das nicht beeindruckend?

Wenn man den Verbindungszeichen Beachtung schenkt, lernt man die Geschichte anders lesen. Man erkennt, dass alles ferngesteuert ist und von einer großen Zahl Geistiger Führer, die in den Parallelwelten arbeiten, orchestriert wird.

Abraham Lincoln prägte die Geschichte der Vereinigten Staaten unter anderem durch die Abschaffung der Sklaverei. Dieser Mann hinterließ uns die Schilderung eines Traumes, den er 13 Tage vor seiner Ermordung erhielt und der die Existenz des Schicksals bezeugt. Drei Tage vor seinem Tod teilte er seinen Traum seiner Frau und einigen Freunden mit. Man kann diesen Traum leicht in der biographischen Dokumentation im Internet finden.

Hier nun die Schilderung des Traums: *Ich befand mich an einem Ort und hörte jemanden schluchzen. Ich spürte ein großes Leid und es herrschte Trauerstimmung, doch ich konnte niemanden sehen. Ich stieg eine Treppe hinab. Unten angekommen, ging ich von Raum zu Raum und alles, was ich darin vorfand, schien mir vertraut. Irgendwo öffnete ich eine Tür und bekam einen Schock: Soldaten bewachten einen Körper, einen Leichnam, der mit einem Tuch zugedeckt war, bereit für die Bestattung. Ich wandte mich an einen der Soldaten und fragte ihn: „Wer ist denn im Weißen Haus gestorben?" Man antwortete mir: „Der Präsident. Man hat ihn ermordet." Dann sah ich eine riesige Menschenmenge, die schluchzte und weinte und vollkommen niedergeschlagen war.*

Sie können sich gewiss leicht vorstellen, dass ihn dieser Traum zutiefst geprägt hatte und während der 13 Tage, die ihm zu leben blieben, ständig verfolgte. Durch diesen Traum war er über das, was auf ihn zukam, in Kenntnis gesetzt worden.

Abraham Lincoln und John F. Kennedy wurden als Beispiele gewählt, um über die Vielzahl der Verbindungszeichen zu sprechen, weil beide bedeutende Persönlichkeiten des öffentlichen Lebens und mit Macht ausgestattet waren. Sie haben beide der sozialen Geschichte der Erde ihren Stempel aufgedrückt. Durch diese Anhäufung von Verbindungszeichen und durch Lincolns Traum wollte die Kosmische Intelligenz all jenen, die gewillt sind, es zu sehen, zeigen: „Seht, alles steht geschrieben. Gott existiert."

Durch die Berücksichtigung der Verbindungszeichen lernen wir, unsere Auffassungen zu ändern und die Geschichte anders zu lesen. Wir lernen, dass die Kosmische Intelligenz uns eine tagtägliche Führung gewährt – durch unsere Träume und die im alltäglichen Leben erhaltenen Zeichen –, sofern wir die Fähigkeiten und Kräfte unseres Geistes entwickeln. Dadurch werden wir das Schicksal vorausahnen und bewusst an seiner Gestaltung teilhaben können. Andere hoch entwickelte Menschen wie Jesus wurden ebenfalls im Traum in Kenntnis gesetzt. Jesus wusste im Voraus, was ihn alles erwartete. Diesbezüglich sind die Schriften sehr eindeutig. Es genügt, sich an das zu erinnern, was er Petrus vorausgesagt hatte: „Bevor der Hahn dreimal kräht, wirst du mich dreimal verleugnen." Dieses Ereignis – wie auch sein eigener Tod – wurde ihm in einem Traum angekündigt. Die Eingeweihten und die großen Propheten haben zahlreiche Zeugnisse dieses Phänomens im Verlauf ihrer Leben auf Erden hinterlassen. Doch bevor MAN uns das Wissen um unsere Zukunft geben kann, bevor wir sie voraussehen können, müssen wir darauf vorbereitet sein. Wir müssen eine große Weisheit erworben haben, denn gewisse Elemente unseres Schicksals können nicht abgeändert werden, wie z.B. jene, die darin aus individuellen oder kollektiven karmischen Gründen enthalten sind, oder die besondere Missionen im Dienste der Menschheit und ihrer

Entwicklung betreffen, gleich jenen, mit denen bestimmte hohe Eingeweihte beauftragt werden.

Je weiter wir mit unserer inneren Bereinigung und Läuterung vorankommen und je größer unser Zugang zum wahren Wissen und zur wahren Erkenntnis wird, umso besser werden wir die Dynamik des Universums verstehen. Und eines Tages werden diese Bereiche des Bewusstseins für uns offen sein. Der Läuterungsprozess besteht in der Bereinigung der Beschränkungen, die den freien Informationsfluss behindern. All unsere Ängste – die Angst vor materiellem Verlust, die Angst, nicht geliebt zu sein, usw. – und die sich daraus ergebenden Betragens- und Verhaltensmuster müssen verwandelt werden, bis uns eines Tages der Tod keine Angst mehr macht. Sobald wir diese Angst transzendiert haben, werden wir uns immer beschützt fühlen. Die Angst ist ein Mechanismus der Psyche, der den Menschen in seiner spirituellen Entwicklung aufhält und beschränkt.

Durch das regelmäßige Meditieren und das Aufsuchen der parallelen Welten in unseren Träumen werden wir eines Tages der physischen Wirklichkeit nicht mehr Bedeutung beimessen als den anderen Wirklichkeiten, die wir dann auch fühlen und wahrnehmen können. Von diesem Augenblick an wird uns dann der Übergang, den wir als Tod bezeichnen, keine Angst mehr bereiten und wir werden das Konzept des Göttlichen Schutzes verstehen. Doch erfordert es eine lange Arbeit an uns selbst, bevor wir fähig sein werden, uns immer beschützt zu fühlen, ganz gleich, was geschehen mag.

Es gibt einen Engel, der uns helfen kann, das wahre Konzept des Schutzes und des Beschütztseins zu verstehen, das für manche neu sein wird. Es handelt sich um den Engel 24 HAHEUIAH. Ein Engel stellt eine Essenz des Schöpfers dar und als solche einen Teil Seiner Qualitäten, Tugenden und Kräfte. Der Schutz ist eine wesentliche Wahrnehmungsfähigkeit, die wir entwickeln müssen, um verstehen zu können, dass das Böse einen erzieherischen Sinn hat und dass es eine Begrenzung unseres eigenen Geistes darstellt. Wir werden anhand von Tatsachenberichten und Traumdeutungen sehen, dass wir uns nicht im herkömmlichen Sinne vor dem Bösen schützen müssen. Das Böse – das in der Traditionellen Engellehre als eine erzieherische Kraft angesehen wird – existiert und ist ein Teil von uns, ein Teil, den wir transzendieren müssen, um wahrhaftig geschützt zu sein. Das Böse hat in Wirklichkeit im Universum keinerlei Macht. Es untersteht der Kosmischen Intelligenz und wird von Ihr verwaltet, mit dem alleinigen Ziel, die Entwicklung des Bewusstseins zu fördern. Die Traditionelle Engellehre lässt uns entdecken, dass eigentlich Gott Derjenige ist, Der das Gute und das Böse leitet.

☉

Das wahre Wissen und die wahre Erkenntnis kommen von innen

Wir erhalten das wahre Wissen und die wahre Erkenntnis immer von innen. Das geschieht über unsere Träume, anhand der Zeichen, die sich in unserem Alltagsleben einstellen, und durch die bewusste, willentliche Erhebung unseres Bewusstseins. Ein entwickeltes Bewusstsein ist ein Bewusstsein, das das Böse kennt, jedoch aus freiem Willen entscheidet, es nicht mehr zu tun.

Wie können wir nun aber unser Bewusstsein erheben, während eine umfangreiche Arbeit der inneren Bereinigung zu tun bleibt – denn wir sind ja noch nicht vollkommen, nicht wahr? Unser Bewusstsein erhebt sich, während wir die Engel-Rezitier-Übung machen, d.h. während wir den Namen eines Engels anrufen und ihn wiederholt aufsagen. Dabei sollte man mindestens fünf Tage lang den gleichen Engel anrufen. So wiederholt man z.B. den Namen des Engels 24: HAHEUIAH! HAHEUIAH! HAHEUIAH!" Man muss dabei die Qualitäten des Engels und die entsprechenden Verzerrungen durchlesen und sich gut einprägen, um die stufenweise Veränderung des Bewusstseins im eigenen Innern erkennen zu können. Die durch die Rezitier-Übung eingeprägten Qualitäten und Verzerrungen erzeugen in uns eine geographische Bewusstseins-Karte, anhand deren wir vorwiegend in unseren Träumen die geleistete Arbeit erkennen können. Wie durch Zauberei entspricht das, was man in den Träumen und in den Zeichen des Alltagslebens entdeckt, immer den Qualitäten des Engels, mit dem man gerade arbeitet, oder den entsprechenden Verzerrungen.

Die Arbeit mit den Engeln bewirkt eine sehr große Öffnung unseres Bewusstseins. Durch die Engel-Rezitier-Übung und die Bereinigungs- und Läuterungsarbeiten in unserem Innern lüftet sich der Schleier, der das Unterbewusstsein und das Unbewusstsein verborgen hält, und löst sich schließlich ganz auf (siehe die bildhafte Darstellung der verschiedenen Bewusstseinsebenen auf Seite 6). Sobald wir diesen Punkt erreicht haben, werden wir uns unseres ganzen Wesens bewusst sein. Wie kann man sich z.B. eine plötzlich empfundene Angst oder Ängstlichkeit erklären, die sich einstellt, ohne dass in unserer physisch-konkreten Umgebung eine Veränderung stattgefunden hat, und man sich einige Augenblicke zuvor noch ganz wohl fühlte? Woher kommt dieses Angstgefühl? Es kommt aus unserem Innern und wird durch das hervorgerufen, was aus unserem Unterbewusstsein und Unbewusstsein aufsteigt. Natürlich neigen wir dazu, dieses Angstgefühl zu rechtfertigen und ihm ein äußeres Ereignis zuzuordnen. Doch wenn man mit den Engeln arbeitet, macht man sich diese Augenblicke zu Nutze, denn sie offenbaren Erinnerungen vergangener Situationen, die man in seinem Gedächtnis abgespeichert hat, ähnlich wie ein Computer, wenn er Daten ablagert oder speichert.

Jedes Mal, wenn ein Angstgefühl hochsteigt, sollte man, anstatt nach einem äußeren Grund zu suchen, die Gelegenheit ergreifen, um das zu identifizieren, was aufsteigt und Unwohlsein, Traurigkeit oder sonstige negative Gefühle und Emotionen erzeugt. Man macht die Engel-Rezitier-Übung, denn dadurch werden die entsprechenden Erinnerungen nacheinander bereinigt und das eigene unbewusste Sein wird einem zunehmend bewusst. Das führt letztendlich zu einem erweiterten, hellen, erleuchteten Bewusst-Sein und eines Tages ist man vollkommen an die anderen Dimensionen angeschlossen: Der Traum wird zur Wirklichkeit und die Trennung zwischen der irdischen Ebene und den Parallelwelten ist aufgehoben. Doch bevor wir dieses Überbewusstsein erreichen, müssen wir eine umfassende Bereinigung unseres Innern, eine lange Arbeit an uns selbst vollziehen.

Zu Beginn der Arbeit mit den Engeln durchlebt man sehr gegensätzliche Gemütszustände, man schwankt auf und ab wie eine Waage. Man fühlt sich ausgesprochen wohl und plötzlich, einige Stunden später oder am darauf folgenden Morgen fühlt man sich von Existenzängsten und sonstigen Angstzuständen befallen, die einen in mehr oder weniger unangenehme seelische Verfassungen versetzen. Doch das ist normal. Wir rufen ja eine Göttliche Kraft in ihrer ur-reinen Form an und die Himmlischen Mächte antworten uns: „Du hast den Wunsch, diese Kraft wiederzufinden? Einverstanden. Das ist sehr gut und freut uns sehr. Doch du musst zuerst deine alten Erinnerungen bereinigen." Und der Inhalt der alten Erinnerungen – von deren Existenz wir meistens gar keine Ahnung haben, da sie aus früheren Leben stammen – taucht in unserem Bewusstsein auf. Bei der Arbeit mit den Engeln spielen die Traumdeutung und das Lesen der Zeichen im Alltagsleben eine Schlüsselrolle. Wir lernen in der Tiefe zu lesen und dieses tiefgründige Lesen wird uns eines Tages täglich mystische Erfahrungen erleben lassen, durch die sich unser Leben verändern wird. Wir werden erkennen, dass es keinen Zufall gibt und dass Gott ein riesiger Lebender Computer ist, in dem wir alle existieren. Wir werden die große Genauigkeit, auf der alle Dinge und unser gesamtes Tun beruhen, verstehen können und uns dieser Genauigkeit bedienen, um unseren Lebensplan zu verwirklichen.

☉

Die Traumarten

Durch die Arbeit mit den Engeln werden unsere Träume häufiger und vor allen Dingen werden wir in der Lage sein, die Träume besser zu deuten.

Vereinfacht ausgedrückt könnte man sagen, dass es zwei Arten von Träumen gibt. Die erste Traumart ist vor allem zu Beginn unseres spirituellen Werdegangs sehr häufig. Die ihr zugehörigen Träume gestatten uns die Bereinigung unserer persönlichen Datei, dessen, was man das persönliche Unbewusstsein nennt. In diesen Träumen können wir allerlei bekannte oder unbekannte Menschen vorfinden, die uns gewisse Aspekte unserer Persönlichkeit bewusst werden lassen. Alle Personen, die in einem Traum vorkommen, geben uns ein gewisses psychologisches Profil an und lassen uns auf subtile Weise erkennen, welche Gegebenheiten wir in uns ändern oder berichtigen müssen. Dabei handelt es sich oft um Aspekte unseres Seins, deren Existenz wir keineswegs vermuteten. Doch ein bisschen Nachdenken genügt, um sie sehr wohl zu erkennen. *Das, was auf der feinstofflichen Ebene vor sich geht, ist die Vorbereitung der Materialisierung, d.h. dessen, was auf der physisch-konkreten Ebene in Erscheinung treten wird.*

Eines Tages werden wir unsere persönliche Datei verlassen können, um die kollektive Datei aufzusuchen. Dann stellen sich Träume der zweiten Art ein, in denen wir die Seele anderer Menschen besuchen können. Diese Träume ermöglichen es uns, unsere eigene Entwicklung fortzusetzen und dabei gleichzeitig direkt in den parallelen Welten den anderen zu helfen. Es handelt sich dabei um *teilhabende Träume*, in denen wir unter der ständigen Überwachung durch die Kosmische Intelligenz bei der Schicksalsprogrammierung mitwirken. Ein Beispiel zu dieser Traumkategorie wird etwas später in diesem Kapitel angegeben.

☉

Das Gesetz der Resonanz

Wenn man mit den Engeln arbeitet, muss man sich vergewissern, dass man das Kosmische Gesetz der Resonanz gut und richtig versteht. Dieses baut auf dem Prinzip auf, dass wir genau das an uns heranziehen, was wir selber sind. Natürlich kennen wir zunächst nur einen ganz kleinen Teil von uns – den bewussten Teil –, während der größte Teil unseres Seins verborgen liegt.

Durch die Beobachtung der kleinen Alltagsgeschehnisse können wir uns dessen, was wir in uns tragen, bewusst werden. In der Tat taucht eine große Zahl unbewusster Erinnerungen in Form von Ereignissen in unserem Alltagsleben auf, damit wir ihre Existenz wahrnehmen können. Wenn wir uns zum Schönen, Reinen und Göttlichen hingezogen fühlen, so bedeutet dies, dass wir diese Eigenschaften in uns tragen. Fühlen wir uns aber von verzerrten Aspekten und Situationen angezogen, so bedeutet dies, dass wir diese ebenfalls in uns tragen. Auch jedes Mal, wenn wir uns durch etwas gestört fühlen – durch einen Menschen oder eine Situation und ganz gleich, wie stark oder wie wenig –, ist das ein Hinweis darauf, dass wir in unserem Unbewusstsein Erinnerungen bergen, die mit dem, was uns stört, im Einklang schwingen. Das hat absolute Gültigkeit. Selbst wenn wir rein äußerlich betrachtet keinerlei Gemeinsamkeit mit dem Gezeigten haben, bleibt die Tatsache bestehen, dass auf der Ebene unserer Erinnerungen sehr wohl Resonanzen vorhanden sind. Das nennt man das Gesetz der Störung, welches ein Folgegesetz des Resonanzgesetzes ist.

So bieten uns die Beobachtung unserer inneren Gemütszustände und das Herstellen der Zusammenhänge zwischen diesen und den Ereignissen in der Außenwelt genügend Informationen, um herauszufinden, was wir in unserem Innern verändern müssen. Sobald man das Gesetz der Resonanz versteht und den Beschluss fasst, dessen Anwendung im Alltagsleben zu beobachten und vor allen Dingen sich seiner auch zu bedienen, erfolgt die Entwicklung der eigenen Seele sehr schnell, da man aufhört, sich im Kreise zu drehen. Man begleicht und bereinigt alle karmischen Lasten und Schulden, sowie alle fehlerhaften Taten, da man aufhört den anderen gegenüber aggressiv und voller Kritik zu sein. Selbst wenn die anderen ungerecht handeln, selbst wenn sie schreckliche Dinge tun, schließt man auf sich selbst zurück und macht die Engel-Rezitier-Übungen. Es stimmt, dass dies sehr viel Demut erfordert, doch ist dies der Königliche Weg, der zu den hohen Bewusstseinsebenen führt. Wir werden zahlreiche Anwendungsbeispiele zu diesem Gesetz sehen.

Die Anrufung eines Engels lässt uns direkt am Gesetz der Resonanz teilhaben. Man spricht oft von der Spiegelbildwirkung, wonach die Wirklichkeit einen Spiegel darstellt und die Mitmenschen, mit denen wir zu tun haben, sowie die Situationen, die wir durchleben, uns widerspiegeln, was wir sind. Doch die Arbeit mit den Engeln und besonders die bewusste Anwendung des Resonanzgesetzes bringen uns noch viel weiter. Sie lassen uns tatsächlich am Widerspiegelungsprozess teilnehmen und darin Mitwirkende sein. Auf subtile Art treten wir dabei auf energetischer Ebene in den Beziehungsaustausch zwischen den verschiedenen Dimensionen ein, da wir uns bewusst in den dynamischen Mechanismus einschalten, der die unbewussten Erinnerungen und deren Materialisierung verbindet. Das Gesetz der Resonanz ist eines der grundlegenden Prinzipien der Kabbala.

☉

Bevor wir die Merkliste der Qualitäten des Engels 24 HAHEUIAH und der entsprechenden Verzerrungen durchgehen, will ich einiges zu der Zahl 24 sagen, die ein wichtiges Symbol ist. Vierundzwanzig Stunden bilden einen kompletten Tages- und Nachtzyklus. Man spricht in der Bibel von den 24 Ältesten und in gewissen orientalischen Traditionen von den 24 Herren des Karmas. Diese Zahl symbolisiert also sowohl einen kompletten *Lebenszyklus* als auch das *Gericht* und die *Gerechtigkeit*. Welches ist nun der gemeinsame Sinngehalt dieser drei Wörter? Es ist die Reinkarnation, die ein grundlegendes Prinzip der Göttlichen Gerechtigkeit darstellt. Ihr zufolge wird ein Leben durch die Taten bestimmt, die der Mensch in seinen früheren Leben auf Erden vollbracht hat. In diesem Sinne stellt die Zahl 24 eine Energie dar, die uns veranlasst, die Göttlichen Gesetze in unserem Innern wiederzufinden und sie zu beachten, da ihre Missachtung uns alles schwerer macht.

Wenn man die Qualitäten dieses Engels durchsieht, bemerkt man, dass sie im Wesentlichen darin bestehen, dem Bösen Einhalt zu gebieten und Schutz zu gewähren. Man kann dies anhand des alten Konzepts interpretieren, wonach man das, was uns Böses antut oder Angst macht, abblocken muss. Wir werden jedoch sehen, dass man, ganz im Gegenteil, sich dem Bösen weder widersetzen noch so tun muss, als gäbe es das Böse nicht. Mit dem Engel HAHEUIAH erwirbt man die Fähigkeit, große Spannungen zu ertragen – Konfliktsituationen und negative oder aggressive Menschen in unserem Umfeld – und dabei dennoch rezeptiv zu bleiben. Das ist ein Prinzip der Weisheit.

Man hört oft sagen: „Wenn ich mit dieser Person zusammen bin, muss ich mich schützen, denn sie ist sehr negativ." Doch sich verschließen schützt einen keineswegs. Man ist nur durch das wahre Wissen, die wahre Erkenntnis und das wahre Verstehen geschützt. Man muss rezeptiv bleiben, die Informationen einfließen lassen und sie dann analysieren. Im gegebenen Augenblick – und das stellt sich automatisch ein – gelingt es einem, dem betreffenden Menschen eine andere Energieart zurückzusenden, eine positive Energie. Man sendet ihm eine mitfühlende, verständnisvolle Energie zurück und tut dies, ohne ein einziges Wort zu sagen. Diese Haltung kann sehr viele Menschen entwaffnen, da sie es nicht gewohnt sind, etwas Positives zurückzuerhalten. Wenn man so handelt, fühlt sich der andere weder verurteilt noch ungeliebt. Reagiert man hingegen auf subtile oder auf erkennbare, offene Weise aggressiv, so unterhält und verstärkt man die negative Energie. Das schafft eine Konfliktsituation oder aber man wird später eine ähnliche Situation durchleben müssen, bei der dann ein anderer Mensch uns gegenüber aggressiv sein wird.

Man kann sich auch abkapseln: Man verschließt sich, weil man die negative Energie einer Person oder einer Situation nicht erträgt, da es zu schmerzhaft ist. Indem man sich verschließt, verfällt man in die Verzerrung der Engelenergie HAHEUIAH: *die emotionelle Gleichgültigkeit und Gefühlskälte*. Es handelt sich dabei um das Prinzip der Abkapselung. Die emotionelle Gleichgültigkeit und Gefühlskälte stellen die Antithese der Liebe dar. Um den Zustand der Göttlichen Liebe zu erreichen, muss man danach streben, vollkommen offen zu sein und mit den anderen zu verschmelzen.

Natürlich ist es eher schwierig, wenn man mit dem, was sich einem anbietet, Resonanzen hat. Da kann man nicht sofort rezeptiv sein und die Arme ganz weit öffnen. Man kann jedoch einen Prozess in Gang setzen, der auf einem neuen Verständnis des Bösen beruht. Dabei bemüht man sich ganz bewusst, sich nicht zu verschließen, damit alle tiefgefrorenen, unbewussten Erinnerungen, die das Siegel der Gefühlskälte tragen, auftauen können. Manche Menschen zeigen eine größere emotionale Gleichgültigkeit und Gefühlskälte als andere. Wie verhält es sich jedoch mit denjenigen, die ein überschwängliches, übersprudelndes Temperament haben und scheinbar keine Kälte ausstrahlen? Haben diese Menschen ebenfalls unbewusste auf Eis gelegte Erinnerungen, in denen sich die Gefühlskälte verbirgt? Wie kann man das wissen? Sobald ein überschwängliches oder übermäßiges Verhalten zu beobachten ist, also eine Übertreibung im entgegengesetzten Sinne, ist das ein Hinweis auf vorhandene Mängel. Wenn man lernt, vollkommen rezeptiv zu sein, und die Verzerrungen und das Böse versteht, ist man in der Lage, alle Informationen, die man erhält, zu verwalten und den anderen Menschen hoffnungsvolle Botschaften zurückzusenden.

Liest man die Qualitäten des Engels HAHEUIAH: *Beschützt die Vertriebenen und die Einwanderer* und *Ermöglicht die Rückkehr ins Ursprungsland*, dann kann man sich leicht sagen: „Mich betrifft das nicht, denn ich bin weder ein Vertriebener noch ein Einwanderer." Doch diese Qualitäten müssen in der Sprache des Bewusstseins (und abhängig vom Bewusstseinsniveau des jeweiligen Menschen) interpretiert werden, denn das, was sich in der Außenwelt abspielt, ist das Spiegelbild dessen, was im Inneren des Menschen existiert. All die abgespeicherten Erfahrungen, welche die Farbtöne der Ungerechtigkeit tragen, sind Vertriebene des Bewusstseins, d.h. Erfahrungen, die wir in das Unbewusstsein vertrieben haben. Wir haben alle ein- und dasselbe Herkunftsland: das Land der hohen Bewusstseinsebenen, die die 72 Engel darstellen, das Land der Göttlichen Qualitäten, des Wohl-Seins und des vollkommenen Glücks, das wir eines Tages wiederfinden müssen. Die spirituelle Arbeit mit dem Engel HAHEUIAH verleiht uns sehr viel innere Kraft und einen starken inneren Schutz, so dass wir uns auf die Suche jener

Teile von uns machen können, die Vertriebene und Flüchtlinge sind und eigentlich Verbrecher des Bewusstseins.

Delinquent und Verbrecher findet man unter den Verzerrungen dieser Engelenergie. Dabei handelt es sich um unsere inneren Rebellen, um all jene Erinnerungen, welche sich in Situationen, die uns in Aufruhr versetzten, in uns eingeprägt haben. Was bedeuten Aufruhr und Rebellion? Sie bedeuten, dass wir mit dem, was wir haben, unzufrieden sind und den Lebensplan ablehnen, den die Kosmische Intelligenz anhand unseres persönlichen Lernprogramms und zum Wohl unserer geistig-spirituellen Entwicklung für uns entworfen hat. Sobald wir unzufrieden sind, handelt es sich um Rebellion und wir werden dem Schicksal gegenüber zu Delinquenten, zu Verbrechern, ganz gleich, ob es um etwas Geringes oder um etwas Wichtiges geht.

Um die hohen Bewusstseinsebenen unserer Himmlischen Heimat in uns verfestigen zu können, während wir uns mit beiden Beinen hier auf der Erde befinden, müssen wir all die verirrten, entflohenen und rebellischen Teile unseres Wesens in ihr Heimatland zurückholen. Wir müssen sie an die Oberfläche unseres Bewusstseins aufsteigen lassen und sie nacheinander umziehen. Das ist eine Arbeit, die wir im Alltag leisten können, und darin besteht eben die innere, spirituelle Arbeit mit der Traditionellen Engellehre. Wenn wir diese inneren Reparaturarbeiten nicht leisten, dann werden die negativen Teile unseres Wesens früher oder später eine physische, konkrete Form annehmen und unser Leben zerstören.

Man kann sich natürlich begrenzen, in einem kleinen Raum einmauern, mit seiner spirituellen Entwicklung aufhören und denken: „Die Dinge stehen ja nicht so schlecht, ich durchlebe zwar allerlei Situationen, doch ich verfüge über ein gewisses energetisches Potenzial und über materielle Mittel." Auch das hat seine Gründe und seine Bedeutung: Im Lernprozess sind gewisse Stufen erforderlich. Ein Mensch kann seine spirituellen Kräfte nur dann entwickeln, wenn er in seiner Seele und in seinem Bewusstsein den innigen Wunsch dazu hat. Sofern die Spiritualität nicht in seinem Lebensprogramm enthalten ist, wird sein Wille zur spirituellen Entwicklung recht oberflächlich sein und er wird sich durch die geringste Schwierigkeit davon abbringen lassen. Wenn wir unser Bewusstsein erweitern wollen, müssen wir unbedingt den Lernrhythmus unserer Mitmenschen respektieren, denn im Grunde genommen ist jedes Vorgehen spirituell. Jede Stufe einer Treppe ist wesentlich, um die nächsthöhere Etage zu erreichen.

Sobald wir jedoch von ganzem Herzen den Wunsch verspüren, die anderen Dimensionen wiederzufinden, wird uns die Kosmische Intelligenz im jeweils passenden Augenblick den Zugang zu all den uns begrenzenden, unbewussten, eingeschlafenen und betäubten Zonen öffnen. In der Traditionellen Engellehre hängt diese Öffnung von der Intensität ab, mit der man die Engel-Rezitier-Übung durchführt. Eines Tages werden wir mit Gott verschmelzen und die Erleuchtung erreichen. Doch solange wir innerlich zerstückelt sind und verzerrte Erinnerungen in uns tragen, wird es uns nicht möglich sein, die Bewusstseinszustände der Engel andauern zu lassen. Es gelingt uns lediglich hin und wieder gewisse relativ hohe Ebenen zu erreichen, doch danach fällt unser Schwingungsniveau wieder ab.

Der Engel HAHEUIAH *schützt vor Dieben und Mördern*. Wir werden anhand von Beispielen und ihrer symbolischen Deutung versuchen, die Frage des Diebstahls zu verstehen und warum man auf der konkreten Ebene bestohlen wird. Eine andere, schwerer erkennbare und heimtückischere Äußerung des Diebstahls ist der energetische Diebstahl. Mit diesem Engel werden wir erkennen, durch welche Haltungen wir die Energie der anderen rauben und durch welche Haltungen die anderen unsere Energie rauben. Wir werden auch die Gründe analysieren, die uns dazu drängen, die Energie der anderen zu rauben, zu *vampirisieren*.

Das richtige Verständnis dieser Frage ist für unseren Werdegang und unser Wohlsein wichtig, denn jedes Mal wenn wir *beraubt* werden, werden wir ärmer und energetische Mangelerscheinungen sowie eine gefühlsmäßige Armut stellen sich als Folge davon ein. Wir können über umfangreiche materielle Mittel verfügen und dennoch in gefühlsmäßiger und energetischer Armut leben. Doch wenn man innerlich arm ist, dann sucht man nach Ausgleich und Ersatz und *nimmt sich* ganz automatisch die fehlende Energie in der Außenwelt. Der Engel HAHEUIAH führt uns zu sehr interessanten Erkenntnissen, zu hohen Ebenen des Verständnisses und gewährt uns eine bessere Gesundheit. Alle Ebenen unseres Seins werden durch diesen Engel berührt.

Um gewisse Qualitäten und Verzerrungen der Engelenergie HAHEUIAH aufzuzeigen, möchte ich nun von einer bekannten Persönlichkeit berichten, die diesen Engel als Schutzengel auf der physischen Ebene hatte. Es handelt sich um Nelson Mandela, der am 18. Juli geboren wurde und als Befreier Südafrikas gewirkt hat. Er kämpfte ununterbrochen gegen die Beherrschung der Schwarzen durch die Weißen, doch auch gegen die des eigenen Volkes durch die Schwarzen. Er verfolgte das Ideal eines Heimatlandes. Das Heimatland, das er als Ziel ins Auge gefasst hatte, befand sich zwar auf der physisch-konkreten Ebene, war aber auf sehr schöne Werte begründet. In seiner Jugend wurde Nelson Mandela ein *Opfer der Justizstarre*, worin eine der Verzerrungen dieser Engelenergie besteht. Von der Staatsbehörde als Terrorist angesehen, wurde er verhaftet und wegen Hochverrat und Verschwörung gegen den Staat zu lebenslanger Gefängnisstrafe verurteilt. Er verbrachte 27 Jahre im Gefängnis.

In einem gewöhnlichen Bewusstsein könnte man sagen: „Dieser Mensch war nicht beschützt." Doch wir werden sehen, wie sehr er beschützt war und dass eben darin sein Lebensplan bestand. Dieser Mann war durchgemangelt und bearbeitet worden, um ein großes Symbol der Freiheit werden zu können. Die Kosmische Intelligenz hatte die Hauptlinien seines Schicksals vorgesehen: das Datum und die Stunde seiner Geburt sowie die großen Ereignisse, die sein Erscheinen und Wirken auf der Erde umgaben. Wenn wir den Schutz wirklich verstehen, dann wissen wir, dass wir immer beschützt sind. Doch aufgrund der Formen, die er annehmen kann, ist es uns nicht immer möglich, das Vorhandensein des Schutzes wahrzunehmen.

Nelson Mandela durchlebte Aufruhr und verschiedene andere Gewaltsituationen und verbrachte sehr viel Zeit im Exil. Das alles sind Verzerrungen der Engelenergie HAHEUIAH. Nelson Mandela entstammte einer afrikanischen Königsfamilie und in einem Film über sein Leben wird folgende Anekdote geschildert.

Ein kleiner Junge befragte ihn:
- Du hattest Glück, in einer Königsfamilie zu leben. Du musst viele Diener gehabt haben, die dir halfen.
- Ja, antwortete ihm Nelson Mandela mit seiner großen Schlichtheit, wir hatten Menschen, die uns halfen, doch ich war auch Diener. Als ich noch sehr jung war, ging ich einem Onkel helfen, der König war, und ich war sein Diener. Ich hatte unter anderem die Aufgabe, seine Hosen zu bügeln, die er während der Zeremonien trug. Er war sehr anspruchsvoll: Bei der geringsten falschen Bügelfalte schickte er mir die Hose zurück. Um diese jahrelange Bügel-

arbeit richtig durchzuführen, musste ich die Konzentration, die Geduld, die Ausdauer, die Disziplin und das Pflichtbewusstsein lernen.

Daran erkennt man, dass dieser Mensch, dem gegen Ende seines Lebens sehr viel Anerkennung entgegengebracht wurde, zu Beginn seines Werdegangs zahlreiche kleine Aufgaben erfüllen musste, um die großen Qualitäten zu entwickeln. Doch oftmals nimmt man es nur schwer hin, dass das Lernen durch das Ausführen kleiner Aufgaben erfolgen muss, die uns keinerlei Anerkennung einbringen. Das erscheint uns eine fruchtlose Arbeit.

Sie sehen also, was man alles beim Kleiderbügeln lernen kann. Wenn Sie das nächste Mal bügeln, denken Sie vielleicht an Nelson Mandela. Dieser Mann verbrachte 27 Jahre im Gefängnis, weil er sich für die soziale Gleichberechtigung einsetzte. Das ist doch etwas anderes als die kleinen Unannehmlichkeiten, deretwegen man sich so manches Mal beschwert.

Nelson Mandela liebte das Boxen, was darauf hinweist, dass in seinem Geist Aggressivität vorhanden war. Man übt eine Sportart nicht zufällig aus und wenn man das Boxen als Sportart betreibt, so ist dies ein Hinweis auf ein Bedürfnis, die vorhandene Aggressivität zu kanalisieren. Später wandelte dieser Mensch seine Aggressivität um: Er verwendete die ihm auferlegten Einschränkungen – darunter Exil und Gefängnis –, um beispielhafte Qualitäten zu entwickeln. Und wie andere Große Menschen auch, lernte er, seine Feinde zu lieben. Er hatte den Gefängniswärtern und Politikern gegenüber, die sich verbissen gegen ihn stellten, eine bemerkenswerte Haltung, eine Haltung, die von Weisheit zeugte.

Dieser Mensch kann uns eine Quelle der Inspiration sein, denn auf dem Weg unserer spirituellen Entwicklung können uns große Begrenzungen auferlegt werden. Zunächst werden wir aus allen Richtungen und auf allen Ebenen zusammengedrückt, damit wir unsere Schwächen und Begrenzungen erkennen können und nach und nach, durch die anhaltenden Prüfungen, das Beste in uns entwickeln, wodurch wir schließlich die innere Freiheit erlangen. Wir können zwischen unserem persönlichen Bewusstsein einerseits und dem Beispiel von Nelson Mandela und der Befreiung Südafrikas andererseits eine Analogie herstellen, indem wir die Gesamtheit unserer unbewussten Erinnerungen als Länder betrachten, wobei in einigen davon noch Zonen vorhanden sind, wo Unterdrückung und Beherrschung fortbestehen. Und diese Zonen verhindern, dass Frieden, Gerechtigkeit und Wahrheit auf allen Ebenen unseres Seins herrschen, da unser Göttliches Ich unterdrückt und verkümmert ist.

In unserem Innern finden zahlreiche Aufruhren und Schlachten statt. Diese äußern sich in unseren Träumen – genauso wie in einem Film – und wenn wir es uns zur Gewohnheit machen, unsere Träume zu studieren, dann werden wir die in unserem Geist wütende Anarchie wahrnehmen können. Man kann sich im Traum z.B. im beherrschten Südafrika sehen oder in einem anderen, vom Bürgerkrieg mitgenommenen Land, wodurch MAN uns bestimmte Erinnerungen und Aspekte unserer Persönlichkeit aufzeigen will. Alle Länder, die es auf der Erde gibt, sind als Bewusstseinszonen in uns vorhanden. Das gegenwärtige Phänomen der Mondialisierung erzeugt verstärkt und zum Teil schockartige Erschütterungen und macht immer mehr Anpassungen erforderlich, denn ein Land kann nicht unbegrenzt auf der Grundlage verzerrter Konzepte den Wohlstand entwickeln und beibehalten. Es wird eines Tages die Folgen seines Verhaltens zu tragen haben. Genauso verhält es sich mit dem Bewusstsein: Jeder positive und jeder negative Gedanke wird sich eines Tages materialisieren.

Die anhaltende Arbeit mit dem Engel 24 HAHEUIAH ermöglicht unsere Umerziehung und unsere innere Wiedervereinigung. HAHEUIAH hilft uns, dem Bösen in unserem Inneren Einhalt zu gebieten. Als Erstes hält Er das Böse auf, so dass die inneren Verwüstungen aufhören können. Danach lässt Er die inneren Reparaturarbeiten beginnen und schließlich können wir innerlich reich werden, wachsen und unsere Qualitäten wiederfinden.

Sobald wir Kenntnis von der überraschend großen Zahl der Verbindungszeichen und Übereinstimmungen erhalten, versetzt uns die Macht Gottes in Verwunderung. Die in der Einleitung aufgeführten Analogien sind ein gutes Beispiel dafür. Wenn man nicht an sich arbeitet und die im Alltagsleben vorhandenen Zeichen nicht beachtet, beendet man die Lektüre dieses Buches und einige Tage später oder sogar schon am darauf folgenden Tag nehmen die alten Erinnerungen ihren gewohnten Platz wieder ein. Und man vergisst alles. Sobald Aggressivität oder Unverständnis auftauchen, vergisst man sein Himmlisches Vaterland und fährt fort, schwierige

Szenarien zu *schreiben*, die man eines Tages bereinigen und wiedergutmachen muss.

Wenn man es sich angewöhnt, die Zeichen und Träume zu studieren, kann man sich in seinem Innern aus den erhaltenen Symbolen und erlebten Erfahrungen eine ständig wachsende Bibliothek aufbauen. Durch dieses praktische Vorgehen wird unser Glaube eines Tages unerschütterlich sein. Wir werden wissen, dass wir immer vom Himmel Führung erhalten, und niemals wieder vergessen, dass es die Parallelwelten und Milliarden von Wesen gibt, die uns bei der Verwirklichung unseres Lebensplans helfen. Das alles wird dann die Wirklichkeit darstellen.

Die Engel-Rezitier-Übung hilft uns, dies zu erreichen. Sie hilft uns, ein gewisses Bewusstseinsniveau beizubehalten. Aufgrund der zahlreichen Verzerrungen, die in unserem Gedächtnis abgespeichert sind, durchleben wir Situationen, die uns zu Fall bringen, die in uns Ängste oder Wut aufsteigen lassen, und in diesen Augenblicken verlieren wir den Durchblick. Dann sehen und hören wir nichts mehr und versinken wieder in ein gewöhnliches Bewusstsein, in dem wir selbst den Mittelpunkt darstellen und die Göttliche Gerechtigkeit sowie die Existenz Gottes nicht mehr wahrnehmen können. Wenn wir uns aber daran gewöhnen, die Engel-Rezitier-Übung zu machen, sobald sich die Gelegenheit dazu bietet – beispielsweise beim Gehen –, dann bleiben wir angeschlossen und im Bewusstsein mit den Engeln verbunden, was uns nach und nach das Lesen der Zeichen erleichtert.

Ich möchte nun anhand einiger Tatsachenberichte zeigen, wie man die Zeichen liest. Dazu will ich zunächst eine persönliche Erfahrung berichten, die zwei häufig auftauchende Symbole betrifft: die Armee und die Polizei. Wenn wir mit den Engeln arbeiten, dann gibt uns die Kosmische Intelligenz an, was wir verbessern müssen und dazu verwendet Sie alles, was sich in unserem unmittelbaren Umfeld befindet.

Es war zu einer Zeit, als ich mit dem Engel Haheuiah arbeitete. Dabei hielt ich mir die Ausdrücke *Schutz* und *Beschütztsein* sowie die damit verbundenen Symbole, darunter die Armee und die Polizei, im Bewusstsein gegenwärtig. Es gibt eine Himmlische Armee, die uns beschützt: *Wie Oben so unten, wie unten so Oben*, wenn auch die Taten und Handlungen der irdischen Polizei und Armee manchmal in der Verzerrung erfolgen, d.h. noch nicht ganz richtig und gerecht sind. Man kann die Armee und die Polizei als Schutzsymbole betrachten, die ihren Platz haben, solange es auf Erden verzerrte Bewusstseinszustände gibt, da ansonsten das Böse zu große Ausmaße annehmen und die Entwicklung des dauerhaft Guten verhindern würde.

Während der Zeitspanne, wo ich über den Engel HAHEUIAH, den Schutz und das Beschütztsein meditierte und mich innerlich mit der Himmlischen Armee verband, war ich mit meinem Mann unterwegs nach Rimouski in Kanada, wo er ein Seminar über die Träume abhalten sollte. Ein Ehepaar hatte uns seine Begleitung angeboten, um uns zu helfen. Der Mann gehörte der kanadischen Armee an und wechselte sich mit meinem Mann am Steuer ab. Für mich stellte ihre Begleitung ein schönes Zeichen dar: Ich hatte so viel über die Himmlische Armee, den Schutz und das Beschütztsein meditiert, dass ich mich nun in einem Wagen befand, den ein Soldat der kanadischen Armee lenkte. Das war so, als hätte sich der Himmlische Schutz bis in unseren Minibus hinein materialisiert. Als wir in unserem Hotel in Rimouski ankamen – eine Stadt, in die wir uns regelmäßig begeben –, sahen wir eine ganze Delegation Soldaten, die auf einen General warteten, der in diesem Hotel wohnte. Das war mir noch nie passiert und ich fand dieses Zeichen wundervoll. Das letzte Zeichen dieser zauberhaften Fügung bestand darin, dass unser Begleiter unter den Wartenden einen Mann erkannte, dessen Bekanntschaft er in Deutschland gemacht hatte. Dieser Mann, der Oberst war, hieß „Colonel d'Amour", also Oberst der Liebe.

Das berührte mich ganz besonders und ich fragte unseren Begleiter:
- Ist das ein Spitzname? Man nennt ihn...
- ...nein, nein, das ist sein wirklicher Familienname: „D'Amour" – der Liebe.

Stellen Sie sich das vor! Ich meditierte über die Himmlische Armee und MAN setzte mir einen inkarnierten Oberst der Liebe vor. Das berührte mich tief und ich sagte mir: „Mein Gott, wie gut Du doch bist." Die mystischen Erfahrungen, die wir mit den Zeichen erleben können, sind in der Tat wundervoll. Ich hatte vor Dankbarkeit Tränen in den Augen.

Ja, eben darin besteht die Schönheit solch hoher Bewusstseinsebenen: Sie lassen uns all die Geschenke entdecken, die uns die Kosmische Intelligenz unentwegt anbietet. Und S<small>IE</small> macht allen Menschen solche Geschenke. Doch wenn wir zu sehr beschäftigt sind, wenn in unserem Innern zu viel Radau herrscht – „Hab ich das und jenes gemacht? Hab ich meine materiellen Zielsetzungen erreicht? Hab ich..." –, dann können wir diese Zeichen nicht sehen, die manchmal offensichtlich, doch sehr häufig ganz subtil sind. Es wird der Tag kommen, wo wir die Zeichen kontinuierlich lesen werden und wo unsere Lebensführung in der Spiritualisierung der Materie bestehen wird.

In der gleichen Zeit, während wir mit dem Minibus unterwegs waren und ich die Rezitier-Übung mit dem Engel H<small>AHEUIAH</small> machte, überholten wir einmal einen Lastkraftwagen, auf dem ich den Namen „Brandschutz Wikinger" las. Auch dieses Zeichen half mir, den Schutz und die Beschützung besser zu verstehen. Ich überlegte: „Wenn der Chef dieses Unternehmens das Wort *Wikinger* in den Namen seiner Firma aufgenommen hat – den Zufall gibt es ja nicht –, so bedeutet dies gewiss, dass er in einem früheren Leben ein Wikinger oder ein Krieger war und Brände gelegt hatte." Die Wikinger steckten leicht alles in Brand. Sie experimentierten. Befindet man sich im Bewusstseinszustand eines Engels, so *liest* man nicht einfach nur horizontal, wie man das gewöhnlich tut, sondern auch vertikal, d.h. man dringt beim Lesen immer in die Tiefe vor.

Wenn wir in einem unserer Leben kriminelle Taten begehen – kriminell denken, fühlen oder handeln –, dann schreibt sich dies in unserer Seele nieder. So will es das Göttliche Gesetz. Danach folgt die nächste Etappe: Da wir all das, was wir gedacht, gefühlt und getan haben, in uns tragen, werden wir in der Außenwelt Personen und Situationen an uns heranziehen, die uns das gleiche Schicksal erleben lassen, das wir anderen Menschen geschaffen haben. Der Besitzer dieses Brandschutzunternehmens hat gewiss in einem seiner früheren Leben den Brand seines Hauses durchlebt und wahrscheinlich allerlei Prüfungen im Zusammenhang mit dem Feuer erfahren. Und nun befindet er sich in der Phase der Wiedergutmachung. Man übt keine Aufgabe, keine Tätigkeit und auch keinen Beruf zufällig aus. Den Zufall gibt es nicht: Unsere Arbeit entspricht immer unseren inneren Bedürfnissen. Wenn es diesem Mann auch nicht unbedingt bewusst ist: Er beschützt und bewahrt die anderen Menschen davor, Brandopfer zu werden, und so beschützt er sich gemäß dem Gesetz der Resonanz auch selbst.

Der Beruf, den wir ausüben, widerspiegelt die Fähigkeiten und Talente, die wir in früheren Leben entwickelt haben. Es ist gewiss, dass dieser Mensch über beide Arten von Erfahrungen verfügt: Er hat sowohl Feuer gelegt als auch die Zerstörung durch das Feuer erfahren. Sein Gedächtnis enthält Erinnerungen, die ihn die Brandgefahr und den Brandschutz besser als andere verstehen lassen.

Wenn man die Traditionelle Engellehre anwendet und die Engel-Rezitier-Übung macht, studiert man das Leben und reist im Geiste. Man betrachtet das, was sich direkt vor einem befindet, und sagt sich beispielsweise nicht: „Oh, wie langweilig ist es doch, im Auto zu sitzen. Wie lang die Fahrt doch ist." Nein, nichts langweilt einen mehr. Im Gegenteil, alles wird interessant, weil man eine tief reichende Vision hat und sehr hohe Bewusstseinsebenen beibehält. Man lebt nicht mehr vor sich hin wie eine Kuh, die die vorbeifahrenden Züge mit glasigen Augen anstarrt. Man erhebt sich über die tierische Seite des Menschseins hinaus. Auf diese Weise werden wir Menschen erneut Engel und erheben uns auf jene hohen Ebenen des Bewusstseins, wo uns das Verständnis der Schöpfung zugänglich wird.

Hier nun ein Erlebnisbericht als Beispiel des Beschütztseins. Er stammt von einer Frau, die mir ihre Geschichte erzählt hat. Vor einigen Jahren wohnte diese Frau auf dem Lande und musste regelmäßig eine lange Strecke mit dem Wagen zurücklegen, um an ihren Arbeitsplatz zu gelangen. Einmal sah sie unterwegs ein großes Tier die Straße überqueren, das einem Elefanten glich. Doch sie befand sich in Kanada – es gibt in Kanada keine Elefanten, die die Straßen überqueren (Lachen). Plötzlich wurde sie sich bewusst, dass sich nichts von alledem wirklich zugetragen hatte, sondern dass es sich um eine Vision handelte. Als sie sich jedoch am Abend des gleichen Tages – es war schon dunkel – auf der Heimfahrt befand, tauchte plötzlich an genau der gleichen Stelle, wo sie die Vision gehabt hatte, ein Elch auf der Straße auf und blieb, durch die Scheinwerfer geblendet, direkt vor ihrem Wagen stehen.

Man kann sagen, dass diese Frau beschützt war. Selbst wenn es zu einem Zusammenstoss mit dem Elch gekommen wäre, könnte man sagen, dass sie beschützt war, da die Himmlischen Mächte alles organisieren – in Übereinstimmung mit der Entwicklung des jeweiligen Menschen.

Warum hatte MAN ihr diese Vision geschickt? Zweifelsohne, weil sie in der Lage war, sie zu erhalten. Wenn man hinter dem Steuer sitzt, kann man sich in einem Zustand aktiver Meditation befinden und dennoch gleichzeitig wachsam bleiben. Eine Art innere Ruhe stellt sich ein, unabhängig davon, ob man auf ruhigen Landstraßen fährt oder sich in fließendem Stadtverkehr befindet. Dieser Zustand der inneren meditativen Ruhe und Wachsamkeit eignet sich gut für eine Öffnung gegenüber den anderen Dimensionen, so als würde man in wachem Zustand träumen oder aktiv und bewusst schlafwandeln und dabei zwischen zwei parallelen Welten hin- und herwandern. Durch diese Vision wollte MAN der Frau sagen: „Hör auf, dir Sorgen zu machen. Du siehst doch, dass alles geschrieben steht." Es stand geschrieben, dass um genau 8 Uhr 29 Minuten und 39 Sekunden ein Elch aus dem Wald auf die Straße treten würde. Es gibt Geistige Führer, die sich um die Tiere kümmern und unsere Erlebnisse mit ihnen in Übereinstimmung bringen. So helfen SIE uns, zu verstehen, was uns die Tierwelt an Lehren und Erkenntnissen vermittelt. Und selbst wenn das Ereignis nicht unmittelbar zu einem klaren, präzisen Verständnis führt, wird die Erfahrung dennoch einem späteren Verständnis dienen. Das Leben kümmert sich ja so gut um das Zusammenfügen der verschiedenen Erfahrungen, wobei eine Situation zur nächsten führt.

Eines Tages werden wir nicht mehr nur hin und wieder eine kleine Vision erhalten, sondern ständig im Bewusstsein der Intuitionen, Visionen und Träume leben. Diese wird MAN uns im richtigen Augenblick zusenden, sie werden unserer spirituellen Entwicklung entsprechen und uns die Durchführung unserer Aufgaben erleichtern. In diesem Sinne sollten wir auch vor wichtigen Entscheidungen in allen Fällen immer zuerst die Kosmische Intelligenz befragen, um sicher zu sein, dass unsere Gesten und Taten mit den Göttlichen Gesetzen im Einklang stehen und nicht mit dem in Konflikt geraten, *was geschrieben steht.*

☉

Alles steht geschrieben

Gott hat uns mit der Fähigkeit ausgestattet, wählen zu können. Wie ist folglich die Idee zu verstehen, wonach alles geschrieben steht? Wie ich zu Beginn sagte, hat jeder Mensch ein Schicksal, einen

Lebensplan. Die Ausarbeitung unserer Lebenspläne erfolgt aufgrund der Experimentiererfahrungen, die wir in früheren Leben gesammelt haben. Das ist absolut. Alles ist in unserer Seele verzeichnet, wir tragen all unsere Erfahrungen in uns. So entwirft die Kosmische Intelligenz für jeden von uns ein persönliches Programm, das uns erlaubt, diese Erfahrungen wenn nötig wieder zu erleben und zu berichtigen. Alles steht geschrieben, doch nur in den Hauptzügen.

Man muss wissen, dass jeder Mensch spezifische, auf ihn angepasste Ziele zu erreichen hat. Sobald man das verstanden hat, kann man viel Mitgefühl und Verständnis für die Mitmenschen aufbringen. Dann gibt es für den Fanatismus keinen Platz mehr und man hört auf, die anderen zu drängen, damit sie schneller vorankommen. Man weiß auch, dass selbst ein Mensch, der sich in einer wesentlichen Verzerrung befindet, dabei ist, auf spiritueller Ebene zu lernen. Sein Lernen erfolgt eben anhand der Verzerrung. Das Prinzip der Göttlichen Gerechtigkeit findet auf uns alle seine Anwendung: *Du wirst das ernten, was du säst, in diesem oder in einem späteren Leben.* So lautet das Kosmische Gesetz. Dieses für das spirituelle Gleichgewicht wesentliche Konzept hilft uns, das Böse zu verstehen und sich mit allen wohl zu fühlen.

Wie gesagt hat jeder Mensch Ziele zu erreichen, die in seinem Lebensplan enthalten sind. Doch die Geistigen Führer, die uns überwachen, bewegen uns nicht wie Marionetten. Wir sind keine Marionetten. Für die hochintelligenten Geistigen Führer, die im Dienste der Himmlischen Mächte handeln, sind wir wie kleine Kinder. Solange ein Kind klein ist, wird es von seinen Eltern überwacht: Es darf nicht unbewacht nach draußen gehen, denn es könnte sich verletzen oder verirren. Es kann sich in bestimmten Teilen des Hauses frei bewegen, doch von Zeit zu Zeit sieht die Mutter nach, was es tut und wo es ist. Es darf aber gewisse Dinge tun und in diesem Sinne bewahrt es seinen freien Willen. Unsere Beziehung mit den Geistigen Führer müssen wir genauso sehen. Doch Sie wachen immer über uns und in gewisser Weise können Sie uns sogar zum Handeln veranlassen. Wenn an einem bestimmten Ort ein für das Erreichen unserer Ziele wichtiges Ereignis bevorsteht, kann die Kosmische Intelligenz uns so weit bringen, dass wir uns dorthin begeben.

Sobald man das weiß, macht man sich an die Arbeit, um die Rezeptivität und das spirituelle, innere Zuhören zu entwickeln. Und unser kleiner Intellekt sowie unsere kleine Persönlichkeit hören auf, unser Leben zu lenken. In der spirituellen Welt ist es so wie hier auf Erden: Es gibt Gesetze und Hierarchien, die man respektieren muss, doch im Unterschied zur Erde bauen diese immer auf der Höchsten Liebe und der Höchsten Weisheit auf. Je weiter ein Eingeweihter in seiner Entwicklung voranschreitet, umso mehr Informationen erhält er in seinen Träumen und Meditationen und umso mehr Verantwortung wird ihm übertragen. Und eines Tages wird er am Schöpfungsakt teilnehmen. Dahin führt die wundervolle Arbeit mit der Engellehre.

☉

Ich möchte Ihnen nun eine wahre Begebenheit erzählen, die das Gesetz der Resonanz berührt sowie die Integrierung der beiden komplementären – männlichen und weiblichen – Polaritäten in unserem Innern. Das Gesetz der Resonanz beruht auf dem Prinzip, wonach man das anzieht, was man selber ist. Manchmal stellen sich in unserem Leben Ereignisse ein, die uns unsere Qualitäten und die Ergebnisse unserer Bewusstwerdungen offenbaren. Diese Ereignisse sind angenehm. Doch auch die unangenehmen Ereignisse enthüllen uns Aspekte unseres Selbst. Durch das, was uns stört, will MAN uns verborgene Seiten unseres Wesens aufzeigen, deren wir uns bewusst werden müssen.

Jede Frau trägt in sich einen *inneren Mann*, genauso wie jeder Mann eine *innere Frau* in sich birgt. Das Lesen der Zeichen und das Verständnis des Resonanzgesetzes helfen uns dabei, diese andere, in uns verborgene komplementäre Polarität zu erkennen und zu integrieren.

Hier nun die erwähnte Begebenheit. Eine Frau sprach mit mir über einen verzerrten Aspekt ihres Wesens: die Kälte. Von der Frau ging eine gewisse Kälte aus, eine Art Kontrolle, die sie überwinden mußte. Sie berichtete mir, dass sie in einem Doppelhaus wohnte, und sprach dann von ihren Nachbarn, die die andere Hälfte bewohnten. Diese Frau passt auf Kinder auf – sie ist Tagesmutter – und mit einem schönen Lächeln sagte sie zu mir: „Ich habe zwei Engel und vier Rebellen."

Zunächst einmal ist es kein Zufall, dass man eher solche als andere Kinder um sich hat. Die zwei Engel und die vier Rebellen stellen Teile dieser Frau dar. Ist einer der kleinen Rebellen ein Junge, so will MAN ihr damit angeben, dass bei ihrem inneren Mann Rebellion herrscht.

Versteht man das Gesetz der Resonanz, so kann man sich einer solchen Situation bedienen, um die eigene innere Erziehungsmethode mit Geduld und Verständnis anzugleichen, wobei man zu seinen kleinen inneren Rebellen spricht und sie umzieht. Dadurch kommuniziert man gleichzeitig mit den eigenen unbewussten Erinnerungen, die mit Rebellion zu tun haben. Dabei machen die innere Haltung und Absicht den ganzen Unterschied aus. Das erweist sich von großem Nutzen und auf diese Weise kommt man auf dem Weg der Bewusstseinsentwicklung sehr schnell voran. Ein solcher Werdegang ist wundervoll, da man durch die Anwendung im konkreten Leben lernt.

Als diese Frau zu mir sagte: „Ich muss manchmal die Kinder unter Kontrolle und die Augen immer gut offen halten", konnte man daraus erfühlen, dass ihre Situation ihr manchmal Probleme bereitete, sie aber dennoch ihre Arbeit liebte. Es war nicht dieser Aspekt ihrer Arbeit, der sie störte, es waren die Nachbarn. Diesbezüglich sagte sie: „Meine Nachbarn leben wirklich ganz nahe und sie sind aufdringlich. Sie sind Rentner, haben also sehr viel Zeit. Sie wollen oft mit mir reden, doch ich habe keine Zeit dafür. Außerdem tun sie alles, um die Aufmerksamkeit der Kinder auf sich zu lenken, und das will ich nicht. Ich kann verstehen, dass sie Liebe brauchen, doch sie sind wirklich zu aufdringlich. Ich habe immer das Gefühl, ausspioniert zu werden. Das hat mich so weit gebracht, dass ich depressiv wurde." Diese Nachbarn leben seit zwei Jahren neben ihr.

Mit einem gewöhnlichen Bewusstsein und ohne ein tieferes Verständnis könnte man darauf erwidern: „Also, diese Nachbarn, die sind doch gar nicht so übel. Ein bißchen aufdringlich wohl, doch sind es keine schlechte Menschen. Wie kann sie das zu einer Depression bringen?" Die Himmlischen Mächte öffneten bei dieser Frau eine innere Abteilung, damit sie sich gewisser tief verborgener Seiten ihres Wesens bewusst werden konnte. Ich sagte zu ihr: „Deine Nachbarn sind Gesandte des Himmels. Sie sind da, um deine Entwicklung zu fördern, genauso wie du ihre Entwicklung förderst. Zwischen euch bestehen Resonanzen."

Diese Frau, bei der Aspekte der Kontrolle und der Kälte vorhanden sind, scheint auf den ersten Blick nichts mit ihren Nachbarn gemeinsam zu haben, die im Gegensatz zu ihr überschwänglich und aufdringlich sind und um Liebe betteln. Wir werden jedoch sehen, dass da sehr viele Gemeinsamkeiten bestehen. Auf die Symbolsprache zurückgreifend kann man sagen, dass jener Teil des Doppelhauses, den diese Frau bewohnt, den bewussten Teil ihres Wesens darstellt, das, was sie über sich selbst weiß, wozu auch ihre kontrollierende Haltung gehört. Durch ihre Nachbarn, die in der anderen Hälfte des Hauses wohnen, will MAN ihr gewisse unbewusste Teile ihres Wesens zeigen, die sich unterhalb des Schleiers befinden, der die unbewussten Seinsschichten vor dem Bewusstsein verborgen hält. MAN will ihr sagen: „Sieh mal, du trägst in dir Erinnerungen, die nach Liebe schreien."

Das Eintauchen in unsere unbewussten Erinnerungen bewirkt eine Auflösung unserer Persönlichkeitsstruktur. Das gewohnte Verhalten und Betragen, das wir in der Gesellschaft zur Schau stellen und das uns den Eindruck einer gewissen Kontrolle vermittelt, zerbröckelt und gerät aus den Fugen. Wenn wir nicht über das wahre Wissen und die wahre Erkenntnis verfügen, die uns direkt von der Ur-Quelle zuströmen, und somit nicht verstehen können, was wirklich vor sich geht, dann vermeiden wir diese Erinnerungen, weil wir sehr wohl spüren, dass wir durch ihr Aufsuchen den Boden unter den Füssen verlieren würden. So schieben wir diese vergessenen Teile unseres Selbst beiseite, kümmern uns nicht um sie und wollen auch nicht davon reden. Dadurch verdrängen wir sie weiter und weiter. Doch je stärker und tiefer wir sie verdrängen, umso stärker müssen wir uns abkapseln. Und so errichten wir um uns einen Panzer und werden zunehmend kälter und auch immer härter und starrer, einfach nur um durchzuhalten.

Ich fügte hinzu: „Nutze diese Situation. Deine Nachbarn stellen ein Geschenk dar. Das ist wunderbar! Und eine Depression ist sehr nützlich. Sie stellt sich niemals zufällig ein, sondern weil die Geistigen Führer ein Fenster öffnen und dir sagen: ‚Nun ist die Zeit gekommen. Sieh mal, da gibt es Teile von dir, die du bereinigen musst. Solange diese nicht bereinigt sind, wird deine Depression andauern.'" Das ist der Grund, weshalb so viele Menschen, die den Weg der spirituellen Entwicklung einschlagen, plötzlich unter starken Depressionen leiden. Das ist jedoch normal. Wenn wir verstehen, was los ist, und unsere Haltung entsprechend ändern, erweisen sich diese Zustände als sehr nützlich und die Dauer der Depression verkürzt sich.

Ich riet ihr: „Anstatt in eine depressive Stimmung zu verfallen, stell dir von nun an vor, dass diese Nachbarn Teile von dir sind, die um Liebe bitten, und sprich mit ihnen. Während du mit deinen Nachbarn sprichst, widmest du dich gleichzeitig den verdrängten Teilen in dir. Auf diese Weise werden dir deine Nachbarn sehr nützlich sein. Auch dann, wenn du sehr beschäftigt bist, lohnt es sich, denn die Zeit, die du diesen Menschen widmest, wirst du hundertfach wiederfinden. Das Leben erscheint uns kompliziert, wenn wir uns nicht wohl fühlen, doch je mehr wir uns öffnen, umso mehr Zeit finden wir für die Organisation unserer Tätigkeiten. Alles verläuft dann so viel besser. Du hast die Wahl: Wenn du diese Arbeit mit deinen Nachbarn – diesen Boten, die dir der Himmel geschickt hat – ablehnst, kannst du dein Haus verkaufen und umziehen. Du hast natürlich das Recht dazu und vielleicht wirst du es sogar machen müssen, sobald diese Lernphase abgeschlossen ist. Wenn du aber wegziehst, ohne diese Situation vorher zu regeln, dann wirst du das gleiche Problem – und noch verstärkt – wieder antreffen, wenn auch nicht unbedingt in diesem Leben; das kann sehr wohl in einem anderen Leben geschehen. In was für Umständen könntest du dich z.B. wiederfinden, sofern du diesen Teil deines Wesens nicht bereinigst? Du könntest mit ähnlichen Menschen zusammenwohnen müssen, sie also nicht nur als Nachbarn haben. Du könntest eine Mutter oder einen Vater haben, die kalt und gleichgültig sind, und selbst ein kleines Kind sein, das um die Liebe betteln muss. Du würdest deine Mutter am Rockzipfel ziehen und damit sagen wollen: ‚Mama, hab mich bitte lieb' und du würdest alles Mögliche anstellen, um die Aufmerksamkeit auf dich zu lenken, weil deine Eltern dir keine Liebe geben. Sie würden zwar ihr Bestes tun, doch unfähig sein, dir etwas anderes als Kälte anzubieten." Ja, wenn wir das verstanden haben, fühlen wir uns wirklich motiviert, all das, was MAN uns vorsetzt, zu regeln, um es nicht in spätere Leben zu verschleppen und schlimmer werden zu lassen.

Wenn wir das Gesetz der Resonanz und die Auswirkungen dieser unbewussten, verborgenen Seiten unseres Wesens verstehen, wird jede Lebenssituation zu einem wahren Geschenk für uns. Wenn z.B. diese Frau mit ihren Nachbarn spricht, könnte sie sich vorstelltten, an einem Vortrag teilzunehmen, in dem man lernt, wie man sich von der Kälte befreit und *innerlich erwärmt*. Das Leben ist eine Folge von Seminaren, Kursen und Vorträgen, die uns alle jederzeit direkt zur Verfügung stehen, den ganzen Alltag hindurch. Und dabei enthalten sie auch noch auf jeden persönlich abgestimmte und mathematisch genau berechnete Lehren.

Wenn man weiß, dass es den Zufall nicht gibt, kann man diese umfassende Dynamik des Universums verstehen, wo alles mathematisch aufgebaut ist und mathematisch abläuft. Die Kosmische Intelligenz setzt die Nachbarn, die Kinder, die Ereignisse, usw. mit einer unvorstellbaren Genauigkeit miteinander in Beziehung. Gott ist eine perfekte, unfehlbare Organisation. Er ist ein Lebender Super-Computer.

Hier ein weiteres Beispiel, welches klar erkennen lässt, dass man den Schutz von innen erhält. Eine Frau, die sehr viel mit der Engel-Rezitier-Übung arbeitet, hat mir folgenden Traum erzählt. *Sie sah sich mit einer Freundin – die sie im konkreten Leben nicht kennt – und diese sagte zu ihr: „Ich habe einen Anhänger machen lassen, der ein Geschenk für Christiane ist." Darauf sagte die Träumerin zu ihrer Freundin: „Ich will auch an diesem Geschenk teilhaben." Der Anhänger war aus Holz, in das ein Paar Schneeschuhe, ein Schaukelstuhl und ein Haus geschnitzt waren.*

Was wollte MAN dieser Frau mitteilen? Alle im Traum vorgekommenen Personen stellten Teile der Träumerin dar. Ich stellte den spirituellen Teil der Lehre dar, die sie erhielt, und da ich eine Frau bin, symbolisierte ich auch ihr Innenleben. Durch diesen Traum wollte MAN ihr sagen: „Wir geben dir einen Talisman" – sie erhielt einen Schutz-Anhänger.

Wir werden anhand der Symbolik sehen, wohin MAN sie führen wollte, welche Tür MAN in ihr geöffnet hatte. Zunächst zum Holz: Es stammt von den Bäumen und diese symbolisieren die Verbindung zwischen Himmel und Erde. Der Baum versinnbildlicht aber auch die Erkenntnis und das Wissen um die Gefühle und die Wohltaten der Verwurzelung. Sein Holz ist außerdem ein Symbol des Bauens. MAN wollte der Frau somit sagen: „Du wirst zu einem größeren Wissen und einer höheren Erkenntnis Zugang erhalten, womit du an deinem inneren Wiederaufbau und Weiterbau arbeiten kannst, und außerdem wirst du deine Gefühle und deine Verwurzelung besser verstehen können." Der Anhänger symbolisiert eine Verbindung, eine Identifizierung, die Treue dem gegenüber, was der Anhänger symbolisch darstellt. Wieso Schneeschuhe? Man muss die Symbole immer aufgrund einer konkreten Logik analysieren. Wozu verwendet man Schneeschuhe? Um sich auf dem Schnee fortzubewegen. Der Schnee ist gefrorenes Wasser und das Wasser stellt die emotionale Seite des Menschen dar. In all jenen Fällen, wo der Schnee nicht schön weiß und leuchtend ist, stellt er eine Form der Einsamkeit dar, einen Menschen, der sich einsam fühlt. Und die Schneeschuhe gestatten den Zugang zu schwer erreichbaren Stellen. MAN wollte also der Frau sagen: „Du wirst von nun an beschützt sein und danach streben, deine Spiritualität aufzubauen und entfernt liegende einsame Regionen in der Tiefe deines Unbewusstseins aufsuchen."

Durch den eingeschnitzten Schaukelstuhl – der uns an eine Mutter denken lässt, die ihr Kind wiegt – gab MAN ihr an: „Wenn du Schwierigkeiten haben wirst, werden WIR dich bemuttern und trösten. So wirst du diese weit entfernten, unbewussten Zonen mit einer größeren inneren Ruhe und Zuversicht aufsuchen können." Und mit dem Haus wollte MAN ihr sagen: „Gewiss, es wird Stürme geben, denn du dringst in schwierige Zonen vor, doch du wirst einen Schutz, einen Zufluchtsort haben, um dich auszuruhen und inneren Frieden zu finden."

Einen Monat später berichtete mir diese Frau von weiteren Träume, die sie inzwischen erhalten hatte und die zeigten, dass MAN ihr zusätzliche Türen geöffnet hatte. Sie sagte mir, dass sie sich nun leichter ausdrücken könne, vor allem gewissen Menschen gegenüber, vor denen sie sich davor immer wie sprachlich gelähmt gefühlt hatte. Durch diese Träume gab MAN ihr an: „Sieh mal, du bist nun fähig, auf die richtige Art und Weise zu diesen Menschen zu sprechen, weil du über eine größere innere Ruhe und einen größeren inneren Frieden verfügst."

Dieser Traum veranlasst mich, über die Talismane oder Glücksbringer zu sprechen, die man auf der physischen Ebene trägt. Wir sahen, dass ein Talisman ein Symbol des Schutzes und der Identifizierung ist, das eine Philosophie oder eine Lehre versinnbildlicht. Durch das Tragen eines Talismans bestätigt der betreffende Mensch bewusst oder unbewusst, wer er ist und welcher Philosophie oder Lehre er angehört. Er bringt sich mit dem, was der Talisman symbolisiert, in Einklang. Es ist folglich wichtig, das, was man trägt, zu analysieren. Symbolisiert der Talisman eine positive Lehre oder sonst etwas Positives, so bedeutet sein Tragen, dass man sich daran erinnern will, sobald man sich in Situationen befindet, wo man Gefahr läuft, aus der eigenen Mitte zu geraten und sich zu verlieren. Die Kleidung, die Abbildungen von Musikgruppen und die Logos oder Markenzeichen auf Verkaufsartikeln verbreiten ebenfalls eine Philosophie oder eine spezifische Gedankenform, die auf den Geist positive oder negative Auswirkungen hat, und zwar sowohl auf den Geist der Person, die das Symbol trägt, als auch auf den Geist der Menschen, die diese Person betrachten. Ich empfehle Ihnen über folgenden Satz zu meditieren: *Ich bin das, was ich trage.*

Betrachten wir nun die Stellung des Engels HAHEUIAH im Lebensbaum. Er hat seinen Wohnsitz in der Sephira BINAH, deren Regent der Erzengel Tsaphkiel ist. HAHEUIAH ist der letzte der acht Engel, die diese Lebenssphäre bewohnen. Alle Engel dieser Gruppe helfen uns, die Ur-Materie, die Kosmische Ur-Matrize wiederzufinden.

Der mit dieser Sephira verbundene Planet ist Saturn, der eben jene Qualitäten versinnbildlicht, die im Zusammenhang mit Nelson Mandela erwähnt wurden: die Konzentrationsfähigkeit, die Ausdauer, die Disziplin und das Pflichtbewusstsein. Ohne diese Qualitäten kommen wir auf dem Weg der spirituellen Entwicklung nicht sehr weit. Diese Qualitäten müssen wir unbedingt entwickeln, wenn wir hohe Ebenen der Liebe und der Weisheit erreichen wollen. Negative Aspekte dieses Planeten sind die Gefühlskälte und die emotionale Gleichgültigkeit.

Zu den Qualitäten des Engels 24 HAHEUIAH zählt der *Schutz vor Diebstahl.* Diesbezüglich möchte ich Ihnen eine interessante Anekdote erzählen, die sich vor einigen Jahren zugetragen hat, und zwar *zwischen dem 17. und dem 22. Juli,* während mein Mann und ich in Europa auf Reisen waren. Es war die Zeitspanne der Regentschaft des Engels HAHEUIAH gemäß dem Engelkalender Nr. 1 und wir riefen beide diesen Engel an. Wir befanden uns mit einer Freundin auf der Terrasse eines Restaurants. Mein Mann hatte seinen Reisebeutel auf dem Tisch abgelegt, diese Art beutelförmige Tasche, die man sich um die Hüfte schnallt. Während wir da saßen, verspürte er plötzlich eine gewisse Unsicherheit, so als wollte jemand die Tasche stehlen.

Er beobachtete seine Empfindungen, wobei er sich fragte: „Wieso habe ich Angst?" – Er hatte bereits ganz viel an seiner Loslösung von der Materie gearbeitet. – „Wie kommt es, dass ich Angst habe, meine Tasche könnte gestohlen werden? Was ist da los?" Und er entschied sich ganz natürlich, seine Hand auf die Tasche zu legen. Fast gleichzeitig blieb ein auf uns zukommender Mann wie angewurzelt vor uns stehen. Er stand direkt neben mir und seine Augen waren auf die Tasche gerichtet. Er blieb einige Sekunden so stehen, doch in einem solchen Augenblick sind einige Sekunden eine lange Zeit.

Was war geschehen? Da wir mit dem Engel HAHEUIAH arbeiteten, wollte uns die Kosmische Intelligenz eine Lektion zum Thema Schutz und Beschützsein erteilen und Kaya hatte das, was sich anbahnte, intuitiv wahrgenommen. Das geschah jedoch ganz natürlich: Er hatte auf der physischen Ebene nichts bemerkt, denn die betreffende Person wollte die Beuteltasche ganz diskret stehlen. Er hatte aufgrund seiner Intuition vorausgeahnt, was dieser Mann vorbereitete. Und als er seine Hand auf die Tasche legte, war es so, als hätte diese Geste ganz plötzlich das *Timing* des Diebes zum Scheitern gebracht. Der Mann stand da, direkt vor der Tasche, schien jedoch von einer geheimnisvollen Kraft aufgehalten zu sein, die ihn daran hinderte, seine Absicht in die Tat umzusetzen. Danach setzte er seinen Weg fort. Der Restaurantbesitzer hatte alles gesehen und kam auf uns zu, um meinen Mann zu warnen: „Seien Sie vorsichtig. Lassen Sie Ihre Tasche nicht auf dem Tisch herumliegen. Dieser Mann kam, um sie zu stehlen."

Wenn geschrieben steht, dass man bestohlen werden muss, dann wird man auch bestohlen. Ein Dieb wird eher in ein Haus eindringen, dessen Bewohner mit dem Diebstahl Resonanzen haben, als in ein anderes. Den Zufall gibt es nicht: Alles ist aufeinander abgestimmt. Ein Mensch, der bestohlen wird, ist ein Mensch, der gewisse Dinge verstehen lernen muss. Die Kosmische Intelligenz lässt den Dieb handeln, ja dieser handelt – natürlich unbewusst – sogar auf Ihr Geheiß.

Wenn man nicht bestohlen werden muss, kann niemand einen bestehlen. Der Dieb könnte gar nicht in das Haus eindringen oder er könnte den begehrten Gegenstand einfach nicht nehmen. Wird man bestohlen, so ist das ein Geschenk: Da kann man „Dankeschön" sagen, weil man eine Lehre erhält und gleichzeitig eine karmische Schuld begleicht. Um die Situation eines Diebstahls zu verstehen, genügt es, die enthaltene Symbolik zu analysieren. Hat man uns z.B. unsere Tasche gestohlen, in der sich im Wesentlichen unsere

Brille befand, so bedeutet dies: „Ändere dein Blickfeld, deine Sicht der Dinge." Man analysiert sowohl die Gesamtlage als auch die im Einzelnen gestohlenen Dinge und das, was diese für einen darstellen. Auf diese Weise kann man die Botschaft verstehen, die MAN uns mitteilen will, genauso, als handle es sich um einen Traum. Man muss auch versuchen, die Verbindung mit dem herzustellen, was man zum Zeitpunkt des Diebstahls gerade durchlebte. Versuchte man etwas zurückzuhalten? Zahlreiche Deutungen sind möglich. Es kann auch sein, dass uns die Himmlischen Mächte sagen wollen: „Du hast in anderen Leben gestohlen und nun erlebst du die Kehrseite der Medaille." Doch um die Bedeutung eines Diebstahls in der Tiefe zu erfassen, muss man die Analyse weiterführen, bis man jene subtilen Aspekte im eigenen Wesen gefunden hat, die einer Änderung bedürfen.

Wir werden nun zwei Erlebnisberichte durchgehen, die einen subtileren Aspekt des Diebstahls betreffen: *den energetischen Diebstahl*. Der erste Bericht stammt von einer Frau, die mir einige ihrer Träume anvertraute. Als ich diesen Vortrag über den Engel HAHEUIAH vorbereitete, sprachen wie durch Zauberei mehrere Personen mit mir, die Träume erhalten hatten, in denen es um Diebstahl ging. Diese Frau sagte mir, dass sie innerhalb weniger Tage dreimal geträumt hatte, sie würde bestohlen werden. *Im ersten Traum stahl man ihr die vier Reifen ihres Wagens, im zweiten Traum wurde ihr ganzer Wagen gestohlen, und im dritten stahl man ihre Möbel, die sich in einem Zwischenlager befanden.*

Sie erklärte mir, warum sich ihre Möbel in einem Zwischenlager befanden: „Ich habe gerade mein Haus verkauft und die Wohnung, in die ich umziehen werde, ist erst in drei Monaten verfügbar. In der Zwischenzeit wohne ich bei meiner Tochter. Doch mit meinen Enkelkindern ist das nicht leicht. Ich fühle mich dort wirklich nicht wohl."

Ich hörte ihr zu und fragte sie dann: „Glaubst du, diese Träume geben dir an, dass man dir deine Energie stiehlt? Das denkst du doch, oder?" Ich widerspiegelte durch meine Fragen ihre eigenen Gedanken und fuhr fort: „Du wirst sehen, welche Lehre MAN dir durch diese Träume erteilen wollte. In deinem ersten Traum stahl man deine Wagenreifen. Das Auto und die Reifen sind wichtige Symbole. Sie geben an, wie man sich fortbewegt, welches Betragen man in der Gesellschaft, im Umgang mit den anderen hat. In diesem ersten Traum zeigte MAN dir, dass du keine Reifen mehr hast. Wahrscheinlich hattest du am darauf folgenden Tag nicht besonders viel Energie, oder? Wenn man keinen Wagen hat, ist das so, als hätte man kein inneres Fahrzeug mehr, um weiterzukommen. Ja, es stimmt, man hat dir Energie geraubt – man hat dich bestohlen –, jedoch nicht so, wie du glaubst. Es waren Wesenheiten – Entitäten –, Führer der feinstofflichen Ebenen, die dir Energie geraubt haben, und sie hatten das Recht dazu. Die Himmlischen Mächte ließen zu, dass dich diese Wesenheiten beraubten, weil du daraus etwas zu lernen hast. Du musst gewisse Denkweisen sowie bestimmte Aspekte deiner Art, zu fühlen und zu handeln, ändern. Da du die Lehre dieses ersten Traumes aber nicht verstanden hattest, erhöhten SIE die Dosis und man stahl dir noch mehr Energie: Man stahl dir das ganze Auto. Das war gewiss schlimmer. Und weil du den Sinn dieser Träume immer noch nicht verstandest, stahl man dir einige Tage später auch noch deine zwischengelagerten Möbel."

In der Symbolsprache versinnbildlichen die Möbel die Art und Weise, wie der Mensch seinen Komfort und sein Wohlbefinden gestaltet. Sieht man in einem Traum ein Haus ohne Möbel, so ist dies ein Hinweis darauf, dass der betreffende Mensch im Hinblick auf den Komfort und das Wohlbefinden in Armut lebt. Ich sagte ihr also: „Mit dem dritten Traum wollte MAN dir angeben, dass du eine innere Armut in dir birgst. Es wird dir Energie geraubt, damit du dein Verständnis und dein Verhältnis zu Komfort und Wohlbefinden änderst."

Ich fragte die Frau:
- Denkst du nicht, dass du Glück hast, dein Haus verkauft zu haben?
- Ja, sicher, antwortete sie mir.
- Glaubst du nicht, dass du dich auch glücklich schätzen kannst, drei Monate lang eine vorübergehende Unterkunft zu haben?
- Ja.
- Denkst du nicht, dass du von Glück reden kannst, bei deiner Tochter zu wohnen und mit deinen Enkelkindern zusammen zu sein? Was auch immer ihr Verhalten sein mag, sie tun ihr Bestes: Sie beherbergen dich.
- Ja, gewiss.
- Glaubst du nicht, dass du etwas undankbar bist? Nur drei Monate lang wirst du ein wenig in deinen kleinen Gewohnheiten gestört sein. Nur drei Monate lang versetzt MAN dich etwas mehr in das Gemeinschaftsleben, und das passt dir nicht in den Kram. Du

nährst und birgst eine gewisse Art von Gedanken und Gefühlen in dir. So hat man dich beraubt, damit du eine Lehre erhältst.

Aha! Da öffneten sich ihre Augen ganz groß. Im darauf folgenden Monat kam sie in den Vortrag und hörte mich ihren Traum erzählen, worüber sie sich freute. Sie sagte mir danach: „Ich bin nun so froh, mit meiner Tochter zusammen zu sein, und ich fühle mich sehr wohl bei ihr. Ich bin dir wirklich dankbar für das, was du mir gesagt hast. Dadurch habe ich etwas Wichtiges verstehen können."

Sie werden mir vielleicht sagen, dass die Zahl der Träume, in denen es um Diebstahl geht, sehr groß sein muss, wenn sie auf derartigen Verhaltensweisen beruhen. Ja, es ist wahr, dass sich ständig Energiediebstähle ereignen, die von der Kosmischen Intelligenz bewerkstelligt werden. Dabei verhält es sich so wie im Falle einer Bank, die ein genehmigtes Darlehen zurückzieht, weil der Kunde seine Verpflichtungen nicht erfüllt.

Natürlich können Menschen mit einem gewöhnlichen Bewusstsein das nicht verstehen. Doch sobald wir wissen, dass der Grund unseres Daseins auf Erden einzig und allein in der Entwicklung der Qualitäten und Tugenden besteht, erkennen wir auch, dass alles in diesem Sinne aufeinander abgestimmt ist.

Durch die Erkenntnis, dass man aufgrund der eigenen Verhaltensweisen beraubt wird, verliert man die alte, beschränkte spirituelle Einstellung, wonach man sich vor gewissen Menschen oder Wesenheiten, die unsere Energie rauben könnten, schützen muss. Man weiß dann, dass Menschen oder Wesenheiten, die uns energetisch berauben und vampirisieren, das Recht dazu erhalten haben und eigentlich Gesandte des Himmels sind. Und man versteht auch, dass ihr Dasein unserer Erziehung dient und uns veranlassen soll, gewisse Verhaltensweisen zu ändern. Sobald man diese Erkenntnis integriert hat, verschwindet die Angst und die Rezeptivität kann sich einstellen. Man braucht niemanden mehr zu meiden, kann überall hingehen und sich überall wohl und in Sicherheit fühlen. Doch um das zu erreichen, muss man an sich arbeiten und bestimmte Verhaltensmuster und Einstellungen ändern. Wenn man spürt, dass aggressive, rebellische oder traurige Neigungen aufsteigen wollen, nutzt man die Gelegenheit, um die Engel-Rezitier-Übung verstärkt durchzuführen und jene Erinnerungen zu bereinigen, die mit den Situationen, die man durchlebt, Resonanzen haben. Man ruft sich die Göttlichen Prinzipien so lange ins Bewusstsein, bis man eines Tages die Meisterung erlangt hat und uns niemand mehr berauben und vampirisieren kann. Dann fühlt man sich sehr reich und gleichzeitig vom Himmel beschützt.

Hier nun ein weiterer Erlebnisbericht zum Thema Raub und Diebstahl, der eine zusätzliche, sehr interessante Facette der Frage hervorhebt. Ein Mann, der mit der Traditionellen Engellehre arbeitet, erzählte mir seinen Traum, in dem *er sich mit einem Schlüssel sah, in den die Zahl 32 eingraviert war, doch der Schlüssel war verbogen.* Wenn man mit der Engellehre arbeitet, kann man Zahlen erhalten, die die Engel versinnbildlichen, da die Geistigen Führer wissen, dass man nachsehen wird, welcher Engel der erhaltenen Zahl entspricht. Der Engel 32 ist einer der Schutzengel dieses Mannes und aus diesem Grunde war die Botschaft für ihn umso wichtiger.

In seinem Traum *versuchte er vergebens mit seinem krummen Schlüssel seinen Wagen in Gang zu setzen. Plötzlich befand er sich an einem Ort, der mit Panzerschränken vollgestellt war, die anderen Menschen gehörten, und es gelang ihm, mit seinem verbogenen Schlüssel diese Schränke zu öffnen. Das überraschte ihn sehr, doch er entnahm ihnen nichts, er ließ alles an seinem Platz. Danach wachte er auf.* Was wollte MAN ihm damit andeuten? MAN wollte ihm sagen: „Vorsicht! Du besitzt in dir einen machtvollen Schlüssel" – dieser trug die Zahl seines Engels – „doch manchmal verbiegst du diesen. WIR haben dir eine Energie zugestanden, die das übliche Maß überschreitet, doch du verwendest diese Energie nicht immer richtig."

Dieser Mann hat ein starkes Charisma, sehr viel Feingefühl und eine große Redegewandtheit. Er kann die anderen für jedes beliebige Projekt begeistern, so stark ist seine Ausstrahlungskraft. Das Charisma ist eine machtvolle Energie, die von einem Menschen ausgehen kann. Manche Politiker und zahlreiche bekannte Persönlichkeiten verfügen über ein starkes Charisma, das sie jedoch nicht immer richtig verwenden.

MAN wollte diesen Mann warnen: „Pass auf! Mit diesem Charisma, das WIR dir gegeben haben, geht eine gehörige Verantwortung einher. Du besitzt die Fähigkeit, tief in die Menschen einzudringen, und wenn du dabei nicht gerecht bist und richtig handelst, sondern krumm und verbogen, kannst du sie ihrer Energie berauben. Sei also vorsichtig und nutze dein Potenzial besser, denn verwendest du es in diesem Leben nicht richtig, so wirst du in deinem nächsten Leben an energetischer Armut zu leiden haben. Du wirst unscheinbar sein und niemand wird von dir Notiz nehmen, weil du keinerlei Ausstrahlung mehr haben wirst." Dieser Mann kann sich glücklich schätzen, dass MAN ihn vorgewarnt hat, nicht wahr?

Eine andere Form des Energieraubs ist die falsch verwendete Neugier. Ist man bezüglich des Lebens anderer Menschen zu neugierig, ist das wie eine Vergewaltigung, man stiehlt ihnen dadurch ihre Energie. Man kann dazu eine kleine Übung durchführen: Wenn man an Häusern vorbeigeht, die von innen beleuchtet sind und schöne große Fenster haben, übt man sich darin, nicht hineinzuschauen, insbesondere wenn man bereits stark die Tendenz dazu hat. Ohne das wahre Wissen und die wahre Erkenntnis sagt man sich leicht, dass es ganz natürlich sei, aus Neugier einen kleinen Blick hineinzuwerfen. Diese kleine praktische Übung findet unter Umständen bis in unsere Träume und in die Parallelwelten hinein ihren Niederschlag, so dass sich diese Art der Neugier in uns auflösen wird. Solange wir die Neugier für das Leben der anderen nähren, kann uns der Kosmische Reisepass, der uns die Möglichkeit bietet, die Menschen in den parallelen Welten zu besuchen, nicht gewährt werden. MAN muss uns in Grenzen halten, da unser Geist nicht über die erforderliche Kraft, Konzentrationsstärke und Überzeugung verfügt, um die Göttlichen Gesetze zu beachten.

Als ich mit diesem Mann über die Neugier sprach, sagte er zu mir: „Das ist wirklich wahr, dass ich neugierig bin! Wenn ich in ein Haus hineinblicken kann, würde ich tatsächlich auch hineingehen, sofern ich das könnte, so neugierig bin ich." Ich traf den Mann einige Zeit später wieder und er sagte zu mir: „Also, ich habe diese Disziplin versucht und es fällt mir wirklich schwer, nicht in die Häuser hineinzuschauen. Ich muss manchmal sogar meinen Kopf festhalten, um es nicht zu tun" (Lachen).

Hier ein weiteres Beispiel, das zeigt, wie ein Mangel an wahrem Wissen und wahrer Erkenntnis Angst erzeugen kann. Eine Frau teilte mir einen Einweihungstraum mit. *Sie lag in ihrem Bett neben ihrem Mann. Plötzlich setzte sie sich auf und sah direkt vor sich einen riesengroßen Parasiten hängen. Oh Gott, das jagte ihr einen ordentlichen Schrecken ein. Sie sprang aus dem Bett und rannte in Windeseile aus dem Zimmer. Danach fasste sie sich und begann das Vaterunser zu beten, wodurch sie genügend Mut sammelte, um in ihr Schlaf-*

zimmer zurückzukehren. Dort fand sie an der Stelle, wo sich der Parasit befunden hatte, einen Haufen kleiner roter und teilweise schwarzverdorrter Äpfel vor. Alles war verändert. Immer noch im gleichen Traum erzählte sie das, was sich in ihrem Traum zugetragen hatte, einer Freundin, die sie in der konkreten Welt nicht kennt. Nach der Schilderung des Traumes fragte diese sie: „Bist du sicher, dass du dich gründlich mit weißem Licht umgeben hattest?"

Was wollte MAN dieser Frau sagen? Das Schlafzimmer symbolisiert die intimen Bereiche des Menschen. MAN wollte folglich diese Bereiche ansprechen. All das, was auf dem Bett geschieht, versinnbildlicht Ereignisse, die im Laufe des Tages erfolgen werden. Der Mann, der neben ihr lag, stellt den emissiven, also den sendenden, ausstrahlenden Teil der Träumerin dar, der sich in ihren Handlungen äußert, während die Freundin – eine Frau – ihren rezeptiven, empfangenden Teil, ihre innere Welt symbolisiert.

Die Parasiten symbolisieren das Eindringen gefährlicher negativer Energien, welche die spirituelle Klarsicht trüben. MAN wollte dieser Frau zeigen, wie sie ihre Ängste überwinden konnte. Die Tatsache, dass sie den Mut aufbrachte, in ihr Schlafzimmer zurückzukehren, nachdem sie das Vaterunser gebetet hatte, bewies ihr die Macht der Spiritualität. MAN zeigte ihr, dass die Erhöhung ihres Bewusstseinsniveaus eine Veränderung der Situation zur Folge hatte. Der Parasit war verschwunden und durch Äpfel ersetzt worden.

Das lässt sehr klar erkennen, dass wir durch unsere Verbindung zu Gott die Kraft erhalten, um unsere Ängste – wie überhaupt alles – zu verwandeln. Da diese Frau jedoch nicht mit genügend Intensität und Glauben betete, war die Verwandlung nicht vollständig – die Äpfel waren teilweise verdorben –, was bedeutet, dass in ihr noch Parasiten vorhanden waren.

Durch diesen Einweihungstraum wollte MAN die Frau auffordern, ihre Vorstellung des Schutzes zu ändern. Dadurch dass ihre Freundin – die einen Teil der Träumerin symbolisierte – sie fragte, ob sie sich gründlich mit weißem Licht umgeben hatte, wollte MAN der Frau sagen: „Du verstehst noch nicht ganz genau, warum es das Böse gibt."

In manchen spirituellen Kreisen hört man häufig sagen: „Wenn du Angst hast, dein Wagen könnte gestohlen werden, dann hüll ihn in weißes Licht ein" oder „Hüll dich in weißes Licht ein, und du wirst sehen, du wirst beschützt sein." Das ist ein schönes Konzept und gut, doch es stellt lediglich die erste Stufe dar. Es ist, als würde man einem Kind sagen: „Weißt du, die Kinder werden von den Störchen gebracht." Allein die Tatsache, dass man sich selbst oder einen Gegenstand gedanklich in weißes Licht einhüllt, stellt die Verbindung zu einer positiven Energie her, was augenblicklich zu einer Veränderung des Bewusstseinsniveaus führen kann. Man fühlt sich sofort besser, doch die Wirkung ist nur vorübergehend, weil die Ängste bestehen bleiben und bei der geringsten Gelegenheit wieder auftauchen, da die damit verbundenen Erinnerungen nicht umprogrammiert wurden und deshalb erneut in Erscheinung treten können. Das Einhüllen in weißes Licht stellt weiter nichts als ein Abriegeln gegen negative Kräfte dar. Doch man muss die den Ängsten zugrunde liegende Ursache finden und all jene Erinnerungen bereinigen, die Ängste erzeugen.

Wenn man befürchtet, bestohlen zu werden, kann es sich um zwei Möglichkeiten handeln: Entweder ist es eine Warnung, dass sich etwas anbahnt, wie in dem Beispiel mit dem Taschenbeutel meines Mannes, und in diesem Fall handelt es sich um eine Intuition, oder aber es handelt sich um Ängste: die Angst, sein Hab und Gut zu verlieren, oder andere Ängste, die man sich in diesem oder in früheren Leben einverleibt hat und nun nach außen auf die jeweils durchlebte Situation projiziert. Wir haben Angst, bestohlen zu werden, weil auch wir die Energie der anderen gestohlen haben – oftmals ohne uns dessen bewusst zu sein. Ich empfehle Ihnen über diesen Satz zu meditieren: *Wenn man Angst vor den anderen hat, hat man eigentlich vor sich selbst Angst.*

Wie können wir den wahren Schutz erlangen? Nehmen wir einmal an, wir hätten Angst, unser Wagen oder irgendein anderer Gegenstand werde gestohlen. Anstatt sich zu sagen: „Ich hüll ihn in weißes Licht ein", dringt man in das Übel – in seine eigene Angst – ein und fragt sich: „Warum habe ich Angst?". Man sagt sich die Göttlichen Prinzipien auf: „Das Böse hat einen erzieherischen Sinn. Die Materie ist ein zeitlicher Faktor. Die Reinkarnation existiert. Der Ur-Geist ist ewig und mein Geist ist in ihm enthalten. Gott ist ein Lebender Computer, in dem wir alle existieren. Die Göttliche Gerechtigkeit ist absolut, usw." und macht die Rezitier-Übung mit dem Engel HAHEUIAH. Man sagt sich, dass man daraus etwas zu lernen hat und dass uns die Kosmische Intelligenz darauf hinweisen will. Und innerhalb kurzer Zeit erhält man Träume und durchlebt Situationen, die mit dieser Arbeit der Bewusstwerdung zusammenhängen. Auf diese Weise lernt man das Wesen des Bösen verstehen und kann es transzendieren. Sobald uns das Böse nicht mehr bewohnt, können auch all unsere Ängste verschwinden.

Während ich mich mit dieser Frau unterhielt, stellte ich eine Parallele zwischen dem Vaterunser, das sie in ihrem Traum aufgesagt hatte, und der Engel-Rezitier-Übung her. Ich sagte zu ihr: „Die gleiche Wirkung, die das Vaterunser-Beten hervorruft, erzeugt die Engel-Rezitier-Übung ebenfalls, mit dem Unterschied, dass diese einen ganz bestimmten Strahl unseres Bewusstseins berührt. Dadurch erhalten wir ein klares Bild des psychologischen Profils, das wir ändern müssen. Und auf diese Weise beteiligen wir uns ganz bewusst an der Verwirklichung unseres inneren Programms. Wenn wir z.B. den Engel 9 HAZIEL anrufen, dessen Hauptqualität die Göttliche Liebe ist, werden wir Träume erhalten und Situationen durchleben, die mit der Göttlichen Liebe zusammenhängen."

Ich fuhr fort: „Nachdem du das Vaterunser gebetet hattest, sahst du anstatt der Parasiten, die dir Angst machten, Äpfel. Diese waren teilweise verdorben und das bedeutet, dass dein Glaube an Gott zwar existiert, jedoch nicht stark genug ist, um dein Leben und all deine verzerrten Erinnerungen wirklich zu verwandeln. Du tauchst nicht tief genug in deine unbewussten Erinnerungen hinein und deine Vorstellungen von Gut und Böse sind nicht ganz richtig. Eines Tages wirst du vor dem Bösen keine Angst mehr haben. Es wird dir dann vollkommen klar sein, dass das Böse eine erzieherische Funktion innehat. Das Böse wird dir wie eine Illusion erscheinen und nichts weiter darstellen als eine Situation, die einer Berichtigung bedarf. Eines Tages werden die Äpfel in deinen Träumen nicht mehr verdorben sein, weil du eine größere innere Reinheit, eine größere Intelligenz und eine größere Stabilität erworben haben wirst." Ja, das alles bewirkt die Engel-Rezitier-Übung.

Eine weitere Qualität des Engels HAHEUIAH besteht im *Schutz vor Mördern*. Man könnte sich sagen: „Das Thema Mörder betrifft mich nicht." Doch man muss sich immer wieder daran erinnern, dass die Qualitäten und Tugenden der Engel als Bewusstseinszustände aufzufassen sind. Mit 'Mörder' ist folglich jedes bissige, giftige, bösartige oder aggressive Wort gemeint, denn mit solchen Worten kann man töten. Das kann uns auf den feinstofflichen Ebenen und in unseren Träumen gezeigt werden.

Hier nun der Erlebnisbericht einer Frau, die seit einer gewissen Zeit mit den Engeln arbeitet. Sie sagte zu mir: „Ich muss dir erzählen, was mir passiert ist. An jenem Tag fühlte ich mich wirklich nicht wohl. Ich kam an meinem Arbeitsplatz an und begann mit einer Kollegin zu sprechen, die sehr viel kritisiert. Es handelt sich um eine Frau, die große Probleme mit dem männlichen Prinzip hat und ständig die Männer kritisiert. Während wir miteinander sprachen, gingen wir mehrere unserer männlichen Kollegen in der Organisation durch und kritisierten sie einen nach dem anderen. Während ich mich reden hörte, spürte ich, dass unser Verhalten nicht richtig war. Das hatte ich in der Vergangenheit getan, als ich mir noch nicht bewusst war, dass ich diese Verzerrung in mir trug, doch diesmal wusste ich ganz genau, dass es nicht recht war, so zu kritisieren. Doch ich war unfähig, damit aufzuhören. Es war einfach stärker als ich. Plötzlich hörte ich mich sagen: ‚Findest du nicht, dass wir viel kritisieren?' Meine Kollegin antwortete mir: ‚Ja, ja, ein bißchen schon', doch wir fuhren beide aufs Schönste damit fort. Am Ende unseres Gesprächs war ich vollkommen ausgelaugt. Ich fühlte, dass ich durch das Kritisieren tief herabgesunken war, so als hätte ich die Engellehre ganz und gar vergessen."

Sie fügte hinzu: „Doch ich habe meinen Absturz akzeptiert – ohne Selbstvorwürfe und ohne Schuldgefühle – und während des ganzen Heimwegs und bis ich am Abend eingeschlafen bin, habe ich meine Engel-Rezitier-Übung gemacht." Was für einen Traum hatte MAN ihr in der Nacht darauf geschickt? *Sie befand sich auf einem riesigen Schlachtfeld zur Zeit der Ritter. In einem Graben war Wasser und soweit das Auge reichte, sah man Leichen herumliegen. Sie hatte ein Schwert in der Hand und irgendwann tauchte sie dieses ins Wasser ein und legte es danach auf ihr Herz.* Sie sagte zu mir: „*Ich spürte die Energie meines inneren Mannes und danach meine Energie, und plötzlich wusste ich, dass ich mein Mann war. Das war wirklich schön.* Mit diesem Traum bin ich aufgewacht und den ganzen Tag über fühlte ich mich sehr wohl, erholt und das Gefühl der Minderwertigkeit war verschwunden."

Was wollte MAN ihr durch diesen Traum sagen? MAN hatte ihr den Verlauf ihres Weges gezeigt: „Sieh mal, welchen Schaden du angerichtet hast. Das giftige, bösartige, aggressive Kritisieren tötet. Damit hast du in deinem Innern ein Schlachtfeld erzeugt." Da diese Frau ein offenes Bewusstsein hat, zeigte MAN ihr, was sie in den feinstofflichen Ebenen angerichtet hatte. Das Schwert, das ein bedeutendes Symbol der Gerechtigkeit darstellt, versinnbildlichte ihre Engel-Rezitier-Übung. Sie hatte das Schwert ins Wasser eingetaucht, das die Emotionen symbolisiert. Durch diese Geste sprach sie zu sich selbst: „Das reicht nun. Schluss mit dem Bösen. Ich habe genug Schaden angerichtet." Dank dieser Geste konnte sie aufhören zu kritisieren und ihre Umgebung zu zerstören. Sie konnte ihre Emissivität (das Schwert) mit der Liebe (dem Herzen) vereinen.

Es war offensichtlich, dass diese Frau mit ihrer Kollegin Resonanzen hatte. Als Letztere sprach und dabei kritisierte, stiegen verdrängte Erinnerungen in der Frau auf und es gelang ihr nicht, diese zu meistern, weil sie eine Lehre erhalten musste. Sie fügte hinzu: „Als ich am nächsten Morgen an meinem Arbeitsplatz ankam, erkannte ich sehr wohl, dass das, was ich erlebt hatte, ein schöner Wink des Himmels war, denn meine Kollegin war nicht anwesend. Sie ist sehr selten abwesend, doch an jenem Tag war sie nicht da. Uff, wie war ich froh darüber, denn das schenkte mir ein wenig Zeit, am 'Ort des Verbrechens' zu meditieren und meine Heilung fortzusetzen." Das ließ ihr auch Zeit, um nachzudenken, wie sie sich ihrer Kollegin gegenüber verhalten würde. Oft hört man sagen: „Ich will die Beziehung mit diesem Menschen nicht mehr fortsetzen, weil er mich zu Fall bringt, weil er meine hässlichen Seiten hervortreten lässt, weil er zu negativ ist...." Solche Aussagen lassen erkennen, dass man das Böse nicht richtig versteht. Wenn uns eine negative Person auf unserem Weg vorgesetzt wird, sollten wir das hinnehmen und diese Beziehung nutzen, um an uns zu arbeiten. Natürlich ruft dies Resonanzen wach, doch indem wir dem anderen zuhören, sind wir rezeptiv und können dabei gleichzeitig die Engel-Rezitier-Übung machen. Auf diese Weise verhindern wir unseren Absturz auf eine niedere Bewusstseinsebene. Jedes Mal, wenn es uns gelingt, nicht auf die Außenwelt zu projizieren, bewahren wir ein höheres Schwingungsniveau und unsere Entwicklung verläuft mit Weisheit. Wenn wir diese Arbeit rund um die Uhr durchführen, erreichen wir unvorstellbare Veränderungen in sehr kurzer Zeit. Ein Mensch, der uns seit langem nicht mehr gesehen hat, würde uns nicht wiedererkennen. Die Veränderungen können gewaltig sein, wenn man sich 24 Stunden am Tag laufend innerlich reinigt und läutert. Die Liebe, die Seligkeit und die Leichtigkeit, die Menschen mit einem hohen Bewusstseinsniveau ausstrahlen, sind außerordentlich.

Ich möchte nun über einige Schutzsymbole sprechen, die nicht nur in unseren Träumen auftauchen, sondern auch in unserem konkreten Alltagsleben vorhanden sind. Es seien zunächst die Armee und die Polizei erwähnt, die den Schutz in Konfliktsituationen symbolisieren. Ich empfehle Ihnen zu beobachten, was jeweils in Ihrem Kopf vor sich geht, wenn Sie eine Polizeisirene hören, denn Sie hören sie nicht zufällig. Es ist durchaus möglich, dass MAN Ihnen etwas sagen will oder Sie überwacht. Wenn es auch den Anschein hat, als würden die Sirenen Sie nicht betreffen, so können Sie dennoch das, was Sie gerade dachten, als Sie sie vernahmen, analysieren. Dabei geht man genauso vor, als handle es sich um einen Traum. Löst eine Sirene in unserem Innern Angst aus, so bedeutet dies, dass es in uns konfliktbezogene Erinnerungen gibt und die Sirene in unserem Unbewusstsein ein Signal auslöst. Wenn Polizei und Armee ehrlich und integer handeln, stellen sie Schutzsymbole in Konfliktfällen dar.

Der Großvater und die Großmutter versinnbildlichen weitere Schutzsymbole, die häufig in den Träumen vorkommen. Dabei symbolisiert der Großvater den Schutz beim Handeln oder im Tagesverlauf in der äußeren Welt, während die Großmutter den inneren und emotionalen Schutz darstellt. Wenn also eine ältere Person in Ihrer persönlichen Symbolbibliothek die Rolle eines Großvaters oder einer Großmutter einnimmt – dabei muss es sich nicht unbedingt um Ihre leiblichen Großeltern handeln – und diese Person auf Sie eine inspirierende, positive Wirkung ausübt, so stellt sie ein Schutzsymbol dar.

Wenn von Schutz die Rede ist, dann ist auch die Stabilität betroffen, denn wenn wir in unserem Kopf, unserem Herzen und unserem Körper nicht standfest sind, haben wir Angst und unser Schutzempfinden geht verloren. Da sie der Welt des Wassers angehören, symbolisieren Schiffe die Stabilität auf der emotionalen Ebene. Wenn MAN uns also ein Schiff oder ein Boot zeigt, will MAN uns den Stand unserer emotionalen Stabilität angeben sowie den Schutz, über den wir im betreffenden Moment verfügen. Herrscht hoher Wellengang oder ist ein Sturm im Gange? Ist das Schiff am Sinken?

Der Fußboden ist ein weiteres Symbol der Stabilität, das insbesondere die physisch-konkrete Ebene betrifft. Wenn man von einem einstürzenden Fußboden träumt, so will das besagen: „Sieh mal, du bist aus diesem oder jenem Grund fragil und zerbrechlich." MAN fordert uns dadurch auf, gewisse Haltungen zu korrigieren, um unsere Standfestigkeit auf der Handlungsebene zu verbessern.

Wir sahen, dass die Talismane ebenfalls Schutzsymbole darstellen, und das Gleiche gilt auch für den Schmuck. Enthält ein Schmuckstück einen Stein, so muss man diesen analysieren – seine Farbe sowie seine übrigen Eigenschaften –, denn alle Einzelheiten sind wichtig. Violett ist zum Beispiel eine Farbe des spirituellen Schutzes, da sie dem Kronenchakra entspricht. Man kann diese Farbe übrigens beim Meditieren verwenden, indem man sie visualisiert. Das tut sehr gut. Doch um die Wirkung dieser Arbeit zu stabilisieren, muss man die Qualitäten und Tugenden entwickeln, die den spirituellen Schutz gewähren, was durch die Bereinigung der unbewussten Erinnerungen geschieht.

Auch die Tierwelt bietet uns Symbole zum Thema Schutz und Diebstahl. Zum Beispiel die Waschbären, die man im Allgemeinen süß und herzig findet. Sie ähneln kleinen Stofftieren. Analysiert man jedoch ihr Verhalten, so erkennt man, dass es kleine Diebe sind: Sie klauen den Inhalt der Mülltonnen und stehlen Nahrung. Wenn man von den negativen Aspekten der Waschbären träumt, bedeutet dies: „Vorsicht! Du scheinst sehr nett zu sein, doch da ist in dir eine kleine instinktverhaftete Energie, die sich bei den Mitmenschen bedient und ihren Besitz oder ihre Energie stiehlt."

Sieht man in einem Traum ein Tier, so sagt seine positive oder negative Haltung aus, ob es eine Stärke oder eine Schwäche symbolisiert. Das Gleiche gilt für die Menschen, die wir in unseren Träumen sehen.

Man analysiert ein Ereignis auf der konkreten Ebene genauso, als würde es sich um einen Traum handeln. Wenn ein Waschbär in unseren Mülltonnen herumwühlt oder Nahrung stiehlt, so ist dies kein Zufall. Das soll uns etwas zu verstehen geben. Wir müssen uns also fragen: „Was durchlebe ich gerade? Welches Verhalten habe ich?" Man muss sich auch in Erinnerung rufen, dass jedem Tier als Symbol zwei Bedeutungen zukommen: Es kann entweder einen negativen Aspekt, d.h. die tierische, noch nicht transzendierte Seite unseres Wesens versinnbildlichen oder aber große positive Kräfte darstellen.

In der Pause kam eine Frau auf mich zu und sagte mir:
- Ich ernähre schon seit Jahren Waschbären, wenn ich beim Campen bin. Heißt das, dass ich nun aufhören muss, dies zu tun? Einer

der Waschbären hat sogar seinen Kopf auf meinen Fuß gelegt. Er war wirklich süß.
- Nein, das ist etwas anderes. Du hast sein Vertrauen gewonnen. Er kam nicht zu dir, um dich zu bestehlen. Man muss die Waschbären nicht generell verurteilen.
- Aber er symbolisiert doch den Dieb.
- Jedes Tier, selbst das wildeste, hat immer auch eine positive Seite. Wenn es uns gelingt, es zu zähmen und sein Vertrauen zu gewinnen, ist dies ein Zeichen, dass wir seine positive Kraft in unser Wesen integriert haben.

☉

Die Hilfe der Engel

Wir werden sehen, dass ein Mensch, der spirituelle Hilfe erhält, an sich gearbeitet hat und um Hilfe bat. Die gewährte Hilfe steht immer mit seinem persönlichen Programm im Einklang. Er erhält eine Göttliche Gnade. Es ist wichtig, unsere Bitten an die Höchsten Instanzen zu richten, an Gott und die Engel. Indem wir die Engel um Hilfe bitten, rufen wir Ihre Qualitäten und Tugenden an. Und die Himmlischen Mächte – die eine Gesamtsicht über unser Karma und unseren Lebensplan haben – werden zum gegebenen Zeitpunkt die Lösung oder die Antwort an Geistige Führer und inkarnierte Menschen weiterleiten, wobei Letztere oft, ohne es zu wissen, Gesten vollbringen werden, die uns als Hilfe zugedacht sind.

Hilfeleistungen auf der physisch-konkreten Ebene sind eine gute Sache, denn unser höchstes Ziel besteht darin, den Altruismus, die Brüderlichkeit und die zwischenmenschliche Hilfe zu entwickeln. Je mehr wir unser Unbewusstsein bereinigen, umso mehr Zugang erhalten wir zu der Welt der Ursachen. Und eines Tages werden wir das Funktionieren des Universums verstehen und die Dynamik Gottes wird sich uns offenbaren. Wir können an dieser Dynamik auch mittels unserer Träume teilhaben.

Wir haben gesehen, dass es zwei Hauptarten von Träumen gibt. Zunächst dienen unsere Träume dazu, unsere persönliche Datei zu bereinigen. Wenn wir in solchen Träumen einem anderen Menschen helfen oder uns selbst großen Schwierigkeiten gegenübersehen, so gibt uns das jene Teile unseres Selbst an, an denen wir arbeiten müssen, die wir zu verwandeln haben, oder aber Elemente, die uns inspirieren sollen.

Die zweite Traumart ist der teilhabende Traum, durch den uns die Mitarbeit am Kodierungsprogramm eines Menschen gestattet wird. Diese Traumart wird uns erst dann zugänglich, wenn wir ein hohes Niveau an Reinheit erlangt haben. In den Träumen dieser Art erhalten wir die Erlaubnis, an der Dynamik des Universums mitzuwirken. Dadurch werden wir zu einem Glied in der Kette der Geistigen Führer, die in den Parallelwelten leben und arbeiten. Es handelt sich dabei um eine reelle, metaphysische Arbeit. Sie verlangt von uns auch eine große Demut, da es sich um eine Teamarbeit handelt. Wird einem inkarnierten Menschen die Möglichkeit zu einer solchen Arbeit geboten, so ist er sich der Tatsache bewusst, dass die Verantwortung für eine bestimmte anstehende spirituelle Handlung, falls er sie nicht durchführt, einem anderen Menschen oder Geistigen Führer zufallen wird, da das festgelegte Programm durchgeführt werden muss. Die von der Kosmischen Intelligenz vorgesehenen Zielsetzungen müssen auf alle Fälle erreicht werden.

Der inkarnierte Mensch, der diese spirituelle Arbeit in seinen Träumen durchführt, ist ein Diener, ein ausführendes Organ, das an der Göttlichen Schöpfung mitwirkt. Er hilft anderen Menschen, indem er sie in den parallelen Welten aufsucht. Die Symbolsprache der teilhabenden Träume ist die gleiche wie diejenige der Träume, die unsere individuelle Läuterung betreffen.

Wenn wir diese Arbeit der Hilfeleistung in den Träumen durchführen, können wir tagtäglich die diesbezüglichen Ergebnisse erkennen: Entweder wird uns der Zustand der betreffenden Person gezeigt oder wir begegnen ihr und können somit die Entwicklung weiterverfolgen, die die spirituelle Arbeit eingeleitet hat. So wird die Hilfeleistung für denjenigen, der sie durchführt, zu einer absoluten Wahrheit und Wirklichkeit.

Man kann einem Menschen auf der physisch-konkreten Ebene helfen, die Schnürsenkel seiner Schuhe zu binden, und diese Hilfeleistung ist genauso wichtig wie die spirituelle Hilfe, obwohl sie sich auf die physische Ebene beschränkt. Natürlich kann diese Geste auch die emotionale Ebene berühren und herzerwärmend wirken. Sieht man sich jedoch die gleiche Geste auf der spirituellen Ebene ausführen, z.B. in einem Traum, dann hat sie eine weitaus umfassendere Reichweite. Inwiefern? Die Schuhe symbolisieren den sozialen Aspekt, d.h. sie zeigen an, wie ein Mensch sich durch sein Verhalten äußert: Fühlt er sich wohl oder ist er verlegen und gehemmt? Wenn man ihm also hilft, seine Schuhe zu binden, bedeutet dies, dass man ihm dabei behilflich ist, bei einer laufenden Handlung leichter voranzukommen. Wie geschieht nun diese Hilfeleistung? Sie läuft so ab, als würde man ein Programm in einem Computer verändern. Der Kosmische Computer wird der betreffenden Person ein größeres Energiepotenzial, neue Ideen, gesellschaftliche Gelegenheiten usw. zukommen lassen, die ihm helfen sollen, auf seinem Weg voranzukommen. Geistige Führer, die in den Parallelwelten leben, werden diesen Menschen überallhin begleiten und ihm helfen, die notwendigen Veränderungen in seiner Wesensart vorzunehmen, damit die neue Programmierung auf der physischen Ebene konkrete Form annehmen und in Erscheinung treten kann.

Diese etwas vereinfachte Erklärung zeigt, wie das Universum funktioniert. Sie lässt erkennen, dass man durch eine Hilfeleistung auf der spirituellen Ebene an einer Gruppendynamik teilnimmt. Dabei handelt es sich um eine unpersönliche, bedingungslose Arbeit, über die man auch nicht spricht. In den meisten Fällen erwähnt man die geleistete Hilfe nicht einmal der betreffenden Person gegenüber. Es ist größte Diskretion angesagt.

Ich möchte Ihnen an dieser Stelle eine Erfahrung meines Mannes schildern, der diese Art der spirituellen Arbeit jede Nacht in seinen Träumen durchführt und dabei anderen Menschen hilft. Mein Mann und ich haben die Erlaubnis erhalten, dieses Erlebnis zu Unterrichtszwecken als Beispiel zu verwenden, um zu zeigen, was auf all jene wartet, die mit der Traditionellen Engellehre arbeiten.

Es ist die Geschichte einer Familie, in der sowohl der Vater als auch die Mutter täglich mit den Engeln arbeiten und die Rezitier-Übung machen. Ihr Sohn wohnte während seines Universitätsstudiums weit von ihnen entfernt und als er ins elterliche Heim zurückkehrte, war sein Leben außerordentlich schwer geworden: Er war drogenabhängig, hatte psychologische Probleme und Selbstmordtendenzen.

Sein Zustand hatte die Familie wirklich stark erschüttert und ließ bei den Eltern auch alte Ängste wieder auftauchen, da es in der Familie diesbezüglich bereits eine Vorgeschichte gab: Der Großvater väterlicherseits hatte Selbstmord begangen. Natürlich tauchte damit ein karmisches Familienproblem an der Oberfläche auf. Die Eltern arbeiteten ganz intensiv an diesem Problem, indem sie die Engel anriefen und um Hilfe baten und die Rezitier-Übung machten. Sie verstießen ihren Sohn nicht, da sie wussten, dass sie alle aus dieser Situation etwas zu lernen hatten.

Eines Tages rief der Sohn meinen Mann an und bat ihn um seine Hilfe. Er beschrieb ihm, was er durchmachte:
- In meinem Kopf läuft alles auf Hochtouren. Ich habe derart negative, aggressive und zerstörerische Gedanken, dass ich selber Angst habe vor dem, was sie bewirken könnten. Was kann ich nur dagegen tun?
- Der Einzige, der dir da helfen kann, ist Gott. Deine spirituelle Entwicklung kann dir da heraushelfen, denn das Böse ist nicht in deinem Körper, sondern in deinem Geist.
Danach erklärte Kaya diesem jungen Mann in einer ganz einfachen Sprache die Engelpsychologie.
Etwas später sagte der junge Mann in ihrem Gespräch:
- Mir kam eine Idee: Ich würde gerne eine viertägige Auszeit in einem Kloster machen.
- Das ist eine gute Idee, erwiderte darauf mein Mann. Wenn dir deine innere Stimme dazu rät, dann solltest du es tun.

Am Ende ihres Gespräches schien der junge Mann erleichtert und sagte abschließend zu Kaya: „Ich werde mir das Buch der Engel von meinen Eltern ausleihen und es während meiner Auszeit lesen."

Während der Auszeit des jungen Mannes erhielt Kaya einen Traum, in dem er dem Vater, der Mutter und dem Sohn begegnete. In seinem Traum *lag er meditierend auf einem Bett, während der Vater ankam und ihn um Hilfe für seinen Sohn bat. Er erklärte sich einverstanden. Dann erschien ein anderes Bild, in dem er den besorgten Vater in sitzender Stellung sah, wobei dieser jedoch trotz seiner schweren Lage eine gewisse Würde erkennen ließ. Dann sah mein Mann die Mutter, die sehr aufgewühlt und verstört war, was sie zu einer zu starken Emissivität verleitete. Der Sohn war auch anwesend. Er saß mit geballten Fäusten da und zitterte am ganzen Körper. Da erhob sich mein Mann vom Bett, ging zum Waschbecken, füllte ein Glas Wasser und reichte es dem jungen Mann. Nach einigen Augenblicken des Zögerns nahm der junge Mann das Glas an und trank es aus. Danach fand sich mein Mann in einer Küche wieder. Auf der höchsten Ebene eines Regals befanden sich Lautsprecher, aus denen eine äußerst aggressive, ja fast teuflische Musik ertönte, deren Wirkung wirklich gewaltig war. Mein Mann senkte die Lautstärke. Das war etwas schwierig, doch schließlich gelang es ihm.*

Analysieren wir nun den ersten Teil dieses Traumes. Dadurch, dass er das Glas Wasser annahm und austrank, erklärte sich der junge Mann symbolisch gesehen bereit, eine emotionale Hilfe zu erhalten und den Weg der Läuterung zu gehen. Die Küche stellt die Vorbereitung zur Handlung dar, jene Augenblicke, wo neue Energien vorbereitet werden. Durch das Symbol der Lautsprecher zeigte MAN Kaya, was sich im Kopf des jungen Mannes abspielte, denn die Lautsprecher befanden sich auf der höchsten Stufe des Regals. Durch die Schwierigkeit, die Kaya hatte, die Lautstärke zu senken, wies MAN ihn auf die Intensität dessen hin, was der Sohn durchlebte und das in der Tat etwas sehr Mächtiges, Teuflisches war. Das war auch der Grund, weshalb sich alles in seinem Kopf drehte und sein Geist wie vom Teufel besessen war.

In der gleichen Küche befand sich ein Geistiger Führer aus den Parallelwelten, der stellvertretend für so manch anderen Geistigen Führer stehen konnte und dafür zu sorgen hatte, dass dieser Traum sich materialisierte, dass er in der konkreten Dimension Wirklichkeit wurde. Dadurch wies MAN darauf hin, dass die gesamte Familie, also sowohl der Vater wie auch die Mutter und der Sohn, Hilfe erhalten würden, so dass eine neue Dynamik anlaufen konnte, wodurch der Frieden wieder einziehen und der Sohn sich wieder besser fühlen würde.

Dann folgte eine Bildersequenz, in der *mein Mann mit dem Sohn sprach und dieser ihm sagte, dass er seinen Vater, der in der kanadischen Armee Karriere gemacht hatte, sehr bewunderte. Danach sah mein Mann den Sohn neben einem Getränkeautomaten stehen, der Getränke für Sportler enthielt.*

Damit zeigte MAN Kaya, was das Leben des Sohnes in der nahen Zukunft beinhalten würde. Mit dem Symbol des Automaten für Sportlergetränke gab MAN ihm an, dass der junge Mann noch nicht den Weg der spirituellen Entwicklung einschlagen würde, da für ihn die Zeit dazu noch nicht gekommen war. Er würde zunächst seine Aggressivität durch körperlich-sportliche Tätigkeiten verwandeln. Die Flüssigkeiten und das Wasser versinnbildlichen die Emotionen. Durch das Gespräch mit dem Sohn im Traum kündigten die Himmlischen Mächte meinem Mann an, dass der Sohn in die

Fußstapfen seines Vaters treten und sich in der kanadischen Armee verpflichten würde.

Einige Tage später erfuhren wir, dass der junge Mann nach seiner Rückkehr aus dem Kloster verwandelt war und seine Augen strahlten. Als Kaya ihm begegnete, erwähnte er nichts von dem, was er im Traum gesehen hatte, auch nicht, was MAN für ihn getan hatte. Er beschränkte sich darauf zuzuhören, während der junge Mann berichtete: „Es ist unglaublich! In meinem Kopf ist es ruhig geworden und ich habe meine Lebensfreude wiedergefunden."

Dieser Mensch erhielt eine Gnade. Eine Gnade wird nicht zufällig erteilt, sie ist das Ergebnis einer ganzen Menge Arbeit: Sowohl die Eltern als auch der Sohn hatten an sich gearbeitet und Anstrengungen unternommen. Etwas später setzte sich das Schicksal auch auf der konkreten Ebene in Bewegung: Der junge Mann bewarb sich bei der kanadischen Armee und wurde als Offizier angenommen.

Dieses schöne Beispiel zeigt, wie die Hilfeleistung durch die Geistigen Führer abläuft. Die spirituelle Entwicklung ist ein sehr schwieriger Prozess, doch eines Tages werden wir an der Existenz der feinstofflichen Welten nicht mehr zweifeln und diese werden ständig in unserem Bewusstsein gegenwärtig sein. Nach und nach werden wir durch das Studium der Träume und der Zeichen im Alltagsleben erkennen, dass jedes Symbol als Bindeglied zwischen den feinstofflichen Parallelwelten und dem konkreten, feststofflichen Leben dient. Dadurch kann uns dieses zum Übungs- und Studierfeld der Weisheit werden, wodurch der Satz: *Erkenne dich selbst und du wirst das Universum erkennen* zum Leitsatz unserer Weisheit wird.

Hier ein letzter Erlebnisbericht, in dem es um ein Ehepaar geht, das Landwirtschaft betreibt und täglich mit den Engeln arbeitet. Es war die Zeit der Aussaat und der Mann las auf der neuen Samenverpackung die Gebrauchsanweisung. Man empfahl eine bestimmte Anzahl von Samen für eine bestimmte Anbaufläche, was 70 Samen für die Fläche ergab, auf der er aussäen wollte. Er war es jedoch gewohnt, auf dieser Fläche 110 Samen auszusäen. Das verschaffte ihm Kopfzerbrechen, da er befürchtete, die empfohlene Samenmenge würde eine geringere Ernte als gewöhnlich einbringen.

Er sprach mit seiner Frau und fragte, was sie dazu meinte, worauf sie erwiderte: „Na, dann nimm doch 72 Samen." Ihr Mann war überrascht, hatte er doch angenommen, sie würde ihm 90 Samen vorschlagen, was einem Mittelmaß zwischen den empfohlenen 70 und seinen gewohnten 110 Samen entsprochen hätte.

Seine Frau erklärte ihm:
- Ja doch, 72 für die 72 Engel!
- Ach ja, die 72 Engel. Bist du dir da auch sicher?
- Na wart mal, wir werden um ein Zeichen bitten.

Sie stieg auf den Traktor und machte das Radio an, wobei sie sagte: „Wenn wir tatsächlich 72 Samen aussäen sollen, dann schickt uns bitte ein Zeichen durch ein Lied." Stellen Sie sich einmal vor, was für ein Zeichen MAN ihnen schickte: In dem Augenblick, wo die Frau das Radio einschaltete, ertönte das Lied *Angels* von Sarah McLachlan. *In the arms of the Angels...* (*In den Armen der Engel...*) – sie befanden sich beide tatsächlich unter Engeln. Das Zeichen war zauberhaft.

Wenn wir uns daran gewöhnen, die Zeichen zu lesen, dann wird der Tag kommen, wo der materielle Aspekt der Dinge uns nicht mehr blenden kann. Tauchen Zweifel auf, so analysieren wir alles, was sich auf der konkreten Ebene anbietet oder aber wir bitten den Himmel, die Antwort in einem Traum zu erhalten: „Ist das die richtige Richtung?" Danach warten wir in rezeptiver Haltung auf die Zeichen. Die Antwort wird sich auf die eine oder andere Weise einstellen. Haben wir diesen Aspekt des wahren Wissens und der wahren Erkenntnis einmal integriert, dann leben wir in dem Bewusstsein, dass Gott tatsächlich existiert.

Engel 11 LAUVIAH
Der wahre Erfolg

In einem Trau *sah eine Frau ihren Mann zusammengekauert in einem Kachelofen hocken. Das Feuer war aus, doch der Ofen strahlte eine sehr große Hitze aus. Plötzlich hörte sie eine Männerstimme zu ihr sagen: „Dein Mann wird durch das Feuer hindurch müssen"* und etwas später hörte sie: *„Und du, seine Frau, wirst das gleiche Schicksal erfahren."*. Dann wachte sie auf. Diese Frau hatte den Traum zu dem Zeitpunkt erhalten, als sie mit dem Studium der Engellehre begann. Sie hatte nicht die geringste Ahnung, welch gewaltige innere Arbeit dieser Traum sowohl in ihr selbst als auch in ihrem Mann auslösen würde.

Innerlich durchs Feuer gehen müssen bedeutet, dass man im Hinblick auf alte Denkweisen sterben muss, damit man in einem neuen Bewusstsein wiedergeboren werden kann. Das Leben hatte diese beiden Menschen schon seit langem darauf vorbereitet, Eingeweihte zu werden. Der Ehemann dieser Frau war der Mitbegründer eines Unternehmens, welches zu jener Zeit als das bedeutendste Bauunternehmen Kanadas betrachtet wurde und auch weltweit als eines der bedeutendsten seiner Art galt. Dieses Unternehmen, das für die Schönheit seiner Architekturwerke ausgezeichnet wurde und offizielles Bauunternehmen bei der Weltausstellung 1967 war, hatte Schulen, Kirchen, Krankenhäuser, Brücken und Fabriken gebaut. Es hatte auch ganze Städte aufgebaut, unter anderem mit dem zu jener Zeit ganz neuen System der Fertigbauhäuser. An der Spitze dieses Unternehmens standen zwei Brüder, die Désourdy-Brüder. In 26 Jahren – von 1950 bis 1976 – hatten die beiden einen phänomenalen Erfolg verzeichnet, den sie sich selbst nur schwer erklären konnten. Denn weder ihre bescheidene Herkunft noch ihr Ausbildungsniveau hatte die beiden Brüder dazu berufen, eines Tages an der Spitze eines solchen Imperiums zu stehen, welches damals auf mehr als 25 Millionen Dollar geschätzt wurde.

Ich möchte Ihnen in diesem Vortrag insbesondere von Normand Désourdy berichten, der zusammen mit seiner Frau die Traditionelle Engellehre befolgt. Um ihn handelt es sich im erwähnten Traum. Zur Zeit seines großen materiellen Erfolgs und seiner Berühmtheit, als er mit Ministern und Scheichs verkehrte und so manche irdischen Ehren erfuhr, hatte Normand Désourdy nicht die geringste Ahnung, dass er nur einen blassen Schimmer des wahren Erfolgs genoss. Er hat uns sein Herz geöffnet und uns seine Geschichte erzählt. Mit großer Schlichtheit hat er meinen Mann und mich in seinem Haus empfangen. Es war wirklich zauberhaft, die Enthüllungen dieses Mannes zu erfahren, der uns erklärte, wie es kam, dass er beschloss, seine Spiritualität zu entwickeln und zu leben.

Bevor MAN ihm den Himmlischen Erfolg zu kosten gab, musste dieser Mann zunächst eine lange Reihe von Prüfungen durchstehen. Die erste begann 1977 mit riesigen Verlusten in Saudi-Arabien und führte schließlich zu einer niederschmetternden Pleite: Normand Désourdy verlor sein ganzes Vermögen. Dank der Engellehre, der Traumdeutungen und der Lesung der in seinem Alltagsleben enthaltenen Zeichen ist es Normand Désourdy heute gelungen, sich von innen her wieder aufzubauen und in sich ein neues Königreich entstehen zu lassen. Ich werde Ihnen seine Lebensgeschichte etwas später erzählen, unter anderem im Licht der Engellehre und anhand der gesamten darin enthaltenen Symbolik.

Das Thema dieses Vortrags ist der wahre Erfolg: Wie kann man den wahren Erfolg finden? Der Engel, der uns dabei hilft, ist der Engel LAUVIAH, dem die Zahl 11 zugeordnet ist.

Seit unserer frühesten Kindheit und im Verlauf unserer früheren Leben haben wir eine gewisse Menge von Erinnerungen angehäuft, die in das Unbewusstsein abgesunken sind. Wir alle tragen ein ganzes Gepäck davon in uns. Es ist zunächst besser, dass all diese Erinnerungen verschleiert sind. Doch so nach und nach, in dem Maße, in dem wir wachsen, uns entwickeln und die Fähigkeit der Bewusstwerdung wieder erlangen, lüftet sich der Schleier und wir erhalten die Möglichkeit, diese Erinnerungen neu zu programmieren. Und eben darin besteht die Arbeit mit den Engeln. Auf der Ebene unseres bewussten Seins mögen wir uns fragen: „Warum habe ich keinen Erfolg? Warum sind mir so viele Grenzen gesetzt? Dabei tue ich doch alles, was nötig ist: Ich bin nett, ich arbeite ganz viel, und dennoch funktioniert es nicht. Was ist nur los?" Die Arbeit mit den Engeln hilft uns herauszufinden, was ohne unser Wissen, d.h. aufgrund unserer unbewussten Erinnerungen, vor sich geht.

Das folgende Traumbeispiel hilft uns verstehen, wie das funktioniert. Es wurde uns von einer Frau mitgeteilt, die mit der Traditionellen Engellehre arbeitet. *Sie sah sich in einem riesigen Maisfeld. Auch ihr Vater war anwesend. Die Maiskolben waren goldgelb, und es wuchs dort auch Pfefferminze. Plötzlich trat sie in ein Haus ein und ging die Treppen hinunter. Im Untergeschoss fand sie voller Überraschung einen Obdachlosen vor, einen ausgehungerten Obdachlosen. Sie begann ihn zu ernähren und gab ihm auch Pfefferminze.*

Was wollte MAN der Frau mit diesem Traum sagen? Alle in dem Traum vorgekommenen Personen stellen Teile der Frau dar, auch ihr Vater. Indem man untersucht, was jede der Personen sowie jedes andere vorkommende Symbol darstellen und wie sie im Traum aufeinander wirken, erhält man eine detaillierte psychologische Analyse der konkreten Lebenssituation der träumenden Person. Der Mais ist ein bedeutendes Symbol: Sein Kolben, der einem männlichen Glied in erregtem Zustand ähnelt, versinnbildlicht die Möglichkeit, auf der Ebene der physischen Ressourcen Wohlstand und Fülle zu schaffen, und somit steht der Maiskolben als Symbol für Wohlstand, Reichtum und Erfolg. Aufgrund seines Nährwerts und seiner guten Haltbarkeit ist der Mais auch ein Symbol der Reichhaltigkeit und seine goldgelbe Farbe versinnbildlicht das Vertrauen. Die Anwesenheit eines Mannes im Traum – hier der Vater – stellt den Tag, die Welt der Manifestierung, das In-Erscheinung-Treten auf der physisch-konkreten Ebene dar. Dieser Traum deutete der Frau also an, dass sie an der Oberfläche in einem gewissen Wohlstand lebte. Was ist nun die symbolische Bedeutung der Pfefferminzblätter? Man muss sich daran gewöhnen, die Träume anhand logischer Überlegungen zu analysieren. Wozu verwendet man Pfefferminzblätter? Man bereitet damit gewöhnlich einen Kräutertee zu, der die Verdauung anregen soll.

Dadurch, dass diese Frau in ihrem Traum in ein Haus eintrat und in dessen Untergeschoss hinabstieg, wollte MAN ihr zeigen, was sich hinter der Fassade, hinter der Maske befand. MAN wollte sie sehen lassen, was sich unter dem Schleier verbarg. Das Erdgeschoss stellt das Bewusstsein dar, das heißt das, was wir sehen und wahrnehmen können und dessen wir uns bewusst sind. Das Untergeschoss hingegen symbolisiert Teile des Unterbewusstseins, die der Ebene des bewussten Seins etwas näher liegen als die unbewussten Seinsschichten. Durch den Obdachlosen zeigte MAN ihr die Hoffnungslosigkeit und die Lust, auszusteigen, die sie gegenwärtig empfand. Ein Symbol ist Träger einer sehr großen Kraft. Es kondensiert Hunderte, ja Tausende von Erinnerungen durchlebter Situationen. Der Obdachlose stellt ein zusammenfassendes Symbol jener Situationen dar, in denen diese Frau das Gefühl des Mangels erfahren hatte und wo sie auf die eine oder andere Weise ausgehungert gewesen war.

In der bewussten, physisch-konkreten Welt erfährt diese Frau auf der beruflichen Ebene einen gewissen Erfolg. Sie hat seit kurzem einen neuen Posten und lebt in materiellem Wohlstand. Dennoch wird sie oftmals von Nostalgie ergriffen, es mangelt ihr an Selbstvertrauen und sie versucht auch oft, die Aufmerksamkeit der Leute auf sich zu lenken. Dieser Traum sollte ihr zeigen, wo diese Empfindungen und Verhaltensweisen herrühren. Da sie einen inneren Umwandlungsprozess in Gang gesetzt hat, ist sie schon dabei, diesen bedürftigen Teil ihres Selbst zu nähren, so dass der Obdachlose in ihr eines Tages ebenfalls reich sein kann, d.h. dass es ihr gelingen wird, all ihre unbewussten Erinnerungen, die das Siegel der Hoffnungslosigkeit tragen, neu zu programmieren.

Selbst wenn ein Symbol nur einige Sekunden lang in einem Traum auftaucht, ist damit eine umfangreiche Arbeit verbunden und es kann mehrere Leben hindurch verschiedene Formen annehmen. Im Falle dieser Frau könnte das z.B. bedeuten, dass sie in einem späteren Leben tatsächlich ein Obdachloser würde, sofern sie ihre Erinnerungen und Verhaltensmuster des Mangels nicht umprogrammiert. Deshalb sind Träume wie Zauberformeln. Sie enthalten vom Himmel gesandte Schlüsselbotschaften. In einem Unternehmen können zwei Menschen das gleiche Gehalt, den gleichen sozialen Status und sogar die gleiche Anzahl Kinder haben – konkret und zahlenmäßig gesehen also in der gleichen Situation sein –, doch sobald sie Gerüchte über eventuelle Entlassungen hören, bleibt der eine gelassen, ruhig und voller Vertrauen, während der andere in Panik gerät, Bauchschmerzen bekommt, sein Vertrauen verliert und sich selbst über seine Reaktion wundert: „Das ist doch unsinnig, wie kommt es, dass ich mich so fühle?"

Solange auf der bewussten, konkreten Ebene alles gut verläuft, solange das Geld hereinkommt und wir über die notwendigen Mittel verfügen, so lange bleibt unser Geist – um es mal so auszudrücken – auf das Maisfeld konzentriert, und wir fühlen uns verhältnismäßig gut. Doch ein Gerücht genügt, um unseren Geist ins Unbewusstsein hinabtauchen zu lassen, wo er auf Erinnerungen stößt, die Erfahrungen des Mangels enthalten, und schon tauchen schreckliche Ängste auf. Solche Reaktionen bleiben so lange außer Kontrolle, bis die damit verbundenen unbewussten Erinnerungen bereinigt und umprogrammiert worden sind. Sobald wir das verstanden haben, ist auch der Wille da, all diese alten Erinnerungen zu bereinigen, die uns unsere Träume so wunderbar zuführen.

Manche Menschen, die auf der materiellen Ebene Erfolg haben, sind ehrgeizig und habgierig. Sie haben niemals genug und sind bereit, die anderen zu vernichten, um immer mehr zu bekommen. Würde man in ihrem Unbewusstsein nachsehen – was möglich wird, sobald man diese Arbeit in sich selbst vollbracht hat – und diese Menschen näher betrachten, könnte man den Obdachlosen erspüren; in diesem Falle wäre es ein aggressiver Obdachloser und auch ein Dieb. Sobald wir die spirituelle Macht erworben haben, das Unbewusstsein aufzusuchen, wird sich unsere Wahrnehmung der Wirklichkeit wesentlich ändern: Wir werden aufhören, in der Illusion zu leben, und uns nicht mehr an die Form festklammern.

Der wahre Erfolg kommt von Oben, auch dann, wenn er unrechtmäßig, durch Ehrgeiz und List erreicht wurde. Alles kommt von Oben. Einem unrechtmäßigen Erfolg gegenüber können sich manche Menschen fragen: „Wie kann es sein, dass dieser Erfolg von Gott kommen soll?" Dazu muss man wissen, dass man all das, was man verlangt, auch erhält. Will man materiellen Erfolg haben – will man reich und mächtig sein –, so wird man dies bekommen, selbst wenn es die Zeitspanne von drei bis vier Leben erfordern kann, bis es so weit ist. Die Kosmische Intelligenz sagt uns dazu: „Du willst das haben? Also wirst du es haben. Doch wirst du auch all das mitbekommen, was du bist." Und dann lässt MAN uns experimentieren und Erfahrungen sammeln. Ein Mensch kann blitzschnell zum Erfolg gelangen und irgendwann kippt alles um, weil ihm die Himmlischen Mächte die Mittel entziehen, damit er seinen Obdachlosen und andere Erinnerungen aufsuchen kann, wo er gewalttätig, ungerecht und durch seinen Erfolg hochmütig und undankbar geworden war. Das Leben ist ein Experimentieren des Bewusstseins. Wir experimentieren im Laufe unserer verschiedenen Leben, sammeln Erfahrungen, wobei das Böse und Unrechte unserer Entwicklung dienen. Sobald wir das verstanden haben, können wir für jene Menschen, die einen Irrweg eingeschlagen haben, Mitgefühl empfinden, und wir verurteilen sie nicht mehr, was immer sie auch tun mögen, da wir wissen, dass sie eines Tages aus freiem Willen beschließen werden, nicht mehr das Böse und Unrechte zu tun.

☉

Gott ist ein Lebender Computer

Um das Gesetz des Synchronismus zu verstehen, kann man sich den Schöpfer als einen riesengroßen Lebenden Computer vorstellen, in dem alle Menschen, alle Wesen leben und wo alles, absolut alles aufgezeichnet ist. Die grenzenlose Intelligenz dieses Kosmischen Computers weiß jederzeit, wo wir uns befinden. Wenn schon ein Satellit einen kleinen Gegenstand ausfindig machen kann, so stelle man sich einmal vor, was diese allumfassende Intelligenz vermag! Wenn ich meine Hand in irgendeiner Weise bewege, dann erfasst der Kosmische Computer diese Bewegung mathematisch und ordnet sie in absolut perfekter Weise in Raum und Zeit ein. Dieses eindrucksvolle Bild hilft uns, das Wesen Gottes zu verstehen. Es zeigt uns auch, dass die heutige Technologie eine Widerspiegelung des Universums darstellt, wenn auch in viel einfacherer Form.

Jeder Mensch hat einen Lebensplan, der vor seiner Geburt festgelegt ist. Er ergibt sich aus den Erfahrungen und Erlebnissen unserer früheren Leben, aus all dem, was wir in unseren früheren Leben gewollt, gewünscht und getan haben. Daraus ergeben sich die großen Linien und Zielsetzungen unseres gegenwärtigen Lebens. Uns stehen auch Geistige Führer zur Seite, die uns ständig begleiten und helfen, diese Zielsetzungen zu erreichen.

Manche Menschen durchleben starke körperliche oder psychische Behinderungen, die aus ihren früheren Leben resultieren, doch mag man auch großen Einschränkungen ausgesetzt sein, die einfache Tatsache, dass man ihren Sinn versteht, sie akzeptiert und an sich selbst arbeitet, hat eine Verbesserung des Lebens zur Folge. Der Geist kann gewisse Freiheiten erreichen und durch sie kann der Mensch, trotz der physischen Einschränkungen, die er für die Dauer seines gegenwärtigen Lebens hinnehmen muss, sein nächstes Leben vorbereiten. Wenn wir die Talente und Ressourcen, die MAN uns hier auf Erden zur Verfügung stellt, nicht gut und richtig nutzen, werden wir uns unweigerlich der Göttlichen Gerechtigkeit stellen müssen. Diese ist sehr streng, doch absolut gerecht. Wer das versteht und die Einschränkungen, die MAN für ihn vorgesehen hat, akzeptiert und zur Erweiterung seines Bewusstseins verwendet, kann in einem einzigen Leben die Fehltaten zahlreicher Leben wiedergutmachen. Dadurch setzt er den Prozess der Göttlichen Gnade und des Göttlichen Segens in Gang, die spirituellen, intellektuellen, emotionalen und materiellen Wohlstand nach sich ziehen werden.

Auch die einzelnen Nationen haben ein jeweils vorausbestimmtes Entwicklungsprogramm und das Lebensprogramm eines Menschen stimmt mit dem Programm der Nation, in der er lebt, überein. Wenn man in diesem Wissen an die große Katastrophe denkt, die sich am 11. September 2001 im *World Trade Center* in New York ereignet hat, kann man verstehen, dass der Himmel diese Ereignisse zugelassen hat, weil sie einem Entwicklungsprozess dienten. Natürlich handelte es sich dabei um eine außerordentlich starke Äußerung des Bösen. Doch auch in einem solchen Fall bewahrt das Böse seine erzieherische Funktion. Durch dieses Ereignis werden bestimmte Menschen die Brüderlichkeit und den Altruismus entwickeln und lernen, sich von der Materie zu lösen.

Verfügt man über eine globale Sicht der Dinge, so kann man die Ereignisse sowohl auf individueller als auch auf kollektiver Ebene verstehen. Und man entwickelt nicht Gleichgültigkeit, sondern Verständnis, das die Voraussetzung für das wahre, reine Mitgefühl ist.

☉

Wir wollen nun die Qualitäten des Engels 11 LAUVIAH durchgehen. *Erfolg, Renommee, Berühmtheit.* Dieser Engel lässt uns den Zugang zur Berühmtheit finden. Man muss wissen, dass die öffentliche Anerkennung nur einen fahlen Widerschein des wahren Wesens der Berühmtheit und des Renommees darstellt. Das wirkliche Berühmtsein erfahren wir erst, wenn alle Teile unseres Seins unsere Göttliche Natur anerkennen. Wenn wir nach dem äußeren Renommee streben, bevor wir unsere Göttliche Natur anerkennen, tun wir alles Mögliche, um von den anderen – der Familie, den Freunden, dem Lebensgefährten usw. – anerkannt zu werden, was eine Menge karmische Lasten und Verzerrungen erzeugt.

In unserer Gesellschaft wird der Schwerpunkt auf das persönliche Renommee, den materiellen Erfolg und das Prestige gelegt, während man die wesentlichen Werte und die Spiritualität beiseite lässt. In der Zukunft werden eine spirituelle Erziehung sowie die Kenntnis der Symbolsprache eine tief greifende Änderung der Werte zur Folge haben.

Zu den Qualitäten des Engels Nummer 11 LAUVIAH gehören auch *das Vertrauen, die Begeisterung und die Freude.* LAUVIAH hilft uns, innerlich standfest zu bleiben und den Sieg über unsere Ängste davonzutragen. Er hilft uns auch *für die Menschheit nützliche und vorteilhafte Unternehmen* zu schaffen. Mit diesem Engel lernen wir das richtige Materialisieren, d.h. in Übereinstimmung mit den Göttlichen Gesetzen. Vielleicht werden Sie mir nun sagen: „Doch ich kenne die Göttlichen Gesetze nicht." Die Göttlichen Gesetze erfühlen und erkennen wir von innen, über unsere Träume, nach und nach im Verlauf unserer spirituellen Entwicklung und Läuterung.

Kann von den Großen dieser Welt alles erhalten. Manche Menschen verfügen über eine große irdische Macht und sind gleichzeitig auch altruistisch. Bei diesen Menschen handelt es sich um die wahrhaft Großen dieser Welt. Der Engel 11 LAUVIAH ist jenes Bewusstseinsfeld, in dem der *Misserfolg* als Ergebnis einer Verzerrung in Erscheinung tritt. Eines Tages wird der Misserfolg nicht mehr Teil unseres Lebens sein. Die Idee des Misserfolgs entspringt einer gewissen Denkweise, die wir berichtigen müssen, indem wir uns angewöhnen, die Gedanken an die Quantität durch Gedanken an die Qualität zu ersetzen. Jedes Mal, wenn unsere Seele den nächsten Schritt zu einem größeren Bewusstsein tut, dabei zu Fall kommt, sich jedoch wieder aufrichtet, sowie auch dann, wenn unsere Anstrengungen nicht zu einem gesellschaftlich anerkannten Erfolg führen, sollten wir uns – anstatt dies als einen Misserfolg anzusehen – sagen: „Ich tat dies in der Absicht, die Entwicklung meiner Seele zu fördern, und das allein zählt." Wir experimentieren, genauso wie die Wissenschaftler. Wenn in einem Labor ein Wissenschaftler Versuche durchführt und nicht das erwartete Ergebnis erzielt, nennt er das nicht einen Misserfolg, sondern ein Experiment. Und das Gleiche gilt für uns. Wenn wir lernen, wenn wir ein falsches Konzept ändern, wenn wir in unserem Kopf, unserem Herzen und unserem Körper einen Gedanken integrieren, der uns Gott näher bringt, dann erleben wir den wahren Erfolg.

Tritt diese Engelenergie in verzerrter Form in Erscheinung, so lässt sie uns den Neid erfahren: Wir beneiden die anderen um ihre Erfolge, welcher Art sie auch sein mögen. Solange wir unser Bewusstsein auf die Form beschränken, werden wir immer jemanden finden, der in uns den Neid erweckt; hingegen erfahren wir das Gefühl des Erfülltseins, wenn wir in uns die Göttlichen Engelessenzen wachrufen. Dann empfinden wir keinen Neid mehr, da wir wissen, dass sich alle Menschen hier auf Erden befinden, um das Gute und das Böse meistern zu lernen. Wenn wir die Engel-Rezitier-Übung mit LAUVIAH machen, werden in unseren Träumen und in unserem Alltag die Verzerrungen dieser Engelenergie in Erscheinung treten: der Neid, die Eifersucht, der Ehrgeiz und die Gier.

Bei der Arbeit mit der Traditionellen Engellehre kann die Symbolik der Uhrzeit sehr nützlich sein. Ist in einem Traum eine bestimmte Uhrzeit angegeben, so kann man den dieser Uhrzeit entsprechenden Engel im Engelkalender Nr. 3 finden. Dadurch erhalten wir Hinweise zu dem psychologischen Aspekt seiner Qualitäten und der Verzerrungen, die im Traum behandelt werden. Wir werden ein Beispiel dazu etwas später sehen.

Zunächst will ich Ihnen ein Erlebnis mitteilen, das den Weg zum wahren Erfolg sehr gut schildert. Es ist der Bericht einer Frau, die Mutter eines kleinen Kindes ist. Sie erzählte mir, dass ihr, als sie auf den Arbeitsmarkt zurückkehren wollte, eine ihrer Familie nahestehende Person anbot, ihren Videoladen zu einem sehr niedrigen Preis zu kaufen. Da sich der Laden zudem in ihrer Nähe befand, schien ihr das Angebot sehr interessant. So richtete sie vor dem Einschlafen, wie sie das regelmäßig tut, folgende Frage an den Himmel: „Ist es für unsere Entwicklung gut und richtig, diesen Laden zu kaufen?".

Und sie erhielt die Antwort im Traum: *Sie sah sich in einem düsteren, zwielichtigen Videoladen, der leer war, keine einzige Videokassette befand sich darin.* Man benötigt nicht sehr viel Interpretationstalent, um darin die Antwort auf ihre Frage zu erkennen. MAN wollte ihr sagen: „Wenn du dich darauf einlässt, wird es die große Leere sein und in deinem Leben Traurigkeit erzeugen."

Wenn wir eine Frage an den Himmel richten, sind die Art und Weise, wie wir die Frage formulieren, sowie der Grund für diese Frage sehr wichtig. Es ist wirklich von großer Bedeutung, wie diese Frau zu fragen: „Ist das gut und richtig für meine Entwicklung?"

Es kann sein, dass MAN uns keine Antwort zukommen lässt oder dass diese nicht so klar ist, wie jene, die die Frau in ihrem Traum erhielt. Das ist dann gewollt.

Manche Menschen fragen sich: „Warum erhalte ich keine Antwort?" oder „Wie kommt es, dass die Antwort nicht klarer ist?". Wenn wir in eine bestimmte Richtung zu gehen haben, weil diese für uns vorbestimmt ist, dürfen uns die Geistigen Führer keine Antwort geben, die uns zu materiellem Erfolg führen würde, weil SIE uns dadurch keinen Dienst erweisen würden. SIE lassen uns vielmehr den ungelösten Rätseln oder Problemen ausgesetzt, damit wir überlegen sollen. Im Zweifelsfalle muss man sich immer enthalten. So will es das Gesetz der Weisheit. Und man fährt fort, an sich zu arbeiten, bis man zum gegebenen Zeitpunkt die Antworten erhält. Immer den Himmel fragen – und zwar auf die richtige Weise –, das ist der Weg, der zum wahren Erfolg führt.

Hier ein weiterer Erlebnisbericht, in dem viel Zauber enthalten ist und der ebenfalls den wahren Erfolg betrifft. Vor einiger Zeit, anlässlich eines Vortrags über die Engellehre, bot eine Frau meinem Mann ganz spontan an, ihre Stimme für Musikaufnahmen, an denen er arbeitete, einzusetzen. Mein Mann erwiderte darauf: „Schön, dann schick mir doch auf einer Kassette eine Probeaufnahme deiner Stimme zu." Eine gewisse Zeit verstrich und am Tag, bevor er ins Studio musste – er bereitete gerade den fünften Teil der CD-Kollektion der 72 Engel vor – erhielt er die Probeaufnahme. Das stellte für ihn ein schönes Beispiel des Synchronismus dar, denn die Frau wusste nicht, dass er in jener Woche Studioaufnahmen machen würde.

Mein Mann hörte sich die Stimme an und erkannte darin ein großes Talent. Dennoch fragte er in einer Meditation den Himmel um Erlaubnis an. Mein Mann fragt immer nach, denn für ihn ist nicht das Wichtigste, dass seine Handlungen auf der konkreten Ebene Erfolg erzielen, sondern dass sie richtig und gerecht sind und dass dabei sowohl sein eigenes Lebensprogramm als auch das der anderen Menschen respektiert wird. Auf diese Weise beachtet er alle Kosmischen Gesetze. Er erhielt vom Himmel grünes Licht und hinterließ somit auf dem Anrufbeantworter der Frau eine Nachricht, die besagte, dass er ihr einen Vorschlag machen wolle. Die Fortsetzung der Geschichte wurde uns von der Frau erzählt.

Mein Mann hatte die Nachricht um 9.17 Uhr auf den Anrufbeantworter gesprochen, der gleich danach vom Ehemann dieser Frau abgehört wurde. Sehr froh darüber machte er sich auf, um seine schlafende Frau zu wecken, die er dabei aus einem Traum zurückholte. Was hatte diese Frau geträumt? *Sie befand sich in einem weißen Minibus, den mein Mann lenkte. Ich befand mich hinten im Wagen, sie spürte meine Anwesenheit. Da blieb der Wagen an einer Tankstelle stehen und sie tankte für 56 Dollars. Eine Uhr zeigte 15.17 Uhr an. Dann fuhr der Minibus wieder los, um seine Fahrt auf der Autobahn fortzusetzen.*

Als die Frau meinen Mann zurückrief, war sie sehr froh und erzählte ihm ihren Traum. Sie sagte: „Ich verstehe die großen Züge meines Traumes, doch da ist eine Kleinigkeit, die mich intrigiert: Du hast mich um 9.17 Uhr angerufen, doch in meinem Traum zeigte die Uhr 15.17 Uhr an. Was bedeutet das? Mein Mann antwortete ihr: „Dein Traum ist äußerst genau, denn die Musik, zu der du singen wirst, gehört zu dem Engel ARIEL, dem die Zahl 46 zugeordnet ist und dessen Regentschaftsperiode im Tagesverlauf die Zeitspanne zwischen 15.00 und 15.20 Uhr abdeckt. MAN hat dir folglich sogar angegeben, zu welcher Musik du singen wirst." Diese Offenbarung erhalten zu haben hat die Frau tief berührt und sehr beeindruckt.

In dem Traum dieser Frau stellten mein Mann und ich Teile von ihr selbst dar. Mein Mann und ich stellen spirituelle Symbole der Engellehre dar. Da er die männliche Polarität verkörpert, versinnbildlicht mein Mann eine Situation, die sich konkret ereignen, d.h. am Tag sichtbar in Erscheinung treten wird, während ich als Sinnbild der weiblichen Polarität eine Verwirklichung im Innenleben dieser Frau darstelle. Der weiße Minibus symbolisiert das spirituelle Fahrzeug der Frau, denn die weiße Farbe, die die Synthese aller anderen Farben ist, versinnbildlicht die Spiritualität. MAN kündigte dieser Frau somit an, dass eine spirituelle Erfahrung für sie in die Wege geleitet worden war.

MAN kündigte ihr auch an, dass sie Energie erhalten würde. Wozu dient das Benzin? Es hilft uns, voranzukommen. Und was bedeuten die 56 Dollar? Wenn man mit den Engeln arbeitet und eine Zahl im Traum erhält, sieht man nach, welcher Engel dieser Zahl entspricht. Die Zahl 56 ist dem Engel POYEL zugeordnet, dem Weihnachtsmann unter den Engeln, dem Engel der Geschenke. MAN kündigte dieser Frau folglich ein Geschenk an, sowohl auf der Ebene ihres Innenlebens als auch in der äußeren, konkreten Welt. Der Minibus fuhr auf die Autobahn zu. Wozu dient eine Autobahn? Sie ermöglicht das schnelle Vorwärtskommen, ist also ein Symbol der Leichtigkeit. MAN kündigte ihr also eine starke Motivation und ein schnelles Vorankommen in ihrem spirituellen Werdegang an.

Diese Frau vertraute uns an, dass sie einige Jahre zuvor auf dem europäischen Berg, wo der Heilige Thomas die Erleuchtung erlangt hatte, betend und singend ihre Stimme Gott geweiht hatte. Nun berichtet uns die biblische Geschichte des Heiligen Thomas aber, dass er ständig Beweise brauchte, um glauben zu können. Durch ihren Traum gab MAN der Frau einen wirklich schönen Beweis, um sie auf ihrem Weg der spirituellen Entwicklung zu ermutigen. MAN ließ sie den wahren Erfolg, den mystischen Zauber kosten.

Manchmal zeigt MAN uns so grobe Dinge, dass wir uns sagen: „Oh, nein, damit hab ich nichts zu tun." Und wir beginnen zu kritisieren und zu urteilen. In solchen Augenblicken müssen wir uns das Gesetz der Resonanz ins Bewusstsein rufen. Um aus diesem Gesetz Nutzen ziehen zu können, müssen wir mit unseren Empfindungen in Kontakt bleiben und uns fragen: „Wie fühle ich mich angesichts dessen, was MAN mir zeigt? Das ist nicht richtig und auch nicht schön – in Ordnung, ich fühle mich dadurch gestört. Das Gesetz der Resonanz sagt mir, dass ich unbewusste Erinnerungen habe, die mit all dem im Einklang schwingen." Eines Tages werden wir in der Lage sein, alles Böse zu transzendieren und immer Verständnis und Mitgefühl aufzubringen, was immer sich uns auch anbieten mag. Doch solange das Gefühl der Störung in uns noch auftauchen kann, ist das ein Hinweis darauf, dass uns noch Arbeit zu erledigen bleibt. Das Gesetz der Störung ist leicht zu verstehen, jedoch nicht so leicht in die Tat umzusetzen.

Ich möchte Ihnen ein Erlebnis erzählen, das sich zugetragen hat, während ich den Vortrag über den Engel 11 LAUVIAH vorbereitete. Jedes Mal, wenn ich einen Vortrag vorbereite, mache ich die Engel-Rezitier-Übung mit dem entsprechenden Engel und erhalte durch meine Träume und durch die Menschen, denen ich begegne, Lehren und Beispiele zu Seinem Bewusstseinsfeld.

Während eines Spaziergangs begegnete ich einer Frau, die ich kenne. Sie war ganz begeistert und froh, denn sie hatte gerade eine gute Nachricht erhalten. Ein Landschaftsgestalter hatte seine eigene Firma gegründet und ihr einen Posten angeboten. Diese Frau liebt die Gartenarbeit sehr. Je länger ich ihr zuhörte, umso mehr freute ich mich für sie. Doch während der Nacht – und obwohl ich gar keine Frage gestellt hatte, die diese Frau betraf –, fand ich mich in einem Traum wieder, in dem ich die Seele dieser Frau besuchte.

Wie kann man wissen, ob die in einem Traum vorkommenden Personen Teile des eigenen Selbst darstellen oder ob es sich um Personen handelt, deren Seele man aufsucht? Wenn man auch schon zu Beginn des spirituellen Werdegangs einen Traum erhalten kann, der einen anderen Menschen betrifft, so handelt es sich doch in den meisten Fällen um persönliche Träume, in denen man Teilen seines eigenen Selbst gegenübergestellt wird. Wir müssen nämlich zunächst unser gesamtes persönliches Unbewusstsein bereinigen, was eine Menge Arbeit darstellt. Sollten wir einen Warntraum oder einen zukunftweisenden Traum erhalten, der einen anderen Menschen betrifft, so wird uns die Kosmische Intelligenz dies angeben; die Tatsachen werden ganz offensichtlich sein und wir werden es wissen. Wir müssen dann die Engel-Rezitier-Übung machen, die uns hilft, eine große Demut zu entwickeln, denn das menschliche Ego verliert sich so leicht im spirituellen Hochmut.

In diesem Traum *sah ich die Frau mit einem erzieherischen Kartenspiel, das den Titel ‚Pflanzenelixiere' trug und auf dessen Karten Pflanzen zu sehen waren.* Ein Pflanzenelixier hat eine therapeutische Wirkung. MAN zeigte mir also, dass dieser Arbeitsplatz für das Gefühlsleben der Frau – da die Pflanzen die Gefühle darstellen – sehr gut sein würde, aber auch anderen Seiten ihres Wesens entsprechen würde. MAN *sagte mir jedoch auch: „Dieser Arbeitsplatz ist unsicher"*, wodurch MAN mir angab, dass auf diese Stelle kein Verlass war.

Wenn man mit einem solchen Traum aufwacht, muss man weise genug sein, die erhaltenen Informationen für sich zu behalten, für das eigene Verständnis. Das ist nicht leicht, denn was man am liebsten tun würde, ist, den Hörer in die Hand zu nehmen und den betreffenden Menschen zu warnen, vor allem wenn man weiß, dass er ein Einkommen braucht, um seine Kinder zu ernähren. Man würde ihn am liebsten sofort warnen: „Nimm diese Stelle nicht an, du wirst nicht bezahlt werden."

Hat man das Prinzip des Experimentierens richtig verstanden, so kann man bezüglich des eigenen Lebens Abstand gewinnen und dies auch im Hinblick auf die Ereignisse im Leben der anderen Menschen tun. Das zu lernen ist nicht immer leicht, doch diese Lernvorgänge werden von der Kosmischen Intelligenz organisiert und wir dürfen uns Ihrer Arbeit nicht in den Weg stellen. Warum erhält man aber Träume, die andere Menschen betreffen, wenn man ihnen deren Inhalt nicht enthüllen darf? Man erhält sie, um diese Menschen besser verstehen und ihnen besser helfen zu können.

Einige Zeit später rief mich diese Frau an und berichtete mir: „Es ist nun schon eine Weile her, dass mein Arbeitgeber mich nicht bezahlt hat. Das tut er nicht absichtlich. Er selbst bringt es nicht fertig, seine Kunden zum Zahlen zu veranlassen." Und sie fügte hinzu: „Ich musste den Arbeitsplatz wechseln, da ich das Geld brauche, um meine Fixkosten zu bezahlen." Diese Frau hat schon sehr viel an sich gearbeitet und so konnte sie dies einigermaßen hinnehmen. Abschließend sagte sie zu mir: „Sollte ich mein Geld nicht erhalten, so wird das wohl bedeuten, dass ich dem Universum etwas schulde."

Das ist gewiss eine schöne Einstellung, doch bleibt man mit einer solchen Denkweise an der Oberfläche. Man muss tiefer vordringen, da es wichtig ist, zu verstehen, warum sich bestimmte Situationen in unserem Leben einstellen. Das Gesetz der Resonanz hilft uns, die Frage zu vertiefen. Der Landschaftsgestalter in unserem Beispiel hatte Schwierigkeiten, von seinen Kunden bezahlt zu werden, folglich konnte er selbst seine Angestellte nicht bezahlen. Diese beiden Menschen standen miteinander im Einklang. Zu welcher inneren Arbeit wollte MAN die beiden veranlassen? MAN wollte sie veranlassen, an ihren unbewussten Gefühlen der Unsicherheit zu arbeiten. Solange wir über ein Maisfeld verfügen – um dieses Symbol wieder aufzunehmen –, fühlen wir uns in Sicherheit, sind gesellig und großzügig. Verlieren wir jedoch plötzlich das Maisfeld, so verlieren wir auch das Vertrauen, selbst das Vertrauen in Gott. Dann verleugnen wir alles, weil dieser Verlust jene Erinnerungen in uns wachruft, die mit der Unsicherheit zu tun haben, und diese Erinnerungen verwirren unser Bewusstsein.

Unser Leben auf Erden besteht aus den Lehrgängen, die uns die Kosmische Intelligenz zuführt. Sobald wir uns dessen bewusst geworden sind, können wir das, was auf uns zukommt, hinnehmen, wobei wir natürlich dennoch weiterhin auch unseren Verantwortungen in der Materie nachkommen müssen. Man berichtigt und bereinigt das, was einer Berichtigung und Bereinigung bedarf, ohne Angst und ohne sich Vorwürfe zu machen; danach kann man zum nächsten Lehrgang überwechseln. Versteht man jedoch das Gesetz der Resonanz nicht, dann häuft man durch sein Verhalten zusätzliche karmische Lasten an. Hätte diese Frau z.B. nicht begriffen, dass ihre Lage eine von Gott gesandte Lektion enthielt, so hätte sie sich sagen können: „Ach, ich habe so hart gearbeitet und nun werde ich nicht einmal dafür bezahlt." Sie hätte rebellisch, kritisch und aggressiv darauf reagieren können. Die Lehrgänge (die uns die Kosmische Intelligenz zuführt) sollen ja dazu dienen, unbewusste Aspekte unseres Wesens zu korrigieren. Wenn wir uns stattdessen dagegen auflehnen, werden wir weitere Prüfungen durchleben müssen, die mit dem zusammenhängen, was wir zu verbessern haben. Das ist der Grund, weshalb der karmische Kreislauf so lange anhalten kann, bis schließlich der Tag kommt, wo wir für das wahre Wissen und die wahre Erkenntnis empfänglich werden. Allein schon das Gesetz der Resonanz und das Gesetz der Störung stellen einen wahren Schatz dar, wenn wir uns ihrer bedienen.

Nach einer Weile zahlte dieser Arbeitgeber die Frau schließlich aus, was ihr eine umfassende Lehre bot.

Eine weitere Methode, die zum Erfolg – zum wahren Erfolg – führt, besteht, darin, den Himmel um Zeichen zu bitten. Wir sahen, dass man um Träume bitten kann. Das Gleiche kann man mit den Zeichen tun. Dabei beschränkt man sich zunächst auf kleine Dinge, um sich daran zu gewöhnen, bevor man dazu übergeht, wichtige Entscheidungen anhand der Zeichen vorzunehmen, Entscheidungen, die eine Richtungsänderung bewirken oder die auf unser Leben eine langfristige Auswirkung haben werden. Um sichergehen zu können, dass unser Handeln eine spirituelle Grundlage hat, muss man den Zugang zum wahren Wissen und der wahren Erkenntnis erlangt haben. Deshalb empfiehlt es sich, zu Beginn nur mit Entscheidungen zu üben, die eine sofortige und nicht zu weitreichende Auswirkung auf unser Leben haben.

☉

Das Lesen der Zeichen

Das Lesen der Zeichen zu erlernen ist in der Tat so, als würde man eine neue Sprache erlernen. Die Symbolsprache hat einen ausgesprochen heiligen Charakter, da wir uns mit jeder Bitte um ein Zeichen an Gott und all Seine Boten wenden. Eigentlich schließen wir uns dadurch an *Skynet* an. Wenn wir uns mit einer Bitte an den Himmel wenden, sollten wir uns in einer ehrfurchtsvollen inneren Haltung befinden. Zu Beginn ist es für die Konzentration hilfreich, dabei die Augen zu schließen, doch nach einer gewissen Zeit wird sich das Symbol auch bei offenen Augen einstellen und die Symbolsprache wird uns immer und überall begleiten. Das Symbol wird zunächst in Form eines Bildes auftauchen, wie in einem Traum, und dieses Bild muss man dann analysieren. Ist es positiv, kann man zur Tat überschreiten, ansonsten wartet man ab. Und falls man sich nicht sicher ist, wiederholt man die Frage. Man meditiert weiter und analysiert die ins Auge gefasste Handlung in der Tiefe, wobei man auch all ihre Nebenwirkungen durchgeht. Indem man sich diese Art des Vorgehens zur Gewohnheit macht, erhält man in der Tat eine äußerst präzise Himmlische Führung.

Wenn unser Geist gezielt auf eine Frage ausgerichtet ist, dann handelt unser Bewusstsein wie ein persönlicher Computer, der sich an den großen Kosmischen Computer anschließt. Dabei wird das Zeichen gemäß unserer Absicht und Einstellung durch den Ur-Geist für uns erschaffen. Der Ablauf der Ereignisse ist ja immer gegeben, doch sofern wir nicht nach ihrem tieferen Sinn suchen, erfassen wir ihre wahre Bedeutung nicht.

Die Zeichen können allerlei Formen annehmen: eine Stimme, ein Klang, ein Ton, eine Person, die in einem Laden spricht, ein Musikstück, das man im Radio hört, drei im Flug aufgefangene Worte usw. Wenn man auf ein Zeichen wartet, ist man gewissermaßen im Engel-Radio auf den Posten der Engel eingestellt. Die Geistigen Führer wissen, dass das gleiche Zeichen von verschiedenen Menschen unterschiedlich gedeutet werden wird. Die Bedeutung, die ein Zeichen für einen Menschen haben wird, hängt auch davon, was der betreffende Mensch gerade dachte, als er das Zeichen erhielt. Man wird sich schnell der großen Autonomie bewusst, die einem ein solches *Lesen* vermittelt. Wenn man die Engellehre befolgt, muss man sehr viel überlegen und meditieren und so wird eines Tages die spirituelle Autonomie die alltägliche Wirklichkeit darstellen.

Als ich auf diesem Gebiet Anfängerin war, sagte ich mir: „Ich kann doch Gott und die Geistigen Führer nicht für solchen Krimskrams, für solche Kleinigkeiten stören." Doch eines Tages verstand ich, dass es sich damit genauso verhält, als hätte man ein Unternehmen und als wolle man expandieren. Man würde dazu im Internet Nachforschungen anstellen. Im Rahmen der Engellehre geht man ins *Skynet*, wo alles geschrieben steht. Dort kann man herumsurfen und die nötigen Informationen finden. Das funktioniert sehr gut, vor allem wenn man ehrlich ist und ehrfurchtsvoll beim Himmel anfragt, ob das, was man vorhat, gut und richtig ist. Dabei sollte man keine Fragen im Kopf haben wie etwa „Werde ich viel Geld verdienen?" oder „Wird das gut verlaufen?". Manchmal wünscht man sich so sehr die Harmonie – und wenn man hohe spirituelle Ebenen und Bewusstseinszustände erreicht hat, wünscht man sie sich immer und überall –, doch zunächst ist es nicht die Harmonie, wonach man am meisten streben sollte; für einen Eingeweihten besteht das Wichtigste zunächst darin, richtig zu handeln und gerecht zu sein.

Wir können ein sehr positives Symbol als Zeichen erhalten, worauf wir beschließen, zur Tat zu schreiten, um im Nachhinein festzustellen, dass es sich um eine Prüfung handelte: MAN hat uns auf eine karmische Last zugeschickt. Auf diese wären wir jedoch sowieso zugeschritten, auch wenn wir den Himmel nicht nach der Richtung gefragt hätten. Wir enthalten ein Programm, das uns gezielt auf die diesem Programm entsprechenden Erfahrungen zusteuern lässt. Wenn wir über das wahre Wissen und die wahre Erkenntnis verfügen, ist jedoch ein Unterschied vorhanden: Wir erleiden die Erfahrungen nicht mehr, da wir wissen, warum wir sie erleben. Wir erfahren dabei eine wahre Ausdehnung des Bewusstseins. Das trägt zur Verbesserung unseres Lebens bei, selbst wenn weiterhin Schwierigkeiten und Begrenzungen bestehen. Doch wir sind nun in der Lage, die Dynamik Gottes insgesamt wahrzunehmen.

Während sie das Zeichenlesen lernen, fragen mich manche Menschen: „Was geschieht, wenn ich falsch deute und nicht die rechten Gesten und Taten vollbringe?" Das ist nicht weiter schlimm, da man ja üben muss und durch das Experimentieren lernt. Man deutet das Zeichen, handelt und erkennt erst danach den Zusammenhang: „Aha! Das wollten SIE mir also sagen!" Das verläuft wie in der Schule: Man muss sich Zeit zum Lernen nehmen. Durch die allmähliche Integrierung der Symbolsprache anhand unserer Erfahrungen dringen wir in die Tiefen des Bewusstseins und des Unbewusstseins und schließlich des Universums vor. Die Sprache der Symbole ist in der Tat eine universelle Sprache. Ein Symbol ist etwas so Umfassendes, dass man stundenlang darüber reden kann.

Nehmen wir einmal an, man übt sich im Zeichenlesen und muss eine Freundin anrufen. Man kann sich also fragen: „Ist es richtig, sie anzurufen? Ist der Augenblick gut gewählt?" Erhält man darauf z.B. ein Bild, das zwei zusammengebundene Hände zeigt, so bedeutet dies: „Nein, das ist nicht der richtige Augenblick." Erhält man hingegen einen weißen Vogel, dann besagt dies: „Ja, du kannst anrufen." Würde man Toiletten als Bild erhalten, so würde uns das sagen wollen: „Nein, reinige dich innerlich erst, bevor du anrufst" oder „Nein, sie ist dabei, sich zu reinigen", und so wartet man ab. Man analysiert das Symbol und auf diese Weise übt man.

Das Lesen der Zeichen ist voller Zauber. Eines Tages werden wir wieder wie ein Kind sein und unsere Kommunikation mit den Parallelwelten ständig aufrechterhalten, ständig an sie angeschlossen sein. Dann werden wir nicht in einem auf die Formen begrenzten Bewusstsein leben, sondern durch unseren Geist, durch den Geist des Schöpfers in uns, und wir werden wissen, dass es der Ur-Geist ist, der den Materialisierungsvorgang möglich macht. Das ist jedoch ein langer und schwieriger Lernprozess.

☉

Ich möchte Ihnen nun eine drollige Anekdote erzählen, die ich zu Beginn meiner Arbeit mit den Zeichen erlebte. Ein Projekt war im Entstehen begriffen und die Antwort hinsichtlich seiner Verwirklichung ließ etwas auf sich warten. Deshalb sagte ich mir: „Ich werde nachfragen." Ich ließ mich bequem auf dem Sofa nieder, nahm den halben Lotussitz ein und begann zu meditieren. Ich verinnerlichte mich und stellte meine Frage. Doch nichts kam, kein einziges Bild tauchte auf. Ich wartete geduldig. Plötzlich antwortete mir eine Stimme, die ich mein Leben lang nicht vergessen werde: „Nun reicht es aber, du kleine Göre!"

Was war geschehen? Es war Sommer, das Fenster war offen und eine Mutter hatte zu ihrer kleinen Tochter gesprochen und diese ‚kleine Göre' genannt. Der Himmel hatte mir durch den Mund dieser Mutter geantwortet: „Du fragst nicht richtig. Du fragst immer noch nach, weil du Erfolg haben willst und weil du Angst hast, zu scheitern." Natürlich erfordert es eine gewisse Dosis Demut, wenn man eine solche Antwort erhält. An dieser Tugend muss man sehr stark arbeiten, wenn man die Engellehre befolgt. Ich freute mich sehr über diese Antwort. Ich öffnete die Augen und musste lachen, da ich fand, dass die Geistigen Führer sehr viel Humor haben und es Ihnen sehr gut gelungen war, mich auf meinen Platz zu verweisen. Dieses Erlebnis hat in meiner Seele eine Lektion eingeprägt.

☉

Das männliche und das weibliche Prinzip

Die Engel helfen uns auch, die beiden komplementären Prinzipien wiederzufinden. Das männliche Prinzip stellt die Emissivität dar und das weibliche Prinzip die Rezeptivität. Mit anderen Symbolen ausgedrückt könnte man sagen, dass der Mann den Ur-Geist versinnbildlicht und die Frau die Ur-Materie. Doch sowohl der Mann als auch die Frau besitzen beide Polaritäten: Jede Frau hat einen inneren Mann und jeder Mann hat eine innere Frau.

Das, was uns anzieht, und das, was uns abstösst, enthüllt uns verborgene Aspekte unseres Selbst und folglich auch unserer inneren Polarität, d.h. unserer männlichen Polarität, wenn wir eine Frau sind, und unserer weiblichen Polarität, wenn wir ein Mann sind.

Deshalb müssen die Symbole immer anhand beider Prinzipien gedeutet werden. Beim Lesen der Resonanzen, die in unserem Alltag auftauchen, müssen wir wissen, dass alle Männer, denen wir als Frau begegnen – sowohl jene, die uns anziehen, als auch jene, die uns stören oder die wir ablehnen – uns Aspekte unseres inneren Mannes aufzeigen. Das Gleiche gilt für einen Mann im Hinblick auf die Frauen, die ihm begegnen. Sie stellen verschiedene Aspekte seiner inneren Frau dar.

Beginnt man so zu lesen, dann lernt man unaufhörlich und nimmt alles in der Tiefe wahr. Genauso verhält es sich, wenn man seine Träume analysiert: Wenn ein Mann oder eine Frau in einem Traum vorkommen, so symbolisieren sie die entsprechende Polarität sowie die Art und Weise, in der diese Polarität im eigenen Innern am Werk ist. Erscheint ein Paar in einem unserer Träume, so gibt dessen Verhalten an, wie das männliche und das weibliche Prinzip in unserem Innern miteinander umgehen.

☉

Ich möchte Ihnen nun einen Traum mitteilen, den mir eine Frau anvertraute und der sowohl das *Renommee* als auch das männliche und das weibliche Prinzip berührt. In den Träumen der Quebecer tauchen sehr oft zwei Menschen als Symbole auf: René Angelil und Céline Dion, die aus der kanadischen Provinz Quebec stammen. Wir werden häufig um die Deutung von Träumen gebeten, in denen diese beiden Persönlichkeiten vorkommen. Es ist natürlich möglich, sie im Traum aufzusuchen, doch in den meisten Fällen versinnbildlichen sie Teile der träumenden Person. René Angelil und Céline Dion symbolisieren einen bedeutenden materiellen Erfolg und große Berühmtheit. Durch diese Symbole zeigt MAN der träumenden Person Aspekte ihres Wesens, die sie in ihrem Innern zu bearbeiten hat oder Elemente ihrer Auffassung des materiellen Erfolges, die sie berichtigen muss. Dabei kann der symbolisierte Erfolg ein großer oder ein kleiner Erfolg sein.

Die Frau, um deren Traum es sich handelt, sagte zu mir: „Ich träume sehr oft von Céline Dion." Sie glaubte, dass sie in ihren Träumen Céline Dion aufsuchte, denn sie fügte erklärend hinzu: „Das, was ich in den Zeitungen und im Fernsehen über sie sehe, entspricht sehr oft dem Inhalt meiner Träume." Hier nun ihr Traum. *René Angelil und Céline Dion gingen vor mir durch den Schnee. René Angelil trug den blauen Schal von Céline Dion, der ihm irgendwann entglitt, doch er machte sich nicht die Mühe, ihn aufzuheben. Er hatte einen gebeugten Rücken und schien müde und niedergeschlagen. Da hob Céline den Schal auf und sagte dabei an mich gewandt: „Das ist normal. Er hat so viel auf den Schultern, er hat so viele Sorgen." Dann folgte sie ihrem Mann.*

Diese Frau bat mich nicht sofort um die Deutung ihres Traumes und in einem solchen Fall begnüge ich mich damit zuzuhören. Sie berichtete mir noch allerlei Dinge aus ihrem Leben und sagte unter anderem: „Wir wollen seit einer guten Weile unser Haus verkaufen, doch es gab Probleme. Manchmal schien es klappen zu wollen, aber es kam immer etwas dazwischen. Wir hatten einen potenziellen Käufer, der jedoch unser Haus nur unter der Bedingung kaufen konnte, dass er seines verkaufte. Neulich rief er uns an, um uns mitzuteilen, dass er das Verkaufsschild vor seinem Haus entfernt und den Kauf unseres Hauses auf das kommende Frühjahr verschoben hatte." Die Frau fügte hinzu: „Ich weiß, dass ich daraus etwas zu lernen habe, doch ich hege keinerlei Erwartungen, es ist mir gleich."

Während sie sprach, kam sie auf ihren Traum mit Céline Dion zurück und fragte mich: „Was bedeutet dieser Traum eigentlich genau genommen?" Da erklärte ich ihr die Bedeutung der Symbole: „Durch René Angelil und Céline Dion zeigt MAN dir, wie sich dein männliches und dein weibliches Prinzip hinsichtlich des materiellen Erfolges, aber auch in Bezug auf deine innere Stimmung – da die Arbeit der beiden darin besteht, Musik zu produzieren – verhalten und aufeinander reagieren. René Angelil symbolisiert die Art und Weise, wie du deine Auffassung des materiellen Erfolges durch Gesten und Taten in die Wirklichkeit umsetzt, während Céline Dion dir symbolhaft zeigt, wie du den Erfolg in deinem Innern empfindest und wahrnimmst. Dass sie in deinem Traum vor dir hergingen, besagt, dass dich der materielle Erfolg antreibt. Sie gingen auf Schnee. Schnee ist gefrorenes Wasser und Wasser ist immer ein Symbol, das mit den Gefühlen zu tun hat. Schnee symbolisiert die Einsamkeit und die Kälte, es sei denn, es handelt sich um einen ganz hell strahlenden Schnee, der eine positive Stimmung verbreitet. Der Schnee in deinem Traum zeigt, dass deine Auffassung des Erfolgs in dir ein Gefühl der Einsamkeit und etwas Traurigkeit hervorruft. Deine männliche Polarität ist niedergeschlagen und müde. Wenn du in der Außenwelt gute Nachrichten erhältst, geht es dir gut, ansonsten bist du niedergeschlagen und müde, wie im Augenblick."

Was sie darauf erwiderte, war sehr aufschlussreich: „Aber meiner inneren weiblichen Polarität ging es gut: Céline Dion hat sich nicht aufgelehnt. Sie hat ihren Mann unterstützt." Darauf sagte ich: „Nein, ihre Haltung war nicht ganz richtig. Hätte MAN dir mitteilen wollen, dass deine innere Haltung richtig ist, so hätte Céline ihrem Mann in deinem Traum eine Lehre erteilt, stattdessen rechtfertigte sie sein Verhalten, indem sie seine Müdigkeit und Niedergeschlagenheit normal fand, da er sehr viel auf den Schultern hatte. Das bedeutet, dass du versuchst, die Kontrolle über deinen Erfolg auszuüben, doch den Erfolg kann man nicht kontrollieren. Durch die Botschaft und die Lehre, die dein Traum enthalten, fordert MAN dich auf, dich zu verinnerlichen und deine Erinnerungen im Zusammenhang mit dem materiellen Erfolg zu bereinigen, damit du das Konzept des wahren Erfolges wiederfinden kannst, das auf der richtigen Materialisierung, der richtigen Denkweise und einer Motivation beruht, die jenseits der äußeren Erscheinungsformen des Erfolges liegt."

Sie stimmte mir zu, konnte sich aber dennoch nicht in diesem Traum wiedererkennen. Doch ein Traum verwirklicht sich immer auf die eine oder andere Weise und so gab ich ihr ein Beispiel: „Als du mir vorhin von dem potenziellen Käufer erzähltest, der das Verkaufsschild entfernt hatte, sagtest du, dass du daraus etwas zu lernen hättest, dass du keinerlei Erwartungen hegen würdest und dich das gleichgültig ließe. Doch hinter deinen Worten spürte ich etwas anderes: Ich spürte, dass dich diese Situation sehr stark störte. Und die Gleichgültigkeit stellt eine Verzerrung dar. Ein gleichgültiger Mensch ist ein Mensch, der es so müde geworden ist, hinzunehmen, dass etwas nicht klappt, dass er es schließlich verdrängt: Er verdrängt die Angelegenheit in sein Unbewusstsein und will nichts mehr davon wissen. Bei der kleinsten äußeren Neuigkeit aber taucht – symbolisch gesprochen – das Verkaufsschild wieder auf, man freut sich, findet die Begeisterung und das Vertrauen wieder und richtet sich hoffnungsvoll auf. Doch sobald das Verkaufsschild erneut verschwindet, fühlt man sich wieder niedergeschlagen und unzufrieden und empfindet es wie einen Misserfolg. Solange unser Vertrauen, unsere Begeisterung und unsere Auffassung des Erfolges von äußeren Ereignissen abhängen, werden wir niemals das Gefühl der Stabilität erreichen. Das wollte MAN dir in deinem Traum mitteilen. Die Himmlischen Mächte können mit dem Verkaufsschild spielen: SIE können es entfernen, wieder anbringen, wieder entfernen... SIE setzen das in Szene – nicht etwa um mit deinen Gefühlen zu spielen, sondern weil SIE dich lieben und dir helfen wollen, deine Absicht und innere Einstellung zu ändern, so dass du dich nicht mehr von den äußeren Ereignissen leiten lässt. SIE wollen, dass du aufhörst, zufrieden zu sein, sobald du gute Nachrichten erhältst, und dich niedergeschlagen zu fühlen, sobald die Ereignisse nicht deinen Erwartungen entsprechen."

Einige Wochen später sah ich diese Frau wieder und sie erzählte mir ganz zufrieden: „Unser potenzieller Käufer hat das Verkaufsschild für sein Haus wieder aufgestellt. Das war eine schöne Lehre für mich." Etwas später jedoch, als ich sie erneut traf, sagte sie mir, dass er das Schild wieder entfernt hatte (Lachen) und sie fügte hinzu: „Da wurde mir bewusst, dass ich immer noch nicht verstanden hatte, und das hat mich veranlasst, weiter an mir zu arbeiten." Es ist nicht weiter schlimm, die unschönen Teile unseres Wesens zu entdecken. Wichtig ist, dass wir sie wahrnehmen, dass wir, sobald uns etwas stört, diesen Zustand der Störung bewusst wahrnehmen und darüber hinausgehen. Nur so können wir die alten Erinnerungen unserer Seele ändern. Ansonsten würde das sehr viel Zeit in Anspruch nehmen und wir würden durch allerlei Prüfungen hindurch müssen, bevor wir die Weisheit erlangen könnten.

Wenn MAN uns in einem Traum andeutet, dass der materielle Erfolg nicht stattfinden wird, dann kann er auch nicht stattfinden. Das ist absolut gewiss. Wenn ein Lebensprogramm Begrenzungen enthält und der materielle Erfolg darin nicht vorgesehen ist, kann man nichts dagegen tun. Man kann ihn nicht erzwingen, es sei denn, man stiehlt. Das gesamte planetarische Theaterstück ist dazu da, damit wir Aspekte des Bewusstseins experimentieren können.

Wir wollen nun die Position des Engels 11 LAUVIAH im Lebensbaum näher betrachten. Dieser Engel wohnt in der Sephira HOCHMAH, deren Regent der Erzengel RAZIEL ist. Diese Lebenssphäre ist der Wohnsitz der Cherubim, die in der Form schöner pausbäckiger Babys dargestellt werden, wodurch die Unschuld, d.h. eine große Reinheit des Bewusstseins versinnbildlicht werden soll. Die Engel, die HOCHMAH bewohnen, symbolisieren sehr hohe Ebenen der Göttlichen Weisheit und Liebe. Sobald man diese Bewusstseinsebenen erreicht hat, gibt es keine persönliche Liebe mehr, sondern man lebt in der bedingungslosen Liebe. Erst sehr wenigen Menschen gelingt es, diese Bewusstseinszustände dauerhaft zu verkörpern.

Aufgrund seines Wohnsitzes in der Sephira HOCHMAH hat der Engel 11 LAUVIAH Uranus als Domizil-Planeten. Uranus symbolisiert den Altruismus und die avantgardistischen Ideen. Seine Energie ist so mächtig, dass sie alles Falsche und Unrechte auflöst. Da dieser Engel Seine Besonderheiten in der Sephira HESED zum Ausdruck bringt, die dem Planeten Jupiter verbunden ist, sind auch die Charakterzüge dieses Planeten in Ihm vertreten, d.h. Expansionsvermögen, große Macht, reichhaltige Ressourcen und ein hohes Prestige.

Man kann natürlich dieses Expansionsvermögen auf egoistische Weise zum Ausdruck bringen und sie für den eigenen Ruhm, das eigene Renommee und einzig und allein für die Befriedigung der persönlichen Bedürfnisse einsetzen. Die Himmlischen Mächte werden das zulassen. S̲i̲e̲ lassen uns den Erfolg erzielen und mit der Erfahrung des Erfolges experimentieren. Wenn wir diesen jedoch falsch verwenden, werden wir unter Umständen sein Gegenteil erfahren und großen Beschränkungen ausgesetzt sein.

Eines Tages werden wir imstande sein, unser Expansionsvermögen in der Art der Engel zu verwenden, d.h. für humanitäre Zwecke und altruistische Zielsetzungen. Doch bevor wir so weit sind, müssen wir experimentieren und das lässt uns natürlich die Bekanntschaft des Bösen machen. Nachdem wir ausreichend Erfahrungen mit dem Bösen gesammelt haben und verstehen, was es damit auf sich hat, werden wir eines Tages aus freiem Willen beschließen, das Böse nicht mehr zu tun. Die Jupiter-Charakterzüge des Engels 11 L̲a̲u̲v̲i̲a̲h̲ vermitteln uns einen großen Weitblick und eine allumfassende Vision. Und wenn unsere Ausrichtung altruistisch und spirituell ist, kann uns dieser Engel zu einer Vision verhelfen, die das gesamte Universum umfasst und in deren Rahmen unsere Seele sich in der Verwirklichung großer Projekte auf Erden entfalten kann. Sofern die Expansion auf der physisch-konkreten Ebene Teil unseres Lebensprogramms ist, werden wir über viel Geld und viele Güter verfügen und den Überfluss dazu verwenden, den anderen zu helfen. So viel zusammenfassend zur Stellung dieses Engels im Lebensbaum.

Ich möchte Ihnen nun ein Erlebnis schildern, das eine der Qualitäten des Engels 11 L̲a̲u̲v̲i̲a̲h̲ berührt, *das Vertrauen*, und das sehr gut die Macht des Ur-Geistes erkennen lässt. Es geschah im Sommer des Jahres, in dem ich den Vortrag zu diesem Engel vorbereitete. Mein Mann, unsere Tochter und ich kümmerten uns um unsere kleine Nichte Ariel, die damals ein Jahr alt war. Ihre Eltern waren verreist und wir wohnten während ihrer Abwesenheit bei ihnen. Am Abend vor dem Einschlafen rief ich den Engel 11 L̲a̲u̲v̲i̲a̲h̲ an. Mitten in der Nacht wachte ich auf, da ich ein sehr lautes Geräusch in meinen Ohren vernahm: Ich hörte das Geräusch von Schritten, die sich auf einem Kiesweg fortbewegten, und zwar so laut, als würde mein Ohr direkt auf dem Boden aufliegen. Ich wachte auf und war mir bewusst, dass jemand dabei war, etwas in der Garage zu stehlen.

Eine vom Haus abgetrennte Garage befindet sich im Innenhof des Grundstückes und ich wusste, dass wir die Tür offen gelassen hatten. Die Erinnerung daran war in meinem Bewusstsein vorhanden. Ich stand auf, sah durch das leicht geöffnete Fenster hinaus, konnte jedoch nichts sehen, da es sehr dunkel war. Plötzlich hörte ich mich mit einer ganz tiefen Stimme, die ich an mir gar nicht kannte, sagen: „Wer da?" Es ist mir nicht möglich, diese Stimme zu wiederholen, sie war wirklich sehr beeindruckend. Gleich danach sah ich einen jungen Mann aus der Garage stürzen, Hals über Kopf davonrennen und über den Zaun springen.

Ich schlief im ersten Stock des Hauses, in einem Zimmer, das an das Kinderzimmer angrenzte, während mein Mann im Untergeschoss schlief. Ich weckte ihn und er ging nachsehen, ob etwas gestohlen worden war. Nichts war verschwunden, nur ein Karton war verrückt worden, wahrscheinlich in dem Augenblick, als der junge Mann gestört worden war. Wir gingen also ganz ruhig wieder zu Bett. Als ich meinen Kopf auf das Kopfkissen legte, kam mir ein Gedanke: „Vielleicht wird diese Erfahrung diesem jungen Menschen helfen, das nie wieder zu versuchen." Ich sage wohl bewusst ‚vielleicht', da man ein Anfänger sein muss, wenn man in eine Garage eindringt, um zu stehlen, da man in Garagen gewöhnlich nichts besonders Wertvolles findet.

Was hatte sich bei diesem Erlebnis auf der Ebene meines Gehörs abgespielt? Die Kosmische Intelligenz hatte die Lautstärke aufgedreht und dadurch meine Fähigkeit des Hellhörens reaktiviert. Dank des Hellhörens konnte ich wahrnehmen, was sich in einer gewissen Entfernung von mir abspielte. SIE hatten die Lautstärke aufgedreht und das war so, als hätten SIE mir Verstärker eingesetzt, so dass ich alles hören konnte. Doch stellen Sie sich vor, ich hätte dieses erhöhte Hörvermögen beibehalten, das wäre unerträglich gewesen. Danach haben SIE die Lautstärke wieder gesenkt.

An diesem Beispiel sieht man, dass uns die Göttlichen Fähigkeiten der feinstofflichen Wahrnehmung – das Hellhören, Hellsehen, Hellriechen und Hellfühlen – gegeben werden, wenn sie notwendig sind. Im Verlauf unserer Entwicklung geben uns die Himmlischen Mächte immer das, was wir brauchen, und immer im richtigen Augenblick. Doch wir dürfen nicht nach den Göttlichen Fähigkeiten verlangen, sondern müssen nach den Qualitäten und Tugenden streben. Die Göttlichen Kräfte wird MAN uns zugestehen, wenn wir dazu bereit sein werden. Wenn wir jedoch ganz intensiv nach den Göttlichen Kräften und Fähigkeiten streben, um die anderen zu beeindrucken oder um anerkannt zu werden, und deshalb immer wieder danach verlangen, dann werden wir sie schon erhalten, genauso wie den materiellen Reichtum, wenn wir unentwegt danach verlangen. Die Himmlischen Mächte werden unsere Wahrnehmungsfähigkeit vergrößern. Das wird jedoch zur Folge haben, dass wir aufgrund des ständig wirkenden Resonanzgesetzes unentwegt auch das Böse der anderen wahrnehmen werden und dieses in uns einfließen, ja sogar unser Sein bestimmen kann. Wir werden eine Menge konfliktbeladener Situationen auf uns ziehen, weil wir die Macht gestohlen, d.h. nicht durch unsere eigene Arbeit erworben haben. Da wir unser eigenes Unbewusstsein nicht bereinigt haben, werden wir so vielen negativen Resonanzen ausgesetzt sein und uns so schlecht fühlen, dass wir unsere Bitte nach dieser Macht bereuen werden.

Doch auch das gehört dem Bereich des Experimentierens an. Wir können natürlich dieses Experiment versuchen. An sich ist nichts Böses daran: Wir sammeln Erfahrungen. Haben wir jedoch den tieferen Sinn dieser Fragestellung erfasst, dann beschränken wir unsere Bitten auf die Qualitäten und Tugenden in dem Bewusstsein, dass die innere Arbeit mit den Engeln die allmähliche Entwicklung der Fähigkeiten des Hellsehens, Hellhörens, Hellfühlens und Hellriechens zur Folge haben wird. Wenn wir es der Kosmischen Intelligenz überlassen, so wird Sie uns diese Möglichkeiten schrittweise und dann, wenn es nötig sein wird, eröffnen – in Übereinstimmung mit unserem Wachstumsrhythmus und unserem Lebensplan.

Hier nun ein Erlebnisbericht, der uns hilft, den *Enthusiasmus*, die *Begeisterung* zu verstehen. Manchmal sind wir begeistert, doch unsere Begeisterung kann so übersprudelnd sein, dass sie zu einer Verzerrung wird, weil sie übertrieben ist. Ein übermäßiger Enthusiasmus erzeugt karmische Lasten und hat Fehltaten zur Folge. Die nachfolgende Lehre wurde mir von unserer damals achtjährigen Tochter Kasara vermittelt, während ich dabei war, eine innere Arbeit mit dem Engel 11 Lauviah zu verrichten. Unsere Tochter wacht immer sehr früh auf. Eines Abends hinterließ ihr Vater ihr eine kleine Nachricht: „Wenn du einen Traum erhalten hast, zeichne ihn beim Aufwachen auf ein Blatt Papier, oder zeichne mir einen anderen deiner Träume. Ich hab dich sehr lieb. Papa." Am darauf folgenden Morgen erhielten wir also eine Zeichnung und Kasara erklärte uns, was sie während der Nacht geträumt hatte.

Kasaras Zeichnung stellte sie selbst und ein kleines schwarzhaariges Mädchen dar, das sie im konkreten Leben nicht kennt, das sie aber in ihrem Traum kannte. Neben die Figur, die dieses Mädchen darstellte, hatte Kasara geschrieben: „Ich heiße Myriam." Es war ihre Freundin. Kasara erzählte uns, dass in ihrem Traum *ihre Freundin Myriam sie so sehr zum Lachen brachte, dass sie ihr Glas Saft fallen ließ. Der Saft hatte eine violette Farbe.*

Kasara fragte ihren Vater:
- Sag, Papa, was bedeutet das?
- Diese beiden kleinen Mädchen sind Teile von dir, antwortete ihr Vater. Da es sich um Mädchen handelt, stellen sie dein Inneres dar, deine emotionale Seite. Der Saft ist eine Flüssigkeit, wie das Wasser, und du weißt bereits, dass Flüssigkeiten die Gefühle symbolisieren. MAN wollte dir mit diesem Traum sagen: „Du musst heute wachsam sein, da deine Emotionen überlaufen werden. Das steht auf deinem heutigen Tagesprogramm."

Darin liegt der Zauber der Träume. Dank ihrer verfügt man über eine bessere Erziehungsmethode – sowohl für die Kinder als auch für die Erwachsenen –, weil die Träume immer in Erscheinung treten. Das ist eine absolut gültige Tatsache.

Ihr Vater erklärte ihr weiter: „Du wirst heute sehr froh sein, doch deine Gefühle werden überlaufen. Der Traum warnt dich vor möglichen kleinen Fehltaten. Es ist kein Zufall, dass der Saft violett ist, die Farbe der spirituellen Macht und Beschützung. Also, pass auf!"

An jenem Tag ereigneten sich mehrere kleine Fehltaten. Kasara war voller Freude und Begeisterung. Im Laufe des Tages sagte ihr Vater zu ihr: „Wir werden nachher zusammen Schnittlauch säen." Kasara freute sich sehr darüber, denn sie mag Schnittlauch besonders gern.

Alle fünf Minuten kam sie an, um ihren Vater zu fragen:
- Papa, wann werden wir die kleinen Samen säen?
- Nicht sofort, Kasara. Es ist noch nicht so weit, ich bin im Augenblick beschäftigt. Hab noch etwas Geduld.

Sie hörte auf, ständig nachzufragen, doch man konnte spüren, wie sie mit ihrem kleinen Päckchen Samen Kreise zog. Es war ganz eindeutig zu spüren, dass sie energiemäßig, d.h. mit ihrer geistigen Kraft, drängte.

Ich sprach vorhin von den beiden Prinzipien der Emissivität und der Rezeptivität. Wenn wir Wünsche haben – dabei mögen es ausgesprochene oder unausgesprochene sein – und sie in unserem Bewusstsein anwesend sind, kann man die Manifestierungsabsicht unseres Geistes wahrnehmen. Das nennt man die Emissivität. In diesem Beispiel konnten wir bei unserer Tochter sehr klar den intensiven Drang ihres Geistes fühlen, der den Wunsch hatte, die Samen zu säen. Die übermäßige Emissivität eines kleinen achtjährigen Mädchens hat noch relativ geringe Folgen. Würde jedoch ein erwachsener Mensch in einem ausschlaggebenden Moment seines Lebens ein so übermäßig emissives Verhalten haben, also eine schlecht kanalisierte spirituelle Kraft zum Ausdruck kommen lassen, so könnte diese ihn zu falschen Gesten veranlassen, die das Gelingen eines Projektes vereiteln könnten.

Nach einer Weile sagte mein Mann zu Kasara: „Also, nun können wir die kleinen Samen säen." Doch da konnte Kasara das Päckchen Samen nicht mehr finden. Sie hatte es verlegt.

Ihr Vater fragte sie:
- Was bedeutet dieses Zeichen?
- Es bedeutet, dass ich etwas zu aufgeregt war, Papa.
- Das ist nicht weiter schlimm. Daran kannst du erkennen, wie sich dein Traum verwirklicht. Das kleine verlegte Samenpäckchen entspricht dem Glas Saft, das dir in deiner übermäßigen Freude entglitten ist.

Es gibt einen Engel, der uns hilft, das, was wir verloren haben, wieder zu finden, und zwar sowohl auf der physisch-konkreten als auch auf der psychischen und spirituellen Ebene. Es ist der Engel 69 ROCHEL. Kasara begann also die Rezitier-Übung mit diesem Engel zu machen. Es ist sehr schön, sie bei der Engel-Rezitier-Übung zu sehen, und sie tut das aus ganz freien Stücken. Es ist wichtig, niemals ein Kind oder einen Erwachsenen zu einer solchen Übung zu zwingen. Das muss ganz natürlich geschehen. Kasara war sehr ernst geworden, während sie suchend umherging und dabei den Engel ROCHEL anrief. Plötzlich rief sie aus: „Ich hab's! Ich hab's gefunden!" Wo fand sie es? Neben der Toilette. Da fragte ihr Vater sie abermals: „Was bedeutet dieses Zeichen? Was bedeutet es, dass du das Samenpäckchen neben der Toilette gefunden hast? Du weißt, dass die Toiletten der

Reinigung dienen. MAN wollte dir also zu verstehen geben, dass du lernen musst, mit deiner überlaufenden Energie ins Reine zu kommen, du musst sie meistern lernen, da zu viel Enthusiasmus kleine Fehltaten zur Folge hat."

Kasara war über diese Erklärung sehr froh. Und so begaben sich die beiden in den Garten, um zu säen. Doch Kasara war immer noch so voller Begeisterung und hatte es so eilig mit dem Säen, dass sie das gesamte Päckchen an der gleichen Stelle verschüttete. So kam es, dass der Schnittlauch nicht besonders gut wuchs (Lachen).

In diesem sehr einfachen Beispiel können wir uns alle wiedererkennen. Wenn wir Projekte ins Auge fassen, sind wir voller Freude, voller Tatendrang und wollen das Ergebnis sehen. Deshalb drängen wir und lassen dadurch den Synchronismus außer Acht. Alles ist synchronisiert, aufeinander abgestimmt: Die richtigen Augenblicke fürs Handeln oder etwa um bestimmte Personen anzurufen sind durch diesen Synchronismus festgelegt. Wenn wir jedoch zu sehr wollen und drängen, wenn wir zu emissiv sind und nicht abwarten können, so weist dies darauf hin, dass wir in unserem Geist unbewusste Mängel haben. Wir haben dann das Gefühl, dass die Verwirklichung unserer Projekte in der Außenwelt unsere Mängel beseitigen wird und uns in der einen oder anderen Weise Vertrauen oder Renommee verschaffen wird. Mit dieser Einstellung wird jedoch die Seele nicht genährt und man muss immer wieder von neuem beginnen, genauso wie mit der Ernährung des feststofflichen, physischen Körpers.

Der wahre Erfolg ist ein gut gepflegter Garten. Erhält ein Garten zu viel Wasser – welches die Emotionen symbolisiert –, dann verfaulen die Wurzeln und unsere Projekte haben keine solide Grundlage mehr. Ist ein Garten zu sehr der Sonne oder der Hitze ausgesetzt – also dem Element Feuer, welches den Willen versinnbildlicht –, dann verbrennen die Pflanzen und unsere Projekte werden vereitelt. Herrscht zu viel Wind – was symbolisch gesehen bedeutet, dass sich in unserem Kopf alles zu schnell dreht –, dann trocknet die Erde aus, d.h. wir können die zur Verwirklichung unserer Projekte benötigten Ressourcen nicht finden. Anhand der Symbolik ist das alles leicht zu verstehen.

Wenn wir selbst der Form noch große Bedeutung schenken, dann werden wir angesichts des Erfolges anderer Menschen oft spüren, wie der Neid von uns Besitz ergreift. Dieser steigt wie eine Hitzewelle aus unserem Unbewusstsein auf und das ist wirklich kein angenehmes Gefühl. Daran müssen wir arbeiten und diese Aspekte unseres Seins verwandeln. Der Engel 11 LAUVIAH hilft uns dabei, die ihnen zugrunde liegenden unbewussten Erinnerungen zu bereinigen.

Der folgende Traum, betrifft die Berühmtheit und den Erfolg. Kasara hatte wieder einen Traum erhalten. *Sie nahm an einer Trophäen-Übergabe teil. Die Trophäe war eine Kinderschale, die ein kleiner Junge und ein kleines Mädchen gewannen. Und Kasara freute sich für sie.*

Sehr oft können Eltern, die mit der Traditionellen Engellehre arbeiten, feststellen, dass dies eine direkte Auswirkung auf die eigenen Kinder und das unmittelbare Umfeld hat. Denn ihre Kinder durchleben Situationen, die mit dem Engel zusammenhängen, mit dem die Eltern gerade arbeiten, auch wenn die Kinder selbst keine Engel-Rezitier-Übungen machen.

Dieser Traum zeigte, dass MAN in Kasara jenen Teil ihres inneren Programms aktivierte, der dem Bewusstseinsfeld des Renommees und der Berühmtheit entsprach, damit sie sich daran gewöhnen konnte, den Erfolg der anderen zu akzeptieren. Kasara lebte in der Schwingung, die ich zu jener Zeit anrief. In ihrem Traum stellten die Kinder, die die Trophäe erhielten, Teile ihres Selbst dar. Es ist wichtig zu lernen, sich über den Erfolg der anderen zu freuen, und dieser Traum hob hervor, dass dies bei Kasara eine natürliche Haltung sein würde.

Eines Tages werden wir von Neid und Eifersucht befreit sein und nicht mehr frustriert sagen: „Ach, der da, der hat Erfolg und ich nicht." Dann werden wir solche Gedanken nicht mehr zulassen. Und wenn wir bis dahin gelegentlich noch Neid verspüren, machen wir die Engel-Rezitier-Übung, um die diesbezüglich noch vorhandenen Erinnerungen zu bereinigen. Auf diese Weise wird dieses Gefühl eines Tages ganz verschwunden sein und wir werden mit der Zeit das vollkommene Glück erleben, auf das wir alle ein Anrecht haben.

Man sieht also, wie wichtig es ist, an den Qualitäten und Tugenden zu arbeiten, um die Rezeptivität – das Erhalten und Empfangen – zu lernen. Dann kann man an einem Galaabend einen Oskar-Gewinner sehen oder im Fernsehen einen Star beobachten und sich dabei über ihren Erfolg freuen. Stellt man jedoch bei der betreffenden Person eine Verzerrung fest, die man ohne weiteres hinnimmt und die unsere Freude nicht trübt, so ist eine Arbeit an sich selbst angesagt. Wir müssen das, was uns angeboten wird, immer analysieren und uns nicht nur einfach passiv und kritiklos das ansehen und dem lauschen, was uns Fernsehen, Radio, Kino und Musikveranstaltungen anbieten oder was die Familie und die Freunde sagen. Bei jedem beobachteten Erfolg sollten wir uns fragen: „Ist dieser Erfolg für die Menschheit nützlich und sinnvoll? Ist dieser Erfolg gerecht?" Und wenn wir dabei feststellen, dass dies nicht der Fall ist, dann versagen wir uns das Kritisieren und beurteilen vielmehr anhand von spirituellen Maßstäben, da wir wissen, dass der betreffende Mensch experimentiert. Er experimentiert mit der Berühmtheit in ihrer Verzerrung und die zu dieser Erfahrung notwendigen Ressourcen erhält er von den Himmlischen Mächten.

Das wahre Wissen und die wahre Erkenntnis lassen uns verstehen, dass ein Lebensplan nur für eine gewisse Zeitspanne Gültigkeit hat und dass begangene Fehler früher oder später wiedergutgemacht werden müssen. Mit einem solchen Verständnis empfindet man nur für die gerechten Erfolge Bewunderung.

Die Menschen leben größtenteils in dem Glauben und der Illusion, dass der äußere Erfolg sie ernähren kann, weil sie in ihrem Innern noch nicht die Erfahrung des wahren Erfolges gemacht haben. Man kann sich beim Fernsehen oder wenn man sich in Begleitung bestimmter Personen befindet, fragen: „Wie fühle ich mich in diesem Augenblick hinsichtlich des Erfolges?" Allein anhand der Selbstbeobachtung kann man riesige Fortschritte machen. Versetzt man sich willentlich in den Bewusstseinszustand des Engels 11 LAUVIAH, so steigt das, was bezüglich der Erfolgsillusion zu bereinigen ist, viel schneller ins Bewusstsein auf.

Manchmal kann ein Rückblick auf unsere Kindheit uns helfen, unsere Einstellung dem Renommee gegenüber zu verstehen. Wir können z.B. Lernschwierigkeiten innerhalb der Familie gehabt haben, vor allem wenn es in der Familie mehrere Geschwister gab. Die Ankunft eines neuen Babys lässt uns besonders verletzlich werden. Diese Überlegung kam mir, als wir einmal unsere damals einjährige Nichte Ariel hüteten. Unsere Tochter Kasara war auch dabei. Mein Mann sang dem Baby irgendwann Lieder vor. Er trug Ariel in seinen Armen und sang von ganzem Herzen. Und das Kind strahlte. Das Bild, das die innige Verschmelzung dieser beiden Wesen bot, war so schön und so mächtig!

Kasara betrachtete sie und es war sehr offensichtlich, dass ihr das zu überlegen gab. Es war für sie eine neue Erfahrung. Ihr Vater, der starke mediale Fähigkeiten besitzt, erfühlte sofort ihren Zustand und sagte zu ihr: „Weißt du, Kasara, das Gleiche habe ich auch mit dir getan, als du so klein warst. Und auch du liebtest das. Du hast genauso reagiert wie Ariel und du hast ebenso gestrahlt."

Wenn man etwas sagt, sind da einerseits die Worte, mit denen man kommuniziert, doch gleichzeitig sendet man auch durch die Absicht und innere Haltung Energie aus, die auf ein Ziel ausgerichtet ist. In diesem Fall bestand die Absicht darin, Kasara zu helfen, das Baby als einen Teil von sich zu betrachten und sich darüber zu freuen, dass man ihm Lieder vorsang. Das tat sofort seine Wirkung. Kasaras Bekümmerung löste sich augenblicklich auf. Ihr Traum, in dem sie sich über den Erfolg der anderen gefreut hatte, manifestierte sich. Indem er Kasaras Reaktion vorwegnahm, hatte ihr Vater ganz sanft bei der Aktivierung einer neuen Denkweise in ihr mitgewirkt, das auf ihr gesamtes Leben positive Auswirkungen haben würde. Natürlich war sie dafür innerlich empfänglich gewesen. Ein anderes Kind hätte ablehnend reagieren und sich hinter einer neidvollen Haltung zurückziehen können. In solchen Fällen muss man einen langen Umerziehungsprozess ins Auge fassen.

Wenn man während seiner Kindheit von den Eltern inmitten der Geschwister keine solche Aufmerksamkeit erhält, kann man das Gefühl entwickeln, nicht anerkannt zu sein. Das ist immer dann der Fall, wenn die Eltern, so nett sie auch sein mögen, nicht wachsam sind und diese pädagogische Maßnahme nicht kennen. Auf diese Weise stellen sich Probleme im Zusammenhang mit dem Renommee ein und später macht man allerlei Bücklinge, um Anerkennung zu finden. Hat man solche Mängel während der Kindheit erlebt, so rührt das aus früheren Leben her.

Das gleiche Phänomen kann die Ankunft eines Babys beim Vater hervorrufen. Dieser kann sich vernachlässigt fühlen, weil die ganze Aufmerksamkeit dem Baby geschenkt wird. In diesem Fall könnte die Frau zu dem Vater gezielt und absichtsvoll sagen: „Dieses Kind ist die Frucht unserer Liebe. Es ist ein Teil von dir, den ich wiege und nähre." Die Absicht und innere Haltung kann dabei den ganzen Unterschied ausmachen. Eine solche erzieherische Maßnahme vermag innerhalb weniger Sekunden den Bewusstseinszustand eines Menschen zu ändern. Dieser muss jedoch darin geübt sein, so zu denken, was bei manchen Menschen erstmals eine lange Arbeit an sich selbst voraussetzt.

Versetzt einem der Erfolg eines anderen Menschen einen Stich ins Herz, so muss man diesen Prozess sofort unterbrechen und darf sich nicht gestatten, das Gefühl mangelnder Anerkennung nach außen zu projizieren, sich Sündenböcke zu suchen und den anderen zu beneiden und zu kritisieren. Man muss zugeben können: „Jawohl, ich bin neidisch." Das erfordert natürlich viel Demut. Dann macht man sich sofort mit dem Engel 11 LAUVIAH an die Arbeit, um all jene Erinnerungen zu bereinigen, die mit Erfahrungen des Verlassenwerdens, des Vernachlässigtwerdens oder des Unwillkommenseins zusammenhängen. Auf diese Weisen findet man die Anerkennung und das Renommee im eigenen Innern wieder. Die Arbeit mit den Engeln ist sehr machtvoll.

Ich möchte Ihnen nun die Geschichte von Normand Désourdy erzählen. Dabei werde ich mich nicht auf die Tatsachen und Ereignisse seines Lebens beschränken, sondern wirklich anhand der Symbolsprache in die Tiefe vordringen. Diese Übung, bei der wir die Verwirklichung des Lebensprogramms eines Menschen untersuchen werden, wird uns zeigen, wie wir den Leitfaden unserer eigenen persönlichen Geschichte erkennen können.

Normand Désourdy ist der jüngste Sohn einer Familie mit drei Kindern. Kurz nach seiner Geburt begann seine Mutter an der Parkinsonschen Krankheit zu leiden. So bekam er als erstes weibliches Modell oder Bild eine kranke Frau zu sehen, die 35 Jahre lang bewegungslos auf einem Stuhl oder in einem Bett zubrachte. Diese Frau wurde sehr fromm und man sah sie oft mit einem Rosenkranz zwischen den Fingern beten.

Sein Vater war Landwirt und Holzverkäufer, ein Mann, der sich seiner Verantwortung stellte. Das Leben mit drei Kindern ist nicht leicht, wenn die Mutter krank ist, doch dieser Mann hatte einen sehr starken Willen und er nahm die Verantwortung, für die Bedürfnisse seiner Familie zu sorgen, auf sich. Der Vater war also für seinen Sohn ein sehr starkes Modell und er stand später Normand zur Seite, als dieser seine irdischen Prüfungen durchmachte.

Wir wollen nun die beiden elterlichen Modelle näher betrachten, denn man wird nicht zufällig in eine Familie hineingeboren. Das

Gesetz der Resonanz findet immer Anwendung. Die Mutter der Désourdy-Familie stellt einen wesentlichen Teil der inneren Frau von Normand dar und dieser Teil war krank. Normand selbst hat immer über eine außergewöhnlich gute körperliche Gesundheit verfügt, doch hier handelt es sich um eine unbewusste psychische Krankheit. Warum litt Normands Mutter unter der Parkinsonschen Krankheit? Geht man dem Wesen dieser Krankheit auf die Spur, so stellt man fest, dass es sich um eine Unterbindung des Nervensystems handelt. Man kann daher annehmen, dass diese Frau sich in einem früheren Leben etwas zu sehr in der Materie verloren hatte, dass sie sich auf energetischer Ebene vom Ur-Geist und von ihrer eigenen Göttlichkeit abgetrennt hatte.

Ihr gegenwärtiger Lebensplan beinhaltete infolgedessen starke Beschränkungen, die jedoch nicht dazu da waren, sie zu bestrafen – darin besteht der Sinn einer Beschränkung nie –, sondern sie zu veranlassen, in sich selbst Einkehr zu halten und an ihrer Spiritualität zu arbeiten. Und das tat sie auch: Sie nahm ihr Karma auf sich. Dadurch, dass sie ihre Situation akzeptierte, ohne sich aufzulehnen – denn sie blieb nett und freundlich –, verbesserte sie ihr Leben trotz ihrer schweren körperlichen Behinderungen. Auf diese Weise bereitete sie ihr nächstes Leben vor und war dabei gleichzeitig ein inspirierendes Element für die ganze Familie und all die anderen Menschen in ihrer unmittelbaren Umgebung.

Diese Frau versinnbildlichte auch die innere Frau von Normands Vater. Im Bereich seines Innenlebens war dieser Mann stark eingeschränkt. Wenn man mit einem Menschen zusammenlebt, so hat man mit ihm gewisse psychologische Merkmale und karmische Lasten gemein. Dieser Mann hieß Napoleon. Man trägt auch einen Namen nicht zufällig. Jeder Name hat eine spezifische Schwingung. Der historisch berühmte Napoleon war ein Kämpfer, der für seinen persönlichen Ruhm tötete. Er experimentierte. Es ist sehr wahrscheinlich, dass Normand Désourdys Vater in früheren Leben ein Krieger gewesen war und MAN ihm deshalb für dieses Leben ein Programm mit schweren Einschränkungen zugedacht hat – man denke nur an die Krankheit seiner Frau. Doch auch er akzeptierte sein Karma. Wenn ein Mensch großen Schwierigkeiten ausgesetzt ist, kommt es vor, dass er diese nicht mehr aushält und als Kompensation eine ernsthafte Alkohol- oder Drogenabhängigkeit entwickelt. Doch dieser Mann nahm seine Verantwortungen wahr und genauso wie seine Frau bereitete er sich dadurch ein leichteres künftiges Leben vor.

Wir haben alle Resonanzen mit unseren eigenen Eltern. Ihre Qualitäten inspirieren uns und veranlassen uns, die Wahl zu treffen, die unserer persönlichen Entwicklung dient. Doch wir befinden uns auch mit ihren Verzerrungen und Schwierigkeiten im Einklang und auch diese Resonanzen sind unserer Entwicklung dienlich. Indem wir die persönlichen und familiären Teile unseres Unbewusstseins bereinigen, werden wir in die Lage versetzt, all die Schwierigkeiten, die das Leben unserer Eltern gekennzeichnet haben, zu transzendieren, auch wenn diese sich nicht ändern. Wir haben dann mit ihnen keine negativen Resonanzen mehr, sondern schwingen nur noch im Einklang mit ihren Qualitäten und Tugenden, die zur Verbesserung ihrer Seele beigetragen haben.

Man kann bereits den Leitfaden in Normand Désourdys Leben erkennen. Als er 11 Jahre alt war, machte er mit seinem drei Jahre älteren Bruder Réal einen Handel auf: Die beiden Brüder verkauften Eisblöcke und ihr Handel florierte. Bis ins Alter von 21 Jahren gaben diese beiden jungen Männer das Geld, das sie verdienten, ihrem Vater, um ihm beim Unterhalt der Familie zu helfen. Auf diese Weise entwickelte Normand den Altruismus, der einen sehr auffälliger Charakterzug seiner Persönlichkeit darstellt und seit der Öffnung seines Bewusstseins für die Spiritualität immer stärker in Erscheinung tritt.

Was symbolisiert der Handel mit Eis? Wie gesagt gibt es keinen Zufall. Unser Geist fühlt sich immer von jener Tätigkeit angezogen, die dem entspricht, was wir in unserem Innern zu bearbeiten haben oder entwickeln müssen. Das Universum setzt sich aus Symbolen zusammen. Wir sahen vorhin, worin die symbolische Bedeutung von Schnee besteht. Normand Désourdy besaß in seinem Unbewusstsein ein enorm großes emotionales Potenzial, das jedoch gefroren, auf Eis gelegt war. Man konnte es aber bereits erahnen, denn die Reichweite und Ausstrahlung dieses Mannes begannen schon in Erscheinung zu treten.

Als er 18 Jahre alt war, begann er mit seinem Bruder Réal Renovierungen durchzuführen und im Alter von 21 Jahren leitete er zum ersten Mal den Bau eines Hauses.

Im darauf folgenden Jahr beggegnete er einem Mann, der einen großen Beitrag zu seinem Erfolg leisten sollte. Es handelte es sich um einen

Ingenieur der SNC, einer Beratungsgesellschaft im Ingenieurwesen, die im Laufe der Jahre eine bedeutende internationale Firma wurde. Dieser Mann hatte Vertrauen in Normand Désourdy und beauftragte ihn mit dem Bau seines Privathauses in Montreal (Kanada), in der Nähe des St.-Joseph-Oratoriums. Um den Forderungen seines Kunden gerecht zu werden, musste Normand allerlei Dinge vollbringen, die er noch nie zuvor getan hatte, wie zum Beispiel den Bau eines Daches in Form einer Diamanten-Spitze. Er verschaffte sich die dazu notwendigen Unterlagen, studierte diese und baute das von dem Ingenieur gewünschte Haus, während er in einer kleinen Unterkunft im Hinterhof von dessen damaligem Haus wohnte. Die erfolgreiche Verwirklichung eines solchen Projektes im Alter von nur 22 Jahren brachte ihm eine große Glaubwürdigkeit ein und öffnete ihm die Türen zur gesellschaftlichen Anerkennung.

Im Alter von 23 Jahren brachte Normand die notwendigen Mittel auf, um ein gleichberechtigter Partner seines Bruders Réal zu werden, der bereits einen gewissen finanziellen Wohlstand genoss. Wie war es Normand gelungen, so viel Geld aufzubringen? Er berichtete uns, dass er ein Wunder beim Fischen erlebt hatte. Er hatte sich eine Konzession geholt, Netze ausgeliehen, einige Männer eingestellt und mit den Fischhändlern Abkommen getroffen. Seine Fänge waren phänomenal! Er hatte so viele Fische gefangen, dass er damit die Märkte überschwemmte. Das war unglaublich! Das hatte man noch nie gesehen! Innerhalb von 2 Wochen brachte ihm das nach Abzug all seiner Ausgaben einen Gewinn von 2000 $ ein, was im Jahr 1950 einen beachtlichen Betrag darstellte. Das reichte aus, um in die Geschäftswelt einzusteigen.

In ihrem neuen Unternehmen beschäftigte sich Réal mit der Verwaltung, während Normand sich um all das kümmerte, was direkt mit dem Bauen zu tun hatte. Ihr Unternehmen erlebte einen solchen Erfolg, dass die beiden Brüder sich das selbst nicht erklären konnten. Natürlich arbeiteten beide hart und sie waren intelligent und erfindungsreich, doch eine Menge anderer Menschen, die über diese Qualitäten verfügen und sich kräftig ins Zeug legen, erhalten niemals derartige Ergebnisse. Diese beiden Brüder durchliefen ein Programm, das von den Himmlischen Mächten geleitet wurde. Die Désourdy-Brüder wurden in zahlreichen Regionen Kanadas mit dem Bau von Gebäuden beauftragt und sie führten auf dem Baumarkt das Konzept der Fertigbauhäuser ein, das damals ganz neu war. Sie bauten auch eine Fabrik, die 1500 Angestellte umfasste und in nur drei Stunden ein Fertigbauhaus herstellte.

Ihr Ruf drang bis ins Ausland und sie erlangten auf internationaler Ebene Erfolg und Berühmtheit. 1975 erstreckten sich ihre Bauaufträge bis nach Saudi-Arabien. Zwei Jahre später jedoch begann sich ihr Schicksal zu wenden. Aufgrund eines neidischen Konkurrenten erlitten sie schwere finanzielle Verluste in diesem Land und von da an steckte das Sandkorn im Getriebe und ihr ganzes Unternehmen stürzte zusammen. Betrachtet man Normand Désourdys Lebensprogramm, so erkennt man, dass es einen großen materiellen Erfolg enthielt, der jedoch nur bis zu einem bestimmten Zeitpunkt in seinem Leben andauern sollte.

Diesen Mann hatte MAN zu gut funktionierenden Partnerschaften hingeführt und mit Menschen in Verbindung gebracht, die ihm die Türen öffnen sollten. Natürlich war nicht Normand Désourdy derjenige, der den berühmten Fischfang zustande gebracht hatte: Dieser war von den Himmlischen Mächten in die Wege geleitet worden, weil Norman Désourdy Erfolg haben musste. Alles wurde von der Kosmischen Intelligenz ferngesteuert und eben deshalb war sein Erfolg so einfach. Wenn man sich dessen nicht bewusst ist, so schaltet sich, sobald man Erfolg erntet, rasch das Ego ein und Hochmut und Eitelkeit veranstalten ihren Auftritt. Wir müssen uns bewusst werden, dass wir das wahre Wissen und die wahre Erkenntnis direkt von der Ur-Quelle beziehen und dies ständig in unserem Bewusstsein gegenwärtig halten, indem wir uns an die spirituellen Erfahrungen sowie die Träume und den Synchronismus erinnern, die unser Leben gekennzeichnet haben. Eines Tages werden wir wissen und nie wieder vergessen, dass alles von Gott kommt.

In Normand Désourdys Lebensprogramm stand geschrieben, dass 1977 sein Schicksal umschlagen und er alles verlieren würde, damit er eines Tages den wahren Erfolg, den Himmlischen Erfolg kennen lernen konnte. Was bedeutet symbolisch gesehen, die Tatsache, dass er nach Saudi-Arabien ging, um dort zu arbeiten? Es ist sehr wahrscheinlich, dass er in früheren Leben in der arabischen Welt gelebt und sich dort umfangreichen Bauarbeiten oder anderen Handelsgeschäften gewidmet hatte. Dass in diesem Leben ein neidischer Konkurrent seinen Untergang verursachte, bedeutet, dass Normand in früheren Leben ebenfalls Verrat betrieben hatte. Wenn wir eine unrechte Tat begehen, so schreibt sich diese in uns ein und wird früher oder später auf uns zurückfallen. Sobald man das verstanden hat, zahlt man seine karmischen Rechnungen und hört auf, sich gegen die Prüfungen aufzulehnen, da man weiß, dass man sie verdient hat.

Normand Désourdy verlor ein Vermögen im Werte von 25 Millionen Dollar. Während unseres Gespräches fragte ihn mein Mann:
- Wie fühltest du dich in jenem Augenblick?
- Bereit, sofort wieder neu zu beginnen, sofort!

Seine Vettern liehen ihm Geld und er trat erneut in die Geschäftswelt ein, abermals mit einem neuen Produkt: Stahlfundamenten. Symbolisch gesehen gewährleisten die Fundamente die Stabilität und die Standfestigkeit. Aufgrund dessen, was er erlebt hatte, spürte Normand sein inneres Fundament brüchig werden. Erinnert man sich dazu noch an jene Teile seiner inneren Frau, die seine Mutter symbolisierte, so kann man sich leicht vorstellen, dass Normands Wesen unbewusste Teile enthielt, die einer Heilung bedurften. So suchte er nach etwas sehr Solidem in der Außenwelt, weil er unbewusst auf der Suche nach innerer Stabilität war.

Das neue Unternehmen funktionierte gut, doch eineinhalb Jahre nach dessen Eröffnung brannte die Fabrik nieder. Und wieder war alles von neuem zu beginnen. Seine Familie riet ihm zu einer spirituellen Auszeit – das gehörte zu einem Bereich, den er nie zuvor berührt hatte. Er befolgte den Rat und machte einen Aufenthalt in einem spirituellen Zentrum in Europa. Mit all seinem brennenden Eifer begann er erneut zu bauen, doch diesmal für das spirituelle Zentrum. Dabei begann das Bauen für ihn einen neuen Sinn zu erhalten. Durch die Meditation, das Gebet und die Arbeit an sich selbst war sein Durst nach materiellem Erfolg durch eine neue Bestrebung ersetzt worden: durch den Wunsch, anderen Menschen zu helfen.

Nach seinem ungefähr einjährigen Aufenthalt in Europa kehrte er nach Kanada zurück. Zusammen mit seiner Ehefrau und einem ihrer erwachsenen Söhne – Normand hat eine sehr schöne Familie mit drei Töchtern und drei Söhnen – gründete er ein Gerüstbau-Unternehmen. Das Gerüst versinnbildlicht die Struktur. Normand spürte folglich das Bedürfnis, sich innerlich eine neue Struktur zu geben, und so wählte er mehr oder weniger bewusst eine Arbeit, die der Entwicklung seines Geistes entsprach. Zwei Jahre später liefen die Geschäfte gut, doch eines Abends erhielt er beim Nachhausekommen einen schrecklichen Schlag. Auf dem Tisch lag ein Brief seiner Frau, in dem sie ihm ankündigte, dass sie ihn wegen eines anderen Mannes verließ.

Der Schock schmetterte ihn zu Boden. Normand berichtete uns: „Zu dem Schmerz, den ich spürte, kam noch hinzu, dass mein Hochmut einen ordentlichen Schlag erhielt." Daraufhin gab er alles auf. Seine Kinder waren erwachsen. Er zog in eine andere Region, um dort unbekannt leben zu können. Sein Name, dem eine Aura von Erfolg und Ruhm anhaftete, war in seinen Augen ein Synonym für das Scheitern auf allen Ebenen geworden.

Während jener Periode zögerte er sogar, seinen Namen auszusprechen. Er erwähnte ihn nur, wenn es unumgänglich war. Er arbeitete weiter an seiner spirituellen Entwicklung und nahm an Meditationen teil, doch später, mit etwas Abstand, wurde ihm bewusst, dass er immer eine Maske trug. Er vermittelte den Eindruck, als würde es ihm gut gehen, und obwohl er an die Reinkarnation und die Wohltaten des Verzeihens glaubte, bewahrte er ganz tief in seinem Innern einen sehr starken Groll gegen seine Exfrau, die ihn verlassen, und gegen den Konkurrenten, der seinen finanziellen Niedergang bewirkt hatte. Eine Menge unverdauter Erfahrungen hatten sich tief in seinem Innern angesammelt. Und dann fielen ihm eines Tages gleich zwei gute Dinge zu: Er lernte die Engellehre kennen und begegnete gleichzeitig seiner neuen Lebensgefährtin. Seither beschreiten sie Hand in Hand den Weg der spirituellen Entwicklung mit Hilfe der Engellehre und der Rezitier-Übung.

Wie zu Beginn dieses Vortrags erwähnt, erhielt Normands Ehefrau einen Traum, in dem MAN ihr ankündigte, dass sie beide verbrennen würden. Auch er erhielt einen Traum, der große Veränderungen voraussagte. In diesem Traum kündigte MAN ihm an, dass er sterben würde, und lehrte ihn, was der Tod ist. *Er lag ausgestreckt auf dem Boden und wartete. Ganz nahe bei ihm befanden sich seine Gepäckstücke und ein Flugzeug in senkrechter Position. Plötzlich sagte eine Stimme zu ihm: „Nein, nein, nein, es ist noch nicht der passende Augenblick."* Normand hatte verschiedene Etappen des Sterbens durchlaufen: Zunächst hatte MAN ihn auf der materiellen Ebene zerbrochen, danach auf der emotionalen Ebene und nun war die Zeit gekommen, wo er auf der spirituellen Ebene sterben musste.

Man kündigte ihm große innere Einweihungen an. Natürlich würden sich tief greifende strukturbezogene Veränderungen auch in seinem äußeren Leben bemerkbar machen, doch nicht in Form des physischen Todes. Aus diesem Grund befand sich das Flugzeug in einer senkrecht nach oben weisenden Position. Auch die vorhandenen Gepäckstücke kündigten einen Neubeginn an und stellten gleichzeitig eine Form des Todes dar, denn wenn wir sterben, nehmen wir all das, was wir in unserem Unbewusstsein aufgenommen haben, mit uns mit.

Normand durchlebte in der Tat große Einweihungen. Er war in das Herz seiner unbewussten Erinnerungen vorgedrungen und hatte so mit seinem gesamten Bewusstsein erkennen können, dass auf seinem Einweihungsweg seine Exfrau für ihn eine bedeutungsvolle Lehrerin dargestellt hat. Das Ende ihrer Beziehung hatte ihm die Gelegenheit geboten, seinem Leben eine neue Ausrichtung zu geben und sich wirklich der spirituellen Dimension seines Lebens zu öffnen. Die Prüfungen sind Teil des Einweihungsweges. Man hatte Normand Désourdys unaufhaltsames Streben nach materiellem Erfolg unterbrochen, um ihm den Zugang zur Selbstkenntnis zu gestatten, die mit dem Fallenlassen der Masken und Illusionen einhergeht.

Durch seine innere Arbeit bereinigte er den Groll, der sich in seiner Tiefe angesammelt hatte, und eines Tages erhielt er einen Traum, um dessen Deutung er uns bat. *Er baute das Dach über einem Pfahlbau, um einem Grossen Weisen, der erwartet wurde, zu gestatten, zu den zahlreich anwesenden Menschen zu sprechen, ohne sich die Füße nass zu machen.* Mein Mann sagte zu ihm: „Dieser Traum kündigt eine große Veränderung an, ein umfassenderes Verständnis. Der Weise stellt einen Teil deines Wesens dar und das Dach – der obere Teil eines Gebäudes – symbolisiert den Kopf und die Welt der Gedanken. Dieser Traum sagt dir Veränderungen in deiner Art zu denken voraus. Aufgrund der neuen Auffassungen, die du integrierst, wird sich die Weisheit in dir verkörpern und du wirst ihr in der konkreten Welt Ausdruck geben können, ohne deine Füße zu nässen, d.h. ohne dass deine spirituelle Sicht durch Traurigkeit oder andere überfließende Emotionen getrübt wird. Diese neue Weisheit wird dich viel weiter bringen, als du jemals zuvor gegangen bist. Du wirst bemerken, dass deine Gedanken viel klarer und lichtvoller sein werden."

Nach diesem Traum erlebte Normand große Bewusstwerdungen. Er war für eine neue Etappe bereit. Kurz danach – infolge seiner beschleunigten inneren Entwicklung seit dem Traum mit dem Weisen – erhielt Normand einen weiteren Traum in dem *seine Exfrau ein neues Haus erhielt, das eine goldgelbe Farbe hatte. Es war ein sehr schönes Haus. Er sah auch Michel Jasmin, einen berühmten (kanadischen) Fernsehjournalisten.*

Alle Elemente dieses Traumes stellten Teile von Normand dar. Mein Mann fragte ihn:
- Was stellt Michel Jasmin für dich dar?
- Einen Menschen, der einen großen Erfolg gekannt hat und dem es nach ernsthaften Problemen gelungen ist, in die Öffentlichkeit zurückzukehren. Und nun erlebt er einen neuen großen Erfolg.

Dieser Traum kündigte an, dass Normand Désourdy das Gleiche erleben würde. Ein Journalist ist jemand, der Informationen verbreitet. Träumt man von einem Journalisten, so bedeutet dies, dass man gewisse Dinge, die man bisher vor sich selbst verborgen hielt, nicht mehr weiter verheimlichen kann. Man wird authentisch und fähig, mit den anderen auszutauschen. Normand sagte uns, dass es ihm vorher nicht möglich gewesen wäre, seine Geschichte bekannt zu geben. Er hätte sich dabei viel zu unwohl gefühlt. Doch nun, dank der geleisteten inneren Arbeit, ist es ihm nicht mehr unangenehm, seine Lebensgeschichte mit der Öffentlichkeit zu teilen.

Eines Tages werden wir alle mit mehr oder weniger Details unsere Lebensgeschichte erzählen müssen, um unsere Kinder, unsere Freunde und andere uns nahestehende Menschen zu inspirieren. Dann werden wir nicht mehr das Bedürfnis haben, gewisse Aspekte unseres Wesens zu verbergen oder unter Kontrolle zu halten, um den äußeren Schein zu wahren und einen glücklichen Eindruck zu vermitteln.

In dem Traum, wo seine Exfrau ein neues Haus erhielt, war dieses nicht für die Frau gedacht, die er im konkreten Leben kannte, sondern für jenen Teil seiner inneren Frau, die seine Vergangenheit darstellte. Auf diese Weise nahm er diesen Teil seines Selbst, der in ihm so viel Zerrissenheit, Traurigkeit und Entmutigung erzeugt hatte, wieder bei sich auf und bot ihm ein Heim. Und da er nun diesen Teil akzeptierte, konnte er dessen gesamtes Potenzial in sich integrieren. Das verstärkte seine Fähigkeit zu vertrauen und ließ sein inneres Licht stärker leuchten. Wenn man an sich selbst arbeitet, kann man Träume erhalten, in denen die früheren Lebenspartner vorkommen, sofern es sie gibt. Das ist normal und diese Träume kündigen nicht unbedingt an, dass man diese Menschen wiedersehen oder wieder mit ihnen zusammenleben wird. Sie stellen lediglich psychologische Aspekte unseres eigenen Wesens dar, an denen wir zu arbeiten haben, damit eines Tages die Verzerrungen, die diese ehemaligen Lebensgefährten symbolisch darstellen, vollständig transzendiert werden können. Den Zufall gibt es nicht: Hat sich ein Mensch auf unserem Weg oder in unserem Leben befunden, so bedeutet dies, dass wir aus der Beziehung mit ihm etwas zu lernen hatten. Eines Tages werden wir alles transzendiert haben müssen.

Zum Abschluss dieser Geschichte sei noch erwähnt, dass Normand anlässlich der Hochzeit einer seiner Söhne einen wahren Erfolg erlebte. Natürlich war bei dieser Hochzeit auch seine Exfrau dabei. Als einmal eine sehr schöne Musik spielte, hörte Normands neue Lebensgefährtin ihren Mann, der etwas entfernt von ihr stand, sagen: „Oh! Was für eine schöne Musik! Ich würde gerne tanzen." Fast zur gleichen Zeit sagte Normands Exfrau, die sich neben seiner jetzigen Frau befand: „Oh! Ich finde diese Musik so wunderschön! Ich würde gerne dazu tanzen." Da sagte Normands Lebensgefährtin zu ihr: „Na geh und fordere ihn auf, er würde auch gerne tanzen." Und so tanzten die beiden miteinander und das Bild, das sie darboten, war wunderschön.

Wenn man über das wahre Wissen und die wahre Erkenntnis verfügt, gibt es keine Eifersucht mehr und keine Angst, den anderen zu verlieren, und so kann man den anderen Menschen wirklich helfen. Normands neue Lebensgefährtin hätte sich voller Beunruhigung sagen können: „Oh, mein Gott, und wenn er nun wieder zu ihr zurückkehrt!?" und verhindern wollen, dass die beiden miteinander tanzten. Doch diese Frau ist eine Eingeweihte und sie verfügt über das wahre Wissen und die wahre Erkenntnis, die ein großes Herz und eine große Intelligenz schenken. Damit verschwindet die Angst und die Wunder können geschehen.

Mit der Traditionellen Engellehre hat Normand Désourdy sein Leben verändert. Zusammen mit seiner zweiten Frau hört er nun jeden Abend vor dem Einschlafen die Engel-Meditationen an. Und er baut weiter mit seinem großen schöpferischen Erfinder-Talent. Er baut jetzt gesunde Häuser. Doch er weiß, dass er mit jedem Haus, das er in der Außenwelt baut, gleichzeitig auch an seinem inneren Bauwerk weiterarbeitet. Er beachtet weiterhin die Baugesetze, doch was ihn vor allen Dingen motiviert und was er unentwegt anzuwenden bestrebt ist, das ist die Beachtung der Kosmischen Gesetze, der Gesetze Gottes.

Für Normand stellt nun der Name *Désourdy* weder eine Fackel noch eine Last dar. Er hat seine innere Identität wieder gefunden, seinen wirklichen Ruf erkannt und die wahre Berühmtheit erlangt. Er betrachtet sich nun als einen Eingeweihten, einen Baumeister des Ewigen Königreiches.

Engel 19 LEUVIAH
Die Erinnerungen der früheren Leben

Eines Tages, während ich mit unserer damals sieben Jahre alten Tochter Kasara spazieren ging, sah diese mich an und sagte zu mir:
- Ich würde so gerne meine früheren Leben kennen! Kennst du sie denn?
- Ja, antwortete ich ihr, ich kenne einige.
- Würdest du sie mir erzählen?
- Weißt du, Kasara, die früheren Leben, das ist eine persönliche Sache. Gewöhnlich erzählt man diese nicht. Und außerdem sollte man um die Erinnerungen der früheren Leben auch nicht bitten, die erhält man.
- Und wie erhält man sie? Wie kann ich meine früheren Leben erhalten?
- Man erhält sie in unseren Träumen und es ist der liebe Gott, der entscheidet und den Augenblick auswählt, der für dich am besten ist, der Augenblick, wo du gewisse Informationen brauchst, um Zugang zum Wissen zu erlangen.
- Warum gibt Er sie uns denn nicht sofort?
- Nehmen wir einmal an, dass es unter den Menschen, die dir nahestehen, welche gibt, die dir in anderen Leben wehgetan haben, oder denen du wehgetan hast. Wenn du alles wüsstest, dann wäre es vielleicht schwer, sie weiterhin zu lieben. Wenn man die Weisheit und das Verständnis erlangt hat, dann kann man seine früheren Leben kennen lernen, da man diese Menschen, die uns wehgetan haben, trotzdem weiter lieben kann und sogar noch stärker.

Sie überlegte einige Augenblicke lang und sagte dann: „Ich verstehe. Ich verstehe, dass man gute Taten vollbringen muss, bevor MAN uns unsere früheren Leben gibt." Mit ihren Worten ließ sie erkennen, dass sie verstanden hatte. Und das Thema war damit abgeschlossen… bis zum nächsten Mal.

Es gibt einen ganz besonderen Engel, der uns hilft, die Erinnerungen der früheren Leben und das Kosmische Gedächtnis wiederzufinden. Dieser Engel lässt uns unsere persönlichen Archive in der großen Kosmischen Bibliothek einsehen, in der alles eingetragen ist. Es handelt sich um den Engel Leuviah, der die Zahl 19 trägt.

Man muss wissen, dass die Arbeit mit den Engeln extreme Gemütszustände zur Folge haben kann. Man lässt uns neue Empfindungen kosten – neu zumindest für dieses Leben –, denn die Himmlischen Mächte sind große Pädagogen. Doch plötzlich fühlt man sich voller Angst und Unruhe und ist ganz durcheinander und verstört. Das ist normal. Wenn man diese wechselhaften Zustände nicht versteht, hört man mit dem Prozess auf und sagt sich: „Das ist zu viel." Man muss also wissen, dass es ganz normal ist, sich durchgerüttelt zu fühlen. Die Himmlischen Führer sagen uns: „Wenn du die Schwingung dieser reinen, ursprünglichen Engelessenz in dir wiederfinden willst, musst du deine Erinnerungen bereinigen. Du bist nicht gezwungen, an jene Orte, wo du schon gelebt hast, zurückzukehren. Wenn du mit diesem Engel arbeitest, wirst du Gelegenheit erhalten, diese Erfahrungen wiederzusehen und sie zu bereinigen, denn sie werden dir in deinen Träumen erscheinen oder in Form von ähnlichen Situationen in deinem Alltag auftauchen."

Eine Frau, die bereits mehrere Male an den Vorträgen über die Engellehre teilgenommen hatte, die Arbeit mit den Engeln jedoch noch nicht richtig verstand, vertraute mir Folgendes an: „Eines Tages fühlte ich mich meinen Kindern gegenüber etwas aggressiv und war auch nicht aufmerksam. Da rief ich den Engel an und sagte zu Ihm: 'Komm mir helfen, damit ich zu meinen Kindern netter bin.' Doch die Situation verschlimmerte sich. Die Aggressivität in mir nahm derart zu, dass ich Dinge sagte, die ich sofort bereute. Ich musste mich meinen Kindern gegenüber entschuldigen, dabei sind sie noch ganz klein. Danach sprach ich zu dem Engel: 'Mit dir rede ich nicht mehr. Ich hatte nicht um d i e s gebeten: Was da passiert ist, das ist doch das Gegenteil!'"

Als sie später dieses Ereignis einer ihrer Freundinnen berichtete – einer Frau, die seit langem die Vorträge der Engellehre besucht – erwiderte diese: „Das ist normal. Mach mit der Engel-Rezitier-Übung weiter. Deine unbewusste Aggressivität muss raus."

Mit der Zeit lernt man, seine Aggressivität nicht mehr an den anderen auszulassen. Man behält sie in sich. „Oh! Aber da verdrängt man sie doch", werden Sie mir vielleicht erwidern. „Wenn man das tut, dann unterdrückt man sie, und danach wird es noch schlimmer werden!" Nein, durch die Engel-Rezitier-Übung lernt man, alles von innen her zu bereinigen. Man sucht nicht mehr nach einem Sündenbock. Gleich zu Beginn der spirituellen Entwicklung ist man daran noch nicht gewöhnt und Wut und Kritik brechen ganz automatisch aus. Doch man kann das, was einem entschlüpfen wollte, sofort wieder einfangen, indem man die Rezitier-Übung macht und sich das Gesetz der Resonanz ins Bewusstsein ruft, dessen Verständnis in solchen Augenblicken von wesentlicher Bedeutung ist.

Die Arbeit mit den Engeln bewirkt eine große Öffnung in die Dimension der Träume hinein, die viel intensiver und viel häufiger werden. Dabei ist die Analyse unserer Träume das einzige uns zur Verfügung stehende Mittel, um wahrheitsgetreu unsere früheren Leben identifizieren zu können. In unseren Träumen ist zwischen unser Bewusstsein und unser Unbewusstsein kein Vermittler eingeschaltet. Der niedere Mentalkörper ist nicht mit von der Partie und kann somit keine illusorischen früheren Leben erfinden, deren Nährboden unsere verdrängten Wünsche sind.

Durch die Arbeit mit den Engeln lernen wir auch die Zeichen lesen. Dabei handelt es sich um einfache Ereignisse oder kleine Einzelheiten, die in unserem Alltagsleben auftauchen und die sich – sofern wir uns die Zeit nehmen, sie anhand der Symbolsprache zu analysieren – als bedeutungsvolle Hinweise offenbaren, weshalb man sie Zeichen nennt.

Wir werden sehen, dass das Lesen der Zeichen das Gedächtnis auf allen Ebenen günstig beeinflusst und auch ein vorteilhaftes Mittel ist, dieses wiederzufinden. Die Wissenschaftler haben festgestellt, dass ein direkter Zusammenhang zwischen dem Gedächtnis und dem Interesse, das man für etwas aufbringt, besteht. Wenn wir uns für etwas interessieren und etwas gerne haben, öffnen sich all unsere Sinne und das fördert unsere Konzentration und hilft uns, das, was wir lernen, gut in Erinnerung zu behalten. Wenn uns hingegen ein Thema oder ein Ereignis nur sehr wenig oder gar nicht interessiert, dann nimmt unser Gedächtnis eine Auslese vor und verschleiert den Rest. Diese Auslese geschieht sowohl bewusst als auch unbewusst.

Hier nun einige Qualitäten des Engels 19 LEUVIAH: *Ausdehnung der Intelligenz.* Wenn man mit dem Engel 19 LEUVIAH arbeitet – d.h., wenn man in seinem Schwingungsfeld meditiert –, dann dehnt sich aufgrund der so geschaffenen Öffnungen unsere Intelligenz aus. *Außerordentliches Erinnerungsvermögen, Tor, das zum Kosmischen Gedächtnisspeicher führt, Behüter der DAATH-Archive.* Dieser Engel öffnet uns die Tore des Kosmischen Gedächtnisspeichers, in dem sich die Archive der verborgenen Sephira DAATH befinden, der Kosmischen Bibliothek, die in der Östlichen Tradition die Akasha-Chronik genannt wird.

Wie erhält man Zugang zu DAATH? Mittels unserer Träume und Meditationen, in denen unsere Seele die parallelen Dimensionen aufsuchen kann. Die bildhafte Darstellung der verschiedenen Bewusstseinsebenen auf Seite 6 zeigt, dass man mehrere Etappen durchlaufen muss, bevor man Zugang zu all diesen Dimensionen erhält. Zunächst durchläuft man seinen eigenen kleinen persönlichen Computer, denn man muss vor allen Dingen sich selbst kennen lernen und seinen eigenen Geist läutern. Aus diesem Grund kann niemand ohne Genehmigung Zugang zu DAATH erhalten, denn in der Kosmischen Bibliothek sind alle Informationen und Kenntnisse aufgezeichnet und ein nur wenig entwickelter Mensch könnte davon schlechten Gebrauch machen. Man muss einen hohen Reinheitsgrad und eine große Weisheit erworben haben, um vor dem Kosmischen Plan Achtung zu haben. Eine einfache Information, die im falschen Moment bekannt gegeben wird, könnte für den Verlauf des Kosmischen Plans schicksalsschwere Folgen haben. Deshalb ist die Entwicklung unseres Bewusstseins eine notwendige Voraussetzung für den Zugang zu DAATH und zu den in ihr enthaltenen Informationen, die wir für unsere Arbeit hier auf Erden benötigen.

Es ist folglich ganz und gar unnötig, sich tonnenweise mit Informationen zu belasten. In unserer Gesellschaft legt man sehr viel Gewicht auf das Gedächtnis und das horizontale Sich-Erinnern, das Anhäufen von Kenntnissen aus Büchern, was in Wirklichkeit jedoch nichts weiter ist als die Ansammlung einer geringen Menge intellektuellen Wissens. Mit dem Engel 19 LEUVIAH geht es prinzipiell um das Kosmische Gedächtnis, um die Kenntnisse und Erinnerungen, die in der Kosmischen Bibliothek enthalten sind.

Aus dieser Sicht betrachtet schwindet natürlich der Glaube, durch das Älterwerden verliere man das Gedächtnis. Wer an sich arbeitet, kann genau das Gegenteil beobachten: Zunehmendes Alter entspricht einer Ausweitung des Gedächtnisvermögens. Dies funktioniert nach dem gleichen Prinzip wie die Kommunikation in der Informatik: Benötigt man eine Information, so ruft man sie auf, ohne sich mit einer Vielzahl von Dokumenten belasten zu müssen. Das ist wie ein Internet-Anschluss, nur dass man in diesem Fall an *Skynet* angeschlossen ist. Braucht man eine Information, dann meditiert man und siehe da: Man erhält sie. So läuft das ab, wenn man Zugang zu der großen Kosmischen Bibliothek hat. Alles ist aufgezeichnet, alles ist in DAATH enthalten.

Wer seine Erinnerungen bereinigt hat, weiß, dass ein Mensch, der wütend oder verbittert ist, der sich beklagt oder die anderen beschuldigt, dies tut, weil er sich nicht bewusst ist, dass er unter der Kontrolle seiner unbewussten Erinnerungen steht und handelt, und weil er die Kosmischen Gesetze nicht kennt, da er noch nicht über das wahre Wissen und die wahre Erkenntnis verfügt. Wer aber diese Gesetze kennt, kann sich dem anderen gegenüber sehr großzügig erweisen, da er versteht, dass der andere etwas Schweres durchlebt. Er kann es verstehen, weil er diese schweren Phasen selbst durchgemacht hat. So ist es ihm möglich, liebevoll mit ihm mitzufühlen und ihn nicht zu verurteilen.

Es gibt ein Kurzzeitgedächtnis und ein Langzeitgedächtnis. Ruft man z.B. jemanden zum ersten Mal an, muss man erst seine Telefonnummer lesen, bevor man sie wählt, dabei behält man sie ca. 30 Sekunden lang im Gedächtnis. Wählt man jedoch die gleiche Nummer oft, dann wird sie sich letztendlich in unserem Langzeitgedächtnis einprägen. Ebenso verhält es sich, wenn man an Vorträgen und Seminaren teilnimmt, wo von schönen Prinzipien geredet wird, die uns berühren und die wir als wahr empfinden, doch 30 Sekunden später ist bereits alles wieder vergessen. Aus diesem Grunde ist es so wichtig, die Engel-Rezitier-Übung zu machen, durch die man Tausende und aber Tausende von alten Erinnerungen bereinigt, die unsere Seele überlasten und unser fehlerhaftes Funktionieren nähren. Verstandesmäßig hat man zwar begriffen, wie das abläuft, dennoch ist es stärker als man selbst: Die Gewohnheiten, die durch die unbewussten Erinnerungen bedingt sind, laufen ganz von selbst immer wieder an. Deshalb muss man die Namen der Engel wiederholen und zwar so lange, bis sämtliche unbewusste

Erinnerungen umprogrammiert sind. Und eines Tages ist es dann soweit: Alle Verzerrungen sind aufgelöst und man erhält seinen Kosmischen Reisepass. Dieser besteht in den Göttlichen Qualitäten, Tugenden und Kräften. Alles Übrige ist lediglich Information.

Alle Menschen besitzen die Fähigkeit, Zutritt zu DAATH zu erhalten, doch sehr wenige haben auf Erden die Hohe Auszeichnung der Erleuchtung erlangt. Das erfordert eine sehr lange und sehr schwierige tägliche Arbeit, die auf ganz bestimmte Ziele ausgerichtet ist, welche uns in unseren Träumen mitgeteilt werden. Allein unsere Träume können uns Auskunft darüber geben, inwieweit wir die Göttliche Liebe und Weisheit integriert haben, denn man kann liebenswert, altruistisch, spirituell und standhaft sein und dennoch durch die im Unbewusstsein enthaltenen Verzerrungen Begrenzungen erleiden. Träumt ein Mensch nicht, so bedeutet dies, dass er die Stufe der Einweihungen noch nicht erreicht hat. Durch die intensiv durchgeführte Engel-Rezitier-Übung wird diese Funktion des Geistes erneut in Gang gesetzt.

Ich will Ihnen nun einen kleinen Einblick in mein Privatleben geben und Ihnen berichten, wie mir die Erinnerung an ein früheres Leben gegeben wurde. Wie wir gesehen haben, spricht man normalerweise nicht über seine früheren Leben. In diesem Fall handelt es sich jedoch um eine Ausnahme, da er als Lehrmaterial dient: Das Beispiel wird Ihnen helfen, besser zu verstehen, wie die Erinnerungen der früheren Leben wirken.

Im Laufe des Sommers 1999 waren mein Mann und ich in Europa auf Reisen. Es war der 22. Juni und wir befanden uns in der Regentschaftsperiode des Engels 19 LEUVIAH, die sich vom 22. bis zum 26. Juni erstreckt. Ich hatte damals mit dem Engel LEUVIAH ganz intensiv und länger als die empfohlenen fünf Tage gearbeitet. Wir hatten ein bestimmtes Ziel: Gerona, eine kleine spanische Stadt in der Nähe der französischen Grenze. Gerona gilt als Wiege der praktischen Kabbala und der angewandten Engellehre. Wie im Eingangskapitel dieses Buches beschrieben, lebte während des Mittelalters in dieser Stadt eine Zeit lang eine Gemeinschaft von Menschen, die mit den Engelenergien arbeitete.

Von Gerona abgesehen hatten wir kein bestimmtes Ziel. Wir ließen uns einfach von den Himmlischen Mächten führen. Wir reisten in einem Wohnwagen, den man uns großzügigerweise geliehen hatte. Nachdem wir die Schweiz und Frankreich durchquert hatten und bevor wir die Pyrenäen erreichten, übernachteten wir auf einem wilden Campingplatz in einem wunderbaren Wald.

Mitten in der Nacht wachte ich schweißgebadet und von tiefer Angst erfüllt auf. Ich hatte einen sehr intensiven Traum erhalten und dessen Wirklichkeit sehr stark zu fühlen bekommen. *Ich sah meinen nackten Rücken. Ein Mann näherte sich mir mit einem roten Eisen und brannte eine Lilienblüte in meinen Rücken. Ich fühlte sehr starke, entsetzliche Schmerzen. Danach verlor ich das Bewusstsein. Mein Black-out dauerte eine Weile – im Traum ist das Zeitempfinden anders –, dann verflüchtigten sich die Schmerzen und ein schwarz gekleideter Mann, der die Inquisition darstellte, gab mir ein goldenes Medaillon, auf dem ein Engel eingraviert war und das an einem feinen goldenen Kettchen hing.* Ich brauche Ihnen wohl nicht zu sagen, dass ich mich beim Aufwachen an jenem Morgen nicht besonders wohl fühlte.

Wir setzten unsere Reise fort. Mein Mann saß am Steuer und plötzlich kehrte er ganz spontan um. Er ist sehr intuitiv und sagte: „Wir werden dorthin fahren. Ich habe ein Schild gesehen, auf dem stand: 'Katharer-Ruinen'." Es handelte sich um das ehemalige Dorf Montaillou, das heute größtenteils in Ruinen liegt, nur noch ganz wenige Häuser sind bewohnt. Ich hatte schon mal ganz wage von den Katharern sprechen hören, mich jedoch selbst nie wirklich mit dem Thema befasst.

Als wir oben auf dem Hügel ankamen und uns ganz nahe bei den Ruinen des Schlosses Montaillou befanden, fing ich an zu schluchzen und war untröstlich. Mir tat es in der Seele weh und ich konnte nicht aufhören zu weinen. Natürlich stellte ich die Verbindung zu meinem Traum her. Da rief ich den Engel 19 LEUVIAH an. Ich atmete und weinte und machte die Rezitier-Übung, alles gleichzeitig, und so konnte ich mich schließlich zentrieren und die Fassung wiederfinden.

Danach gingen wir in die einzige, winzigkleine Boutique im Dorf, die den Touristen Informationsbroschüren über das Departement Ariège anbietet. Dort erzählte uns eine Frau die Geschichte der Katharer, die uns unbekannt war: „Die Katharer waren Anhänger des Katharismus, eine christlich-esoterische Bewegung, die sich stark verbreitete und die französische Gesellschaft zutiefst beeinflusste – zumindest in gewissen Regionen Frankreichs, doch auch im übrigen Europa des 13. und 14. Jahrhunderts. Die Katharer strebten die Schaffung einer gerechten, luxuslosen, brüderlichen, altruistischen Gesellschaft an."

Die Bewegung der Katharer wurde über ein Jahrhundert lang (von 1209 bis 1328) von der Inquisition sowie von manchen Königen und Adligen jener Zeit kontinuierlich und mit extremer Gewalttätigkeit verfolgt. Wenn man an die Katharer denkt, denkt man immer auch an Verfolgung. Während ihres Berichts sagte die Boutique-Angestellte: „Bevor man sie auf den Scheiterhaufen führte, ließen die Inquisitoren ihnen mit dem roten Eisen eine Lilienblüte aufbrennen, die das Siegel des französischen Königshauses darstellte." Als ich dies hörte, verschlug es mir den Atem und ich konnte meinen Traum erneut in meinem ganzen Körper fühlen. Die Kosmische Intelligenz ließ mich wissen: „Sieh mal, du bist in einem früheren Leben Katharer gewesen."

Die Katharer inspirierten Kunst und Kultur – manche Adlige unterstützten sie finanziell –, aber auch eine bedeutende Zahl von Einweihungsorden. Wenn man die Philosophie der Katharer liest, erscheint alles schön und gut. Der Name *Katharer* stammt von dem griechischen Wort *kattaros*, was 'rein' bedeutet. Man nannte die Katharer auch die *Vollkommenen*. Sie beteten die Reinheit an und strebten nach Loslösung von der Materie, die sie gewissermaßen als das Böse betrachteten. Dadurch reagierten sie auf den Machtmissbrauch und die Anhäufung der Reichtümer, wie sie in den privilegierten sozialen Schichten vorherrschten. Ferner betrachteten sie die Materie als eine Illusion und als ein Gefängnis der Seele.

Was wollte mir die Kosmische Intelligenz im Lichte der Engellehre mit diesem Traum mitteilen? Die Himmlischen Mächte geben uns die Erinnerung eines früheren Lebens nicht grundlos. Sie wollten mir sagen: „Sieh mal, du bist ein Opfer der Verfolgung gewesen und Wir wollen dir zeigen, was es einem Menschen bringt, wenn er ein solches Ausmaß der Verfolgung zu transzendieren vermag." Aus diesem Grund gab mir der Vertreter der Inquisition in meinem Traum ein goldenes Medaillon, welches die engelhaften Bewusstseinszustände und die Vereinigung mit dem Himmel, kurz gesagt, die Engellehre darstellte. Man wollte mir damit sagen: „Eine solche Transzendenz führt den Menschen zu den höchsten Ebenen." Diese Offenbarung half mir, eine weitere Etappe im Verständnis des Bösen zurückzulegen, die mich erkennen ließ, dass man das Böse akzeptieren muss, um es transzendieren zu können.

Durch diesen Traum zeigte MAN mir aber auch, dass ich auf dieser Ebene noch nicht alles transzendiert hatte: In meinem Inneren waren diesbezüglich noch einige Ruinen vorhanden. Ich glaube nicht, dass die Katharer das kabbalistische Gesetz der Resonanz kannten. Natürlich waren sie nicht die Verfolger, sondern die Verfolgten, doch man zieht das an, was man ist.

Sie müssen nicht sehr sanft gewesen sein, die Katharer. Sie haben wohl zu den Reichen gesagt: „Das, was ihr tut, ist falsch! Ihr verwendet eure Macht und euren Reichtum nicht richtig!" Sie waren in ihrem Streben nach Gerechtigkeit und dem Paradies auf Erden gewiss rachsüchtig.

Mit der Traditionellen Engellehre gelingt es einem, das Böse so gut zu verstehen, dass sogar die Verzerrungen gerecht erscheinen. Natürlich heißt man das Böse an sich nicht gut, doch man erfasst seine Natur. Man versteht, dass uns die Himmlischen Mächte anhand des Bösen experimentieren lassen. SIE sagen uns: „Na, mal los! Versuch mal dies... und auch ein bisschen jenes! Wir geben dir noch mehr Energie, damit du die Erfahrung der Macht machen kannst und dadurch lernst, diese richtig zu gebrauchen."

Sobald ein Mensch in einem Bereich und auf einer Ebene genügend Erfahrungen gesammelt hat, verspürt er den Wunsch, einen weiteren Schritt zu tun und in die folgende Etappe einzutreten, da er verstanden hat, dass es ihm nichts bringt, sich auf die Materie zu beschränken. Sobald man zu dieser Erkenntnis gelangt ist, versucht man nicht mehr, die anderen zu ändern: Man lässt sie ihre Erfahrungen sammeln, hat Verständnis für sie und kann sie lieben, wie sie sind, anstatt sich wie ein Puritaner zu benehmen.

Es war natürlich kein Zufall, dass MAN mir die Erinnerung dieses Lebens gab. Diese Offenbarung half mir, meinen Werdegang besser zu verstehen. Zu Beginn, als ich anfing, in der Öffentlichkeit über Spiritualität zu sprechen, hatte ich solche Bauchschmerzen! Was ich empfand, stand in keinem Verhältnis zu der tatsächlichen Situation. Mein Publikum bestand aus ganz netten Menschen, alles verlief gut, und dennoch hatte ich entsetzliche Angst. Diese Situation durchlebte ich mehrere Monate lang. Mir war jedes Mal so zumute, als würde ich mich auf den Scheiterhaufen begeben müssen. Alte, unbewusste Erinnerungen in mir assoziierten Spiritualität und Scheiterhaufen. Das war vollkommen irrational. Wenn jedoch ein solcher Zusammenhang in unserem Innern eingeschrieben ist, dann genügt die Vernunft nicht, um damit fertig zu werden. Das ging so weit, dass ich mir sagte: „Ich weiß, die Himmlischen Mächte wollen mir etwas zu verstehen geben. So werde ich denn den Sprung wagen: Ich werde beginnen, zu unterrichten." Doch ich musste dazu einen riesigen Mut aufbringen.

Ich sagte zu den Himmlischen Mächten: „Sobald ich diese Etappe durchstanden habe, werde ich aufhören, Vorträge abzuhalten, denn ich glaube nicht, dass ich für den Unterricht geschaffen bin. Ihr habt gewiss noch etwas anderes für mich auf Lager" (Lachen). Man macht sauber, bereinigt und läutert, und eines Tages ist das Unwohlsein verschwunden. So muss man mit den Erinnerungen verfahren: Man muss oft auf sie zurückkommen. Daher organisiert die Kosmische Intelligenz für uns Ereignisse und Situationen als Gelegenheiten, die uns an ehemalige Orte und Tätigkeiten zurückführen werden. Und in dem Maße, in dem wir unsere Erinnerungen bereinigen, verschwinden eine nach der anderen die unbewussten, falschen Assoziationen.

Dies ist für sämtliche mentalen, emotionalen und körperlichen Assoziationen, die Ängste und Begrenzungen erzeugen, gültig. Man nennt diese Assoziationen *Interferenzen.* Wenn wir einer Person zuhören, dann nimmt unser unbewusstes Gedächtnis das Gesagte insgesamt auf, genauso wie es eine Videokamera oder ein Aufnahmegerät tun würde, während unser bewusstes Gedächtnis sich darauf beschränkt, nur gewisse Elemente – Hinweise – aufzunehmen, die ihm eventuell als Anhaltspunkte dienen könnten. Stellt sich später dann der Anhaltspunkt ein – ‚Aha, dies hier entspricht jenem!' –, ruft unser unbewusstes Gedächtnis sämtliche damit verbundenen Aufzeichnungen auf und die damit zusammenhängenden Empfindungen werden wachgerufen, auch wenn wir auf der Ebene unseres bewussten Seins nicht wissen, woher sie kommen.

Hätte Man mir diese Erinnerung eines früheren Lebens 15 Jahre vorher gegeben, dann hätte ich mir vermutlich gesagt: „Oje! Ich bin eine Märtyrerin gewesen. Die Katharer waren vollkommen. Ich bin ein Opfer der Menschheit. Die Welt ist gemein." Wenn man das Prinzip der Göttlichen Gerechtigkeit nicht versteht und das wahre Wissen um Gut und Böse nicht integriert hat, lehnt man sich leicht auf. Darin liegt einer der Gründe, weshalb Man uns die Erinnerungen an die früheren Leben nicht auf Befehl erteilt. Man gibt sie uns in bestimmten Momenten, wenn der Grad unseres Verständnisses und unserer Weisheit uns befähigt, sie zu guten Zwecken zu nutzen. Ist der Mensch dazu noch nicht bereit, könnte er versucht sein, sein Leben so zu leben, wie er es in jener fernen Vergangenheit getan hatte.

Wir bringen aus unseren früheren Leben eine ganze Menge Gepäck mit, das zu unserem bewussten und unbewussten Sein gehört. Wir müssen jedoch fortschreiten und die Erfahrungen unseres gegenwärtigen Lebens für unsere Weiterentwicklung nutzen, wobei diese Erfahrungen sich aus dem Gepäck unserer früheren Leben ergeben. Das Wiederfinden gewisser Elemente unserer früheren Leben dient einerseits im Wesentlichen dazu, in unsere Weltauffassung das Prinzip der Reinkarnation integrieren zu können, und andererseits ermöglicht es uns die Wahrnehmung unserer gegenwärtigen Stärken und Schwächen von einem spirituellen Standpunkt aus.

Ich möchte Ihnen eine Geschichte erzählen, die ich erlebt habe und die zeigt, dass ein Zeichen ebenso aufschlussreich sein kann wie eine Erinnerung aus einem früheren Leben. Während ich mit dem Engel 19 LEUVIAH arbeitete, um diesen Vortrag vorzubereiten und um die Lehre dieses Engels fest in der Ebene der konkreten Wirklichkeit zu verankern, las ich einige medizinische Texte über das Gedächtnis und psychische Gedächtnisstörungen.

Die Amnesie und die Gedächtnislücken stellen Verzerrungen der Engelenergie LEUVIAH dar. Dazu gehört auch die Alzheimer Krankheit. Durch das Lesen dieser Texte erfuhr ich, dass Menschen, die einen Kaliummangel aufweisen, zu Gedächtnisproblemen neigen. Das ist doch etwas ganz Konkretes, nicht wahr? Während ich las, fragte ich mich so nebenbei: „In welchen Lebensmitteln ist denn Kalium enthalten?", und setzte danach meine Überlegungen mit anderen Dingen fort.

Am darauf folgenden Tag machte ich meine Einkäufe in einem Lebensmittelladen. An der Kasse angelangt, legte ich meine Lebensmittel auf den Ladentisch. Im gleichen Augenblick kam eine Frau mit nur einer Ware in den Händen an: Orangen. Als sie meine Bananen sah, sagte sie: „Ich habe meine Bananen vergessen!" Aha, dachte ich: „Sie vergisst" – und zog sofort eine Verbindung zum Engel LEUVIAH. Die Frau fügte hinzu: „Mein Mann isst sehr gerne Bananen. Er isst täglich zwei bis drei Bananen, da sie angeblich sehr viel Kalium enthalten."

Ah! Stellen Sie sich vor! Ich sah sie mit großen Augen an. Der Himmel sprach zu mir! Der Himmel spricht immer zu uns. Er spricht durch all die Menschen zu uns, die sich auf unserem Weg befinden. Deshalb ist es wichtig, all unsere Sinne offenzuhalten, bis in ihre feinstoffliche Verlängerung hinein.

Ich sagte zu der Frau:
- Wissen Sie, dass Kalium gut für das Gedächtnis ist?
- Oh! Das stimmt. Die Ärzte haben meinem Mann geraten, Bananen zu essen, da er einen Kaliummangel hat. Und es stimmt auch, dass er kein Gedächtnis hat! Er ist gerade zwei Mal hintereinander operiert worden und die Anästhesie hat auch nicht dazu beigetragen, seinen Zustand zu verbessern, das hat ihm gar nicht gut getan.
- Legen Sie doch Ihre Orangen da ab, sagte ich freundlich und begeistert zu der Frau, ich werde auf sie aufpassen. Die Bananen sind dort drüben. Gehen Sie sie ruhig holen!
Stellen Sie sich vor, was sie mir antwortete – Sie werden sehen, dass ihr Mann in der Tat Bananen brauchte.
- Ach, nein… nein.
- Sehen Sie, beharrte ich ein wenig, die Kassiererin hat noch nicht begonnen, Sie werden genügend Zeit haben, legen Sie Ihre Orangen ruhig ab, die Bananen befinden sich gleich da drüben.
- Nein, erwiderte sie in einem festeren Ton. Darum werde ich mich später kümmern.

Allein diese Bemerkung gibt uns eine Menge über diese Frau zu verstehen, und ohne über sie zu urteilen, kann man aufgrund ihrer Bemerkung ihre männlichen und weiblichen Aspekte erfassen. Bei dieser Frau war die Emissivität zu stark. Auf der energetischen Ebene nahm sie etwas zu viel Platz ein und es fehlte ihr an Rezeptivität.

Wie ist nun dieses Geschehen zu deuten? Als diese Frau von ihrem Mann sprach, sprach sie gleichzeitig, jedoch ohne es zu wissen, auch von ihrem inneren Mann. Sie enthüllte, dass dieser den Zugang zum Kosmischen Gedächtnis verloren hatte. Der innere Mann – das männliche Prinzip – versinnbildlicht den Ur-Geist, während die Frau – das weibliche Prinzip – die Materie symbolisiert. Diese Frau vergaß den Geist: Sie vergaß, ihren inneren Mann mit Aufmerksamkeit, Liebe und Hingabe zu ernähren. Eine solche Haltung führt dazu, dass man eines Tages einen Kaliummangel aufweist. Und da sie sehr viel Platz einnahm – sie hatte eine starke

Persönlichkeit –, bin ich mir sicher, dass ihr Mann ein Mensch ist, der nicht viel redet und wohl eher in sich gekehrt ist. Diese Art von Ehepaar ist typisch.

Wenn man nun andererseits den äußeren Mann dieser Frau betrachtet, also ihren Ehemann, so ist sein weibliches Prinzip durch diese Frau, die die Bananen vergessen hatte, symbolisch dargestellt. Die Tatsache, dass er nicht viel spricht, stellt eine vollkommene Ergänzung zu der Haltung seiner inneren Frau dar, ob er sich dessen nun bewusst ist oder nicht. Im konkreten Leben führte dies dazu, dass er sein Gedächtnis verlor, und wir werden gleich verstehen warum. Wir werden sehen, dass der Gedächtnisverlust eine Kompensation darstellt, dass das Leben, wenn man die wahren Werte vergisst, so schwer wird, dass man darüber das Gedächtnis verliert.

An jenem Tag stellte ich mir Fragen über das Gedächtnis und seinen Ursprung, sowohl hinsichtlich der konkreten als auch der feinstofflichen Ebene, und MAN hatte mir auf der ganzen Linie geantwortet. MAN zeigte mir, warum ein Mensch so weit kommt, dass er einen Kaliummangel aufweist. Gleichzeitig erhielt ich einen Lehrkurs über die Vereinigung des männlichen und des weiblichen Prinzips. Wenn es uns gelingt, diese beiden Polaritäten in unserem Innern zu vereinigen, so stellt dies einen Höhepunkt, die wahre Hochzeit, dar. Da sich unser Geist dann im Gleichgewicht befindet und ständig daran arbeitet, dieses wesentliche Gleichgewicht aufrecht zu erhalten, wird er immer das finden, was er braucht und auf eine Frage wird sofort die Antwort folgen.

Die Art und Weise, wie wir handeln und wie wir die andern behandeln, ist das vollkommene Spiegelbild dessen, was wir uns selbst antun. Unsere Haltung und unser Betragen ergeben sich aus all dem, was in unseren Zellen festgeschrieben ist. Die nachlässige Haltung, die diese Frau den Menschen ihrer Umgebung gegenüber an den Tag legt, scheint in all ihren beruflichen Beziehungen, in den Beziehungen zu ihren Kindern und ihren Freunden und in allem, was sie tut, durch. Kurz gesagt, ihr Verhalten in dieser Bananen-Geschichte stellt lediglich die Spitze des Eisberges dar.

Einmal, als ich wissenschaftliche und medizinische Artikel über den Gedächtnisschwund und den Verlust des Gleichgewichts las, der oftmals mit ersterem in Zusammenhang gebracht wird, läutete das Telefon. Die Frau, die mich anrief – und die ich gut kenne –, fühlte sich sehr traurig, richtig niedergeschlagen. Sie berichte-

te mir, dass ihr Mann gerade mit dem Notarztwagen ins Krankenhaus gebracht worden sei, da er vollkommen das Gedächtnis verloren hatte. Daraufhin fragte ich sie:
- Möchtest du, dass wir zu euch kommen ?
- Nein, antwortete sie mir, ich wollte nur, dass ihr Bescheid wisst.

Nachdem ich aufgelegt hatte, vereinbarten mein Mann und ich, ihnen dennoch einen Besuch abzustatten. Der Mann dieser Frau beklagt sich nie, was jedoch nicht bedeutet, dass er bereits alles geregelt hat, im Gegenteil, er trägt noch viele verdrängte, ungeläuterte Erinnerungen in sich. Als ich in der Notaufnahme ankam, drückte ich ihm beide Hände und sagte ihm, dass ich ihn sehr liebe. Da brach dieser Mann, der normalerweise seine Gefühle nicht ausdrückt, in Tränen aus. Ich sagte zu ihm: „Das ist gut so, lass sie ruhig fließen. Das ist die Quelle der Engel." Seine Frau vertraute uns an, dass er einen Herzanfall erlitten hatte.

Später sagte sie zu ihrem Mann: „Ich glaube, dass du zu viel arbeitest." Stellen Sie sich einmal vor, dieser Mann ist 72 Jahre alt und arbeitet noch 80 bis 90 Stunden pro Woche. Seine Frau erklärte uns: „Ich glaube, dass es der Verkaufsabschluss für unser Haus war, der ihm einen solchen Schock versetzt hat. Ich denke, dass er an diesem Haus zu sehr hängt." Wir fuhren wieder ab und in der darauf folgenden Nacht erhielt ich bezüglich dieses Mannes einen Traum. *Ich sah lediglich sein rechtes Ohr. Es war ganz zugenäht, er konnte also nicht hören. Dann sah ich, wie die Nähte sich nach und nach lösten und das Ohr sich öffnete.*

Was wollte MAN mir durch diesen Traum sagen? Das Ohr ist ein Symbol der Weisheit und der Rezeptivität. Die rechte Seite des Körpers stellt die Handlung, die praktische Anwendung dar. MAN wollte mir folglich andeuten, dass es diesem Mann an Weisheit und Rezeptivität fehlt, wenn er arbeitet. Er verliert sich in der Materie aufgrund verschiedener Gefühle der Unsicherheit, unter anderem finanzieller Art. Das zugenähte Ohr, dessen Nähte sich lösen und das sich zu öffnen beginnt, bedeutet, dass dieses Ereignis den Mann zwingen wird, seine Hörfähigkeit zu entwickeln und er sich in der Folge auch besser fühlen wird.

Ich verstand, dass das Problem dieses Mannes viel tiefer verwurzelt war, als es den Anschein hatte. Natürlich hing er an seinem Haus, doch dessen Verkauf weckte in ihm tief vergrabene Erinnerungen.

Vor einigen Jahren hatte dieser Mann eine sehr schmerzvolle Scheidung durchlebt, die den Verkauf des Familienhauses mit einbezogen und ihn in finanzielle Probleme gestürzt hatte. Die kürzlich erfolgte Unterzeichnung des Verkaufsvertrages stellte in ihm einen Zusammenhang mit jenem vergangenen Erlebnis her und rief die verdrängten Gefühle wieder wach. All das zusammen mit dem starken Druck, der auf ihm lastete, weil er zu viel arbeitete, brachte das Fass zum Überlaufen. Er assoziierte: Hausverkauf bedeutet finanzielle Probleme, Schmerz, Leid und Trennung. Natürlich war diese Assoziation irrational, denn seine gegenwärtige Situation unterscheidet sich sehr von jener, in der sich damals seine Scheidung vollzog. Doch die Erinnerung hat alles platzen lassen. Es war zu viel geworden. Man kann hier sehen, wie wichtig es ist, die alten Erinnerungen tiefgründig zu bereinigen. Tut man es nicht, dann werden Schwierigkeiten auftauchen, denn alles ist in der Seele niedergeschrieben.

Dieser Mann hat sich sehr gut erholt, doch einige Tage später rief er uns an, um uns von einem kleinen Unfall zu berichten. Er hatte einen Zusammenstoss, während er seinen Firmenwagen lenkte, es war nichts Schlimmes, lediglich Sachschaden. Der Unfall geschah, als er eine Zahnklinik verließ, und der Mann, der in seinen Wagen hineingefahren war, hatte ein ganz neues Auto. Man analysiert einen Unfall genauso, als wäre er Teil eines Traumes und wendet dabei die gleiche Symbolsprache an. Dieser Unfall war kein Zufall. Die Kosmische Intelligenz hatte diesem Mann eine Warnung geschickt und glücklicherweise war er heil davongekommen.

Die alten Erinnerungen sind sehr mächtig. Sie verhalten sich wie kleine Stimmen, die uns zuflüstern: „Na, los doch, fang wieder an, zu viel zu arbeiten, damit man dich liebt! Mach schon, etwas Ehrgeiz, das schaffst du schon. Deine Gesundheit hast du ja wieder, also los!" Die Gefühle der Unsicherheit drängen uns dazu, unentwegt zu arbeiten.

Dieser Mann hatte nicht lange genug gewartet, bevor er erneut die Arbeit aufnahm. Er hatte seiner Frau versichert, er würde nicht viel arbeiten und Pausen machen, und sie hatte ihm geglaubt, doch den Himmlischen Mächten kann man nichts vormachen! Sie wissen alles über jedes und jeden. Man kann sich Gott vorstellen, Der sich da sagt: „Ich liebe diesen Mann sehr. Er hat ein schönes Programm. So werde Ich ihn erneut etwas bremsen und sein Arbeitsfahrzeug aufhalten."

Das Symbol des neuen Wagens, der mit dem Dienstwagen des Mannes zusammengestoßen war, lässt erkennen, dass Gott dem Mann sagen wollte: „Ich habe dir ein neues Fahrzeug gegeben, damit du vorankommst, doch sieh mal, wie du dich benimmst!" Ich erinnere daran, dass sich dieser Mann zum Zeitpunkt des Unfalls gerade die Zähne hatte richten lassen. Die Zähne symbolisieren die Struktur und die Weisheit auf der Ebene der Grundbedürfnisse. Dieser Mann befand sich also mitten in einer Umstrukturierung. Wir müssen lernen, die Lektionen des Lebens zu erkennen und zu verstehen. Indem Gott all diese Ereignisse in die Wege leitete, wollte Er dem Mann sagen: „Ich habe dich repariert, doch auch diesmal willst du wieder nicht richtig hören! Es ist zu früh, um wieder mit dem Arbeiten zu beginnen! Hör auf! Halte etwas Einkehr und lerne, auf deine innere Stimme zu hören. Gönn dir ein bis zwei Tage Ruhe! Ich verlange ja nicht von dir, dass du ganz mit dem Arbeiten aufhörst, doch beim Arbeiten sollten dich nicht deine Gefühle der Unsicherheit lenken, sondern deine innere Haltung und deine Absicht müssen dabei auf die Qualität ausgerichtet sein. Du musst dir immer das Wichtigste in Erinnerung rufen: Du bist ein Arbeiter des Himmels. Wenn du arbeitest, dann schaffst du auch an deinem inneren Aufbau."

Wenn man die Ereignisse nicht versteht, sagt man sich: „Ach, das hab ich nun wirklich nicht auch noch nötig gehabt!", und reagiert verbittert. Alle Verzerrungen treten in Erscheinung, man ist unzufrieden und beschuldigt die anderen: „Na, da schau sich mal einer diesen Trottel von Fahrer an!" Auch wenn der Mann, der in den Firmenwagen hinein fuhr, der Unfallverantwortliche ist, so bleibt dennoch die Tatsache bestehen, dass er vom Himmel gesandt worden war, und man sollte ihm danken. Natürlich hatte auch er durch das Geschehen etwas zu lernen.

Dieses schöne Beispiel für den Synchronismus zeigt, wie Ursache und Wirkung jeweils aufeinander folgen. Man wird sich dabei bewusst, dass ein Gedächtnisverlust tief liegende Ursachen hat. Der Schleier zwischen dem Bewusstsein und dem Unbewusstsein (siehe dazu die bildhafte Darstellung der verschiedenen Bewusstseinsebenen auf Seite 6) bedeutet, dass bei unserer Ankunft auf der Erde der Zähler von den Himmlischen Mächten jeweils wieder auf Null eingestellt wird. Ich habe oft gehört, wie unsere Tochter Kasara diesbezüglich folgende Überlegung anstellte: „Warum geben Sie uns nicht sofort die Erinnerungen unserer früheren Leben? Das wäre doch viel einfacher, so wüsste man wenigstens, woran man ist."

Wenn Sie wüssten, welch Göttliche Gnade dieser Schleier darstellt! Würden die Himmlischen Mächte diesen Schleier lüften, würde man schnell erkennen, dass in gewissen Fällen 100 Leben notwendig wären, um bestimmte Verhaltensweisen zu berichtigen. Stellen Sie sich das einmal vor. Da wäre man doch am Boden zerstört, man käme überhaupt nicht mehr voran und wäre vollkommen entmutigt. Uns reicht es ja schon, einfach nur in einer Schlange warten zu müssen, um mit dem Nörgeln anzufangen. Der Schöpfer hat die Dinge wirklich gut bedacht, indem Er uns mit jeweils einer Zielsetzung funktionieren lässt.

Man fragt mich oft: „Glaubst du, dass ich dieses Karma bereinigt habe?" Es kann manchmal mehrere Leben erfordern, um sich aus einem karmischen Kreislauf zu befreien. Allein schon die Tatsache, dass man diese Frage stellt, zeigt, dass man die betreffende karmische Last oder Schuld noch nicht abgetragen hat. Ist ein Karma abgetragen, so wird uns dies ganz eindeutig in einem Traum mitgeteilt, und diesbezügliche Veränderungen in unserer Haltung und unserem Betragen werden es klar bezeugen.

☉

Die Reinkarnation und der Schleier

Wenn die Seele auf der Erde ankommt, hat sie bereits ein Programm, dessen Hauptlinien vorgezeichnet sind. Wodurch sind diese bestimmt? Durch unsere früheren Leben. Zu Beginn einer Inkarnation findet die Seele auf der Ebene des bewussten Seins einen Zähler vor, der auf Null gestellt ist, doch auf der Ebene des unbewussten Seins läuft der Zähler ununterbrochen weiter. Die Datei der Seele und alle darin enthaltenen Erinnerungen bestehen weiter, das Bewusstsein weiß jedoch nichts mehr davon. Die Wirkung des Unbewusstseins ist so stark, dass das Baby einige Wochen nach der Geburt zum ersten Mal erkennt, dass es selbst seine Hände drehen und wenden kann. Das ist doch ein ganz gehöriger Bewusstseinsverlust, nicht wahr? Es muss alles von Anfang an neu erlernen. Dieser Bewusstseinsverlust ist nichts anderes als eine einfache Strategie, die darauf abzielt, die Lektionen der karmischen Lasten und Schulden in das gegenwärtige Leben zu integrieren.

Das Programm bestimmt, in welchem Land sich die Seele inkarnieren wird. Warum landet eine Seele in Afghanistan, während eine andere Seele hier bei uns ankommt? Dass ein Mensch eher in einem Land als in einem anderen lebt, beruht auf ganz bestimmten Voraussetzungen. Unsere früheren Leben bestimmen, was wir im Besonderen zu lernen haben. So kommen wir auf der Erde in jenem Land an, mit dem wir Resonanzen und Affinitäten haben.

Innerhalb eines Landes kommt man auch in einer ganz bestimmten Gegend an. Man kann in Montreal, in New York, in der Pariser Gegend, im Kanton Genf oder irgendeinem anderen Ort landen. Die Mentalitäten sind von Region zu Region verschieden. Selbst wenn man später die Region, wo man geboren wurde, verlässt, ist es dennoch eine Tatsache, dass man dort nicht zufällig gelandet ist: Als Ausgangspunkt ist es die für uns beste Region.

Genauso kommt man auch in einer ganz bestimmten Familie an, die ebenfalls die für uns beste Familie darstellt. Manche Menschen werden sagen: „Oh, wenn du meine Familie kennen würdest, würdest du das nicht sagen!" (Lachen). Doch, doch, ich versichere Ihnen: Es ist die beste Familie! Man hat mit dieser Familie starke Resonanzen, doch weiß man es nicht, es sei denn man verfügt über das wahre Wissen und die wahre Erkenntnis.

Selbst wenn man versteht, dass man in früheren Leben folgenschwere Handlungen vollzogen hat, muss man deshalb keine Schuldgefühle empfinden. Was immer man auch getan haben mag, man hat es nicht absichtlich getan, man tat es, weil man unwissend war. Also berichtigt man, denn das Getane muss bereinigt und transzendiert werden. Wir müssen all das, was uns an unseren Eltern stört – und das gehört zum familiären Unbewusstsein – transzendieren, damit wir eines Tages so weit sind, dass uns nichts mehr stört. Sobald wir diese Hürde genommen haben, fühlen wir uns leicht und beflügelt, denn die dicksten Brocken, die schwierigsten Teile haben mit unserer Familiengeschichte und unserem Intimleben zu tun.

Sobald wir verstehen, warum wir an diesem bestimmten Ort und nicht an einem anderen gelandet sind, wird alles klarer. Wenn wir uns in einem Traum in unserem Elternhaus wiederfinden, so bedeutet dies, dass wir sowohl Elemente aus früheren Leben als auch aus unserer Kindheit berühren, da wir uns mit dem gesamten Gepäck unserer früheren Leben auf der Erde inkarnieren. Dieses Gepäck ist in uns eingeschrieben und es beeinflusst, ja bestimmt alles, was wir tun. Die Gegenwart und die Vergangenheit bilden ein unzertrennliches Ganzes, das die Zukunft vorbereitet. Zunächst ist es nicht notwendig, die Einzelheiten der früheren Leben zu kennen, ansonsten wäre man gezwungen, die Katharer, die alten Ägypter, usw. zu studieren. Es reicht voll und ganz aus, unseren Vater, unsere Mutter, unsere Brüder und Schwestern zu kennen: Durch sie können wir das psychologische Porträt, das MAN uns gegeben hat, erfassen.

Damit kommen wir zum einzelnen Menschen und da bieten sich alle Möglichkeiten an. In einer Familie, die zehn Kinder hat, kann das eine ein Verbrecher und das andere ein Heiliger sein. Das erste ist in die Verzerrungen geraten und hat diese fortlaufend genährt, während das andere die Schwierigkeiten, denen es begegnete, zu nutzen wusste, um sein Potenzial zur Geltung zu bringen, um zu wachsen und die Verzerrungen seiner Eltern zu transzendieren. Alle Drehbücher sind möglich und jedes umfasst eine große Zahl von Faktoren, die in Wechselwirkung zueinander stehen. Alles ist genau berechnet: Gott ist ein Lebender Computer.

Unsere Eltern sind also ein wahres Geschenk! Sobald man sich dessen bewusst geworden ist, dankt man ihnen, was für Menschen sie auch sein mögen oder gewesen sind. Man sagt sich: „Mein Gott, wie gut hast Du sie doch für mich ausgewählt! Ich selbst hätte keine bessere Wahl treffen können."

Nehmen wir nun im Zusammenhang mit den früheren Leben die persönlichen Vorlieben in Augenschein. Wie kommt es, dass einen die chinesische Kunst anzieht – dass man z.B. seine Wohnung mit chinesischen Möbeln ausstattet –, wobei die Eltern niemals in China gewesen sind und auch niemals davon gesprochen haben? Wie kommt es, dass sich ein Mensch eher für Yoga als für eine andere Disziplin interessiert? Das beruht auf den Resonanzen, die aus den vergangenen Leben stammen, doch nichts gestattet einem, mit Gewissheit zu sagen, in welchem Kontext man gelebt hat. So kann man zum Beispiel nicht einfach sagen: „Ich bin Chinese gewesen." Das alles ist subjektiv. Allein die Träume können Aussagen dieser Art bestätigen. Die persönlichen Neigungen können einem jedoch als Indizien dienen. Man beobachtet dabei seinen Geschmack und natürlich auch all das, was einen stört, und darin wird man bereits sehr viele Aussagen über die früheren Leben finden. Diese Indizien können einen dazu führen, die eigenen Verhaltensweisen zu verstehen und zu erkennen, was einen im Besonderen beeinflusst. Dabei wendet man ebenfalls die Symbolsprache an, denn alles ist Sprache.

☉

Warum ist die Seele eines 6-jährigen Kindes, das ein schweres karmisches Gepäck hat, leichter als die Seele einer 65-jährigen Frau, die aus Unwissenheit nicht an sich gearbeitet hat? Weil – wie bereits erwähnt – der Zähler des Bewusstseins dieses Kindes erst vor sechs Jahren auf Null gestellt worden ist. Wenn diese 65 Jahre alte Frau das Gesetz der Resonanz nicht kennt, ärgert sie sich, sobald sie eine Ungerechtigkeit fühlt, projiziert all ihre Gefühle auf die Außenwelt und findet das normal. Dabei steigen ihre alten Erinnerungen auf, mit denen sie jedoch nichts anzufangen weiß, da das Entwicklungsniveau, auf dem sie sich befindet, sie noch nicht veranlasst, sich Fragen über das Leben zu stellen, jene Fragen, die den spirituellen Werdegang schmieden. So häufen sich ihre karmischen Lasten und Schulden von Jahr zu Jahr weiter an und bilden Schichten, die sich in ihrem Unbewusstsein stapeln. Und das hat zur Folge, dass sie sich im Laufe der Jahre zunehmend schwerer, saurer und verbitterter fühlt.

Außerdem bieten ab einem gewissen Alter die persönlichen Erlebnisse genügend Stoff, um laufend Interferenzen auftauchen zu lassen. Der erwähnte Fall des Mannes, der einen Herzanfall erlitten hatte, bietet ein Beispiel für die Interferenzen, und wir wollen uns die Zeit nehmen, dieses Konzept gut zu ergründen, da es sich um einen Schlüsselbegriff handelt, der uns hilft, die Natur und die Rolle des Gedächtnisses und des Schleiers des Vergessens zu verstehen. Deshalb will ich Ihnen ein weiteres Beispiel einer Interferenz geben: Eine Frau ruft ihre Freundin an und sagt zu dieser: „Ich muss dir erzählen, was ich gestern erlebt habe. Ich war auf dem Festival in Granby...", und sie berichtet ihrer Freundin, was sie alles bei dem Festival in dieser Stadt erlebte. Diese Freundin jedoch nimmt nichts davon auf, da sie bei dem Wort Granby hängenblieb und vom Übrigen nichts hörte.

Sie hatte mit Granby eine Interferenz. Als sie diesen Namen hörte, wurde die gesamte Datei mit ihren Erlebnissen in dieser Stadt geöffnet. Was hatte diese Frau in Granby erlebt? Als sie 10 Jahre alt war, verließ sie ihr Geburtsdorf, um mit ihrer Familie nach Granby umzuziehen. Sie blieb dort, bis sie 15 Jahre alt war, doch es war wirklich die Hölle gewesen. Ihr Vater ließ sie nicht allein das Haus verlassen und unterdrückte sie auf verschiedene andere Weisen. Sie besaß auch keine Freunde. Sie hatte sich von dieser Erfahrung in Granby nie erholt. Nun rief ihre Freundin ganz begeistert an – „War das ein Fest, dieses Festival!" – und die Erwähnung des Wortes *Granby* genügte, um bei dieser Frau all ihre unangenehmen Empfindungen im Zusammenhang mit diesem Ort wieder an die Oberfläche aufsteigen zu lassen.

Hier ein weiteres Beispiel einer Interferenz. Eine Frau hatte großen Kummer: Ihr Ex-Mann hatte sie wegen Martina verlassen und das lag schon mehr als 10 Jahre zurück, doch diese Erfahrung hatte sie noch nicht verdaut. Es reichte aus, dass der Name *Martina* fiel – ohne dass es sich dabei um die gleiche Martina handelte, denn es gibt ja eine Menge Martinas, nicht wahr? –, und der ganze Kummer stieg wieder in ihr hoch.

Die Interferenzen rufen all das wieder auf, was uns sehr entrüstet oder sehr bekümmert hat, aber auch das, was uns lediglich ein wenig berührt hat. Nehmen wir einmal an, dass jemand nicht gerne Formulare ausfüllt. Für diesen Menschen ist das Wort *Formular* Synonym für Unannehmlichkeit. Da reicht es, von Formularen zu sprechen, die auszufüllen sind, um ganz automatisch eine kleine Interferenz zu schaffen. Mit den Engeln arbeitet man all das, was einen stört, also sämtliche Interferenzen, auf. Erledigt man diese Arbeit der Bewusstwerdung nicht, dann ist man eines Tages 65 Jahre alt und jede Minute des Tages heißt es Granby, Martina, Granby, Martina, Granby, Formulare, Martina... (Lachen). Und das Leben ist unerträglich geworden!

Unsere Funktionsweise ist gut durchdacht. Die Himmlischen Mächte sind ja so nett – unser Körper kompensiert, findet einen Ausgleich. Welchen? Das Vergessen. Wir vergessen, da das Leben ansonsten zu schwer wäre. Wir verschieben das Bewusstwerden und die Erforschung unserer Gefühle auf später, was zur Folge hat, dass unser Unbewusstsein immer stärker belastet wird. Das ist auch der Grund, warum in unserer Gesellschaft das Alter mit dem Vergessen und dem Verlust des Gedächtnisses in Verbindung gebracht wird. In schweren Fällen tritt das Problem verstärkt in Erscheinung und die Kompensation nimmt die Form der Alzheimer Krankheit, der Entartung der Nervenzellen, an.

Eine Krankenschwester, die sich um Patienten kümmert, die an dieser Krankheit leiden, berichtete mir, dass sie eines Tages eine ihrer Patientinnen, die viel Humor besitzt, fragte: „Erinnern Sie sich, wie hoch gestern Ihr Blutdruck war?", worauf die Patientin ihr antwortete: „Nein! Ich lebe in der Gegenwart!" (Lachen). Alle spirituellen Lehren empfehlen, in der Gegenwart zu leben, doch das ist unmöglich, solange man unentwegt Interferenzen hat. In diesen Fällen zwängt sich das Vergessen geradezu auf. Bevor die Himmlischen Mächte uns unsere früheren Leben zu kennen geben, sagen SIE zu uns: „Vorher musst du all das regeln, was mit Granby und mit Martina in Verbindung steht, denn wenn du hinter diese persönlichen Erfahrungen blickst – die lediglich die ersten Seiten deiner persönlichen Datei darstellen –, wirst du andere Dinge finden, die aus deinen früheren Leben stammen."

Hinter einer Interferenz kann man im Allgemeinen eine große Anzahl von Erinnerungen aus früheren Leben finden. Wie können wir diese erreichen? Waren die betreffenden Erfahrungen schmerzvoll oder negativ, so wird uns die Erinnerung daran natürlich stören. Dann macht man die Rezitier-Übung mit dem Engel 19 LEUVIAH, wodurch diese Erinnerungen bereinigt werden. So dringt man mit der Zeit immer tiefer in die betreffende Datei vor und Erinnerungen aus anderen Leben können auftauchen, doch zuerst muss man die oben aufliegenden Erinnerungen bearbeiten, da diese das Zugangstor zu den übrigen darstellen, die in der Regel schmerzhafter sind. Auf diese Weise bereinigt man, anstatt anzuhäufen. Man macht sauber, wie in einem Haushalt. Danach eröffnen sich einem wunderbare Horizonte und man erwirbt sich erneut eine große Leichtigkeit.

Die kleinen Vergesslichkeiten im Alltagsverlauf können uns auch sehr nützlich sein. Mit dem Engel LEUVIAH lernen wir, das Vergessen in einen Freund zu verwandeln, und zum Ausgleich führt uns das zum Verständnis des Kosmischen Gedächtnisses. Hier nun ein Beispiel für das Vergessen, das wir mit der gleichen Symbolik analysieren wollen, als handle es sich um einen Traum: Ich habe meine Fäustlinge vergessen. Das ist doch keine große Sache, Fäustlinge zu vergessen, doch Sie werden sehen, dass man daraus eine ganze

Lehre ziehen kann. Wozu dienen Fäustlinge? Sie halten die Hände warm. Die Hände symbolisieren das Geben und Empfangen. Wenn man in einem Traum seine Fäustlinge vergisst, so bedeutet dies, dass es unserem Geben und Empfangen an Wärme fehlen wird. Am darauf folgenden Tag wird man nicht sehr herzlich sein und sich mit mangelnder Liebe äußern. Analysiert man nun dasselbe Zeichen im Alltag, so verwendet man die gleiche Symbolik. Man fragt sich: „Woran dachte ich gerade, als ich meine Fäustlinge vergaß? Was durchlebe ich zurzeit? Fühle ich mich gestört? In welchem Bewusstseinszustand befinde ich mich?"

Diese Fragen leiten Überlegungen ein, die zur Einweihung führen, und eben darin besteht die aktive Meditation. Vergisst eine andere Person den gleichen Gegenstand am gleichen Ort, so kann das eine ganz andere Bedeutung haben. Die Himmlischen Mächte haben ein Messgerät für die Vergesslichkeit, mit dem SIE den Grad und die Natur der empfundenen Störungen messen. Man kann sich sagen: „Ach, ich habe meine Handschuhe vergessen, die werde ich wohl nicht wiederfinden. Das ist schade, ich muss mir nun ein Paar neue kaufen" und im gleichen Augenblick tauchen Gefühle der finanziellen Unsicherheit auf. Ein Vergessen kann bei uns eine Störung aktivieren, wobei wir der einzige Mensch sind, der in der Lage ist, den Grad dieser Störung abzuschätzen, da niemand sonst unseren Seelenzustand nachempfinden kann. Das ist eine kontinuierliche Arbeit, die das Erwachen unseres Bewusstseins bewirkt und uns zur spirituellen Autonomie führt. Das Bewusst-Sein jedoch lässt sich nicht aus Büchern lernen.

Ich möchte nun anhand verschiedener Beispiele über eine andere Art des Vergessens sprechen. Diese Beispiele werden Ihnen helfen, Ihre eigenen Fälle des Vergessens zu analysieren. Man hat eine halbvolle Wasserflasche im Wagen vergessen. Es ist Winter und sehr kalt. Am nächsten Morgen ist das Wasser natürlich gefroren, doch am Abend zuvor hatte man keine Lust, die Flasche holen zu gehen. Dabei handelt es sich nicht nur um Nachlässigkeit. Das Wasser symbolisiert die Gefühle. Untersucht man dieses kleine Vergessen und das Drumherum etwas näher, so kann man unbewusste Erinnerungen ausgraben, die gewisse Verhaltensweisen hervorrufen.

Wiederholen sich bestimmte Vorfälle des Vergessens ständig, muss man ihrer Bedeutung eine ganz besondere Aufmerksamkeit schenken. Zum Beispiel: Man vergisst an seinem Arbeitsplatz immer die gleiche Sache. Man sagt sich: „Ich liebe meine Arbeit. Wenn das mit meinem Vergessen so weitergeht, könnte ich noch meinen Arbeitsplatz verlieren. Aber ich vergesse doch nicht absichtlich. Woran liegt es bloß, dass ich das ständig vergesse? Was ist nur mit mir los?"

Man kann unbewusste Erinnerungen in sich tragen, die das eigene Glück sabotieren können. In einem solchen Fall hat man jedes Mal, wenn man etwas Schönes aufbaut, den Eindruck, dass gewisse Kräfte einschreiten, die einem sagen: „Nein, du hast kein Anrecht auf das Glück. Du hast kein Anrecht auf Wohlstand und Liebe." Um diese Kräfte kümmert man sich dann, indem man die Engel-Rezitier-Übung macht und das betreffende Vergessen anhand der Symbolsprache analysiert. Auf diese Weise kann man Elemente ausfindig machen, die berichtigt werden müssen. Wenn wir unser Vergessen dazu nutzen, die dazugehörigen Erinnerungen zu bereinigen, wird sich unser Leben verbessern und unser Glück solider verankern.

Nun zu einem Beispiel des positiven Vergessens. Eigentlich sind alle Vorgänge des Vergessens positiv, doch dieses hier hat den Vorteil, aufzuzeigen, dass es manchmal gute Gründe gibt, warum man vergisst. Eine Person ist zu einer Versammlung eingeladen und weiß, dass sie dort eine ihrer Freundinnen antreffen wird. Sie sagt sich: „Ich habe einige Sachen für sie, so werde ich die Gelegenheit nutzen, um sie ihr zu geben." Doch bei der Versammlung eingetroffen, stellt sie fest: „Ach, ich hab die Sachen vergessen!" Sie erfährt aber, dass ihre Freundin in letzter Minute verhindert war und nicht anwesend sein wird. Da kann sie sich sagen: „Ich hatte es gespürt, dass sie nicht da sein würde." In der Tat ist alles in der Welt der Ursachen niedergeschrieben und so stand da auch, dass ihre Freundin nicht kommen würde. Diese Person, die über eine gewisse Bewusstseinsöffnung verfügt, hat dies erspürt, jedoch nicht bewusst, denn bevor sie ihr Haus verließ, wusste sie noch nicht, dass ihre Freundin bei der Versammlung nicht anwesend sein würde. Das erfuhr sie erst vor Ort. Eines Tages werden wir in der Lage sein, die feinstofflichen Informationen bewusst und fortwährend wahrzunehmen. Dann wird sich in einem Fall wie diesem der betreffende Mensch sagen: „Nein, meine Freundin wird nicht da sein, also nehme ich die Sachen für sie nicht mit." Ohne jeglichen Hinweis auf der konkreten Ebene, werden wir alles voraussahen können.

Und nun noch eine letzte Art des Vergessens. Es ist ein schönes Beispiel. In jener Woche, als ich mit dem Engel 19 Leuviah arbeitete, meditierte ich über den Schleier des Vergessens. Ich ging spazieren und beobachtete dabei meine Empfindungen. Plötzlich dachte ich: „Ich werde einen Videofilm für meinen Mann ausleihen, ich denke, dieser wird Botschaften für ihn enthalten." Ich folgte diesem Gedanken, der sich wie eine innere Empfindung eingestellt hatte. Es war keine tiefe, dunkle Stimme, die zu mir gesagt hatte: „Christiane, geh einen Videofilm ausleihen, dein Mann braucht ihn" (Lachen). Nein, es war ein subtileres Geschehen.

Ich ging in den Videoladen, durchwanderte die Reihen und blieb vor einer Kassette stehen. Ich las die Inhaltsbeschreibung und das schien mir interessant, doch ich hatte einen kleinen Zweifel. Im Zweifelsfalle aber sollte man sich enthalten. So legte ich die Kassette zurück und verwendete eine Methode, mit der man beim Meditieren um eine Antwort bittet und sich mit *Skynet* verbindet. Man schließt die Augen und bittet um ein Symbol, das man danach genauso deutet, wie wenn es in einem Traum auftauchen würde. Man wartet, bis ein symbolisches Bild auftaucht. Durch das wiederholte, häufige Meditieren werden sich eines Tages die Bilder leicht einstellen, sobald man um Informationen bittet, die man in konkreten Situationen braucht. Um jedoch die richtige Antwort zu erhalten, darf man keinerlei Erwartungen haben, da sich ansonsten Interferenzen einschleichen, die diesen Erwartungen entsprechen und die Antwort verfälschen. Deshalb ist die Arbeit der Bereinigung so wichtig.

Keinerlei persönliche Bedürfnisse oder Erwartungen drängten mich, ein Video auszuleihen. Manchmal leiht man unbewusst einen Videofilm aus, weil man Kummer hat und eine Form von Trost sucht, oder weil man sich langweilt und in seinem Leben das Bedürfnis nach Handlung verspürt. Damit diese Methode funktioniert, müssen wir auf respektvolle Weise bitten und unsere Bitten in den Dienst unserer Entwicklung stellen. Während uns die Kosmische Intelligenz dann lenkt, müssen wir Ihrer Führung folgen, wohin diese uns auch bringen mag. Taucht kein Bild auf, dann darf man auch keines erzwingen. Man erlaubt seinem Mentalkörper nicht, zu sagen: „Los, ein Bild muss her", worauf dieser dann eines erschafft. Nein! Das auftauchende Bild muss uns überraschen. Da es nicht unser Mentalkörper erzeugt hat, wird es ein unerwartetes Bild sein, ein Bild, das uns die Kosmische Intelligenz zuschickt, mit der wir durch unsere Bitte verschmolzen sind, so, als wären wir mit Gott eins geworden. Das Symbol, das man erhält – so einfach es auch sein mag –, ist eine vom Kosmischen Computer genau berechnete Antwort, der eine unvorstellbare Anzahl von Gegebenheiten und Parametern zugrunde liegen.

Ich bat also um ein Symbol und schloss die Augen. Es tauchte kein Bild auf. Da sagte ich mir innerlich: „Aha! Sie wollen mir vielleicht ein Zeichen durch die Menschen zukommen lassen, denen ich hier begegnen werde", und ich spazierte ein wenig herum, wobei ich beobachtete. Dann spürte ich erneut den Wunsch, meine Augen zu schließen. Ich tat es und sofort tauchte ein Bild auf. *Es war eine brennende Fackel in der Dunkelheit, hinter einem riesigen Schleier. Plötzlich riss der Schleier und Licht überflutete die Szene.* Ich sagte mir: „Sie wollen, dass ich bleibe. Ich werde zu jenem Video zurückgehen, das ich gesehen hatte. Das ist vielleicht der richtige Film."

Ich begab mich zu der betreffenden Stelle, doch der Film war verschwunden und blieb unauffindbar. Und ich hatte sogar den Titel und die Farbe vergessen. Zwar hatte ich eine ungefähre Ahnung, worum es im Film ging, doch es war mir unmöglich, ihn wiederzufinden. Da spürte ich – sehr subtil – etwas Erstarrtes in mir. Je mehr man an sich arbeitet, umso mehr erfühlt man die kleinen Veränderungen auf der energetischen Ebene. Es war so, als wollte Man mich vergessen lassen, als wollte Man mir sagen: „Vergiss diesen Film." Ich freute mich. Außerdem wusste ich – wegen des Symbols der Fackel –, dass ich bleiben musste, dass sich da etwas anderes für mich befand, denn der Schleier vor der Fackel war der Schleier des Vergessens. Ich hatte ganz intensiv über den Schleier des Vergessens meditiert und die Himmlischen Mächte wollten mir eine Lehre zu diesem Thema zukommen lassen. Man wollte mir zeigen, wie leicht es für Sie ist: Sie drücken auf einen kleinen Knopf und, pffft, man vergisst. Wenn man das verstanden hat, kann man loslassen, und freut sich, bitten zu können.

Ich setzte meinen inneren Dialog fort: „Sie haben etwas anderes für mich, sonst hätten Sie mir nicht dieses Bild gegeben." Wenn Sie gewollt hätten, dass ich den Laden verlasse, hätten Sie mir ein Symbol des Verbots gezeigt, ein Bild, das mir nicht gefällt oder das eine Glühbirne zeigt, die ausgeht. Für jede Situation ist die Palette der möglichen Symbole unbegrenzt. Ich nahm meine Wanderung durch den Videoladen wieder auf und war mir bewusst, dass die nächste Etappe das Symbol der Fackel betreffen würde. Plötzlich legte ich meine Hand auf eine Hülle. Da bestand kein Zweifel, es war die richtige. Es war auch nicht nötig, nachzusehen. Der Film handelte von Nelson Mandela, dem Mann, der Südafrika von der Apartheid befreit hat. Mein Mann und ich sahen uns den Film zusammen an.

An jenem Tag hatte mein Mann mir noch nicht seine Träume mitgeteilt. Als der Film zu Ende war, sagte er zu mir: „Ich werde ihn mir noch einmal ansehen. Heute Nacht habe ich von zivilem Ungehorsam, Massen und Kollektiven geträumt. Dieser Film bietet mir wirklich eine außerordentliche, ergänzende Lehre. Ich danke dir, dass du so gut auf deine Intuition gehört hast." Und er sah sich den Film ein zweites Mal an.

Sie sehen also, wie das funktioniert. Man formuliert in Gedanken seine Bitte, während man sich äußerlich gesehen weiterhin ganz normal verhält. Niemand weiß, was sich in unserem Kopf abspielt, doch unsere Absicht ist nun anders. Bei unserer meditativen Suche müssen wir uns immer daran erinnern, dass das Wichtigste die richtige Materialisierung ist. Es ist eine solche Freude, auf diese Weise zu leben! Man fühlt sich dabei ständig von Gott gelenkt und das ist wunderbar!

Eine der Hauptqualitäten des Engels Leuviah ist die *Fähigkeit, die Widrigkeiten geduldvoll zu akzeptieren und zu ertragen*. Man akzeptiert alles, was auf einen zukommt, ohne Bitterkeit und auch ohne die Schuld auf die andern schieben zu wollen. Es ist wahr, dass diese Art zu sein und zu handeln eine lange Arbeit an sich selbst voraussetzt. Wenn man das Akzeptieren und Hinnehmen wirklich integriert hat, wird man rezeptiv. Der innere Lärm verschwindet und man befindet sich im Zustand der ständigen inneren Höheren Führung.

Da wir von Träumen und Filmen sprechen, will ich Ihnen einen Film über die Träume empfehlen: *Joseph, der König der Träume*. Das ist ein sehr schöner Zeichentrickfilm sowohl für Kinder als auch für Erwachsene. Er wurde von Steven Spielbergs Firma Dreamswork produziert und gehört in die gleiche Reihe von Filmen wie *Der Prinz von Ägypten*. Der Film ist von der biblischen Geschichte Josefs inspiriert, jenes Mannes, der die Träume des Pharaos deutete, darunter auch den der fetten und der mageren Kühe. In diesem Film wird gezeigt, wie Josef seine Träume zu nutzen wusste, um sein Leben zu lenken, und bis wohin ihn dieses Abenteuer führte.

Wie wir gesehen haben, kann man Elemente aus den früheren Leben in unseren Träumen erhalten. Dazu eine kleine Anekdote. Eines Morgens, während ich mit dem Engel 19 Leuviah arbeitete, erzählte uns unsere Tochter Kasara, bevor sie zur Schule ging, ihren Traum: *Sie trug ihren himmelblauen Badeanzug mit den Sternenmotiven – ein Badeanzug, den sie in der konkreten Wirklichkeit besitzt – und hatte Angst, ihre Sterne zu verlieren. Danach sagte ein kleiner Junge – der in die gleiche Schule geht wie sie und der ihren Aussagen zufolge oft hässliche Worte verwendet – zu ihr: „Geh nach links." Und sie antwortete ihm: „Nein! Ich muss nach rechts gehen." Und ein Aufseher der Schule war anwesend.*

Plötzlich sagte sie zu uns: *„Und danach befand ich mich im Mittelalter."* Da ich gedanklich durch meine Arbeit mit dem Engel Leuviah auf die früheren Leben fixiert war, reagierte ich etwas zu schnell, als ich meinen Mann anblickte und ausrief: „Das ist vielleicht ein früheres Leben!" Kasara, vom Himmel inspiriert, antwortet darauf ganz spontan: „Nein, dazu war es nicht ausreichend genug das Mittelalter" (Lachen). Es belehrte mich abermals, dieses kleine Sternenmädchen: Es erinnerte mich daran, dass ein Traum nur dann Erinnerungen eines früheren Lebens offenbart, wenn er keinerlei Symbole enthält, die anderen Epochen angehören. Wenn zum Beispiel ein Traum ein Leben betrifft, das sich in einer bestimmten Epoche abgespielt hat, so enthält er in seinen Bildern und Szenen weder Persönlichkeiten noch Gegenstände – z.B. ein Auto, eine Uhr usw. –, die es in der besagten Epoche noch nicht gab. Alle Elemente müssen der jeweiligen Realität entsprechen.

In Kasaras Traum stellten alle Personen Teile von ihr selbst dar: der kleine Junge, der Schulaufseher usw. Man kündigte ihr an, dass sie wachsam sein müsse, da sie im Laufe des Tages ihre Sterne verlieren könnte, d.h. ihre schönen Werte, ihre Freundlichkeit, und dass ihr Charakter dadurch betroffen sein würde. In ihrem Traum bedeutete das Mittelalter einfach alte, überholte Konzepte, alte Gewohnheiten, die an die Oberfläche aufstiegen.

Befindet man sich in einem Traum in einer früheren Epoche, so kann es sein, dass Man uns Elemente eines vergangenen Lebens offenbaren will. In diesem Fall findet man sich sehr oft in der Haut einer anderen Person wieder und durchlebt das Geschehen mit größter Intensität, wie zum Beispiel ich, als man mich brandmarkte. Doch – und ich wiederhole es, weil es sehr wichtig ist – wenn man einen Gegenstand sieht, der nicht in die betreffende Epoche gehört, etwa ein Auto im Mittelalter, so ist es sicher, dass es sich nicht um ein früheres Leben handelt.

MAN kann uns auch alten Schmuck oder ähnliche Symbole zeigen: Das bedeutet, dass MAN uns einen Blick auf Fähigkeiten tun lässt, die wir schon besessen haben. Damit will MAN uns – sofern es sich um einen positiven Traum handelt – sagen: „Sieh mal, wenn du deine Haltung änderst, wirst du all diese Ressourcen wiederfinden."

Hier nun ein Traumbeispiel, das ein Symbol enthält, welches die Verwandlung alter Erinnerungen ankündigt. Eine Person träumte von einer ganz alten Frau, der MAN ankündigte, dass MAN ihre Zähne austauschen würde. Die Zähne versinnbildlichen die Struktur und die Weisheit. Da eine Frau in einem Traum gewöhnlich die innere Welt und die Emotionen symbolisiert, kündigte dieser Traum eine tiefgehende innere Umstrukturierung an, eine große Bereinigung sehr alter Erinnerungen, die zu viel Weisheit führen würde. Kurz gesagt, dieser Traum kündigte eine Reihe von Einweihungen an. Das Entfernen der Zähne entspricht einer Umstrukturierung der Instinkte und Grundbedürfnisse sowie einer umfassenden Veränderung der Persönlichkeit. Beim Erwachen aus einem solchen Traum kann man ein gehöriges Absinken der Energie und der persönlichen Wertschätzung empfinden.

Ist man fähig, seine Träume zu deuten, dann kann man das, was man erlebt, verstehen und ist nicht mehr überrascht, sondern zufrieden. Man macht die Engel-Rezitier-Übung, und selbst wenn man sich in gewissen Momenten ganz hässlich findet, da man nicht besonders schöne Seiten des eigenen Wesens entdeckt – manchmal fühlt man sich wie das hässliche kleine Entlein –, weiß man, dass dies einfach daher kommt, dass man alte Erinnerungen berührt hat. Auf dem Weg der spirituellen Entwicklung hat man zu Beginn so vieles zu ändern, dass man sich ganz auseinandergenommen fühlt und die Träume einer Aneinanderreihung von Alpträumen gleichen. Das ist eine sehr schwere Phase. Doch im Laufe der aufeinander folgenden Einweihungen tauchen zwischen diesen Alpträumen auch andere, wunderbare Träume auf, die uns extaseähnliche Zustände erfahren lassen. Diese Träume bringen uns Freude und Verständnis für das, was wir erleben. Auf dem Weg der spirituellen Entwicklung scheint es paradox, dass es unserer Familie und unseren Freunden, die diesen Weg nicht beschreiten, anscheinend gut geht, während wir ganz aus den Fugen geraten sind und uns am Boden zerstört fühlen. Die Erklärung dafür ist, dass ihr Unbewusstsein nicht in dem gleichen Maße offen ist wie das unsrige. Doch dieser Zustand wird sich so nach und nach stabilisieren.

Sie sehen also, dass uns verschiedene Anhaltspunkte erkennen lassen, ob ein Traum ein früheres Leben betrifft oder nicht. Es gibt andere Mittel, die früheren Leben zu erfahren, wie zum Beispiel die Rückführungen, die sehr populär sind. Alles steht uns nun zur Verfügung. Diese Methoden stellen Experimente dar, doch wenn man über das wahre Wissen und die wahre Erkenntnis verfügt, weiß man, dass die Erinnerungen der früheren Leben nicht beliebig aufgerufen werden können und dass man auch nicht darum bittet, sie zu erhalten: MAN schenkt sie uns zum gegebenen Zeitpunkt.

Die Informationen, die man anhand der Rückführungen erhält, sind aus zwei Gründen mehr oder weniger genau und verlässlich: Zum einen, weil der niedere Mentalkörper – das Ego – manchmal die Lesung trüben kann, und zum anderen, weil die Kosmische Intelligenz, sofern SIE ihre Einwilligung dazu nicht gegeben hat, der betreffenden Person bewusst Informationen zukommen lassen kann, die in symbolischer Weise mit einer von ihr zu leistenden Arbeit in Verbindung stehen. Diese Informationen haben jedoch nicht unbedingt mit einem früheren Leben zu tun.

Man sollte auch die Wahrsager nicht allzu ernst nehmen. Sehr oft sagen sie irgendwas und die meisten werden von Wesenheiten (Entitäten) der niederen Astralebene manipuliert, die eben diese Arbeit zu leisten haben. Es ist so gut wie unmöglich, ohne Genehmigung in das Weiße Haus einzudringen, stellen Sie sich deshalb einmal vor, wie gut bewacht da erst die Kosmische Intelligenz sein muss. Ohne Erlaubnis kann niemand an SIE heran.

Ich habe allerlei über die vergangenen Leben gehört und kenne mindestens zwei Menschen, die die Reinkarnation von Judas sein wollen. Ich habe ihr Verhalten etwas studiert: Es handelt sich um Menschen, die das Gesetz der Resonanz nicht verstehen. Jedes Mal, wenn sie eine Situation durchleben, die ihnen ungerecht erscheint, fühlen sie sich verraten, zermartern sich, schleppen sich traurig dahin und denken bei sich: „Das ist normal, denn in einem früheren Leben bin ich Judas gewesen." Doch etwas Ungesundes haftet dieser Situation an, da keinerlei innere Arbeit geleistet wird.

Der Mentalkörper und das Ego können sich der früheren Leben bemächtigen. Die betreffende Person glaubt an die Reinkarnation und sagt sich: „Ich fühle mich ganz mies. Also wenn schon mies, dann wenigstens berühmt" – und sie wählt Judas (Lachen). Das kann sehr weit gehen. Aus diesem Grund geben uns die Himmlischen Mächte, die großartige Pädagogen sind, nur das, was für unsere Entwicklung notwendig ist.

Auch die Phobien können aus früheren Leben stammen. Hier zwei Beispiele von Phobien: die Angst, zu verbrennen, und die Angst, zu ertrinken. Die betreffende Person hat Angst vor dem Feuer oder vor dem Wasser, doch kein Ereignis ihres gegenwärtigen Lebens rechtfertigt eine solche Angst. Sie fragt sich: „Wie kommt es, dass ich so große Angst vor dem Feuer habe, das ist doch vollkommen absurd. Das ergibt doch keinen Sinn, grundlos eine solche Angst zu haben!" Da könnte man anhand der Träume zum Beispiel entdecken, dass man in einem früheren Leben Wikinger war und überall alles in Brand steckte. Und so könnte man verstehen, dass das in diesem Leben nun auf einen zurückfällt.

Nehmen wir einmal an, man hat Angst vor dem Wasser und entdeckt, dass man in einem früheren Leben ertrunken ist. Dass könnte einen darin bestärken, zu sagen: „Ich werde das Wasser meiden, denn ich will kein zweites Mal ertrinken." Dies würde jedoch nichts ändern, denn das Ertrinken bedeutet, dass man sich in der Welt der Gefühle verliert, und solange man diesen Punkt nicht bereinigt hat, bleibt die Quelle des Problems und folglich der Gefahr bestehen. Indem man an sich arbeitet und beharrlich mit der Engel-Rezitier-Übung seine Gefühle bereinigt, putzt man seine emotionalen Probleme weg und eines Tages wird die Angst verschwunden sein, da man dem Problem auf den Grund gegangen ist und nicht mehr in seinen Emotionen ertrinkt.

Hier taucht ein weiterer Grund auf, weshalb die Erinnerungen der früheren Leben nur von geringem Nutzen sind: Die Gefahren und die Angst vor den Gefahren sind lediglich das Endprodukt bzw. die Materialisierung eines wesentlicheren Problems. Sobald man das verstanden hat, erkennt man – um diesbezüglich das Beispiel der Angst vor dem Feuer wieder aufzunehmen – seinen Feuer legenden Geist und sagt sich: „Ich werde an meiner Energie arbeiten, die manchmal zu feurig und zündelnd ist." Sie sehen, dass man auch ohne die Hilfe der Erinnerungen, die über das gegenwärtige Leben hinausgehen, zu sehr viel Erkenntnis gelangen kann. Es genügt, die Phobien zu analysieren und dabei bis zu ihrem Ursprung vorzudringen.

Nun ein letztes Beispiel eines Traumes. Eine Frau sagte zu mir: *„In meinem Traum sah ich mich mit meinem Mann in einem kleinen Lieferwagen. Mein Mann saß am Steuer. Wir kamen an einem Abgrund vorbei und mir stieg das Herz bis zum Halse, denn er fuhr haarscharf am Rand vorbei. Zwei Finger breit weiter und wir wären im Abgrund gelandet. Ich sagte zu ihm: ‚Uff! Das war knapp!'"*

Ich deutete ihren Traum. Ich sagte zu ihr:
- Sie durchleben derzeit Dinge, die große Ängste in Ihnen aufsteigen lassen, Gefühle der Unsicherheit, aufgrund deren Sie sich schlecht fühlen.
- Ach! Das ist ja so wahr! Mein Mann und ich besitzen ein ganz kleines Unternehmen und ich mache die Buchhaltung. Wir haben keine Angestellten und befinden uns oft am Rande des Ruins.
- Jedes Mal, wenn Sie eine Rechnung bekommen, müssen Sie starkes Herzklopfen verspüren.
- Genau!
- Durch diesen Traum, fuhr ich fort, zeigt MAN Ihnen, was Sie in Wirklichkeit durchleben. Jedes Mal wenn Sie eine Rechnung eintragen, steigen die Gefühle der Unsicherheit auf. Das ist die Angst, in den Abgrund zu fallen. Konkret leben Sie in einer Situation der finanziellen Unsicherheit, doch das reicht viel weiter.
- Aber wie kommt es, dass diese Ängste immer noch da sind? Ich arbeite schon seit Jahren an meinen Gefühlen der Unsicherheit. Ich weiß, dass sie aus früheren Leben stammen.
- Die Unsicherheit kann Hunderte und aber Hunderte von alten Erinnerungen berühren. Machen Sie sich Ihre Arbeit zu Nutze, denn die Himmlischen Mächte sehen, dass Sie eine schöne spirituelle Entwicklung durchlaufen und dass Sie den Wunsch haben, das Gefühl der Sicherheit wiederzufinden. SIE wissen das und beobachten Sie. Wenn SIE Sie handeln sehen, sagen SIE sich: „Wir lieben diese Frau so sehr, schicken wir ihr doch noch 10 weitere Rechnungen!" SIE wollen Ihnen zu verstehen geben: „Akzeptiere selbst eine Pleite." Wenn eine Pleite Sie zu hohen Bewusstseinsebenen führt, dann ist sie sehr nützlich: Sie wird Sie lehren, dem Geist den ersten Platz

einzuräumen. Nutzen Sie jede Rechnung bewusst aus, tun Sie Ihr Bestes. Überdies handelt es sich um Zahlen: Verwenden Sie die Zahlen, die den Engeln zugeordnet sind. Nehmen Sie jedes Mal, wenn Ihnen das Herz im Halse klopft und Sie sich schlecht fühlen, Verbindung mit einem Engel auf. Atmen Sie tief ein, atmen Sie die Engelenergie, während Sie die Rechnungen eintragen. So werden Sie nach und nach mit Ihrer Arbeit alle alten Erinnerungen der Unsicherheit auflösen, Erinnerungen, die so alt sind wie Methusalem.

Oh! Wie zufrieden war da die Frau! Ihre Rechnungen waren plötzlich nützlich geworden: Es waren karmische Rechnungen, die sie beglich.

Als Schlussfolgerung dieses Vortrages möchte ich mich von Ihnen mit folgendem Satz verabschieden: *Wenn es etwas gibt, dass man nie vergessen sollte, dann Folgendes: Alles kommt von Gott.*

Engel 15 HARIEL
Ein Leben ohne Abhängigkeiten

Ein Mann, der seit einiger Zeit Alkoholabstinenzler war, fühlte sich immer noch bezüglich seiner Alkoholabhängigkeit hin- und hergerissen und voller Angst. Sobald er sich in die Versuchung hineinsinken spürte, wandte er sich betend an Gott: „Warum lässt Du mich so leiden? Warum muss ich einen solchen Leidensweg durchmachen? Warum hast Du mich verlassen, Du, den ich schon so lange in meinen Gebeten um Hilfe bitte?" Eines Nachts, nach mehreren Stunden der inneren Aufruhr, in denen ein großer Kampf in ihm stattfand, schlief er schließlich heiße Tränen weinend ein.

Er erhielt folgenden Traum: *Er befand sich ganz am Anfang der Schöpfung der Welt. Plötzlich erschien eine große, schöne und lichtvolle Wolke, die ihm das Gefühl der Reinheit und Unschuld einflösste. Er näherte sich ihr, um sie zu berühren, doch sie verschwand. Er suchte überall nach ihr und nach einiger Zeit tauchte sie etwas weiter wieder auf. Wieder versuchte er sich ihr zu nähern, diesmal jedoch um sie zu ergreifen, und abermals verschwand sie. Das Gleiche wiederholte sich mehrere Male und als er erkannte, dass diese Wolke für ihn unerreichbar war, fühlte er Traurigkeit in sich aufsteigen. Er spürte in seinem Innern eine Leere: Gott selbst hatte ihn verlassen.*

Obwohl dieser Traum bereits 20 Jahre zurücklag, hatte der Mann ihn immer noch ganz frisch in Erinnerung und er bat mich, seinen Traum zu deuten. Darin hatten die Himmlischen Mächte ihn zum Ursprung seiner Schwierigkeiten zurückgeführt, zur Quelle seiner eigenen seelischen Probleme. Die wunderschöne, lichtvolle Wolke ist ein bedeutendes Symbol, das in der Bibel mehrmals erwähnt wird und eine der Erscheinungsformen des Schöpfers versinnbildlicht.

Durch diesen Traum wollte Gott dem Mann sagen: „Nein, ich habe dich nicht verlassen. Du bist es, der Mich nicht mehr spüren kann. Du hast alles Mögliche ausprobiert und herumexperimentiert und dadurch bist du gefallen, abgestürzt, und hast die Reinheit deiner Seele verloren. Du würdest gerne einen Strich unter deine Vergangenheit ziehen und diese Reinheit augenblicklich wieder erhalten, doch so funktioniert das nicht. Du kannst Mich nicht besitzen, du musst dich durch Mich inspirieren lassen und eins mit Mir werden. Alles, was du in vergangenen Leben getan hast, hat sich in dein Wesen eingeschrieben. Du musst zuerst die unbewusst gewordenen Erinnerungen – welche von dir begangene, unrechte Taten betreffen – wiederfinden, bereinigen und umwandeln. Und nur du allein kannst diese Arbeit vollbringen. Doch Ich werde dir dabei zur Seite stehen und eines Tages wirst du nicht mehr versuchen, Mich äußerlich zu erfassen, weil du die Qualitäten und Tugenden integriert haben wirst. Du wirst selbst die lichtvolle Wolke geworden sein, weil du deine ursprüngliche Reinheit wiedergefunden haben wirst."

Wir sind alle bis zu einem gewissen Grad abhängig. Im Hinblick auf unser Bewusstsein ähneln wir einem Kleinkind. Eine ganz junge, ganz reine Seele kennt das Böse nicht. Wenn ein Baby zum ersten Mal Feuer sieht, will es dieses berühren und verbrennt sich dabei. Wenn man einem Baby nichts zu essen gibt, stirbt es. Ein Kleinkind ist ein sehr abhängiges Wesen, da es nicht weiß, was gut und was schlecht für es ist. Im Laufe ihrer verschiedenen Leben entwickelt sich die Seele anhand allerlei positiver und negativer Experimentiererfahrungen, bis sie irgendwann einmal bewusst und aus eigenem Willen beschließt, das Böse nicht mehr zu tun, weil sie durch das Experimentieren die Weisheit erlangt hat. Von diesem Augenblick an wird die Seele reich sein und mit dem Wiedergutmachen und der Läuterung ihres Bewusstseins beginnen, bis sie alles Böse, selbst das heimtückischste und widernatürlichste Übel transzendiert haben wird, denn alles, absolut alles kann verwandelt werden. Eine hoch entwickelte Seele ist eine Seele, die aus freiem Willen beschließt, das Böse nicht mehr zu tun. Und alle Menschen werden im Verlauf ihrer Entwicklung dieses Niveau erreichen.

Hinter jeder Form der Abhängigkeit findet man das gleiche Phänomen wieder: die Suche nach Reinheit. Diese wird im erwähnten Traum durch die Wolke symbolisiert. Die Suche nach dem Unerreichbaren, Ungreifbaren ist im Entwicklungsprogramm eines jeden Menschen enthalten und wirkt wie ein Computerprogramm, das den Menschen ständig zur Suche drängt. Hin und wieder erfährt er einen Adrenalinschub und glaubt, die Liebe eines Menschen oder einen seit langem sehnlichst gesuchten Seelenzustand gefunden zu haben. Doch sobald die Augenblicke der Aufregung vorbei sind und er feststellt, dass das Gefundene nicht wirklich das Ersehnte ist, wird alles wieder fade und uninteressant, so als würde etwas in seinem Innern sagen: „Such weiter nach dem Unerreichbaren. Das hier ist erreichbar und somit für dich uninteressant." Und so lebt der Mensch in einem Zustand ständiger Frustration.

Manche abhängige Menschen sind nett, freundlich und hingebungsvoll, doch hinter ihrer Freundlichkeit verbergen sich immer riesige Erwartungen und der betreffende Mensch ist enttäuscht, wird zornig und sogar aggressiv, wenn diese nicht erfüllt werden. Das kommt daher, dass seine Liebe an Bedingungen geknüpft ist. Seine Abhängigkeit und seine Erwartungen projiziert er sogar auf Gott, indem er sagt: „Ich richte meine Gebete an Dich, ich verehre Dich, also sorge dafür, dass mein Schmerz und Leid verschwinden und gib mir das, was ich brauche, ansonsten verleugne ich Dich."

Sobald man dieses Phänomen versteht, sagt man sich: „Natürlich werde ich nicht über Nacht all meine Abhängigkeiten aufgeben können, denn ich weiß nun, dass sie lediglich die Spitze des Eisberges darstellen. Doch ich werde von nun an jedes Mal, wenn sich ein Bedürfnis nach einer bestimmten Sache oder nach einem bestimmten Menschen einstellt, auf mich selbst zurückschließen und die diesbezüglichen Erinnerungen bereinigen. Ich werde meine Abhängigkeit nutzen, um das zu berichtigen, was in mir die Trennung von meiner Göttlichkeit bewirkt." Mit einer solchen Einstellung ändert man sich wirklich. Man erinnert sich daran, dass man ein winziges Teilchen der großen Kosmischen Intelligenz ist, durch die alle Wesen miteinander verbunden sind. So werden die Abgründe in unserem Innern verschwinden und das Programm der Suche nach dem Unerreichbaren wird sich auflösen. Durch unsere Verschmelzung mit dem Ganzen wird alles für uns erreichbar. Ein Leben frei von Abhängigkeiten wird so Wirklichkeit.

Auf diese Weise finden wir die spirituelle, emotionale und physische Autonomie wieder. Dann sind wir auch nicht mehr von Gott abhängig, da wir mit Ihm wieder eins geworden sind. So erreichen wir auf allen Ebenen eine große Freiheit, unsere Rezeptivität nimmt zu und unser ganzes Wesen erfährt eine Ausdehnung. Der Weg dahin ist sehr lang, doch wir befinden uns einzig und allein aus diesem Grunde auf der Erde.

Das Thema des heutigen Vortrags betrifft den Engel HARIEL, dem die Zahl 15 zugeordnet ist. Wir wollen zunächst Seine Qualitäten näher betrachten.

Befreit von jeglicher Form der Abhängigkeit. Wir haben gesehen, dass hinter jeder Abhängigkeit das gleiche Problem steckt. Anhand der Symbolik werden wir erkennen, dass die Essenz jeder Abhängigkeit besondere Merkmale aufweist. *Befreit vom Gelähmtsein, von allem, was uns am Handeln hindert.* Verschiedene Erlebnisberichte werden uns erkennen lassen, dass die negativen oder kritisierenden Gedanken, wenn sie nicht gemeistert werden, den Menschen lähmen und ihm seine Handlungsfähigkeit rauben können.

Unter den weiteren Qualitäten des Engels 15 HARIEL finden wir *die Läuterung und Reinigung* und unter den Verzerrungen eine *puritanische Geisteshaltung*. Die Trennlinie dazwischen ist sehr dünn. Wenn man eine gewisse Zeit lang mit diesem Engel arbeitet, kann man zu Beginn zwischen der Reinigung und Läuterung der ungehobelten Verhaltensweisen und der Abhängigkeiten einerseits sowie der Starrheit und dem Puritanismus andererseits hin- und herschwanken. Das ist normal, solange man noch nicht über das wahre Wissen und die wahre Erkenntnis verfügt.

Entdeckt neue Methoden, nützliche Erfindungen. Die Träume, die Zeichen des Alltagslebens und die Meditation bieten uns eine derart präzise innere Führung, dass sich uns eine Welt der Entdeckungen offenbart, sobald die Abhängigkeiten ihre Macht über unser Verhalten verlieren. Der Bewusstseinszustand des Engels 15 HARIEL hilft uns, neue Methoden zu entdecken, die zunächst auf die eigene innere Arbeit angewandt werden, danach aber auch in der äußeren Arbeit ihre Anwendung finden, denn die inneren Fortschritte treten immer auch in der Außenwelt in Erscheinung. So werden sich sowohl in unserer beruflichen als auch in unserer häuslichen Arbeit plötzlich neue Horizonte öffnen. Neue praktische Ideen werden uns zuströmen und die Göttliche Eingebung wird uns helfen, Methoden zu finden, die das Leben leichter und harmonischer gestalten. Die Abhängigkeiten, die in unserem bewussten und unbewussten Sein hausen, sind zahlreich und wirken sich auf alle Bereiche unseres Lebens aus. Die Bereinigung und Läuterung unserer unbewussten Erinnerungen durch die innere Arbeit mit diesem Engel wird alle Facetten unseres Lebens verwandeln.

Schenkt eine große Klarheit des Denkens, weckt die Urteilskraft. Unser höchstes Ziel als Mensch besteht darin, die Meisterung des Guten und des Bösen zu erlangen. Das setzt jedoch Urteilskraft und klares Denken voraus. Der Engel HARIEL lässt uns diese Fähigkeiten wiedererlangen.

Unter den Verzerrungen dieser Engelenergie finden wir die *Geisteshaltung, die alles verdorren lässt* und den *Separatismus*. Dabei handelt es sich um einen ausgetrockneten Intellekt, der dem Menschen die Fähigkeit zu lieben, entzieht.

Weitere Verzerrungen, die in der nahen Vergangenheit von großer Aktualität waren, sind die *Bereitschaft, zu sterben, um eine naturfremde Wahrheit durchzusetzen oder zu verteidigen* und der *Terrorismus*. Am 11. September 2001 rüttelte eine neue Realität unseren Planeten wach. An diesem Tag erlebten wir eine extreme Manifestierung dieser Verzerrungen. Um das weltweite Problem des Terrorismus besser verstehen zu können, wollen wir es auf eine individuelle Ebene zurückführen und im Lichte des Engel-Bewusstseinszustandes HARIEL untersuchen.

Manche Menschen fragen sich: „Wieso bin ich von dieser Person abhängig? Sie ist unfreundlich, besitzergreifend und untreu." Oder aber man ist von einer Substanz abhängig, wie z.B. von der Zigarette, und fragt sich: „Wieso rauche ich weiter? Das zerstört meine Lungen, lässt meine Zähne gelb werden, wieso also?" Bei vielen unserer falschen Verhaltensweisen sagen wir uns: „Das ergibt doch keinerlei Sinn, das stimmt doch mit meinen wahren Bedürfnissen ganz und gar nicht überein. Woher kommt das nur?"

Dazu muss man wissen, dass die Abhängigkeiten lediglich eine Folge darstellen. Sie sind nur die Spitze des Eisberges, der sich aus unseren unbewussten Erinnerungen zusammensetzt, die unser Wesen durcheinanderbringen. Oft stammen diese Erinnerungen aus früheren Leben, doch wir wissen nicht einmal, dass wir derartige Erinnerungen in unserem persönlichen Computer haben. Also müssen wir sie bereinigen, damit wir eines Tages von jeglicher Abhängigkeit frei sind und uns wohl fühlen können. Manchmal beschließen wir, einer Abhängigkeit ein Ende zu setzen, und sagen uns: „Nun ist Schluss damit. Von nun an werde ich mich enthalten." Wir werden sehen, dass dies lediglich einen ersten Schritt darstellt, denn etwas später wird sich uns die Frage aufdrängen: „Wie kommt es, dass ich, obwohl ich damit aufgehört habe, in meinem Innern weiterhin darunter leide?"

Hier nun ein Beispiel zu diesem Phänomen, das sich auf jede Form von Abhängigkeit anwenden lässt. Ein alkoholabhängiger Mann, der seit mehreren Monaten nicht mehr trank, berichtete mir, dass er häufig folgenden Traum hatte: *Er hört, wie sehr aggressiv an seine Tür geklopft wird, und wenn er aufmacht, sieht er niemanden.* Zunächst gab ihm die Kosmische Intelligenz durch diesen Traum zu verstehen, dass es recht und gut war, mit dem Trinken aufgehört zu haben, und dass dies ein schöner Anfang war. Doch MAN wollte ihm auch die übrigen Etappen aufzeigen. Dieser Traum offenbarte dem Mann die dunklen, aggressiven Kräfte, die in seinem Innern vorhanden waren und die an seine innere Tür klopften. Diese Kräfte musste er bereinigen und läutern.

Wenn man einen solchen Traum erhält, kann man sich am darauf folgenden Tag aggressiv fühlen. Verfügt man nicht über das wahre Wissen und die wahre Erkenntnis, so projiziert man seine Aggressivität auf die anderen und fährt fort, unter dem Einfluss der unbewussten aggressiven Erinnerungen zu handeln. Auf diese Weise schafft man sich zusätzliche karmische Lasten. Das ist absolut sicher. Für manche Menschen stellt dies einen ewigen Kreislauf dar, aus dem sie nicht herausfinden. An dem Tag, an dem es einem bewusst wird, dass sich der Ursprung des Problems im eigenen Innern befindet, hört man mit der Projektion auf die Mitmenschen auf. Und sobald sich die negativen Kräfte mit all ihrer Macht äußern wollen, macht man die Engel-Rezitier-Übung – ganz gleich, wo man sich befindet – und bereinigt dadurch die entsprechenden Erinnerungen.

Wie wir gesehen haben, wird unser Lebensprogramm vor unserer Geburt auf der Grundlage unserer früheren Leben erstellt. So kann es manchen Menschen, die unter Abhängigkeiten litten, gelingen, für den Rest ihres Lebens enthaltsam zu bleiben. Das wird ihnen zwar nicht leicht fallen und eine gewisse Starrheit sowie viel Schmerz und Leid mit sich bringen, doch sie werden das Problem nicht tiefer angehen, während andere Menschen dem Problem auf den Grund gehen werden. Die innere Arbeit mit den Engeln bewirkt in der Tat eine umfassende Entgiftung des Bewusstseins. Der Mann, von dem ich vorhin sprach, musste die aggressiven, dunklen Kräfte in seinem Innern bereinigen. Das gehörte zu seinem Lebensprogramm. Ein Mensch kann sein Leben lang Abstinenzler sein, wenn er jedoch die aggressiven, dunklen Kräfte, die seine Seele bewohnen, nicht läutert und verwandelt, läuft er Gefahr, wieder in die gleiche Abhängigkeit zu verfallen, wobei dies auch erst in einem späteren Leben geschehen kann. Der Grund liegt in der Tatsache, dass die Ursache des Problems in seinem Unbewusstsein immer noch vorhanden ist.

Hier ein Erlebnisbericht, der zeigt, wie eng das persönliche Unbewusstsein und das Familien-Unbewusstsein miteinander verbunden sind. Eine Frau, die bereits seit einiger Zeit mit der Traditionellen Engellehre arbeitet, vertraute mir folgenden Traum an: *Sie befand sich auf einem Schiff. Alles war ruhig, angenehm und harmonisch. Da beschloss sie plötzlich, eine Pause zu machen, und begab sich ins Unterdeck des Schiffes. Dort war die Atmosphäre ganz anders: Ein Trinkgelage war im Gange und die betrunkenen Personen benahmen sich sehr grobschlächtig. Ihnen servierte sie auf einem Tablett kleine Fleischpasteten.*

Was wollte MAN ihr mit diesem Traum mitteilen? Die Kosmische Intelligenz gewährte ihr Zugang zu einem Teil ihrer persönlichen Datenbank, zu Erinnerungen, die vergangene Erfahrungen betrafen. MAN zeigte ihr, dass sie in einem früheren Leben unter anderem auch vom Alkohol abhängig gewesen war. In ihrem gegenwärtigen Leben hat diese Frau kein Alkoholproblem – sie trinkt so gut wie keinen Alkohol –, doch ihr Vater war Alkoholiker und aus diesem Grunde hatte sie eine recht schwere Kindheit verbracht.

Es ist kein Zufall, wenn unser Vater oder unsere Mutter ein Alkoholproblem haben oder hatten: Das bedeutet, dass wir mit ihnen eine Resonanz haben. Man darf das Schicksal nicht unter dem Gesichtspunkt der Bestrafung sehen. Gott sagt nicht zu uns: „Das hast du getan und nun wirst du dafür bezahlen müssen." Dieser Traum sollte der Frau sagen: „Auch du hast in einem anderen Leben so gehandelt und das hat sich in dir eingeschrieben. Wir werden dir in deiner Weiterentwicklung zur Seite stehen." In ihrem jetzigen Leben einen alkoholsüchtigen Vater zu haben war für diese Frau eine positive Erfahrung, weil sie sich dadurch dieser unbewusst gebliebenen Erinnerungen bewusst werden konnte. Das Schicksal ist immer positiv.

Wir wollen nun die in diesem Traum vorgekommenen Symbole untersuchen. Ein Schiff bewegt sich auf dem Wasser, welches die Emotionen versinnbildlicht. Stellung und Bewegung des Schiffes geben folglich Auskunft über die emotionale Stabilität der betreffenden Person. Wenn das Schiff sinkt, bedeutet dies, dass der Mensch seine Emotionen nicht meistert, und wenn es stabil ist, will MAN auf eine emotionale Stabilität hinweisen. Folglich gab der Traum dieser Frau an: „Wenn du an dir arbeitest, errichtest du in deinem Gefühlsleben eine schöne Harmonie und eine schöne Stabilität."

Es stimmt, dass durch die Anrufung der Engel unsere Stabilität ins Wanken geraten kann, weil wir in unser Unbewusstsein hinabsteigen, um es zu bereinigen. Dabei gehen wir jedoch stufenweise vor: Bei jedem Abstieg suchen wir ein kleines Stückchen unseres Unbewusstseins auf und nehmen es an die Oberfläche mit hoch, in unser bewusstes Sein, wo wir es bereinigen können, anstatt es weiterhin auf die anderen zu projizieren. Natürlich ist dies eine langwierige Arbeit, die auch nicht schmerzlos an uns vorübergeht, doch es bleibt uns keine andere Wahl. Wenn wir diese Arbeit nicht bewusst leisten, werden uns konkrete Situationen immer wieder darauf zurückführen, was sich sogar über mehrere Leben erstrecken kann. So wirken die Kosmischen Gesetze und die Göttliche Gerechtigkeit findet auf uns alle ihre Anwendung. *Hast du Böses getan, so wirst du dieses Böse auch wieder ernten.*

Die Pause, die die Frau in ihrem Traum einlegte, bedeutet, dass sie sich sagte: „Ich bin es so müde, an mir zu arbeiten, immer diszipliniert zu sein und auf alles zu achten. Wie wär's, wenn ich mir ein kleines Vergnügen gönnen würde?" Man macht eine Pause und, hopp, schon ist man wieder in den alten Verhaltensmustern und lässt diese wieder aufleben! Da sie ins Unterdeck hinabstieg, bedeutet dies, dass sie ins Unterbewusstsein, in den Bereich unterhalb des Schleiers vorgedrungen war, wo MAN ihr unbewusste Teile ihres Selbst zeigte: „Du hast das Recht, dir eine Pause zu gönnen." Jeder Mensch bewahrt seinen freien Willen. Ob wir nun eine Pause einlegen oder nicht, die Geistigen Führer lieben uns deswegen nicht weniger. Da diese Frau jedoch bewusst an ihrer Entwicklung arbeitet, ist ihre Verbindung zu den Himmlischen Mächten hergestellt und MAN gab ihr zu verstehen: „Sieh mal, was geschieht, wenn du eine Pause machst. Dann nährst du wieder diese Teile deines Unbewusstseins, die du durch deine innere Arbeit an die Oberfläche geholt hast. Wenn du nicht aufpasst, wirst du eines Tages so sein wie das, was du im Unterdeck gesehen hast."

Die Fleischpasteten, die sie im Unterdeck servierte, stellen einen Hinweis auf eine etwas raffiniertere Küche dar, doch das Fleisch symbolisiert die tierische, instinktverhaftete Seite des Menschen. Diese Frau ist in der konkreten Wirklichkeit Vegetarierin. Durch diese Symbole wollte MAN ihr sagen: „Anstatt diese instinktverhafteten Teile zu verwandeln, ernährst du sie weiter." Wenn wir diese Teile in uns nähren und uns bestimmten Genüssen wieder hingeben, kann das ein gewisses Wohlbefinden hervorrufen, weil diese Kräfte eine gewisse Anziehung ausüben, doch dieses Wohlbefinden ist sehr kurzlebig und danach fällt es uns umso schwerer, wieder zu uns selbst zurückzufinden.

Manche Menschen wissen, dass sie sich keine Pause leisten können, nicht einmal einige Sekunden lang. Dabei handelt es sich um die Abstinenzler, um jene Menschen, die alkoholsüchtig waren oder andere Suchtprobleme hatten und den Genuss dieser Suchtmittel eingestellt haben. Dazu gehören auch jene Personen, die einer Bewegung wie der AA (Anonyme Alkoholiker) angehören, also Gruppen, die durch ihre Hilfeleistungen eine ganz bedeutende, unentbehrliche Arbeit erfüllen. Diese Menschen wissen, dass eine winzigkleine Pause – ein einziges Glas – genügt, um sie erneut in die Hölle abstürzen zu lassen und ihr Leben zu zerstören. Das Damokles-Schwert schwebt ständig über ihren Köpfen.

Eine Zwischengruppe umfasst jene Menschen, die, obwohl sie keine so großen Probleme wie die vorhin erwähnte Gruppe haben, dennoch ein sehr belastetes Unbewusstsein besitzen, wie die Frau, die sich in ihrem Traum auf einem Schiff befand. Das Verhalten dieser Menschen ist normal, in ihrem Leben verläuft alles mehr oder weniger gut, bis zu dem Augenblick, wo MAN ihnen die Mittel und Ressourcen wegnimmt: Sie verlieren ihre Arbeit, durchleben eine Trennung oder das, was ihr oberflächliches Glück darstellte, löst sich in Luft auf. Das äußere Ereignis kann sie dann zu Fall bringen, weil ihr Unbewusstsein überlastet ist.

Unser Geist ist mit allen Erinnerungen der Vergangenheit verbunden, einschließlich mit denjenigen der früheren Leben. Aus diesem Grunde sieht man so viele Familien, in denen alles normal zu funktionieren scheint und der Verlust des Arbeitsplatzes oder ein anderes Ereignis in der Außenwelt plötzlich niederträchtige

Verhaltensweisen zu Tage treten lässt. Da das Unbewusstsein des betreffenden Menschen überlastet war, hat das äußere Ereignis in ihm einen Kurzschluss bewirkt und von heute auf morgen beginnt er sich selbst und seinen Nächsten gegenüber gewalttätig zu sein.

Als letzte Kategorie seien schließlich die Eingeweihten erwähnt. Auch sie machen niemals eine Pause. Ihre Arbeit, die sie voller Liebe ausführen, ist durch die ständige Suche nach Verständnis, Wissen und Erkenntnis geprägt. Über ihren Köpfen schwebt kein Damokles-Schwert mehr. Im Falle eines eingeweihten Menschen spricht man auch nicht mehr von Pause und von Arbeit, sondern es handelt sich einfach um die fortlaufende Entgiftung seines Unbewusstseins. Er sucht nach der verborgenen Weisheit und bei der geringsten Störung bereinigt er seine Erinnerungen und transzendiert sie. Sobald der Eingeweihte sein persönliches Unbewusstsein und sein Familien-Unbewusstsein geläutert hat, erwarten ihn hohe Dosen des kollektiven Unbewusstseins. Auf dieser Ebene angelangt, ist sein Verständnis so umfangreich, dass er eine große Stabilität bewahren kann. Eines Tages muss der Eingeweihte alle Abhängigkeiten und das ganze Leid der Menschheit transzendieren.

Die Eingeweihten durchleben während der Nacht in ihren Träumen ein intensives Lernen. Dabei setzt MAN sie außerordentlich machtvollen und manchmal sehr schwierigen Situationen aus, die man Einweihungen nennt und in denen sie das Böse transzendieren müssen. So werden sie eines Tages das Stadium erreichen, wo sie mit dem Bösen keine Resonanzen mehr haben, d.h. wo keine ihrer Erinnerungen mehr im Einklang mit den Verzerrungen schwingt. An diesem Punkt angelangt, kann der Mensch wahrhaftig ein Wohltäter sein. Dann wird er sich überall wohlfühlen, ganz gleich was in der Außenwelt vor sich geht, da seine Verständnisfähigkeit über das Gute und das Böse hinausreicht.

Ich will nun zum Gesetz der Resonanz ein Beispiel geben, das die *Abhängigkeit vom Spiel* betrifft. Es handelt sich dabei um eine wahre Begebenheit, die mir eine Frau anvertraute. Es gibt keinen Zufall: Wenn ich einen Vortrag vorbereite, mache ich mehrere Wochen lang meine Rezitier-Übung mit dem gleichen Engel und während dieser Zeitspanne erhalte ich durch meine Träume und durch die Menschen, denen ich im Alltag begegne und die mir Ereignisse aus ihrem Leben berichten, die Lehren zu dem Engel-Bewusstseinszustand, mit dem ich gerade arbeite.

Es war das erste Mal, dass diese Frau an den Vorträgen über die Engellehre teilnahm. Sie teilte mir mit, dass sie früher spielsüchtig gewesen war und seit einigen Monaten dank der Unterstützung durch eine Hilfe-Gruppe für Spielsüchtige mit dem Spielen aufgehört hatte. Sie war dieser Gruppe, die für sie eine große Hilfe darstellte, sehr dankbar und gestand mir, dass sie die Treffen im Rahmen dieser Gruppe erkennen ließen, was sie tatsächlich in ihrem Innern verbarg. Ohne diese Abhängigkeit hätte sie niemals erfahren, wer sie wirklich war. Jede Erfahrung enthält etwas Positives.

Sie erklärte mir, wie sie abhängig geworden war. Eines Tages musste sie umziehen und ihre gesamte Familie verlassen, weil ihr Ehemann versetzt worden war. Ihr Mann war aufgrund seiner Arbeit oft abwesend und in seiner Freizeit ging er auf die Jagd. Kurzum, sie langweilte sich. Sie sagte zu mir: „Ich begann an den Geldautomaten zu spielen und ließ mich nach und nach durch das Spiel hypnotisieren. So bin ich da hineingerutscht. Es kam der Augenblick, wo ich gezwungen war, zu lügen, weil das Spielen mein ganzes Gehalt verschlang. Ich habe sogar die Familienreserven angezapft. Und eines Tages gestand ich alles meinem Mann und habe danach mit der Entziehungsarbeit begonnen."

Diese Frau berichtete mir von ihrer Kindheit und vertraute mir an, dass ihre Mutter besitzergreifend und erstickend war. Dann erzählte sie mir einen Traum: *Sie hielt das Baby ihrer Tochter in den Armen. Ihre Tochter warf ihr vor, das Baby zu sehr für sich in Anspruch zu nehmen, dennoch wollte sie es ihr nicht zurückgeben.* In der konkreten Wirklichkeit hat diese Frau eine erwachsene Tochter, die sich ein Kind wünscht, es jedoch nicht sofort haben konnte. Wir werden die Bedeutung dieses Traumes anschließend durchgehen, nachdem wir untersucht haben, womit die verschiedenen Formen der Abhängigkeit, einschließlich der *Spielsucht* zusammenhängen.

☉

Die Essenz der Abhängigkeiten

Wir wollen uns die häufigsten Abhängigkeiten näher ansehen, um sie in ihrer Essenz erfassen zu können, denn sobald man die Essenz eines Phänomens verstanden hat, kann man das Phänomen als Ganzes verstehen.

Ist man von der *Zigarette* abhängig – der Rauch versinnbildlicht die Luft und die Gedanken –, so deutet dies darauf hin, dass man auf der Ebene der Gedanken etwas zu berichtigen hat. Symbolisch gesehen hindert uns der Rauch daran, klar zu sehen, da er die Göttlichen Ideen in Nebel einhüllt. Wenn man sich in einem Traum rauchen sieht – selbst wenn man in der konkreten Wirklichkeit Nichtraucher ist –, bedeutet dies: „Vorsicht, in deinen Gedanken ist etwas Rauch vorhanden." Darin besteht die Essenz dieser Form der Abhängigkeit.

Der *Alkohol* ist eine Flüssigkeit und, wie bereits gesagt, symbolisiert eine Flüssigkeit generell die Welt der Gefühle und Emotionen. Ein alkoholabhängiger Mensch hat folglich ein emotionales Problem. Im Übrigen sind Alkoholkonsumenten sehr oft Menschen mit einem großen Herzen voller überschwänglicher Gefühle, die jedoch nicht wissen, was sie damit anfangen sollen. Dann gibt es auch Menschen, die das andere Extrem darstellen: Sie sind sehr gehemmt und besitzen eine sehr große innere Starre. Ihre Seele ist mit unbewussten Erinnerungen überlastet, doch sie müssen ein gesellschaftlich annehmbares Benehmen aufrechterhalten. Diese Menschen benutzen den Alkohol, um sich von ihren Hemmungen zu befreien. Es fällt ihnen im angetrunkenen Zustand leichter, sich auszudrücken, und so fühlen sie sich momentan besser.

Worin besteht die Essenz der *Drogenabhängigkeit*? Hinter dem Drogenkonsum verbirgt sich eine spirituelle Suche, wobei der Mensch das Gesuchte schnell und leicht finden will. Ohne sich dessen bewusst zu sein, versucht er einen inneren Zustand herzustellen, der den Bewusstseinszuständen der Engel nahekommt und in dem die Sorgen verschwunden sind. Dieser Zustand wird jedoch durch die Drogen künstlich hervorgerufen und der Mensch fühlt sich nur eine kurze Zeit lang wohl. Die Meditation und die spirituelle Arbeit an sich selbst dagegen stabilisieren die Bewusstseinszustände der Engel im Wesen des Menschen und sorgen für ein dauerhaftes Wohlbefinden. Symbolisch gesehen steht der Drogenkonsum mit der Welt des Ur-Geistes und dem Element Feuer in Verbindung.

Was nun die *Spielsucht* betrifft, braucht man sich nur zu fragen: „Wonach sucht ein Mensch, der spielt?" Er will viel Geld verdienen und das Schicksal kontrollieren, ja sogar gestalten. Das Geld ist eine verdichtete Energie, die in unserer Gesellschaft Macht verleiht. Wenn ein Mensch in einem Traum Geld erhält und auch die anderen im Traum vorhandenen Symbole eine schöne, positive Bedeutung haben, so zeigt dies an, dass die Kosmische Intelligenz diesem Menschen Mittel und Ressourcen zur Verfügung stellt und ihn mit einem großen Potenzial ausstattet. Was geschieht, wenn ein Mensch seine inneren Ressourcen wiederfindet? Er findet dadurch die Fähigkeit der Verwirklichung und Manifestierung und die Ausdehnungskraft wieder.

Die *Spielsucht* ist folglich eine Suche nach Erfolg und Ausdehnung. Wenn unbewusste innere Kräfte den Menschen ersticken und unterdrücken, kann er keinen Erfolg haben und auch nicht über die Göttliche Macht verfügen. Ein Mensch, der sofort ein Erfolgsgefühl haben will, jedoch keinerlei innere Arbeit geleistet hat, wird den Erfolg auf der horizontalen Ebene suchen, in der Welt der Formen. Durch die Arbeit an uns selbst erreichen wir eines Tages den Zustand, wo sich das Gefühl der Ausdehnung von innen her einstellt, und wenn das geschieht, können wir umfangreiche materielle und finanzielle Mittel erhalten und diese altruistisch verwenden.

Die Mentalität des Spielsüchtigen findet man auch bei gewissen Geschäftsleuten, die vom Profit besessen sind: Sie machen Geschäfte genau so, wie sie Roulette spielen. Ihre Haltung ist dabei mit derjenigen eines Landwirts zu vergleichen, der sein Obst und Gemüse ernten will, ohne den Boden bearbeitet und gesät zu haben, oder der die Wachstums- und Reifungsphasen nicht abwarten will. Der Bodenanbau ist ein umfassender natürlicher Ablauf und die Spiritualität funktioniert nach dem genau gleichen Prozess: Man muss die verschiedenen Etappen des Weges zurücklegen, bevor man ernten kann, vor allem dann, wenn man die Dinge richtig tun möchte.

Hinter jeder Form von Abhängigkeit steckt also die Suche nach sofortiger Seligkeit oder nach einem Gefühl der Ausdehnung. Der Mensch sucht auf diese Weise, weil er noch nicht über das wahre Wissen und die wahre Erkenntnis verfügt. Sobald man das weiß, kann man sich von den Schuldgefühlen befreien und hört mit dem Urteilen auf. Man betrachtet die Abhängigkeit wie eine Krankheit der Seele und handelt einem abhängigen Menschen gegenüber so, als würde man einen Kranken im Krankenhaus besuchen: Man begegnet ihm voller Liebe und Mitgefühl. Man hört auf zu dramatisieren, da man verstehen kann, dass seine Abhängigkeit dem einfachen Bedürfnis nach Berichtigung seiner unbewussten Erinnerungen entspricht.

Natürlich gehen die Abhängigkeiten mit viel Schmerz und großem Leid einher. Doch sobald die entsprechenden Verzerrungen durch die spirituelle Arbeit an sich selbst dank dem Wissen und der Erkenntnis, die dem Menschen direkt von der Ur-Quelle zufließen, transzendiert sind, können die Schuldgefühle verschwinden. Man weiß dann, dass man eine Zeit lang anhand einer Verzerrung Erfahrungen gesammelt hat, diese Zeit jedoch vorbei ist und man ein neues Leben beginnen kann. Gewiss, die eigenen Abhängigkeiten haben auch anderen Menschen Probleme verursacht und man muss darauf gefasst sein, dass sie einem gegenüber weiterhin Groll hegen. Man kann sie um Verzeihung bitten, direkt oder lediglich in Gedanken. Und falls sie die Entschuldigungen und Bitten um Verzeihung nicht annehmen können oder wollen, setzt man seinen Weg fort und sät dabei ein neues, ein gutes und richtiges Verhalten, durch das man allmählich seine karmischen Lasten und Schulden auflöst. Es ist wahr, dass man sehr häufig nur durch eine wirkliche, über mehrere Jahre hinweg wahrnehmbare Veränderung die begangenen Fehltaten wiedergutmachen kann, die den Menschen, die einem nahestehen, Leid zufügten. Doch alles, absolut alles kann bereinigt, geläutert und verwandelt werden. Das zu verstehen ist wesentlich.

Denkt man nun an diese Frau, deren Mutter sie unterdrückte und fast erstickte, so kann man sich sagen: „Es ist normal, dass sie die anderen fast erstickt, sie selbst hatte ja eine solche Mutter." Und das stimmt. Es gibt keinen Zufall: Man landet immer in einer Familie, die genau jene Problematik aufweist, die man selbst zu bearbeiten hat. Bereits vor ihrer Geburt in diesem familiären Umfeld hatte diese Frau ein erstickendes Verhalten und das offenbarte MAN ihr durch ihren Traum. Dieser Traum war im Übrigen kein zukunftweisender Traum, der die Schwangerschaft der Tochter ankündigen sollte. Alle im Traum vorgekommenen Elemente, einschließlich des Babys, stellten Teile der Träumerin dar. Diese Frau hatte einen unterdrückenden, besitzergreifenden Charakter und neigte dazu, die andern in Beschlag zu nehmen. Sie erfüllte dadurch die Voraussetzungen für die *Spielsucht*, welche dem brennenden Wunsch entspricht, das Schicksal für persönliche Zwecke zu kontrollieren.

Um die Antwort, die ich der Frau gab, zu verstehen, wollen wir uns wieder an den vorhin erwähnten Traum mit der Wolke erinnern, in dem der abhängige Mann versuchte, die physisch-manifestierte Form dessen zu ergreifen, was für ihn unerreichbar war, weil er in sich selbst Teile trug, die von seiner eigenen Göttlichkeit abgetrennt waren. Ich sagte zu der Frau: „Du hast dich darüber beklagt, dass dein Mann praktisch nie zu Hause ist. Doch mit dem, was du in dir trägst und dessen du dir gerade bewusst geworden bist, hättest du es gar nicht ausgehalten, deinen Ehemann ständig um dich zu haben. Du hättest das gar nicht gewollt. Seine Unerreichbarkeit ist die Grundlage deiner Bindung an ihn." Sie überlegte einige Augenblicke lang und sagte dann: „Ich glaube, du hast Recht."

Man muss immer auf das eigene Innere zurückschließen und so wird man eines Tages ganz damit aufhören, auf die anderen zu projizieren, die nur Bilder, d.h. Symbole darstellen, dank deren wir erkennen können, was wir in unserem Inneren tragen. Die Menschen, denen wir begegnen, und die uns nahestehenden Personen stellen allesamt Lehrer dar, die uns offenbaren, was in unserem Inneren geschrieben steht.

Wir werden sehen, dass uns die Engel nicht nur helfen, uns selbst besser kennen zu lernen, sondern auch zu unserem Verständnis der Kosmischen Gesetze beitragen. Eine der Qualitäten des Engels 15 HARIEL besteht darin, uns *auf der Ebene des bewussten Seins die Göttlichen Gesetze, das wahre Wissen und die wahre Erkenntnis einzugeben*. Es kommt vor, dass wir im Namen des Gesetzes – sowohl des Göttlichen als auch des menschlichen Gesetzes – puritanisch oder gar fanatisch werden. Das geschieht, wenn wir versuchen, das Gesetz wortwörtlich anzuwenden, ohne das Entwicklungsniveau oder die Bewusstseinsebene der betreffenden Menschen in Betracht zu ziehen. Wenn wir die Göttlichen Gesetze beachten, haben wir Zugang zum Wissen und zur Erkenntnis direkt von der Ur-Quelle und erhalten das Gesetz Gottes unmittelbar in unserem Herzen. Ohne die Göttliche Liebe kann es das wahre Wissen und die wahre Erkenntnis nicht geben.

Der nachfolgende Erlebnisbericht zeigt, dass alles im Universum genau berechnet ist und der Zufall nicht existiert. Das Geschehnis teilte uns ein Mann des Gesetzes mit, ein Anwalt, der seit mehreren Jahren die Engellehre befolgt. Es handelt sich dabei um ein ganz einfaches Beispiel. An einem Freitag begab sich dieser Mann von seinem Wohnort nach Montreal. Normalerweise fährt er im Wagen bis zum Bahnhof und von dort mit dem Zug oder der U-Bahn weiter. An jenem Tag hatte er mit seiner Tochter vereinbart, an welchem Bahnhof und für welchen Zug sie sich treffen würden, um einen Teil der Rückfahrt gemeinsam zu machen.

Am Bahnhof angelangt, wollte er sich an einem der beiden Fahrkartenautomaten ein Ticket besorgen. Er begab sich zum freien Automaten, stellte jedoch fest, dass dieser keine Fahrkarten für seinen Bestimmungsort ausgab, und wechselte daher zum anderen.

An den Fahrkartenautomaten muss man zuerst die Anweisungen lesen, um zu wissen, wie sie funktionieren, und dann die richtigen Angaben zur gewünschten Reisestrecke sowie den richtigen Betrag eingeben. In der Warteschlange befand sich eine Frau mit einem kleinen fünf- oder sechsjährigen Jungen. Es war bereits kurz vor Ankunft des Zuges und die Frau las immer noch die Anweisungen und versuchte zu verstehen, wie das System funktionierte. Der Zug kam an und der kleine Junge begann auf- und abzuspringen, wobei er zu seiner Mutter sagte: „Mama, mach schnell, der Zug wird abfahren, beeil dich." Und er streckte seine kleine Hand aus, um seine Fahrkarte zu erhalten. Doch je schneller die Zeit vorrückte und je mehr die Mutter auf den Tasten des Automaten herumdrückte, umso aufgeregter und verwirrter wurde sie.

Der wartende Mann war etwas zurückgetreten, um sie nicht zu stören, doch auch und vor allen Dingen, um in sich selbst zu arbeiten, denn er wollte nicht in die Ungeduld verfallen. Dieses schöne Beispiel zeigt uns, wie wir anhand all der Tests, die uns der Himmel schickt, die wahre Meisterung erlernen können. Was tat er, um nicht ungeduldig zu werden? Er machte die Engel-Rezitier-Übung. Er rief den Engel 7 ACHAIAH, den Engel der Geduld, an und ging in Gedanken die Kosmischen Gesetze durch, die er im Rahmen der Engellehre gelernt hatte. Dabei sagte er sich: „Den Zufall gibt es nicht. Diese Frau ist da, weil Gott sie geschickt hat. Ich weiß zwar im Augenblick nicht, wozu ihre Anwesenheit dienen soll, doch ich rufe den Engel an: ACHAIAH, ACHAIAH, ACHAIAH. Ich bin hier auf Erden, um zu lernen, und ich habe alle Zeit der Welt." So gelang es dem Mann, sein Bewusstsein auf einer hohen Ebene zu halten, und was geschehen musste, geschah: Der Zug fuhr ohne sie ab.

Die Frau drehte sich ganz verzweifelt und verwirrt um. Da sah der Mann sie an und sagte zu ihr: „Das ist doch nicht schlimm. Machen Sie sich nichts daraus, es gibt noch einen anderen Zug. Kann ich Ihnen helfen?" Und er half ihr, die Fahrkarten zu kaufen. Es blieb ihm eine kurze Wartezeit, bevor der nächste Zug eintraf, so beschloss er, das WC aufzusuchen. Auf dem Weg dahin entdeckte er, dass es im Bahnhof einen Schalter gab, an dem ein Angestellter Fahrscheine verkaufte, und er sein Ticket dort hätte kaufen können, wodurch er den Zug nicht verpasst hätte. Er sagte sich: „Sieh mal einer an! Das blieb mir verschleiert. Dafür muss es einen guten Grund geben." Plötzlich hörte er rufen: „Papa!" Er drehte sich um und sah seine Tochter.

Er sagte zu ihr:
- Was machst du denn hier? Du solltest doch den Zug nicht von hier aus nehmen.
- Ich habe meine Pläne geändert. Ich nahm die gleiche Strecke, die wir neulich zusammen zurückgelegt haben. Die Stadt, die Züge, das alles ist noch neu für mich und mit etwas schon Vertrautem fühlte ich mich besser.

Das war also der Grund, weshalb MAN ihn den Zug verpassen ließ. Als er seine Tochter sah, zogen Göttliche Gedanken durch seinen Kopf. Er vertraute mir an: „Alles, was geschehen war, kreiste in meinem Kopf herum und ich sagte mir: ‚Mein Gott!'" Er freute sich sehr darüber, mit der Frau nicht ungeduldig reagiert zu haben. Er gestand mir: „Vor einigen Jahren, bevor ich die Engellehre kannte, hätte ich alles getan, um die Situation zu beschleunigen. Ich hätte meine Fahrkarte erhalten und den Zug nicht verpasst. Ich hätte mich durchgesetzt. Doch an jenem Tag wurde mir bewusst, dass ich innerlich ruhig und Meister meiner selbst geblieben war."

Dieser Anwalt hatte ein Göttliches Gesetz verstanden, nämlich, dass selbst einer scheinbaren Desorganisation eine große Organisation zugrunde liegt. Dank dieser Situation erlebte er eine mystische Erfahrung, die seine Seele sehr erfreute. Die Göttlichen Gesetze werden uns auf diese Weise eingegeben, durch die Ereignisse des Alltagslebens. So lernen wir sie nach und nach wieder erkennen, was unser Verständnis des Lebens ändert sowie die Art und Weise, wie wir auf Erden leben.

Diese Erfahrung hatte dem Mann zu verstehen gegeben, dass selbst dann, wenn die Dinge nicht gut zu laufen scheinen, etwas Besseres auf uns wartet. Das hat man schon so oft gehört, dass diese Aussage ganz banal geworden ist. Theoretisch klingt sie sehr schön, doch im Alltagsverlauf, wenn die Ereignisse uns zur Eile drängen, ist sie nicht so leicht zu akzeptieren und in die Praxis umzusetzen. Indem wir in den verschiedenen alltäglichen Testsituationen so wie dieser Mann reagieren, wird es uns nach und nach gelingen, die innere Meisterung zu erlangen und aufzuhören, die unbewussten inneren Kräfte zu nähren, die uns ungeduldig und aggressiv werden lassen.

Alles ändert sich, sobald wir der Materie nicht mehr den ersten Platz einräumen. Das geht natürlich mit einer langen Arbeit einher. Doch wenn wir die Göttlichen Gesetze unaufhörlich im Alltagsleben und auch auf jene Ereignisse anwenden, die wir als banal erachten, werden wir sie allmählich so stark verkörpern, dass es uns gelingt, in wichtigen und schwierigeren Situationen die Selbstmeisterung und die innere Stabilität zu wahren. Doch zuerst müssen wir uns im Alltag darin üben und dabei stellt die Engel-Rezitier-Übung eine große Hilfe dar.

Hier ein Beispiel zu einer Form der Abhängigkeit, die mit dem Verständnis des männlichen und des weiblichen Prinzips zu tun hat. Eine Frau bat meinen Mann um die Deutung eines Traumes, den sie einige Tage zuvor erhalten hatte. Einleitend sagte sie: „Ich muss dir als Erstes sagen, dass ich heute Morgen meinen Mann verlassen habe." Danach erzählte sie ihren Traum: *„Ich befand mich kniend vor meinem Mann, der an einer Herzkrankheit litt. In der konkreten Wirklichkeit ist er nicht herzkrank. Ich wollte ihm helfen, doch mir tat es in der Seele weh. Was bedeutet dieser Traum?"*

Mein Mann fragte sie zunächst:
- Was stellt dein Ehemann für dich dar?
- Ach, er hat mir mehrere Male gesagt, ich sei ein Wesen aus Liebe und er würde mich nicht verdienen. Und aus diesem Grunde könne er sich mir nicht mehr nähern und müsse mich verlassen.
- Weißt du, sagte ihr darauf mein Mann, das ist ein klassischer Satz, den manche Menschen verwenden, um den anderen ohne allzu viele Diskussionen und Probleme verlassen zu können. In diesem Traum zeigt MAN dir einen Teil deines inneren Mannes sowie dein inneres Programm. Du kniest vor ihm. Eine kniende Position weist auf Unterwerfung und tiefe Abhängigkeit hin. Dieser Traum besagt, dass du emotional abhängig bist. Der herzkranke Mann ist eben-

falls ein Hinweis auf ein bedeutendes emotionales Problem. Man erfährt, dass du diesem Teil von dir helfen willst, doch die Tatsache, dass du kniest, gibt an, dass du diesen Teil eigentlich bewunderst. Wenn man bei einem anderen Menschen ein Problem erkennt, kann man dafür Verständnis haben oder Mitgefühl, doch keine Bewunderung. Mit der Bewunderung unterstützt und nährt man das Problem. Folglich kann der kranke Teil in dir nicht heilen, weil die dem Problem zugrunde liegenden Schemen weiterhin aufrechterhalten werden.

Die Frau öffnete sich etwas mehr und vertraute meinem Mann an:
- Mein Mann hatte eine äußerst fordernde und sehr perverse Sexualität. Ich habe beschlossen, solchen sexuellen Forderungen nicht mehr nachzugeben.
- Gewiss, doch es war kein Zufall, dass du mit ihm zusammenlebtest. Du trägst diese Aspekte in dir selbst und diesen Mann hat MAN dir auf deinen Weg gesetzt, um dir die in deinem eigenen Innern vorhandenen verzerrten Aspekte der Liebe und der Sexualität zu zeigen.
- Ah! Das ergibt einen Sinn, denn ich habe mehrere Rückführungen in frühere Leben gemacht, in denen ich sah, dass ich allerlei sexuellen Missbrauch getrieben hatte.

Es war für diese Frau wichtig zu verstehen, dass sich – sofern sie diese Aspekte ihres Wesens nicht bereinigte – drei Wochen später die unbewussten und kranken Teile ihres Selbst wieder bemerkbar machen würden und zur Folge hätten, dass sie sich abermals in diesen Mann verliebt fühlen würde. Die abhängigen Teile in ihr würden sie veranlassen, sich zu sagen: „Schließlich war es gar nicht so schlimm." Oder dieser Mann könnte drei Wochen später mit getarnter sexueller Lust ankommen und ihr sagen: „Mein Herz, ich liebe dich" und alles würde wieder von neuem beginnen, weil inzwischen nichts geregelt wurde.

Man kann sagen, dass der Sex für manche Menschen eine Droge ist. Die Sexualität zwischen zwei Menschen, die sich wirklich lieben, ist ein Göttlicher Akt. Eines Tages wird der Mensch seine Abhängigkeit gegenüber dem Sexualakt überwunden haben. Um das zu erreichen, werden manche Menschen eine lange innere Arbeit vollbringen müssen, die auch eine Entziehungsphase beinhaltet ähnlich jener, die Menschen mit einem Drogen- oder Alkoholproblem durchlaufen müssen.

Hier ein weiteres Beispiel der emotionalen Abhängigkeit, das mein Mann beobachten konnte. Eine Frau hatte zu ihm gesagt: „Ich habe gerade ein Buch über das Thema des Aschenputtel-Syndroms gelesen und das hat mir einige Erkenntnisse gebracht." Diese Frau schien sich mit Aschenputtel zu identifizieren, also mit der herzreinen, freundlichen Prinzessin, die von allen ausgenutzt wird. Darauf erwiderte mein Mann: „Ja, es ist wahr, Aschenputtel stellt einen Teil von dir dar. Doch darfst du nicht vergessen, dass die Stiefmutter und die beiden unfreundlichen Schwestern ebenfalls Teilen deines Wesens entsprechen." Solange wir diese Teile nicht transzendiert haben, bestehen sie in uns fort.

Was erlebte Aschenputtel in diesem schönen Einweihungsmärchen, bevor es eine Prinzessin wurde? Es machte jahrelang sauber und ärgerte sich dabei nicht über die Menschen, die böse zu ihm waren, und es wurde ihnen gegenüber auch nicht aggressiv. Ja, durch ein solches Verhalten finden wir unsere königliche Herkunft wieder: Indem wir ohne jegliche Rebellion daran arbeiten, das Böse zu verwandeln, bis die Kosmische Intelligenz zu uns sagt: „So, nun ist es genug, du hast deine karmischen Lasten und Schulden abgetragen." Wenn man sich misshandelt fühlt und mit der Rolle des Opfers identifiziert, kann man in seiner Entwicklung nicht weiterkommen, weil eine solche Einstellung einen daran hindert, auf sich selbst zurückzuschließen.

Sobald man dies verstanden hat, kann man sich sagen: „Also gut, ich habe Ähnliches in früheren Leben getan, doch ich nehme es mir nicht übel. Ich kann es wieder gutmachen." Man ist seither einen Schritt weitergekommen. Von dem Augenblick an, wo man das Prinzip der Ewigkeit und der vielfachen Leben integriert hat – wobei ein schmerzvolles Leben durchaus lang erscheinen mag – und weiß, dass man alles wieder gutmachen kann, setzt man den Läuterungsprozess in Gang. Am Ende dieses Prozesses hat man keine negativen Resonanzen mehr und zieht folglich eine andere Art von Personen an. Das ist ein absolut gültiges Gesetz.

Wir wollen nun die Stellung des Engels HARIEL im Lebensbaum näher betrachten. Dieser Engel hat seinen Wohnsitz in der Sephira HOCHMAH, die symbolisch dem Planeten Uranus verbunden ist. HARIEL übt folglich einen Uranus-Einfluss aus, d.h. einen Einfluss, der sich durch den Altruismus und eine schnelle Entwicklung auszeichnet. Mit anderen Worten erhält man, wenn man den Bewusstseinszustand dieses Engels integriert hat, Inspirationen und entwickelt den Wunsch, in humanitären Werken mitzuwirken. Unter den acht Engeln, die in der Lebenssphäre HOCHMAH ihre Residenz haben, ist HARIEL derjenige, dessen Besonderheit in der Sephira HOD zum Ausdruck kommt, die unter dem Einfluss des Planeten Merkur steht. HOD ist eine der irdischen Manifestierung sehr nahe liegende Lebenssphäre, in der die Endausarbeitung des Göttlichen Plans auf der Ebene der Seele erfolgt. HARIEL gehört folglich zu den Engeln, die in HOD an der Programmerstellung für die einzelnen Seelen mitwirken.

Der Planet Merkur symbolisiert den Intellekt und den mentalen Bereich, also das, was uns die Inszenierung unseres Lebens ermöglicht. Warum sieht man bei manchen Menschen, die hohe Werte wie die Liebe, die Reinheit und die Weisheit preisen, eine große Verschiebung zwischen dem, was sie sagen, und dem, was sie tun? Man betrachtet ihre Art zu leben und erkennt, dass sie puritanisch und ganz ausgetrocknet sind. Anstatt Liebe sieht man in ihrem Leben Aggressivität und Kritik. Diese Verschiebung ist die Folge eines überlasteten Unbewusstseins. Die Energien, die von einem Menschen ausgehen, müssen so viele unbewusste Erinnerungen und Filter durchqueren, dass sie letztendlich ganz verzerrt zum Ausdruck kommen. Das ergibt einen aufgespaltenen, zerstückelten, separatistischen Intellekt, der folgende Verzerrungen aufweisen kann: *engstirniger, sektiererischer Geist, Tendenz, alles übertrieben auseinanderzunehmen, Separatismus*, d.h. eine Geisteshaltung, die für die Liebe keinen Platz lässt.

Das führt uns zu einer anderen Verzerrung dieser Engelenergie: *Bereitschaft zu sterben, um eine naturfremde Wahrheit durchzusetzen oder zu verteidigen, Terrorist*. Am 11. September 2001, dem Tag, an dem die beiden Wolkenkratzer des *World Trade Center* in New York einstürzten, wohnte die Welt einer der extremsten Äußerungen dieser Verzerrung bei. Wie lässt sich dieser Fanatismus, der ein weltweites Ausmaß erreicht hat, erklären? Um dieses Phänomen verstehen zu können, werden wir es auf einer individuellen Ebene analysieren.

Kurze Zeit vor diesem Ereignis teilten mir mehrere Personen Träume mit, die alle auf ihre Art Übereinstimmungen mit den Geschehnissen während der Attentate schilderten. Ich möchte Ihnen einen dieser Träume erzählen, der mir von einer Frau mitgeteilt wurde, die bereits seit einiger Zeit mit der Engellehre arbeitet. *Sie befand sich mit zwei weiteren Menschen in einem riesigen Turm, als sie plötzlich ein brennendes Flugzeug darauf zusteuern sah. Von Panik ergriffen, rief sie den beiden anderen Personen zu, den Turm zu verlassen, was sie auch taten. Das Flugzeug stürzte ab, doch nicht auf den Turm sondern auf den Boden, wo es explodierte und viel Zerstörung anrichtete.*

Warum hatte MAN dieser Frau diesen Traum geschickt und was bedeutet er? Die Ereignisse in dem Traum weichen etwas von dem ab, was sich in der Realität zugetragen hat. Folglich handelt es sich nicht um einen Warntraum zu den Ereignissen des 11. September. Dennoch sind die Verbindungen offensichtlich. Alles existiert in den Parallelwelten, bevor es auf der materiellen, irdischen Ebene in Erscheinung tritt.

Durch diesen Traum wollte die Kosmische Intelligenz der Frau eine Lehre zukommen lassen. Das Flugzeug, der Turm und die anwesenden Personen versinnbildlichten Teile der Frau. Und auch das, was in dem Traum geschah, stellte einen Teil von ihr dar. Wir wollen nun die Elemente des Traumes und ihren Zusammenhang analysieren. Ein Geschäftshochhaus, wo viele Tätigkeiten im Zusammenhang mit Handel und Arbeit stattfinden, symbolisiert die Materie. Das Flugzeug, das in der Luft fliegt, versinnbildlicht die Welt der Gedanken und das Feuer stellt den Ur-Geist dar. MAN wollte der Frau sagen: „Wenn du dich in der Materie äußerst, hast du Gedanken, die dein Leben zerstören und Teile in dir zum Einsturz bringen, wie z.B. wenn du sagst: ‚Ich bin es satt, dort zu arbeiten, das ist zu anspruchsvoll, ich würde lieber woanders sein.'"

Manchmal kritisieren wir im Stillen, was Wirbelstürme der Aggressivität erzeugt, die die anderen unbewusst und intuitiv wahrnehmen. Wenn wir über das wahre Wissen und die wahre Erkenntnis verfügen, die Zeichen lesen können und spirituelle Fähigkeiten wie das Hellsehen, Hellhören, Hellriechen und Hellfühlen entwickelt haben, sind wir in der Lage, jederzeit wahrzunehmen und zu verstehen, was die anderen Menschen durchleben. Da diese Frau an ihrer spirituellen Entwicklung arbeitete, wies MAN sie durch diesen Traum darauf hin, dass sie ihre Gedanken überwachen musste. Obwohl sie sehr wohl wusste, dass der Traum sie persönlich betraf, war ihr Bewusstsein, als sie die Ereignisse im Fernsehen verfolgte, durch den Umfang des Schadens schwer beeindruckt, da sie sich der Zerstörung gewahr wurde, die sie in sich selbst anrichtete. Sie erkannte: „Das also tue ich mir an, wenn ich negative Gedanken unterhalte. Ich zerstöre damit mein Leben und lähme mein ganzes Wesen." Dieser Traum beschleunigte ihre Bewusstwerdung stark und ließ sie die Ursache ihres Unwohlseins erkennen.

Der Traum gab ihr zu verstehen: „Du hast manchmal Terroristen in deinem Kopf. Sei vorsichtig. Das hat zerstörerische Auswirkungen." Jedes Mal, wenn wir frustriert sind und kritisch-aggressive Gedanken zulassen, nähren wir kleine Terroristen in unserem Inneren und füttern auf der kollektiven Ebene ein riesengroßes energetisches Sammelbecken, wo sich alle negativen und zerstörerischen Gedanken ansammeln. Manche Menschen, bei denen die negativen Eigenschaften stärker konzentriert vorhanden sind – wie z.B. bei den Fanatikern und Extremisten, die diese Attentate geplant haben –, kanalisieren die Energien dieses kollektiven Sammelbeckens und verleihen ihnen durch konkrete Taten Ausdruck.

Gott ließ dies zu, weil aus jeder schweren Prüfung eine Lehre zu ziehen ist. Gottes Blickfeld liegt jenseits von Gut und Böse. Der Terrorismus hat ein solches Ausmaß angenommen, um die Menschen weltweit zu veranlassen, ihre Denkweise zu ändern, untereinander eine größere Solidarität und Brüderlichkeit zu entwickeln und der Materie weniger Bedeutung und Macht zu schenken. Natürlich soll man den betroffenen Familien sehr viel Mitgefühl entgegenbringen, doch muss man andererseits auch die enthaltene Lehre erkennen und verstehen können.

Wir haben dem Aufeinanderprallen zweier ideologischer Extreme beigewohnt: dem materialistischen Extrem und dem antimaterialistischen Extrem. Die Antimaterialisten werfen den Materialisten unter anderem die Ausbeutung und den Missbrauch der Frau vor, z.B. indem eine Frau in einem Bikini verwendet wird, um Bier oder Kaugummi zu verkaufen. Die Materialisten werfen ihrerseits den Antimaterialisten vor, die Frau zu verschleiern, zu verstecken und zu unterdrücken. Die Frau symbolisiert die Fähigkeit zu materialisieren, selbst wenn sie beide Polaritäten in sich trägt. Die von den Materialisten und Antimaterialisten angegebenen Gründe lassen erkennen, dass beiden Seiten das Verständnis für die richtige und gerechte Verwendung der Materie fehlt.

Hört man auf der Ebene der Regierungsinstanzen sagen, das Übel des Terrorismus müsse an der Wurzel beseitigt und die Terroristen müssten verhaftet werden, so kann man damit einverstanden sein. Das Eingreifen von Spezialisten wie der Polizei und der Armee ist nötig, doch wird dies lediglich in der Welt der Folgen seine Wirkung tun. Wir leben in der Welt der Folgen und Auswirkungen und müssen damit umgehen können. Doch die antiterroristischen Interventionen berühren noch nicht die Wurzel des Übels, das eigentlich ein ideologisches Problem ist. Die Eingriffe müssen folglich in der Welt der Ideen stattfinden. Um verstehen zu können, wie diese Extremisten funktionieren, muss man in ihre Seele und in ihr Unbewusstsein vordringen.

Was geht in ihren Köpfen vor sich? Selbst wenn man einige Terroristen aufhält, werden ihnen Hunderte weitere folgen, weil ihre Art zu denken auf der ganzen Welt verbreitet ist. Diese Menschen werfen der westlichen Welt Machtmissbrauch vor, die falsche Verwendung der Ressourcen, die Weigerung, Reichtum und Wohlstand zu teilen, und sie fühlen sich durch die sichtbare Verschwendung stark gestört. Wir treffen hier auf das Gesetz der Störung. Wenn man sich durch etwas gestört fühlt, bedeutet dies, dass man das Gleiche in sich selbst trägt. Könnte man in die Köpfe der Extremisten eindringen, so sähe man, dass sie sich sagen: „Armer Gott – wir müssen Ihm helfen. Wir müssen uns aufmachen und das Übel ausrotten."

Manche dieser Extremisten waren in früheren Leben wahrscheinlich sehr reich, missbrauchten ihre Macht und gaben sich allerlei groben Vergnügungen hin, wie z.B. die Epikureer im alten Griechenland. Sie können auch in einem beliebigen anderen Land gelebt haben, gewiss ist jedoch, dass sie Missbrauch trieben und ihr Verhalten andere Menschen leiden ließ. In ihrem jetzigen Leben heißt es in ihrem Programm: „Das reicht nun! Schluss damit." Diese Menschen verfügen jedoch nicht über das wahre Wissen und die wahre Erkenntnis. Das, was sie den anderen vorwerfen, tragen sie in sich selbst, aber sie sind sich dessen nicht bewusst.

Um ihre Haltung besser zu verstehen, braucht man nur daran zu denken, wie schwer es zu Beginn ist, wenn man den Weg der spirituellen Entwicklung einschlägt oder beschließt, einer Abhängigkeit ein Ende zu setzen. Das ist wirklich nicht leicht. Man wird ganz plötzlich jenen Menschen gegenüber intolerant, die die Verhaltensmuster, die man selbst ausrotten möchte, weiter beibehalten. Denken wir dabei einmal an die früheren Raucher. Ein Mensch, der mit dem Rauchen aufhört, kann sich anderen Rauchern gegenüber äußerst intolerant verhalten, weil er das, was er sieht, selbst nicht mehr tun möchte und beim Anblick der Raucher eine Mischung aus Neid, Lust und Starrheit empfindet und ganz durcheinander gerät. Zu Beginn reagieren wir alle so: Wir beschließen, den Abhängigkeiten auf der physischen Ebene ein Ende zu setzen, doch in unserem Innern schreien unbewusste Kräfte auf. Und wenn wir zu diesen Kräften Nein sagen, erhebt sich in unserem Innern ein kleiner Terrorist, der die äußere Welt verändern möchte.

Zu Beginn dieses Weges schwankt der Mensch ständig zwischen seinem Wunsch, wieder in die Abhängigkeit zu verfallen, und einer starren Haltung hin und her. Setzt er seinen Weg der Befreiung fort, so wird er etwas später ein schwaches, scheinbares Gleichgewicht finden, das sich erst durch die vollständige Bereinigung der in seinen Erinnerungen enthaltenen Verzerrungen in ein stabiles und echtes Gleichgewicht verwandeln kann.

Wir stehen also einem umfangreichen sozialen Phänomen der Abhängigkeit gegenüber, das weder über Nacht noch in einem Jahr geregelt werden kann, da es eine umfassende Mentalitätsänderung bei jedem Menschen voraussetzt. Würden alle Menschen das Gesetz der Störung kennen, so würde jeder sich sagen: „Oh, was ich da sehe, ist wirklich entsetzlich. Das ist falsch und unrecht und stört mich. Doch weil es mich stört, weiß ich, dass ich das auch in mir selbst trage, und bevor ich das Übel in der Außenwelt ausrotten kann, muss ich zuerst in meinem eigenen Innern aufräumen."

So wird der Tag kommen, wo man alles aufgeräumt und gereinigt haben wird. Dann wird man nicht mehr gewisse Menschen beiseiteschieben wollen, weil man sich aufgrund des Resonanzgesetzes ihnen gegenüber schlecht fühlt, sondern mit jedem Menschen verschmelzen können. Natürlich wird man verstehen, dass es notwendig ist, jene Menschen, die extremistische Taten begehen, aufzuhalten, zu verhaften und umzuerziehen, doch auf der Ebene des Bewusstseins wird keinerlei Gefühl von Ungerechtigkeit, Hass oder Rache mehr vorhanden sein, weil man das Verständnis erworben und Mitfühlen gelernt hat.

Die Botschaft, die MAN der Frau durch ihren Traum mit dem abstürzenden Flugzeug mitteilen wollte, lautete: „Sei vorsichtig! Im Augenblick ist deine Aggressivität noch auf die Ebene deines Kopfes – deiner Gedanken – beschränkt, du rebellierst, doch diese aggressiven Kräfte stellen wirkliche Terroristen dar. Du siehst, was geschehen wird, wenn du das nicht bereinigst." Lässt ein Mensch solche Gedanken weiter zu, ohne sie zu läutern, so werden sie früher oder später auf der physischen Ebene in Erscheinung treten. Das ist absolut gewiss. Und in einem späteren Leben könnte sich dieser Mensch in einem Land wiederfinden, wo Krieg und Terrorismus herrschen. Sobald man sich der schöpferischen Kraft der Gedanken bewusst geworden ist, erhält man eine neue Motivation und redet nicht mehr von Pausen.

Diese Erkenntnis bietet uns die Kabbala, die verborgene Göttliche Weisheit. Eines Tages werden wir verstehen, wie das Universum funktioniert, und sobald wir keine Resonanzen mehr haben, werden wir den Ablauf der Ereignisse verfolgen können und dabei die Meisterung wahren. Wir werden nicht mehr in Panik geraten, da sie uns nicht mehr erfassen kann. Erst dann können wir wirklich den anderen helfen. Das hat nichts mit Gleichgültigkeit zu tun, sondern im Gegenteil mit viel Liebe und Weisheit. Wenn die negativen Kosmischen Kräfte mobilisiert worden sind, müssen wir die Auswirkungen ihrer Manifestierung auf der physischen Ebene akzeptieren können und uns daran erinnern, dass das Böse eine erzieherische Funktion hat.

Nun zu einem weiteren Erlebnisbericht, der den *Puritanismus* betrifft. Sie werden sehen, wie sehr wir immer unter guter Führung stehen. Es handelt sich um einen Mann, der die Engellehre anwendet und ganz intensiv an seiner Läuterung arbeitet, um seinen *Lichtkörper* wiederzufinden.

Er sagte mir zuerst: „Eines Nachts hatte ich Rückenschmerzen. Die Wirbelsäule tat mir weh, doch das war energetisch bedingt." Wenn man so intensiv an sich arbeitet, weckt man die Kundalini, die Lebenskraft im Menschen, die am unteren Ende der Wirbelsäule angesammelt ruht. Weckt der Mensch diese Kraft, bevor er ein spirituelles Bewusstsein erreicht hat, so wird er sie zur Befriedigung allerlei Wünsche und Begierden verwenden. Bei einem spirituellen Menschen wird diese Kraft der Wirbelsäule entlang nach oben steigen und die höheren Energiezentren nähren, was dem Menschen große spirituelle Kräfte wie das Hellsehen, das Hellhören, das Hellriechen und das Hellfühlen verleiht. Der gesunde Aufstieg der Kundalini setzt jedoch eine lange Arbeit der inneren Reinigung und Läuterung voraus. Wird diese Kraft zu früh geweckt, d.h. bevor das Unbewusstsein ausreichend bereinigt ist, dann wirkt sie wie ein gefräßiges Feuer, das die niederen Instinkte schürt.

Der Mann spürte, dass diese Kraft in seiner Wirbelsäule blockiert war und dass dies der Grund für seine Rückenschmerzen darstellte. Am Abend vor dem Einschlafen rief er ganz intensiv einen Engel an und MAN schickte ihm einen Traum. *Er befand sich in einer Krankenhaus-Schule und hatte einen Eimer, um die Fußböden zu reinigen. In dem Eimer befanden sich abgeschnittene Füße. Diese Füße gehörten entfernten Verwandten von ihm, die er eigentlich nicht kannte. Er hatte ein Feuerzeug bei der Hand und zündete die Füße an.*

Am darauf folgenden Tag rief man ihn an, um ihm mitzuteilen, dass ein entfernt verwandter Onkel, der Elektriker war und den er wirklich kaum kannte, einen Elektroschock erlitten hatte und sich im Krankenhaus befand. Sein Zustand war ernst. Wir werden sehen, welchen Zusammenhang es zwischen dem Elektriker, dem Inhalt des Traumes und dem Rücken gab. Dieser Mann hatte eine sehr wichtige Lehre zu verstehen.

In seinem Traum zeigte MAN ihm, warum seine Energie blockiert war und nicht aufsteigen konnte. Aus welchem Grund begibt man sich in ein Krankenhaus? Um gesund zu werden. Die Schule dient dem Lernen und ein Eimer unter anderem dem Saubermachen. Dieser Mann musste folglich etwas lernen, was ihm bei seiner inneren Reinigung behilflich sein sollte. Der Fuß ist ein Symbol der Handlung und der Art, wie man sich in der Außenwelt fortbewegt und in ihr auftritt. In seinem Traum hatte der Mann ein Feuerzeug, doch das Feuer, über das er verfügte, war zerstörerisch, genauso wie das Feuer in dem Traum mit dem Flugzeugabsturz. Mit seinem Feuerzeug zündete der Mann die Füße seiner entfernten Verwandten an, was bedeutet, dass er einen zerstörerischen Geist hat. Die entfernten Verwandten stellten Mitglieder seiner inneren Familie dar, also Teile von ihm, die er noch nicht oder kaum kannte und mit denen er noch nicht verschmolzen war.

Dieser Mann dachte und handelte puritanisch, deshalb sollte der Traum ihn warnen: „Pass auf! Du bist puritanisch, hast Vorurteile und schließt nicht oft genug auf dich selbst zurück, wenn du gewisse Dinge wahrnimmst." Er projizierte auf die Außenwelt und urteilte über die anderen, wenn er sah, dass deren Handlungen nicht richtig waren. Er sagte sich dabei: „Sieh dir das an. Das ist nicht richtig." Anstatt das, was er sah, einfach nur zu bewerten und sich selbst in Bezug darauf zu ergründen – was ein gewisses Maß an Demut voraussetzt –, kritisierte er und gab abfällige Kommentare über die andern ab, da er mit dem, was er zu sehen bekam, noch Resonanzen hatte. Er hatte in sich selbst noch Teile, die er nicht wirklich erkennen wollte – und die symbolisch als entfernte Verwandte dargestellt wurden –, weil das, was man beim Aufsuchen solcher Teile erfährt, nicht immer schön und angenehm ist.

Warum erhielt dieser Mann Nachricht von seinem Onkel, der Elektriker war? Dieses Ereignis stellte ein Zeichen dar, das wir so analysieren, als wäre es Teil eines Traumes. Der Mann sagte mir, dass die Nachricht in ihm kein Gefühl der Störung hervorgerufen hatte. Sich durch etwas gestört fühlen oder nicht, stellt in der Engellehre ein wichtiges Kriterium dar. Wenn man sich nicht gestört fühlt, bedeutet dies normalerweise, dass man keine Resonanzen hat. Dieser Mann dachte folglich, er hätte keine Resonanzen.

Es kommt jedoch vor, dass man das Gefühl hat, keine Störung zu empfinden, sich dahinter aber dennoch Resonanzen verbergen. So fühlen sich die Terroristen z.B. durch das Übel, das sie sehen, gestört, doch das Unglück, das sie über ihre Opfer und deren Familien bringen, scheint sie nicht zu stören. Der Elektriker-Onkel dieses Mannes stellte einen Teil seines Selbst dar, den er noch nicht wirklich kannte. Symbolisch gesehen ermöglicht die Elektrizität den Anschluss oder die Verbindung zum Ur-Geist, zur Göttlichen Energie. MAN zeigte also dem Mann, dass sein zerstörerischer Geist in ihm Kurzschlüsse und Elektroschocks hervorrief, was auch der Grund für seine Rückenschmerzen war.

Sie sehen, dass man in einer Deutung sehr viel weiter gehen kann, wenn man das Phänomen der Störung berücksichtigt und sofort auf sich selbst zurückschließt. Man hat dann keine Ausweichmöglichkeiten mehr. Doch man verfügt über die Engel-Rezitier-Übung, dank deren man das eigene Unbewusstsein bereinigen kann. So werden diese inneren Kräfte, die unentwegt an die Tür klopfen und sich aggressiv verhalten, umerzogen. So findet man auch den Frieden wieder, kann die Tür für die anderen ganz weit öffnen und mit allen Menschen verschmelzen, was immer sie auch getan haben mögen oder immer noch tun.

Symbole der Reinigung und der Läuterung

Ich möchte nun die wichtigsten Symbole der Reinigung und Läuterung erwähnen, die natürlich sehr zahlreich sind. Ob sie nun in der konkreten Welt als Zeichen auftauchen oder in den Träumen enthalten sind, ihre Deutung erfolgt auf die gleiche Weise. Eines Tages werden wir darin keinen Unterschied mehr sehen.

Wenn man mit dem Engel HARIEL, dem Engel der Reinigung und Läuterung, arbeitet, kommen bestimmte Symbole, wie z.B. die *Toiletten* sehr häufig vor. Vor allem zu Beginn der Arbeit mit den Engeln muss man viel öfters als gewöhnlich die Toilette aufsuchen, weil die Himmlischen Mächte uns sagen: „Du willst diese hohen Bewusstseinszustände erreichen? Einverstanden, doch zuerst musst du in dir sauber machen und gewisse negative Aspekte deines Selbst loswerden."

Taucht als Symbol der Urin auf, der eine Flüssigkeit darstellt, so weist dies darauf hin, dass wir einen emotionalen Aspekt zu bereinigen haben. Sehen wir hingegen Exkremente, so handelt es sich um eine Bereinigung von Elementen, die die materielle Ebene betreffen. Wie funktioniert nun vereinfacht dargestellt die Symbolik der Träume, die mit der Reinigung und Läuterung zu tun haben? Wir erhalten einen Traum, in dem wir uns auf der Toilette sehen, danach läuft eine Reihe von Szenen ab. Damit lässt MAN uns klar erkennen, welche Aspekte oder Bereiche wir gerade bereinigen. So erhalten wir Einblick in unser inneres Programm und erwerben eine große spirituelle Autonomie.

Man könnte auch ein *Waschbecken* sehen und dabei sein, sich die Hände zu waschen. Die Hände symbolisieren die Herstellung sowie das Geben und Empfangen. Eine solche Szene würde besagen wollen: „Achtung! Bereinige die Art, wie du gibst und empfängst. Einige deiner Handlungen sind nicht richtig." Durch ein einziges Bild kann MAN uns auf allerlei unrichtige Verhaltensweisen aufmerksam machen und eben darin liegt die Schönheit der Träume. Danach haben wir nur noch die Beziehung zwischen unserem Handeln, unseren Emotionen und Gedanken einerseits und den im Traum erhaltenen Botschaften andererseits herzustellen.

Die Dusche und das Bad sind weitere Symbole der Reinigung. Wir sahen, dass *das Wasser* die emotionale Seite des Menschen versinnbildlicht, doch in allgemeiner Weise symbolisiert das Wasser auch die Reinigung. Angesichts eines Symbols stellt man sich einfach die Frage: „Wozu dient das?" Nachdem man in der konkreten Welt ein Bad genommen oder geduscht hat, fühlt man sich gut. Diese Symbole geben folglich an, dass man auf der Ebene der Seele ein Wohlgefühl empfinden wird, da eine tiefgehende Innenreinigung stattgefunden hat.

Das Feuer und die Feuerstätten sind ebenfalls Symbole der Reinigung und der Läuterung. Ihre Anwesenheit in einem Traum bedeutet, dass man eine Läuterung auf der Ebene des Geistes erfährt.

Sieht man ein *Reinigungsmittel*, so bedeutet dies, dass man in der Tiefe reinigt. Auf diese Weise analysiert man ein Symbol nach dem anderen, und falls mehrere vorhanden sind, untersucht man die zwischen ihnen bestehenden Zusammenhänge. Welcher Handelsmarke gehört das Symbol an? Wo befindet es sich? Im Wohnzimmer? Das Wohnzimmer versinnbildlicht einen sozialen Aspekt, da man sich darin aufhält, um sich mit den anderen zu unterhalten und auszutauschen. Ein Reinigungsmittel im Wohnzimmer bedeutet folglich, dass man gewisse Aspekte des gesellschaftlichen Lebens bereinigt. Die Küche symbolisiert die Vorbereitung usw.

Ein solches Vorgehen lässt uns erkennen, was sich wirklich in unserem Innern abspielt. Diese Symbole sind äußerst wichtig und tauchen häufig auf, wenn man die Engel-Rezitier-Übung macht. Hat man in der konkreten Welt ein Problem mit der *Waschmaschine* oder dem *Waschbecken* – es gibt ja keinen Zufall –, so deutet man diese Zeichen, als würde es sich um einen Traum handeln, und verwendet dabei die gleiche Symbolsprache.

Hier noch einige weitere Beispiele. Mit einer Waschmaschine wäscht man unter anderem Kleidungsstücke. Die Kleidung symbolisiert die Aura. Wenn folglich von einer Waschmaschine die Rede ist, handelt es sich um die qualitative Reinigung unserer Aura, d.h. um die Art und Weise, wie wir vor anderen Menschen unsere Qualitäten und Verzerrungen zum Ausdruck bringen. Im gleichen Sinne weisen schmutzige oder durchlöcherte Kleidungsstücke darauf hin, dass wir gewisse Aspekte unserer Ausstrahlung – unserer Aura und unseres Wesens – korrigieren müssen. Ein *Wäschetrockner* verweist auf das Element Luft, also auf den Bereich der Gedanken.

Eine *Geschirrspülmaschine* reinigt Gegenstände, die das Essen berühren, folglich symbolisiert sie die Läuterung der Rezeptivität, also unsere Fähigkeit, für Ressourcen empfänglich zu sein.

☉

Ich möchte nun von einem Erlebnisbericht zum Thema der Reinigung und Läuterung sprechen. Er betrifft eine Abhängigkeit, die recht heimtückisch wirkt und zudem allgegenwärtig ist: die Abhängigkeit vom Wunsch, zu gefallen – und zwar nicht nur zwischen Mann und Frau.

Dieser Bericht stammt von einer Frau, die mit der Traditionellen Engellehre arbeitet und deren Mann ebenfalls diese Lehre anwendet. Sie erzählte mir, dass sie sich für eine Reise nach Italien vorbereitete, um ihren Mann auf einer Geschäftsreise zu begleiten. Sie wollten auch die Gelegenheit nutzen, um das Land ein wenig zu besichtigen. Die Frau hatte einige Tage vor ihrer Reise einen Termin bei ihrer Friseuse vereinbart und in der Nacht davor erhielt sie folgenden Traum: *„Ich kam bei der Friseuse an und dort herrschte keine angenehme Stimmung. Die Friseuse war sehr aufgeregt und plötzlich sah ich sie ihren Liebsten töten.* Damit wachte ich auf und war ganz durcheinander. Ich fühlte mich nach diesem Traum wirklich nicht wohl."

Nach einem solchen Traum könnte sich die betreffende Person sagen: „Es ist vielleicht besser, wenn ich nicht zum Friseur gehe." Diese Frau ging dennoch hin, da eine Reise bevorstand und der Termin festgelegt war, im Wesentlichen jedoch, weil sie die konkrete Erfahrung dieses Traumes machen musste. Sie erklärte mir, dass sie einige Monate zuvor bei ihrer Suche nach Authentizität beschlossen hatte, zu ihrer natürlichen hellbraunen Haarfarbe zurückzukehren, nachdem sie sich bereits 15 Jahre lang die Haare blond färben ließ. Da sie sich jedoch für die Reise von ihrer besten Seite zeigen wollte, beschloss sie, diese Veränderung zu verschieben.

Sie berichtete: „Ich bestellte also wieder eine blonde Färbung, doch das Ergebnis war entsetzlich! Meine Haaransätze waren karottenfarben und die Spitzen fast weiß. Das war furchtbar hässlich. Ich sagte zu der Friseuse: ‚Du wirst das nicht so lassen, nicht wahr?' und sie antwortete mir: ‚Es tut mir wirklich schrecklich leid, doch das Mittel ist so scharf, wenn ich von neuem beginne, wirst du kein einziges Haar mehr auf dem Kopf haben.'" Sehr verärgert kehrte die Frau nach Hause zurück. Da sie jedoch die Engellehre befolgt und auch den Traum erhalten hatte, hielt ihr Ärger nicht lange an. Ein Mensch mit einem gewöhnlichen Bewusstsein hätte wohl Lust gehabt, die Friseuse regelrecht auszupeitschen, doch diese Frau wusste, dass eine Lehre für sie darin steckte. Sie sagte sich lediglich: „Ich hätte den Termin absagen müssen. Ich war im Traum vorgewarnt worden."

So meditierte sie über den tieferen Sinn dieser unglücklichen Erfahrung. Sie sagte sich: „Ich wollte wieder natürlicher sein, doch ich ließ mich von den anderen beeinflussen. Ich habe nicht auf meine innere Stimme gehört."

Sie sagte zu mir: „Sogar mein Mann versuchte mich zu beeinflussen, indem er mir sagte: ‚Ich habe dich immer mit blonden Haaren gekannt, das steht dir gut.' Und auch meine Freunde versuchten es. Da hat mein Wunsch zu gefallen, die Oberhand gewonnen. Ich wusste wohl, dass ich am Thema Erscheinung und Anschein zu arbeiten hatte, doch hätte ich nicht gedacht, dass es so schlimm sein könnte."

Ich deutete ihren Traum: „Alle Personen im Traum stellen Teile von dir dar. Da sie den Kopf berührt und die Haare herrichtet, wirkt eine Friseuse aus symbolischer Sicht auf die Gedanken ein – sie bringt Klarheit in die Ideen –, gleichzeitig hat sie aber auch mit der Verführung zu tun. Du hattest einen Prozess in Gang gesetzt, um natürlicher, authentischer zu werden. In deinem Traum tötete die Friseuse aber ihren Herzallerliebsten. Der Mann stellt symbolisch die Handlung und die Manifestierung dar. MAN zeigte dir, dass du dabei warst, einen im Entstehen begriffenen Prozess zu unterbinden." Wenn man in einem Traum tötet, so bedeutet dies, dass man etwas verdrängt, und das wird natürlich irgendwann wieder auftauchen. Es wird der Tag kommen, wo wir symbolisch gesprochen nicht mehr das Bedürfnis zu töten verspüren werden, weil es nichts mehr zu töten geben wird, da wir das Böse transzendiert haben.

Durch diesen Traum zeigte MAN der Frau, was in ihrem Innern vor sich ging. Ich sagte zu ihr: „Um besser verstehen zu können, frag dich einmal, warum ein Mensch sich die Haare färbt? Wenn man in einem Traum natürliche blonde Haare sieht, ist dies ein bedeutendes Symbol, ein Symbol der Sonne, das die Göttliche Manifestierung versinnbildlicht. Durch das Blondfärben deiner Haare suchtest du nach dieser solaren Dimension. Du fühltest dich in deinem Innern glanzlos, weil es in dir noch Teile gab, die bereinigt werden mussten."

Sie erwiderte darauf: „Diesen sonnenbezogenen Aspekt habe ich bereits geregelt. Vor einigen Jahren war ich eine Sonnenbesessene. Ich setzte mich stundenlang der Sonne aus, denn wenn ich gebräunt war, sagten die Leute: ‚Du scheinst in Form zu sein. Du siehst gut aus.' Und wenn ich nicht sonnengebräunt war, fragten mich die Leute: ‚Bist du krank? Ist etwas nicht in Ordnung?' Das hatte zur Folge, dass ich mich gesund fühlte, wenn ich gebräunt war. Doch eines Tages entdeckte mein Arzt zwei Melanome – eines auf dem Rücken und das andere auf der Brust – und er sagte zu mir: ‚Mit der Sonne ist es für Sie Schluss. Und wenn Sie sich ihr aussetzen, dann nur mit einer starken Sonnenschutzcreme.' So blieb mir keine Wahl und nun stört es mich nicht mehr, wenn die Leute Bemerkungen zu der Blässe meiner Hautfarbe machen. Diesen sonnenabhängigen Aspekt habe ich geregelt, doch was die Sonnenfarbe meiner Haare betrifft, so ist das eine andere Geschichte."

Ich sagte dazu: „Weißt du, das ist zu Beginn ganz normal. Als ich um die zwanzig war, hatte ich bereits ganz weiße Haare und färbte sie mir auch. Doch dann begann ich ganz intensiv an mir zu arbeiten, um meine innere Authentizität wiederzufinden und ganz natürlich sein zu können. Und nach einer gewissen Zeit machten sich die Ergebnisse dieser inneren Arbeit in der Außenwelt bemerkbar und ich konnte mit dem Haarfärben aufhören."

Dieses Beispiel lässt sich auf zahlreiche andere Aspekte unseres Alltagslebens übertragen. So kann man z.B. in der Vergangenheit versucht haben, ein schönes Bild – ein spirituelles Bild – von sich zu geben, und Gesten vollbracht haben, die dem Anschein nach wohltätig waren, doch nicht mit der richtigen inneren Absicht durchgeführt wurden. Eines Tages beschließt man, damit aufzuhören und seine Denkweise zu ändern. Doch man verändert sich nicht vollständig von heute auf morgen. Wenn man den Weg der spirituellen Entwicklung einschlägt, widersetzten sich sehr starke Kräfte im eigenen Innern und diese Kräfte äußern sich in verschiedenen Situationen des Alltags. Demzufolge hat man zunächst eine gewisse Zeit lang ein ganz verzerrtes Verhalten, das manchmal schlimmer sein kann als das vorherige Verhalten und durch den

Widerstand dieser inneren Kräfte bedingt ist. Das ist normal. Aber es wird der Tag kommen, wo all unsere Kräfte die gleiche Ausrichtung haben werden. Dann kann der Materialisierungsprozess in schöner, sonnenhafter und wundervoller Weise erfolgen. Doch das braucht seine Zeit und die Zeit ist dabei ein wesentlicher Faktor.

Hier ein letzter Erlebnisbericht, der die spirituelle Abhängigkeit betrifft. Ein Mann teilte mir einen Traum mit, den er einige Jahre zuvor erhalten hatten. Er erklärte mir, dass er bereits ein Alkoholproblem gehabt hatte, jedoch seit einiger Zeit abstinent sei. In seinem Traum *sah er direkt vor sich einen schönen Mann, der gekommen war, um ihm seine Zukunft vorauszusagen. Anstatt jedoch zu dem Träumer zu sprechen, verwandelte sich der schöne Mann plötzlich in ein wunderbares Licht, näherte sich dem Träumer und berührte dessen Rücken an drei Stellen auf der Wirbelsäule. Diesen Berührungen entströmte eine wahrnehmbare Energie. Danach verschwand das Lichtwesen und der Träumer suchte überall nach ihm. Irgendwo öffnete er eine Tür, hinter der es dunkel war, doch er spürte die Gegenwart des Lichtwesens. Er konnte es nicht sehen, doch sehr wohl fühlen.*

Der Mann berichtete mir weiter: „Kurze Zeit nach diesem Traum lernte ich eine Frau kennen, die behauptete, allerlei überirdische Fähigkeiten zu besitzen. Sie stellte mir einen Mann vor, den sie kannte und der behauptete, die Reinkarnation des Erzengels Michael zu sein. Da erzählte ich dem Mann meinen Traum, damit er mir seine Deutung gab." Dieser angebliche Erzengel Michael sagte daraufhin zu ihm: „Also, das Lichtwesen in deinem Traum, das war ich. Du hast mich in deinem Traum gesehen." Ich gab dem Mann eine andere Deutung seines Traumes: „Das Wesen, das sich in deinem Traum in Licht verwandelte, war nicht dieser Herr Erzengel Michael, sondern es stellte einen werdenden Teil von dir selbst dar. MAN wollte dir damit sagen: ‚Sieh mal, wie schön das, was du getan hast, ist. Es stimmt zwar, dass du gefallen bist und Probleme mit dem Alkohol hattest, doch du hast eine wunderbare Arbeit geleistet. Schöne, erhabene Dinge warten auf dich.'"

Hinter dem Lichtwesen verbarg sich ein Geistiger Führer. Die Geistigen Führer betreiben in unseren Träumen Transfigurationen. Die Energie, die das Lichtwesen durch seine Berührung im Rücken des Mannes freisetzte, bewirkte bei diesem symbolisch eine Bewusstseinsöffnung, die ihn zur spirituellen Suche veranlassen sollte. Es handelte sich dabei um das Wecken der vorhin erwähnten Kundalini. Die Öffnung erfolgte auf drei Ebenen: der Kopf-, Herz- und Körperebene. Das bedeutet, dass der Mann hinsichtlich seiner Gedanken, seiner Gefühle und Emotionen und seiner Handlungsfähigkeit befreit worden war. Er hatte eine Energie erhalten, die seine Erhebung veranlassen sollte.

Warum suchte der Träumer überall nach dem Lichtwesen? Sobald man eine solche Energie zu kosten bekommen hat, beginnt die Suche unweigerlich und man wird ständig und überall danach suchen. Nachdem der Mann in seinem Traum die Tür geöffnet hatte, spürte er trotz der Dunkelheit die Anwesenheit des Lichtwesens. Damit wollte MAN ihm sagen: „Bevor du vollständig dieses Wesen aus Licht und Liebe werden kannst, musst du deine finsteren Zonen aufsuchen und die unbewussten Teile deines Seins bereinigen. Doch Wir sind da und werden dich dabei begleiten."

Es war kein Zufall, dass dieser Mann kurze Zeit danach einer Frau begegnete, die angab, spirituelle Fähigkeiten zu besitzen. Und genauso wenig war es ein Zufall, dass er dem angeblichen Erzengel Michael begegnete, der sich Reinkarnationen zusprach, um die anderen zu beeindrucken und zu manipulieren. Solche Menschen haben durchaus ihren Platz. Lässt die Kosmische Intelligenz ihr Treiben zu, so hat sie dafür ihre Gründe. All jene, die mit solchen Menschen in Berührung kommen, erhalten die Gelegenheit, ihre eigenen Verzerrungen zu erkennen und zu bereinigen. Genau das hat dieser Mann erlebt. Sobald man den Weg der spirituellen Entwicklung einschlägt, kann man mit allerlei Lehrern in Kontakt geraten und durch sie Teile des eigenen Selbst kennen lernen. Eines Tages werden wir *die Klarsicht und das Unterscheidungsvermögen* wiederfinden, die zu den Qualitäten des Engels 15 HARIEL gehören. In der Zwischenzeit haben die Umwege ihren Sinn. Alles hat seinen Platz.

Es wird die Zeit kommen, wo wir von jeder Form der spirituellen Abhängigkeit frei sein werden und das Wissen und die Erkenntnis direkt von der Ur-Quelle beziehen können, durch unsere Träume, die Zeichen in unserem Alltag und die Menschen, denen wir begegnen. Darin besteht die wahre spirituelle Autonomie.

Engel 20 PAHALIAH
Die Transzendierung der Sexualität, der Lebenskraft

Bei einem verletzten Pferd ist es empfehlenswert, die Technik der Annäherung und des Rückzugs anzuwenden. Dabei bleibt man zunächst am Rande der Koppel stehen und beobachtet das Tier. Danach nähert man sich ihm einen Schritt, wobei man die geringste seiner Reaktionen beobachtet. Falls es Angst hat, wird es reagieren und seine Reaktion wird seinem Charakter entsprechen. Neigt es zu Aggressivität, wird es sich aufbäumen, ansonsten wird es versuchen zu fliehen. Aus diesem Grund darf man sich ihm nur ganz allmählich nähern und muss dabei viel Ausdauer und Mut aufbringen. Man muss dem verletzten Tier wieder Vertrauen einflössen. Es darf einen nicht wie ein sich ihm näherndes Raubtier empfinden.

Man tut einige Schritte auf das Pferd zu und zieht sich dann wieder zurück. Dabei hängt der Rückzug von der jeweiligen Reaktion des Tieres ab: Je nervöser es ist, umso weiter muss man sich zurückziehen und umso öfter muss man das Ganze wiederholen. Mit viel Geduld wird es einem irgendwann gelingen, an das Tier heranzutreten und es zu pflegen. Danach muss man abwarten, bis seine Wunde verheilt ist. Man wird das Tier also sehr oft aufsuchen müssen.

Sobald die Wunde verheilt ist, kann die nächste Etappe ins Auge gefasst werden: das Pferd erneut arbeiten zu lassen, d.h. es zu satteln und zu reiten. Auch dabei wird man mit der Technik der Annäherung und des Rückzugs fortfahren müssen und eine positive Konditionierung hinzufügen: Man wird sich dem Pferd z.B. mit dem Sattel auf der Schulter nähern, so dass es das Sattelzeug riechen kann. Man nimmt mit ihm Verbindung auf, indem man zu ihm spricht, es berührt und ihm Karotten anbietet. Auf diese Weise wird es zur

Gegenwart des Menschen und zum Sattelzeug eine neue, positive Beziehung herstellen können und wieder zur Zusammenarbeit gewillt sein. Dann kann man es satteln, besteigen und mit ihm die Koppel verlassen.

Doch eine weitere Etappe in seiner Umerziehung wird wohl notwendig sein, da es vermutlich dazu neigen wird, den Sprung zu verweigern, sobald man es dazu veranlassen will, eine Hürde zu überspringen. Eine der mit seiner Verletzung verbundenen Erinnerungen könnte auftauchen und in ihm Widerstand hervorrufen, denn wenn auch die Wunde geheilt ist, die Erinnerungen bestehen weiter. Man wird also diese Erinnerungen umprogrammieren müssen. Dies geschieht, indem man es zunächst nur sanft abfallende Abhänge nehmen lässt und erst danach veranlasst, ganz kleine Hindernisse zu überspringen. Allmählich erhöht man den Schwierigkeitsgrad der Hindernisse und fügt eine kleine Wasserfläche hinzu. Dieses Vorgehen erfordert sehr viel Ausdauer und Strenge, doch es schließt jegliche Härte aus. Sobald unser Verhalten starr und unbeugsam ist, spürt das Tier dies aufgrund der Aggressivität in unseren Schwingungen und in unserer Stimme.

Wie man sieht, erfordert die Umerziehung eines verletzten Pferdes sehr viele Qualitäten und Tugenden. Sobald die Erinnerungen des Tieres umprogrammiert sind, wird es erneut Hürden nehmen können und zu einer großen Bewegungsfreiheit zurückfinden. Dann kann der Reiter oder die Reiterin erneut mit dem Pferd verschmelzen und eine vollkommene Meisterung erlangen. Weite Ausritte über die Wiesen werden wieder möglich sein.

Dieses Umerziehungsmodell findet auch auf die Lebens- oder Sexualenergie des Menschen Anwendung. Wenn unsere Träume die Sexualkraft zum Thema haben, erscheint in ihnen oft ein Pferd als Symbol. Der Ausdruck *Sexualkraft* wird häufig begrenzt gebraucht, dabei ist damit die gesamte Lebenskraft oder eigentliche Lebensenergie des Menschen gemeint. Diese scheint in all unserem Tun und Sein durch und verleiht ihm seine Färbung. Sie äußert sich unter anderem in der Art, wie wir essen, lachen, gehen, Geschäfte treiben, kommunizieren und lieben.

Wir werden im Verlauf dieses Vortrages das Pferd als Symbol der Sexualkraft und der globalen Lebensenergie beibehalten, wobei das einleitend aufgeführte Beispiel uns daran erinnern soll, wie wichtig es ist, diese Energie umzuerziehen, damit wir all unsere inneren Kräfte wiederfinden, und dass dieser Vorgang sehr viel Ausdauer und Liebe erfordert. Wir können die hohen spirituellen Ebenen nur dann erreichen, wenn wir unsere Lebensenergie meistern.

Wir werden sehen, dass uns das Symbol des Pferdes in die instinkthafte Kommunikationssprache zwischen dem unbewussten Sein und dem bewussten Sein einführt. In das Unbewusstsein eingebettet mag die Lebenskraft ruhig erscheinen, doch es kommt vor, dass wir ganz plötzlich – ohne zu wissen, warum – Worte sagen oder Gesten ausführen, die mit Aggressivität oder Härte durchtränkt sind und in unserem Leben Disharmonien entstehen lassen.

Ein dunkles, d.h. schwarzes oder braunes Pferd symbolisiert – sofern es negative Verhaltensmuster aufweist – die zügellosen, ungemeisterten Instinkte, die in uns ein sehr leidenschaftliches oder gewalttätiges Verhalten hervorrufen oder uns zu starken Abhängigkeiten führen. Sobald unsere Instinkte gezähmt sind, wird das dunkle Pferd zu einem Symbol der Selbstmeisterung und der Manifestierung in der Materie. Im Laufe unserer Entwicklung werden verschiedene Farben im Zusammenhang mit dem Pferd als Symbol in Erscheinung treten und dessen Farbe wird immer heller werden. Wenn wir im Traum z.B. ein weißes Pferd aus dem Wasser auftauchen und im Licht himmelwärts aufsteigen sehen – wie die geflügelten Pferde in den Märchen und Legenden –, so bedeutet dies, dass wir unsere Lebensenergie meistern, sie transzendiert haben und sie mit unserer Göttlichen Natur verschmolzen ist. Von diesem Augenblick an kann die Materie uns nicht mehr verschlingen und wir fühlen uns nicht mehr durch die Anziehungskraft der Erde beschwert, sondern können mit unserem Bewusstsein die verschiedenen Situationen überfliegen und ein konkretes, globales Verständnis gewinnen.

Hinsichtlich der Lebensenergie trifft man zwei gängige Verhaltensweisen an, die sich scheinbar widersprechen. Bei der ersten sind die Instinkte zügellos und die Energie wird lediglich auf der Ebene des ersten Energiezentrums des Menschen verwendet, d.h. auf der Ebene des materiellen Besitzes. In diesem Fall findet ein energetisches ‚Ausbluten' oder ein Verlust der Lebensenergie statt, die nicht aufsteigen und nicht sublimiert werden kann. Folglich ist der betreffende Mensch unfähig, sich zu jenen Ebenen zu erheben, die ihm die Entwicklung der feinstofflichen Fähigkeiten des Hellsehens, Hellhörens, Hellriechens und Hellfühlens sowie die Wiederentdeckung der anderen Dimensionen des Universums ermöglichen, z.B. durch das Verlassen seines feststofflichen Körpers.

Im zweiten Fall ist die Lebensenergie abgeschnürt, d.h. ganz einfach unterdrückt. Wenn ein Mensch beim Experimentieren mit der Lebensenergie Verletzungen erfahren hat und ihm seine tierhaften Kräfte Angst machen, neigt er dazu, die animalisch-instinktiven Aspekte seines Wesens abzulehnen und sehr kopflastig zu werden. Im Extremfall kann der betreffende Mensch sich in einem Traum seiner Beine beraubt sehen, wodurch MAN ihm würde sagen wollen: „Du kannst in deinem Leben nicht mehr weiterkommen, deine Göttliche Natur kann sich auf Erden nicht mehr verwirklichen." Der Mensch braucht seine Lebenskraft, ohne sie kann er nichts tun. Sie ist die eigentliche Kraft, die ihm das Materialisieren ermöglicht. Der Grund, weshalb sehr viele Menschen, die den Weg der spirituellen Entwicklung einschlagen, große materielle Probleme erleben, liegt darin, dass sie Bindungslosigkeit und Ablehnung verwechseln und ihre Lebenskraft abschnüren. Diesen Aspekt, der ein tiefreichendes Wissen um die Verschmelzung von Geist und Materie erfordert, hat man bisher sehr wenig verstanden.

Im Verlauf unserer Entwicklung und unseres Verständnisses der instinktiven Kraft neigen wir dazu, zwischen diesen beiden Verhaltensweisen – einerseits dem zügellosen, instinktgesteuerten Verhalten und andererseits der Unterdrückung der Sexualenergie – hin- und herzuschwanken. Dabei wechseln wir von einem Extrem zum andern, entwickeln jedoch allmählich ein gewisses Gleichgewicht. Und an dem Tag, an dem wir die vollkommene Meisterung unserer Lebensenergie erlangt haben, werden wir eine wahre Erlösung erleben und über Göttliche Fähigkeiten verfügen.

Wie können wir zu dieser Meisterung gelangen? Das ist nicht einfach, denn die Lebenskraft ist nicht konkret fassbar. Sie ist Energiefluss, das ursprüngliche Leben selbst, das in uns wohnt, das ständig da ist und unser ganzes Wesen durchtränkt. Wie bereits gesagt, betrifft diese Kraft nicht nur den Geschlechtsverkehr. Sie stellt dieses Sammelbecken der Psyche dar, das man in der Psychoanalyse und Psychologie die Libido nennt. Doch man weiß nicht, wie diese Energie eingefangen werden kann. Sie erzeugt die Triebe und der Weg zu ihrer vollkommenen Meisterung besteht darin, dem inneren Radau der Instinkte Einhalt zu bieten und all jene Erinnerungen zu bereinigen und zu heilen, die durch Verletzungen (wie das Verstoßen- oder Verlassenwerden usw.) gekennzeichnet sind. Für jene Menschen, die den Weg der spirituellen Entwicklung eingeschlagen haben, ist das Kennenlernen dieser Energie eine Lebensaufgabe. Sie müssen sich mit ihr vertraut machen und sie, wie in der Geschichte mit dem verletzten Pferd, mit viel Geduld und Liebe umerziehen lernen.

Es gibt einen Engel-Bewusstseinszustand, der uns die Durchführung dieser Umerziehungsarbeit ermöglicht. Es handelt sich um den Engel 20 PAHALIAH. Wer die Rezitier-Übung mit diesem Engel macht, wird große Einweihungen durchlaufen und eine Reihe intensiver Träume über die Sexualität erhalten.

Die Arbeit mit diesem Engel trägt insbesondere zum Verständnis der Göttlichen Gesetze bei. Ohne dieses Verständnis neigen wir dazu, die Engelenergie PAHALIAH in verzerrter Form zum Ausdruck zu bringen. Es ist folglich wichtig, die Verzerrungen dieser Engelenergie gut zu erfassen, damit wir sie erkennen können, sobald sie sich äußern.

Es sei hier auch daran erinnert, dass die Verzerrungen, die wir gemeinhin das Böse nennen, nicht bestehen, um in uns Schuldgefühle hervorzurufen oder um Bestrafungen oder Begrenzungen auf uns zu ziehen. Vielmehr dienen sie unserer Umerziehung und unserer Entwicklung. Wir werden anhand von Fallbeispielen sehen, dass den Begrenzungen zunächst eine bedeutende Rolle zukommt: Sie zwingen uns, die in unserem Unbewusstsein vorhandenen verzerrten Erinnerungen zu berichtigen, ähnlich wie bei einem verletzten Pferd, das Angst vor neuen Verletzungen hat und umerzogen werden muss. Aufgrund dieser unbewussten Erinnerungen, die wir in uns tragen, rebellieren wir manchmal und bäumen uns auf, genauso wie ein Pferd.

Der Bewusstseinszustand des Engels 20 PAHALIAH bietet uns einen Schlüssel, mit dem wir die Fehler berichtigen können, die wir aufgrund überspannter Wünsche begangen haben.

Wir wollen nun die Qualitäten, Tugenden und Kräfte dieses Engels durchgehen. *Festlegung von Regeln im instinktgesteuerten Verhalten.* Wie wir sahen, muss man für ein verletztes Pferd gewisse Regeln festlegen: Es muss zunächst eingezäunt bleiben und darf sich nicht auf den offenen Weiden bewegen, damit es sich nicht wieder verletzt. Mit der Sexualenergie verhält es sich genauso: Man stellt sie zunächst beiseite und studiert sie. Natürlich kann man eine derartige Beschränkung als schwierig empfinden, vor allem wenn man ihren Sinn nicht erkennt.

Erlösung, Rettung. Sobald es uns gelingt, unsere Sexualkraft weder zu unterdrücken noch zu verschwenden, erleben wir eine große Erlösung. Diese Kraft ist ausgesprochen mächtig, da sie mit den Emotionen verbunden ist. Ihre Unterbindung versagt uns den freien Zugriff auf unsere eigene Lebensenergie, da diese verwendet wird, um die Sexualkraft im Zaum zu halten. Machen wir von dieser jedoch einen zu instinkthaften Gebrauch – indem wir ihr alles gewähren –, so verursachen wir ein wahres energetisches Ausbluten. Schon allein diese Erkenntnis lässt uns eine große Kraft zurückgewinnen, die sich auf all unsere Wahrnehmungssinne verteilt und sie nährt.

Themen, die die Spiritualität und die Moral betreffen. Global gesehen und unabhängig von dem Namen, den man ihr gibt, besteht die Spiritualität in der Wiederherstellung unserer Verbindung mit der großen Kosmischen Intelligenz, mit der Welt des Ur-Geistes. Diese Verbindung erfolgt zunächst vor allem über das Studium der Spiritualität und der Moral.

Die Moral ist mit einer anderen Qualität des Engels PAHALIAH verbunden: *dem beispielhaften moralischen Benehmen.* Doch was ist die Moral und was bezeichnet man als ein beispielhaftes moralisches Benehmen? Angesichts dieser Fragen kann man sehr schnell in eine Verzerrung gelangen, sofern man keine spirituelle Führung hat und die Wachsamkeit verliert: Man kann in den Moralismus verfallen, der eine Form des Puritanismus darstellt und durch den man über die anderen urteilt, indem man z.B. sagt: „Diese Menschen haben kein gutes Betragen. Das, was sie tun, ist nicht schön, nicht sauber; das ist schmutzig." Wir werden im Verlauf dieses Vortrages mehrere Beispiele dazu sehen.

Der Engel PAHALIAH hilft uns, die Göttlichen Gesetze zu akzeptieren, ohne die es in unserem Leben keine Harmonie geben kann. Doch müssen wir lernen, die Religion nicht wortwörtlich zu nehmen und nicht fanatisch zu werden. Natürlich kann man dennoch in diese Art der Verzerrung verfallen und das ist normal, denn um die feinen Unterschiede verstehen zu lernen, muss man experimentieren. Doch sobald man in sich die Neigung spürt, die Religion wortwörtlich zu nehmen oder die Regeln zu starr anzuwenden –

das geschieht, wenn man noch Teile in sich birgt, die nicht vollkommen überzeugt sind –, dann sollte man die Engel-Rezitier-Übung machen.

Reinheit. Hierbei handelt es sich um die Reinheit des Bewusstseins. In dem Maße, in dem wir unsere Erinnerungen bereinigen, wird unsere Aura strahlender und schöner. Die schweren Erinnerungen, die in unserem Unbewusstsein undurchsichtige Schichten bildeten, sind berichtigt worden. Das ist unter *Reinheit* zu verstehen.

Bereitschaft, für seine Entwicklung Opfer zu bringen. Das Wort *Opfer* hat gewöhnlich einen negativen Beigeschmack. Solange wir nicht über das wahre Wissen und die wahre Erkenntnis verfügen – die wir direkt von der Ur-Quelle beziehen – und unsere instinktverhaftete Natur das Sagen hat, reagieren wir voller Entrüstung, sobald uns Begrenzungen auferlegt werden. Wir haben das Gefühl, man lege uns Steine in den Weg und wolle uns daran hindern, unser Leben zu leben. Ein Opfer darbringen bedeutet jedoch, etwas heilig werden zu lassen.

Hoher Eingeweihter. Wenn es uns gelingt, all diese Etappen, diese großen Übergänge und Mutationen durchzustehen, erhalten wir Zugang zu sehr hohen Bewusstseinsebenen und werden zu Weisen, zu Hohen Eingeweihten.

Berichtigung der Fehler, die aufgrund überspannter Wünsche begangen wurden. Durchquert mutig und dynamisch alle Prüfungen. Wenn wir den Wunsch haben, unsere instinktgesteuerte Natur umzuerziehen, so stellt der Engel 20 PAHALIAH eine große Hilfe dar, denn Er vermittelt uns sehr viel Mut und Tatkraft.

Harmonisches spirituelles Leben, Transzendierung der Sexualität, Erwachen der Kundalini, der Lebensenergie. Die Kundalini wird in allen möglichen Zusammenhängen erwähnt. Man bekommt manchmal zu hören: „Ich muss meine Kundalini zum Aufsteigen veranlassen." Diese Absicht geht oft mit Unwissenheit einher oder aber sie ist ein Hinweis auf ein Streben nach Macht, da der betreffende Mensch weiß, dass das Erwachen der Kundalini die Entwicklung großer Kräfte ermöglicht, und er den Wunsch hat, diese wieder zu besitzen. Die Absicht, das Erwachen der Kundalini zu bewirken, ist jedoch nicht gefahrlos. Wenn man tage-, monate- oder sogar jahrelang seine Absicht darauf konzentriert, wird sie in der Tat aufsteigen, doch wird die Öffnung auf jener Ebene erfolgen, auf der sich das Bewusstsein des betreffenden Menschen befindet. Wurden das Unterbewusstsein und das Unbewusstsein nicht ausreichend bereinigt, so wird diese mächtige Lebensenergie Verwüstungen anrichten – genau wie ein verletztes Pferd sie verursachen kann. Sie wird aggressiv und gewalttätig sein und sich durch starke Verschiebungen zwischen den Gedanken, den Gefühlen und den Handlungen äußern, was zu Tyrannei und Megalomanie (Größenwahn) führen kann. Kurz gesagt: Das Erwachen der Kundalini verstärkt nicht nur die Qualitäten, sondern auch die Verzerrungen.

Nun werden Sie sich vielleicht sagen: „Ach, wenn das so ist, habe ich keine Lust, meine Kundalini zu wecken." Wenn wir den Bewusstseinszustand des Engels PAHALIAH anrufen, laufen wir keinerlei Gefahr, da unsere Absicht notwendigerweise qualitativ gut ist und keinem Machtstreben entspricht, sondern vielmehr dem Wunsch, uns zu läutern und die begangenen Fehler zu berichten. Und in jenen Fällen, wo der Mensch für das Erwachen der Kundalini noch nicht bereit ist, wird sich der Engel PAHALIAH darauf beschränken, aufzuräumen und das Terrain vorzubereiten. Dabei öffnet Er die Kanäle nach und nach im Einklang mit dem Rhythmus unserer Entwicklung. Mit der Engel-Rezitier-Übung verbunden ist folglich die Absicht, die Kundalini aufsteigen zu lassen, eine gesunde Absicht.

In unseren Träumen und in den Zeichen des Alltagslebens stellen die Tiere immer unsere instinktgesteuerte Natur dar, unsere Vitalkraft. Symbolisch stehen das Pferd und die Schlange direkt mit der Sexualität im Zusammenhang, doch auch die anderen Tiere stellen bestimmte Aspekte der Instinkte dar, die man identifizieren kann, indem man den Charakter des jeweiligen Tieres studiert.

Ein Mann erzählte mir einen seiner Träume, in dem Pumas vorkamen. *Er sah einen großen männlichen Puma mit seinem Weibchen und kleine Pumas, die in einer Reihe lagen. Sie waren wirklich schön und schliefen.* MAN hatte ihm dies nur wie eine kurze Einblendung gezeigt. Darin besteht ja eben die Kraft eines Symbols: Es kann lediglich eine Sekunde lang auftauchen und dennoch ein ganzes Stück unseres Lebens beschreiben. Ich werde oft gefragt: „Warum sind die Botschaften in meinen Träumen nicht klarer?" Dazu muss man wissen, dass man anhand eines einzigen Symbols auf direkte oder indirekte Weise Millionen von Facetten und Bedeutungen ableiten kann. Die Symbolsprache ist die Sprache Gottes.

Durch das Symbol des Pumas wollte MAN diesem Mann sagen: „Schau dir mal diese Lebenskraft in dir an. Sie ist sehr machtvoll, doch sie ist noch nicht geweckt." Vom Standpunkt der Instinkte aus betrachtet stellt der männliche Puma den Tag und die Welt der Handlung dar, und sein Weibchen die Emotionen und die innere Welt. Durch diesen Traum zeigte MAN dem Träumer, dass in ihm eine mächtige Kraft schlummerte und diese bereits Junge gezeugt, d.h. Verwirklichungen vollbracht hatte, doch dass sich dieses Potenzial im Moment zu seinem eigenen Schutz noch im Schlummerzustand befand.

Wäre dieser Mann auf der Suche nach Macht gewesen, hätte er sich nach diesem Traum sagen können: „Jawohl, ich will meinen Puma wecken, so werde ich über seine ganze Kraft verfügen." Eine solche Absicht würde den Puma gewiss wecken, doch er würde fauchen und aggressiv sein, und der Mann würde sich den anderen Menschen gegenüber genau gleich verhalten und sich dadurch ein schweres Schicksal schaffen. Falls er jedoch auf diesen Traum mit einem „Vielen Dank, dass IHR mir zeigt, wie es um meine Lebenskraft bestellt ist" reagiert und dabei seine tugendreiche Arbeit mit den Qualitäten des Engels PAHALIAH fortsetzt, dann könnte er einige Jahre später – oder vielleicht auch erst in einem späteren Leben – einen Traum erhalten, der ihm das Erwachen seines Pumas und dessen Weibchen zeigen würde, die ganz lieb und leicht zähmbar wären. Da er die Arbeit der Bereinigung und Läuterung durchgeführt hätte, würde MAN ihm durch ein solches Bild seine erwachende Vitalkraft zeigen, über die er dann vollständig verfügen könnte. So käme diese Kraft in konstruktiver Weise zum Ausdruck.

Wie bereits gesagt, ist diese Energie in all unserem Tun vorhanden und äußert sich auf allen Ebenen des menschlichen Lebens. Diesbezüglich möchte ich Ihnen von den Erfahrungen berichten, die eine Frau mit Betäubungsmitteln gemacht hat. Sie hatte mehrere chirurgische Eingriffe hinter sich und berichtete uns, dass die Anästhesisten ihr jedes Mal eine sehr starke Dosis verabreichen mussten, weil sie dazu neigte, während der Operation aufzuwachen. Die normale Dosis hatte bei ihr keine ausreichende Wirkung.

Das letzte Mal, als man ihr Betäubungsmittel verabreichte, war sie beim Zahnarzt. Normalerweise genügt bei Zahnbehandlungen eine einzige Spritze, um die zu behandelnde Mundpartie gefühllos werden zu lassen. Ihr musste der Zahnarzt jedoch fünf Spritzen verabreichen. Er konnte es gar nicht fassen. Manche Menschen reagieren auf Anästhesiemittel mit einer Unverträglichkeit, was jedoch bei dieser Frau nach Meinung der Spezialisten nicht der Fall war.

Mein Mann hatte diese Frau in einem Traum gesehen und aufgrund der Symbole, die ihm gezeigt wurden, erkannt, dass sie über eine außerordentlich starke Lebenskraft verfügte. Die Anästhesisten konnten zwar versuchen, ihren Körper einzuschläfern, doch dieser verwandelte das Betäubungsmittel jedes Mal ganz automatisch.

Diese Frau, die ein sehr schöner Mensch ist, ist vollschlank. Sie ist sich bewusst, dass ihr körperlicher Umfang nicht daher stammt, dass sie zu viel isst, sondern dass sie ihre Emotionen zurückhält. Ihr körperlicher Umfang dient ihr als Schutz, da sie sich im Augenblick nicht bereit fühlt, ihr Leben mit einem Gefährten zu teilen. Man kann daraus ersehen, dass die Vitalkraft in mannigfacher – und sogar ganz unerwarteter – Weise in Erscheinung treten kann und es wichtig ist, ihre Erscheinungsformen zu erkennen. Diese Frau hat ein außergewöhnliches Materialisierungsvermögen. Alles was sie tut, ist gewissermaßen *mega*: All ihre Projekte sind sehr umfangreich und weitreichend. Doch wenn in ihrem Leben etwas nicht gut verläuft, ist auch die Zerstörung eine *Mega*-Zerstörung. MAN will ihr zu verstehen geben: „Wenn du in der Lage sein wirst, deine Lebenskraft zu meistern, dann wirst du sie nicht mehr durch die Verwirklichung von Mega-Projekten oder durch große Zerstörungen äußern müssen. Im Augenblick zeigen Wir dir die beiden Gesichter dieser Kraft, die du noch nicht richtig meisterst."

Neulich kam nach einem Vortrag eine Person auf mich zu, um mir aus ihrem Leben zu berichten. Sie sagte zu mir: „Der Vortrag des heutigen Abends war eine wahre Offenbarung für mich. Ich arbeite schon sehr lange an meiner geistigen Entwicklung, doch heute Abend erhielt ich eine wahrhaftige Lehre. Ich habe mich wiedererkannt, denn auch mich kann man nur sehr schwer einschläfern. Schon als Kind sträubte ich mich dagegen und es gelang ihnen nicht, mich zum Schlafen zu bringen." Das Beispiel mit dem Pferd hatte sie ebenfalls sehr berührt.

Sie berichtete weiter: „Während des Vortrages fiel mir ein Traum ein, den ich häufig träumte, als ich jung war und in einem Kloster wohnte." Diese Frau war Nonne gewesen, sie war nun aber verheiratet. Sie erzählte mir den Traum, der etwa dreißig Jahre zurücklag: „Ein schönes weißes Pferd kam auf mich zu. Es war feurig und es ging eine solche Energie von ihm aus, dass ich Angst hatte und davonlief. Ich lief auf einen kleinen Hügel, um mich geschützt zu fühlen, und dort sah ich ganz viele Pferde, die verschnürt und in Stücke geschnitten waren."

Sie fügte hinzu: „Damals verstand ich diesen Traum nicht. Doch nun, im Nachhinein und im Lichte dessen, was ich heute Abend gehört habe, verstehe ich ihn." Als sie Nonne war, hatte sie ihre Vitalkraft unterbunden. Das war Teil ihres Lebensprogramms gewesen. Das Schicksal eines jeden Menschen setzt sich aus dem zusammen, was er für seine Weiterentwicklung lernen muss, und seine Kräfte und Schwächen sind auf dieses Schicksal ausgerichtet. Im Falle dieser Frau hatte ihr Schicksal sie dazu geführt, in verschiedenen Ländern zu leben.

Sie fuhr fort: „Ich verstand nicht warum, doch ich zog oft die Männer an – sogar Mönche – und das passte mir ganz und gar nicht, denn ich verspürte keinerlei Verlangen. Wenn das vorkam, hielt ich den Männern eine Moralpredigt oder ging ihnen aus dem Weg. Ich verstand nicht, was mir da widerfuhr. Außerdem hatte ich Umgang mit einer anderen Nonne, die tatsächlich sehr aufreizend war. Ich sagte zu ihr: ‚Was du da tust, das gehört sich doch nicht.'"

Dann fügte sie hinzu: „Nun habe ich einen sehr guten Ehemann. Er ist sehr spirituell, doch noch zu stürmisch und ich mache ihm Vorhaltungen. Wenn ich nun daran denke, dass eigentlich ich es bin, die das alles anzieht!" Diese Frau hatte den Wunsch, ihre Sexualität zu transzendieren, d.h. keine sexuellen Bedürfnisse mehr zu haben, mit ihrem Mann aber dennoch ein Sexualleben zu führen, in dem die Liebe echt, d.h. bedingungslos ist. Da sie nun das Gesetz der Resonanz verstand, war sie sich bewusst geworden, dass sie die Männer anzog, wenn auch unbewusst. Sie sagte zu mir: „Wenn ich das alles dreißig Jahre früher gewusst hätte! Oh, was wäre mein Leben dann leichter gewesen! Die Jahre haben mich starr und moralisierend werden lassen." Es war die Offenbarung ihres Lebens.

Wenn wir unsere Vitalenergie abschnüren, wird es uns auch schwer fallen, unsere Absichten zu materialisieren. Wir können dann Probleme mit der Materie haben, einen Mangel an materiellen Mitteln und finanzielle Unsicherheiten durchleben. Die Art und Weise, wie wir unsere Lebenskraft behandeln, durchdringt unser gesamtes Verhalten. Nun bleibt aber die Tatsache bestehen, dass es nicht leicht ist, das richtige Maß zu finden, weil diese Energie zunächst nicht konkret greifbar ist. Mit dem Engel 20 PAHALIAH hatte diese Frau einen wirklich passenden Schlüssel in der Hand. Sie sagte zu mir: „Na, diesen Engel werde ich anrufen, das kann ich dir sagen!"

Wir wollen nun die entsprechenden Verzerrungen dieser Engelenergie betrachten. *Sexueller Missbrauch und Vergeudung der Sexualenergie.* Wenn man diese Energie nicht gut zu verwenden weiß – was zu Beginn ganz normal ist –, dann neigt man dazu, die anderen kontrollieren und ihnen unseren Willen aufzwingen zu wollen. Man treibt Missbrauch. Das äußert sich auf verschiedenen Stufen und kann sogar die Form des sexuellen Missbrauchs annehmen. Und wie wir sahen, verursacht eine zügellose Sexualität einen intensiven Verlust der Vitalenergie.

Ausschweifendes Liebesleben, kurzfristige Liebschaften. Wer ein unstabiles Gefühlsleben hat, sollte sich sagen: „Ich bin der Schöpfer meines Gefühlslebens. Ich berge in mir Erinnerungen, die sich nicht binden wollen." Genauso wie alle übrigen Verzerrungen äußert sich auch ein ausschweifendes Liebesleben in verschiedenen Graden. Es kann die Form eines einfachen kleinen ausschweifenden Gedankens annehmen. Da man denkt, dass niemand davon weiß, misst man ihm keine besondere Bedeutung zu. Man setzt seine Beziehung fort, ohne wirklich mit seinem Lebensgefährten zu verschmelzen, bis eines Tages alles umkippt und man nicht versteht, warum das scheinbare Glück sich in Luft aufgelöst hat. Wenn man jedoch weiß, dass ein kleiner ausschweifender Gedanke nur die Spitze des Eisbergs darstellt und dass eine große Zahl von Erinnerungen uns daran hindert, allen Göttlichen Prinzipien gegenüber vollkommen treu zu sein, so fängt man den Gedanken schnell wieder ein, verurteilt sich deswegen nicht, sondern sagt sich vielmehr: „Du, komm mal her. Wir werden eine kleine Engel-Rezitier-Übung machen." So können wir die Zerstörer unseres Glücks angehen, die unseren Geist in Form von zahlreichen Persönlichkeiten bewohnen und sich durch die Veränderungen unserer Lust und Laune sowie unseres Benehmens im Alltag äußern.

Prostitution. Diesbezüglich könnte man leicht sagen: „Ach, das! Das liegt weit von mir entfernt." Doch auch hier gibt es verschiedene Grade. Diese Verzerrung tritt in verschiedenen Formen in Erscheinung. Jedes Mal, wenn wir der Materie auf Kosten des Ur-Geistes den Vorrang einräumen, haben wir es mit einer Form der Prostitution zu tun. Aus diesem Grund taucht dieser Ausdruck oft als Symbol in der Bibel auf.

Krankheit. Wenn wir die Göttlichen Gesetze nicht beachten, stellt sich die Krankheit als eine Begrenzung ein. Sie ist ein Zeichen, das MAN uns schickt, um uns zu veranlassen, gewisse Verhaltensmuster zu ändern. Wir werden darauf anhand eines Beispiels zurückkommen.

Verbissener Kampf, schweres Schicksal. Ein Mensch, der seine Lebenskraft nicht meistert, kann durch sein Benehmen große Verwüstungen anrichten. Eine aggressive Geste, ein aggressives Wort oder eine aggressive Erwiderung in einem Gespräch können ein ganzes Leben zerstören, da sie bei dem anderen Menschen einen totalen Vertrauensverlust bewirken können, sofern er seine instinktive Natur nicht meistert. Sobald einem das bewusst ist, sagt man sich: „Ich will meine instinktive Energie erziehen. Ich möchte, dass sie aufhört, mein Feind zu sein, und stattdessen mein Freund wird."

Unbeugsamkeit, Fanatismus, extreme Gewalttätigkeit. Diese Verzerrungen betreffen alle Stufen der Gewalttätigkeit. Durch die Engel-Rezitier-Übung erwerben wir eine ständige Wachsamkeit und jedes Mal, wenn unsere Gedanken oder Handlungen aggressive Regungen enthalten – seien sie auch noch so geringfügig, sie stellen eine Form der Gewalt dar –, können wir sie abfangen und berichtigen. Darin besteht die Selbstmeisterung.

Niedergeschlagenheit, Entmutigung, Befürchtungen, Besorgnis. Es ist offensichtlich, dass die nicht richtig gemeisterte Kraft der Instinkte in uns starke Gefühle der Entmutigung und der Niedergeschlagenheit hervorrufen kann.

Glaubt nicht an eine höhere Macht, übertritt die Göttlichen Gesetze, strebt nach materiellem Besitz, nimmt die Religion wortwörtlich, versucht zu bekehren. Wenn man den Engel PAHALIAH mit den übrigen 71 Engel vergleicht – insbesondere mit jenen, die die Liebe sowie den Wohlstand und Reichtum betreffen –, könnte man sich sagen: „Ich möchte lieber mit einem anderen Engel arbeiten." Sobald man jedoch die Energie dieses Engels richtig versteht, weiß man, dass man zuerst Seine Kraft integrieren muss, bevor man die Liebe in ihrem ur-reinen Zustand wiederfinden kann. Man kann die ideale Liebe nicht erleben, solange man noch Aggressivität, Eifersucht und andere instinktverhaftete Verzerrungen in sich trägt, denn die Leidenschaft ist keine Liebe. Das Gleiche gilt für Wohlstand und

Reichtum: Man kann großen Reichtum und Wohlstand erwerben und schlagartig alles verlieren. Sobald uns die Meisterung der Vitalenergie gelungen ist, können die anderen 71 Bewusstseinszustände – die Zärtlichkeit, die Sanftheit und alle übrigen großen Qualitäten – zum Ausdruck kommen und uns *erneut den Zugang zum Göttlichen Leben gewähren.*

Eine Frau, die zum ersten Mal in die Vorträge zur Engellehre kam, berichtete meinem Mann und mir einen ihrer Träume, der das Thema dieses Vortrages betrifft: *„Hunderte von Pferden kamen im Galopp an und umgaben das Haus. Ich hatte schreckliche Angst. Das war so beeindruckend. Doch sie waren sehr schön, ganz weiß und leuchtend. Ich war mit meiner Großmutter und meiner Enkelin zusammen und ließ sie ins Haus treten, da ich um ihre Sicherheit besorgt war. Plötzlich verletzte sich eines der Pferde und ich wusste nicht, was ich tun sollte. Ich fragte mich, ob ich versuchen sollte, seine Wunde zu versorgen."*

Mein Mann sagte zu ihr: „Das ist ein Einweihungstraum, der ein großes Erwachen deines Bewusstseins ankündigt, große Öffnungen, die mit der Spiritualität zusammenhängen." Er fügte hinzu: „Es ist kein Zufall, dass du heute Abend in diesen Vortrag gekommen bist. Diese Sicht der Dinge ist möglicherweise ganz neu für dich und die Entdeckung deines spirituellen Potenzials kann in dir gleichzeitig die Angst vor diesem Erwachen deines Bewusstseins hervorrufen."

Es kommt vor, dass wir Lehren hören, die auf uns wie eine Offenbarung wirken, uns erschüttern und zugleich logisch erscheinen, so als hätten wir das immer schon gewusst. Dennoch müssen wir damit experimentieren, weil nur die Erfahrung uns die Integrierung des wahren Wissens und der wahren Erkenntnis ermöglicht. Doch der Schock einer Offenbarung wird durch einen Vorgang ausgelöst, der tiefer wirkt als die Logik: Ein Schleier lüftet sich und lässt uns einen Einblick in das wahre Wissen und die wahre Erkenntnis gewinnen. Dieser Einblick stellt den Beginn des Einweihungsprozesses dar.

Im Traum dieser Frau stellten die weißen Pferde die Himmlischen Kräfte dar, die in ihr Leben Einzug hielten und eine umfangreiche Arbeit bezüglich der Meisterung ihrer Lebenskraft ankündigten. Das bedeutete nicht, dass sie diese Meisterung bereits erlangt hatte. Die Tragweite eines solchen Traums kann sich über ein ganzes

Leben, ja sogar über mehrere Leben erstrecken. Wenn die Kosmische Intelligenz eine Öffnung gegenüber der Spiritualität in die Wege leitet, schickt Sie uns verschlüsselte Informationen in Form von Träumen, die uns anregen sollen, unsere Göttliche Natur zu entwickeln. Die Träumerin hatte diesen Bewusstseinszustand noch nicht gänzlich integriert, doch die Tatsache, dass sie dessen Manifestierung im Traum sah, kündigte an, dass sich ihr Leben auf Erden vollkommen verändern würde. In unseren Träumen – vor allem wenn wir mehrere im Verlauf der gleichen Nacht erhalten – kündigt Man uns normalerweise das Programm des folgenden Tages an, doch kommt es auch vor, dass Man uns Botschaften schickt, deren Reichweite viel umfassender ist.

Die Großmutter symbolisiert den inneren Schutz. Hätte diese Frau ihren Großvater gesehen, so hätte Man sie auf einen äußeren Schutz hinweisen wollen. Das bedeutete also, dass sich ihr Traum nicht in konkreter Weise manifestieren würde.

Ich möchte Ihnen nun einen Erlebnisbericht zum Thema dieses Vortrages mitteilen, genauer gesagt zu einer der Verzerrungen dieser Engelenergie, die sich in der *Niedergeschlagenheit* und der *Entmutigung* äußert. Da uns die Träume Zugang zum Unbewusstsein und zur Welt der Ursachen bieten, können sie uns angeben, warum wir dieses oder jenes Problem haben. In diesem Beispiel hing die Entmutigung mit der erzwungenen Enthaltsamkeit zusammen: Die betreffende Person war frustriert, weil sie keinen Lebenspartner hatte. Sie sagte zu mir: „Ich habe einen Traum erhalten. Man *hat mir meinen Lebensgefährten gezeigt. Doch ich war unzufrieden, weil er ganz klein war, denn ich mag kleine Männer nicht. Doch er hatte schöne blaue Augen, wundervolle Augen.* Mit diesem Traum bin ich aufgewacht."

Dann erzählte sie mir, was sich nach diesem Traum zugetragen hatte: „Ich ging in den kleinen Allzweck-Laden in unserem Viertel, wo ich eine ordentliche Überraschung erlebte: Ich sah einen kleinen Mann, der demjenigen in meinem Traum ähnelte und blaue Augen hatte. Und ich empfand das Gleiche wie in meinem Traum, doch noch viel stärker. Dann ging der kleine Mann weg. Ich hatte keinen persönlichen Kontakt mit ihm."

Ich sagte zu ihr: „Da sie die Farbe des Himmels haben, symbolisieren blaue Augen in einem Traum die Augen eines Eingeweihten. Durch diesen Traum wollte Man dir mitteilen: ‚Sieh mal, du

293

bist entmutigt, weil du keinen Lebensgefährten hast. Doch der wahre Grund dafür ist, dass du in deinem Innern eine Dualität nährst. Würde MAN dir jemanden schicken, so würdest du ihn nicht wollen. Die Person, die du in deinem Traum gesehen hast, stellt einen spirituellen Menschen mit hohen moralischen Werten dar. Doch du willst ihn nicht, weil du noch zu sehr an der Form hängst."
Aha, da verstand sie.

Was diese Frau auf der Ebene der Form bei einem Lebensgefährten bevorzugt, das sind nicht die Schönheit, die Größe oder gut entwickelte Muskeln. Was sie sich tatsächlich wünscht, ist ein reicher Mann. Sie sagte mir: „Es ist wahr, dass ich noch finanzielle Unsicherheiten habe und aus diesem Grunde nicht irgendeinen beliebigen Mann will." Diese Frau hat den Weg der spirituellen Entwicklung eingeschlagen und durchlebt die Erfahrung der Dualität, weil sie einerseits der Tiefe eines Menschen Bedeutung beimisst, doch andererseits ihre Entscheidungen anhand der Form und der konkret-materiellen Wirklichkeit trifft. Ein Mensch, der sich nicht auf dem spirituellen Entwicklungsweg befindet, würde keinen solchen inneren Kampf durchleben. Diese Erklärungen waren für sie eine Offenbarung.

Hier ein weiteres Traumbeispiel, das uns die wahre Ursache unserer Schwierigkeiten enthüllt. Es handelt sich um die Geschichte einer Frau, die an einer Störung der Hautpigmentierung litt. Ihre Haut hatte begonnen, an gewissen Stellen ihre natürliche Farbe zu verlieren. Eines Abends befragte sie vor dem Einschlafen die Kosmische Intelligenz: „Warum habe ich diese Krankheit? Was ist deren tatsächliche Ursache?"

MAN schickte ihr einen sehr einfachen Traum. *Ihr Auto hatte eine Panne. Ein Ehepaar, das sie in der konkreten Welt kennt, näherte sich ihr und sie sagte zu den beiden: „Könnt ihr mir helfen? Ich habe eine Panne." Doch das Ehepaar nahm von ihr keine Notiz und ging weiter. Das entmutigte sie wirklich. Sie konnte es nicht glauben.* Stellen Sie sich vor, Sie bitten Menschen, die Sie kennen, in einer Notlage um Hilfe, doch diese beachten Sie nicht. Was wollte MAN dieser Frau damit zu verstehen geben? Alle Elemente dieses Traumes – also auch das Ehepaar und das Auto – stellten Teile der Frau dar.

Sowohl in der Welt der Träume als auch in der konkreten Welt ist das Auto ein sehr aufschlussreiches Symbol. Unsere Autos erteilen uns Lehren. Es ist kein Zufall, wenn unser Wagen eine Panne hat: Dadurch *spricht* er zu uns. Wenn Sie in Zukunft ein Problem mit Ihrem Wagen haben, sollten Sie analysieren, was vor sich geht. Wenn mir jemand sagt, er habe ein mechanisches Problem mit seinem Wagen, und ich weiß nicht, wozu die betreffenden Autoteile dienen, dann frage ich nach und lasse es mir erklären. So kann ich die psychologische Situation der betreffenden Person erfassen, indem ich eine Analogie zum Problem ihres Autos herstelle.

Ein in einem Traum vorkommendes Auto symbolisiert all das, was uns das Vorwärtskommen ermöglicht, also unsere eigene Antriebskraft. Diese ist ganz eng mit unserer Lebenskraft verbunden. Wenn unser Wagen folglich eine Panne hat, bedeutet dies, dass wir nicht mehr weiterkommen können. Wir finden hier das Symbol des Pferdes wieder: Je mehr Antriebskraft ein Auto hat, umso mehr Pferdestärke besitzt es. Und was tut man mit Pferden? Im Falle einer verzerrten Beziehung zu ihnen bestreitet man Wettkämpfe oder man versucht die Zuschauer zu beeindrucken. Man kann anhand dieses Symbols sehr viel über sich selbst ausfindig machen.

MAN sagte also dieser Frau, die an einer Störung der Hautpigmentierung litt: „Du hast keine Tatkraft mehr, deshalb leidest du unter dieser Krankheit. Dein Verhalten ähnelt demjenigen dieser beiden Personen, d.h. es mangelt dir an Großzügigkeit und zwar sowohl in deinem Innenleben (das die Frau in ihrem Traum symbolisierte) wie auch in deinen Handlungen (die symbolisch durch den Mann dargestellt wurden). Du bist den anderen Menschen gegenüber nicht offen, doch zunächst bist du vor allen Dingen dir selbst, deiner Göttlichen Natur gegenüber nicht offen." Diese Frau trug in ihrem Inneren noch sehr egoistische Teile. Nun muss man aber wissen, dass ein Mensch niemals absichtlich auf sich selbst zentriert ist. Man darf ihm dies also nicht übel nehmen. Ein Traum wie dieser zeigt verborgene Teile eines Menschen, doch beschreibt er natürlich nicht das ganze Wesen der betreffenden Person. Durch die Arbeit mit den Engeln gewöhnen wir uns an die Sprache der Wahrheit.

Man muss es vermeiden, bezüglich einer Krankheit irgendein Urteil abzugeben, und sie vielmehr als einen Abschnitt unserer Entwicklung betrachten. Andererseits ist die Krankheit kein Kriterium, an dem man die Entwicklungsstufe eines Menschen ablesen kann. Jeder Mensch hat sein eigenes Programm, ein einzigartiges Schicksal, das anhand einer gewissen Anzahl von Zielsetzungen, die verwirklicht werden müssen, erarbeitet wurde. Könnte man die Antwort, die diese Frau durch ihren Traum erhielt, verallgemeinern, dann würden viele Menschen an einer mangelhaften Pigmentierung der Haut leiden, nicht wahr? Jeder Mensch bringt seine inneren Konflikte auf seine Weise zum Ausdruck und die Zeichen und Symbole, die ihm zugesandt werden, sind auf ihn persönlich abgestimmt, damit er die Ursache seiner Situation in der Tiefe verstehen kann.

Es gibt ein Gesetz, das man unbedingt kennen muss, wenn man wissen will, wie sich die Lebenskraft äußert. Es ist das Gesetz der Resonanz: Man zieht das an, was man selbst ist. Da man jedoch nicht weiß, was man alles ist, erlebt man Überraschungen, genauso wie die ehemalige Nonne mit ihrem Traum, den ich vorhin erwähnte und in dem ein verletztes Pferd vorkam. Diese Frau kannte das Gesetz der Resonanz nicht, deshalb hielt sie die anderen für krumm und verzerrt. Sie glaubte, dass sie selbst keine sexuellen Bedürfnisse hatte. Niemand hatte ihr dieses Gesetz erklärt.

Ein weiteres Beispiel zum Gesetz der Resonanz ist die Geschichte der Frau, die sich einen Lebensgefährten wünschte und von dem kleinen Mann mit den blauen Augen träumte. Nachdem ich mit ihr über ihren Traum gesprochen hatte, sagte sie zu mir: „Erklär mir bitte das Gesetz der Resonanz etwas näher. Da gibt es etwas, das ich nicht gut verstehe." Und sie begann mir von einer ihrer Freundinnen zu erzählen. Man hat mit den schönen Seiten eines Menschen Resonanzen, mit seinen Qualitäten und Tugenden, doch wenn einen sein Verhalten stört, dann ist es gewiss, dass man in sich selbst ebenfalls die Wurzeln dieses Verhaltens birgt. Diese Resonanzen nimmt man nicht immer wahr, weil sie meistens unbewusst sind. Wenn man sich also gestört fühlt, sagt man sich: „Aha! Da haben wir's. Ich werde dieser unbewussten Erinnerung auf den Grund gehen können und freue mich darüber." Anstatt es dem anderen übel zu nehmen, schließt man auf sich selbst zurück. Sobald dies automatisch erfolgt, hat man in der Tat eine wesentliche Etappe hinter sich gebracht.

Diese Frau sagte zu mir: „Ich habe eine Freundin, die ich sehr mag, doch da gibt es etwas, das sie sehr häufig sagt, und damit geht sie mir wirklich auf die Nerven. Sie sagt: ‚Du, du wirst so enden wie ich: ganz allein, ohne Lebensgefährten.' Oh! Wenn sie das sagt...!"

Hört man einen Menschen in einem etwas aggressiv gefärbten Ton äußern: „Das, das betrifft nicht mich, das geht ihn an", so bedeu-

tet dies, dass er damit eine starke Resonanz hat. Ich sagte also zu der Frau:
- Wenn dir das auf die Nerven geht, so ist es gewiss, dass du mit dieser Verzerrung im Einklang stehst. Das ist so, als würdest du in deinem Innern einen Teil von dir entdecken, der bewirkt, dass du dir unbewusst häufig wiederholst: „Du wirst keinen Partner haben, du wirst keinen Partner haben." Und dieser kleine Teil in dir, der dies heimtückisch sagt, hat eben Recht.
- Was meinst du mit ‚hat Recht'?
- Er hat insofern Recht, als du ihm Recht gibst, sofern du dich nicht änderst. In deinem Traum hat MAN dir den wahren Grund angegeben, der dich daran hindert, einem Lebensgefährten zu begegnen, und diesen Grund, den hältst du aufrecht. Wenn deine Freundin dir in Zukunft diesen Satz zuwirft, so nutz die Gelegenheit – selbst wenn du dich zu Beginn noch darüber ärgerst –, um die Rezitier-Übung zu machen und die Engelenergie PAHALIAH ein- und auszuatmen.

Eines Tages wird ihre Freundin wieder sagen: „Du wirst keinen Mann haben", doch dann wird sie dies ganz unberührt lassen und sie wird ihre Gelassenheit dadurch nicht mehr verlieren. Das wird der Beweis dafür sein, dass sie mit dieser Verzerrung keine Resonanz mehr hat. Und irgendwann wird ihre Freundin die Lust, diesen Satz zu sagen, ganz verlieren. Es kommt auch vor, dass unsere Beziehungen sich verändern, weil die Anziehung – die Resonanz – nicht mehr die gleiche ist. Und wenn die Menschen, mit denen wir Umgang haben, sich nicht ebenfalls ändern, kann es sein, dass unsere Beziehung mit ihnen einfach zu Ende geht.

Wir werden nun ein Beispiel sehen, das das männliche und das weibliche Prinzip betrifft. Diese beiden Prinzipien tragen wir in uns und wir werden sehen, wie wichtig es ist, sie in unserem Innern zu vermählen. In manchen Märchen kommt ein frisch verheiratetes Paar in einer Kutsche vor, die von vier schwarzen Pferden gezogen wird. Das bedeutet symbolisch gesehen, dass man durch die Vermählung des männlichen und des weiblichen Prinzips im eigenen Inneren Meister der Materie wird, d.h. in Bezug auf die Lebensenergie – welche durch die Pferde symbolisiert wird – die Meisterung erlangt hat. In diesem Fall können die Pferde erneut schwarz sein, wobei diese Farbe dann ein äußerst positives Symbol darstellt.

Eine Frau besuchte mich und berichtete mir von ihrem Liebesleben. Sie sagte zu mir: „Ich hatte in meinem Leben mehrere aufeinanderfolgende Liebesbeziehungen, doch es hat nie geklappt. Im Augenblick durchlebe ich wieder eine Trennung. Trotzdem gab es in meinem Leben einen Mann, den ich sehr liebte. Doch war diese Liebe unmöglich. Warum ließ mich Gott eine solche Liebe kennen lernen, wenn Er mir andererseits nicht das Recht auf diese Liebe geben wollte?" Die Frau schien diese unmögliche Liebe als eine Strafe Gottes anzusehen.

Sie fügte hinzu:
- Als ich frei war, war er es nicht, und als er frei war, war ich es nicht.
- Es ist nicht Gott, Der das für dich so gewollt hat, sagte ich zu ihr. Du bist diejenige, die sich ihre eigenen Begrenzungen auferlegt. Ein Teil von dir will sich nicht binden und gemäß dem Gesetz der Resonanz ziehst du Beziehungen an dich heran, die nicht von Dauer sind. Es ist eine Facette deines inneren Mannes, die bewirkt, dass du zwar die Liebe zu kosten bekommst, jedoch nicht die vollkommene Liebe. Das bedeutet, dass du in dir Erinnerungen von Verletzungen trägst, Erinnerungen des Verlassen- und Verstoßenwerdens. Du hast noch allerlei Ängste, die dich lähmen und dich der Möglichkeit berauben, einem Mann zu begegnen. Um eine große Liebe erleben zu können, muss man frei sein. Räum dir also das Recht ein, an deine früheren Lebensgefährten zu denken. All diese Beziehungen stellen Geschenke für dich dar: Sie weisen dich auf die unbewussten Erinnerungen hin, die dich bewohnen. Analysiere diese Personen und gestatte dir dabei, die gemeinsamen Resonanzen zu identifizieren.

Natürlich vernarben die Wunden, die von vergangenen schmerzhaften Ereignissen herstammen – wie beim Pferd –, doch sobald man wieder den gleichen Hindernissen gegenübersteht, kommt es sehr häufig vor, dass man wie das Pferd bockt, sich aufbäumt und fliehen will. Dabei kann das Geschehnis so lange zurückliegen, dass man sogar die betreffende Person vergessen hat. Oder manchmal stammen die Erinnerungen sogar aus früheren Leben. Anstatt auf die schmerzhaften Ereignisse fixiert zu bleiben, sollte man sich fragen: „Habe ich diese Verzerrung transzendiert?"

Durch die Analyse unserer vergangenen Beziehungen wird es uns gelingen, die jeweilige Blockierung zu berichtigen. Ansonsten hat man keinerlei Anhaltspunkte. Aus diesem Grund sind die Kommunikation und die Kontakte mit den anderen Menschen so wichtig. Sie stellen unsere persönliche Bibliothek dar und geben uns an, was wir zu bearbeiten haben. Sobald die Zeit gekommen ist, wo uns unser Speicher der Qualitäten und Verzerrungen bewusst werden muss, kann uns kein Buch besser anleiten als ein uns bekannter Mensch. Hat man eine Verzerrung, durch die man mit ihm in Resonanz geraten ist, nicht in Ordnung gebracht, sie also im eigenen Innern nicht transzendiert, so bedeutet dies, dass sie immer noch da ist und man folglich weiterhin die gleiche Sorte von Menschen anziehen wird.

Wir erhielten den sehr aufschlussreichen Erlebnisbericht einer Frau, die unter der Gewalttätigkeit ihres ersten Mannes gelitten hatte und seither in ihrem Intimleben keinen Lebensgefährten mehr wollte. Diese Frau, die mit der Engellehre arbeitet, erzählte mir: „Manche der Männer, mit denen ich Kontakt habe, ziehen mich an, doch sobald ich etwas an der Oberfläche ihres Lebens kratze, entdecke ich sehr schnell, dass der Mann, zu dem ich mich hingezogen fühle, die gleiche gewalttätige Neigung hat, wenn auch in etwas abgeschwächter Form. Allein durch das Reden mit ihm werden mir die Fortschritte bewusst, die ich im Hinblick auf die Männer, die mich anziehen, gemacht habe." Doch diese Frau bringt ihre Anziehung nicht zum Ausdruck und so beschränkt sich die Beziehung auf einen einfachen freundschaftlichen Kontakt.

Sie fügte hinzu:
- Ich weiß, dass ich noch viele Erinnerungen zu bereinigen habe, bevor ich bereit bin, eine Beziehung einzugehen.
- Ah! Du bist wirklich weise, sagte ich zu ihr. Was du tust, ist sehr weise.
- Nein, entgegnete sie, das ist keine Weisheit: Ich habe so sehr gelitten, dass ich keine Lust habe, das Gleiche wieder zu erleben.

Also beobachtet sie. Niemand hat ihr gesagt: „Die Zeit ist noch nicht reif." Nein, sie selbst spürt, an welchem Punkt sie angelangt ist, je nach dem Personentyp, zu dem sie sich hingezogen fühlt. Mit einer solchen Haltung ist man sich selbst eine große Hilfe. Man hört auf, sich herumzuschlagen und zu denken, der Schöpfer gehe hart mit einem um und das Leben sei schwer. Man sagt sich: „Ich war unwissend, doch ich muss mir meine vergangene Unwissenheit nicht übel nehmen. Die Schlüssel, über die ich nun verfüge, sind die Engel, und ich bin zu einem Verständnis gelangt, das mir die Berichtigung meiner Erinnerungen ermöglicht – und daran werde ich jetzt arbeiten."

Wir wollen nun die Stellung des Engels 20 PAHALIAH im Lebensbaum näher ansehen. Dieser Engel hat Seinen Wohnsitz in der Sephira BINAH. Symbolisch gesehen stellt diese Lebenssphäre die erste Ebene dar, wo der Ur-Geist die Begrenzungen festlegt, die für den Materialisierungsprozess notwendig sind. Bei der Erschaffung eines Kindes werden seiner Seele Grenzen gesetzt aufgrund der Tatsache, dass sie bei ihrem Erscheinen auf Erden in einen Körper einzieht. Das Schwingungsniveau der Sephira BINAH ist sehr hoch, und wenn die dem Menschen auf dieser Ebene auferlegten Begrenzungen auch sehr subtil sind, so stellen sie dennoch Grenzen dar. BINAH symbolisiert die weibliche Kraft, die archetypische Matrize, die Ur-Materie. Das Anrufen der Engel dieser Sephira erzeugt in unseren tiefsten Tiefen einen Widerhall, dort, wo unsere Lebenskraft auf ihre allerersten Grenzen stößt und wo sich sehr, sehr alte Erinnerungen befinden, die umerzogen werden müssen, genauso wie ein verletztes Pferd.

Begrenzungen sind zunächst wirklich notwendig. Sie sind sowohl natürlich als auch kosmisch begründet. Hat man die Göttlichen Gesetze nicht beachtet, stellen die Grenzen Einschränkungen dar. Diese Einschränkungen sollen den Menschen veranlassen, das zu berichtigen, was er aus Unverständnis falsch gemacht hat. Die Sphäre BINAH ist dem Planeten Saturn zugeordnet, der die Konzentrationsfähigkeit, die Ausdauer, das Pflichtbewusstsein und die Stabilität symbolisiert. Mit dem Engel PAHALIAH erwirbt man also eine große Standfestigkeit und ist somit wirklich gut ausgestattet, um mit der Lebenskraft zu arbeiten. Dieser Engel ist auch der Sephira GEBURAH verbunden, die aufgrund ihrer Zuordnung zum Planeten Mars ein Symbol der Stärke, der Tatkraft und der Dynamik darstellt.

In jenen Fällen, wo die Lebenskraft in verzerrter Form verwendet wurde, handelt der Engel 20 PAHALIAH wie ein Himmlischer Chirurg: Er hilft uns, das zu reparieren, was berichtigt werden muss, wobei Er nicht wegschneidet, sondern transzendiert. Der Ausdruck ‚Himmlischer Chirurg' ist lediglich ein Symbol, ein Bild.

Ich werde Ihnen nun eine Anekdote erzählen, die zeigt, wie wichtig es ist, den Kindern gegenüber Regeln aufzustellen und sie zu veranlassen, ihre Fehler zu berichtigen, jedes Mal, wenn dies nötig erscheint. In unserer Gesellschaft sind wir in der Erziehung der Kinder von einem Extrem ins andere verfallen. Früher erzog man die Kinder mit Härte und strikten Regeln. Man war wirklich unerbittlich hart mit ihnen. Damals befand man sich in einer Verzerrung des Engels PAHALIAH. Danach verfielen jene Menschen, die mit dieser Härte großgezogen worden waren, bei der Erziehung ihrer eigenen Kinder in das andere Extrem, indem sie sich sagten: „Ich habe so sehr gelitten, als man mit mir so hart und unerbittlich war. Ich will unter allen Umständen vermeiden, dass meine Kinder das Gleiche durchleben." So wandte man sich von einer puritanischen zu einer vollkommen nachlässigen Haltung. Doch für die Kinder sind diese beiden Verhaltensformen seitens ihrer Eltern gleich schwer zu ertragen. Kinder brauchen Regeln, um sich gesund entwickeln zu können.

Hier nun die Anekdote. Ich war dabei, meine Rezitier-Übung mit dem Engel 20 PAHALIAH zu machen, während ich mit meinem Mann, unserer damals siebenjährigen Tochter Kasara und zwei ihrer kleinen Freundinnen spazieren ging. Kasara mag ihre kleinen Freundinnen sehr und ihre Freude, mit ihnen zusammen sein zu können, war groß. Irgendwann unterwegs betrat Kasara ein Grundstück, das nicht eingezäunt war und auf dem sich wundervolle Blumenbeete befanden. Und dann neigte sich die kleine Schelmin zu den Blumenbeeten hinunter und tat so, als würde sie Blumen pflücken.

Oh, der Hausbesitzerin, die am Fenster stand, gefiel das ganz und gar nicht! Sie hatte Angst um ihre Blumen. Als sich Kasara wieder zu uns gesellte, sprach ihr Vater mit einer gerechten Autorität zu ihr. Seine Haltung war richtig und schön. Er war sehr bestimmt, hatte aber nichts von der Aggressivität an sich, die bei einer Verärgerung zum Ausdruck kommen kann, weil man sich sagt: „Oh Gott! Was werden nur die Leute von uns denken?" Bei der Erziehung der Neuen Kinder ist es wichtig, dass uns bei der Durchsetzung der Disziplin nicht die Wut anleitet und wir innerlich standfest und bestimmt sind. Sie spüren dann, dass unsere Haltung richtig und gerecht ist.

Ihr Vater erklärte Kasara daraufhin die Grundregeln. Zunächst fragte er sie:
- Kasara, hast du so getan, als würdest du Blumen pflücken, um deine Freundinnen zum Lachen zu bringen?

- Hm, ja, antwortete sie.

Natürlich sah sie darin nichts Böses. Da sagte ihr Vater zu ihr: „Ich werde dir erklären, was geschehen wird, wenn du dich bei der Dame nicht entschuldigst. In Zukunft wird in ihr die Angst, die deine Tat eingeschrieben hat, jedes Mal hochsteigen, sobald sich Kinder oder selbst Erwachsene nähern, um den Duft ihrer Blumen zu riechen. Natürlich ist das keine große Angst, dennoch wird sie da sein. Und du wirst, sofern du dies nicht berichtigst, jedes Mal, wenn sie diese kleine Angst empfindet, an dem Ereignis beteiligt sein, da du einen Teil der Verantwortung dafür trägst."

Dieses Beispiel zeigt, wie sich eine karmische Schuldenkette bildet: Wenn man einer Person Leid zufügt und in ihr Angst erzeugt, wird man in gewisser Weise jedes Mal dafür verantwortlich sein, wenn in ihr diese Angst aufflackert und sie sie anderen Menschen gegenüber zum Ausdruck bringt. Man könnte ein ganzes Leben lang über dieses Beispiel meditieren, weil es so tiefgründig ist und die Verhaltensweisen, auf die es Anwendung findet, so zahlreich sind.

Dank der Erklärungen ihres Vaters konnte Kasara die Tragweite dessen, was sie getan hatte, verstehen. Sie spürte darin keinerlei Vorwurf, ihr wurden lediglich die Regeln bewusst. Da bat ihr Vater sie, sich bei der Frau zu entschuldigen, was sie sehr würdevoll tat. Diese freute sich darüber, hatte die Entschuldigung jedoch nicht erwartet. Als Kasara zurückkam, beglückwünschte ihr Vater sie vor ihren Freundinnen: „Was du da getan hast, ist sehr schön und gar nicht leicht. Es gibt Erwachsene, die nicht imstande sind, solche Dinge zu tun. Es ist ein Zeichen innerer Größe, sich entschuldigen zu können und seine Fehler zu korrigieren."

Solange man die Regeln nicht gelernt hat, kennt man sie nicht. Wer Hochseilakrobatik oder Akrobatik auf dem Rücken eines Pferdes macht, muss zuerst lernen, richtig zu fallen, um sich dabei nicht zu verletzen. Auf uns trifft das Gleiche zu: Wir lernen, anders zu denken, und suchen nach den richtigen Regeln, um unsere Fehler und Irrtümer zu korrigieren. Dabei werden wir noch viele Fehler machen – das ist normal –, doch wir werden diese sofort bemerken und sie berichtigen, ohne in übermäßige Härte zu verfallen.

Wenn ein körperlich steifer Mensch hinfällt, tut er sich weh, während ein Mensch mit einem beweglichen, lockeren Körper sich dabei nicht verletzt. Das Gleiche trifft auf die Beweglichkeit des Geistes zu. Durch die Berichtigung unserer geistigen Steifheit wird es uns eines Tages gelingen, mit unserem Bewusstsein Hochseilakrobatik zu betreiben. Dazu muss man sich aber vor allen Dingen das Experimentieren gestatten. Obwohl zu den Qualitäten des Engels PAHALIAH das Festlegen von Regeln gehört, hilft Er uns auch, die Beweglichkeit unseres Geistes wiederzufinden. Danach kann diese Beweglichkeit in den physischen Körper einziehen und auf der materiellen Ebene in Erscheinung treten.

Sie sehen, wie wichtig es ist, unseren Kindern die Regeln beizubringen. Diese Anekdote berührt auch das Gefallenwollen und die Verführung. Wie viele Gesten führen wir doch einzig und allein in dem Versuch aus, den anderen zu gefallen! Mit Hilfe des Engels PAHALIAH wird sich das Bedürfnis, zu gefallen und zu verführen, allmählich auflösen.

Die Verführung äußert sich in verschiedener Stärke, von ganz subtilen bis hin zu ganz extremen Formen. Sobald man jedoch ein verführerisches Verhalten hat, kann die bedingungslose Liebe nicht mehr durchdringen. Die Verführung ist also eine Verzerrung, die man so nach und nach durch die Entwicklung des Verständnisses verwandeln kann.

Hier ein weiteres Beispiel zu einer der Qualitäten des Engels 20 PAHALIAH: *Berichtigung der Fehler, die aufgrund überspannter Wünsche begangen wurden.* Eine Frau, die mit den Engeln arbeitet und dabei nach dem Engelkalender Nummer 1 vorgeht, erzählte mir, was sie erlebt hatte, während sie den Engel PAHALIAH in dessen Regentschaftsperiode vom 27. Juni bis zum 1. Juli anrief. Diese Frau hatte eine Saisonarbeit und bezog während des Sommers kein Einkommen. So veranlassten sie finanzielle Gründe, sich eine Sommerarbeit zu suchen. Sie bot ihre Dienste in einigen Boutiquen an, die in einem ihr wohlbekannten Bereich spezialisiert waren: der Bekleidung. Nachdem sie mehrere Absagen erhalten hatte, verwies man sie an eine Boutique, die feine Unterwäsche anbot. Sie hatte aber keine Lust, als Verkäuferin in einem solchen Laden zu arbeiten, da sie dies an eine Periode ihres Lebens erinnerte, die 15 Jahre zurücklag: Damals hatte sie ihre eigene Designerfirma für Bekleidung und Unterwäsche.

Durch die finanziellen Einschränkungen, die die Kosmische Intelligenz dieser Frau auferlegte, führte MAN sie in ihr früheres Tätigkeitsfeld zurück. Hätte sie keine finanziellen Probleme gehabt, so wäre sie niemals in diesen Sektor zurückgekehrt. Die Frau hatte begonnen, an ihrer spirituellen Entwicklung zu arbeiten, und die Unterwäsche stellte für sie einen ganz und gar nicht spirituellen Bereich dar. In ihrer Auffassung von Gut und Böse herrschte Verwirrung. Dabei kann selbst eine Heilige einen Büstenhalter und Unterhosen tragen. Im Bereich der Unterwäsche findet man Waren, die vom rein Nützlichen bis zum höchst Erotischen und Provozierenden reichen. Es erübrigt sich zu sagen, dass manche Unterwäsche unserer Entwicklung nicht dient und es normal ist, sich nicht von ihr angezogen zu fühlen. Ohne gerade an die Kategorie der erotischen und meist nicht wirklich nützlichen Unterwäsche zu denken, gibt es doch hübsche Unterwäsche, die beim Tragen Sanftheit und Schönheit vermittelt. Dabei ergibt sich der Unterschied in den meisten Fällen nicht aus der Ware selbst, sondern aus der Absicht des Designers sowie aus der Art und Weise, wie die Unterwäsche getragen wird.

Mit diesen finanziellen Einschränkungen wollte MAN der Frau sagen: „Du hast keine andere Wahl. Da musst du hin. Wir haben einen netten, kleinen Lehrgang für dich gefunden, wo du eine Menge lernen wirst." Und weil sie dies sehr wohl verstand, fiel es ihr leichter, ihr inneres Widerstreben beiseitezuschieben und die Stelle anzunehmen. Sie sagte mir nach einer Weile: „Das war mir wirklich eine Lehre. Einmal kam ein Paar in die Boutique, ein imposanter Mann mit einer jungen Frau. Er hatte beim Einkauf das Sagen und bestellte Büstenhalter – einer erotischer als der andere. Da rief ich den Engel PAHALIAH an. Ich bemerkte, dass der Mann, wenn er sich in meiner Nähe befand, sehr laut und mit einem aggressiven Ton sprach, und sobald er sich von mir entfernte wieder ruhig wurde und leiser sprach."

Wie war dies zu erklären? Diese Frau hatte ihre Sexualkraft noch nicht vollständig transzendiert und als sie den Engel PAHALIAH anrief, versuchte sie aufgrund ihrer Vorurteile unbewusst, diesen Mann zu ändern. Sie hatte die gleiche innere Haltung wie Glaubensfeinde, die sich bekriegen und die anderen ändern wollen. Genau das Gleiche spielte sich zwischen dieser Frau und dem Mann im Laden ab. Und der Mann spürte das, wenn er sich dessen auch nicht bewusst war, und das hatte seinerseits verschiedene – ebenfalls unbewusste – Reaktionen zur Folge.

Die Frau erzählte mir weiter: „An einem der Büstenhalter, den die junge Frau ausgewählt hatte, war eine kleine Margeritenblume abgegangen und ich bot ihr an, sie wieder anzunähen." Jedes Geschehnis und jede unserer Gesten haben eine Bedeutung. Die Arbeit dieser Frau in dieser Boutique diente ihr nicht nur als Brotverdienst und die kleine Margerite war nicht zufällig abgegangen: Die Frau musste gewisse Dinge reparieren.

Das war nicht alles. Während sie über sich selbst lachte – diese Frau hat sehr viel Humor –, sagte sie zu mir: „Als mein Arbeitstag zu Ende war und ich in meinen Wagen einsteigen wollte, stieß ich mir die rechte Schulter an. Ich tat mir wirklich sehr weh und im gleichen Augenblick schickte MAN mir eine kurze Einblendung: Ich hatte das Bild der jungen Frau vor Augen, die in der konkreten Wirklichkeit an genau der gleichen Stelle an ihrer rechten Schulter einen Verband trug. Oh, da erfasste ich die Lektion."

Bei jeder Fehltat muss man versuchen, die Ursache dafür ausfindig zu machen, denn dahinter verbirgt sich immer eine Lehre. Diese Frau war bereits daran gewöhnt, auf diese Weise an ihrem Bewusstsein zu arbeiten. Deshalb ließ MAN sie die Ursache unmittelbar erkennen: Das Bild des Verbandes fiel ihr wieder ein. Dadurch wurde ihr blitzartig bewusst, dass sie über die junge Frau geurteilt hatte. Sie sagte zu mir: „Es war gar nicht der Mann, über den ich urteilte, sondern die junge Frau." Doch warum hatte sie das getan? Wenn man über einen anderen Menschen urteilt, so bedeutet dies, dass man mit ihm Resonanzen hat. Dabei hat diese Frau nichts von einer Verführerin an sich. MAN wollte sie damit auf Resonanzen hinweisen, die sehr tief in ihr verborgen lagen, so als hätte MAN zu ihr gesagt: „Du hast noch kleine Verführerinnen in deinen unbewussten Erinnerungen."

Will man verführen, so bedeutet dies, dass man sich einen schnellen und leichten Zugang zur Materie und zur Liebe wünscht. Wie ich bereits sagte, gibt es verschiedene Grade der Verführung. Ein Lächeln kann dem Verlangen entspringen, zu verführen, oder aber auf einfache und schöne Weise spontan zum Ausdruck kommen. Wie kann man nun aber wissen, welche dieser Möglichkeiten vorliegt, wo doch alles so subtil ist? Wenn die Verführung auf plumpe Art erfolgt, ist sie leicht erkennbar, doch wenn sie sehr raffiniert zum Ausdruck kommt, nimmt man sie nicht mehr wahr, es sei denn, man ist hellfühlend. Die Analyse unserer Träume wird uns unsere eigenen verführerischen Verhaltensweisen offenbaren.

Wenn man wie diese Frau feststellt, dass man Resonanzen hat, kann man mit den anderen mitfühlen und ihnen innerlich dafür danken, dass sie einen erkennen lassen, was im eigenen Inneren noch mitschwingt.

Durch diese kleinen Ereignisse im Wäscheladen, gab MAN der Frau auch Folgendes zu verstehen: „Du unterhältst moralische Verhaltensmuster – sowohl auf der konkret-materiellen als auch auf der feinstofflichen Ebene –, die du für richtig erachtest und die in dir Starrheit erzeugt haben. Der Grund, weshalb du über diese junge Frau und nicht über den Mann, der sie begleitete, geurteilt hast, ist, dass du gerne an ihrer Stelle gewesen wärst. Aus dem gleichen Grund hast du auch über sie hergezogen. Du hast derzeit keinen Lebenspartner und das frustriert dich, denn das Verlangen, zu verführen, ist noch in dir vorhanden und du kannst es nicht bei einem Mann zum Ausdruck bringen."

Stellen Sie sich vor: Während sie die kleine Margerite wieder an den Büstenhalter nähte, entschuldigte sie sich in Gedanken bei dieser jungen Frau. Auf diese Weise vollbrachte sie eine schöne innere Arbeit. Auf dem Einweihungsweg lernen wir ganz tiefgründig zu verstehen, dass jeder Mensch seine eigenen Erfahrungen machen muss.

Man hört oft Menschen sagen: „Ach, wie langweilig ist doch dieser Arbeitsplatz. Ich fühl mich da so beschränkt. Ich würde gerne etwas Kreativeres oder Spirituelleres tun, eine Arbeit, mit der ich den Menschen helfen würde." Alles ist spirituell und unsere Arbeit hat genau da zu erfolgen, wo MAN uns hingesetzt hat. Die verschiedenen Arbeitsplätze und Arbeitsbedingungen stellen Lehrgänge dar, die die Kosmische Intelligenz uns anbietet, damit wir an uns arbeiten können. Und dies trifft umso mehr zu, je stärker wir uns gestört fühlen. MAN belässt uns so lange dort, wie es nötig ist, und falls wir die Initiative ergreifen, den entsprechenden Arbeitsplatz früher zu verlassen – d.h. bevor das bestehende Problem gelöst ist –, so werden wir die gleichen Resonanzen an einem neuen Arbeitsplatz wiederfinden. Sobald man das verstanden hat, hört man auf, gegen sein Schicksal anzukämpfen, und kann es akzeptieren. Da wir die unbewussten Erinnerungen in unserem Inneren ja nicht kennen, erleichtert es uns dieses Verstehen und Akzeptieren, an gewissen

Arbeitsplätzen tätig zu sein oder mit gewissen Menschen auszukommen, die uns ansonsten stören würden. Die Geschichte dieser Frau ist diesbezüglich sehr aufschlussreich.

Hier ein weiterer Erlebnisbericht, der den Bewusstseinszustand PAHALIAH berührt. Dieses Beispiel zeigt, warum die sexuelle Enthaltsamkeit in gewissen Lebensmomenten nützlich, ja sogar notwendig ist, und dass Enthaltsamkeit und Transzendenz nicht gleichzusetzen sind. Ein Mann hatte sich von der Frau getrennt, mit der er mehrere Jahre lang zusammengelebt hatte. Für ihn war diese Trennung, die schon ein Jahr zurücklag, äußerst schwierig gewesen. Er hat gegenwärtig keine Lebensgefährtin und leidet unter einem starken Mangel an Zärtlichkeit und Sexualleben, was er als sehr schmerzhaft empfindet.

MAN hatte ihm einen Traum geschickt, den er mir erzählte. *Er hatte Bauchschmerzen und stand in Begleitung seiner Exfrau in der Wartereihe beim Arzt. Als er dran war und den Arzt sah, war er sehr überrascht, denn es war sein Bruder. Während dieser ihn untersuchte, versuchte er gleichzeitig die Exfrau des Träumers zu verführen. Schließlich stellte er als Diagnose ein Problem am linken Oberschenkel.*

In seinem Traum *war dieser Mann empört zu sehen, dass sein Bruder versuchte, seine Exfrau zu verführen.* Was wollte MAN ihm dadurch mitteilen? Die Anwesenheit der Exfrau weist auf nicht gelöste Probleme hin. Generell will MAN uns mit einem solchen Symbol sagen: „In dir sind noch Verzerrungen vorhanden. Du bist noch an die Art von Energie angeschlossen, die dein Exmann oder deine Exfrau für dich darstellen. Überleg mal, was mit diesem Menschen nicht funktioniert hat." Wenn die Verbindung zu einem Menschen auf den Qualitäten beruht, empfindet man ihm gegenüber weder Leid noch irgendeine Form der Abhängigkeit. Beruht sie jedoch auf Verzerrungen, so stellt dies für das Bewusstsein ein gewisses Problem dar, selbst wenn man den Expartner schon seit 20 Jahren nicht mehr gesehen hat.

Durch das Symbol des Bauchwehs wollten die Himmlischen Mächte diesen Mann auf sein emotionales Leid und auf gewisse Aspekte seiner Sexualität hinweisen, die ihn dazu drängten, sich einer Behandlung – symbolisch gesehen die Behandlung seiner Seele – zu unterziehen. Durch das Symbol des Bauchwehs wollten die Himmlischen Mächte diesen Mann auf sein emotionales Leid und auf gewisse Aspekte seiner Sexualität hinweisen, die ihn dazu drängten, sich einer Behandlung – symbolisch gesehen die Behandlung seiner Seele – zu unterziehen. Der Arzt hatte bei dem Mann ein Problem am linken Oberschenkel entdeckt. Der linke Oberschenkel symbolisiert generell einen unbewussten Teil unserer Fähigkeit der Fortbewegung. MAN wollte dem Mann dadurch zu verstehen geben, dass sein Bedürfnis zu verführen, auf seine Fortbewegungsfähigkeit negative Auswirkungen hatte.

Durch die Haltung seines Bruders wollten die Himmlischen Mächte diesen Mann auf einen negativen Teil seines Selbst aufmerksam machen, der eine Situation ausnutzte, und zwar diejenige, die seinem bewussten Wunsch nach Heilung seines Unwohlseins entsprach. Mit anderen Worten wollte MAN ihm Folgendes sagen: „Du nutzt deine Suche nach Heilung und Pflege aus, um jenen instinktverhafteten Aspekt deines Wesens zu nähren, der mit der Verführung zusammenhängt und den du ändern musst."

Ich sagte zu ihm:
- Überleg ein wenig und versuch herauszufinden, was du getan hast oder derzeit tust, das dieser Dynamik entspricht. Das will MAN dir nämlich auf der Ebene der Ursachen zeigen. Da du ehrlich bist, will MAN dich veranlassen, gewisse Dinge zu berichten.
- Ah, ich hab's. Am Vortag dieses Traumes hatte ich meine Exfrau angerufen. Ich hatte die Absicht, ihr von meiner Entwicklung zu berichten und ihr mitzuteilen, was ich inzwischen bezüglich unseres gemeinsamen Lebens verstanden hatte. Doch sobald ich anfing, mit ihr zu reden, brach ich in Tränen aus.

Mit diesem Traum wollte MAN dem Mann aufzeigen, dass seine Absicht, mit seiner Exfrau, die inzwischen mit einem anderen Mann zusammenlebt, über seine Entwicklung zu sprechen, nicht wirklich ehrlich war: Ein Teil seines Selbst wollte immer noch verführen. Daraus kann man ersehen, wie wichtig die Träume sind. Ohne im Geringsten über uns zu urteilen, lüften die Himmlischen Mächte den Schleier, damit wir unsere wahren Absichten und Motive erkennen können, die uns gewöhnlich mehr oder weniger bewusst sind. Auf diese Weise erhalten wir eine Führung und können berichten. Der Mann war sehr zufrieden und sagte zu mir: „Ich habe soeben eine Menge verstanden."

Die sexuelle Enthaltsamkeit fällt diesem Mann sehr schwer, da seine instinktive Kraft noch sehr fordernd ist. Doch der Engel PAHALIAH lehrt uns gerade mit dieser sehr mächtigen, antreibenden Energie, welche die Quelle der Lebenskraft darstellt, richtig umzugehen und zu arbeiten. Das tut Er durch die Festlegung der richtigen Regeln. Jedes Mal, wenn man Impulse und Verlangen verspürt, von denen man sehr wohl weiß, dass sie schwierige Erfahrungen zur Folge haben werden, ist es der absolut richtige Moment, um die Engelenergie PAHALIAH einzuatmen. Dieser Engel wird dann die Erinnerungen bereinigen, die mit diesem Verlangen und diesen Impulsen verbunden sind. Doch muss man die innere Arbeit mit den Engel-Bewusstseinszuständen auch tun, wenn man in der Freude schwebt. Verläuft alles gut, so vergisst man oft, wo alles herkommt, und es braucht dann schwierige Erfahrungen, um einen wieder auf den spirituellen Weg zurückzuführen.

Dieser Mann hat sehr viel an sich gearbeitet und ist sich gewisser Dinge bewusst geworden, doch auf der Ebene seiner Sexualkraft ist diese Stufe der Bewusstwerdung noch nicht integriert.

Der Geschlechtsakt bringt alles ans Licht: Er verstärkt sowohl unsere Qualitäten als auch unsere Verzerrungen. Aus eben diesem Grunde ist er so intensiv und macht manchen Menschen so große Angst. Kein Mensch kann sich anmaßen, uns zu sagen, wann und wie lange wir enthaltsam sein müssen. Das ist eine Entscheidung, die einzig und allein uns selbst und die Kosmische Intelligenz betrifft.

Kommen wir nun auf das Beispiel dieser Frau zurück, die einen gewalttätigen Ehemann gehabt hatte und nicht wieder in ihre alten Verhaltensmuster zurückfallen wollte. Sie hatte gemerkt, dass sie sich immer noch zum gleichen Typ Mann hingezogen fühlte – wenn auch die Männer, die sie anzogen, diesbezüglich schon etwas besser waren –, weshalb sie es vorzog, ihre Enthaltsamkeit noch eine Weile fortzusetzen. Ist man sich nicht ganz im Klaren und sagt sich: „Es ist vielleicht Zeit für mich, einen Menschen in meinem Leben zu haben", so kann man um einen Traum oder ein Zeichen bitten. Die Himmlischen Mächte werden uns eine klare Antwort zukommen lassen, die wir einfach nur lesen müssen. Diese Frau fand ihre Antwort nicht in ihren Träumen, sondern anhand des Resonanzgesetzes, das eine unerschöpfliche Informationsquelle darstellt. Sie machte mehrmals die Feststellung: „Dieser Mann zieht mich an, er erzählt mir sein Leben und daraus kann ich sehr wohl ersehen, dass es sich um die gleiche Sorte von Mann handelt wie mein Exmann." Auf diese Weise kam sie zu der Schlussfolgerung: „Ich werde keine neue Liebesbeziehung eingehen, bevor das nicht ausgeheilt ist."

Sie sehen daran, wie selbständig wir dadurch werden. Niemand sagt uns mehr: „Tu dies oder jenes." Wir erhalten fortlaufend Führung durch die Himmlischen Mächte, verstehen unsere Erfahrungen immer besser und nach und nach gelingt es uns, die Botschaften, die MAN uns schickt, ganz klar zu erfassen.

Nun zu einem weiteren Beispiel, in dem MAN einer Person ankündigte, dass sie vergangene Fehler berichtigen musste. Eine Frau, die eine neue Beziehung mit einem Mann begonnen hatte, sagte zu mir: „Ich habe einen Traum erhalten, der mich sehr gestört hat. In diesem Traum, *sagte mir mein Mann, der inzwischen verstorben ist: ‚Ich komme zurück, um mit dir zu leben', und ich wollte nicht, dass er zurückkommt.* Was bedeutet dieser Traum?"

Wenn in einem Traum ein verstorbener Mensch auftaucht, so kann es sein, dass die Seele dieses Menschen uns aufsucht. Doch kann es sich auch, wie in diesem Beispiel, um ein Symbol handeln. Doch in beiden Fällen wäre die Botschaft die gleiche. MAN wollte dieser Frau sagen: „Du hast noch Resonanzen mit deinem ehemaligen Lebensgefährten. Wenn du das nicht änderst, können die gleichen Verzerrungen in deiner neuen Beziehung wieder auftauchen, und das wird zu den gleichen Problemen führen."

Daher sagte ich zu ihr: „Überleg mal gründlich, was mit deinem früheren Ehemann nicht funktionierte. Du wolltest nicht, dass er wiederkommt, das zeigt, dass gewisse Aspekte eurer Beziehung Probleme darstellten. Versuche, diese Verzerrungen zu identifizieren. Du wirst sie eines Tages transzendieren müssen. Transzendieren bedeutet verwandeln und hindurchgehen, so dass nichts Undurchsichtiges mehr das Licht behindert. Falls du diese Arbeit durchführst, während du deine neue Beziehung entwickelst, so wird sich diese dadurch stark verbessern. Das bedeutet nicht unbedingt, dass dein neuer Gefährte die genaue Kopie deines früheren Mannes ist. Das musst du selbst beurteilen."

Wenn die Öffnung unseres Unterbewusstseins beginnt, kann MAN uns viele Träume über unsere ehemaligen Lebenspartner schicken, sofern man welche hatte. Das ist normal, denn diese Menschen stellen wichtige Themen dar, nach denen sich die Arbeit unserer Bewusstwerdung ausrichtet. Das kann bis in unsere Kindheit zurückreichen, wo z.B. eine kleine platonische Liebe in unserem

Herzen die Erinnerung einer Fehltat hinterlassen hat. Eine ganze Palette von Möglichkeiten kann uns zugeschickt werden. Hat man dieses Prinzip verstanden, so fällt es einem leicht, weder unsicher noch eifersüchtig zu reagieren, wenn der Lebenspartner von einer früheren Gefährtin träumt. Man kann sich dann sagen: „Das ist wunderbar! Ich kann mich glücklich schätzen, denn er ist dabei, die noch vorhandenen verzerrten Erinnerungen zu bereinigen, auf die Man ihn aufmerksam macht. Ich werde ihn darin ermutigen."

Hier ein weiteres Beispiel, das eine der Qualitäten des Engels Pahaliah erkennen lässt: *durchquert mutig und dynamisch alle Prüfungen*, sowie zwei Verzerrungen: *glaubt nicht an eine höhere Macht* und *übertritt die Göttlichen Gesetze*. Es handelt sich um eine Frau, die seit einer gewissen Zeit an ihrer spirituellen Entwicklung arbeitet und deren Mann an nichts glaubt, nicht einmal an eine Höhere Macht. Er will von der Spiritualität nichts hören. Die Frau sagte zu mir: „Es fängt an, schwierig zu werden. Es gelingt mir kaum, mit ihm zu kommunizieren. Da habe ich die Himmlischen Mächte gefragt: ‚Ist für mich die Zeit gekommen, ihn zu verlassen? Muss ich bezüglich meines Lebensgefährten eine Entscheidung treffen?' Und Man hat mir einen sehr einfachen Traum geschickt."

Sie sah ihren Mann ankommen und er war mit einem Schafspelz bedeckt. Sie musste ihn stützen, da er ansonsten am Boden zusammengebrochen wäre. Als sie am Morgen nach diesem Traum aufwachte, sagte sie zu den Geistigen Führern: „Ich habe Euch eine Frage gestellt, doch ich verstehe Eure Antwort nicht. Ich weiß nicht, wie ich diesen Traum deuten muss." Deshalb bat sie in der darauf folgenden Nacht um einen weiteren Traum: „Und bitte schickt mir einen, den ich verstehen kann." Da zeigten Sie ihr eine andere Facette: *Sie befand sich in schwarzen, schlammigen Gewässern und ihr Mann stützte sie.* Sie sagte sich: „Nun werde ich ganz alleine schwimmen können. Ich habe keine Angst mehr. Ich kann jetzt aus diesem schwarzen Wasser herauskommen."

Was wollte Man ihr zeigen? Natürlich hatte Man den Schleier gelüftet, damit sie sehen konnte, was sich auf der energetischen Ebene zwischen ihr und ihrem Mann abspielte, und was ihr Mann für sie darstellte. Doch ich sagte zu ihr:
- Vergiss nicht, dass dein Ehemann auch einen Teil deines inneren Mannes symbolisiert. Du hast mit ihm Resonanzen. Was stellt für dich ein Schafspelz dar?

- Wie ein Schaf folgen.
- Eben das hat MAN dir gezeigt: Dein Mann folgt wie ein Schaf und du bist diejenige, die ihn stützt.
- Oh, ich kann dir sagen, der hat nichts von einem Schaf, erwiderte sie voller Überraschung. Das ist ein Mann der Entscheidungen. Er hat in seinem Berufsleben sehr viel Autorität und ganz gehörig das Sagen.
- Gewiss, doch sagtest du mir, dass er an keine Höhere Macht glaubt, dass die Materie ihn lenkt.

Das, was man sieht, ist manchmal nichts weiter als eine Illusion. Wenn die Himmlischen Mächte den Schleier lüften und uns die Kausalebenen erkennen lassen, enthüllt sich uns eine ganz andere Wirklichkeit. Jene Menschen, die nur der Materie folgen, sind wie Schafe, da die Materie die Führung übernommen hat.

MAN wollte dieser Frau zeigen: „Durch deine spirituelle Arbeit, bist du diejenige, die ihn auf energetischer Ebene stützt. Doch die Frage lautet: Warum lebst du mit einem solchen Menschen zusammen?" Aus diesem Grunde enthüllte MAN ihr in ihrem zweiten Traum eine weitere Facette, die ihr Folgendes zu verstehen geben sollte: „Gewisse Teile von dir schwimmen in schwarzem, schlammigem Wasser. Das Wasser stellt deine emotionale Dimension dar, wo noch große materielle Unsicherheiten fortbestehen. Und da dein Mann auf der materiellen Ebene eine gewisse Bedeutung hat, ist er derjenige, der dich stützt. Er unterstützt dich in Bezug auf deine materiellen Unsicherheiten. Das ist einer der Gründe, weshalb du mit ihm zusammenlebst."

MAN gab dieser Frau dadurch an, wo sie sich in ihrer spirituellen Entwicklung befand. Sie hatte begonnen, Kraft und Sicherheit in sich zu entwickeln, und spürte, dass sie bald ganz alleine würde schwimmen können, ohne äußere Hilfe. Ihr Traum zeigte jedoch, dass ihre Selbständigkeit noch sehr zerbrechlich war: Nähme die Beziehung zu ihrem Mann ein Ende, ginge sie im stark bewegten Wasser unter. Solange wir Gefühle materieller Unsicherheit bergen, ist unsere Glaubenskraft beschränkt und unzuverlässig.

Ich sagte zu der Frau: „Du lebst aufgrund deiner materiellen Unsicherheit mit einem solchen Mann zusammen. Du hast mit ihm bedeutende Resonanzen." In ihren folgenden Träumen, die sie mir ebenfalls mitteilte, legte sie so ziemlich überall Brände. Darauf sagte ich zu ihr: „Natürlich bist du diejenige, die deine Entscheidungen trifft, doch diese Träume, wo du alles in Brand steckst, zeigen dir an, dass die Zeit, deinen Mann zu verlassen, noch nicht gekommen ist. Das wäre eine zu ungestüme Entscheidung. Solche Entscheidungen sollten immer sehr wohlüberlegt sein. Sobald der Tag gekommen ist, diese Beziehung zu verlassen, wird MAN dir das sehr klar anzeigen. Du wirst dann auf zwei mögliche Reaktionen deines Mannes gefasst sein müssen: Entweder wird er dich so schön finden, dass er sich dein Bleiben wünscht – denn ein Mensch, der an seiner spirituellen Entwicklung arbeitet, erwirbt durch das Integrieren der Qualitäten und Tugenden eine ganz besondere Ausstrahlung. Dein Mann könnte sich dabei sagen: „Ich verstehe nicht ganz, was sie tut, doch ich möchte so werden wie sie" und so würde er langsam den Weg der spirituellen Entwicklung einschlagen. Die andere mögliche Reaktion, die du ebenfalls in Betracht ziehen musst, besteht darin, dass sich sein Lebensprogramm von dem deinigen trennt. Falls die spirituelle Entwicklung nicht in seinem gegenwärtigen Lebensprogramm enthalten ist, kannst du sie ihm nicht aufzwingen und solltest es ihm auch nicht übel nehmen oder ihm deswegen weniger Wert beimessen als dir. Er wird sich später, in einem anderen Leben, dieser großen Macht zuwenden müssen, die dann Teil seines Lebensprogramms sein wird. Alle Menschen müssen früher oder später diesen Weg begehen, da er das höchste Ziel der Seele darstellt." Darin liegt die Weisheit: Man zwingt den anderen Menschen nichts auf. In gewissen Augenblicken laufen die Wege der Menschen aufeinander zu und in anderen streben sie auseinander, je nach Lebensplan.

Ein letztes Beispiel, das eine weitere Qualität des Engels 20 PAHALIAH hervorhebt: *die Festlegung von Regeln im instinktgesteuerten Verhalten.* Mit dieser Qualität können wir im instinkthaften Teil unseres Wesens Ordnung schaffen und die Prüfungen leicht und mutig durchqueren. Wir sahen zu Beginn, dass eine unterbundene Lebenskraft Träume bewirken kann, in denen man sich ohne Beine sieht, was bedeutet, dass man am Vorankommen gehindert ist.

Eine Frau suchte mich auf und bat mich um die Deutung ihres Traumes. Sie sagte zu mir:
- *Mein rechtes Bein war stark verletzt und das linke amputiert. Was bedeutet dieser Traum?*
- *Das rechte Bein steht mit der materiellen Ebene im Zusammenhang, das linke mit der inneren Welt. Irgendetwas hat dich auf der*

physischen Ebene verletzt, was zur Folge hat, dass es dir nun schwerfällt, zur Tat zu schreiten. Auf der inneren Ebene ist der Energiefluss bereits unterbrochen: Deine emotionale Kraft, die einen wesentlichen Bestandteil deiner Lebenskraft darstellt, ist außer Betrieb gesetzt. Sie will nicht mehr weitermachen. Versuche herauszufinden, was diesen Zustand in dir erzeugt.
- Welches ist der Engel des Verzeihens? fragte sie mich daraufhin.
- Es gibt einen Engel, der ganz besonders das Verzeihen und die Barmherzigkeit berührt: der Engel HAZIEL, dem die Zahl 9 zugeordnet ist. Du kannst aber auch den Engel 20 PAHALIAH anrufen, der eine andere Facette bearbeiten wird. Und pass auf, nicht in das alte Konzept des Verzeihens zu geraten, wo man sich zwar sagt: ‚Ich verzeihe', dieses Verzeihen jedoch nicht in der Tiefe erfolgt. Solange man nicht wirklich versteht, so lange ist das Verzeihen kein wirkliches Verzeihen.

Diese Frau war von ihrem Mann betrogen worden, was bei ihr große Blockierungen erzeugt hatte. Ich sagte zu ihr: „Wenn du dich aufs Verzeihen beschränkst, wird sich die Arbeit nur an der Oberfläche vollziehen. Du musst sie durch das Verständnis des Resonanzgesetzes ergänzen. Die Tatsache, dass man dich betrogen hat, bedeutet, dass du in dir diesbezügliche Resonanzen hast. Dieser Verrat war in dir eingeschrieben. Das Kosmische Gesetz der Resonanz ist absolut. Du hast folglich seine Entsprechung in der Außenwelt angezogen und MAN ließ dich diesem Typ Mann begegnen. Natürlich wird auch er aufgrund seines Verrats entsprechende Erfahrungen zu durchleben haben. Es gibt die Göttliche Gerechtigkeit sehr wohl und jeder Mensch hat darin sein Schicksal. Selbst wenn man dir einen anderen Mann als Ehemann geschickt hätte, hättest du diesen Verrat dennoch erleben müssen."

Diese Frau ist sehr treu, sie hat vier Kinder und alles verlief ganz gut: Nie hätte sie gedacht, eines Tages Opfer der Untreue zu werden. Wie hätte sie auch ersehen können, dass sie die Untreue in sich selbst trug?

Ich fügte hinzu: „Das, was dieses Ereignis ans Tageslicht bringt, stellt lediglich die Spitze des Eisberges dar. In der Tiefe liegt eine gewisse Menge von Erinnerungen verborgen, die mit der Untreue zu tun haben. Das ist absolut sicher. Man erlebt keine Untreue, ohne dass man in sich den Keim dazu trägt. Du kannst also nicht wissen, wie lange es dauern wird, bis du vollständig verziehen hast, bis du diese Situation transzendiert haben wirst, die Aggressivität erzeugt und wegen der sich deine verletzte instinktive Natur aufbäumt und fliehen will."

Wenn man sich damit begnügt, zu verzeihen, und die innere Arbeit nicht gründlich durchführt, wird bei der ersten Gelegenheit ein kleines Ereignis, eine Gegenwart oder ein Wort genügen, um die Wut erneut aufsteigen zu lassen. Und MAN wird uns reichlich solche Gelegenheiten vorsetzen, bis wir den Bottich vollständig geleert, d.h. die entsprechenden Erinnerungen alle bereinigt haben.

Ich riet dieser Frau: „Atme jedes Mal, wenn du dich verletzt fühlst, tief ein und sage dir dabei: ‚Das trug ich in mir. Hätte er mich nicht betrogen, hätte ein anderer es getan. Ich bin ihm dankbar, dass er mir die Gelegenheit bietet, diese Erinnerungen ein für alle Mal zu bereinigen.' Halte so Einkehr und mach die Engel-Rezitier-Übung. Das ist die beste Art vorzugehen. Wenn du beharrlich so arbeitest, wirst du Träume erhalten, die dir wichtige Elemente für ein besseres Verständnis liefern werden."

Selbst wenn der andere nicht richtig gehandelt hat, muss man es vermeiden, ihn zum Sündenbock werden zu lassen und es ihm übel zu nehmen. Das Schicksal wird sich seiner annehmen. Ein spiritueller Mensch begründet sein Verzeihen auf das Vertrauen in die Göttliche Gerechtigkeit. Ohne diese hätte die Existenz Gottes keinen Sinn. Hat man dieses Verständnis gut integriert, muss man sich als Nächstes vergewissern, dass man die emotionale Energie nicht verdrängt. Sobald Emotionen wie Leid und Wut auftauchen, verwendet man sie, um die verzerrten Erinnerungen zu bereinigen, mit Hilfe der Engel-Rezitier-Übung und dadurch, dass man sich immer wieder sagt, dass es die Göttliche Gerechtigkeit gibt.

Als Schlussfolgerung dieses Vortrages über die Transzendierung der Sexualität werden wir sehen, dass die Umerziehung der Lebenskraft notwendigerweise über den Zugang zum Göttlichen Bewusstsein erfolgt, d.h. dass sie die Wiederentdeckung und die Integrierung der Göttlichen Qualitäten und Tugenden einschließt.

Betrachtet man die Sexualität als Geschlechtsakt zwischen einem Mann und einer Frau, so kann man nicht umhin festzustellen, dass dieser im Laufe der Geschichte eine wesentliche Entwicklung erfahren hat. Bei den Höhlenmenschen kam beim Geschlechtsverkehr ein eher tierisches Verhalten zum Ausdruck, und wenn die Sexualität heute auch bei weitem noch nicht vollkommen ist, so hat sie dennoch eine Weiterentwicklung erlebt.

Warum macht die Sexualität so viel von sich reden? Aus welchen Gründen ist sie in allen Kulturen ein so wichtiges Thema? Was rechtfertigt all die Tabus? Warum ruft der Geschlechtsakt gleichzeitig Angst und Faszination hervor? Um auf diese Fragen antworten zu können, muss man erfasst haben, was beim eigentlichen Geschlechtsakt vor sich geht.

Wenn zwei Menschen in der intimen Beziehung miteinander verschmelzen, sind sie einige Sekunden oder Minuten lang ganz intensiv gegenwärtig. Die Intensität dieser Gegenwart nimmt dabei noch zu, wenn die beiden Menschen sich in ihren Gedanken und Gefühlen auf die Göttliche Dimension des Daseins konzentrieren. Durch die Verschmelzung der Körper auf der physischen Ebene kann sich diese konzentrierte Aufmerksamkeit auf die Göttlichkeit des Daseins ausbreiten und zu einer Ausdehnung und einem wahren Einswerden der Seelen führen. Menschen mit einem gewöhnlichen Bewusstsein erleben in diesen Augenblicken ein höheres Niveau der Liebe als üblicherweise.

Sobald man aber in die normale Wirklichkeit mit all ihren Tätigkeiten zurückkehrt, kann einem der alltägliche Umgang mit dem Lebensgefährten – verglichen mit dem, was man bei der sexuellen Verschmelzung mit ihm empfunden hat – langweilig erscheinen. Man empfindet eine Verschiebung, was den erneuten Wunsch nach dem Geschlechtsakt weckt. Diesem Zustand entspringen auch die verschiedenen Formen der sexuellen Abhängigkeit.

Je weiter man jedoch auf dem Weg der spirituellen Entwicklung voranschreitet und je mehr unbewusste Erinnerungen man bereinigt, umso länger bleibt das Gefühl der Ausdehnung bestehen und umso höher steigen das Niveau und die Häufigkeit dieser Erfahrung. Menschen mit einem weiter entwickelten Bewusstsein erreichen dabei ein weit höheres Niveau der Liebe und des Bewusstseins, als Menschen mit einem gewöhnlichen Bewusstsein sie bei diesem heiligen Akt erreichen können. Man spricht dann von mystischer Erfahrung.

Eines Tages wird der Eingeweihte diese hohen Ebenen des Bewusstseins und der Intensität auch in seinen anderen Tätigkeiten – z.B. beim Geschirrabwaschen, beim Gehen usw. – beibehalten können. Dabei werden weder die Art der Tätigkeit noch die Menschen, denen er begegnet, diese Intensität nach oben oder nach unten verschieben können. Das ist eine der Folgen, die sich aus der Umerziehung der Lebenskraft und aus der Entwicklung der Qualitäten und Tugenden ergibt. Der Eingeweihte spürt, dass der Geschlechtsakt seine Kraft vervielfältigt und dass er dabei die konzentrierte Kraft des Lebens und die Macht der Schöpfung berührt.

Der Mensch, dem es gelungen ist, in seinem Inneren das männliche und das weibliche Prinzip zu vermählen, wird vollkommen und erlangt die Meisterung seiner Lebenskraft. Dies symbolisiert das vorhin erwähnte Bild der von schwarzen Pferden gezogenen Hochzeitskutsche, das in manchen Märchen vorkommt. Wenn ein innerlich vermählter Mensch beim Sexualakt mit einem anderen ebenfalls innerlich wiedervereinten Menschen verschmilzt, kann man tatsächlich von der Transzendenz der Sexualität sprechen. Zwischen diesen beiden Menschen besteht kein sexuelles Bedürfnis mehr, alles ist heilig geworden und ihre Beziehung wird durch eine starke Intensität und eine unendliche Zärtlichkeit geprägt. Dieser Zustand rührt nicht von ihrem Sexualleben her, sondern gründet auf der Tatsache, dass jeder dieser beiden Menschen seine innere Vollkommenheit erreicht hat.

☉

Schwesterseelen und Zwillingsseelen

Welcher Unterschied besteht zwischen *Schwesterseelen* und *Zwillingsseelen*? Schwesterseelen sind Menschen, die unabhängig von ihrem Geschlecht Affinitäten – im Bereich des Sports, der Literatur, der Familie, usw. – haben und eine tiefe Freundschaft und Verbundenheit füreinander empfinden. Es kann sich um Eingeweihte handeln, doch das muss nicht unbedingt der Fall sein.

Der Ausdruck *Zwillingsseelen* mag neu für Sie sein. Was sind Zwillingsseelen und was charakterisiert sie im Besonderen? Der Ausdruck Zwillingsseelen bezieht sich auf ein Paar, bei dem jeder Partner sowohl im eigenen Innern wie auch innerhalb ihrer Beziehung auf der spirituellen, intellektuellen, emotionalen und körperlichen Ebene ein außergewöhnliches Niveau der Harmonie erreicht hat. Um dieses Niveau zu erreichen, müssen beide Menschen eine umfangreiche und tiefgründige spirituelle Arbeit vollbringen. Jeder von ihnen muss zunächst das männliche und das weibliche Prinzip in seinem eigenen Inneren vermählen und gemeinsam müssen sie dann diese Arbeit in ihrer Beziehung fortsetzen, wobei sie dem spirituellen Leben und der beständigen Suche nach dem, was richtig und recht ist, d.h. der Integrierung der Qualitäten und Tugenden, den Vorrang geben.

Das Paar, das sich aus Zwillingsseelen zusammensetzt, stellt wirklich ein Paar der Hoffnung dar. Wenn sich Zwillingsseelen begegnen oder Paare dieses Niveau erreichen, so geschieht dies mit dem Ziel, hier auf Erden große, bedeutende Missionen zu verwirklichen: zunächst im Hinblick auf die Entwicklung ihrer Kinder, denen sie die Weisheit sowie das wahre Wissen und die wahre Erkenntnis vermitteln, und danach im Hinblick auf die Verwirklichung altruistischer Projekte und Unternehmungen. Die Verschmelzung der Zwillingsseelen erzeugt eine starke Materialisierungskraft, weil in beiden Menschen der Ur-Geist und die Materie wieder vereint sind. Wenn ein solcher Mann und eine solche Frau gemeinsam überlegen und an der Verwirklichung von Projekten zusammenarbeiten, setzt das eine außergewöhnliche Materialisierungskraft in Gang. Man muss sich jedoch in Erinnerung rufen, dass ein Zusammenleben und -wirken als Zwillingsseelen nur dann möglich ist, wenn beide Partner ganz bewusst ein spirituelles Leben führen.

Engel 18 CALIEL
Die Kinder der Wahrheit

Seit ungefähr dreißig Jahren werden sie immer zahlreicher, sie kommen auf der Erde an, um uns zu helfen, die Wahrheit lieben und leben zu lernen. Wer sind sie? Man nennt sie die Indigo-Kinder, die Kinder des Wassermann-Zeitalters oder die Neuen Kinder. Man könnte sie auch die Kinder der Wahrheit nennen, denn für sie ist das Wichtigste, wiederzufinden, was wahr und recht ist.

Bei ihrer Suche nach der Wahrheit werden sie eine neue Sprache lernen müssen, die Sprache der Symbole. Diese Sprache wird sie lehren, das Wahre vom Falschen und das Gute vom Bösen zu unterscheiden und anhand der Traumdeutung und der Analyse der Zeichen des Alltagslebens neue Wirklichkeiten zu entdecken. So werden sie mit ihrer Umwelt in harmonischer Eintracht leben können. Diese Kinder kommen, um eine neue Gesellschaft aufzubauen, eine Gesellschaft, deren Fundament die altruistische Liebe ist.

Neulich haben mein Mann und ich mit unserer Tochter Kasara einen dieser zaubervollen Augenblicke der Wahrheitssuche erlebt. Bei einem Familienfest während der Weihnachtszeit, als die Geschenke ausgetauscht wurden, entdeckte Kasara an einem ihrer Geschenke ein Preisschildchen, das man zu entfernen vergessen hatte. Oh! Dieses Schildchen überraschte sie sehr.

Sie machte dazu nicht sofort ihre Bemerkungen, doch als wir zu Hause angelangt waren, fragte sie ihren Vater:
- Du musst mir etwas erklären. Ich habe immer geglaubt, dass der Weihnachtsmann seine Geschenke selbst herstellt. Ich habe an einem meiner Geschenke ein Preisschild gesehen, bedeutet dies, dass er sie auch in den Geschäften kauft?
- Komm, setz dich zu mir, ich werde dir etwas ausführlicher über den Weihnachtsmann berichten. Den Weihnachtsmann hat es sehr wohl gegeben, vor sehr langer Zeit. Er war ein Mann, der ein sehr großes Herz hatte und im Norden wohnte. Er begann Spielzeuge

aus Holz für die Kinder herzustellen und nach einer gewissen Zeit gesellten sich zahlreiche Menschen zu ihm, um ihm bei der Herstellung und Verteilung der Spielzeuge zu helfen. Wir haben dir gesagt, dass es den Weihnachtsmann gibt, da es in gewissem Sinne wahr ist und weil seine Geschichte so wunderschön ist. Mit dem Weihnachtsmann verhält es sich ein bisschen so wie mit Jesus: Er ist ein Symbol geworden, das den Menschen hilft, in ihren Herzen die Güte und Großzügigkeit wachsen zu lassen. Ich glaube daran, ich glaube an den Weihnachtsmann. Übrigens, kurz vor Weihnachten habe ich ihn in einem meiner Träume gesehen, doch wie du nun weißt, ist er ein symbolisches Bild der Großzügigkeit. Du kannst also weiter an ihn glauben, denn er ist eine Energie, die in die Herzen der Menschen einzieht, um sie gut werden zu lassen.
- Warum habt ihr mir nicht gleich die Wahrheit gesagt? Warum habt ihr mir eine Lüge erzählt?
Da erklärte ich ihr weiter:
- Kaṣara, wir haben dir einen Teil der Wahrheit gesagt. Sieh mal, wir haben dir erst vor einigen Monaten anhand von Büchern erklärt, wie ein Kind gezeugt wird. Als du drei oder vier Jahre alt warst, hättest du das noch nicht verstehen können.
- Ja, das ist wahr.

Das konnte sie verstehen und akzeptieren und nach einigen Augenblicken der Überlegung rief sie aus: „Uff! Ich bin froh, nun die Wahrheit zu kennen."

Natürlich hatten ihre kleinen Kameraden ihr schon seit einiger Zeit gesagt: „Die Geschichte mit dem Weihnachtsmann ist nicht wahr, den gibt es nicht!", worauf sie erwidert hatte: „Ich glaube meinen Eltern" (Lachen). Mit meinen Erklärungen konnte sie sich zufriedengeben, da alles Hand und Fuß hatte, die Informationen waren stichhaltig.

Wenn man den Kindern solche Erklärungen, die die verschiedenen energetischen Wirklichkeiten miteinander in Bezug setzen, nicht gibt, dann beginnen sie ihr Leben mit dem Schönsten, was es gibt – dem Vertrauen in ihre Eltern –, um dann später eine große Enttäuschung zu erleben und das Gefühl zu bekommen, dass die Erwachsenen lügen. Es ist sehr wichtig, den Kindern die Bedeutung und den Wert der verschiedenen Dimensionen zu erklären.

Das Thema des heutigen Abends lautet: Wie lernt man die Wahrheit lieben? Darauf könnten Sie mir natürlich erwidern: „Die Wahrheit!? Das ist ja schön und gut, doch wie soll man das Wesen der Wahrheit verstehen können, wo man doch noch sooo viel Unwahres und Unvollkommenes sieht!" All das Unwahre und Unvollkommene gehört zu den Wahrheiten, doch diese Wahrheiten, die liebt man nicht besonders. Es gibt nun aber einen Engel, der uns hilft, die Wahrheit lieben zu lernen. Es ist der Engel CALIEL, dem die Zahl 18 zugeordnet ist.

Wie kann man die Wahrheit erkennen? Wie lässt sie sich finden? Und was ist eigentlich unter dem Ausdruck *Wahrheit* zu verstehen?

Das Wort *Wahrheit* verwenden wir gemeinhin, um von unserer persönlichen Wahrheit zu sprechen. In diesem Sinne wäre es angemessener von *Wirklichkeit* zu sprechen. Wir haben alle unsere jeweils persönlichen Wirklichkeiten, und wie in Kasaras Fall mit dem Weihnachtsmann gehen wir von einer Wirklichkeit zur nächsten über. Die Kosmische Intelligenz bedient sich des gleichen Vorgangs, während SIE uns auf dem Weg der Einweihung leitet. So leben wir in einer bestimmten Wirklichkeit, bis wir ein kleines Schildchen entdecken, das so herumhängt, und plötzlich tauchen Zweifel auf. Verwenden wir dann die Zweifel, um die Wahrheit kennen zu lernen, so haben sie eine positive Wirkung, da sie uns zu einer neuen Wirklichkeit führen werden. Im Laufe unseres Lebens – im Laufe unserer verschiedenen Leben – schreiten wir von einer Wirklichkeit zur nächsten, bis wir diese Essenz erfasst haben, die die Wahrheit darstellt und die sich in der urreinen Form der Göttlichen Qualitäten und Tugenden äußert.

Wenn man die Rezitier-Übung mit den Engelenergien durchführt, durchläuft man extreme seelische Zustände, doch das ist normal. An manchen Tagen bekommt man hohe Bewusstseinszustände zu kosten und an anderen scheint alles umzukippen. Besonders mit CALIEL, dem Engel 18, hat man das Gefühl, richtig, wahr und authentisch zu sein, um dann plötzlich von enormen Zweifeln geplagt und von Gefühlen der Ungerechtigkeit bedrängt zu werden. Das ist nicht leicht. Das ist wie das Preisschildchen auf dem Geschenk: Da muss man dann den Schritt in eine neue Wirklichkeit tun.

Der Engel CALIEL löst die alten Konzepte und Strukturen auf und hilft uns, jeweils neue zu finden, die immer flexibler werden, bis wir eines Tages die Struktur jenseits der Zeit erkennen können, die Struktur der Ewigkeit. Bevor man jedoch neue Strukturen aufbauen kann, müssen die alten abgebaut werden. Das stellt auf dem Weg der spirituellen Entwicklung eine unumgängliche Erkenntnis dar. Je mehr wir uns an diesen Ablauf gewöhnen und uns mit dieser Tatsache vertraut machen, umso leichter wird es, eben weil der Engel CALIEL uns hilft, die Wahrheit lieben zu lernen, diesen Vorgang lieben zu lernen, durch den wir fortlaufend neue Wirklichkeiten integrieren.

Wenn wir diese Lehre integrieren, werden wir eines Tages die Antworten auf all unsere Fragen direkt erhalten, durch unsere Träume und durch die Zeichen, die MAN uns in unserem Alltag schickt. Die großen Propheten wie Abraham, Moses, Jakob, Joseph und Jesus wurden auf diese Weise geführt.

Wir wollen nun zusammen die Liste der Qualitäten und Tugenden des Engels CALIEL durchsehen. Wenn wir mit diesem Engel arbeiten, können Zweifel auftreten. Der Engel CALIEL lässt sie hervortreten, damit wir sie überwinden können. Man funktioniert mit einer bestimmten Denkweise und plötzlich gehen die Lichter des Zweifels an (Lachen), doch es sind immer positive und konstruktive Zweifel. Durch die Anrufung des Engels CALIEL lernen wir verstehen, was MAN uns durch diese Zweifel mitteilen will, wie auch durch die Begebenheiten, die uns veranlassen, unsere Art zu denken und zu handeln in Frage zu stellen. Auf diese Weise ermutigt uns die Kosmische Intelligenz, auf unserem Weg weiter voranzuschreiten.

Eine der Hauptqualitäten, die der Engel CALIEL vermittelt, ist *die Fähigkeit, die Absichten zu erraten*. Doch bevor man die Absichten der anderen erraten kann, muss man an seinen eigenen Absichten arbeiten, da alles auf den Absichten aufbaut. Was immer man auch tun mag, das Wichtige dabei ist, wie man es tut, das heißt, mit welcher Absicht man es tut: Beruht zum Beispiel unsere Motivation auf einer guten, tugendhaften Absicht? Oder handeln wir mit der Absicht, zu gewinnen oder Erfolg zu haben? Der Engel CALIEL ist wie ein Laserstrahl, wie ein Wahrheitsfinder: Er deckt unsere unbewussten Lügen auf und bringt sie ans Tageslicht. Die bewussten Lügen kennen wir natürlich.

Aufgrund Seiner Schärfe kann dieser Engel symbolisch mit einem Schwert verglichen werden. Aus psychologischer Sicht bedeutet ‚schneiden' entscheiden, Gerechtigkeit üben. Jedes Mal, wenn wir entscheiden ja oder nein zu sagen, nach rechts oder nach links zu gehen, dies oder jenes zu tun oder nicht zu tun, vollziehen wir einen Schnitt und befinden uns folglich im Bewusstseinszustand des Engels CALIEL. Im Laufe eines Tages vollziehen wir unentwegt Schnitte, ganz gleich in welcher Wirklichkeit wir leben und welchen Grad der Ehrlichkeit wir besitzen. Der Engel CALIEL lehrt uns, mit Liebe und Weisheit zu schneiden, denn ohne diese Qualitäten verletzen wir und unsere Handlungen und Worte können schwerwiegende Folgen nach sich ziehen.

Unabhängig davon, ob wir den Engel CALIEL kennen oder nicht, finden wir uns mal in Seinen Qualitäten, mal in den Verzerrungen Seiner Qualitäten wieder. Seine Qualitäten vertiefen unser Verständnis der verschiedenen Grade der *Integrität*.

Wir wollen nun die Verzerrungen dieser Engelenergie näher betrachten: *schlägt Kapital aus der Justiz*. Wenn man das liest, könnte man leicht meinen: „Das betrifft mich überhaupt nicht." Doch jedes Mal, wenn man auf die eine oder andere Art die Dinge dreht und wendet, um an materielle Güter heranzukommen oder um jemandem zu gefallen –, jedes Mal, wenn man sich die Liebe erkauft – schlägt man Kapitel aus der Justiz und münzt die Gerechtigkeit aus, denn den damit verbundenen Gesten liegen Bestechlichkeit, Falschheit und Ungerechtigkeit zugrunde.

Arbeitet man mit dem Engel CALIEL, so wirkt dieser wie ein Lügendetektor: Man lebte in einer Wirklichkeit, die man als wahr empfand, doch plötzlich erkennt man: „Nein, ich habe mich geirrt!" Von diesem Augenblick an kann man nicht mehr den Rückwärtsgang einlegen: Man hat eine neue Wahrheit erhalten, die in alle Zellen eingedrungen ist, und man muss nun die erforderlichen Veränderungen vornehmen. Der Engel Nr. 18 CALIEL löst also bedeutende Umstrukturierungen aus. Die Wahrheitsfindung ist ein natürlicher Verwandlungsprozess, der uns veranlasst, Veränderungen vorzunehmen.

Wir haben gesehen, dass CALIEL uns die Fähigkeit verleiht, die Absichten zu erkennen. Das betrifft auch die Absichten der anderen. Es kommt manchmal vor, dass man, während man einem Menschen zuhört, das Gefühl hat: „Irgendetwas stimmt da nicht ganz" und man fühlt sich konfus und verwirrt. Das bedeutet, dass man mit der betreffenden Person Resonanzen hat. Wäre das Gegenteil der Fall, würde man einfach ihre Absicht erraten, doch unser Geist bliebe ungetrübt. Dann wäre man imstande, die Person richtig und kritiklos zu beurteilen.

Das Wort ‚Urteil' hat im täglichen Sprachgebrauch eine negative Färbung erhalten, doch die Fähigkeit, richtig zu urteilen ist eine Qualität. Sie ist im Übrigen eine der Qualitäten des Engels CALIEL. Diese Fähigkeit ist notwendig, um Situationen abschätzen und die richtigen Entscheidungen treffen zu können. Haftet dem Urteil jedoch Kritik an, so bedeutet dies, dass man mit der betreffenden Person oder Situation Resonanzen hat.

Ich möchte Ihnen nun ein Beispiel erzählen, welches das Gesetz der Resonanz und die Welt der Träume berührt. Ich bereitete den Vortrag über den Engel CALIEL vor, als ein Mann, der viel träumt und – es gibt ja keinen Zufall – CALIEL unter seinen drei Schutzengeln hat, mir berichtete: „Ich hatte mein Medizinstudium abgeschlossen und die Zeit war gekommen, um zu entscheiden, in welcher Stadt ich meine Praxis aufmachen würde. So bat ich um einen Traum. In meinem Traum *war ich in Trois-Rivières[1] und fand dort ein schönes Lokal mit Fenstern. Ich kenne den Besitzer des Lokals in der konkreten Welt, doch es war nicht ganz der Gleiche. Er verlangte 300 $ Monatsmiete, was ganz vernünftig war. Dann ging er weg und seine Frau kam an. Doch sie verlangte 1000 $ Miete pro Monat.*"

Dieser junge Arzt dachte zunächst, dass sein Traum ihn dazu veranlassen sollte, seine Praxis in der Stadt Trois-Rivières zu eröffnen. Später erzählte er mir: „Ich hatte einen großen Raum gefunden, ähnlich dem in meinem Traum. Ich kannte den Besitzer bereits, doch es war nicht der, den ich in meinem Traum gesehen hatte, und die Miete war sehr teuer." Das hatte ihn etwas verwirrt und er bat mich, seinen Traum zu deuten, um seine Situation besser verstehen zu können. Er fragte sich: „Soll ich diesen Raum mieten? Ist mein Traum ein zukunftweisender Traum gewesen?"

Ich sagte zu ihm:
- In deinem Traum stellen die Stadt Trois-Rivières und jede der vorkommenden Personen Teile von dir selbst dar. Du hast eine Bitte geäußert und MAN hat dir geantwortet, doch musst du bei der Deutung dieses Traums bis auf seinen Grund vordringen. Was bedeutet für dich die Stadt Trois-Rivières?

---

[1] Eine kanadische Stadt in der Provinz Quebec (Anm. d. Ü.)

- Ich habe dort einen Teil meiner Universitätsstudien gemacht.
- Und der Besitzer des Lokals?
- Als ich in dieser Stadt lebte, wohnte ich in einer kleinen Wohnung, die mir dieser Mann vermietet hatte. Sein Bruder lebte in der Wohnung nebenan. Ich durchlebte dort die Hölle, denn dieser Nachbar nahm Drogen und schlug die ganze Nacht über Radau. Das hat mich derart gestört, dass ich die Polizei rufen musste, denn mein Studium nahm mich sehr in Anspruch und ich musste voll leistungsfähig sein. Es war also eine sehr schwierige Situation.
- In diesem Fall gibt dein Traum keineswegs den Ort an, wo du deine Praxis eröffnen sollst, er zeigt dir vielmehr, was du in deinen Absichten zu ändern hast. Aus diesem Grund hat MAN in deinem Traum die Stadt verwendet, wo du deine Universitätsstudien gemacht hast, und auch den Besitzer der Wohnung, in der du damals lebtest. Du weißt, dass man nicht zufällig einen bestimmten Nachbarn hat. Du hattest mit deinem Nachbarn Resonanzen.

Die Resonanz mit dem drogenabhängigen Nachbarn betraf jedoch nicht die körperliche Ebene, denn dieser junge Arzt ist gesund: Er ernährt sich gut und nimmt keine Drogen. Wie äußerte sich diese Resonanz? Ich sagte zu ihm: „ MAN wollte dich darauf hinweisen, dass du arbeitssüchtig bist. Als du sagtest: 'Ich musste voll leistungsfähig sein', nahm ich wahr, dass du während deines Studiums wie ein Süchtiger gearbeitet hast. In deinem Traum hat MAN dir gezeigt, warum du wie ein Süchtiger gearbeitet hast und es immer noch tust. Die Ehefrau des Wohnungsbesitzers, die die hohe Miete verlangte, hatte eine ungerechte und nicht ganz ehrliche Haltung. In unseren Träumen symbolisiert ein Mann die Welt des Tages, der Handlung, während eine Frau die symbolische Darstellung der inneren Welt, der Welt der Gefühle, ist. MAN will dich darauf hinweisen, dass bei dir am Tag alles recht erscheint, dein Vorgehen wirkt richtig und gut, doch in deinem Inneren gibt es gewisse Teile, die niemals genug erhalten. Das hast du zu berichten. Du trägst in dir auch sehr schöne Teile – unter anderem jenen Teil, der den Wunsch hat, anderen Menschen zu helfen –, doch du hast an den Himmel eine Anfrage gerichtet und MAN hat dir als Antwort die Anregung geschickt, jene Erinnerungen zu bereinigen, durch die du dich gezwungen fühlst, ständig leistungsfähig und auf der Höhe zu sein. Diese Erinnerungen beruhen auf deinem Bedürfnis nach Erfolg und Anerkennung. MAN hat in deinem Traum nicht direkt auf deine Frage geantwortet, MAN hat dir gezeigt, was du in deinem Inneren ändern musst, bevor du deine Praxis aufmachst."

Warum hat MAN ihm die Stadt Trois-Rivières gezeigt? Dadurch wollte MAN ihm sagen: „Erinnere dich daran, was du in dieser Stadt während deiner Studienzeit erlebt hast und welche Einstellung du damals hattest. Es ist für dich von wesentlicher Bedeutung, dass du diese Einstellung korrigierst, denn du stehst davor, öffentlich bekannt zu werden. Ansonsten magst du zwar den anderen helfen wollen, doch wirst du es in einer Energie tun, die nicht richtig ist und durch die du dir zusätzliche karmische Lasten schaffen wirst. Da du ehrlich bist, fordert MAN dich auf, gewisse Erinnerungen zu berichten, so dass du noch großzügiger und altruistischer werden kannst. Dein Traum lässt ganz klar erkennen, dass trotz all deines guten Willens als junger Arzt deine grundlegende Absicht darin besteht, viel Geld zu verdienen. Die Haltung der beiden Wohnungsbesitzer in deinem Traum zeigt dir, mit welcher Energie du deinen zukünftigen Patienten gegenübertreten würdest, wenn du diese Erinnerungen nicht berichtigst."

Er sah mich mit großen Augen an. Ihm war ein Licht aufgegangen! Er hatte eine Offenbarung erhalten. Das stimmte, es war die Wahrheit, und er sah zum ersten Mal die Verbindung, die es zwischen seinem Wunsch nach Erfolg, seinem vergangenen Leben in Trois-Rivières und der gegenwärtigen Vorbereitung seiner Zukunft gab. Man kann an diesem Beispiel gut erkennen, wie offenbarend die Träume sind. Wenn man seine Bitten an den Himmel mit der Anrufung des Engels CALIEL verbindet, so ist es, als würde man sagen: „Ich will die Wahrheit in dieser Sache kennen." Dann gibt uns die Kosmische Intelligenz den genauen Stand der Dinge an, und natürlich kann man da Überraschungen erleben.

Ich will Ihnen nun eine Anekdote erzählen, die mit den Zeichen und der Engel-Rezitier-Übung zu tun hat. Einer unserer Freunde, der Anwalt ist, arbeitet bereits seit mehreren Jahren mit den Engeln. Zu Beginn seiner Lehrzeit mit den Engeln hatte er, während er einen Klienten vor Gericht verteidigte, die Qualitäten des Engels CALIEL durchgelesen und empfunden, dass es vollkommen angebracht war, diesen Engel anzurufen, besonders da Er als Eigenschaft die Gerechtigkeit darstellt. So nutzte er während des Prozesses, sobald er nicht reden oder überlegen musste, die Zeit für die Rezitier-Übung mit dem Engel CALIEL. Sie sehen, man kann die Rezitier-Übung überall machen, ganz bewusst und mit offenen Augen.

Während er den Engel anrief, hörte er plötzlich voller Überraschung seinen Klienten Dinge sagen, die dieser während ihrer privaten Aussprachen geheim gehalten hatte und die für diesen nicht von Vorteil waren, ganz im Gegenteil. Sobald die Sitzung zu Ende war, sprach er ihn darauf ganz ernsthaft an: „Warum haben Sie mir diese Ereignisse vorenthalten?" Seinem Klienten war ganz und gar nicht wohl zumute, er wusste nicht, was geschehen war: Er konnte einfach nicht anders. Der Engel CALIEL hatte ordentlich zugeschlagen. Die Wahrheit war zu Tage getreten, jedoch nicht so, wie dieser Anwalt es erwartet hatte (Lachen). Seither weiß er, dass das Wesentliche nicht darin besteht, einen Prozess zu gewinnen, sondern den innigen Wunsch zu haben, die Wahrheit möge entsprechend der jeweils gelebten Wirklichkeit ans Licht kommen.

Auf der physisch-materiellen Ebene biegt man manchmal die Dinge so lange zurecht, bis sie einem passen. Doch wenn man mit der Engellehre arbeitet, kommt die Wahrheit ans Tageslicht. Das erwähnte Beispiel zeigt sehr deutlich die sofortige Auswirkung, die die Engel-Rezitier-Übung haben kann. Man ruft einen bestimmten Engel an und es ereignen sich Dinge, die mit diesem Engel in ganz klarem Zusammenhang stehen. Darin bestehen genau genommen die Zeichen. So erfasst man die Verbindung und das Zusammenwirken, die es zwischen unseren Gedanken und der Welt der Manifestierungen gibt – der Welt, wo das, was man sagt und tut, Form annimmt –, und nach und nach wird man sich der Natur unserer Beziehung mit der Göttlichen Dimension und den Parallelwelten bewusst. Man erkennt, dass man immer begleitet ist, unentwegt geführt wird und nicht nur der materiellen Wirklichkeit angehört.

Natürlich kann es vorkommen, dass man die Verbindung mit der Göttlichen Dimension verliert und ganz stark in der Materie versinkt, doch sobald man die Engel-Rezitier-Übung wieder aufnimmt, findet man die Verbindung mit den Himmlischen Mächten und den Geistigen Führern wieder und entwickelt die Fähigkeiten des Hellsehens, Hellhörens, Hellfühlens und Hellriechens. Mit diesen Fähigkeiten kann man die Situationen und Menschen in der Tiefe lesen. Und genau dies verleiht uns der Engel CALIEL: *die Fähigkeit, die bewussten und unbewussten Absichten der Menschen zu erraten.*

Ich möchte Ihnen nun eine andere wahre Begebenheit erzählen, die sehr lehrreich ist. Sie betrifft die Zeichen, das männliche und das weibliche Prinzip sowie zahlreiche andere Konzepte, die die Engellehre definiert. Während ich den Vortrag zum Engel CALIEL vorbereitete und meine Rezitier-Übung mit diesem Engel machte, ging ich eines Tages in einen Laden, um einen kleinen Teppich für unseren Eingang zu kaufen.

Vor Ort traf ich meine Wahl und ein Verkäufer öffnete die große Teppichrolle, während ich ihm die Länge zeigte, die ich brauchte. Er maß und sagte: „Das sind 18 Zoll[2]." Der Engel mit dem ich gerade arbeitete, war der Engel Nummer 18, so sagte ich mir innerlich: „Aha! Das ist ein Zeichen! Öffne Augen und Ohren, denn es folgt eine Lehre zu CALIEL."

Ich beobachtete also aufmerksam die Szene. Der Verkäufer legte die Teppichrolle auf den Boden, rollte sie aus und als er den Teppich mit einem speziellen Messer zu schneiden begann, schnitt er auch in den Fußboden. Ein recht tiefer Schnitt wurde sichtbar. Ah! Was tut man in einer solchen Situation? Zunächst beobachtet man seine eigene Reaktion und fragt sich: „Fühle ich mich durch seine Tat gestört?" Ich fühlte mich in diesem Fall nicht gestört, ich war lediglich Beobachterin. Da sagte ich zu mir: „Gut, ich habe keine Resonanzen mit dieser Situation. MAN will mir also etwas im Zusammenhang mit diesem Mann zeigen. MAN will mir zeigen, dass er sehr schneidend ist, zu schneidend: Sein Verhalten zerstört sein Leben und das der anderen. Und was er da zerstört hat, das ist der Fußboden, das Fundament."

Mit dem Engel CALIEL fokalisierte ich stark auf das Schneiden, das richtige und gerechte Schneiden, das man mit Liebe und Weisheit tut. Dieser Verkäufer, der ungefähr sechzig Jahre alt war, begleitete mich zur Kasse, wo er den Teppich der jungen Kassiererin übergab und zu ihr sagte: „Er misst 18 Zoll.". Diese sah ihn an und erwiderte: „Was soll ich damit anfangen?", da die angegebene Länge in Zoll war, die Preisangabe des Teppichs jedoch in Metern. Darauf antwortete ihr der Verkäufer trocken: „Na, rechne um." Auch dabei waren seine Art und seine Gesten zu schneidend und hart. Da sah sie ihn an und sagte in einer ebenso scharfen Schwingung und in

---

[2] Angelsächsische Maßeinheit; 1 Zoll entspricht 1 Daumenlänge (Anm. d. Ü.)

einem etwas arroganten Ton: „Ich bin in die Schule des Meters gegangen, nicht in die Schule der Daumenlängen."

Der Verkäufer, den die Antwort der Kassiererin verärgert hatte, der sich aber gleichzeitig vor einer Kundin befand, ging um die Theke herum und entfernte sich, während ich innerlich weiter meine Rezitier-Übung mit dem Engel CALIEL machte. Ich verstand die Wirklichkeit der beiden und warum sie ein solches Verhalten hatten.

Ich sah die Kassiererin an. In der Zeit, die der Verkäufer brauchte, um auf die andere Seite des Ladentisches zu gehen – unser Bewusstseinszustand kann sich sehr schnell ändern, von einem Augenblick zum anderen –, wurde die Kassiererin sanfter, wie ein kleines Mädchen, und äußerte rechtzeitig genug, damit der Verkäufer es noch hören konnte: „Aha! Deshalb habe ich Schwierigkeiten mit den Daumen!"

Man kann aus diesem Beispiel viele Lehren ziehen. Diese beiden Menschen befanden sich miteinander in starker Resonanz: Beide waren zu schneidend. Wenn ein Mensch zu schneidend ist, so weist dies auf Mängel hin – zum Beispiel auf einen Mangel an Selbstvertrauen – und auf ein Übermaß an Starrheit. Die junge Verkäuferin hatte in der Schule mit der Maßeinheit des Meters messen gelernt, doch verwendet man in den Bau- und Renovierungsgeschäften in Amerika immer noch vorwiegend die alten Maßeinheiten, die Fuß- und Daumenlängen. Sie musste sich also anpassen, doch das gelang ihr nicht. Was nun den älteren Verkäufer betraf, so war dieser zu starr, und diese Starrheit hinderte ihn daran, sich an das neue Metermaß anzupassen. Diese beiden Menschen schwangen also diesbezüglich im Einklang und es war kein Zufall, dass sie miteinander arbeiteten: Sie hatten beide viel voneinander zu lernen.

Erinnern wir uns daran, dass diese junge Frau gesagt hatte, sie sei nicht in die Schule der Daumenlängen gegangen. Nun hat der Daumen, wie übrigens alle Finger, eine symbolische Bedeutung. Er symbolisiert die Göttliche Liebe und die Göttliche Macht. Ohne den Daumen kann man nichts tun: Sobald man etwas halten will, braucht man ihn. Es gibt eine bestimmte Handbewegung, die man im Laufe eines Tages sehr oft macht, und wenn man diese Handbewegung mit der Symbolsprache analysiert, kann man verstehen, dass die Schärfe der Wahrheit nicht ohne Liebe vermittelt werden darf. Diese Handbewegung ist so tiefgründig, dass man ein ganzes Leben lang darüber meditieren könnte. Die Handbewegung, um die es geht, ist das Schneiden. Um etwas zu schneiden, braucht man den Daumen, sonst kann man nicht schneiden. Doch während man schneidet – zum Beispiel während man ein Stück Obst oder Gemüse schält –, muss man für Ausgleich und die richtige Verteilung der Kraft sorgen, die die anderen Finger ausüben. Man darf dabei keinen übermäßigen Willen haben, da man ansonsten Gefahr läuft, sich zu schneiden. Man kann lange über diese einfache Handbewegung meditieren. Sie symbolisiert die Schärfe der Wahrheit, die immer mit Liebe angewendet werden muss.

Stellen Sie sich vor, auf dem Heimweg vom Geschäft, das eine halbe Stunde Fußmarsch von unserem Haus entfernt ist, meditierte ich ununterbrochen über das, was sich zwischen dem Verkäufer und der Kassiererin abgespielt hatte, sowie über die Symbolik des Zolls bzw. des Daumens. Diese Anekdote bot mir eine äußerst tiefgründige Lektion. Seither erinnert mich mein kleiner Teppich im Eingang jedes Mal, wenn ich ihn sehe, an den Bewusstseinszustand dieses Engels und spornt mich an, eine Schülerin der Wahrheitsliebe zu sein. Er ist mein kleiner CALIEL (Lachen).

Wir wollen nun sehen, welchen Platz der Engel CALIEL im Lebensbaum einnimmt. Dieser Engel hat sein Domizil in der Bewusstseinssphäre BINAH. Diese Sephira stellt jene Ebene dar, wo der Ur-Geist anfängt, Form und Struktur anzunehmen. Auf dieser Ebene ist die Energie sehr subtil, sehr feinstofflich, in ihr ist die Ur-Materie in ihrem reinen ursprünglichen Zustand enthalten. Um diesen wiederzufinden, muss man seine unbewussten Erinnerungen gründlich bereinigen, und zwar sowohl die des gegenwärtigen Lebens als auch jene der früheren Leben. Der Eintritt in die Bewusstseinssphäre BINAH kommt einer Feuerprobe gleich, durch die man geläutert wird, denn auf dieser Ebene geht es darum, die vollkommene Reinheit der Ur-Materie wiederzufinden.

Die Sephira BINAH ist mit dem Planeten Saturn verbunden, der u.a. die Ausdauer, die Stabilität, das Pflichtbewusstsein und die Konzentrationsfähigkeit versinnbildlicht. Die acht Engel dieser Sephira zeichnen sich folglich durch die Merkmale dieses Planeten aus, doch jeder von ihnen bewahrt seine Besonderheit, die durch einen zusätzlichen Planeten dargestellt wird. Im Falle des Engels CALIEL ist es zweimal der Planet Saturn, was diesem Engel dessen Qualitäten zweifach vermittelt. So ist CALIEL aufgrund seiner sehr großen

Konzentrationsfähigkeit einem Laserstrahl vergleichbar, der unsere inneren Tiefen erforscht.

Ich möchte Ihnen nun einen sehr suggestiven Traum erzählen, dessen Inhalt uns den Saturnschen Charakter des Engels CALIEL erfassen lässt. Der Traum wurde mir von einer Frau mitgeteilt: *Sie befand sich im Hinterhof ihres Hauses, wo ein tiefes Loch gegraben war. Ihr Hund – sie hat auch in der konkreten Wirklichkeit einen Hund – wollte ständig in das Loch hinein und sie sagte zu ihm: „Nein, du gehst nicht in dieses Loch." Dann sah sie einen Geologen ankommen und im Hintergrund die Gebäude der Universität Laval. Der Geologe stieg sehr tief in das Loch hinab und fand dort einen Schatz.*

Was wollte MAN dieser Frau mitteilen? Dieser Traum gehört nicht zu jenen Träumen, die beschreiben, was am darauf folgenden Tag geschehen wird. Es handelt sich vielmehr um einen Einweihungstraum und seine Tragweite kann sich sogar über mehrere Leben erstrecken. MAN wollte dieser Frau sagen: „Du wirst mit der Erforschung deiner inneren Erde beginnen." Der Hund symbolisiert das Tierreich – das wir alle in uns tragen –, die Kraft der Instinkte sowie den niederen Astral- und Mentalkörper, die mit den Grundbedürfnissen verbunden sind. Einer der positiven Aspekte der Symbolik des Hundes ist die Begeisterungsfähigkeit, denn er ist immer ausgelassen und heiter und auf der Suche nach Zuwendung. MAN wollte der Frau somit sagen: „Dein Instinkt ist wach und du verfügst über eine schöne Begeisterung, die dich danach streben lässt, deine inneren Tiefen aufzusuchen. Doch der Hund kann sich nicht dorthin begeben, weil ihm das Wissen fehlt, das notwendig ist, um in die Tiefen deiner inneren Erde vordringen zu können. Du musst dich mit einem größeren Bewusstsein dorthin aufmachen." Danach sieht man, dass die Frau über einen Spezialisten – einen Geologen – verfügt, der das Wissen und die Kenntnisse bezüglich der unterirdischen Kräfte versinnbildlicht. Damit will MAN ihr sagen, dass sie aufgrund ihrer Arbeit mit den Engeln die Möglichkeit geschaffen hat, ihre unbewussten Erinnerungen zu studieren. In diesem Sinne ist der Engel CALIEL mit einem inneren Geologen vergleichbar, da Er die verschiedenen Schichten des Unbewusstseins durchforscht.

Der Engel CALIEL kann aber auch mit einem Diamanten verglichen werden. Es gibt keinen Zufall: Als ich den Vortrag zu diesem Engel vorbereitete, geriet mir ein Artikel über Diamanten in die

Finger. Der Diamant findet auf dem Markt eine zunehmend große Nachfrage, nicht so sehr für die Herstellung von Schmuck als für die Herstellung von Mikroprozessoren und bestimmten mechanischen Werkzeugen. Der Diamant ist in der Tat dabei, das Silizium als Halbleiter zu ersetzen, da er höheren Temperaturen und höherem Druck ausgesetzt werden kann als dieses Metalloid. Man verwendet den Diamanten auch in ganz feiner Schicht auf Oberflächen, die so scharf wie möglich sein müssen. Sie sehen, wie der Diamant aufgrund seiner schneidenden Eigenschaften dem Engel CALIEL ähnelt. Der Diamant entsteht im Innern der Erde aus Kohlenstoff. Dabei wird der Kohlenstoff über sehr lange Zeiträume hinweg einem so starken natürlichen Druck und so hohen Temperaturen ausgesetzt, dass er das Reinheitsniveau eines Diamanten erreicht. Der Diamant symbolisiert also einen sehr hohen Reinheitsgrad.

Der Engel CALIEL ermöglicht uns die Erforschung unserer inneren Erde. Symbolisch gesprochen gestattet er uns die schicht- und stufenweise Erforschung der verschiedenen Reiche: zunächst das Tierreich, das, wie wir sahen, die Lebensenergie und die Kraft der Instinkte darstellt; dann das Pflanzenreich, das eng mit der Welt des Wassers, den Emotionen, verbunden ist; schließlich das Mineralreich, das den physischen Körper und die ganz alten Erinnerungen symbolisiert. Wenn wir in unseren instinkthaften und emotionalen Erinnerungen all das bereinigen, was nicht recht und richtig ist, wird eines Tages die Göttliche Wahrheit bis in unseren physischen Körper hinabsteigen können. Das bedeutet, dass wir dann jederzeit mit all unseren Gesten, Worten und Werken die Göttliche Wahrheit und die Hohen Prinzipien verkörpern und zum Ausdruck bringen können.

Diese Frau, die von ihrem Hund und dem Geologen träumte, hatte in der konkreten Realität keine Universität besucht. Die Anwesenheit des Geologen und der Universitätsgebäude von Laval in ihrem Traum – der, wie bereits erwähnt, ein Einweihungstraum ist – bedeutet, dass die Durchführung dieser Arbeit in ihrem Innern tatsächlich hohe spirituelle Studien erfordern wird. *Wie unten so Oben, und wie Oben so unten.* Diese hohen Studien des Bewusstseins dienen der Erforschung unserer Tiefen und können sehr einfach im Alltagsleben durchgeführt werden. Den Stoff für diese Studien liefern unser eigenes *lebendes Buch* sowie die Menschen, die MAN uns in unserer Außenwelt zuführt. Diese hohen Studien lassen uns den

Diamanten, den wir alle in uns tragen – dieses große Symbol der Reinheit – wiederfinden.

Vor einigen Jahren hatte ich eine freundschaftliche Beziehung – wie zwischen Bruder und Schwester – zu jenem Menschen, der später mein Ehemann geworden ist. Wir tauschten viel über die Engellehre und die Kabbala aus und hatten beschlossen, zur Verbreitung dieser Lehre zusammenzuarbeiten. Wir hatten nicht die geringste Ahnung, was uns die Zukunft bringen würde.

Eines Tages besichtigten wir mit Freunden einen Ort, der eventuell Sitz der *Universe/City Mikaël* werden konnte. Die Autofahrt dorthin dauerte ungefähr zweieinhalb Stunden. An jenem Tag empfand ich etwas anderes als die einfache Energie eines Austausches zwischen Bruder und Schwester. Diesmal glich die Energie jener des Verliebtseins. Als ich am Abend zu Hause angekommen war, fühlte ich mich verwirrt, vor allem weil diese Mission mir sehr am Herzen lag – genauso, wie sie dies immer noch tut. Wir hatten beschlossen zusammenzuarbeiten und ich wollte mich keinesfalls in gefühlsmäßige Komplikationen verwickeln.

So beschloss ich an jenem Abend mit dem Engel CALIEL zu arbeiten – obwohl es nicht die Zeit Seiner Regentschaft war –, denn ich wusste, dass MAN mir mit diesem Engel den genauen Stand der Dinge angeben würde. Vor dem Einschlafen machte ich ganz intensiv meine Rezitier-Übung und bat den Engel CALIEL um Führung: „Bitte, lass mich ganz genau wissen, woran ich bin. Ich bin zu allem bereit. Sollte dies bedeuten, dass ich ihn nicht mehr wiedersehen darf, weil es Verwirrung schafft, dann werde ich dies tun."

In jener Nacht schickte MAN mir einen Traum. *Ich sah einen verliebten Mann daherkommen und er öffnete mir die Tür zu einem ganz hellen Licht. Dieses Licht war so intensiv, so machtvoll!* Die Himmlischen Mächte hatten sich wohl gesagt: „Wir werden ihr das ganz klar und deutlich zu verstehen geben." Am nächsten Morgen wachte ich mit diesem Traum auf. Ich rief ihn an und natürlich sagte ich ihm nicht, was ich während der Autofahrt empfunden hatte, und auch nicht, dass ich eine Bitte an den Engel CALIEL gerichtet hatte (Lachen). Ich erzählte ihm einfach nur meinen Traum, denn ich wusste, dass er Träume sehr gut deuten konnte, und ich fragte ihn: „Was hältst du davon?"

Er zögerte einige Sekunden lang etwas verdattert und sagte dann: „Auch ich habe vor einigen Monaten diesbezüglich Träume erhalten." Dann erzählte er mir alle Träume und Zeichen, die er mich betreffend erhalten hatte. Er gestand mir, dass auch er sehr überrascht gewesen sei, denn wir hatten eine wirkliche Bruder-Schwester-Beziehung. Wir gaben uns drei Tage Zeit mit der Absicht, das Ganze zu überdenken. Während dieser drei Tage meditierte ich ganz intensiv und erhielt weitere Zeichen und Träume. Nach den drei Tagen rief er mich an, genau in dem Augenblick, wo ich meine Yoga-Übungen machte und gerade auf dem Kopf stand. Ich erhob mich etwas zu plötzlich und als ich den Hörer abnahm, sagte ich zu ihm: „Mir ist ganz schwindlig." Er spürte in dieser Antwort die Rührung meines Frauenherzens. Er war darüber sehr glücklich und erwiderte: „Ich denke, das ist ein Zeichen. Mit deinen Worten hast du mir deine Antwort gegeben" (Lachen). Es ist wahr, dass ich ihm auf diese Weise meine Antwort gab und ich bin darüber ebenfalls sehr glücklich. Heute kann ich den heiligen Aspekt der Ehe in seiner ganzen Tiefe verstehen. Ohne unsere Vereinigung wäre mein spiritueller Werdegang beschränkt geblieben. Vorher neigte ich dazu, die Spiritualität mit orientalischem Gepräge zu sehen. Obwohl ich weiß, dass das Zölibat für gewisse Menschen eine notwendige vorbereitende Etappe darstellt, ist mir nun auch bewusst, dass man, nachdem man seinen inneren Mann – oder seine innere Frau – gefunden hat, seiner Zwillingsseele begegnet, damit man auf dem Weg der spirituellen Entwicklung noch weiter voranschreiten kann. Doch ich muss Ihnen gestehen, dass ich ohne diese Bestätigungen durch meine Träume alleine weitergelebt hätte.

Die Neuen Kinder werden sich selbst in dieser Weise führen. Sie werden die Kosmische Intelligenz befragen, um zu wissen, ob dieser oder jener Mensch die richtige Person ist. Doch wenn man seine Fragen an den Himmel richtet, muss man auch zu allem bereit sein und die Antwort, die man erhält, akzeptieren. Dann muss man sich vertrauensvoll der Himmlischen Führung hingeben können, selbst wenn man nicht alles bis ins Letzte versteht. Wir lehren unsere Tochter Kasara, wie man diese Himmlische Autobahn benutzt und wie man auf jenen Menschen wartet, der für einen bestimmt ist. Durch den Traum, den ich erhalten hatte, sagte mir der Engel CALIEL: „Vor allem aber verschließ der Liebe und dem Licht nicht die Tür."

Ich möchte Ihnen eine wahre Begebenheit erzählen, die zeigt, wie man diese hohen spirituellen Gesetze wiederfinden kann. Doch zunächst eine kleine Anekdote. Eines Tages fragte eine Person eine unserer freiwilligen Helferinnen: „Christiane spricht oft von den Gesetzen: Gibt es ein Buch, in dem man diese Gesetze finden kann?" Ja, im Buch der lebenden Natur. Wir haben dieses Buch in uns, es ist unsere eigene Geschichte. Diese Gesetze finden wir eines Tages in uns selbst wieder.

Die wahre Begebenheit, die ich Ihnen erzählen möchte, betrifft einen Mann, dessen Frau bereits seit zwei Jahren die Vorträge zur Engellehre besuchte, der jedoch während dieser ganzen Zeit eine gewisse Zurückhaltung bewahrte. Er sagte zu ihr: „Versuch ja nicht, mich mit diesem Zeugs zu überzeugen." Dennoch war er empfänglich dafür: Sie erzählte ihm, was sie erlebte, und er hörte immer aufmerksam zu. Nach zwei Jahren hatte er derartige Veränderungen bei seiner Frau feststellen können – sie war sanft und weiblicher geworden und hatte viele Qualitäten entwickelt –, dass ihn dies auf die Traditionelle Engellehre neugierig werden ließ. Er sagte sich: „Ich werde mir das mal ansehen. Ich werde das mal ausprobieren." Er kam also in die Vorträge und die Engellehre sprach ihn sehr an.

Um sich zu einer Lehre hingezogen zu fühlen, brauchen manche Männer, weit mehr als Frauen, konkrete Anwendungsbeispiele und Resultate. Am Anfang sind die Frauen wohl empfänglicher, weshalb man gewöhnlich viel mehr Frauen als Männer in spirituellen Seminaren vorfindet. Doch in der *Universe/City Mikaël* nehmen viele Männer an den Vorträgen über die Traditionelle Engellehre teil, weil diese Lehre die Möglichkeit bietet, die manchmal etwas abstrakten Parallelwelten anhand der direkten Beobachtungen im Alltagsleben verstehen zu lernen. Mit anderen Worten: Die Ergebnisse der Arbeit mit den Engeln werden sofort sichtbar. Dadurch wird die Lehre konkret und bleibt nicht auf der theoretischen Ebene stehen. Die Traditionelle Engellehre lässt uns die Vereinigung von Geist und Materie, von Mann und Frau, von Tag und Nacht erfahren.

Hier nun die erwähnte Begebenheit. Dieser Mann befand sich an der Autowaschanlage einer Tankstelle in einer Wartereihe. Die Zahl der Kunden, die aus dem gleichen Grund warteten, war so groß, dass die Wartereihe in zwei Teile aufgeteilt worden war, um die Autofahrer, die nur zum Tanken kamen, vorbeizulassen. Der besagte Mann befand sich an der Spitze der zweiten Reihe.

Während er wartete, fädelte sich ein Wagen an das Ende der ersten Reihe ein. Da stieg dieser Mann aus seinem Auto, ging auf den Wagen zu, klopfte an die Fensterscheibe und erklärte dem Fahrer, dass die Wartereihe nicht dort aufhörte, sondern es einen zweiten Teil gab, an dessen Ende er sich anschließen müsse. Am Steuer des Wagens saß ein Mann, der sich in Begleitung einer Frau, wahrscheinlich seiner Ehefrau, befand. Der Mann reagierte nicht, doch seine Begleiterin begann wütend zu fluchen – das will ich hier nicht wiederholen – und schleuderte dem Mann entgegen: „He, du! Verzieh dich in deinen Schlitten."

Darauf erwiderte der Mann einfach: „In Ordnung, ich überlasse euch meinen Platz. Ich habe alle Zeit der Welt und werde zu meinem Wagen zurückkehren." Seine Reaktion hatte ihn selbst sehr überrascht. Später sagte er mir diesbezüglich: „Normalerweise hätte mich das zum Rasen gebracht und ich hätte aggressiv reagiert. Doch ich war überrascht, wie wohl ich mich dabei fühlte." Kurze Zeit später fuhr der Wagen des Paares nach hinten und nahm seinen richtigen Platz ein. Der Mann beobachtete das Ganze in seinem Rückspiegel und konnte es kaum fassen. Etwas später wiederholte sich der Szenenablauf, doch diesmal wurde den beiden Personen, die ihn beschimpft hatten, der Streich gespielt: Ein Wagen kam an und fuhr vor sie in die Reihe. Da hätte man annehmen können, dass dieses Paar heftige Diskussionen in Gang setzen würden, doch nein, sie reagierten nicht.

Durch dieses Geschehen erlebte der Mann in wenigen Minuten die Anwendung eines Kosmischen Gesetzes. Dieses Gesetz, das auch in der Bibel zitiert wird, besagt: *Was du anderen tust, wird auch dir getan.* Der Mann selbst war in dieser Situation in der Lage, ein weiteres Gesetz der Engel anzuwenden, das man so formulieren könnte: *Der Weise weiß die Stunde der Gerechtigkeit abzuwarten.* Dieses Himmlische Gesetz hat absolute Gültigkeit. Man kennt es, doch man wendet es nicht bewusst an. Beginnt man mit diesen spirituellen Prinzipien zu arbeiten, so erweisen sie sich von großem Nutzen. Ob man in einer Schlange wartet oder wo immer man auch sein mag, man macht die Engel-Rezitier-Übung. Dadurch bewahrt man ein hohes Bewusstseinsniveau und lässt sich nicht in die Aggressivität und die verzerrte Realität der anderen hineinziehen.

Die Himmlischen Mächte wollten diesem Mann zeigen: „Sieh mal, die Göttliche Gerechtigkeit ist absolut und ein weiser Mann ärgert sich nicht, er kann abwarten." Er lässt sich jedoch nicht alles ganz willenlos gefallen: Er tut die richtigen Dinge und manchmal äußert er sich auch, wie es dieser Mann tat, als er das Paar wissen ließ, dass ihr Tun nicht richtig war. Angesichts ihrer Aggressivität bewahrte er selbst die richtige Haltung: Er blieb ruhig und ging zu seinem Wagen zurück. Anschließend nahm das Paar plötzlich von selbst den richtigen Platz ein und man tat ihm genau das Gleiche an. Hätte der Mann sich geärgert, dann wäre all dies nicht geschehen. Reagiert man auf das Böse mit Bösem, dann trägt man zum Fortbestehen der Konfliktsituationen bei.

Tut man etwas Unrichtiges oder Verzerrtes, so ist man sich dessen nicht immer sofort bewusst, doch es fällt immer auf einen zurück, in den darauf folgenden Minuten, Tagen, Jahren oder sogar in einem späteren Leben. Auch wenn man das Gesetz der Göttlichen Gerechtigkeit kennt, kann man zu Beginn des spirituellen Werdegangs nicht immer erkennen, wann es aktiv ist. Aber ab einem bestimmten Punkt erkennt man seine Anwendung fortlaufend, da man in den Träumen oder auch mittels konkreter Tatsachen darüber belehrt wird und es integrieren kann.

Die Integrierung der Göttlichen Gerechtigkeit und der Reinkarnation als absolute Wahrheiten hat notwendigerweise Umstrukturierungen zur Folge. Dieser sehr sensible Mann sagte zu mir: „Ich kann es kaum fassen!" Im Gegensatz zu seiner Frau, die bereits eine Vielzahl von spirituellen Seminaren besucht hatte, bevor sie zur Engellehre kam, hatte er davor noch nie an solchen teilgenommen. Nun wendet er das Gelernte an und es ist kaum zu glauben, wie schnell er lernt. Inzwischen erhält er vier bis fünf Träume pro Nacht und sein Leben hat sich vollkommen verändert.

Diese Gesetze sind alle im Alltagsleben anwendbar und überprüfbar, doch wir leben so oft voller Stress und so stark mit der Materie verhaftet, dass wir ganz leicht an ihnen vorbeigehen, ohne sie zu erkennen. Die Himmlischen Gesetze werden nicht starr, wohl aber mit großer Bestimmtheit und Genauigkeit angewandt: *Was du anderen tust, wird auch dir getan.*

Da wir in diesem Vortrag den Engel 18 CALIEL behandeln, den Engel der Göttlichen Gerechtigkeit, möchte ich Ihnen eine weitere wahre Begebenheit erzählen, die die irdische Gerechtigkeit betrifft. Genauso wie die Menschen ist auch die irdische Gerechtigkeit nicht vollkommen. Beide befinden sich in der Lehre.

Eines Tages vertraute mir eine Frau, die zum ersten Mal in die Vorträge kam, Folgendes an: „Ich glaube, ich habe bezüglich der Gerechtigkeit etwas zu lernen. Ich bin seit sechs Jahren mit einer Regierungsbehörde in einen Prozess verwickelt. Ein Urteil wurde gefällt, doch die Gegenpartei legte Berufung ein. Das ist eine richtige Vendetta, ein richtiger Racheakt geworden." Dieser Frau standen die Tränen in den Augen, sie strahlte eine sehr intensive Energie aus und war ganz offensichtlich alles andere als zufrieden.

Sie erklärte mir, was sich zugetragen hatte:
- Als die Regierung in unserer Straße Arbeiten zur Wassersanierung durchführte, wurde mein Haus beschädigt. Ich belangte daraufhin die zuständige Behörde vor Gericht.
- Bei einem Erlebnis im Zusammenhang mit der Gerechtigkeit und der Justiz sollte man als Erstes eine symbolische Analyse der Angelegenheit vornehmen. Du hast da gewiss etwas zu verstehen.
- Ja, das ist sicher. Eine Hellseherin sagte mir sogar, ich sei in einem früheren Leben Anwalt oder Richter gewesen. Ich arbeite übrigens im juristischen Bereich.
- Was will MAN dir zu verstehen geben? Das Haus symbolisiert unser Wesen, unsere innere Wohnung. Was dein Haus beschädigte, hängt mit der Wassersanierung zusammen, das bedeutet, dass das, was dein Wesen beschädigt, gewisse Emotionen betrifft, die du bereinigen musst, und diese Emotionen haben mit der sozialen Ordnung und der Staatsgewalt zu tun. MAN will dir zeigen, dass du Erinnerungen in dir trägst, die nicht richtig sind und die mit deinen Emotionen zusammenhängen. Das, was du in der Außenwelt erlebst, ist kein Zufall: Durch die Beschädigung deines Hauses wollte MAN dich auf gewisse Dinge aufmerksam machen, die du in deinem Inneren zu ändern hast.

Als spiritueller Mensch sucht man keinen Streit. Manchmal ist es jedoch angemessen, die Justiz einzuschalten, denn gewisse irdische Taten müssen berichtigt werden. In diesen Fällen ist es wichtig, dies von einem Himmlischen Standpunkt aus und immer auf der Grundlage der Qualitäten und Tugenden zu tun. Was auch geschehen mag – selbst wenn uns die Situation, die wir durchleben, sehr ungerecht erscheint –, unsere Haltung muss immer frei von Gefühlen der Rache oder Wut sein, und unsere grundlegende Absicht darf nicht darin bestehen, den Prozess zu gewinnen. Streitfälle haben eine erzieherische Funktion. Hat die Gegenpartei ungerechte Taten begangen, so muss die Situation berichtigt werden, um die Weiterentwicklung der betroffenen Menschen zu fördern. Denn sagt man nichts, wenn ein Mensch eine verwerfliche Tat begeht, dann wird er damit weitermachen. Er lebt in seiner Wirklichkeit und ist sich nicht bewusst, dass er sich im Irrtum befindet. So wird man ihm helfen, doch muss dies immer mit Liebe geschehen. Geht man vor Gericht, muss dies immer in der Absicht geschehen, dem anderen zu helfen.

Einige Wochen später sah ich diese Frau wieder und sie sagte zu mir: „Uff! Ich habe losgelassen und das hat zu einem schönen Ergebnis geführt." Die Gegenpartei hatte ihren Anwalt angerufen und ihm gesagt: „Wir sind mit dem Urteilsspruch nicht einverstanden, doch wir treten zurück." Ohne weitere Erklärungen ließ der Vertreter der Regierung einfach wissen, dass sie keine Berufung einlegen würden. Unser Gespräch hatte Früchte getragen. Diese Frau hatte gewisse Waffen abgelegt und die Himmlischen Mächte wollten ihr eine schöne Lektion zukommen lassen: „Sieh mal, was geschieht, wenn du loslässt. In der Außenwelt kommt alles an seinen Platz. Alles kommt von Oben, wie verzerrt die Gegenpartei auch sein mag. Das war eine Lehre für dich." Es ist wichtig, mit der richtigen Absicht zu handeln, sonst wird man zu rachsüchtig oder zu aggressiv, das schreibt sich dann in uns ein und wird früher oder später in der einen oder anderen Weise auf uns zurückfallen.

In der Einleitung sprach ich von den Neuen Kindern, diesen Menschen, die mit einer neuen Geisteshaltung ankommen und auf der Suche nach der Wahrheit sind. Wir werden sehen, dass der Engel 18 CALIEL ein idealer Bewusstseinszustand ist, um das Wesen dieser Kinder zu erfassen und sich ihrer Bewegung anzuschließen.

Wer sind diese Kinder? Was zeichnet sie aus? Sie haben im Allgemeinen einen intensiven, tiefen Blick. Symbolisch gesehen sind die Augen mit der Wahrheit verbunden und die Ohren mit der Weisheit. Hat man Probleme mit den Augen, so befindet man sich in den Verzerrungen der Engelenergie CALIEL. Da ist etwas, was man nicht sehen möchte, und diese Haltung ist nicht richtig.

Die Neuen Kinder sind auch sehr intensiv und allzu oft haben ihre Eltern und Erzieher Schwierigkeiten, sie zu verstehen. Wenn man seine Kinder nicht versteht, dann fühlen sie dies, oftmals unbewusst, und können sehr intensiv darauf reagieren. Ihr Bewusstsein ist stärker geöffnet als das der meisten Menschen und ihre Reaktionen, die uns oft stören, stehen in unmittelbarem Zusammenhang mit der durchlebten Situation. Dies führt gegenwärtig in den Schulen zu übermäßigen Handhabungen, u.a. durch die Verabreichung von Ritalin. Anstatt einen Engel anzurufen oder zu versuchen, die Kinder zu verstehen, verabreicht man ihnen Ritalin, um sie ruhigzustellen.

Welche sonstigen Besonderheiten zeichnen diese Kinder aus? Sie besitzen eine der großen Qualitäten, die der Engel CALIEL verleiht und die wir schon erwähnt haben: Aufgrund ihrer medialen Fähigkeiten des Hellsehens, Hellhörens, Hellriechens und Hellfühlens können sie die Absichten der anderen erraten, sowohl die bewussten als auch die unbewussten. Die Menschen, die mit diesen Kindern zu tun haben, befinden sich – ohne dies unbedingt zu wissen – vor einem subtilen Spiegel, der ihnen ganz stark verborgene Teile ihrer eigenen Seele widerspiegelt.

Ich bemerke das bei unserer Tochter Kasara und es beeindruckt mich immer wieder. Wenn sie einem Menschen begegnet, tritt sie in seine Energie ein und ahmt sie nach – nicht die Gestik oder die Worte, sondern das, was er auf energetischer Ebene darstellt. Sie versetzt sich ganz tief in gewisse Facetten dieses Menschen und gibt sie dann wieder. Zu Beginn überraschten mich die plötzlichen Veränderungen in ihrem Verhalten, doch später verstand ich, was vor sich ging. Wenn Kasara zum Beispiel einem zu starren Menschen begegnet, so ändert sich ihr Verhalten und sie bringt diese Starrheit in der einen oder anderen Weise zum Ausdruck. Das Kind ist sich noch nicht ganz bewusst, was es ist und welches seine Fähigkeiten sind, und seine Persönlichkeit ist noch nicht gefestigt. So nimmt es die Energie seines Umfeldes auf und gibt sie auf seine Weise wieder. Das ist der Grund, weshalb so viele Lehrer und Lehrerinnen zurzeit mit der Ausübung ihres Berufes Schwierigkeiten haben. Viele von ihnen machen einen Burn-out oder durchleben andere schwierige Situationen.

Der Wahrheitsdrang der Neuen Kinder ist außerordentlich stark. Diese Kinder sind nicht vollkommen – sie haben ihr karmisches Gepäck und ihre Verzerrungen –, doch sie kommen mit Erfahrungen aus früheren Leben an, die eine gewisse Weisheit enthalten, und sie nähren hohe Ideale. Sie streben nach Wahrheit und sie werden unsere Gesellschaft verändern. Jesus kam nicht, um uns den Frieden zu bringen. In der Bibel steht geschrieben, dass er kam, um uns das Schwert zu bringen. Man findet darin das Symbol des Engels CALIEL wieder, das Schwert, dessen Schärfe die Wahrheit symbolisiert. Diese Kinder sind also Wahrheitsträger. Natürlich sind auch sie auf der Suche und ihre Intensität bedrängt uns und bringt uns durcheinander.

Diese Kinder kommen nicht nur, um alte Konzepte aufzubrechen, sondern auch um das Familienkarma aufzulösen. Beobachtet man das Funktionieren gewisser Familien, so bemerkt man, dass ihre karmischen Lasten von einer Generation auf die nächste übertragen werden.

Die Neuen Kinder haben einen sehr wachen Geist und sind mit einer sehr großen Herzensintelligenz ausgestattet. Im Allgemeinen besitzen sie auch ein schönes Vertrauen in sich selbst und in das Leben. Sie können natürlich stürzen und sich wieder aufrichten, doch sie sind wie kleine Könige und Königinnen, die man verstehen lernen muss. Wir müssen sie führen lernen, denn aufgrund ihrer hohen Energie neigen sie zu Extremen. Wenn wir sie nicht zur Weisheit hinführen, können sie die größten Manipulanten werden. Sie haben auf jeden Fall ein Lebensprogramm, in dem die hohen Ideale vorherrschen, und selbst wenn sie allerlei Dinge ausprobieren, bleibt das nicht an ihnen haften, denn sie neigen nicht dazu, lange Zeit in einer Verzerrung stecken zu bleiben. Erwischt man sie bei einem Fehltritt, so versuchen sie natürlich, sich zu rechtfertigen (Lachen), doch sie geben recht schnell ihre Verzerrung zu und berichtigen ihr Verhalten, wenn man sie dazu anregt. Und eben das muss man sie lehren.

Man sieht also, dass der Engel CALIEL uns wirklich von unschätzbarem Nutzen ist, um die Dynamik und das Lebensprogramm dieser Kinder zu verstehen. Die Traditionelle Engellehre bewirkt zudem – auf bewusste Weise – die Entwicklung unserer medialen Fähigkeiten und führt uns zu Weisheit, Vertrauen und all den anderen Eigenschaften, die diese Kinder aufweisen.

Ich möchte Ihnen nun eine Anekdote erzählen, welche die Geisteshaltung schildert, die man mit diesen Kindern und der Traditionellen Engellehre entwickelt. Eines Tages kam Kasara aus der Schule nach Hause und berichtete uns in aller Einfachheit, was sich dort zugetragen hatte. Ihre Lehrerin hatte den Schülern erzählt, was sie am Vortag erlebt hatte. Sie war sehr unzufrieden. Sie erklärte ihnen, dass ihr Mann ihr Auto nehmen wollte, um nach Montreal zu fahren, dass sie aber Angst hatte, er könnte es zerkratzen. Sie lieh es ihm dennoch und er kam wieder heil zurück, ohne den geringsten Kratzer. Am darauf folgenden Morgen aber klopfte ihr Nachbar an die Tür, um ihr mitzuteilen, dass ihr Wagen zerkratzt worden sei. Während der Nacht hatten starke Windstösse seinen Autoschutz davongetragen, der die Karosserie und den Scheibenwischer an ihrem Wagen beschädigte. Sie sagte zu ihrem Nachbarn: „Also, das ärgert mich wirklich. Ich habe meinen Wagen nun schon viermal zur Reparatur in die Werkstatt gebracht."

Mit ihren großen Augen und ohne jegliche Kritik sagte uns Kasara dazu: „Das war ein Zeichen, doch ich konnte ihr das nicht erklären, denn sie kennt die Symbolsprache nicht. Sie musste das erleben und das muss sie akzeptieren." Und das sagte Kasara ganz selbstverständlich. Natürlich ist sie noch nicht in der Lage, anhand der Symbolsprache alle Ereignisse in der Tiefe zu deuten – doch das wird kommen.

Wir wollen nun das Erlebnis dieser Lehrerin anhand der Symbolsprache analysieren. Sie hatte gesagt, sie habe Angst, man könnte ihr Auto zerkratzen. Das, wovor man Angst hat, das trägt man in sich. Um ein Zeichen richtig zu lesen, muss man es in dem globalen Kontext der durchlebten Situation deuten, so wie man das tut, wenn man einen Traum deutet. Das Auto ermöglicht uns die Fortbewegung, das Vorankommen, nicht wahr? Es stellt also unser Verhalten und Betragen in Bezug auf die Gesellschaft dar.

Die Angst dieser Frau vor Kratzern an ihrem Wagen zeigt an, dass sie selbst mit ihrem eigenen Verhalten Kratzer verursacht. Wie tut sie das? Durch ihre Vorurteile, denn Vorurteile zerkratzen. Es ist kein Zufall, dass der Autoschutz des Nachbarn durch einen Windstoss weggerissen worden war. In der Symbolsprache stellt die Welt der Luft die Gedanken dar. Die Himmlischen Mächte wollten damit der Frau sagen: „Sieh mal, wenn du zu sehr kritisierst, erzeugt das in deinen Gedanken Windstösse und dein Wagen ist dann nicht mehr geschützt." Was bedeutet der Schutz aus symbolischer oder energetischer Sicht? Er stellt die Aura dar. Damit ein Mensch geschützt ist, muss seine Aura Qualitäten und Tugenden ausdrücken. Dies gewährleistet den größtmöglichen Schutz. Wäre diese Frau eine Eingeweihte gewesen, hätte MAN sie durch einen Traum vor einer

Gefahr warnen oder sie hätte eine Eingebung erhalten können. Jeglicher Zwischenfall kann vermieden werden, wenn es die Kosmische Intelligenz für richtig hält. Doch wenn wir kritisieren und rachsüchtig sind und unsere Gedanken in unseren Köpfen Wirbelstürme erzeugen, verlieren wir unseren Schutz. Dann erweist sich eine Prüfung in unserem Programm oft als notwendig: *Man kratzt und wird zurückgekratzt.*

Auch der Scheibenwischer wurde beschädigt. Wozu dient ein Scheibenwischer? Er ermöglicht uns beim Fahren eine klare Sicht, wenn es regnet oder schneit. Er vermeidet, dass wir verschwommen sehen. Das Wasser stellt die Welt der Emotionen dar. MAN wollte dieser Frau folglich sagen, dass in ihr Emotionen hochsteigen, sobald sie unrechte Gedanken hat, wodurch ihre Sicht konfus und verschwommen wird. Wenn wir unsere Klarsicht verlieren, befinden wir uns nicht mehr in der Wahrheit und können folglich nicht mehr klar wahrnehmen. Sie sehen, wie uns eine so kleine und einfache Geschichte dank des Zeichenlesens zum Verständnis eines ganzen Lebensplans führen kann.

Wenn man die Zeichen lesen kann, weiß man, dass ein Mensch, der erzählt, was ihm widerfahren ist, eigentlich – und ohne sich dessen bewusst zu sein – die Tiefen seines Inneren offenbart. Er öffnet sich vollkommen. Deshalb ist es, wenn man mit der Deutung der Zeichen beginnt, so wichtig, dies mit Liebe zu tun. Der Engel CALIEL verleiht uns die Fähigkeit, zu erkennen, was richtig und gerecht ist. Er hilft uns die Göttliche Gerechtigkeit zu verstehen, doch muss man immer mit Liebe vorgehen, sonst hat der andere den Eindruck, dass man ihn ausspioniert und ihm auflauert, wie in einem Hinterhalt, erpicht auf den Augenblick, wo er zu Fall kommen wird. Es handelt sich um eine Arbeit, die einem nicht von heute auf morgen gelingt. Doch eines Tages wird das, was wir als Wirklichkeit des anderen *lesen*, unsere Meinung über ihn nicht mehr verändern und wir werden imstande sein, diesen Menschen auf die gleiche Weise weiter zu lieben und zu achten. Der einzige Unterschied wird darin bestehen, dass wir seine Wirklichkeit nunmehr erkennen und verstehen können.

Jeder Mensch hat seine eigene Wirklichkeit, die sich aus all dem ergibt, was er durchlebt hat. Je mehr man mit dem Engel CALIEL arbeitet, umso eher wird man die Wirklichkeit des anderen respektieren können. Dann kann man ihm auch besser zur Seite stehen, selbst wenn er sich in seinen Verzerrungen befindet, weil man für seine Wirklichkeit Verständnis hat. Man trägt so eine große Verantwortung. Und je mehr man das wahre Wissen und die wahre Erkenntnis integriert, umso einschneidender und tiefgründiger wird unser Gerechtigkeitssinn.

Unser Verantwortungsbewusstsein wird sogar so weit gehen, dass wir es vermeiden werden, vom Gesetz der Resonanz Menschen gegenüber zu sprechen, die sich in einem gewöhnlichen Bewusstsein befinden und in deren gegenwärtigem Lebensprogramm die Erfahrung des wahren Wissens und der wahren Erkenntnis noch nicht enthalten sind. Was immer auch ihre momentane Wirklichkeit sein mag – selbst wenn sie vollkommen in der Verzerrung leben –, es ist für sie wichtig, diese zu durchleben, sie werden dennoch weiterhin Gottes Kinder bleiben.

Da wir von den Neuen Kindern sprechen, hier nun ein weiteres Beispiel einer Lehrerin. Es nehmen viele Lehrer und Lehrerinnen an den Vorträgen über die Engellehre teil. Die besagte Lehrerin, die sehr intensiv an der Bereinigung und Öffnung ihres Unbewusstseins arbeitet, bat mich um eine Traumdeutung: *Sie befand sich außerhalb eines Hauses und blickte durch ein Fenster in das Haus hinein, wo sie sehen konnte, was in dem Raum vor sich ging. Sie sah sehr aggressive Männer und Frauen mit Messern. Danach sah sie ein Spinnennetz und eine Spinne. Plötzlich hörte sie eine sehr autoritäre Stimme, die zu ihr sagte: "Geh da nicht hin. Wenn du da hingehst, wirst du sterben." Dann ergriff sie auf einem Schlitten durch den Schnee die Flucht.*

Ich fragte die Frau:
- Hast du am darauf folgenden Tag etwas Besonderes gespürt oder wahrgenommen? Hat sich etwas Besonderes ereignet?
- Oh ja! antwortete sie mir, am darauf folgenden Tag korrigierte ich die Diktate meiner Schüler und das brachte mich wirklich zum Heulen, da sie durchschnittlich 30 bis 40 Fehler enthielten! Ich weinte auch, weil ich diese neue Schulreform nicht haben will, und meine Schüler wollen sie übrigens auch nicht. (Wie Sie vielleicht wissen, wird zurzeit in den öffentlichen Schulen in der Provinz Quebec eine neue Reform eingeführt.)

Ich sagte zu der Lehrerin: „Lass uns auf deinen Traum zurückkommen. Was wollte MAN dir damit sagen? Alle darin vorgekommenen Personen stellen Teile von dir selbst dar. Die Männer und Frauen mit Messern bedeuten, dass sowohl in deinen Taten als auch in deinen Gefühlen Aggressivität vorhanden ist, d.h. zu viel Schärfe. Die Spinne und ihr Netz symbolisieren deine Ängste oder das Gefühl, gefangen zu sein. Und zuletzt gehorchst du der Autorität, die zu dir sagt: 'Geh da nicht hin. Wenn du da hingehst, wirst du sterben', und du fliehst auf einem Schlitten. Die negative symbolische Bedeutung des Schnees ist die Einsamkeit und die Kälte. Die Stimme, die du gehört hast, ist die Stimme alter Erinnerungen, die dich zur Flucht anregen, anstatt dazu, dich zu entdecken und kennen zu lernen. Wenn in einem Traum vom Sterben die Rede ist, so bedeutet dies, dass wir auf neuen Bewusstseinsebenen wiedergeboren werden müssen. Folglich warten neue Bewusstseinsebenen auf dich, doch du entfliehst ihnen. Um diese Ebenen kennen lernen zu können, müsstest du dich der Aggressivität und den Ängsten, die du in dir trägst, stellen."

Danach griff ich die Überlegungen auf, die sie zum Thema der Schulreform gemacht hatte. Ich sagte zu ihr: „Du erwähntest, dass deine Schüler diese Reform nicht wollen, doch deine Schüler stellen Teile von dir selbst dar. Du hast Schüler in deinem Inneren. MAN will dir zeigen, dass deine inneren Schüler noch viele Fehler machen. Doch eben darin besteht ja unsere Arbeit: das zu korrigieren, was fehlerhaft ist. Man hat den Eindruck, dass dich die Fehler aus der Fassung bringen, dass du sie nicht akzeptieren kannst, so als wären es für dich zu viele. Dir fehlt noch die Liebe zur Wahrheit. Du fühlst dich von deiner Aufgabe überfordert und gibst dir gute Gründe, um aufgeben zu können. Du sagst dir: 'Ich will diesen Beruf nicht mehr ausüben, denn diese Reform hat überhaupt keinen Sinn.' Der Engel CALIEL kann dir helfen, die Botschaft dieser autoritären Stimme in dir zu korrigieren und sie gerecht werden lassen, so dass sie aufhört, dich zur Flucht vor deinem Unbewusstsein anzuregen."

Ich fügte hinzu: „Ich selbst habe von mehreren Lehrerinnen andere Reaktionen zu dieser Schulreform gehört. Natürlich ist diese Reform bei weitem nicht vollkommen, doch wenn man Änderungen vornimmt, ist nicht gleich alles perfekt. Eine der Lehrerinnen, die mir über diese Reform berichtete, sagte, es werde dabei besonderes Gewicht auf die Entwicklung der Kompetenzen der Schüler gelegt. Nachdem bei einer Informationsveranstaltung ein Redner die Reform vorgestellt hatte, sagte sie zu ihm: 'Wenn ich richtig verstanden habe, so ist Ihre Zielsetzung letztendlich die Entwicklung der Qualitäten und Tugenden bei den Kindern.' Sie sagte zu mir: „Sie verwenden das Wort *Kompetenzen*, anstatt von *Qualitäten und Tugenden* zu sprechen, doch ihr Endziel ist das gleiche!"

Diese andere Lehrerin, die auch mit den Engeln arbeitet, befürwortet also die gegenwärtige Schulreform. Sie hatte einige Jahre lang das Schulwesen verlassen und eine mehrjährige Beurlaubung genommen – nicht etwa, weil sie mit den Kindern nicht zurechtkam, sondern weil sie sich mit den anderen Lehrern nicht verstand. Sie unterrichtet nun halbtags und ihren eigenen Worten zufolge sind ihre Schüler ihre besten Lehrer.

Sie sagte zu meinem Mann und mir: „Ich habe im Nachhinein erkannt, dass ich in meiner alten Wirklichkeit zwischen zwei extremen Verhaltensformen hin- und herwechselte: Manchmal war ich aufzwingend und übte eine starre Autorität aus, so als würde ich sagen: 'He! Ich bin hier die Lehrerin!', und manchmal versuchte ich den Schülern zu gefallen."

Da sich inzwischen ihre Wirklichkeit geändert hatte, konnte sie diese beiden Verhaltensmuster nicht mehr anwenden. Sie gestand mir: „Ich fange wieder bei Null an. Wenn ich mit meinen Schülern zusammen bin und meine alten Verhaltensmuster wieder aufsteigen wollen und ich mich ganz verzerrt fühle, rufe ich mich zur Ordnung, da meine Schüler sie mir doch in allen Fällen widerspiegeln werden. Also passe ich mich an. Das ist zwar eine gehörige Arbeit, doch ich habe nie zuvor so viel gelernt." Für diese Frau ist die Schule ein großartiger Ort der Anwendung und des Lernens geworden. Sie ist dabei, alles neu zu lernen. Wenn man den Qualitäten und Tugenden den Vorrang gibt und sie als Hauptziel des Lebens betrachtet, dann ändert sich alles.

Das Beispiel dieser Lehrerin ist ein schönes Beispiel der Demut und der Haltung, die mit den Neuen Kindern eingenommen werden muss. Dabei muss man gleichzeitig sowohl Lehrer als auch Schüler sein. Auch als Eltern muss man mit Demut reagieren können und sich sagen: „Augenblick mal! Das Verhalten meines Kindes stört mich, d.h. es hat in meinem Inneren auf einen Knopf gedrückt und etwas ist in Gang gesetzt worden. Das irritiert mich und ich fühle mich gestört, also werde ich zuerst einmal auf mich selbst zurückschließen und mich beruhigen, bevor ich meine Autorität ausübe. So werde ich klarer sehen und erkennen können, ob ich meinem Kind gegenüber eingreifen muss, oder ob es mir einfach nur mein eigenes, inneres Ungeziefer widerspiegelt." Verfährt man auf diese Weise, kommt man sehr schnell voran. So werden wir in der Neuen Welt leben, die im Kommen ist – doch eigentlich ist sie schon da und wir sind gegenwärtig dabei, diese neue Lebensweise zu erlernen, die in den höher entwickelten Welten vorwiegt.

Ich will Ihnen nun einen letzten Erlebnisbericht schildern. Sie betrifft diese Kinder der Wahrheit und hat sich in einer Familie ereignet, in der Vater, Mutter und ihr kleiner Sohn mit den Engeln arbeiten. Die Mutter war bereits seit mehreren Monaten schwanger und wusste, dass das Baby ein kleines Mädchen sein würde. MAN schickte ihr einen Traum. *Sie spürte Schmerzen in ihrem Bauch, plötzlich entband sie schlagartig und ein süßes, kleines Mädchen kam zur Welt. Das Baby sprach bereits: Es erteilte spirituellen Unterricht. Es war eine meisterhafte Rednerin und unterrichtete voller Begeisterung. Dann kam der Großvater des Babys und schnitt die Nabelschnur durch. Der Vater kam auch und der Sohn lauschte den Lehren.* Die Mutter sagte zu mir: „Ich weiß nicht, was es sagte, doch ich weiß, dass es spirituellen Unterricht erteilte."

Dieser Traum gehört in die Kategorie jener Träume, in denen man die Seele eines anderen Menschen aufsucht. In diesem Fall äußerte sich die Seele, deren Inkarnation auf Erden in Vorbereitung war. Sie ließ ihre Absichten erkennen, so als würde sie sagen: „Ich komme für die Spiritualität. Darin wird meine Mission bestehen." Durch die Anwesenheit des Großvaters, der die Nabelschnur durchschnitt, wies MAN darauf hin, dass im Bereich der Handlung, im Tagleben Schutz gewährt sein würde. Sie sehen also, dass sich diese Kinder in unseren Träumen vorstellen und uns bereits ihr Lebensprogramm ankündigen können.

Ich habe Ihnen viel über unsere Tochter Kasara berichtet. Und heute möchte ich sie bitten, Ihnen einen ihrer Träume selbst zu erzählen. Kasara, würdest du uns deinen Traum schildern?

Ich befinde mich in einem Lebensmittelladen und eine schwarze Katze folgt mir, dann kommt ein kleines Mädchen vorbei. Es nimmt die Katze hoch und ich sage zu ihm: „Vorsicht, sie könnte beißen!" Und da beißt die Katze das kleine Mädchen tatsächlich. Dann springt die Katze weg und ich laufe ihr etwas nach, doch dann kehre ich zurück. Da bemerkt die Katze, dass ich ihr nicht mehr nachlaufe und kommt auch zurück. Sie fängt an mit mir zu reden und sagt: „Ich würde gerne bei dir wohnen." Darauf sage ich zu ihr: "Einverstanden, doch unter einer Bedingung: Du darfst niemanden mehr beißen, du musst in deinem Käfig Kacka machen und du musst auf mich hören." Damit bin ich aufgewacht.

- Das ist ein schöner und interessanter Traum, Kasara, und wir werden sehen, was am darauf folgenden Tag geschah.

Am Vormittag bereiteten wir uns zum Ausgehen vor, denn Freunde hatten uns eingeladen, den Tag mit ihnen zu verbringen. Kasara rief nach ihrem Vater und bat ihn: „Hilfst du mir bitte, meine Kleidung auszuwählen?", was er dann tat. Doch seine Wahl stellte sie nicht ganz zufrieden und sie machte einen Schmollmund. Er erklärte ihr: „Weißt du, es ist kalt heute. Es wäre gut, wenn du diese Kleidung tragen würdest." Sie zog sie an, doch ging dann in eine Ecke schmollen. Das ist sonst wirklich nicht ihre Art, denn sie ist ein fröhliches kleines Mädchen voller Tatendrang.

Da ging ihr Vater auf sie zu und sagte mit einem schönen Lächeln zu ihr:
- Kasara, deine Katze ist dabei, dich zu beißen. Selbst wenn du nichts sagst, du weißt, dass man mit den Gedanken beißen kann.
- Papa, erwiderte sie nach einem Augenblick der Überraschung, das ist stärker als ich, es gelingt mir nicht, damit aufzuhören.
- Ich versteh dich. Es ist wahr, dass man es mit einem solchen Traum nicht leicht hat. Auch ich habe schon solche Träume gehabt. Ich werde dir meinen Trick verraten. Wenn das passiert, rufe ich einen Engel an. Ich wiederhole seinen Namen in meinem Kopf und atme den Namen des Engels ein und aus. Du könntest den Namen deines Schutzengels, des Engels MENADEL, verwenden, den du ja gut kennst.

Da sah sie ihn mit ihren großen Augen an, gab jedoch keinen Kommentar ab. Später verspürte ich den Wunsch, ihr ein kleines Küsschen zu geben. Ich fand sie im Badezimmer: Sie betrachtete sich im Spiegel und sprach mit leiser Stimme zu sich: „Nun ist es aber genug! Du wirst auf mich hören! Du bist in meinem Kopf, das reicht!" Da zog ich mich zurück (Lachen). Ich verstand, dass sie dabei war, intensiv an sich selbst zu arbeiten.

Im Laufe des Tages verflüchtigte sich ihre schlechte Laune und am Abend gestand sie uns, dass sie jedes Mal, wenn die schlechte Laune hochsteigen wollte, die Rezitier-Übung mit dem Engel MENADEL durchgeführt hatte und dies für sie eine schöne Erfahrung gewesen sei.

- Was hältst du davon, Kasara?
- Oh, das mit den Engeln, das funktioniert… (Lachen).
- Vielen Dank, meine kleine Eingeweihte. Deine Erfahrung hilft uns sehr.

Engel 23 MELAHEL
Der Seelenarzt

Wo herrscht die größte Verschmutzung? Wo trifft man die größten Verunreinigungen an? In der Erde, im Wasser, in der Luft oder im Feuer? Die Antwort wird Sie vielleicht überraschen: weder in der Erde, noch im Wasser oder in der Luft, sondern im Feuer. Zum besseren Verständnis dieser Aussage muss man wissen, dass diese vier Elemente auch im Menschen existieren. Die Erde versinnbildlicht den physischen Körper, das Wasser die Emotionen, die Luft die Gedanken und das Feuer den Geist.

Die Seele, die auf die Erde kommt, um sich zu inkarnieren, bringt ein ganzes Gepäck von Erfahrungen – sowohl positiven wie auch negativen – aus all ihren früheren Leben mit sich. Sie ist mit einem Programm ausgestattet, das es ihr ermöglicht, das Verständnis von Gut und Böse zu vervollständigen, um sie eines Tages zu meistern. Die Arbeit mit den Engeln hilft uns, dieses Ziel, das man Erleuchtung nennt, schneller zu erreichen, und gibt uns bewussten – dies ist wichtig – Zugang zum Programm unserer Seele.

Wir werden uns in diesem Kapitel mit dem Engel MELAHEL beschäftigen, dem die Zahl 23 zugeordnet ist. Er hilft eine ungesunde Geisteshaltung zu entgiften, eine Geisteshaltung, die hier auf Erden unheilvolle Werke schafft. Die Wirkung dieses Engels, den man Arzt der Seele, Arzt des Bewusstseins oder Arzt des Himmels nennen kann, zeigt sich sowohl auf individueller wie auch auf kollektiver Ebene. Er unterstützt uns dabei, die Universalapotheke Gottes wieder zu finden und eine Diagnose über unser Leben und über unser Bewusstsein zu stellen. Er verschreibt uns Rezepte, das heißt Verhaltensweisen, die alle Bereiche unseres Wesens heilen werden.

Mir wurde folgendes Erlebnis anvertraut. Ein Arzt, der der Spiritualität offen gegenübersteht und in einem Krankenhaus arbeitet, empfängt eine Patientin, die ihm ganz aufgeregt ihren Traum erzählt:

„Herr Doktor, ich habe geträumt, dass *sich zwei beige Flecken auf meinem linken Eierstock befinden und* MAN *mir sagte, sie seien krebsartig.*" Der Arzt untersucht die Patientin, findet aber nichts Ungewöhnliches. Doch sie fährt beharrlich fort: „Ich weiß, dass dies ein Warntraum ist. Sie müssen weitersuchen und eine Röntgenaufnahme machen." Also führt der Arzt sie zu einem Kollegen im gleichen Krankenhaus, einem Röntgenspezialisten, gibt ihm das Dossier seiner Patientin und wartet, bis er es zu Ende studiert hat. Der Röntgenarzt fragt ihn schließlich: „Sie haben nichts gefunden, warum also röntgen?"

Der Arzt fordert seine Patientin auf, den Grund dafür zu erklären. Dies tut sie auf ganz natürliche Weise, indem sie dem Röntgenspezialisten ihren Traum erzählt. Sehr skeptisch wirft dieser seinem Kollegen einen kritischen Blick zu, der Bände spricht: „Ich verliere nur Zeit mit deinem Blödsinn." Trotzdem macht er eine Röntgenaufnahme. Ein paar Tage später bringt er diese ganz bleich und aufgeregt zu seinem Kollegen, der ihn fragt, was los sei. „Die Aufnahme zeigt zwei beige Flecken auf dem linken Eierstock. Aber es ist kein Krebs, sondern gutartig."

Wie dieses Beispiel zeigt, ist es möglich, über unsere Träume – unabhängig vom rein medizinischen Befund – Zugang zu medizinischen Tatsachen zu erhalten. Man kann sich auch fragen: „Warum muss ich diese Krankheit durchmachen?" In diesem Fall erlaubt uns der Bewusstseinszustand MELAHEL eine Himmlische Diagnose. Durch eine Reihe von Träumen und Zeichen zeigt er uns, welches Verhalten falsch ist, welche Teile unseres Wesens noch anarchistisch, aggressiv oder rebellisch sind. Er lässt uns die Gründe für diese Verhaltensweisen erkennen: das viele Ungesagte und Verdrängte. Der Engel MELAHEL zeigt uns die wahre Ursache der Krankheit, die man verstehen muss, um wirklich genesen zu können.

Er hilft aber nicht nur körperliche Krankheiten heilen, sondern pflegt auch die Seele gesund von allem, was sie einschränkt und beengt, von allem, was sie leiden lässt. Die Rezitier-Übung mit diesem Engels erlaubt uns hohe Bewusstseinszustände zu erreichen, durch die wir unser ganzes Wesen bereinigen und von allem Übel befreien.

Hier ein paar Bemerkungen zu den Qualitäten des Engels MELAHEL, dessen wichtigste *die Fähigkeit, zu heilen* ist. Von den 72 Engeln verleihen noch andere diese Fähigkeit. Aber der Engel MELAHEL berührt einen ganz besonderen Aspekt der Heilung, wie durch seine Position im Lebensbaum erkennbar wird. Dieser Engel reaktiviert unseren Intellekt, so dass wir jene unserer Verhaltensweisen und Haltungen diagnostizieren und identifizieren können, die unser "Weh-Sein" – das Leiden unserer Seele – und möglicherweise eine Krankheit hervorrufen.

Kennt die Eigenschaften der Heilpflanzen. In der Pflanzenheilkunde spricht man davon, selbst zu einer Heilpflanze zu werden. Was heißt das? Nehmen wir als Beispiel die Eigenschaften einer der zahlreichen Heilpflanzen: der Klette, die in schwerem und schlecht dräniertem Boden wächst. Eine ihrer wichtigsten therapeutischen Eigenschaften ist die Entwässerung, sie reinigt und entschlackt Blut und Haut und ist sehr nützlich bei Ekzemen, Psoriasis und Akne, denn sie hilft, Giftstoffe auszuscheiden. Nieren, Luftwege und Nasennebenhöhlen werden entlastet und gereinigt. Bei den Chinesen ist die Klette seit Jahrtausenden bekannt und wird unter anderem bei Energiestau oder bei übermäßiger Energieansammlung, die durch negative Kräfte verursacht wurden, verwendet.

Wie entstehen solche negativen Kräfte? Sie werden durch kritische Gedanken und Seelenzustände – wie z.B. Traurigkeit oder Zorn – hervorgerufen, die unseren Geist belasten und auch unseren Körper verunreinigen. Wie wir sehen werden, können unsere Gedanken eine extrem starke schädigende Wirkung auf unseren Körper und unser ganzes Wesen ausüben.

Gewisse Pflanzenheilkundige begleiten die Pflanze auf ihrem ganzen Lebenszyklus, sie sammeln sie, bereiten sie zu und konsumieren sie schließlich. Wer diese Arbeit ganz bewusst ausführt, kann in den Bewusstseinszustand der Pflanze eintauchen, d.h. ihre Schwingungsfrequenz in sich wachrufen. Verbindet man sich beispielsweise beim Sammeln der Klette mit dem Bewusstseinszustand der Entgiftung und der Reinigung, dann wird die Wirkung sehr stark sein. Sie ist hingegen schwächer oder sogar gleich Null, wenn die Pflanze nicht bewusst eingenommen wird, sondern einfach deshalb, weil einem gesagt wurde: „Nimm dies, das tut gut." Dies veranschaulicht die Macht der Gedanken und Seelenzustände auf den Gesundungsprozess.

Wie einleitend erwähnt, sind die Verunreinigungen vor allem auf der Ebene des Feuers oder Geistes am stärksten, das heißt in unserer inneren Welt. Zwar stellt eine Pflanze ein äußeres Element dar, meditieren wir aber tiefgründig über ihre Heilkräfte, so können wir zu bedeutungsvollen Einsichten gelangen.

Die Pflanzen sind uns wahre Freunde. Von gewissen Heilpflanzenkundigen werden sie *die Einfachen* genannt, da sie sich damit begnügen, die Wohltaten des Himmels zu empfangen. Nehmen wir einmal die Kamille mit ihrer großen Heilkraft: Je mehr auf ihr herumgetreten wird, desto kräftiger wächst sie. Man sagt, ein Kamillenauszug gebe wieder Hoffnung. In ihren kleinen Blüten fällt die gelbe Farbe auf, die Farbe des Vertrauens.

Wir tragen das Pflanzenreich in uns. Oder anders gesagt, der Mensch besitzt alle Eigenschaften der Pflanzen und eines Tages wird er all ihre Heilkräfte in sich wieder finden. Nun besitzt aber das Pflanzenreich ein Bewusstsein, das nicht so entwickelt ist wie das des Menschen; man stelle sich also einmal vor, was da erst der Mensch an Tugenden und Heilkraft in sich bergen muss! Der Intellekt kann dem Menschen zu einem sehr hohen Niveau verhelfen, ihm jedoch auch übel mitspielen und eines der destruktivsten Wesen aus ihm machen. Dem Beispiel der Klette folgend, sollten wir in einer belastenden Umgebung, wo die Atmosphäre drückend ist, die gegenteiligen Eigenschaften entwickeln und die negative Stimmung verwandeln, indem wir das Schlechte aufnehmen und umformen.

Dasselbe gilt für die Kamille: Verhalten wir uns genau wie sie! Stampft jemand auf ihr herum, beklagt sie sich nicht: „Ach, ist das mühsam! Man tritt auf mir herum, also höre ich auf zu wachsen" (Lachen). Nein, wenn man dem Beispiel der Kamille folgt, können die anderen ruhig auf einem herumtrampeln, einen anpöbeln, man wächst ruhig weiter. Man *imitiert* die Pflanzen und bleibt somit bescheiden und offen für das Höhere, für Gott, für die große Kosmische Intelligenz. Wenn man die Heilkräfte der Pflanzen integriert, kann man daraus ständig Nutzen ziehen.

Angesichts einer Krankheit kann man unterschiedlich reagieren. Man kann gegen sie ankämpfen oder sie annehmen. Versteht man die wahre Natur der Krankheit nicht, dann neigt man dazu, sie zu bekämpfen, weil man in ihr das Böse sieht. In der Traditionellen Engellehre lernt man, das Böse nie zu bekämpfen. Denn es lässt sich gar nicht bekämpfen, da es im Dienst des Guten steht. Es soll uns die Hohen Prinzipien verständlich machen und uns helfen, unser Verhalten und falsche Konzepte zu berichtigen.

Es gibt Methoden, die eine Heilung durch die Wiederholung positiver Formeln zu erzielen suchen. Dabei sagt sich der betreffende Mensch immer wieder: „Ich will gesund werden und ich werde gesund werden." Wer einen starken Willen hat, kann sich mit einer solchen Methode tatsächlich heilen, schafft sich aber gleichzeitig ein Karma, da er nicht nach dem Grund der Krankheit sucht, sondern nur nach konkreten Resultaten strebt. Die Himmlischen Mächte lassen uns solche Erfahrungen im Zusammenhang mit der Willenskraft machen, damit wir eines Tages zu einer neuen Etappe übergehen können. Hat man die Ursache für das der Krankheit zugrunde liegende Verhalten nicht erkannt, so droht sich diese zu wiederholen – in diesem oder einem nächsten Leben, in gleicher oder anderer Form.

Wenn wir die Krankheit akzeptieren, anstatt sie zu bekämpfen, können wir den Engel MELAHEL bitten, uns zu helfen, den Grund dafür im seelischen Bereich zu verstehen: „Oh Engel MELAHEL, hilf mir zu erkennen, welche Verhaltensweise diese Krankheit verursacht hat." Statt sich auf die physische Heilung zu konzentrieren, bemüht man sich zuerst und vor allem um die Heilung der Seele. Dadurch wird direkt der Kern des Problems berührt.

Gewisse mit einer Krankheit verbundene Schmerzen sind außerordentlich intensiv. Die betroffene Person braucht eine Ermahnung, und die Krankheit soll ihr zu verstehen geben: „Ändere dein Verhalten!" und sie in ihrem Heilungsprozess anregen.

Eines Tages werden wir diese Art von Anreiz nicht mehr nötig haben: Wir werden offen sein wie die Pflanzen, die Göttliche Führung, die wir in unserem Innern erhalten, vernehmen und ihr folgen. Was immer wir auch erleben – selbst wenn die Stimmung belastend ist oder man uns mit Füssen tritt –, wir werden weiterhin Liebe und Vertrauen verströmen. Dies setzt aber eine tief greifende Reinigung und Läuterung voraus, bei der uns der Engel MELAHEL unterstützt.

Im Frühling findet das große Saubermachen statt und man nimmt Entschlackungsmittel ein. Genau so können wir das Engelbewusstsein MELAHEL als Entschlackungsmittel für das Bewusstsein verwenden, um uns für eine neue Lebensphase vorzubereiten.

Ich möchte nun einige weitere Qualitäten dieses Engels ansprechen: *Pazifist, besänftigende Ausstrahlung. Meistert seine Gefühle. Glaube, der das Wissen vorwegnimmt.* Der Engel MELAHEL schenkt uns eine große Gemütsruhe und lässt uns friedliebend werden. Er kurbelt auch unseren Intellekt an. Setzen wir diesen im Bereich der Verzerrungen ein, so haben wir die Tendenz, unsere Mitmenschen zu kritisieren und uns ihnen gegenüber aggressiv zu verhalten. Wenn wir auf emotionaler Ebene in einer schwierigen Lage stecken und versuchen, den Grund dafür zu verstehen, können wir den Engel MELAHEL nach seiner Diagnose befragen. So bleiben wir Meister unserer Emotionen.

Kann sich jeder Situation anpassen. Was für eine wunderbare Eigenschaft! Der Intellekt hat so seine Gewohnheiten. Alles geht gut, bis plötzlich etwas seine Routine stört. Ah, da kommt Panik auf! Es ist für unseren Intellekt manchmal schwierig, sich neuen Situationen anzupassen, an die wir herangeführt werden, um geistig zu wachsen und weiterzukommen. Mit diesem Engel ist unser Intellekt in jeder Lage bereit und wirklich offen für die Lenkung durch die Himmlischen Mächte. Er überlegt zwar weiter, analysiert und beurteilt die Situation, gerät aber nicht mehr in Panik, falls gewisse seiner Gewohnheiten geändert werden müssen.

Gesunde Nahrung, gesunder Anbau, gesunde Kulturen. In diesem Kapitel werden wir verschiedene Themen aus dem Ernährungsbereich behandeln; wir werden Engel-Ernährungslehre betreiben, das heißt von der Ernährung auf feinstofflicher Ebene sprechen und uns fragen: „Wovon ernährt sich meine Seele?" Was wir auf feinstofflicher Ebene zu uns nehmen, ist außerordentlich wichtig. Im Übrigen lässt uns die Art und Weise, wie wir denken und fühlen, ganz natürlich zu einer bestimmten Art von Ernährung auf der konkreten, physischen Ebene neigen. Wenn wir mit dem Engel MELAHEL arbeiten, zeigt MAN uns sowohl in unseren Träumen wie im Alltag, ob unsere Nahrung natürlich oder im Gegenteil künstlich ist. Wir werden uns bewusst, dass wir auf genau die gleiche Weise, wie wir uns selbst ernähren, auch unsere Mitmenschen nähren.

Kommen wir nun zu den Verzerrungen der Engelenergie MELAHEL: *Krankheiten.* Dazu werden wir verschiedene Beispiele sehen, unter anderem eine für Tiere ansteckende Krankheit. Jedes Mal werden wir uns fragen, aus welchen Gründen die Krankheit durchlebt werden muss.

Tut sich schwer, seine Gefühle auszudrücken und zu improvisieren. Diese Verzerrung ist das Gegenstück der Anpassungsfähigkeit, von der vorher die Rede war. Wir werden von einem Erlebnis hören, das zeigt, welch große Befreiung der Engel MELAHEL bewirken kann, damit wir eines Tages das ausdrücken können, was unserem wahren Wesen entspricht. Gelingt uns dies nicht, so verdrängen wir unsere Energie, und wenn sie sich einmal befreien kann, dann geschieht dies nicht immer auf positive Weise.

Verdorbene Gefühle, korrupte Unternehmungen. Beschmutzende, zerstörerische Geisteshaltung, ungesunde Gedanken. Die Engelenergie MELAHEL heilt zerstörerische Gefühle und schädliche Gedanken. Sie ist sehr hilfreich im Falle fehlender Ethik in einem Unternehmen. Wir werden zwei Beispiele zu diesen Verzerrungen behandeln.

Ich wurde von einem Mann gebeten, folgenden Traum zu deuten. *Er war mit seinen zwei Kindern zusammen, zwei Jungen von ungefähr zehn und elf Jahren. Es waren nicht die Kinder seines konkreten Lebens, diese sind inzwischen erwachsen.* MAN *sagte ihm, es seien seine Kinder. Eines davon fing an zu brennen und das Feuer übertrug sich auch auf den zweiten Jungen. Der Mann nahm voller Panik eine Decke, wickelte seine Kinder darin ein und warf sie auf den schneebedeckten Boden. Dann sah er eine Flamme aus seiner eigenen Stirn züngeln und das Feuer, das seine Kinder verbrannte, erlosch. Er sagte darauf zu seinen Kindern: „Ich wollte euch vor dem ewigen Feuer schützen." Dann wachte er auf.*

Wie bereits erwähnt, versinnbildlichen alle Personen, die in unseren Träumen auftauchen, Teile von uns selbst. Dies gilt vor allem für die ersten Etappen der spirituellen Entwicklung. Wir müssen uns fragen, was diese Menschen für uns darstellen, und ihren Charakter analysieren. Dies hilft uns die im Traum enthaltene Botschaft zu deuten.

Dadurch dass die Geistigen Führer in seinem Traum Kinder als Symbole verwendeten, wollten SIE dem Mann zeigen, wie er wuchs und lernte und welches Schöpfungspotenzial in ihm lag. MAN wollte ihm seine im Entstehen begriffene Werke zeigen – Werke, die in Erscheinung treten würden, da es sich um Jungen handelte – und wissen lassen: „Deine werdenden Werke beginnen zu brennen, doch es brennt in ihnen nicht das Ewige Feuer, sondern dein zerstörerischer Geist, der bei seiner Suche nach Wahrheit und Läuterung zu extremistisch am Werk ist. Ein großer Einweihungsprozess ist in deinem Inneren in Gang gesetzt worden und du wirst die Meisterung der neu erwachenden spirituellen Kräfte in dir erlernen müssen."

Es braucht wohl nicht besonders erwähnt zu werden, dass ein solcher Prozess uns aus dem Gleichgewicht bringen kann, da alte Erinnerungen wachgerufen werden und unser Geist eine tief greifende Umstrukturierung erfährt. Es war nicht das Ewige Feuer – Gott –, das in dem Traum die Kinder in Brand gesetzt hatte, sondern der zerstörerische Geist des Mannes. Er lag falsch, als er zu seinen Kindern sagte, er würde sie vor dem Ewigen Feuer beschützen, da es seine eigene tiefgründige Einweihung darstellte: seine Öffnung den negativen Kräften gegenüber, die aus seinem Unbewusstsein emporstiegen. Die negativen Aspekte der Einweihung, die wir in unseren Träumen erfahren oder in der konkreten Wirklichkeit in Form von Prüfungen durchleben müssen, sind immer das Werk unserer eigenen Erinnerungen und Experimente mit dem Ewigen Feuer. Stellen Sie sich die Stärke der Schwingungen vor, wenn von Gott gesprochen wird. So müssen wir Menschen als kleine Gottwesen lernen, diese riesigen, machtvollen Kräfte, die wir in uns tragen, zu meistern und zum Ausdruck zu bringen. Doch bei unserem spirituellen Werdegang müssen wir als Erstes lernen – und das ist völlig normal – diesen Wirklichkeiten gegenüberzutreten, die die Einweihungen darstellen.

In einer Angstreaktion dachte der Mann, Gott hätte das in die Wege geleitet, was jedoch nicht der Fall war, denn wir selbst sind die Urheber unserer Prüfungen und Fehltaten, die sich ganz natürlich aus unserem Lernprozess ergeben. Mit dem Traum wollte MAN ihm sagen: „Du bist dabei, den größten und schönsten Prozess, den es gibt, zu stoppen. Du möchtest deinen Einweihungsprozess aufhalten, weil du glaubst, dass deine Prüfungen dir von Gott auferlegt werden."

Wenn wir mit den Engeln arbeiten, wissen wir, dass wir die negativen Kräfte in unserem Inneren verwandeln und in einem einzigen Leben Dutzende früherer Leben berichtigen können. Es ist klar, dass durch den Einweihungsprozess extrem starke Kräfte in Bewegung gesetzt werden und diese uns aufwühlen können. Deshalb warne ich Sie: Der Weg der Einweihung ist lang und schwierig und nicht alle Menschen können ihn in ihrem gegenwärtigen Leben begehen.

Ich möchte nun die Geschichte einer Frau erzählen, die zusammen mit ihrem Ehemann seit einiger Zeit intensiv mit den Engeln arbeitet. Diese bedeutungsreiche Geschichte verdeutlicht die Methode der Arbeit mit den Engeln, denn sie zeigt das Gesetz der Resonanz und enthält Träume und Zeichen, die wir deuten werden. Seit einigen Monaten wollten diese Frau und ihr Ehemann die Art, wie sie ihre Ferien verbringen, ändern. Jeden Winter fährt das Paar zwei Wochen in den Süden.

Als der Moment kam, ihre Ferien zu planen, dachten sie daran, sich irgendwo für ein Seminar oder einen Aufenthalt anzumelden, bei dem sie sich wirklich erholen und neue Energie tanken konnten, denn sie wollten ihre Ferien nicht einfach mit Nichtstun verbringen, sondern diese Zeit nutzen, um intensiv an sich zu arbeiten. Die Frau informierte sich über verschiedene Angebote, doch MAN schickte ihr einen Traum, in dem ihr gesagt wurde, sie solle nach Kuba reisen, wo es jedoch, soviel sie wusste, keine solchen Erholungsaufenthalte oder Seminare gab.

So reisten die beiden denn nach Kuba. Die Frau erzählte mir und meinem Mann, wie ihre Ferien abliefen: „Alles war gut; es war ein schönes Hotel und das Wetter war warm. Aber es gab eine kleine Störung. Wir bekamen ihn, unseren Lehrgang!" (Lachen) Welcher Art war nun diese Störung? Sie erklärte mir: „Das Hotel hatte drei Stockwerke und wir waren im zweiten untergebracht. Jeden Morgen um 6.39 Uhr hörte ich jemanden ein Bad einlaufen lassen, dann ein Geräusch, das sich wiederholte – Tack Tack Tack Tack Brrr Brrr Tack Tack Tack Tack –, und kurz danach hörte ich Wasser durch die Rohre abfließen."

Nachdem sie die Terrasse im 3. Stock mehrmals beobachtet hatte, verstand sie den morgendlichen Ablauf, der sie so sehr störte. Jeden Morgen um genau 6.39 Uhr ließ ihre Nachbarin im oberen Stockwerk Wasser ins Waschbecken laufen, wusch ihre Unterwäsche, nahm ein Stück, ging auf hohen Absätzen zur Terrasse, hängte die Unterwäsche auf, kam zurück, um das nächste Stück zu holen und dieses ebenfalls draußen aufzuhängen. So ging es mehrmals hin und her. Als die Wäsche beendet war, ließ sie das Wasser ablaufen.

Ah, die Frau fühlte sich von diesem ganzen Ritual gestört – ihr Mann hingegen nicht. Da sie die Vorträge zur Engellehre besuchte, kannte sie das Gesetz der Resonanz und wollte nicht leugnen, dass sie sich gestört fühlte. Sie wollte das Hotelzimmer wechseln und in den 3. Stock umziehen, doch bevor sie einschlief, stellte sie eine Frage: „Vor einem Zimmerwechsel möchte ich wissen, warum ich mich gestört fühle. Und ob es überhaupt gut ist, das Zimmer zu wechseln."

In der Nacht schickte MAN ihr einen Traum. *Sie befand sich in einer kanadischen Stadt in dem Hotel, wo sie die Vorträge über die Engellehre besucht. Thema des Vortrags waren die Arbeitskleider. Irgendwann sah sie mich den Saal wechseln: Ich begab mich zum Molson-Saal und sagte: „Das ganze Hotel wird renoviert." Am Boden lagen kleine Scherben und eine unserer freiwilligen Helferinnen saugte sie mit dem Staubsauger auf. Der Saal, den die Arbeiter renovierten, war sehr klein, aber offen. Dann stellten die Arbeiter Trennwände auf, wodurch der Raum ganz eng wurde. Die Träumerin sagte zur Helferin: „Hör auf mit dem Staubsaugen, wir gehen. Wir wechseln den Saal."* Dann wachte sie auf.

Sie erkannte, dass ich die spirituelle Seite ihres Wesens im Zusammenhang mit der Traditionellen Engellehre darstellte. Der Saalwechsel, so sagte sie mir später, kam ihr gelegen. Sie stellte eine einfache Gleichung an: Saalwechsel entspricht Zimmerwechsel. Sie verlor keine Zeit und ging mit ihrem Mann an den Hotelempfang. Aber es schien kein Synchronismus vorzuliegen, denn im 3. Stockwerk war kein Zimmer frei. Sie wandte sich am nächsten Tag erneut an den Empfang, ebenso am übernächsten und am darauf folgenden Tag. Nach einigen Tagen und nachdem sie etwas Druck gemacht hatte, wurde zu guter Letzt im 3. Stock ein Zimmer frei. Sie erzählte mir: „Ah, die zweite Ferienwoche war perfekt. Keine Probleme mehr! Eines Nachts wurde zwar mein Mann von dem Lärm geweckt, den die Nachbarn beim Geschlechtsverkehr machten, aber ich hatte nichts gehört. Mich störte es nicht." Für sie war das Ganze damit erledigt.

Während sie uns dieses Erlebnis erzählte, sagte sie, im Moment könne sie keine großen Spaziergänge machen, da sie sich den Knöchel verstaucht habe.

Dann fügte sie hinzu:
- Ich habe die Liste der Situationen und Probleme am Ende Ihres Buches konsultiert und habe unter Verstauchung den Engel 23 MELAHEL gefunden.
- Genau mit diesem Engel arbeite ich im Moment, um den Vortrag für den nächsten Monat vorzubereiten. Das ist immer so: Wenn

ich einen Vortrag über einen Engel vorbereite, werden mir immer Beispiele in Verbindung damit gezeigt. Der Synchronismus ist perfekt!

Die Frau erklärte mir, wie sie sich den Knöchel verstaucht hatte: „Nach der Rückkehr aus den Ferien, als ich unsere Kleider waschen sollte (Lachen), hatte ich keine Lust dazu. Mein Mann war sehr erstaunt, denn diesbezüglich habe ich, wie er manchmal sagt, einen Fimmel. Am folgenden Tag hatte ich ebenfalls keine Lust. Er war erstaunt und fragte mich: ‚Wäschst du denn nicht?' Nein, das eilte nicht."

Als die Ferien vorbei waren, kehrte die Frau an ihren Arbeitsplatz zurück. Sie erzählte mir: „Dann plötzlich eilte es mit dem Wäschewaschen. Mitten in der Woche überkam es mich und ich musste unbedingt nach Hause zurückkehren, um zu waschen. Meine Kolleginnen waren erstaunt, denn normalerweise gehe ich über Mittag nicht heim. Sie fragten mich:
- Kommst du denn nicht mit uns essen?
- Nein, ich muss meine Körbe voller Kleider waschen.
- Eilt es wirklich so mit deinen Körben?" (Lachen)

Sie fuhr fort: „Ich beeilte mich wirklich, da mir nur eine beschränkte Zeit zur Verfügung stand. Ich ging also meine Wäsche waschen und gegen Ende der Mittagspause wollte ich, bevor ich zur Arbeit zurückkehrte, eine letzte Maschine in Betrieb setzen." Aber wie sie die Treppe in den Keller hinunterstieg – Tack Tack Tack Tack Tack –, fiel sie hin und verstauchte sich den Knöchel.

Ich fragte sie:
- Erkennst du einen Zusammenhang zwischen dieser Verstauchung und deinen Ferien? Zwischen deiner Wäsche und deiner Nachbarin im Hotel?
- Nein, eigentlich nicht.

Hört man diese Geschichte so, wie ich sie Ihnen nun erzählt habe, dann kann man die Abfolge der Ereignisse erkennen. Doch in dem Augenblick, wo die Dinge geschehen und diese uns selbst betreffen, ist es nicht immer leicht, die bestehenden Verbindungen zu erkennen und die Zeichen richtig zu deuten. Dies ist einfach so, es ist Teil des Lernprozesses. Ich sagte deshalb zu der Frau: „Ich werde dir eine kabbalistische Erklärung geben. Kehren wir zu deiner Hotelnachbarin und zum Gesetz der Resonanz zurück. Du hast den Himmel um einen Ferienplan gebeten, weil 'ich innerlich an mir arbeiten will', wie du sagtest. Sie haben dir erstklassige Bedingungen geschenkt: das Hotel, den Strand, die Sonne, das ganze Umfeld. Sie haben dir aber auch einen Kurs geschenkt, nur eine Viertelstunde pro Tag, die Zeit für eine kleine Handwäsche."

Dies war es, woran sie innerlich arbeiten sollte. In den Ferien machte sie mit der Engel-Rezitier-Übung weiter, ohne aber den Kern des Problems zu erfassen. Ich fuhr fort: „Beim Vortrag, den ich in deinem Traum gab, ging es um die Arbeitskleider. Man wollte dir folglich eine Aufgabe geben: die Wäsche. Man wollte dir eine neue Methode des Waschens zeigen, nicht mit einem neuen Produkt oder mit einer neuen Maschine, sondern wie du dich innerlich reinigen kannst. Das Wasser bezieht sich auf die Emotionen. Man wollte dir helfen, gewisse deiner Emotionen zu entgiften. Kleider versinnbildlichen die Aura. Diese ist schön, wenn man Qualitäten und Tugenden ausdrückt, aber durchlöchert und schmutzig, wenn man sich im Bereich der Verzerrungen befindet. Man wollte dich auf eine neue Art der inneren Reinigung hinweisen, dir zeigen, wie du innerlich an dir arbeiten kannst und dir neue Tiefen zugänglich machen. Du hast deine Frage an die Himmlischen Mächte gerichtet, die Antwort, die Sie dir sandten, aber trotz deiner Aufrichtigkeit nicht gleich verstanden."

Das ist durchaus in Ordnung so. Man darf keine Angst haben und denken: „Was geschieht, wenn ich meinen Traum oder das Zeichen, das ich erhielt, nicht richtig deute?" Falls sie nicht ganz richtig gedeutet werden, dann ist das vom Himmel so gewollt. Solche Beschränkungen sind Teil des Lernprozesses und helfen uns tiefsinnige Belehrungen anzunehmen. Man muss das Interpretieren wagen und es tun, so gut man kann. Der Himmel schickt uns immer das zu, was wir empfangen können.

Ganz ehrlich hatte die Frau gefragt: „Ist es richtig, das Hotelzimmer zu wechseln?", denn sie wusste sehr wohl, dass wir dem, was uns stört, nicht ausweichen sollen. In der Engellehre läuft man vor den Problemen nicht davon. Die Frau bemühte sich um eine Erklärung und um die Erlaubnis für einen Zimmerwechsel. Und da sie eine spirituelle Frage gestellt hatte, wurde ihr auch ein spirituelles Symbol als Antwort geschickt.

Man wollte ihr sagen: „Schau, die Renovierungen im Hotel sind ein Hinweis auf laufende Arbeiten und Verbesserungen. Das Hotel versinnbildlicht einen vorübergehenden Aspekt des Wohnens, und zwar in deinem Innern. Du bist in einer Übergangsphase, du bist dabei, gewisse Elemente deines Wesens zu erneuern. Diese Verbesserungen sind mit der Art verbunden, wie du geistig arbeitest und deine Aura reinigst."

In ihrem Traum wechselte der spirituelle Teil ihres Wesens, den ich symbolisierte, zum Molson-Saal. Was bedeutet dies? Molson ist eine kanadische Biermarke. Da das Bier eine Flüssigkeit ist und somit die Emotionen versinnbildlicht, wollte MAN der Frau emotionale Aspekte ihres Selbst zeigen, die sie ändern musste und die gefühlsmäßige Abhängigkeiten betrafen.

Der Saal, der schon klein war, wurde noch enger. Der freiwilligen Helferin, die einen anderen Teil ihres spirituellen Wesens symbolisierte, sagte sie: „Hör auf mit dem Staubsaugen. Wir gehen!" MAN zeigte ihr damit, wie sie auf das reagierte, was in ihrem Innern vorging: Sobald die Situation schwierig wurde, hörte sie mit den Reinigungsarbeiten auf. Diese ganz andere Dimension hatte sie nicht erkannt. Sie interpretierte den Traum im wortwörtlichen Sinn, da ihr dies gelegen kam, und sagte sich einfach: „Meine spirituelle Seite wechselt den Saal, das heißt, ich kann das Hotelzimmer wechseln."

Während ihrer letzten Ferienwoche zeigte MAN ihr mit dem Lärm, den die Zimmernachbarn beim Geschlechtsverkehr veranstalteten und der sie nicht störte, wohl aber ihren Mann, dass sie damit keine Resonanzen hatte. Andererseits symbolisiert ihr Ehemann aber ihren inneren Mann, genauso wie sie die innere Frau ihres Ehemannes versinnbildlicht. Folglich haben beide eine Lehre aus den zwei zitierten Störungen zu ziehen.

Die Frau nahm an den Vorträgen über die Engellehre teil und hörte mich ihre Geschichte schildern. Ich hatte ihr meine Interpretation schon dargelegt – sie war also nicht neu für sie –, aber oh! da ging ihr ein Licht auf. Sie sagte mir nachher: „Wie wahr das ist! Mein Vater trank Bier, und zwar das Molson. Und von allen Kindern störte es mich am meisten, dass er Alkoholiker war."

Welche Arbeit wollte MAN ihr also für die Ferienzeit aufgeben? MAN wollte ihr eine neue Art der tiefgründigen Reinigung zeigen. Da sie die Bedeutung nicht sofort erkannte, jedoch ehrlich war, fuhren die Himmlischen Mächte mit dem „Unterricht" fort. Etwas in ihr war nicht richtig, war zu starr oder zu stark von Unzufriedenheit geprägt. Also führte MAN ihr ein neues Szenario vor: Plötzlich kamen im Büro alte Erinnerungen hoch, die sie sagen ließen:

„Ich muss meine Wäsche waschen gehen", obwohl es nicht wirklich der gute Moment dafür war.

Ein Zeichen wird genauso interpretiert, wie man die Elemente eines Traums analysiert. Der Keller symbolisiert das Unbewusstsein, das Erdgeschoß das Bewusstsein. MAN wollte ihr damit verdeutlichen: „Wenn du in dein Unbewusstsein hinabsteigst, um deine Erinnerungen zu reinigen, tust du dies nicht ganz auf die richtige Art. Du musst deine innere Haltung ändern."

Kurz gesagt zeigte MAN ihr mit diesem Traum, dass sie sich in einem Läuterungsprozess befand, aber Widerstand bot, sobald es ernst wurde. Mit der Verstauchung wurde ihr bedeutet, dass ihr diese Haltung Schwierigkeiten bereiten würde.

Die Alkoholprobleme, denen sich diese Frau in ihrer Kindheit gegenübersah, sind Teil ihres karmischen Gepäcks, das sie aus früheren Leben mitgebracht hat. Menschen, die unter Alkoholabhängigkeit leiden, haben ein gewaltiges Gefühlspotenzial, das sie aber nur schlecht meistern. Sie behandeln ihr Weh-Sein, ihr Seelenleid mit äußeren Kompensationen, die ihre innere Bedrängnis kurzfristig mildern. Wie Sie sehen, kann man anhand einer einfachen kleinen Resonanz, die nur gerade eine Vierteilstunde dauert, wichtige verborgene innere Aspekte aufspüren. Durch die Arbeit mit den Engeln können scheinbar unwichtige Vorkommnisse – so unwichtig, dass ein anderer Mensch sie mit einem ‚Das ist zu einfach' abtun würde – uns in die Tiefen des Unbewusstseins führen. Aus diesem Grund ist der Grad der Resonanz oder Störung dem äußeren Ereignis manchmal überhaupt nicht angemessen. Es vollzieht sich eine Bewusstseinsöffnung und diese lässt Erinnerungen auftauchen, die nicht immer rosig sind.

Dieser Frau kam die Tatsache, dass ich in ihrem Traum vorkam, gelegen, denn es rechtfertigte ihren Wunsch nach einem anderen Hotelzimmer. Ich möchte Sie an dieser Stelle darauf hinweisen, dass mein Mann und ich in Ihren Träumen auftauchen können, um Ihre spirituelle Wesensart in Verbindung mit der Traditionellen Engellehre zu versinnbildlichen – wir können dabei voller Licht und Liebe erscheinen, aber auch in völlig verzerrter Form auftreten. In letzterem Fall will MAN Ihnen dann sagen: „Sieh mal, so verhält es sich mit deiner inneren Haltung gegenüber der Spiritualität. Das musst du ändern."

Schickt MAN uns ein Symbol, das unserer Ansicht nach spirituellen Charakter hat, so ist es sehr wichtig, dieses Symbol zu berücksichtigen, denn alles was von Oben kommt, fließt in die Materie ein und berührt alle Ebenen unseres Wesens.

Menschen, die wie diese Frau dem inneren Läuterungsprozess Widerstand bieten, aber zuinnerst wirklich nach Reinheit streben, können ein starkes Bedürfnis nach äußerer Sauberkeit entwickeln. Sie schaffen sich auf der physisch-materiellen Ebene einen kurzfristig wirkenden Spiegel der Sauberkeit. Aber natürlich sind sie schnell frustriert: Der Hund verschmutzt den Boden, der Lebensgefährte kommt mit dreckigen Stiefeln heim, die Kinder lassen ihre Spielsachen liegen usw. Die betreffende Person kann nicht lange genug in der durch sie geschaffenen äußeren Sauberkeit, die ihre Seele so sehr braucht, Befriedigung finden. Das Problem – der wirkliche Grund ihrer Frustration – liegt darin, dass sie ihre Anstrengungen nur auf die äußere Welt konzentriert, während sie eigentlich in ihrem Innern für Ordnung und Reinheit sorgen müsste.

Die Reinheit muss zuerst und vor allem im eigenen Ich entwickelt werden. Anschließend kann sie hinausströmen und es stört einen nicht mehr, wenn das Kind oder jemand anders Möbel verschiebt oder den Boden verschmutzt. Sich anzupassen wird einfach: Man zeigt weiterhin Geduld und Liebe und Verständnis für die Situation, die man erlebt.

In dieser Geschichte war die Rede von Wäsche; der gleiche Gedankengang lässt sich aber auf alle Lebensbereiche anwenden. In vielen Fällen streben wir – solange wir die Lebensphilosophie der Engel noch nicht verinnerlicht haben – nach materiellen Resultaten; sind diese einmal erreicht, binden wir uns entweder innerlich daran, oder sie lösen sich in Luft auf, oder aber sie werden zerstört. In jedem Fall führt dies zu größten Frustrationen und zu einer Geisteshaltung, die unser ganzes Wesen und unsere Seele verunreinigt.

Ich empfahl der Frau: „Wenn du von jetzt an deine Wäsche wäschst und diese Erinnerungen – die dich bedrängen, damit alles sauber, der Haushalt in Ordnung und die Wäsche fertig ist – wieder hochkommen spürst, dann gehe darauf ein und rufe den Engel MELAHEL an. Da MAN dir mit der Verstauchung ein Zeichen geschickt hat, kann dir dieser Engel helfen, vieles zu verstehen. Bemühe dich, den Haushalt oder die Wäsche mit einer anderen inneren Haltung zu erledigen. Während du den Engel anrufst, sagst du dir: ‚Es ist nicht wichtig, wenn das, was ich jetzt putze, in fünf Minuten wieder schmutzig gemacht wird. *Die Materie ist ein zeitlicher und ein erzieherischer Faktor.* Dieses Gesetz ist absolut. Ich benutze die Gelegenheit, um mich und meine Emotionen – meine schmutzigen und verunreinigten Gewässer – von allem zu reinigen, was meiner Seele in der Vergangenheit Leid zugefügt hat.'"

Hier ein weiteres Beispiel, das verdeutlicht, wie die Engel uns dabei helfen, unser weibliches und unser männliches Prinzip innerlich zu vereinen. Zur Erinnerung: Das männliche Prinzip entspricht der Emissivität, das weibliche der Rezeptivität. Um die Zeichen anhand des Resonanzgesetzes lesen zu können, müssen wir daran denken, dass, vereinfacht ausgedrückt, jeder Mann eine innere Frau und jede Frau einen inneren Mann in sich birgt; dann können wir versuchen, die Resonanzen mit dem jeweiligen Prinzip in Verbindung zu bringen.

Eine Frau bat mich um eine Traumdeutung und erklärte mir: „Ich habe kürzlich einen Mann kennen gelernt und an die Himmlischen Mächte die Frage gestellt, ob er der Richtige für mich sei." MAN schickte ihr einen Traum. *Sie befand sich mit ihrer Schwester auf der Straße und sah diesen Mann plötzlich ein Beerdigungsinstitut betreten.*

Da es ihr nicht gelang, den Traum zu deuten, bat sie in aller Ehrlichkeit um einen zweiten, den MAN ihr auch schickte. *Wieder war sie mit ihrer Schwester zusammen, die sie zu einem Treffen mit diesem Mann in eine Gaststätte führte, wo er sie zu einem Kaffee der Stadt, wo die Schwester der Träumerin wohnt. Als sie den Kaffee getrunken hatte, bat sie den Mann, sie zu ihrer Schwester zurückzufahren, aber er sagte: „Nein, du bleibst hier."*

Sie verstand die Bedeutung dieses zweiten Traums auch nicht. Im Unterschied zum ersten hatte sie für diesen Traum eine präzise Frage gestellt, um Aufschluss über gewisse Aspekte des Mannes zu erhalten. Ihre Schwester stellt einen Teil der inneren Welt dieser Frau dar und ist, da sie in beiden Träumen auftaucht, ein wichtiges Symbol. Grundsätzlich sind natürlich alle Symbole wichtig. Wir müssen uns daran gewöhnen, sowohl die positive als auch die negative symbolische Bedeutung zu erfassen, die die jeweiligen Personen für uns haben.

Ich fragte die Frau deshalb:

- Was bedeutet deine Schwester für dich?
- Sie hat einen guten Orientierungssinn; sie verirrt sich nie.
- Gut, in beiden Träumen wollte MAN dir zeigen, dass du dich, wenn du eine Beziehung mit diesem Mann eingehst, verirren wirst. Im ersten Traum betrat er ein Beerdigungsinstitut; er ging weder in einen Garten noch in eine Kirche. Aus welchem Grund betritt man ein Beerdigungsinstitut? Um zu sterben oder Abschied von den Toten zu nehmen. MAN wollte dir damit sagen: „Stirb in Bezug auf diese Beziehung."

Da sie den ersten Traum nicht verstanden hatte, erklärte MAN ihr im zweiten: „Dieser Mann ist auf der Durchreise." Er hatte sie in einen Gasthof eingeladen, der ganz allgemein das Soziale in einem nicht vertrauten Rahmen versinnbildlicht. MAN zeigte ihr damit, dass der Kern ihrer Beziehung auf sozialer und nicht auf intimer Ebene lag. In einem Gasthof bekommt man Nahrung; er versinnbildlicht – immer im sozialen Bereich – physische Mittel, Liebe und Gefühle. Welche Nahrung teilten die beiden miteinander? Sie tranken Kaffee. Dies ist eine Flüssigkeit, berührt also die emotionale Ebene.

Ich erklärte der Frau: „Der Kaffee ist ein Stimulans, ein Anregungsmittel, und er symbolisiert den Leistungsdrang auf der materiellen Ebene und am Arbeitsplatz. Aus diesem Grunde spielen bei der Anziehungskraft, die dieser Mann auf dich ausübt, die Materie und das Finanzielle eine zentrale Rolle. MAN will dir zu erkennen geben, dass du der Form ein zu großes Gewicht beimisst und dass in dir Gefühle der finanziellen Unsicherheit vorhanden sind. Das ist es, was dich bei dieser Beziehung stimuliert. In dem Augenblick, wo du zu deiner Schwester zurückkehren willst, erwidert er sehr autoritär: ‚Nein, du bleibst hier.'"

Weiter fragte ich sie:
- Was empfindest du für diesen Mann?
- Ich finde ihn sehr sanftmütig, erklärte sie mir, aber es stimmt, dass mich etwas an ihm stört. Er ist Geschäftsmann und, wie du es im Zusammenhang mit dem Traum gesagt hast, zu sehr dem Geschäftlich-Materiellen verhaftet.

Da ihre Schwester die Fähigkeit versinnbildlicht, sich zurechtzufinden und die richtige Wahl und Entscheidung zu treffen, fügte ich hinzu: „Mit diesen beiden Träumen sagte MAN dir: 'Du wirst dich verirren, wenn du tiefer in diese Beziehung eintauchst.'"

Ich fuhr fort: „Selbst wenn MAN dir Antworten auf deine Fragen schickt, steht es dir frei, das zu tun, was du willst. Du kannst auf die Botschaften hören oder auch nicht. Für die Himmlischen Mächte ändert das nichts. Falls du nicht darauf hörst, wirst du deine Erfahrungen machen. Falls du aber darauf hörst und deinen Träumen folgst, solltest du dich nicht damit begnügen zu sagen: ‚Der Himmel hat Nein gesagt, also ist es Nein.' Geh einen Schritt weiter und analysiere, was dieser Mann für dich bedeutet, denn er versinnbildlicht einen Aspekt deines inneren Mannes. Du fühlst dich von ihm angezogen. MAN zeigt dir damit, dass du innerlich noch von einer Bindung an das Materielle stimuliert wirst. Arbeite an diesem Aspekt von dir – mit Hilfe der Engel-Rezitier-Übung. Andernfalls wirst du das nächste Mal wieder den gleichen Typ Mann anziehen oder von ihm angezogen: von einem Mann, der entweder zu sehr an der Materie hängt oder sie im Gegenteil ablehnt – diese beiden extremen Haltungen haben nämlich die gleiche Ursache. Es sind die Himmlischen Mächte, die dir die Begegnung mit diesem Mann ermöglichen, selbst wenn SIE nun wollen, dass du auf ihn verzichtest. Nutze diese Begegnung, um gewisse Aspekte deines inneren Mannes zu erfassen."

Wir wollen nun sehen, welchen Platz der Engel MELAHEL im Lebensbaum einnimmt. Er hat seinen Wohnsitz in der Sephira BINAH. Die in dieser Sphäre wohnenden Engel führen uns zur Ur-Materie. Der der Ur-Quelle entströmende Ur-Geist gibt sich bei seiner Reise eine Struktur und legt sich Grenzen fest, die den Gesetzmäßigkeiten der Materie entsprechen. Auf der Ebene der Sephira BINAH sind die Energien noch feinstofflich, weshalb man von Ur-Materie spricht.

Symbolisch ist Saturn der Leitplanet des Engels MELAHEL und er stellt unter anderem das Durchhaltevermögen, die Konzentrationsfähigkeit und das Pflichtbewusstsein dar. Die acht in der Sephira BINAH wohnenden Engel führen uns zum Ewigen Feuer, dieser mächtigen Energie, die alles, was in uns nicht richtig ist, verbrennt, damit wir die Reinheit der Ur-Materie wiederfinden und uns in Übereinstimmung mit ihr berichtigen können. Mit Hilfe dieser Engel können wir in all unsere Erinnerungen eintauchen und sie neu programmieren. Die Tatsache, dass MELAHEL seinen Wohnsitz in der Sphäre BINAH hat, bedeutet, dass seine Heilkraft in sehr großer Tiefe wirkt.

Die Sephira, in der die Engelenergie MELAHEL ihren Ausdruck findet, ist der Philosophen-Sitz HOD, der durch den Planeten Merkur versinnbildlicht wird. HOD betrifft alles, was mit dem Intellekt zu tun hat. Der Engel MELAHEL schenkt uns weit gefächerte intellektuelle Fähigkeiten, geistige Wachheit und die Kunst der Kommunikation. Er lässt uns auch unser Lebensprogramm mit dem entsprechenden Szenarium erkennen, d.h. die verschiedenen Szenen, in denen sich unser Gefühlsleben, unser Berufsleben usw. abspielen. All diese Qualitäten entsprechen denjenigen eines Seelenarztes: Der Engel MELAHEL hilft uns, unsere Erinnerungen tiefgründig – bis auf die Ebene der Ur-Materie hin – zu reinigen. Das umfassende Unterscheidungsvermögen, das Er uns verleiht, erlaubt uns, falsche Verhaltensweisen, die geändert werden müssen, zu identifizieren und ihre Ursachen zu erkennen.

Wie angekündigt wollen wir nun die feinstoffliche Ernährung und die tiefere Bedeutung der Nahrungsmittel behandeln. Im ersten Beispiel geht es um die Geschichte eines Mannes, der in einem Nahrungsmittelbetrieb in der Qualitätskontrolle arbeitete. Er war Kontrolleur der Fleischqualität.

Dieser Mann, der bereits seit einiger Zeit regelmäßig die Vorträge über die Engellehre besucht, kam eines Tages in der Pause auf mich zu und sagte mir: „Ich wurde entlassen. Das Betriebsklima war jämmerlich, aggressiv. Das Problem bestand seit mehreren Monaten. Schließlich kam es zum Konflikt und ich wurde entlassen."

Das war natürlich eine schmerzliche Erfahrung für ihn. Er suchte nicht gleich wieder eine neue Stelle, sondern nahm sich Zeit für eine intensive innere Arbeit mit den Engeln, die ihm half, vieles zu verstehen und sich neuen Dimensionen zu öffnen, unter anderem auch dank seiner nun besonders häufigen Träume. Nach einem Jahr suchte er wieder eine Stelle, eher mit Zurückhaltung, doch er wusste, wie wichtig es ist, all unser Wissen, all das, was wir erhalten, im praktischen Leben anzuwenden, um uns selbst einschätzen zu lernen und um erkennen zu können, was in unserem Inneren, und insbesondere auf der Ebene unseres unbewussten Seins, vor sich geht. Darin besteht ein wesentlicher Teil der Engellehre.

Der Mann wurde für einen neu geschaffenen Posten eingestellt, wieder als Qualitätskontrolleur, aber diesmal für Früchte, und zwar nicht irgendwelche Früchte: Es handelte sich um Moosbeeren, diese kleinen roten Beeren, die wertvolle therapeutische Eigenschaften besitzen.

Seine Rückkehr auf den Arbeitsmarkt erlaubte ihm, den von ihm seit der Kündigung zurückgelegten Weg zu bewerten. Jemand anders hätte sich vielleicht gesagt: „Ich habe so an mir gearbeitet und finde nun wieder ähnliche Arbeitsbedingungen." Natürlich war er wieder Qualitätskontrolleur, aber mit einer deutlichen Verbesserung: Das Betriebsklima war besser. Zudem würde ihm seine neue Arbeit eine neue Lebenserfahrung bringen.

Andererseits stieß der Mann wieder auf die gleichen Kommunikationsprobleme. Er hatte ganz allgemein Mühe auszudrücken, was er fühlte. Unter den Verzerrungen der Engelenergie MELAHEL findet man: *tut sich schwer, seine Gefühle auszudrücken.* Dieser Mann verdrängte seine Gefühle und wenn er sie ausdrückte, dann manchmal auf grobe und autoritäre Art. Auch seine neue berufliche Situation forderte ihn diesbezüglich heraus: Er musste gewisse seiner Denkweisen bearbeiten und berichtigen. Diesmal jedoch bot MAN ihm ein günstigeres Umfeld an und dank seines neuen Bewusstseins und der Hilfe, die die Kenntnis des Resonanzgesetzes, die Deutung der Träume und das Lesen der Zeichen ihm boten, war alles ein wenig einfacher für ihn.

Eines Tages erzählte er mir, was er durchlebte: „Ich habe ein Problem. Meine Arbeitgeber hat eine große Menge Moosbeeren entdeckt, die vor zwei Jahren in einem Tiefkühler vergessen worden waren." – Der Mann selbst hatte damit nichts zu tun, da er erst seit kurzem dort arbeitete. – „Neulich hat ein Kunde dem Unternehmen einen großen Auftrag erteilt und die Direktion will ihm den vergessenen Warenposten unterschieben. Da er ganz bestimmte Paketgrößen verlangt, müssen die Beeren neu in verschiedenen Mengen abgepackt werden. Davon will die Direktion profitieren, um das Verpackungsdatum der alten Moosbeeren zu ändern."

Wie mir der Mann erklärte, entspricht in dieser Branche das auf der Verpackung aufgedruckte Datum üblicherweise nicht dem Erntedatum, sondern dem Datum, an dem das Produkt verpackt wird. Er sagte mir: „Das ist Betrug: Dieser Warenposten wurde vor zwei Jahren abgepackt und sie wollen das heutige Datum aufdrucken." Er fühlte sich angesichts dieser betrügerischen Absichten nicht wohl und erklärte mir: „Ich machte das schon, als ich noch Fleisch kontrollierte. Damals war mein Bewusstsein noch nicht wach genug und ich verstand nicht, wie wichtig es ist, richtig zu handeln. Es kommt mir vor, als ob mir der Himmel nochmals dasselbe auftischen würde. Was soll ich tun?"

Wir diskutierten zusammen und ich sagte ihm: „Weißt du, in der Traditionellen Engellehre, die uns auffordert, Geist und Materie zu vereinen und das Materielle zu spiritualisieren, zollt MAN der Realität der Mitmenschen und ihrer Fähigkeit, Veränderungen vorzunehmen, großen Respekt. Wer alles zu schnell verändern will, kann nicht in der Gesellschaft leben und muss sich daraus zurückziehen, womit seine Möglichkeit, auf die Materie einzuwirken, verloren geht. Das ist eine Seite des Problems. Andererseits unterstützt man ein solches Vorgehen, wenn man darin mitwirkt – auch wenn es vom Arbeitgeber verlangt wird –, und schafft sich dadurch ein Karma, abgesehen von der menschlichen Justiz, mit der man es zu tun bekommt, falls der Betrug entdeckt wird. Dies gilt auch für jene Handlungen, die in der Vergangenheit durchführt wurden, als man noch unwissend war. Auch dadurch schaffte man sich karmische Schulden und Lasten, obwohl diese aufgrund der Unkenntnis nicht so schwerwiegend sind."

Ich erzählte dem Mann eine persönliche Erfahrung: „Weißt du, ich war vor einigen Jahren in der gleichen Situation. Ich arbeitete in einer Schweizer Bank und wurde aufgefordert, gewisse Dinge zu tun, die ich aber jedes Mal ablehnte. In einem solchen Fall ist es wichtig, sich klar auszudrücken, das heißt ohne Aggressivität, ohne auf kämpferische Art Ordnung schaffen zu wollen. Jedes Mal lehnte ich freundlich, aber bestimmt ab: ‚Das lässt sich mit meinen Prinzipien nicht vereinbaren.' Sie wussten, dass das, was sie von mir verlangten, nicht richtig war. Einmal antwortete ich sogar: ‚Wenn Sie wirklich fordern, dass ich das tue, werde ich meine Kündigung einreichen, denn das ist unmöglich für mich.'"

Der Mann empfand genau das Gleiche. Ich fügte hinzu: „Die Rolle eines Qualitätskontrolleurs besteht nicht nur in der Prüfung der physischen Beschaffenheit, er muss auch die ethische Qualität garantieren." Zu den Verzerrungen des Engels MELAHEL gehören auch *verdorbene Gefühle* und *korrupte Unternehmungen*. Es ist sehr wichtig, dass die Qualität von Oben nach unten strömt. Ich fuhr fort: „Falls du auf diese Weise Stellung beziehst, musst du natürlich auf alles gefasst sein. Das ist ein Test. Du hast schon einmal etwas Unrechtes getan und musst das Karma dafür tragen. MAN stellt dich nun in eine Situation, wo du dies regeln kannst, das ist ein außerordentliches Glück. Die Entscheidung liegt bei dir. Aber mach dich auf alles gefasst. Ich kenne dein inneres Programm nicht und auch nicht die Folgen deiner Entscheidung. Du musst dir bewusst sein, dass diese Haltung zu einer Entlassung führen kann."

Als ich den Mann später wieder sah, erzählte er mir: „An dem Tag, an dem ich mit dem Buchhalter, der dies alles organisieren sollte, sprechen wollte, hielt ich die Karte des Engels MELAHEL in der Hand und ging im Gang auf und ab." Für diesen Mann, der sonst schon Mühe hatte, sich auszudrücken und sich in diesem bestimmten Fall sogar gegen eine Entscheidung der Direktion äußern wollte, stellte diese Situation eine schwierige Prüfung dar. Er fuhr fort: „Ich rief den Engel an, wiederholte die Rezitier-Übung und atmete ganz bewusst. Das gab mir Mut für das Gespräch und es gelang mir, mich sehr gut auszudrücken. Der Buchhalter sagte mir: ‚Der Direktor ist verreist, doch ich werde ihn anrufen.'"

Der Buchhalter kam zurück und wiederholte, was der Direktor ihm gesagt hatte: „Nein, nein, wir machen damit weiter und werden das heutige Datum aufdrucken." Unser Mann folgte seinem Weg der ethischen Qualität und schickte seinem Arbeitgeber einen freundlichen Brief, in dem er schrieb: „Sie sind der Direktor, Sie entscheiden. Aber ich möchte festhalten, dass ich diese Praxis nicht unterstütze und davon Abstand nehme."

Er fuhr in seinem Bericht fort: „Wenn ich dem Buchhalter im Gang begegnete, senkte er seinen Blick, er wagte nicht, mich anzusehen. Niemand erwähnte mein Schreiben, aber ich erhielt einen Brief, in dem mir mehr Verantwortung und eine Gehaltserhöhung angeboten wurden." Er konnte es kaum glauben und sein Lachen zeigte sein Wohlbehagen. Ich sagte ihm: „Das ist gut. Die Himmlischen Mächte sind dir behilflich. Wenn unsere Handlungen richtig sind, werden wir vom ganzen Himmel unterstützt." Das ist gut abgelaufen. Die Reaktion des Direktors hätte aber ebenso gut das pure Gegenteil sein können. Und auch das wäre in Ordnung gewesen.

Nutzen wir dieses Beispiel, um auf die Symbolik der Berufe einzugehen. Zunächst kontrollierte dieser Mann die Fleischqualität. Das Fleisch ist dem Tierreich zugeordnet. Wir besitzen in unserem Innern nicht nur das Pflanzenreich, sondern auch das Tierreich, das all unsere Bedürfnisse, unsere Lebenskraft, die Gesetze der Wildnis und die Aggressivität symbolisiert. Eines Tages müssen wir unser inneres Tierreich transzendieren, um nur die Lebenskraft in ihrem ursprünglich reinen Zustand zu bewahren. In den ersten Abschnitten unserer persönlichen Lebensgeschichte konzentriert sich unser Dasein jedoch auf die Befriedigung unserer Bedürfnisse. Die Tiere haben kein altruistisches Bewusstsein. Ihre Wahrnehmungen und Aktivitäten zielen auf ihr eigenes Überleben und auf dasjenige ihrer Gattung ab.

Es war kein Zufall, dass dieser Mann diesen Beruf ausübte: Er kontrollierte zunächst die Qualität des Fleisches, aus symbolischer Sicht folglich die Qualität seines inneren Tierreichs. Da es sich jedoch um tote Tiere handelte, ist dies ein Hinweis darauf, dass in seiner Energie die tierhafte Seite seines Wesens immer noch stark vorherrschte. Damals war er sich noch nicht bewusst, dass die Arbeit, die er verrichtete, seinem inneren Bedürfnis entsprach, die Qualität des Tierreichs in sich zu kontrollieren. Da er an sich arbeitete, veränderte sich die Ausgangslage und er befand sich später im Bereich der Qualitätskontrolle von Früchten. Jede Frucht hat eine spezifische Bedeutung. Moosbeeren sind rote Beeren. Dies entspricht der ersten Farbe des Sonnenspektrums und des Regenbogens und versinnbildlicht die Willenskraft und die Materie. Durch ihre nierenreinigenden Eigenschaften symbolisiert diese Beere zudem die Läuterung des Menschen. Für diesen Mann kündigte seine neue Stelle also eine umfassende Reinigung im physischen Bereich an.

Wie Sie sehen, lassen sich die wesentlichen Elemente mit Hilfe der Symbolsprache erfassen. Der Beruf, die Art des Betriebs, in dem man beschäftigt ist, der Typ des Produkts, mit dem man zu tun hat – all diese Elemente sind wertvoll, wenn wir analysieren wollen, wo unsere Seele angelangt ist und welchen Weg sie verfolgen muss.

Wie bereits erwähnt, stellen die *Krankheiten* eine der Verzerrungen des Engels MELAHEL dar. Ich möchte an dieser Stelle über eine bedeutungsvolle ansteckende Tierkrankheit sprechen: über die Maul- und Klauenseuche. Wie ist diese Krankheit zu verstehen? Ich werde Ihnen zwei Erklärungsmöglichkeiten vorlegen: die Meinung von Spezialisten der Agrar- und Nahrungsmittelindustrie und eine symbolische Analyse, die die Wurzeln dieser Krankheit verstehen hilft.

Die Maul- und Klauenseuche wird so genannt, weil sie bei den befallenen Tieren kleine Geschwüre im Maul, an Zitzen und Klauen auslöst. Die Spezialisten der Agrar- und Nahrungsmittelindustrie führen das Entstehen und die Ausbreitung dieser Seuche auf zwei relativ neue, aber sehr schnell verbreitete Verhaltensweisen in diesem Sektor zurück. Die erste betrifft die Wiederverwertung von Fleisch toter Tiere als Viehfutter. Die Tiere fressen ihresgleichen, obwohl sie immer Pflanzenfresser waren. Früher sorgte die Natur für einen natürlichen Kreislauf: Wenn ein Tier starb, zersetzte es sich in der Umwelt. Bei der Wiederverwertung von Tierfleisch als Viehfutter hingegen gelangt das Fleisch kranker Tiere in die Nahrungskette der ganzen Gattung.

Der zweite beanstandete Faktor ist die Zentralisierung der Schlachthöfe. Die Tiere werden heute vom Bauernhof über oft sehr große Entfernungen bis zu riesigen Schlachthöfen transportiert. Das Tier besitzt natürlich ebenfalls ein gewisses Bewusstsein, wenn es auch nicht demjenigen des Menschen entspricht. Spezialisten führen die Ausdehnung dieser Krankheit darauf zurück, dass Tiere verschiedener Herkunft am gleichen Ort verarbeitet werden. Früher wurden die Bestände in kleinen Schlachthöfen getrennt geschlachtet. Entdeckte man kranke Tiere, so wurden diese schnell vom gesunden Rest getrennt, womit eine Ansteckung verhindert oder zumindest begrenzt werden konnte. Ich habe in einem seriösen Artikel zu diesem Thema gelesen, dass eine Hamburger-Frikadelle Fleisch von bis zu 100 verschiedenen Tieren enthalten kann.

Diese unseligen Praktiken stehen natürlich im Zusammenhang mit der Globalisierung der Märkte, die an und für sich nicht schlecht ist. Ist jedoch das Bewusstsein der Menschen, die dafür verantwortlich sind, beschränkt, vervielfältigen sich die verzerrten Bewusstseinszustände und es kommt zu einer Globalisierung der Verzerrung. Das Ganze bleibt trotz allem ein Experimentieren und die Globalisierung kann generell als ein langfristig ablaufender Entwicklungsprozess betrachtet werden.

Der Mensch steht erst am Anfang seiner Bewusstseinsöffnung. Eines Tages wird er sich bewusst werden, dass er die biologische Uhr der Erde durcheinandergebracht hat, indem er die Ernährung der Weltbevölkerung auf den Verzehr von Fleisch ausrichtete. Ein großer Teil der Getreideernte wird von Tieren konsumiert, was ganz direkt bei der Verarmung der Entwicklungsländer mitspielt. Aus diesem Grund wird sich die vegetarische Ernährung den kommenden Generationen als Lösung anbieten. Zudem werden sie erkennen, dass das Essen von Tierfleisch dem Verzehr tierischer Gedanken und Emotionen gleichkommt. Wer sich vegetarisch ernährt, wird gleichzeitig weniger aggressiv und weniger instinktgesteuert. *Man wird, was man isst.*

Eine vegetarische Ernährung hat weitere Vorteile; so erleichtert sie zum Beispiel das Träumen, das Verlassen des Festkörpers und das Reisen in den feinstofflichen Körpern. Die vollständige Verdauung von Fleisch im Organismus dauert mindestens 48 Stunden, was die für feinstoffliche Erfahrungen nötigen Energieflüsse vermindert. Aus diesem Grund setzen sich die Eingeweihten für den Vegetarismus ein, für eine gewaltfreie, intelligente Ernährung. Wären alle Menschen Vegetarier, stünde für die gesamte Erdbevölkerung ausreichend Nahrung zur Verfügung.

Die Verhaltensweisen, die die Zerstörung des Gleichgewichts verursacht haben, beruhen auf einem begrenzten, mangelnden Bewusstsein. Gewinnsucht und Materialismus führen letztlich zur Störung der natürlichen Kreisläufe. Das wird ganz konkrete Auswirkungen zur Folge haben, deren Endergebnis aber trotz allem positiv ausfallen wird, denn Krankheiten wie die Maul- und Klauenseuche oder der Rinderwahnsinn werden die Menschen allmählich zu einer fleischlosen Ernährung führen. Man darf deshalb nicht „Ach, mein Gott!" ausrufen und existenzielle Ängste schüren. Es handelt sich um eine von der Kosmischen Intelligenz ausgelöste Läuterung, die im Menschen eine Bewusstseinsänderung bewirken soll.

Wenn in der konkret-materiellen Welt ein Reinigungsprozess im Tierreich abläuft, so widerspiegelt dieser – auf der Ebene des Bewusstseins – eine entsprechende Läuterung im inneren Tierreich des Menschen. Das ist kein Zufall: Es ist immer das Reich mit dem höheren Bewusstseinsniveau, welches einen Einfluss auf das weniger entwickelte Reich ausübt. Die Läuterung der tierischen Aspekte des menschlichen Bewusstseins erfolgt über die Läuterung unserer Bedürfnisse, unserer Leiden und unserer Ängste. Die Angst ist tierischer Natur. Sie hat in Menschen, die hohe Bewusstseinsebenen erreicht haben, keine Existenzgrundlage mehr. Die Maul- und Klauenseuche ist ein Zeichen der Zeit, ein Zeichen, das eine umfassende Entwicklung in diesem Bereich ankündigt. Soweit zum Beispiel einer Diagnose. Sobald sich der Mensch daran gewöhnt haben wird, auf diese Weise die Ursachen zu erforschen und an sich zu arbeiten, werden sich die Lebensverhältnisse generell verändern und eine bessere Welt wird die Folge sein. Bevor wir aber Veränderungen auf kollektiver Ebene erwarten können, müssen wir anfangen, uns selbst zu verändern. Die immer größer werdende Zahl der Menschen, die an ihrer inneren Veränderung und Weiterentwicklung arbeiten, wird ganz natürlich eine kollektive Veränderung hervorrufen.

Fahren wir nun mit der Ernährung fort, genauer gesagt mit der Engel-Ernährungslehre der feinstofflichen Welten. In unseren Träumen kann MAN uns gewisse Assoziationen verständlich machen. In einem meiner Träume beispielsweise öffnete MAN mir die Augen über das Verhalten einer mir bekannten Frau. MAN *zeigte mir, wie sie auf mich zukam und mich um einen Kaugummi bat. Ich fing an, tiefgründig in ihr zu lesen, und plötzlich sah ich sie mit abgeschnittenen Händen.* Kaut jemand im Traum Kaugummi, so bedeutet dies, dass er über die Vergangenheit nachgrübelt, sie wiederkäut. Der Kaugummi symbolisiert in den meisten Fällen das Rückwärtsschauen. Während man kaut, drehen sich die Gedanken stundenlang um das gleiche Thema. Das stellt aus symbolischer Sicht auch den negativen Aspekt des Kaugummikauens dar.

Einige Tage später befanden sich mein Mann, unsere Tochter Kasara und ich in einem Saal, in dem ich einen Vortrag abhalten sollte, und Kasara entdeckte unter einer Tischkante einen roten Kaugummi. Sie fragte mich:
- Was bedeutet das symbolisch?
- Die positive Seite des Kaugummikauens – wenn es sich um einen guten, zuckerlosen Kaugummi handelt – besteht im Konkreten darin, dass es einen angenehmen, frischen Atem verleiht und die Zähne reinigt, da die zwischen diesen sitzenden Bakterien in ihrer Arbeit gestört werden. Aus symbolischer Sicht trägt es zu einer guten Kommunikation bei, doch in den meisten Fällen ist es ein Hinweis darauf, dass die betreffende Person dauernd über die gleiche Idee oder Sorge nachsinnt. Da in unserem Beispiel der Kaugummi rot ist, betrifft es die Materie und die Willenskraft.

Darauf ging Kasara in einen anderen Teil des Saals, wo sich ein paar freiwillige Helfer befanden, und sie sagte ihnen, sie hätte einen Kaugummi gefunden und was dies symbolisch bedeutete. Da fragte eine Frau: „Wieso betrifft das die Materie und den Willen?" Ich erklärte: „Weil der Kaugummi, den Kasara fand, rot ist und die Farbe Rot die Materie und die Willenskraft versinnbildlicht."

Ich wusste genau, warum diese Frau die Frage stellte, denn sie war es, die in meinem Traum vorgekommen war. An jenem Morgen hatte sie Informationen erhalten und war erfüllt von der Angst, ihre Arbeitsstelle zu verlieren. Eine tiefe Unsicherheit hatte sie befallen. Den ganzen Tag hindurch war dies zu spüren, selbst wenn sie nicht darüber sprach. Solche Energien sind spürbar. Mit meinem Traum wollte MAN mir sagen: „Schau, wer Vergangenes wiederkäut, verliert all seine Fähigkeiten und Kräfte. Die Hände sind einem abgeschnitten, d.h. man kann weder empfangen noch geben und sich auch keinen Ausdruck mehr verleihen."

Wenn wir eine Verzerrung oder ein Problem erkennen, so ist es klar, dass wir darüber nachdenken. Das Nachdenken ist jedoch kein Wiederkäuen, sondern ein Überlegen im Lichte der Hohen Gesetze. Man sagt sich: „Ah, das Gesetz der Resonanz ist am Werk. MAN schickt mir dieses Zeichen, um mir zu helfen, mich von der Materie loszulösen und mein Gefühl der Sicherheit nicht auf sie zu gründen." Und man führt die Engel-Rezitier-Übung durch. Gibt man sich aber der Unsicherheit hin und käut auf dieser innerlich unablässig herum, dann isoliert man sich von allen – absolut allen – Möglichkeiten, wieder Hoffnung und neue Manifestierungskraft zu schöpfen.

Darin besteht die Arbeit mit den Engeln der Kabbala: Durch ganz einfache Elemente werden wir tiefgründig belehrt. Wir erhalten einen Traum, der uns zeigen soll: „Sieh mal, wozu dies auf energetischer Ebene führt!" Wenn auch die Person im Traum nichts sagt, so können wir die Energie des Traums am nächsten Tag dennoch eindeutig spüren und klar erkennen. Und gegebenenfalls erhalten wir auch noch eine Bestätigung des Traums in der konkreten Welt, wie im vorliegenden Fall mit der Entdeckung des Kaugummis unter dem Tisch. Alle Elemente sind da, vom Himmel großzügig und kostenlos zur Verfügung gestellt.

Auf diese Weise lernen wir in große Tiefen vorzudringen, um die Natur der Parallelwelten besser zu erfühlen und zu verstehen. Eines Tages werden wir fähig sein, durch die Form hindurchzusehen und direkt in den Parallelwelten zu *lesen*. Diese Bewusstseinsöffnung ist natürlich nicht möglich, wenn wir dauernd an Vergangenem herumkauen, anstatt zu versuchen, das Vergangene als eine Seite unserer Geschichte zu akzeptieren. Wenn wir den Eindruck haben, dass uns etwas fehlt, so bedeutet dies, dass wir innerlich nicht komplett sind.

Hier ein letztes Erlebnis im Zusammenhang mit der Ernährung. Eine Frau erzählte mir ihren Traum: *Sie verkaufte Schokoladetafeln und bemerkte plötzlich oben auf einem Regal eine Stechmücke. Sie nahm deshalb die Tafel, auf dem das Insekt saß, und kontrollierte alle anderen Tafeln. Dann fragte sie eine junge Frau, die neben ihr stand: „Kann ich die Schokoladetafel mit Javel-Wasser[1] reinigen?"*, *worauf diese antwortete: „Kommt nicht in Frage! Hier ist es verboten, mit Javel-Wasser zu reinigen; hier reinigt man mit Wasser und Seife."*

Schokolade symbolisiert Sanftmut und Milde; die Stechmücken stellen, da sie in der Luft fliegen, die Gedanken dar. Mit diesem Traum wollte MAN der Frau sagen: „Schau, wir haben dir Sanftheit geschickt, wir haben dich mit Milde ernährt. Aber da sind auch Stechmücken vorhanden. Bestimmte Arten von Gedanken tauchen auf und nehmen dir die Sanftmut. Da willst du zum Javel-Wasser greifen." Die Frau arbeitet an sich, deshalb war ihre erste Reaktion, die Mücke zu entfernen und alle Orte, an denen sich diese befunden hatte, zu reinigen. Aber Javel-Wasser ist ein sehr starkes Reinigungsmittel. MAN wollte ihr zu verstehen geben: „Kein Javel-Wasser." Natürlich könnte man nun erwidern: „Ja, aber man hört oft, die Engel seien intensiv und würden einen *durchscheuern.*" In gewissen Momenten ist Javel-Wasser – symbolisch gesprochen – unabdingbar, man muss sich aber immer mit Liebe reinigen, sonst wird man starr und hart. Dies ist im Wesentlichen die Botschaft des Traums.

Bei der inneren Läuterung kann man auf Zonen stoßen, die ganz und gar nicht schön, ja manchmal sogar ausgesprochen schmutzig sind. Doch es ist ein wunderbares Erlebnis, wenn es einem gelingt, auch diese Zonen zu lieben.

Was in unserem Innern veranlasst uns, Javel-Wasser verwenden zu wollen? Es ist der Hochmut. Man stößt auf etwas, das uns sagen lässt: „Ach, wie ist das hässlich!", und wir fühlen uns herabgesetzt. Dabei möchten wir, dass alles schon geläutert wäre. Wir wollen

---

[1] Ein stark chlorhaltiges, bleichendes und desinfizierendes Wasch- und Putzmittel (Anm. d. Ü.).

den Rhythmus des Reinigungsprozesses kontrollieren. Das deutet auf Hochmut und eine übermäßige Willenskraft hin.

Wenn wir auf dem Einweihungsweg voranschreiten, kann dieser zu einer sehr machtvollen Erfahrung werden. Bedenken Sie, wie viele Leben bereinigt werden müssen. Es können dabei in unserem Innern sehr stark belastete Erinnerungen berührt werden. In diesen Fällen nimmt man das Böse, das uns gezeigt wird, einfach an, bereinigt es und sagt sich: „Das ist es, was ich heute zu durchleben habe, ich werde nicht versuchen, sofort den Gipfel zu erklimmen. Ich akzeptiere das Programm, das Gott für mich vorgesehen hat. Er weiß, warum ich dies durchleben muss, selbst wenn es eine schreckliche oder schwierige Erfahrung ist. Ich weiß nicht alles über mich, ich kenne noch nicht mein ganzes Programm, doch ich entdecke es Schritt für Schritt."

Die Schokolade ist – außer wenn sie aus natürlichen Bestandteilen besteht – kein Symbol für qualitativ hochstehende Nahrung, denn sie enthält unter anderem raffinierten Zucker. Je natürlicher ein Nahrungsmittel ist, umso stärker versinnbildlicht es die Qualität. Ahornsirup oder Honig beispielsweise sind qualitativ hochwertige Süßstoffe.

Mit Schokolade in einem Traum will MAN uns im Allgemeinen sagen: „WIR stimulieren dich." Ein Geistiger Führer in den Parallelwelten regt uns an. Wer von Nahrung träumt, spürt deren Wirkung bis in den physischen Körper hinein, denn die Energie strömt von der feinstofflichen Ebene hin zur konkreten Ebene der Materie. Schokolade in einem Traum bedeutet: „Wir sind dabei, den gefühlsmäßigen Mangel, den du empfindest, kurzfristig zu regeln, damit du nicht in eine depressive Stimmung verfällst. Du erlebst im Moment eine schwierige Zeit; wir schicken dir ein wenig Milde und Energie, um dir zu helfen, sie zu überstehen."

Die symbolische Bedeutung jeder Art von Nahrung, die uns im Traum gezeigt wird – sowohl die Nahrung für die Seele wie diejenige für den Körper –, muss tiefgründig analysiert werden. In der Traumwirklichkeit ist alles möglich. MAN kann uns natürlich auch auf die negativen Aspekte der Nahrung aufmerksam machen, z.B. wenn man sich im Traum Sachen essen sieht, die ungesund sind.

Eines Tages kam eine Frau auf mich zu und sagte mir: „Oje, ich habe in meinem Traum Katzenfleisch gegessen." Symbolisch gesehen hat die Katze durchaus ihre positive Seite, aber in diesem Fall ging es um den negativen Charakter des Tiers: um Dualität, Heuchelei und ein Übermaß an Unabhängigkeit. Die Frau fügte hinzu: „Ach, ich fühlte mich am nächsten Morgen so schlecht." Man hatte einen Teil ihres Wesens berührt. Ein heuchlerischer und dualistischer Aspekt wurde reaktiviert, um ihr Gelegenheit zu geben, diesen zu berichtigen.

Es ist sehr wichtig, sich der Art der Nahrung bewusst zu sein, die man auf feinstofflicher Ebene aufnimmt. In der Engellehre strebt man nach einer möglichst natürlichen Nahrung. Ein gesunder Geist strebt auch auf der materiell-konkreten Ebene nach der bestmöglichen Nahrung und die besten Lebensmittel sind natürlich und biologisch. Dies gilt auch in der Symbolsprache der Träume. Doch in Übereinstimmung mit dem Gesetz, das besagt, dass alles von Oben stammt und nach unten strömt, kommt es trotz einer biologisch-gesunden Ernährung im Körper eines Menschen zu einer Übersäuerung, wenn er dauernd kritisiert und nicht an sich arbeitet. Man kann in diesem Fall trotz der gesunden Ernährung nicht von einem gesunden Körper sprechen. Solange der Körper jung ist, mag er vielleicht gesund erscheinen, doch früher oder später werden gesundheitliche Probleme auftauchen.

Natürlich ist es nicht immer möglich, sich ausschließlich von biologischen Lebensmitteln zu ernähren. Wir müssen uns unserer Umgebung anpassen, sonst isolieren wir uns und dadurch werden wir handlungsunfähig. Wir sind fähig, mit unseren Gedanken und unserer Geisteshaltung Alchemie zu betreiben. Die Grundlage dafür bildet die Qualität der feinstofflichen Nahrung, die wir durch unsere Gedanken und Gefühle aufnehmen. Der folgende Schritt besteht dann darin, unseren physischen Körper mit zunehmend natürlicheren und gesünderen Lebensmitteln zu ernähren. Wir müssen nach einem Gleichgewicht zwischen den konkret vorhandenen Mitteln und dem Ideal eines umfassenden tieferen Wohlbefindens streben.

Bevor wir uns einem weiteren Beispiel zuwenden, möchte ich von der Bedeutung einiger wichtiger Symbole sprechen.

⊙

Die Deutung der Träume und Zeichen

Die Symbolsprache, die es uns erlaubt, die Träume und Zeichen zu deuten, kann uns zunächst unklar erscheinen. Dies ist jedoch nur die Wirkung des Neuen. Beim Erlernen einer neuen Sprache ist man anfangs gezwungen, Wort für Wort zu übersetzen und sich mit Assoziationen zu behelfen; doch mit der Zeit gelingt es einem sogar in der neuen Sprache denken. Beim Erlernen der Symbolsprache muss man täglich meditieren, um die Verbindungen zwischen den Symbolen und ihrer Bedeutung herzustellen. Mit der Zeit wird die Deutung dann ein einfacher und natürlicher Vorgang.

Die vier Elemente Feuer, Luft, Wasser und Erde spielen beim Aufbau der Symbolsprache eine Schlüsselrolle, da sie die vier großen Kategorien abgrenzen, mit denen die meisten anderen Symbole verknüpft sind. Wer sich mit der Symbolsprache vertraut macht, entdeckt, dass sich das Universum vollkommen im Menschen widerspiegelt und unsere Bewusstseinszustände die Materialisierungen erzeugen, die einzig und allein der Entwicklung der Göttlichen Qualitäten, Tugenden und Kräfte dienen sollen. Da die vier Elemente in den Träumen und Zeichen allgegenwärtig sind, widmen wir ihrer Bedeutung eine besondere Aufmerksamkeit und werden anschließend sehen, wie sich die anderen Symbole einfügen lassen.

Das Feuer symbolisiert den Ur-Geist. Es versinnbildlicht das Ur-Feuer der Schöpfung, die machtvolle Kraft der Engelenergien. Die Engel veranlassen uns, in der Welt des Feuers zu wirken, damit die Früchte unserer Arbeit hier auf Erden materielle Wirklichkeit werden können. In der manifest gewordenen Welt versinnbildlicht das Feuer die Kraft des Ur-Geistes, das, was den Menschen beseelt, die im Menschen enthaltene Energiefülle und Willenskraft. Ofen und Kamin dienen dazu, das Feuer in Grenzen zu halten. In Betrieb gesetzt veranschaulichen sie den alchemistischen Vorgang der energetischen und spirituellen Umwandlung. Brennt ein Feuer auf konstruktive Art – gibt es zum Beispiel eine behagliche, tröstende Wärme ab –, so bedeutet dies, dass unsere Lebensenergie harmonisch fließt. Ein Feuer, das die Umgebung zerstört, deutet dagegen auf einen zerstörerischen Geist hin, d.h. auf eine kritische oder aggressive Energie.

Die Luft symbolisiert die Gedankenwelt. Der Wind drückt z.B. die Dynamik im Bereich der Gedanken aus. Das Gleiche gilt für

Flugzeuge, Vögel oder Mücken; ihr Wesen und ihr Verhalten geben Aufschluss über unsere Art zu denken.

Das Wasser symbolisiert die Gefühle und Emotionen. Kommt im Traum beispielsweise ein Fisch vor, so gibt uns sein Verhalten Aufschluss über das, was wir auf der emotionalen Ebene durchleben. Ebenso gibt uns die Bewegung oder die Lage eines Schiffes Hinweise auf unsere emotionale Stabilität. Sieht man im Traum unruhiges Wasser, so könnte man sich am folgenden Tag eventuell aufgewühlt fühlen und unangenehme Emotionen empfinden.

Die Erde symbolisiert den physischen Körper sowie die Handlungen auf der materiell-konkreten Ebene. Alle mit der Erde verbundenen Gegenstände und Wesen – die Liste ist endlos: Tier, Zug, Haus, Auto, Stuhl, Tisch usw. – zeigen auf jeweils ganz spezifische Art, wie wir auf der physisch-materiellen Ebene lernen und uns äußern.

Es sind alle Kombinationen der vier Elemente möglich. Zigarettenrauch beispielsweise stellt eine Verbindung der Elemente Luft und Feuer dar. Sieht man sich – oder eine andere Person – im Traum rauchen, selbst wenn man nie geraucht hat, will MAN uns damit sagen: „Du hast ein wenig Rauch in deinen Gedanken. In deinem Intellekt ist es bewölkt und die Sonne, Sinnbild des Ur-Feuers, des Ur-Geistes, kann nicht mit deinem Herzen kommunizieren und in deinen Handlungen durchscheinen."

Nach der Deutung der vier Elemente werden die anderen Bestandteile des Traums – Gegenstände und Personen – gemäß ihrer Wechselbeziehung mit diesen Elementen eingeordnet. Ein brennendes Haus hat eine andere Bedeutung als ein brennendes Auto.

Die Elemente Feuer, Luft, Wasser und Erde bilden den Rahmen, in dem sich eine Szene abspielt, während sich die anderen Bestandteile in diesen Rahmen eingliedern. Dazu ein Beispiel: Was bedeutet ein undichtes Dach? Das Dach versinnbildlicht den Intellekt, denn es stellt den oberen Teil des Hauses dar. Taucht es in einem Traum auf, so haben wir etwas in Bezug auf unseren Intellekt zu berichten oder zu verstehen. Wie wir gesehen haben, versinnbildlicht das Wasser die Gefühlswelt. Ein undichtes Dach zeigt also, dass unsere Emotionen unsere Gedanken durcheinanderbringen und dass sie, falls wir sie nicht schnellstens berichten, einen negativen Einfluss auf unsere Handlungen oder die materiellen Aspekte unseres Lebens haben können. Man stelle sich zur Veranschaulichung das konkrete Leben in einem Haus mit einem undichten Dach vor.

Alle Elemente eines Traums sind untereinander verbunden. Ein Traum ist wie ein Satz oder eine algebraische Gleichung und alle darin erscheinenden Symbole stehen in Wechselwirkung zueinander. Wird ein Symbol vernachlässigt, so ergibt das eine weniger genaue oder sogar falsche Traumdeutung. Andererseits reichen für eine Analyse und für das Verständnis der Botschaft diejenigen Traumelemente, an die man sich erinnert – selbst wenn man den Eindruck hat, gewisse Details vergessen zu haben. Das heißt, dass wir trotzdem über genügend Stoff verfügen, um überlegen zu können, welches Verhalten es zu ändern oder welche Eigenschaft es zu entwickeln gilt.

Was die Zeichen betrifft, so werden sie auf die gleiche Art und mit der gleichen Symbolik gedeutet. Ein Zeichen erhält jedoch seine Lebenskraft nur in Verbindung mit den Gedanken, die wir im Augenblick seines Auftretens haben, oder aber es ist eine Antwort auf eine vorher von uns gestellte Frage. Unser Bewusstsein steht in ständigem Kontakt mit dem Göttlichen, es ist integrierender Bestandteil des großen Kosmischen Computers und lenkt uns in unserem Umfeld gemäß dem Inhalt unserer Gedanken. Obwohl es nicht den Anschein hat, ist die irdische Realität ebenso virtuell wie die Träume. Der einzige Unterschied besteht darin, dass das In-Erscheinung-Treten auf der physischen Ebene aufgrund der Zeit, die der Verdichtungsprozess erfordert, später erfolgt. Die in den Träumen und in den Parallelwelten beobachteten Kräfte gehen der Manifestierung, d.h. der Materialisierung auf der irdischen Ebene voraus, sie widerspiegeln sie sozusagen.

Die Farben. Sie spielen ebenfalls eine grundlegende Rolle in der Traum- und Zeichendeutung. Wie jedes andere Symbol auch können die Farben eine positive oder eine negative Bedeutung haben. Ihre symbolische Bedeutung ergibt sich aus ihrer Ausstrahlung und aus dem, was sie für den betreffenden Menschen jeweils darstellen. Reine, leuchtende, lichtvolle Farben symbolisieren grundsätzlich etwas Positives, während Farben, die Traurigkeit hervorrufen, matt, ausgewaschen, gräulich oder schmutzig sind, oder aggressiv und aufdringlich wirken – wie die zu grellen oder fluoreszierenden Farben –, grundsätzlich eine negative symbolische Bedeutung haben.

Sie werden anhand dessen, was folgt, feststellen, dass die Symbolik der Farben eng mit der Symbolik der Chakren verbunden ist.

Im Positiven symbolisiert die Farbe *Weiß* die Spiritualität, die Reinheit, die Weisheit und die Göttliche Macht. Im Negativen steht sie für Unreinheit, fehlende Weisheit, religiösen Extremismus und alle Formen des Machtmissbrauchs, die im Namen der Spiritualität erfolgen. Die Farbe *Schwarz* versinnbildlicht generell die verborgene Göttliche Macht, den verborgenen Aspekt der Dinge, die Materialität – den Zustand, wo der Ur-Geist gewissermaßen in der Materie verborgen ist – sowie den reinen, lichtvollen Gebrauch der verborgenen Göttlichen Macht. Im Negativen symbolisiert die Farbe *Schwarz* das unbewusste Sterben, den bewusstseinslosen Tod, das unbewusste Sein generell, sowie einen materialistisch denkenden Geist und unheilvolle finstere Macht.

Die Farbe *Gold* symbolisiert im Positiven die Göttliche Materialisierung und im Negativen die Suche nach materiellem Besitz sowie den Geiz und den Hochmut. Die positive Symbolik der Farbe *Silber* besteht in der Rezeptivität und der Verinnerlichung und die negative Symbolik in der fehlenden Rezeptivität und der schwarzen Magie.

Die Farbe *Violett* versinnbildlicht im Positiven die Einheit, das spirituelle Verständnis, die Vollendung und die Fähigkeit zu träumen; im Negativen steht sie für Unsicherheit, das Fehlen einer klaren Zielsetzung, Trennung, Gottlosigkeit und eine Verschiebung zwischen Materie und Spiritualität. Die positive Symbolik der Farbe *Indigo* besteht in den Fähigkeiten des Hellsehens, Hellhörens, Hellriechens und Hellfühlens, während der Missbrauch der übersinnlichen, medialen Fähigkeiten für persönliche Zwecke, der Wunsch nach materiellem Besitz, die Gottlosigkeit und die Verwirrung des Geistes ihre negative Symbolik darstellen.

Blau bedeutet im Positiven Kommunikation, Aufrichtigkeit und tiefe Freude. Im Negativen symbolisiert diese Farbe Schwierigkeiten, sich auszudrücken, eine grobe und brutale Sprache, ein einschmeichelndes und betrügerisches Verhalten. *Grün* versinnbildlicht die Liebe, die Zuneigung, das Mitgefühl und die Freude, während das Gefühl, nicht geliebt zu werden, sowie eine gefühlsmäßige Abhängigkeit und Unsicherheit die negativen Aspekte der Farbe *Grün* symbolisieren.

Gelb bedeutet im Positiven Vertrauen, Autorität, Optimismus, Ausstrahlung und Harmonie und im Negativen ein herrschsüchtiges Wesen, Rebellion, innere Unruhe, Unzufriedenheit, Frustration, ein fehlendes Selbstwertgefühl, Verdrängung, Kontrolle und den Wunsch nach Eroberung. Die Farbe *Orange* symbolisiert im Positiven die Reinheit, die Transzendenz der Sexualität, das Göttliche Vergnügen und die Liebe zum Leben, während sie im Negativen ein Sinnbild für Grobschlächtigkeit, triebhaftes Betragen, sexuelle Abhängigkeit, sexuellen Missbrauch, eine zügellose Sexualität und sexuelle Probleme darstellt.

Rot versinnbildlicht die Materie, die Willenskraft, das Materialisieren, eine tiefe Beziehung zur Erde mit ihren Geschöpfen, das Ur-Vertrauen, die Lebens- und Schaffenskraft, Stabilität, Gesetztheit, Zuverlässigkeit; in ihrer negativen Bedeutung ist die Farbe *Rot* stellvertretend für Maßlosigkeit, Zorn, Einschüchterung, Wettbewerbsdenken, Aufreizung der Sinne, Wolllust, ein animalisches Verhalten, Gewalt, materielle und finanzielle Unsicherheit, Ausbeutung und mangelnde Lebenskraft.

Braun symbolisiert die innere Verbindung zur Erde und zur Materie; im Negativen zeigt es ein einzig auf das Materielle zielendes Denken. *Grau* bedeutet im Positiven die Vorbereitung zur Weisheit und in seiner negativen Symbolik eine laue, positionslose Haltung und Verwirrung in Bezug auf Gut und Böse.

Die Symbolik jener Farben, die sich aus Mischungen der erwähnten Farben ergeben, folgt aus der Analyse und Synthese der symbolischen Bedeutung der in der Mischung enthaltenen Farben. Zum Beispiel ist die Farbe *Türkis* ein blau-grüner Farbton, der im Positiven die schönen Aspekte der Farben *Blau* – also Kommunikation, Ehrlichkeit und tiefe Freude – mit den schönen Aspekten der Farbe *Grün* – also Liebe, Mitgefühl und Zuneigung - vereint, was folglich als Symbolik eine herzliche, gefühlvolle, intuitive, authentische Kommunikation ergibt. Werden die negativen Aspekte der Farben Blau und Grün zusammengeführt, so ergibt dies die negative Symbolik des Türkis: Kommunikationsformen, die die Befriedigung der persönlichen emotionellen Bedürfnisse und Erwartungen bezwecken.

Andere Symbole. In den Träumen erscheinen oft der Vater oder die Mutter oder beide Eltern gemeinsam als symbolische Elemente. Sie stellen in den meisten Fällen – unabhängig davon, ob sie noch am Leben oder bereits verstorben sind – wichtige Archetypen dar. Der *Vater* versinnbildlicht das, was während des Tages geschieht, die Handlungsebene und wie sich der Traum auf der physischen Ebene materialisieren wird. Die *Mutter* symbolisiert das, was während der Nacht geschieht, d.h. was sich in unserem Innern, auf der Ebene der Gefühle und Emotionen, abspielt. Ihr Erscheinen in einem Traum gibt Auskunft über den Zustand unserer Innenwelt. Diese Symbolik erstreckt sich auf das männliche und das weibliche Prinzip ganz allgemein; das heißt, ein Mann in einem Traum weist auf das hin, was am Tag, im Bereich der Handlungen und Taten geschehen wird; eine Frau versinnbildlicht die Innenwelt, die Gefühle und Emotionen.

Alle Männer, die einer Frau begegnen, stellen Facetten ihres inneren Mannes dar, während alle Frauen, die ihr begegnen, sie die Züge ihrer eigenen Persönlichkeit erkennen lassen. Umgekehrt stellen alle Frauen, die ein Mann trifft, Facetten seiner inneren Frau dar, und alle Männer, die er trifft, Aspekte seiner eigenen Persönlichkeit.

Taucht in einem unserer Träume ein *Junge* auf – selbst wenn es nicht unser eigenes Kind ist –, so symbolisiert er das Lernen unseres inneren Kindes in der Welt der Taten, während ein Mädchen uns das Lernen unseres inneren Kindes in der Innenwelt, in der Welt der Gefühle zeigt. Die Kinder sind auch Sinnbild unserer Werke.

An dieser Stelle möchte ich eine wichtige Bemerkung einfügen: Alle Menschen, die in unseren Träumen erscheinen, stellen Teile unseres eigenen Wesens dar, außer wenn wir die Seele eines anderen Menschen aufsuchen. Aber selbst in diesem Fall symbolisieren alle im Traum vorkommenden Personen Aspekte unserer Seele. Das Studium der Symbolsprache führt zu der Erkenntnis, dass alles, was außerhalb von uns existiert, sich auch in unserem Inneren befindet und dass sowohl Mann als auch Frau beide Polaritäten – die männliche wie die weibliche – in sich tragen. Dies ist übrigens der Grund, warum wir – in anderen Leben – als Frau oder als Mann geboren werden können.

Kommt in einem Traum eine Person vor, die wir kennen, dann müssen wir uns fragen, was sie für uns darstellt. Die Beantwortung dieser Frage wird uns versteckte Züge unserer eigenen Persönlichkeit enthüllen, die diese bestimmte Person verkörpert. Wenn uns die betreffende Person unbekannt ist, dann müssen wir versuchen, in uns den Aspekt zu erkennen, den sie offenbart. So würde etwa ein Arzt unsere Fähigkeit zu heilen darstellen. Träumen wir von unserem eigenen Bruder, der Alkoholprobleme hat, so deutet dies auf Erinnerungen hin, die mit gefühlsmäßigen Abhängigkeiten verbunden sind, da der Alkohol als Flüssigkeit mit den Emotionen verknüpft ist. Diese Deutung findet auch auf jene Menschen Anwendung, die in der konkreten Wirklichkeit keinen Alkohol trinken.

Eines ist sicher: Es ist immer möglich, die Bedeutung einer Person zu erkennen, denn wenn einem ein Symbol geschickt wird, dann verfügt man notwendigerweise auch über den Schlüssel, um es zu entziffern – und man ist letztendlich sogar der einzige Mensch, der den Schlüssel hat. Erzählt in unseren Seminaren jemand von einer Person, die in einem Traum vorkam, so fragen wir immer, wie sie wahrgenommen wurde, d.h. was sie genau für den Träumer oder die Träumerin bedeutet, damit wir ihre symbolische Bedeutung in die allgemeine Deutung des Traums einbinden können.

Für eine korrekte Traumdeutung müssen zuerst die einzelnen Symbole analysiert werden, danach kristallisiert sich eine Synthese heraus.

In den Träumen, wie auch in der konkreten Wirklichkeit, existiert alles in erster Linie als Bewusstseinszustand oder als seelische Dynamik. Das gilt unter anderem auch für die Gegenstände. Was bedeutet beispielsweise ein Stuhl? Man setzt sich darauf, um auszuruhen und um rezeptiv zu sein. Er kann aber auch das Faulenzen darstellen. Das Ausruhen und die Rezeptivität stellen somit die positive, das Nichtstun die negative Symbolik des Stuhls dar.

Die Meditation hilft uns die Bedeutung eines jeden Symbols zu erkennen und durch die regelmäßige Anwendung der Symbolsprache wird die Traum- und Zeichendeutung immer leichter. Wenn zum Beispiel erneut ein Stuhl auftaucht, so finden wir ihn bereits in unserem Symbol-Wörterbuch vor und müssen anhand der übrigen Traumelemente nur noch definieren, ob er einen positiven oder einen negativen Aspekt darstellt.

Ich möchte Ihnen nun einen Traum erzählen, um dessen Deutung mein Mann in einem Seminar über die Träume gebeten wurde und der die Symbolik von Herd, Pflanze und Nahrung beleuchtet. Es geht um eine Frau, die seit einiger Zeit mit den Engeln arbeitet. *Sie befand sich in einem Zimmer und war von Pflanzen umgeben. Ich kam und sagte ihr leise ins Ohr: „Gib deinen Pflanzen mehr Wasser." Dann war sie in einer Küche, wo sich mein Mann befand. Er war ganz in Weiß gekleidet, die Küche war weiß und es stand ein schwarzer Tisch darin. Zwei kleine Kinder saßen auf einem Ofen, der nicht in Betrieb war. Sie waren undiszipliniert und die Träumerin fühlte sich durch sie gestört. Dies erkannte mein Mann. Dann öffnete er die Tür der Tiefkühltruhe, wo sich ein großes, wirklich überdimensionales Stück Fleisch befand, und sagte zu der Frau: „Ich versuche es nun schon seit acht Leben."*

Mein Mann begann den Traum zu deuten und erklärte der Frau zuerst: „Wie du weißt, stellen alle Menschen in diesem Traum Teile von dir selbst dar. Christiane und ich symbolisieren deine zwei spirituellen Prinzipien – das innere und das äußere – in Bezug auf die Traditionelle Engellehre. Der Himmel hat eine Diagnose für dich gestellt und zeigt dir, was du ändern musst, um deine Seele zu heilen und eines Tages den Zustand der Erleuchtung zu erlangen, d.h. das Gute und das Böse meistern zu können. Der erste Teil deines Traums betrifft das Wasser, die Emotionen und die Liebe, denn diesen Bereich stellen die Pflanzen dar. Dein inneres geistig-spirituelles Prinzip sagt dir: „Gib mehr Wasser, gib mehr Liebe bei deiner inneren Arbeit. Es ist die Starrheit, die dein Leben austrocknet."

Mein Mann erklärte weiter: „Die Küche ist ein Ort der Vorbereitung. Weiß – die Farbe der Küche und der Kleider in deinem Traum – versinnbildlicht die Spiritualität. Andererseits ist da der schwarze Tisch. Schwarz kann einen negativen oder verborgenen Aspekt, aber auch die Materie symbolisieren. Der Tisch wiederum ist ein Symbol der Verwirklichung und des Teilens. MAN wollte dir also zeigen, was deine spirituelle Entwicklung behindert."

Mein Mann fuhr fort: „Die auf dem Ofen sitzenden unfolgsamen Kinder stellen ebenfalls Teile von dir dar, nämlich deine inneren Kinder. Ihr Geist, versinnbildlicht durch den Ofen, wird dazu angeregt, nicht zuzuhören, was bedeutet, dass du deine spirituelle Arbeit nicht mit genügend Disziplin ausführst."

Das spirituelle, in der Handlung und am Tag aktive – durch meinen Mann symbolisierte – Prinzip dieser Frau öffnete die Tür der Tiefkühltruhe, d.h. MAN öffnete ihr eine Tür, die zu ihrem Unbewusstsein führte. Eine Tiefkühltruhe dient dazu, Nahrungsmittel länger aufzubewahren – ein Kühlschrank ebenfalls, aber nicht so lange wie eine Tiefkühltruhe. Der Frau wurde deutlich gemacht, dass sich in ihr seit acht Leben etwas angesammelt hatte – ein Riesenstück Fleisch –, das das Tierreich, das Leiden, die Ängste und die Aggressivität betraf. Dies war es, was sie verwandeln musste. Sie war auf der Suche, bewegte sich aber seit acht Leben im Kreis, weil ihre instinktive, animalische Seite nicht transzendiert war.

Der gefrorene Block Nahrung deutete bei dieser Frau auf fehlende Liebe – eine zu große Starrheit – im spirituellen Bereich hin. Da sie die Engellehre befolgt, zeigte MAN ihr durch diesen Traum, dass sie die Engel-Rezitier-Übung eindringlicher praktizieren musste, da sie ansonsten während mehrerer weiterer Leben auf der spirituellen Ebene im Stillstand verharren würde. Mein Mann sagte ihr im Traum nicht: „Du versuchst es nun seit acht Leben", sondern: „Ich versuche es nun seit acht Leben." Als Mann stellt er den Tag und die Handlungen dar. Das bedeutet, dass es dieser Frau trotz eines gewaltigen geistig-spirituellen Potenzials nicht gelingt, ihre Spiritualität zu materialisieren. Mit dem Traum zeigte MAN ihr: „Willst du eines Tages deine Spiritualität in der Materie verwirklichen, musst du die Engel-Rezitier-Übung regelmäßiger durchführen und die mit den Instinkten verbundenen Gedächtnisspeicher reinigen."

Dieser Traum war ein schönes Geschenk des Himmels, mit dem MAN ihr helfen wollte. Ohne Disziplin und Ausdauer bei der spirituellen Arbeit ist es unmöglich, die Erleuchtung zu erreichen, denn der Weg, der zu ihr führt, ist lang und sehr schwierig. Es ist wichtig, sich dies immer in Erinnerung zu halten.

Der Engel MELAHEL berührt alle Tätigkeiten, die die Heilung und ein tieferes Wohlbefinden fördern. Bei allen Methoden, die den Körper berühren, wie Osteopathie, Chiropraktik, Massage, Lymphdrainage oder energetische Behandlungen, ist die innere Haltung und die zugrunde liegende Absicht das Wichtigste. Wenn ein Mensch einen anderen berührt, so übermittelt er ihm alles, was er ist, einschließlich seiner unbewussten Aspekte, die er selbst meistens nicht kennt.

Ich möchte Ihnen eine schöne Geschichte zum Thema Massage und Berührung erzählen. Sie wurde meinem Mann von einer Frau erzählt, die seit einiger Zeit mit den Engeln arbeitet.

Diese Frau hatte erkannt, dass ihr das Berühren Probleme bereitete, und sie gestattete sich allmählich, darüber nachzudenken. Bereits als sie die Familie ihres Mannes kennen gelernt hatte, war ihr die Ungezwungenheit aufgefallen, mit der man sich dort umarmte und Zärtlichkeiten austauschte, während die Angehörigen ihrer eigenen Familie – im ganzen 18 Personen – mehr Widerstand boten und Schwierigkeiten hatten, ihre Zuneigung auf diese Art zu zeigen. Dies trat bei ihr verstärkt in Erscheinung, da ihre Mutter bei ihrer Geburt krank gewesen war und sie während der ersten zwei Monate ihres Lebens keinerlei körperlichen Kontakt mit ihr gehabt hatte, was natürlich nicht spurlos an der Frau vorbeigegangen war.

Eines Tages lag die Frau in ihrer Badewanne und sagte sich: „Ich muss mich ändern. Ich spüre, dies ist der richtige Moment dafür." Sie begann intensiv über das Problem des Berührens zu meditieren, von dem sie sich vor allem wegen ihrer Kinder, die sie nur mit Mühe umarmen konnte, unbedingt befreien wollte. Trotz ihres intensiven und langen Bemühens war es ihr noch nicht gelungen, ihrer Zuneigung durch Berührungen Ausdruck zu verleihen.

Diese Frau ist eine gute Mutter und sie singt ihren Kindern abends gewöhnlich ein Schlaflied vor. Als sie dies an jenem Abend tat, bemerkte sie plötzlich, wie ihre sechzehnjährige Tochter leise weinte. Sie schaute sie an und fragte:
- Fühlst du dich nicht wohl?
- Doch, doch, ich fühl mich wohl, antwortete ihre Tochter ein wenig verlegen.
Sie fuhr mit dem Singen fort, doch nach einer Weile hörte sie, wie ihre Tochter sich schnäuzte. Sie erkundigte sich erneut:
- Geht es dir wirklich gut?
- Mama, es ist schon so lange her, dass du dieses Lied gesungen hast, sagte ihre Tochter schließlich, nachdem sie in Tränen ausgebrochen war. Das letzte Mal war es, als ich fünf Jahre alt war. Und damals hast du mich umarmt. Ich möchte so gern, dass du mich wieder in die Arme nimmst.
- Daran erinnerst du dich noch? fragte ihre Mutter mit Tränen in den Augen.

Natürlich nahm sie ihre Tochter in die Arme und küsste sie. Ihr Wunsch hatte sich erfüllt: Sie erlebte einen Moment inniger Verschmelzung mit ihrer Tochter. Ein paar Augenblicke vorher hatte sie noch in ihrer Badewanne gelegen mit der Absicht, sich tief greifend zu ändern. Ein wahres Wunder war geschehen.

Sie sehen, wie wichtig die innere Haltung und Absicht ist. Wenn Widerstände oder Verzerrungen auftreten, müssen wir an uns arbeiten. Wir werden nicht unbedingt sofort die erhofften Resultate erzielen, doch die Himmlischen Mächte setzen alles in Bewegung, um uns dabei zu helfen, die nötigen Schritte zu vollziehen. Oft gehen unsere Widerstände auf Erinnerungen aus früheren Leben zurück – wie bei dieser Frau, die zu einem Zeitpunkt, als ihre Mutter krank war, in eine nicht besonders zärtliche Familie hineingeboren wurde – und wir sind uns nicht bewusst, dass in unserem Gedächtnisspeicher Verzerrungen begraben sind, die bereinigt werden müssen. Für die einen ist es sehr leicht, andere Menschen zu berühren, während für die anderen allein der Gedanke daran eine riesige Hürde darstellt. In den meisten Fällen, in denen sich der Mensch gestört fühlt, weicht er aus, kritisiert innerlich oder verdrängt erbittert. Im Lichte der Traditionellen Engellehre aber betrachtet man das, was uns stört, als Schlüsselelement, als wichtigen Knoten, der uns, mit der Engel-Rezitier-Übung behandelt, zu großen Bewusstseinsöffnungen führt.

Nach diesem Ereignis träumte die Frau, *sie habe sieben – neugeborene – Kinder, die sie in einem See taufen wollte.* Mein Mann sagte zu ihr: „Dies ist wirklich ein wichtiger Traum. Die Himmlischen Mächte wollen dir sagen: ‚Los, geh weiter auf deinem Weg. Du kannst die Ergebnisse sehen.' Ein Säugling stellt ein neues Projekt und eine neue Geburt dar: diejenige deines inneren Kindes, dem es an Liebe und körperlichen Kontakten fehlte. Die Zahl der sieben Kinder verspricht eine Neugeburt in den sieben Chakren."

Diese Frau wird nie mehr dieselbe sein. Eine große Veränderung kündigte sich für sie an, denn sie war bereit, dieses Wagnis einzugehen. Ihre Absicht, die Säuglinge zu taufen, symbolisierte die Göttliche Weihung ihres inneren Kindes.

Es ist wichtig, unsere Kinder zu massieren. Das schafft einen schönen Kontakt. Wenn ich am Abend mit Kasara zusammen bin, weiß sie, dass sie ihre Massage bekommen wird. Manchmal erzählen wir ihr auch eine Geschichte, aber die Massage gibt es immer. Während des Massierens rufe ich einen Engel an und Kasara schläft ein. Es ist ausgesprochen wichtig, am Abend mit Liebe berührt zu werden, sowohl für uns Erwachsene wie für die Kinder. Der Abend ist ein wichtiger Moment für den Geist; im Unbewusstsein wird alles registriert, was wir im Laufe des Tages erlebt haben. Stellen Sie sich vor, wie gut man nach einer Massage einschläft. Sagt man dem Kind: „Ich habe keine Zeit", interpretiert es dies als: „Ich habe keine Zeit, dich zu lieben."

Hat man selbst keine solche Aufmerksamkeit und Zärtlichkeit bekommen, ist es natürlich schwierig, sie anderen zu schenken. Dann tut man einfach sein Bestes und eines Tages wird man wieder dazu imstande sein. Dies gilt für alle Menschen, denn alle können ihre Erinnerungen bereinigen. Alle Menschen können die Fähigkeit des Berührens wiederfinden, und zwar nicht nur mit den Händen, sondern mit dem Herzen, mit ihrem ganzen Wesen, mit der Dimension des Schöpfers. Wenn wir anderen unsere bedingungslose Liebe schenken, so ist es Gott, Der sie durch uns hindurch berührt.

Zum Schluss möchte ich Ihnen zwei schöne Erlebnisse erzählen, die uns dazu ermutigen, mit den Engeln zu arbeiten, die Zeichen des Alltags zu lesen und die Träume zu deuten, die für manche Menschen zunächst sehr abstrakt sind.

Das erste Erlebnis wurde meinem Mann anvertraut und es betrifft ein Ehepaar, das Landwirtschaft betreibt und im Jahr 1999 dank einer sehr reichen Ernte große finanzielle Gewinne erzielt hatte. Da es wohl das Gehöft, nicht aber das Land, das es bebaute, besaß, fasste der Mann einen Landkauf ins Auge, sowohl als Sicherheit für ihn und seine Frau als auch für die Zukunft ihrer Kinder.

Die Frau richtete diesbezüglich eine präzise Frage an den Himmel: „Ist dieser Landkauf eine gute Sache?" Darauf schickte MAN ihr einen Traum. *Sie sah einen großen Wirbelsturm herannahen und die ganze Familie hatte gerade noch Zeit, in einem roten Fahrzeug wegzufahren.* Im konkreten Leben besitzt das Ehepaar kein rotes Fahrzeug. Wie wir gesehen haben, versinnbildlicht die Farbe Rot die Materie, während der Wirbelsturm und der Wind symbolisch die Gedankenwelt darstellen. Die Gedanken können bekanntlich in unserem Innern viel Aufruhr schaffen und uns sogar zerstören. Ihre Wirkung reicht bis in die Materie, die in diesem Traum durch die rote Farbe des Fahrzeugs symbolisiert wird.

Der Mann seinerseits bat ebenfalls um ein Zeichen. Er ist tiefgläubig und liest gerne in der Bibel. Wie in der Wahrsagekunst stellte er seine Frage: „Sollen wir das Land kaufen?" und schlug anschliessend nach dem Zufallsprinzip die Bibel auf. Er las jene Stelle, wo

Jesus die Menschen, die mit ihm zusammen sind, auffordert, ihm zu folgen, und einer ihm darauf erwidert: „Ich kann dir nicht folgen, denn ich habe mein Land." Unser Mann hatte seine Antwort: kein Landkauf.

Einige Zeit später erzählte die Frau meinem Mann Folgendes: „Zum Glück folgten wir unseren Träumen und Zeichen." Was war geschehen? Dieses Ehepaar war nicht das einzige, das in dem besagten Jahr Rekordeinnahmen erzielt hatte; dasselbe galt für alle anderen Landwirte der Provinz Quebec. Im Jahr 2000 jedoch war die Ernte schlecht, und die Bauern mussten große Verluste hinnehmen. Praktisch alle, die aufgrund ihres guten Einkommens der Expansionswelle gefolgt waren und in der Erwartung eines wirtschaftlichen Wachstums investiert hatten, befanden sich nun in einer extrem schwierigen oder sogar ausweglosen Situation. Dieses Ehepaar jedoch, das sich der Führung der Kosmischen Intelligenz anvertraut hatte, konnte mit seinen Reserven – dem Überschuss des vorangegangenen Jahres – die durch die schlechte Ernte entstandenen Verluste wettmachen.

Für die meisten Menschen – für uns selbst war es zuerst auch so – scheint ein Vertrauen in die Botschaften der Träume und Zeichen gegen den gesunden Menschenverstand zu verstoßen. Am Anfang glaubt man, diese Botschaften seien abstrakt und ohne konkreten Nutzen. Gehen wir aber geduldig und beharrlich auf dem Weg des Glaubens weiter, dann zeigt MAN uns: „Sieh mal, du hast auf uns gehört, ohne über wirklich konkrete Elemente zu verfügen, die deine Entscheidung hätten stützen können. Schau, was da alles geschehen kann." Es können sich alle möglichen Ereignisse ergeben. Und so lässt man sich unbeirrt weiter vom Himmel führen, gewinnt einen unerschütterlichen Glauben und kommt zur Ruhe, weil man erkennt, dass die Himmlische Führung immer gegeben ist. Man weiß jederzeit, wohin man gehen muss und was man zu tun hat, weil man sich in Übereinstimmung mit seinem eigenen inneren Programm befindet.

Die letzte Geschichte ergänzt einen Erlebnisbericht, den ich im letzten Vortrag erzählte und den ich für diejenigen, die nicht anwesend waren, wiederholen will. Es ging darin um ein Ehepaar, das die Engellehre befolgt und ein Kind erwartete. Die Frau träumte Folgendes: *Sie spürte Wehen und sah plötzlich, wie sie eine hübsche kleine Tochter gebar, die eine spirituelle Lehre verkündete. Dann trenn-*

te der Großvater die Nabelschnur durch. Der Ehemann und der neunjährige Sohn kamen dazu und alle waren glücklich und hörten dem Baby zu, das spirituellen Unterricht erteilte.

Wie ich damals erklärte, kündigte die Seele des Kindes mit diesem Traum ihre Absichten an. In diesem Traum stellte das Baby nicht in erster Linie einen Teil der Mutter dar – obwohl es dies in einem gewissen Sinn auch tat –, sondern es verkündete, welchen Auftrag es hatte, aus welchem Grunde es auf die Erde kam. Ich konnte damals nicht erzählen, was der Vater erlebt hatte, denn ich wusste es noch nicht. Zwei Monate, nachdem er über die Schwangerschaft in Kenntnis gesetzt worden war, träumte er: *Ein Arzt kündigte ihm an: „Es wird ein Mädchen sein, das 6 Pfund und 10 Unzen wiegen und 19 Zoll[2] messen wird."*

Er erzählte mir: „Als ich diesen Traum aufschrieb, war ich ganz aufgeregt. Ich konnte es kaum fassen." Er ist Geschäftsmann und arbeitet mit Statistiken. Er konnte es kaum glauben, so genaue Daten erhalten zu haben. Als es Zeit dafür war, ließ die Mutter eine Ultraschalluntersuchung machen und man sagte ihr, dass das Baby ein Mädchen sei. Ihr Ehemann, mit dem Intellekt eines Statistikers, rechnete: „Die Chancen, dass es ein Mädchen ist, standen 1 zu 1." Die Wahrscheinlichkeit, dass das Gewicht und die Größe des Babys denjenigen im Traum entsprachen, war jedoch unendlich geringer. Wenn er mit seiner Frau sprach, fragte er sie manchmal: „Glaubst du, dass mein Traum sich verwirklichen und sie wirklich sechs Pfund und zehn Unzen wiegen und 19 Zoll messen wird? Das scheint mir geradezu unmöglich. Warum hat MAN mir diese Zahlen geschickt?"

Das Baby, ein hübsches kleines Mädchen namens Elodie, wurde am 27. März geboren. Als der Moment kam, es zu wiegen, war der Vater gespannt wie ein Bogen. Die Krankenschwester sagte: „Es wiegt sechs Pfund und zehn Unzen." Oh! Später sagte er mir: „Mir wurde heiß, unsagbar heiß, als ich das Gewicht hörte, es war ein Wunder! Zum Glück haben sie das Baby nicht sofort gemessen (Lachen): Ich brauchte ein bisschen Zeit zum Verdauen."

Etwas später, als die Krankenschwester das Baby maß, kündigte sie ihm an:

---

[2] In Kanada ist die angelsächsische Maßeinheit noch gebräuchlich (Anm. d. Ü.)

- Es misst 49 Zentimeter.
- Ja, aber wie viel ist das in Zoll?
- Das sind 19 Zoll, sagte sie.

Er berichtete mir: „Also, da bekam ich wirklich eine Gänsehaut; ich begann zu zittern, mir wurde noch heißer und ich sagte: 'Das ist nicht möglich, das ist nicht möglich!'" Stellen Sie sich vor, das passiert einem Statistiker! Wie groß war aus mathematischer Sicht die Wahrscheinlichkeit, dass die tatsächlichen, konkret messbaren Daten mit denjenigen seines Traums übereinstimmen würden? Oft sagte ihm mein Mann: „Alles steht geschrieben. Gott existiert wirklich." Jetzt versteht er, was das bedeutet.

Neulich trafen wir diesen Mann und seine Frau. Sie sagte mir: „Allen Leuten, die uns besuchen kommen – selbst wenn sie überhaupt nicht an die Träume und Zeichen glauben –, zeigt mein Mann das Heft, in dem er seine Träume notiert: 'Schaut, das habe ich am 20. August geschrieben, sieben Monate vor der Geburt!' Er kann es immer noch nicht fassen."

Darauf fragte ich ihren Mann:
- Wie hat euer Sohn die Nachricht aufgenommen?
- Oh, er ist so glücklich. Aber er versteht die Welt nicht mehr. Ein Teil seines Wesens versteht überhaupt nichts mehr.
Die guten alten Konzepte des Intellekts waren beim Sohn wie beim Vater völlig über den Haufen geworfen worden. Dieser fügte hinzu:
- Was mir da passiert ist, hat mir zum ersten Mal eine wirkliche Begegnung mit Gott ermöglicht. Ich bin sprachlos.
- Da haben SIE dir ein ganz schönes Geschenk gemacht, sagte ich darauf.
- Ein großartiger Beweis, den du nie wirst vergessen können, ergänzte mein Mann.

So ist das mit der Kabbala. Bei der Arbeit mit dieser Philosophie lernt man, die Informationen *live* zu empfangen. Man erlangt die spirituelle Autonomie, denn man erhält seine eigenen Beweise von innen, durch die Träume. Aus diesem Grund heißt Kabbala *das empfangene Wort*.

Engel 13 TEZALEL
Die Treue

Eine Frau sagte zu mir: „Ich habe vor kurzem einen Mann kennen gelernt und das ist wirkliche Leidenschaft. Doch ich erhielt einen Traum, der mich beschäftigt, und deshalb möchte ich seine Bedeutung erfahren." In ihrem Traum *befand sie sich in einem Nachtclub oder einer Diskothek, um sich nach dem Skifahren zu entspannen. Sie war sehr überrascht, dort auch ihren Exmann zu sehen. Er saß an einem Tisch und flirtete mit einigen Frauen. Plötzlich sah sie eine junge Frau in den Raum treten. Sie erkannte sie: Es war sie selbst im Alter von 25 Jahren.*

Was bedeutete dieser Traum? Ich fragte sie zunächst:
- Erinnerst du dich an ein bestimmtes Ereignis, das du erlebt hast, als du 25 Jahre alt warst?
- Oh ja! Ich habe damals meinen Exmann kennen gelernt.
- In diesem Fall ist es ein Warntraum, der dir anzeigt, was für eine Art von Beziehung du mit dem Mann durchleben wirst, den du kennen gelernt hast. MAN hat dir in deinem Traum deinen Exmann gezeigt, weil er einem psychologischen Profil entspricht, das dir gut bekannt ist. Der Ort im Traum – ein Nachtclub oder eine Diskothek – versinnbildlicht im Negativen, dass es sich um eine Beziehung handelt, in der Rollenspiele der Verführung verwendet werden, oder aber, dass es sich nur um die Liebschaft eines Abends handelt. Warum zeigte MAN dir in deinem Traum nicht den Mann, den du neu kennen gelernt hast? Weil MAN dich darauf hinweisen wollte, dass in dir ein altes Programm wieder angelaufen ist, und zwar jenes, welches in deiner Beziehung mit deinem Exmann vorgeherrscht hat. Warum läuft dieses Programm nun wieder an? Weil du die darin enthaltene Lehre noch nicht gezogen hast.
- Doch wir leben nun schon seit 13 Jahren nicht mehr zusammen!
- Aha! Den Zufall gibt es nicht, und du wirst gleich sehen, warum. Obwohl er der Untreue war, kannst du daraus für dich selbst eine

Lehre ziehen. Man zieht immer das an, was man in sich trägt. Es ist sicher, dass du in einem anderen Leben ebenfalls einem Ehepartner untreu gewesen bist, oder dass du auf andere Art untreu warst.

Wir werden sehen, dass die Treue und die Untreue verschiedene Aspekte des Lebens betreffen und nicht nur die Beziehungen zwischen Mann und Frau.

Ich fuhr fort: „Diese Untreue war folglich Teil deines Programms. Und nun versetzt MAN dich erneut in eine Situation, die dich veranlassen soll, an diesem inneren Teil deines Selbst zu arbeiten. Wenn man eine Leidenschaft durchlebt, ist man allerlei starken Emotionen und Zerreißproben ausgesetzt wie z.B. der Angst, den anderen zu verlieren, der Besessenheit oder verschiedenen Befürchtungen. Also, sobald es dich überkommt, sobald das Verhalten des anderen dir Ängste einflösst, lass dich dann nicht dazu verleiten, sie auf ihn zu projizieren, sondern nutz die Gelegenheit, um an dir selbst zu arbeiten, indem du den Engel der Treue anrufst, den Engel IEZALEL, dem die Zahl 13 zugeordnet ist."

„Es war also kein Zufall, dass du vorhin die 13 Jahre erwähnt hast, die du und dein Exmann schon getrennt leben. Ich empfehle dir, so oft wie möglich diesen Engel anzurufen, anstatt weiterhin in deinem Unbewusstsein Ängste abzuladen. Du steckst derzeit in einem Teufelskreis und wenn du ihn nicht durchbrichst, kommst du da nie raus. Da in deinem inneren Programm die Untreue enthalten ist, ziehst du ganz automatisch aufgrund des Resonanzgesetzes Personen und Situationen an, die deine entsprechenden Ängste und Verhaltensmuster der Untreue aktivieren. Ich rate dir also, sehr oft den Namen dieses Engels zu wiederholen und jene Augenblicke zu überwachen, wo deine Ängste auftauchen, und sie als Gelegenheiten zu nutzen, um die damit verbundenen Erinnerungen zu bereinigen. Du wirst sehen, das wird dir helfen. Was kann sich dann in deiner Beziehung ereignen? Entweder der betreffende Mann hat diesbezüglich das gleiche Programm wie du und wird ebenfalls beginnen, in seinem Inneren das Thema der Treue zu bearbeiten – in diesem Fall könnt ihr zusammen daran arbeiten –, oder aber das ist nicht Teil seines jetzigen Lebensprogramms und dann kann es zur Trennung kommen."

Ich muss Sie darauf aufmerksam machen, dass die Arbeit mit den Engeln kein leichter Weg ist. Auf dem ersten Teil dieses Weges taucht man von einem extremen Seelenzustand in den nächsten ein. Man bekommt hohe Bewusstseinsebenen zu kosten, wie z.B. – da es um die Treue geht – hohe Ebenen der Liebe, und kurz danach sagt MAN uns: „Wenn du diesen Zustand fest in dir verwurzeln willst, musst du dein Unbewusstsein aufsuchen und all jene Erinnerungen bereinigen, die dich daran hindern, immer in diesem Zustand der Liebe bleiben zu können, was immer wir dir in der Außenwelt auch vorsetzen werden."

Die Arbeit mit den Engeln entspricht also einem inneren Ruf. Wenn man regelmäßig die Engel-Rezitier-Übung macht, dann geht man den Einweihungsweg, wie ihn alle Großen Weisen – Moses, Abraham, Jesus und viele andere – gegangen sind. Diese Menschen haben schwere Prüfungen durchgestanden. Man sollte sich nichts vormachen: Eine lange und harte Arbeit ist notwendig, um diese hohen Bewusstseinsebenen zu erreichen. Von nichts kommt nichts. Doch nach einer gewissen Zeit gewöhnt man sich an diese Zustände und versteht ihren Seinsgrund.

Neulich waren mein Mann und ich mit einem Bekannten, einem Zahnchirurgen, beim Essen. Zuerst redete er viel und wir hörten zu, wie wir das gewöhnlich tun, ohne Zwischenbemerkungen zu machen. Das gestattet uns, in der Tiefe wahrzunehmen. Dieser Mann sagte uns, dass in seinem Leben alles bestens sei und er seinen Wohlstand genieße. Er hatte soeben den Bau einer großen Zahnklinik abgeschlossen, sich ein zweites Haus gekauft und auch mit seiner neuen Lebensgefährtin verlief alles gut.

Er sprach über diese Frau, mit der er seit zwei Jahren zusammenlebte, sowie über seine vier Kinder, von denen zwei aus einer vorherigen Beziehung seiner derzeitigen Lebensgefährtin stammten und die beiden anderen aus seiner Beziehung mit seiner Exfrau. Er erwähnte die Harmonie, die zwischen den vier Kindern herrschte, und beschrieb uns jedes Einzelne. Er sagte: „Die kleine Tochter meiner Gefährtin ist sehr fröhlich. Wenn sie hinfällt, weint sie nicht, doch sie hat einen rebellischen, undisziplinierten Charakter. Ihr zweites Kind, ein Junge, ist sehr intelligent, ja sogar brillant. Er will immer mehr wissen und im Schulprogramm weiter als die anderen sein. Doch er hat ein kleines Problem mit seinem rechten Bein, das um einiges kürzer ist als das linke. Wir haben sogar an eine Operation gedacht. Mein Jüngster ist sehr wettkämpferisch, er will immer gewinnen und der Erste sein. Wir sagten ihm bereits mehrmals: ‚Du musst dein Betragen ändern, denn du hast überhaupt keine Freunde. Die anderen wollen nicht mit dir zusammen sein, weil du immer der Erste sein willst, und das mögen sie nicht.'" Dann sprach er von seinem Ältesten: „Er ist immer nett und freundlich und bereit, den anderen zu helfen."

Bei diesem sehr positiven Mann mit seinem breiten Lächeln, seinen weißen Zähnen und seiner scheinbaren Selbstsicherheit konnten jedoch sowohl mein Mann als auch ich eine gewisse Fieberhaftigkeit erfühlen. Sobald man das Feingefühl für die Wahrnehmung der parallelen Dimensionen der Menschen entwickelt hat, ist man fähig, hinter das zu blicken, was zur Schau gestellt wird. Und man empfindet dann für die betreffenden Menschen sehr viel Mitgefühl.

Dann machte der Mann eine Pause, während sich sein Gesicht und sein Blick verdunkelten. Nach einigen Augenblicken sagte er zu uns: „Seit einigen Monaten habe ich schreckliche Migräne und es fällt mir sehr schwer, in der Klinik zu arbeiten. Ich tue es dennoch, doch es ist wirklich nicht einfach. Ich habe einen Neurologen konsultiert, der Migräne-Spezialist ist. Wir befürchteten einen Gehirntumor. Sie haben Analysen durchgeführt, doch nichts gefunden. Da verschrieb mir dieser Arzt ein Medikament. Als ich feststellte, dass das Medikament keinerlei Wirkung tat, suchte ich ihn erneut auf. Der Arzt nahm abermals seine Medikamentenpalette hervor und sagte zu mir: „Ich denke, dieses hier wird eine Wirkung hervorrufen."

Darauf erwiderte dieser Mann sehr überrascht: „Haben Sie denn nichts weiter anzubieten als Medikamente? Glauben Sie nicht, dass meine Migräneanfälle vielleicht einen anderen Grund haben und nicht rein körperlich sind?" Es sei hier erwähnt, dass er als Zahnarzt ja auch im medizinischen Bereich tätig ist. Er fügte hinzu: „Glauben Sie nicht, dass meine Ernährung oder andere Faktoren damit zu tun haben könnten?" Darauf wusste der Neurologe nichts zu erwidern, weshalb der Mann beschloss, ihn nicht mehr aufzusuchen.

Er begann von sich aus, in seiner Ernährungsweise nach dem Grund seiner Probleme zu suchen. Dazu berichtete er uns: „Ich habe allerlei Ratschläge befolgt. Meine Ernährung war schon zu 80 % gesund, da beschloss ich, auch die übrigen 20 % zu ändern. Ich war Vegetarier und man riet mir, Fleisch zu essen. Das habe ich getan, doch es hat nichts ergeben. So bin ich wieder Vegetarier geworden. Ich habe alles Mögliche versucht. Doch ich glaube nun den Grund des Problems gefunden zu haben. Morgens, bevor ich mich in die Klinik begebe, gehe ich joggen, und wenn ich wieder zu Hause ankomme, trinke ich ein Glas Zitrusfruchtsaft. Das habe ich mir zur Gewohnheit gemacht. Ich denke nun, dass die Ursache meiner Migränen der Säuregehalt ist."

Er sah uns an und es war erkennbar, dass er noch Zweifel hegte. Dann begann er uns zu befragen:
- Ihr habt doch gewiss eine Idee, was die Ursache der Migräne betrifft.
- Willst du wirklich unsere Sicht der Dinge erfahren? fragte ihn darauf mein Mann mit seiner gewohnten Freundlichkeit. Wenn du unsere Antwort haben willst, dann musst du zunächst wissen, dass wir dir das nicht sagen, um dich zu veranlassen, unsere Vorträge zu besuchen. – Dieser Mann nimmt nicht an den Vorträgen über die Engellehre teil.
- Ja, ja, kein Problem, ich kenne euch doch.
- Der tiefe Grund deiner Migräne ist ein überlastetes Unbewusstsein, sagte ihm darauf mein Mann. Dein Unbewusstsein leidet an einer Überdosis. Es ist erschöpft. Du bist ein Mensch mit einem enorm starken Willen und du versuchst ständig, deine Leistungsfähigkeit, deine Form und dein Erscheinungsbild auf dem höchsten Niveau zu halten. Du hast ein schönes Lächeln aufgesetzt, du hast eine sehr positive Einstellung und du betreibst sehr viel Sport. Du verschaffst dir auf allen Ebenen Anregungen und projizierst nach außen ein gewisses Bild der Harmonie. Doch nun sagt dir dein Unbewusstsein: „So, jetzt reicht es aber." Du bist dabei, dich zu übergeben, und deine Art dies zu tun, äußert sich in Form von Migräneanfällen, weil du einen sehr starken Willen und eine gewaltige Intelligenz hast. – Dieser Mann ist sehr kopfbetont und sehr intelligent. – Auf diese Weise versuchst du dein Leben zu kontrollieren, damit du nach außen weiterhin den Anschein erwecken kannst, dass alles zum Besten steht.

Mein Mann fuhr fort: „ Nimm allein mal das Problem, das du mit deiner Exfrau hast. Ihr seid nun schon seit sieben Jahren für eure Scheidung vor Gericht. Wenn man auf sie zu sprechen kommt, spürt man Wut und Aggressivität in dir hochsteigen, und jedes Mal, wenn du die Kinder zu dir holst, verwickelt ihr euch in Streitigkeiten. Doch um den Anschein einer gewissen Harmonie zu wahren, verdrängst du deine Emotionen und stauchst sie alle in deinem Unbewusstsein zusammen. Also, als Erstes rate ich dir, dich mit deiner Exfrau auszusöhnen, womit ich nicht sagen will, dass du zu ihr zurückkehren sollst. Und das bedeutet auch nicht, dass sie dir gegenüber eine andere Haltung annehmen wird, denn angesichts ihrer finanziellen Erwartungen kann es ihr nur Recht sein, wenn der Konflikt weiter geschürt wird. Folglich darfst du nicht erwarten, dass sie ihre Haltung ändert. Doch du kannst die deinige ändern und versuchen, dich innerlich mit ihr auszusöhnen, denn diese Frau stellt einen Teil von dir selbst dar, einen Teil deiner inneren Frau, den du noch nicht transzendiert hast. Du musst lernen, dich mit diesem Teil auszusöhnen."

Danach analysierte mein Mann das, was dieser Mann über seine Kinder gesagt hatte: „Du hast von deinen vier Kindern gesprochen. Vergiss nicht, dass unsere Kinder sowie alle Menschen, die uns nahestehen, Teile von uns selbst darstellen, und ihre Anwesenheit in unserem Leben uns gewisse Dinge über uns selbst offenbaren soll. Die fröhliche, doch auch rebellische und undisziplinierte kleine Tochter deiner Lebensgefährtin stellt einen Teil von dir dar. Auch ihr brillanter kleiner Bruder, der immer mehr wissen will, symbolisiert einen Teil von dir. Die Tatsache, dass eines seiner Beine kürzer als das andere ist, weist auf eine Verschiebung auf der Ebene des Geistes hin: Sein Intellekt drängt zu sehr und das findet bereits seinen Niederschlag auf der körperlichen Ebene. Hat man ein kürzeres Bein, so ist dies ein Zeichen, das der betreffenden Person sagen soll: ‚Du kannst so nicht weitermachen. Du musst gewisse Dinge ändern.' Auch das stellt einen Teil von dir dar."

Mein Mann fuhr fort: „Auch dein jüngster Sohn, der immer der Erste sein will, stellt einen Teil von dir dar. Du willst dich ständig übertreffen." – Dieser Mann fuhr schon Autorennen. – „In deinem Verhalten ist der Wettkampfgeist recht auffallend. Der Wettkampf nimmt in unserer Gesellschaft einen wichtigen Platz ein. Er stellt eine Form des Experimentierens dar, doch eines Tages, wenn man ein bestimmtes Bewusstseinsniveau erreicht hat, verspürt man nicht mehr das Bedürfnis, sich mit den anderen zu messen. Dann will man sie nicht mehr besiegen, sondern nur noch lieben, und wird sich bewusst, dass die Mitmenschen Teile des eigenen Selbst darstellen und man das, was man den anderen antut, eigentlich sich selbst antut. In den Parallelwelten – wie z.B. in den Träumen – kann MAN uns einen Menschen mit einem wettkämpferischen Betragen in einer Situation zeigen, wo er einen anderen

Menschen auf energetischer Ebene bekämpft. Wenn auch ein Mensch auf der materiell-konkreten Ebene nichts gegen einen anderen Menschen sagt und eine vollkommen neutrale Miene an den Tag legt, so kann man dennoch das Spiel der Energien wahrnehmen und erkennen, dass er dabei ist, diesen anderen Menschen zu bekämpfen. Auch das ist eine Facette deines Wesens. Was deinen ältesten Sohn betrifft, der sehr nett, freundlich und hilfsbereit ist, so stellt auch er einen Teil von dir dar: Du bist Humanist." – Dieser Mann hat sehr humanistische Ideen. – „Du siehst, deine Kinder versinnbildlichen alle vier Facetten deines Wesens."

Dieser Mann war eine solche Sprache nicht gewohnt. Die Worte meines Mannes hatten ihn zutiefst berührt. Er konnte es kaum fassen. Dieser schöne Mensch, der ein so beeindruckendes Selbstvertrauen zur Schau stellte, begann plötzlich wie ein kleiner Junge zu erröten.

Wenn man das Gesetz der Resonanz in seine Denkgewohnheiten integriert, entwickelt man eine neue Art, die anderen wahrzunehmen. Man erkennt, dass ein Mensch, der von einem anderen Menschen spricht, eigentlich von sich selbst spricht. Man kann sogar das Niveau der Resonanz erfühlen, so als hätte das eigene Ohr eine Empfindlichkeit gegenüber dieser Art von Musik entwickelt und als könnte man, während man einem Menschen zuhört, die falschen Töne wahrnehmen. Hinter einer scheinbaren Harmonie können sich völlig dissonante Geräusche und Laute verbergen. Ein offenes Ohr kann diese heraushören und dadurch ein sehr tiefreichendes Verständnis einer Situation erlangen. So lernt man, ständig in der Tiefe zu *lesen*. Mit diesem Mann hätten wir ein rein sozial-gesellschaftliches Gespräch führen können, wir hätten miteinander über seine und unsere Familie reden können und wären somit auf die horizontale Lektüre beschränkt geblieben. Eines Tages werden wir uns jedoch daran gewöhnen, alle Menschen, die uns begegnen, vertikal, d.h. in der Tiefe zu *lesen*.

Doch zunächst müssen wir das vertikale Lesen an uns selbst üben und erst danach können wir die anderen vertikal *lesen*. Und das werden wir dann mit sehr viel Mitgefühl tun, da wir uns an die Zustände erinnern werden, die wir selbst durchgemacht haben. Dann werden wir auch nicht mehr über die anderen urteilen, weil wir verstehen können, was sie durchmachen.

Nach den Erklärungen meines Mannes fügte ich hinzu: „Siehst du, allein schon aufgrund der Tatsache, dass mit deiner Exfrau noch nicht alles geregelt ist, gelingt es dir nicht, mit deiner neuen Lebensgefährtin eine 100-prozentige Beziehung einzugehen. Obwohl ihr miteinander lebt und äußerlich alles teilt, bist du auf geistiger Ebene nur teilweise engagiert." Um wirklich vollständig auf seine neue Lebensgefährtin eingehen zu können, muss dieser Mann nicht nur seinen Prozess mit seiner Exfrau regeln, sondern auch und vor allen Dingen all die Erinnerungen aus früheren Leben, die mit ihr zusammenhängen, bereinigen. Diese Exfrau ist nur die äußere Erscheinung einer Vielzahl unbewusster Erinnerungen. Und das zeigt uns einen interessanten Aspekt der Arbeit mit den Engeln: Wir können durch einen einzigen Menschen sehr weit kommen, wenn wir mit all unserer Aufmerksamkeit die mit ihm verbundenen Erinnerungen aufsuchen und bearbeiten.

Man kann auch das Wesen der inneren Frau dieses Mannes erkennen, indem man den Beruf seiner Exfrau und denjenigen seiner gegenwärtigen Gefährtin analysiert, denn man übt einen Beruf oder eine Tätigkeit niemals zufällig aus. Sie widerspiegeln immer das, was man in seinem Innern vollbringen müsste. Wenn also ein Mensch über seinen Beruf spricht, so enthüllt er, ohne es zu wissen, die qualitative Arbeit, nach der seine Seele strebt. Mit dieser Erkenntnis kann man die Situation eines Menschen leicht analysieren. Solange der Mensch über dieses Wissen nicht verfügt, so lange bleiben ihm seine Projektionen nach außen unbewusst. Selbst wenn er einen bestimmten Beruf nur deshalb ausübt, weil er da hineinkatapultiert wurde, und selbst wenn er nicht in diesem Beruf bleiben will, besteht der Grund, weshalb er ihn weiterhin ausübt, darin, dass er die gleiche Arbeit in seinem Inneren durchzuführen hat.

Die erste Frau dieses Mannes ist von Beruf Ingenieurin für Gebäudestrukturen, ein Beruf, in dem man selten Frauen antrifft, da es eher ein Männerberuf ist. Unter dem Einfluss der Frauenbewegung kann man heute aber nicht mehr von Frauenberufen und von Männerberufen sprechen. Die Wirklichkeit tritt jedoch zu Tage, sobald man sich wieder umpolen will. Dann entdeckt man, dass es in der Tat Berufe gibt, die die Entwicklung der weiblichen Qualitäten fördern, und andere, die eher für die Entwicklung der männlichen Qualitäten geeignet sind. Taucht eine Frau auf einer Baustelle auf, dann muss sie ihre Emissivität aktivieren, also ihre männliche Seite herauskehren, nicht wahr? Wenn sich eine Seele als Frau inkarniert, so besteht eine bedeutende Dimension ihres Lebensplans darin, rezeptiv, also empfänglich zu sein, und da muss sie es hinnehmen, dass nur gewisse Berufe oder Tätigkeiten dies gestatten. Geht eine Frau auf männliche Berufe zu, dann ist das auch in Ordnung, da sie experimentiert. Doch ein Vorgehen gegen die natürliche Ordnung hat unweigerlich Folgen, die der betreffende Mensch dann auch wird akzeptieren müssen.

Welche Arbeit sucht eine Frau, die Ingenieurin für Gebäudestrukturen ist, in ihrem Inneren zu verwirklichen? Ihre Seele strebt nach Umbau, nach Umstrukturierung. Was die zweite Frau dieses Mannes betrifft, so übt sie einen ähnlichen Beruf aus: Sie ist Architektin. Die Frauen, die den Beruf eines Ingenieurs oder eines Architekten ausüben, sind nicht sehr zahlreich. Die gegenseitige Anziehungskraft zwischen den Menschen wirkt über eine hübsche Nase, schöne Augen oder sonstige äußere Aspekte hinaus. Sie hängt von tief abgelagerten Erinnerungen ab, die bewirken, dass ein Mann eine Frau anzieht oder sich von ihr angezogen fühlt, die seiner inneren Frau ähnelt, beziehungsweise, dass eine Frau einen Mann anzieht oder sich zu ihm hingezogen fühlt, dessen Eigenschaften denjenigen ihres inneren Mannes entsprechen.

Es ist also offensichtlich, dass die innere Frau dieses Mannes ein Bedürfnis nach Umbau und Umstrukturierung hat. Was nun den Beruf des Mannes, der Zahnchirurg ist, betrifft, so ist dieser nicht anhand der allgemein gültigen Kriterien zu analysieren, wie etwa das Ansehen, das dieser Beruf in unserer Gesellschaft genießt. Beim vertikalen Lesen sind die zu berücksichtigenden Merkmale ganz verschieden.

Welche Bedeutung hat für unseren Geist der Beruf des Zahnchirurgen? Wir wollen zunächst die dazugehörigen Symbole analysieren. Die Zähne – wie auch die Knochen – symbolisieren die Struktur und die Weisheit auf denen unser Instinkt und unsere Grundbedürfnisse aufbauen. Sie betreffen auch unsere Selbstachtung. Dieser Mann führt oft Operationen im Mund durch. Der Mund ist ein wichtiges Symbol der Kommunikation und der Ernährung. Was tut ein Zahnarzt im Allgemeinen? Er repariert. Dieser Mensch hat sich also einem zahnmedizinischen Beruf zugewandt, weil er in seinem Inneren Erinnerungen trägt, die er reparieren muss, um tiefgründiger kommunizieren zu können und eine gewisse Weisheit in seiner Kommunikation zu erwerben. Er trägt in seinem Unbewusstsein allerlei verzerrte Erinnerungen.

Indem er das wahre Wissen und die wahre Erkenntnis erwirbt, wird dieser Zahnchirurg in seiner Klinik jeden seiner Patienten so behandeln, als wäre er ein Teil von ihm selbst. Wenn er empfänglich ist, wird er erfühlen können, welche Botschaft ihm jeder seiner Patienten überbringt, und das wird ihm Einblick in seine unbewussten Erinnerungen geben. Auf diese Weise wird sein Beruf für ihn einen kontinuierlichen Lehrgang darstellen, bei dem er zugleich Lehrer und Lehrling ist.

Machen wir uns das vertikale *Lesen* zur Gewohnheit, so kommen uns die Menschen, denen wir begegnen, wie kleine Kinder vor. Während sie sprechen, können sie vollkommen unbeholfen und linkisch sein, doch man sieht sie an und *liest* sie voller Liebe. Auf diese Weise lernt man viele Dinge über sich selbst, was dem eigenen Leben eine ganz neue Dimension verschafft. Es erhält dadurch mehr Farbe, mehr Geschmack und einen angenehmeren Geruch. Sobald unser Austausch mit den anderen auf dieser Weisheit beruht, erscheint uns nichts mehr banal.

Der Zahnchirurg sagte zu uns: „Viele meiner Patienten berichten mir von Träumen, in denen sie einen Zahn oder mehrere Zähne verlieren, und sie fragen mich: ‚Wird das wirklich geschehen?'" Diese Träume haben jedoch eine ganz andere Bedeutung. Träumt man, dass man Zähne verliert, so bedeutet dies, dass man im Hinblick auf die Grundbedürfnisse einer Umstrukturierung entgegengeht. Am darauf folgenden Tag kann man einen Energieverlust oder sogar ein Absinken der persönlichen Wertschätzung beobachten. Die Himmlischen Mächte wollen uns dadurch veranlassen, der Form und der äußeren Erscheinung der Dinge weniger Bedeutung beizumessen, damit wir uns einer neuen Dimension öffnen können. Wir müssen dazu einen alten Zustand ablegen und sterben lassen, um in einem neuen Bewusstsein wiedergeboren werden zu können.

Sie sehen also, dass unser Austausch mit den anderen sehr an Tiefe gewinnt, wenn wir die Symbolsprache kennen. Seit den Anfängen der Schöpfung hat sich die symbolische Bedeutung der Zähne nicht verändert. Das Gleiche gilt für alle großen Archetypen, die universelle Symbole darstellen und einen tiefen Sinn bergen. Zu der großen öffentlichen Kosmischen Symbolbibliothek kommen alle Symbole – Personen oder Dinge – hinzu, die eine eher persönliche Bedeutung haben. Diese bilden die persönliche Symbolbibliothek des jeweiligen Menschen, die die Basiszutaten für seine Träume und die Zeichen seines Alltags enthält. Kennt man die Bedeutung der wesentlichen Symbole, so kann man den Menschen mit einem anderen Ohr zuhören, weil man weiß, dass ein Mensch, der von anderen spricht, im Grunde genommen von sich selbst spricht und somit zu einem großen offenen Buch wird.

Ich möchte an dieser Stelle etwas über die Zahl 13 sagen, die dem Engel Iezalel zugeordnet ist. Die Zahlen und Ziffern haben eine große Bedeutung, da sie eine symbolische Dimension enthalten, daher auch der Ausdruck *entziffern*. Die Wissenschaft der Zahlen und Ziffern ist das Studium, das sich mit den Strukturen der Schöpfung befasst, sowohl des Universums als auch des Menschen.

Im volkstümlichen Denken ist die Zahl 13 mit sehr viel Aberglauben verbunden: In manchen Fällen gilt sie als Glückszahl, in anderen als Unglückszahl. Warum ist das so? Greifen wir etwas zurück, denn aller Aberglaube hat eine historisch-symbolische Grundlage, wenn es auch eine Tatsache ist, dass in den meisten Fällen die ursprünglichen Spuren dieser Glaubensgeschichten schnell verloren gingen, da sie mündlich überliefert wurden. Das ist der Grund, weshalb man im Aberglauben oft recht sonderbare Ideen antrifft.

Im Laufe der klassischen Antike ließ ein slawischer Souverän namens Philip von Mazedonien seine eigene Statue den Statuen von 12 verehrten Göttern hinzufügen. Kurze Zeit danach wurde er ermordet. Da sagte man sich: „Oh! Die 13 bringt Unglück." Dennoch wurde zu jener Zeit einer Person, die sich als dreizehnte zu einer Gruppe gesellte, sehr viel Macht zugesprochen.

In den Anfängen des Christentums waren es dann 13, die das Abendmahl gemeinsam einnahmen – Jesus und die 12 Apostel –, und das tragische Ende der Ereignisse ist ja bekannt. Da sagten manche: „Beim letzten Mahl, das Jesus einnahm, waren sie zu dreizehnt um den Tisch versammelt. Die 13 bringt Unglück." Auch in der Apokalypse, dem letzten Buch der Bibel, spricht man im 13. Vers vom Antichrist, den man auch das Biest nennt. Aus diesem Grunde sagte man abermals: „Die 13 ist kein gutes Zeichen."

Der Ausdruck *Apokalypse* bedeutet Offenbarung und in diesem Buch der Bibel geht es um die Öffnung der Siegel des Bewusstseins. Und darin besteht eben auch die Rolle der Engel: in der Öffnung der Siegel. Sie öffnen das Bewusstsein, so dass der Mensch das Gute und das Böse erkennen und unterscheiden kann. Insofern kann die Zahl 13 ein sehr gutes Zeichen darstellen. Dreizehn, das ist zwölf plus eins. Die Zahl 12 stellt einen natürlichen Zyklus dar: Das Jahr hat 12 Monate und der Tierkreis 12 Sternzeichen, sowohl in der griechischen als auch in der chinesischen Tradition. Die Zahl 13 scheint sich also von der natürlichen Ordnung und dem natürlichen Rhythmus des Universums abzuheben. Sie bedeutet eigentlich das Ende eines Zyklus und den Beginn eines neuen. Es sei auch bemerkt, dass die dreizehnte Karte im Tarot den Tod darstellt, was bedeutet, dass man gewisse Konzepte sterben lassen muss, bevor man mit einem neuen Verständnis wiedergeboren werden kann.

Wenn man sich auf dem Weg zum wahren Wissen und zur wahren Erkenntnis befindet, beginnt man den Prozess der Verwandlungen zu verstehen und die Veränderungen, sowohl die inneren als auch die äußeren, zu lieben. Ein Mensch jedoch, dem das wahre Wissen und die wahre Erkenntnis abgehen, neigt nicht dazu, die Veränderungen zu begrüßen, im Gegenteil, er fühlt sich durch sie erschüttert und bedroht, und so bekämpft er sie, weil er sie für ein schlechtes Zeichen hält. Man sieht also, dass die Deutung der Zahl 13 vom jeweiligen Standpunkt abhängt. Die 13 ist ein bedeutungsvolles Einweihungssymbol. Bei den Azteken, die ungefähr auf dem Gebiet des heutigen Mexiko lebten, war die 13 ein sehr viel benutztes Symbol. Sie beteten 13 Götter an, wobei der dreizehnte der mächtigste war.

Wie wir sahen, ist in der Engellehre dem Engel IEZALEL, der in uns die Treue wieder aktiviert, die Zahl 13 zugeordnet. Jedermann weiß, dass die Untreue weit reichende Auswirkungen haben kann. Man denke dabei nur an die Untreue in der Ehe, die ein ganzes Leben zerrütten und bedeutende Probleme schaffen kann.

Wenn von Treue die Rede ist, denkt man automatisch an die Beziehung zwischen Mann und Frau. Doch das Konzept der Treue ist viel umfassender. Jedes Gefühl der Traurigkeit, jeder Zweifel, jegliche Art von Aggressivität und sogar jegliche Verzerrung – Fehler oder Schwäche – sind Formen der Untreue gegenüber den hohen Göttlichen Prinzipien. Mit anderen Worten würde es eigentlich ausreichen, mit IEZALEL, dem Engel der Treue zu arbeiten, um alle Formen der Verzerrung zu berühren. Doch da sind natürlich auch noch die 71 übrigen Engel, also variiert man die Rezepte, genauso wie man es mit der Nahrung tut. Man variiert die Kräfte: Von Zeit zu

Zeit verwendet man die Kraft der Engelenergien, die der Sephira GEBURAH angehören, dann wieder jene der Sephira NETZACH usw.

Der Engel IEZALEL allein kann uns zu sehr hohen Bewusstseinsebenen führen. Wie der Ausdruck *high fidelity* besagt, der in Bezug auf Geräte verwendet wird und für eine hohe Qualität bei der Ton- und Bildwiedergabe steht, hilft uns die Engelenergie IEZALEL, die hohen, erhabenen Qualitäten des Schöpfers treu wiederzugeben. Wie ein Maler sich bemüht, einen Sonnenaufgang oder -untergang so treu wie möglich wiederzugeben, versucht man mit diesem Engel die schönsten Farben in unserer Aura zu widerspiegeln. Eines Tages wird es uns gelingen, treu das wiederzugeben, was von den Himmlischen Sphären kommt, und dann werden wir erneut dem Schöpfer ähnlich sein.

Wir wollen nun die übrigen Qualitäten des Engels IEZALEL näher betrachten: *leichtes Lernen, Fähigkeit, sich glückliche Erinnerungen ins Gedächtnis zu rufen, treuer Diener*. Aufgrund ihrer Einordnung im Lebensbaum – die im Anschluss erläutert wird – fördert diese Engelenergie auf bedeutende Weise die Fähigkeiten des Intellekts. Sie vermittelt zum Beispiel durch die sehr hohen Ebenen der Liebe, die sie kennzeichnen, eine lebendige Intuition und hilft uns, leichter zu lernen. Sie ist zudem dem Gedächtnis förderlich, da dieses besser funktioniert, wenn man das, was man lernt, auch liebt. So wird das Gedächtnis zu einem treuen Diener des Bewusstseins.

Dieser Engel berührt auch die *Freundschaften und Zusammenkünfte*. Man muss immer versuchen, die Qualität einer Engelenergie zunächst in der inneren Dimension des Menschen zu erfassen. In jedem Menschen existieren gleichzeitig verschiedene und oft auseinanderlaufende Meinungen, Ansichten und Denkweisen. Das ergibt sich aus den verschiedenartigen Erinnerungen, die sein Unbewusstsein enthält. Durch die Anrufung des Engels IEZALEL mittels der Rezitier-Übung wird es uns eines Tages gelingen, alle Teile unserer inneren Welt unter demselben Banner zu vereinigen. Auch unsere Absichten werden dann auf ein einziges Ziel ausgerichtet sein: der Treue gegenüber den hohen Prinzipien der Göttlichen Liebe und Weisheit. Eines Tages werden die verschiedenen Teile unseres Wesens nicht mehr auseinanderlaufen, und unser Leben wird dann sehr erholsam sein.

Die erwähnte Qualität des treuen Dieners wirkt sich auch als ein zusammenführender Faktor auf die Menschen aus. Im Dienen und in der Ergebenheit sind alle Tätigkeiten gleichwertig, keine ist erhabener oder hochwertiger als die andere. Man dient in allen Berufen und der Wettkampf verliert seinen Seinsgrund. Welche Arbeit man auch ausführen mag, was wirklich dabei zählt, sind die Absicht und die innere Haltung, die dahinterstehen. Hat man einen wettkämpferischen Geist oder neigt man dazu, sich mit den anderen zu vergleichen, so wird die innere Arbeit mit dem Engel IEZALEL all jene Erinnerungen bereinigen, die diese Engelenergie in verzerrter Form enthalten und folglich die Ursache für die unrichtigen Verhaltensweisen darstellen.

Wir wollen nun die Verzerrungen dieser Engelenergie durchgehen: *Untreue, Ankettung, Leidenschaft, Schwierigkeiten in der Ehe, Trennung.* Denkt man an die große Zahl der Ehe- und Beziehungsprobleme, der Scheidungen und Trennungen, wird einem die Bedeutung dieses Engels so richtig bewusst.

Entfernung der geliebten Menschen. Wenn man das liest, könnte man denken, dass es sich um einen Menschen handelt, der von seiner Geliebten, seinem Geliebten oder einem Kind räumlich getrennt ist und sich nach ihm sehnt. Das trifft zu, doch hat diese Verzerrung eine zusätzliche Bedeutung. Manchmal – und das ist bei Menschen mit einem gewöhnlichen Bewusstsein praktisch immer der Fall – entfernt man die Liebe und den oder gar die geliebten Menschen von sich. Das geschieht ganz automatisch aufgrund innerer Impulse. Anschließend werden wir ein Beispiel zu diesem zweigleisigen energetischen Spiel sehen, bei dem man einerseits den anderen zurückstößt und andererseits gleichzeitig den Wunsch ausstrahlt, ihn zu besitzen. Diese beiden scheinbar widersprüchlichen Tendenzen gehen Hand in Hand. Je nach der jeweiligen Situation kann die eine stärker sein als die andere, doch sie treten immer gleichzeitig auf. Während man den anderen zurückstößt, zieht man ihn gleichzeitig dadurch an, dass man unerreichbar erscheint. Das ist ein Spiel, bei dem die Energien der betroffenen Menschen vollkommen durcheinander sind und in das man unbewusst hineingerät. Das schafft erschütternde, harmoniearme Beziehungen, in denen man ständig Angst hat, den anderen zu verlieren.

Mit dem Engel IEZALEL werden wir uns dieser Dynamik bewusst, auf welcher Stufe sie auch stattfinden mag. In manchen Fällen ist diese Verzerrung sehr offensichtlich, doch recht häufig ist sie auf ganz subtile Art am Werk. So kann man z.B. in bestimmten Augenblicken feststellen, dass man energetisch ein „Geh weg" aussendet und somit den anderen entfernt, während gleichzeitig ein Teil von uns inständig bittet: „Nein, geh nicht, bleib bei mir!" Man fragt sich möglicherweise: „Wie kommt es, dass meine Kinder nicht mehr anrufen? Wie kommt es, dass meine Kollegen meine Gesellschaft ablehnen? Wie kommt es, dass mein Mann, meine Frau nicht auf mich zukommt? Dabei bin ich doch ein netter Mensch."

Da die eigene Haltung einem unbewussten Vorgang entspringt, erkennt man nicht, dass man selbst diese Entfernung schafft. Mit der Engelenergie IEZALEL spürt man diese Verzerrung auf – manchmal sogar bevor sie in Erscheinung tritt – und kann sie korrigieren.

Wir wollen nun sehen, welchen Platz der Engel 13 IEZALEL im Lebensbaum einnimmt. Er hat seinen Wohnsitz in der Sephira HOCHMAH, welche in manchen Gemälden durch die Cherubim versinnbildlicht wird, diese schönen Engel, die hübschen, pausbäckigen Babys ähneln. Diese Energieart wird durch die Cherubim versinnbildlicht, weil diese Engel das Symbol der reinen, makellosen Liebe sind, der unpersönlichen Liebe, die sehr hohe Bewusstseinsebenen berührt. Erst sehr wenige Menschen haben Zugang zu diesen hohen Ebenen der Liebe und des Bewusstseins. Viele Menschen können diese Zustände während einer kurzen Zeitspanne genießen, doch sehr wenigen gelingt es, sie ständig aufrechtzuerhalten, d.h. ohne dass ein äußeres Ereignis sie ins Wanken bringt. Eine tiefgründige und umfassende Arbeit ist erforderlich, um unsere jeweiligen Verzerrungen zu berichtigen und all das zu transzendieren, was uns daran hindert, diese Ebenen der Liebe dauerhaft in uns verwurzeln zu können.

Der symbolisch mit der Sephira HOCHMAH verbundene Planet ist Uranus. Seine Stellung im Lebensbaum verleiht dem Engel IEZALEL folglich die Uranus-Qualitäten des Altruismus, der Brüderlichkeit und der schnellen Entwicklung, um nur einige zu nennen. Diese Engelenergie entspricht einem so hohen Niveau der Liebe, dass sie alles Böse und jegliche Verzerrung zersetzt und auflöst. Sie kann im Menschen sogar Explosionen auslösen und ihn bis in die körperliche Ebene hinein erschüttern. Anders gesagt: Diese Engelessenz löst Reaktionen im Festkörper aus. Die Energie dieser Liebe ist so stark, dass sie wirklich unser ganzes Wesen durchrüttelt und ihre Auswirkungen bis in den physischen Körper hinein wahrnehmbar werden, wenn wir aufgrund unserer Verzerrungen ein niedriges Schwingungsniveau aufweisen.

Die Besonderheit des Engels IEZALEL kommt in der Sephira TIPHERETH zum Ausdruck, die symbolisch mit der Sonne verbunden ist. Mit dieser Engelenergie verinnerlichen wir den Göttlichen Plan und führen ihn in der konkreten Welt aus. Da die Sephira TIPHERETH im Lebensbaum eine zentrale Stellung einnimmt, erzeugt der Engel IEZALEL eine doppelte Bewegung: die der Verinnerlichung und die der Veräußerlichung. Er verleiht gleichzeitig eine große geistige Fähigkeit der Synthese und eine umfassende Ausstrahlung.

Hier nun einige Beispiele, die die eheliche Treue betreffen. Wir werden sehen, dass im Lichte dieser hohen Prinzipien die Treue zwischen Mann und Frau in manchen Fällen die Form der Versöhnung annimmt, während sie in anderen Fällen die Trennung der Lebensgefährten bewirkt. Diese Beispiele sprechen für sich.

Eine Frau suchte mich mit der Bitte um eine Traumdeutung auf. Sie sagte zu mir: „Vor einigen Wochen durchlebte ich mit meinem Mann eine Krise, die mich so weit gebracht hat, dass ich sogar unsere Beziehung in Frage stellte. Deshalb habe ich um einen Traum gebeten." In der darauf folgenden Nacht erhielt sie diesen Traum: *Sie sah sich mit ihrem Mann. Dieser saß an einem Tisch, er hatte ein unklares, verschwommenes Gesicht und eine Freundin war anwesend.*

Der Traum dauerte vermutlich nur eine halbe Sekunde, doch die Botschaft war enthalten. Ich fragte die Frau:
- Was stellt diese Freundin für dich dar?
- Sie stellt für mich die Stabilität dar: Sie ist sehr beständig.
- Der Tisch, fügte ich hinzu, ist ein Symbol der Verwirklichung und des Teilens.
- Außerdem war es nicht irgendein Tisch! Es war der Tisch, den wir vor fünf Jahren gekauft haben, als ich arbeitslos und unsere finanzielle Situation eher schwierig war. Es ist ein etwas antiker Tisch, der mich an meine Großmutter erinnert, die ich sehr liebte. Der Preis war für unser damaliges Budget zu hoch, doch mein Mann sagte zu mir: „Er gefällt dir, also werden wir ihn kaufen. Das wird schon gehen, wir werden uns durchschlagen."

MAN hätte in dem Traum einen anderen Tisch verwenden können, doch MAN hatte diesen gewählt. In den Träumen ist alles möglich. Dieser Tisch sollte der Frau einen Hinweis geben. Das Gesicht ihres Mannes war unklar. Durch diesen Traum wollte MAN der Frau sagen: „Es wird noch Hochs und Tiefs geben. Es wird nicht sofort das Paradies auf Erden sein, das darfst du noch nicht erwarten. Doch baue deine Beziehung aus und stabilisiere sie. Ihr hattet Schwierigkeiten, als ihr den Tisch gekauft habt, doch ihr habt sie überstanden. Auch diesmal musst du Vertrauen haben."

Durch dieses einzige Bild in ihrem Traum, ermutigte MAN die Frau, ihre Beziehung fortzusetzen. Wenn wir Zweifel haben und um einen Traum bitten, werden die Himmlischen Mächte nicht unbedingt antworten. Manchmal kommt es vor, dass wir jeden Abend um einen Traum zu einer Anfrage bitten, jedoch keinen erhalten. Warum ist das so? Dafür haben die Himmlischen Mächte ihre Gründe. In diesen Fällen ziehen SIE es vor, uns vorübergehend im Zweifel zu belassen, weil dies unserer Entwicklung förderlich ist. Für SIE haben die Prüfungen nur ein Ziel: uns zur Entwicklung der Göttlichen Qualitäten, Tugenden und Kräfte zu veranlassen. Das Schicksal aller Menschen ist einzig und allein aus dieser Sicht aufgebaut.

Was tut man, wenn man keine Antwort erhält? Im Zweifelsfalle wartet man ab und fährt mit der Arbeit an sich selbst fort. Ein Mensch mit einem gewöhnlichen Bewusstsein wird sich da wohl sagen: „Mein Mann stört mich, also ist er derjenige, der sich ändern muss." Natürlich ist es leichter, von den anderen zu verlangen, dass sie sich ändern, als zu akzeptieren, dass man sich selbst ändern muss. Doch man kann die anderen nicht ändern, man kann nur sich selbst ändern.

Arbeitet man mit dem Gesetz der Resonanz, so sagt man sich: „Dieser Mensch stört mich. Also gut! Was ist es, das mich an ihm stört? Dieser und jener Charakterzug. Gut also, dieser Mensch ist nicht zufällig in meinem Leben. Ich habe folglich in mir das zu bereinigen, was mit diesen Charakterzügen im Einklang schwingt." Und es ist ganz gewiss, dass sich Veränderungen einstellen werden, wenn man auf diese Weise arbeitet: Entweder verbessert sich die Beziehung oder sie findet ein Ende. Träume oder konkrete Ereignisse werden uns den Weg zeigen, den wir zu gehen haben, doch als Erstes müssen wir an uns selbst arbeiten, um ein Beispiel an Weisheit und bedingungsloser Liebe zu werden.

Wenn ich „ Im Zweifelsfall wartet man ab" sage, so meine ich damit, dass man im Falle der Ambivalenz – d.h. wenn man in einem Zwiespalt steckt – den Gedanken der Trennung beiseiteschieben, die Beziehung fortsetzen und nutzen sollte, um daran zu wachsen. Das trifft jedoch nicht zu, wenn es sich um einen Fall körperlicher oder verbaler Gewalt handelt: Die konkrete Situation spricht immer für sich.

Durchlebt man in einer Beziehung Persönlichkeitskonflikte, versteht man sich nicht und zankt miteinander, so bedeutet dies, dass die inneren Verzerrungen durcheinandergeraten sind. Doch man kann sie entschlüsseln und berichtigen. Wenn man sich stattdessen voneinander trennt, wird man sich früher oder später in der gleichen Situation wiederfinden, wie diese Frau in der Diskothek, die 13 Jahre später ihr Problem der Untreue immer noch nicht gelöst hatte. Der Mensch, der neu in unser Leben tritt, kann körperlich vollkommen verschieden von unserem früheren Partner sein und einen ganz anderen Beruf ausüben, dennoch werden wir genau die gleichen Resonanzen mit ihm haben und die gleiche Situation durchleben, weil wir die Lektion noch nicht gelernt haben. Wir befinden uns am gleichen Punkt, da wir keinerlei innere Arbeit geleistet haben. Deshalb sollten wir lieber sagen: „Aha! MAN gibt mir Arbeit. Ich werde also diese Beziehung nutzen, um zu wachsen, so werde ich ein höheres Niveau erreichen und das Glück in meinem Inneren finden."

Hier eine weitere wahre Begebenheit, die ich Ihnen mitteilen möchte. Ich machte meine Rezitier-Übung mit dem Engel IEZALEL, während ich die Straße entlangging, und ich begegnete einer Frau, die ich schon lange nicht mehr gesehen hatte. Sie berichtete mir über ihre derzeitige Situation: „Ich bin gerade umgezogen, doch ich lebe im Augenblick allein. Ich habe aber einen Geliebten, jedoch keinen Ganzzeit-Geliebten." Dann lachte sie selbstsicher und fuhr fort: „Es ist ein Halbzeit-Geliebter." Ich hatte großes Mitgefühl mit ihr, denn hinter ihrer Selbstsicherheit und ihrem Lachen spürte ich ihre Seele sagen: „Es ist ein Halbzeit-Geliebter, weil ich mich nicht vollkommen engagieren kann. Ich habe zu sehr gelitten, ich bin in der Vergangenheit zu sehr verletzt worden." Ich kannte ihre Vorgeschichte nicht, doch das erfühlte ich aus ihren Worten. Eines Tages werden wir in der Lage sein, das zu lesen, was hinter der Form steckt, und unmittelbar das wahrzunehmen, was sich in der Seele abspielt.

Danach berichtete sie mir über eine ihrer Leidenschaften, das Schachspielen. Sie sagte: „Ich habe schon mal kleine Kinder in der Schule unterrichtet und damals auch das Schachspielen gelehrt und nun habe ich damit wieder begonnen. Ich liebe dieses Spiel. Ich glaube nicht mehr an den Zufall und in diesem Spiel gibt es keinen Zufall. Sobald man eine Figur versetzt, ist die Tragweite der Handlung sofort messbar und die Folgen sind festgelegt. Man zahlt für die ausgeführte Geste oder man zieht daraus einen Gewinn, das ist unvermeidbar. Da gibt es keinen Zufall." Danach setzte sie fort: „Beim *Scrabble* ist das anders, bei diesem Spiel gibt es den Zufall." Aha, plötzlich hielt also ihre Feststellung, es gebe keinen Zufall, nicht mehr stand. Eines Tages werden wir uns bewusst sein, dass es in jeder Situation und in jedem Spiel, auch beim *Scrabble*, keinen Zufall gibt.

Sie werden sehen, dass man aus dieser einfachen Geschichte große Lehren ziehen kann. Für diese Frau ist das *Scrabble* ein Glücksspiel, weil die Buchstaben beim Ziehen versteckt bleiben. Doch sie fügte hinzu: „Ich habe aber sehr viel Feingefühl entwickelt und hin und wieder ziehe ich genau den Buchstaben, den ich brauche." Damit machte sie eine Anspielung auf die medialen Fähigkeiten. Sie hatte eine gewisse Medialität entwickelt, die ihr half, jene Buchstaben zu ziehen, die sie haben wollte. Das gelang ihr jedoch nicht immer, da ihre medialen Fähigkeiten nur zeitweise funktionierten, nur halbzeitlich – wie ihre Liebesbeziehung. Ich versichere Ihnen, dass ein Weiser, der intensiv über das *Scrabble* meditiert, unweigerlich jedes Mal den Buchstaben zieht, den er haben will. Das ist absolut gewiss. Doch ein Weiser, der dieses Niveau erreicht hat, gibt sich nicht mehr mit solchen Beschäftigungen ab. Er nutzt seine Tugenden und seine psychischen Fähigkeiten, um seinen Mitmenschen zu helfen, d.h. um sich ihnen vollkommen, bedingungslos und voller Ergebenheit zu widmen.

Wie kann man die medialen Fähigkeiten entwickeln? Die Arbeit mit den Engeln hat die Entwicklung des Hellsehens, Hellhörens, Hellriechens und Hellfühlens zur Folge. Das geschieht ganz automatisch, doch man darf es nicht als Ergebnis anstreben. Das stellt sich von selbst ein, wenn die Zeit und der Ort dafür reif sind. Man muss zunächst mit der Transzendierung der Störungen beginnen, indem man auf sich selbst zurückschließt und die Engel-Rezitier-Übung macht, sobald man sich gestört fühlt. Dadurch setzt man die Kanäle der eigenen Rezeptivität frei und entwickelt die Fähigkeit der subtilen, feinstofflichen Wahrnehmung. Wenn ein Mensch versucht, diese Fähigkeiten zu entwickeln, bevor er an der Bereinigung seines Bewusstseins gearbeitet hat, setzt er sich großen Gefahren aus. Gewiss, ein Mensch, der nach spiritueller Macht strebt, kann psychische Fähigkeiten entwickeln, mit denen er seine Familie und seine Freunde beeindrucken kann. Doch wenn er das tut, entzündet er ein Feuer, das ihn verbrennen wird, denn die Göttlichen Gesetze sind streng: Man muss zuerst vor allen Dingen nach Reinheit streben. Das Übrige wird sich ganz von selbst einstellen.

Wenn wir sehr fleißig und beharrlich mit den Engeln arbeiten, werden wir nach einer gewissen Zeit bemerken, dass der Ur-Geist ständig in unserem Bewusstsein anwesend ist. Wir sind Geist. Der Geist ist unsere wahre Natur. Das, was der Mensch in einem gewöhnlichen Bewusstsein wahrnimmt, ist so beschränkt! Im Geist ruht ein grenzenloses Potenzial, das wissen inzwischen sehr viele Menschen. Dennoch gewährt der Mensch der bewussten Entwicklung seines Geistes nur ganz wenig Zeit und kümmert sich nur gelegentlich und teilweise darum. Doch von dem Augenblick an, wo wir den wahren Grund unseres Daseins auf Erden erkannt haben, können wir durch die Meditation bis zur Ur-Quelle vordringen. Und wenn wir über genügend Ausdauer verfügen, kann uns auf dem Weg zur Erleuchtung nichts mehr aufhalten.

Ich will an dieser Stelle etwas zum Thema ‚Medium' sagen. Gewisse Menschen, die sich Medium nennen, verfügen nur über eine teilweise Öffnung ihres Bewusstseins. Manchmal sagen sie Dinge, die vollkommen richtig sind, und gleich danach können sie völlig falsch liegen. Wie alle anderen Menschen können auch die Medien vom Ur-Geist nur zeitweise bewohnt werden und dazu bedarf es einer umfassenden vorherigen Bereinigung und Läuterung des Unbewusstseins. Doch die dazu erforderliche Arbeit ist nicht sehr einträglich und deshalb zieht man es oft vor, eine Show abzuziehen.

Eines Tages werden uns die Himmlischen Mächte sehr viele Informationen zukommen lassen, doch manche davon müssen wir für uns behalten, da ihre Bekanntgabe die Lebensbahn des betreffenden Menschen verändern könnte und wir nicht das Recht haben, die anderen von ihrem Weg abzubringen. Das erfordert sehr viel Weisheit, besonders dann, wenn MAN uns über gewisse zukünftige Taten oder Handlungen der betreffenden Person in Kenntnis setzt. Wir müssen uns dabei sagen können: „Das muss sie durchleben. Das ist ein Geschenk für sie, das wird ihrer Entwicklung förderlich sein. Und eben dazu sind wir ja hier auf Erden." Sobald wir das erkannt haben, greifen wir nicht mehr ein, es sei denn, wir haben dazu die Genehmigung der Himmlischen Mächte erhalten.

Sehr oft begegnen uns Menschen, die zu mir und meinem Mann sagen: „Ja, aber mein Lebensgefährte nimmt nicht an den Vorträgen teil, während ich mich in dieser Zeit verändere." Diese Menschen sind beunruhigt, da sie sehr große Veränderungen durchleben und nicht wissen, wohin das ihre Beziehung führen wird. Was raten wir ihnen da gewöhnlich? Wir empfehlen ihnen: „Sprich mit deinem Mann nicht über die Engel. Begnüge dich damit, ihre Qualitäten zu verkörpern und auszustrahlen. Das ist schwieriger, als über die Engel zu sprechen, nicht wahr? Sei Liebe, sei Weisheit, sei Ergebenheit." Ich sage oft zu Frauen: „Dein Mann nimmt nicht an den Vorträgen teil und du kannst mit ihm nicht über die Engel reden, doch du kannst engelhaft sein. Lerne deinem Mann zu dienen und ihn bedingungslos zu lieben."

Ah, das ist sehr weit entfernt von den Auffassungen der Feministinnen, nicht wahr? So manch einer würden bei meinen Worten die Haare zu Berge stehen. Natürlich geht es nicht darum, jene Epoche wieder aufleben zu lassen, wo die Frauen beherrscht und unterdrückt wurden. Der Feminismus hat seinen Platz in der Entwicklungsgeschichte der Menschheit. Er stellt eine Reaktion auf eine extreme Situation dar und die Menschheit hat diese Situation noch nicht vollkommen hinter sich gebracht. Alles, was geschieht, hat seine Richtigkeit und stellt lediglich Etappen auf dem Weg der Entwicklung dar.

Die Frauen der heutigen Welt sind Eingeweihte: Sie werden das wahre Wissen und die wahre Erkenntnis empfangen. Und wer darüber verfügt, weiß, dass diese hohen Grade der Liebe, diese hohen Schwingungsebenen nur erreichbar sind, wenn man zuerst in sich selbst die Göttlichen Qualitäten und Tugenden integriert und sie in seine eigenen Gedanken, Gefühle und Gesten einfließen lässt. Man muss also lernen, sich ohne jeglichen Hintergedanken den anderen zu widmen.

Verfügt man nicht über das wahre Wissen und die wahre Erkenntnis, dann dient man dem anderen oft mit der – bewussten oder unbewussten – Absicht, ihm zu gefallen und anerkannt zu werden, oder aber in der Erwartung einer Gegenleistung. Eines Tages werden wir in der Lage sein, diese Verhaltensmuster in uns zu erkennen. Natürlich werden sie danach noch eine gewisse Zeit immer wieder mal auftauchen, und das ist normal, doch man kann sie jedes Mal entlarven. Dann macht man die Engel-Rezitier-Übung, ist wachsam und gesteht sich ein: „Nun bist du dabei, ihm zu dienen, doch du hegst eine Erwartung, deine Geste und dein Tun sind nicht bedingungslos." Wenn in unserer Gesellschaft die Frau dem Mann einen Dienst erweist, sendet sie dabei gewöhnlich stillschweigend Botschaften aus, wie etwa: „Ich mache dir zu essen und bediene dich, doch du tätest gut daran, morgen den Rasen zu mähen" (Lachen). Wenn wir an das Dienen Bedingungen knüpfen, ist unser Schwingungsniveau eher mittelmäßig, da unsere innere Haltung dabei Charakterzüge der Dominanz aufweist. Mit einer solchen Haltung werden wir niemals hohe Bewusstseinsebenen erreichen.

Manche Frauen werden mir vielleicht sagen: „Wenn du sehen könntest, wie er sich mir gegenüber benimmt..." Und ich würde ihnen antworten: „Er stellt einen Teil von dir selbst dar. Bereinige diesen Teil. Entwickle die bedingungslose Liebe in dir und sag dir dabei: ‚Das trag ich in mir. Ich danke dir, dass du es mir aufzeigst.'" Man macht die Engel-Rezitier-Übung und hört auf, auf den anderen zu projizieren. Mit jeder Projektion auf einen anderen Menschen schafft man sich zusätzliche karmische Lasten und wiederholt damit fortlaufend die gleichen Fehler und die gleichen Verzerrungen. Das lässt einen Teufelskreis entstehen, der sich von einem Leben zum nächsten überträgt.

Es ist besser, sich ein für alle Mal zu sagen: „In diesem Leben will ich verstehen lernen. Ich werde meinen Alltag genauso verwenden, als würde ich an einem Lehrgang – mit meiner Familie, meinem Chef usw. – teilnehmen, einem Lehrgang, der rund um die Uhr stattfindet." Was geschieht, wenn ein Mensch so arbeitet? Er kommt in seiner Entwicklung sehr schnell voran, sein Schwingungsniveau steigt – das geschieht automatisch und ist absolut gewiss – und das wird seine Beziehungen verwandeln.

Das kann zwei Folgen haben: Entweder wird es den anderen so sehr berühren, dass er sich wünscht, ebenfalls ein besserer Mensch zu werden – denn wenn man plötzlich die Erfahrung einer bedingungslosen Ergebenheit macht, dann berührt einen das zutiefst, da man die Reinheit im Verhalten des anderen in der eigenen Seele spüren kann –, oder aber das gehört nicht zum gegenwärtigen Lebensprogramm des anderen, und in diesem Fall wird es zur Trennung kommen. Doch wird sich diese leichter, freundschaftlicher vollziehen können. Es ist also ganz wichtig, sehr wohl zu verstehen, worauf man sich einlässt, wenn man die Arbeit mit den Engeln beginnt.

Hier nun ein weiteres Beispiel zum Thema der ehelichen Treue. Eine junge Frau suchte mich auf und erzählte mir zwei aufeinander folgende Träume, die sie erhalten hatte. Sie werden sehen, diese sind sehr interessant. In ihrem ersten Traum *befand sie sich in Begleitung ihrer Schwägerin, die ihr von ihrer jugendlichen Tochter erzählte. Sie sagte zu ihrer Schwägerin: „Ich, ich habe die Keuschheit gewählt." Worauf ihre Schwägerin erwiderte: „Meine Tochter hat die Sexualität gewählt."* Die Frau sagte zu mir: „Ich fühlte mich in meinem Traum wirklich verlegen."

In ihrem zweiten Traum *befand sie sich in einer Schulklasse, wo sie Mathematik und Französisch lernte. Sie erhielt 70 von 100 Punkten. Da war auch ein gewisser Herr Demeule, der 100 von 100 Punkten erhalten hatte, und sie verglich sich mit ihm. Sie verließ die Schulklasse und traf auf ihren Mann. Sie tauschten 20-Dollar-Scheine aus und sie sagte zu ihrem Mann: „Ich will aber den Mann aus Gold, den wünsche ich mir, den suche ich." Danach trennten sie sich.*

Diese Frau fragte mich:
- Bedeutet das, dass wir uns trennen werden?
- Nein, nicht unbedingt. Alle Personen, die in diesen beiden Träumen vorkommen, stellen Teile deines Selbst dar. Welche Bedeutung hat Herr Demeule für dich?
- Aber ich kenne gar keinen Herrn Demeule.
- Dann bedeutet das, dass MAN einen beliebigen Namen gewählt hat, um dir anzudeuten, dass du dich mit den anderen und auch mit ihrem Erfolg vergleichst.

Es ist offensichtlich, dass diese Frau hohe Zielsetzungen in der Liebe hat. Ein Paar, das die Transzendenz der Sexualität anstrebt, durchquert möglicherweise eine Etappe, in deren Verlauf jeder der beiden spürt, dass er instinktverhaftete Aspekte seines Wesens läutern muss. Diese Etappe ist unumgänglich. Und da glaubt diese Frau angelangt zu sein – zumindest sagt sie das und auf der Ebene ihres bewussten Seins glaubt sie das, doch ihre Träume offenbaren ihre unbewussten Absichten.

Mit ihrem ersten Traum wollte MAN ihr sagen: „Das, was du dir wünschst, ist nicht ganz genau die Transzendenz der Sexualität." Ich sagte zu ihr: „Die Jugendliche in deinem Traum, die eine Frau ist, also ein Symbol deiner inneren Welt und deiner Emotionen darstellt, widerspiegelt einen Teil von dir, der die Sexualität beibehalten will. Dieser Teil ist recht wohl noch anwesend. Und was erzeugt er in deiner Beziehung zu deinem Mann? Du legst eine gewisse Absicht, deine Sexualenergie zu transzendieren, an den Tag, doch wenn du mit deinem Mann zusammen bist, drückt sich auch die kleine Jugendliche in dir aus – wenn auch unbewusst, auf der Ebene der feinstofflichen Energien. Sie macht: KSSS! KSSS! KSSS! Sie ist aufreizend, so, als würdest du sagen: ‚Ich will, ich will nicht, ich will, ich will nicht.' Und das schafft in deinem Inneren und in deiner Beziehung Zerrissenheit. Du musst also lernen, an deiner inneren Jugendlichen zu arbeiten. Zunächst musst du dir deiner Dualität bewusst werden und danach wirst du spüren können, wann die Jugendliche in dir zu reizen beginnt. Dadurch wirst du deiner inneren Zerrissenheit ein Ende setzen können." Sie sehen also, dass man gewisse Etappen durchlaufen muss, bevor man von der Transzendenz der Sexualität sprechen kann.

In ihrem zweiten Traum zeigte MAN der Frau, dass sie sich in einem Lernprozess befand. Sieht man sich im Traum in einer Schulklasse, so bedeutet dies immer, dass man Dinge über sich selbst lernt, ganz gleich um welches Fach es sich dabei handelt. Die Mathematik ist die Wissenschaft der Zahlen und der Strukturen. Diese Frau lernt also, sich eine Struktur zu geben. Was bedeutet es, wenn man Französisch lernt? Jede Sprache ist Träger des Egregors (des energetischen Speichers) einer ethnischen Gruppe oder eines Landes, und man findet darin sowohl positive als auch negative Aspekte. Zu den positiven Aspekten der französischen Sprache gehört, dass man in ihr die Gefühle und das Empfinden klar und mit ausgesuchter Feinheit zum Ausdruck bringen kann. MAN wollte also der Frau sagen: „Du musst lernen, in deiner Kommunikation deine Gefühle und Empfindungen klar und mit Feinheit auszudrücken." Andererseits ist die französische Sprache manchmal zu kopflastig und die ausgesuchte Feinheit im Ausdruck kann leicht zu einer mit Raffinesse ausgedrückten Oberflächlichkeit werden. Die zweite Botschaft besagte folglich: „Geh deine Sexualität oder deine Keuschheit nicht zu intellektuell an. Dring in deine Tiefen vor, bleib nicht an der Oberfläche stehen."

Das von ihr erzielte Ergebnis betrug 70 von 100 Punkten, was recht gut ist, doch die Tatsache, dass sie sich mit Herrn Demeule verglich – ein Mann ist immer Symbol des Tages, der Welt der Handlungen – gibt an, dass sie es eigentlich schon gerne geschafft und ein 100-prozentiges Ergebnis erzielt hätte. Sie will zu schnell vorankommen und das erzeugt in ihr Frustrationen und Zerrissenheit. Auch ihre Beziehung leidet darunter, denn ihre Eile verursacht Verständnislosigkeit.

Im letzten Teil des zweiten Traums, tauschten sie und ihr Mann 20-Dollar-Scheine aus. Wenn wir mit den Engeln arbeiten, gibt MAN uns oft Zahlen an. In diesen Fällen lassen uns die den Zahlen entsprechenden Engel erkennen, welche Qualitäten und Verzerrungen in Zusammenhang mit dem stehen, was wir durchleben. Die Zahl 20 entspricht dem Engel PAHALIAH, d.h. all dem, was mit der Sexualität und der Lebensenergie zusammenhängt. MAN hat also der Frau gezeigt, dass sie noch an ihrer Lebensenergie zu arbeiten hat und diesbezüglich Hilfe erhält.

In ihrem Traum sagte sie zu ihrem Mann: „Ich suche den Mann aus Gold." Doch man muss den Mann aus Gold in sich selbst suchen. Vor allen Dingen darf man nicht erwarten, sofort ans Ziel zu gelangen, und auch nicht, dass der andere es sofort erreicht. Man kann keinen goldenen Mann im Außenleben haben, wenn man ihn noch nicht im eigenen Innenleben entwickelt hat. Deshalb müssen wir den Menschen, den der Schöpfer uns für unsere Weiterentwicklung geschickt hat, akzeptieren, vorausgesetzt natürlich, dass die Beziehung erträglich ist. Ich sagte zu der Frau: „Du kannst dich wirklich glücklich schätzen, einen Mann zu haben, der an den Vorträgen teilnimmt. Du kannst mit ihm reden, ihm von deinem inneren Werdegang berichten und außerdem versteht er das Gesetz der Resonanz. Nutz diese Beziehung, um zu wachsen, und arbeite an deiner inneren Jugendlichen. Mach weiterhin deine Engel-Rezitier-Übungen und versuch deine Entwicklung mit Liebe und nicht mit Starrheit zu vollziehen."

Hier nun ein persönlicher Erlebnisbericht zum Thema der ehelichen Treue. Während einer gewissen Zeit arbeitete ich sehr intensiv mit dem Engel IEZALEL und eines Tages, während ich ihn mit geschlossenen Augen in tiefer Meditation anrief, sah ich mich mit meinem Mann verschmelzen. Es war eine ganz besonders schöne Verschmelzung. Ich weiß nicht, wie lange sie dauerte, doch plötzlich erfolgte eine energetische Explosion und danach waren keine Körper mehr vorhanden, ich sah keine Körper mehr. Ich erreichte sehr hohe Energieebenen, wo es sehr viel Liebe und Licht gab.

Und dann hörte ich eine Stimme, die zu mir sagte: „Indem du ihm treu bist, bist du viel Größerem treu."

Was wollte MAN mir mit diesen Worten sagen? MAN bedeutete mir, dass die wirkliche Treue weit über das hinausreicht, was man einem Menschen an Treue gewährt: Die wirkliche Treue ist die Treue gegenüber den Göttlichen Prinzipien. Eines Tages werden wir die Treue sein und dadurch sehr hohe Bewusstseinsebenen berühren. Dann werden wir die Treue des Schöpfers sein, Der ewiglich und allgegenwärtig ist. Der Schöpfer ist immer treu. Wir Menschen sind es gewesen, die sich von Ihm abgetrennt haben, durch allerlei Experimente. Doch das ist in Ordnung, denn dadurch können wir lernen, unseren Weg zurück zu Ihm zu finden.

Dazu müssen wir den Sprung des Engels lernen. Was bedeutet der Sprung des Engels? Der Sprung des Engels bedeutet ein totales Engagement, wobei wir unsere Beziehungen nutzen, um uns von unseren Ängsten zu befreien, und nicht mehr ständig auf der Hut sind. Das bedeutet aber nicht, dass wir zu allem und jedem Ja sagen. Doch wir hören auf, in der Angst zu leben, von neuem verletzt oder betrogen zu werden. So können wir uns 100-prozentig engagieren und dies nicht nur unserem Lebensgefährten, sondern auch unseren Kindern, Freunden und Kollegen gegenüber.

Auf diese Weise passen wir uns an das Potenzial jeder Beziehung an. Gewissen Menschen sagen wir gewisse Dinge, anderen jedoch nicht, wobei wir innerlich dennoch vollkommen engagiert bleiben. Nichts begrenzt uns mehr. Und wenn wir diese oder jene Bindung akzeptieren oder ablehnen, dann tun wir das nicht aus Angst, sondern aus einem vollkommenen Engagement heraus. Darin besteht die Essenz des Engels IEZALEL. Das ist natürlich leicht gesagt, doch gelingt es einem nicht auf Anhieb. Jedes Mal, wenn ein Angstgefühl in uns hochsteigt – z.B. die Angst, den anderen zu verlieren, oder die Angst, der andere könnte uns untreu sein – stoppen wir mit Hilfe dieses Engels den Prozess sofort ab, und anstatt auf den anderen zu projizieren, schließen wir auf uns selbst zurück, indem wir uns sagen: „Nein, ich bin den Hohen Prinzipien treu, ich engagiere mich vollkommen, ich lebe nicht mehr in der Angst." Man macht die Rezitier-Übung, beruhigt sich, und kann so zur nächsten Stufe übergehen. Nach mehreren Stufen gelangt man irgendwann auf diesen hohen Ebenen an und ist die Treue geworden. Was auch immer die Haltung des anderen sein mag, sie wird uns nicht mehr stören. Einmal wird das innere Aufgewühlt-Sein ein Ende haben und das Glück sowie eine große Stabilität werden in unser Leben einziehen.

Eines Tages erzählte mir eine Frau einen ihrer Träume, dessen Szenen sich am Ort ihrer Kindheit abspielten. Ein Traum, der uns an den Ort unserer Kindheit zurückführt, ist immer ein wichtiger Traum, da er uns frühere Leben berühren lässt. Wir kommen mit dem Gepäck anderer Leben auf der Erde an und die Familie, in die wir hineingeboren werden, ermöglicht uns die Entwicklung eines Strahls unserer Seele. Den Zufall gibt es nicht. Natürlich erfordert es viel Demut, sich – ohne jegliches Schuldgefühl – zu sagen: „Da bin ich nun also gelandet. Ich hab mich wohl in anderen Leben vom wahren Wissen und der wahren Erkenntnis abgeschnitten und muss nun in diesem Leben gewisse Dinge verstehen lernen."

Diese Frau, die in ihrer Kindheit Schwierigkeiten hatte, sagte zu mir: „In meinem Traum *sah ich einen kleinen fünf- bis sechsjährigen Jungen auf das Haus der Nachbarn zulaufen, so als würde er entfliehen. Seine Kleidung war blau und weiß.* Was bedeutet dieser Traum?"

- Was stellen diese früheren Nachbarn für dich dar?
- Bei ihnen gab es Bäume, während bei uns schon alle gefällt waren, lange bevor meine Eltern sich dort niederließen. Die Nachbarn waren nicht oft da, sie kamen nur von Zeit zu Zeit, für ein Wochenende oder während der Ferien.

Was wollte MAN der Frau mit diesem Traum mitteilen? Der kleine Junge stellte einen Teil ihres Selbst dar und sollte ihr zeigen, wie sie sich bei Tag und bei ihren Handlungen verhielt. Die Farbe seiner Kleidung ist sehr wichtig: Weiß symbolisiert die Spiritualität und Blau die Kommunikation. MAN wollte ihr sagen: „Vorsicht! Du entfliehst gewissen Aspekten deines Selbst und dein Verhalten der Spiritualität gegenüber äußert sich in all deinen Handlungen. Deine Tendenz, vor dir selbst zu fliehen, hat zur Folge, dass du Wohlsein und Wissen bei anderen suchst, um deine Mängel auszugleichen."

Allein die Tatsache, dass sie von Bäumen redete, bringt uns auf eine Spur. Der Baum ist ein bedeutendes Symbol, das die Verbindung zwischen Himmel und Erde darstellt. Er symbolisiert auch das wahre Wissen und die wahre Erkenntnis, da er uns den Vorgang der Materialisierung lehrt. Im Leben dieser Frau, die eine schwere Kindheit hatte, waren die Bäume gefällt worden, d.h. die Frau hatte ihre Verwurzelung verloren, sie war vom wahren Wissen und der wahren Erkenntnis abgeschnitten, und zwar bereits seit mehreren Leben, denn sie hatte gesagt, dass die Bäume bereits gefällt waren, als ihre Eltern sich auf dem Grundstück niederließen. Das bedeutet, dass die Frau sich aus Unwissenheit in früheren Leben von ihren irdischen Wurzeln abgetrennt hatte und ihr dadurch die emotionale Stabilität sowie das richtige Verständnis der Grundregeln des Materialisierungsprozesses verloren gegangen waren. Sie hatte in sich selbst die Verbindung und somit die Kommunikation zwischen Himmel und Erde unterbrochen. Der Mensch spricht immer in Symbolen. Wenn wir rezeptiv sind und in der Tiefe zuhören können, dann finden wir immer die Ursache unseres Unwohlseins.

Wenn wir das Materialisieren sofort meistern wollen, ohne uns die Zeit zu nehmen, die Grundregeln dieses Prozesses auf allen Ebenen unseres Seins zu integrieren, so schafft das natürlich große Frustrationen und wir neigen dazu, uns das, was wir wollen, von den anderen zu beschaffen. Das bedeutet natürlich nicht, dass wir nicht von den anderen lernen oder uns durch sie inspirieren lassen können.

Die Arbeit, durch die wir fähig werden, Wissen und Erkenntnis direkt von der Ur-Quelle zu empfangen, ist langwierig, genauso wie das Wachsen eines Baumes. Man muss zuerst den Boden vorbereiten und säen. Danach folgt eine Zeit der inneren Reifung, die lange dauern kann. Und bevor dann der Baum groß ist und Früchte trägt, braucht es nochmals viel Zeit. Kurzum, die Arbeit, die zum wahren Wissen und zur wahren Erkenntnis führt, erfordert enorm viel Geduld.

Durch diesen Traum wollte MAN der Frau sagen: „Dein inneres Kind flieht vor seinen eigenen Schwächen. Es ist zwar schön in Weiß und Blau gekleidet, doch es muss sich seinem Leben stellen und sein eigenes Haus sauber machen, ansonsten wirst du immer frustriert bleiben. Natürlich wirst du schwere Augenblicke durchzustehen haben, denn du musst dunkle Zonen aufsuchen, doch niemand kann es an deiner Stelle tun. So wirst du eines Tages ganzzeitliches Glück und Wohlsein wiederfinden."

Ich möchte Ihnen nun eine Geschichte erzählen, die zeigt, wie wir alle so manches Mal und ohne es zu merken, in unserem Leben kleine Formen der Untreue begehen. Es ist die Geschichte einer

Frau, die mich mit ihrem Mann aufsuchte, um mir ihre Situation zu berichten. Sie sagte: „Wir versuchen nun schon seit acht Jahren unser Gästehaus zu verkaufen." Dieses Ehepaar vermietet Zimmer in ihrem Haus, und natürlich ist das mit viel Hausarbeit verbunden. Sie sagte: „Es stört mich nicht, Hausarbeit zu verrichten, doch ich kann mich nicht damit zufriedengeben, nur das zu tun. Ich brauche auch andere Tätigkeiten."

Sie fügte hinzu: „Und da sind auch noch unsere Nachbarn, die Landwirte sind. Ich will nicht über sie urteilen, da ich weiß, dass ich mit ihnen Resonanzen habe, doch sie vermitteln mir ein Gefühl der Monotonie und der Lethargie. Sie kommen und gehen immer zur gleichen Zeit, sie pflanzen Jahr für Jahr immer um die gleiche Zeit, sie machen immer dasselbe." Man spürte, dass sich diese Frau durch ihre Nachbarn gestört fühlte.

Dann stieß sie ihr Mann, der neben ihr saß, mit dem Ellbogen an und sagte: „Berichte ihr von deinem Zeichen, erzähl ihr, was du erlebt hast", denn er fand ihr Erlebnis bemerkenswert. So berichtete sie mir: „Das Gästehaus ist zwar noch nicht verkauft, doch etwas hat sich dennoch ereignet. Acht Tage lang hatte sich nichts Besonderes zugetragen, der Tagesablauf bestand nur aus dem Gästehaus und den Mietern. Da streckte ich mich auf meinem Bett aus und sprach zum Himmel: ‚Ich akzeptiere meine Lethargie.'" – Diese Frau empfand es als Lethargie, sich um ihr Gästehaus und die Mieter zu kümmern. – „‚Ich weiß nicht, wann ich mich von diesem Bett erheben werde, doch das wird erst dann geschehen, wenn ich von Euch eine Antwort erhalten habe.' Stell dir vor, es waren kaum fünf Minuten verstrichen, da läutete das Telefon: Die Geschäftsleiterin einer esoterischen Buchhandlung, eine Frau, die ich kenne, bot mir an, jemanden zu vertreten. Oh! Ich war so glücklich. Stell dir vor! Die Himmlischen Mächte haben innerhalb von nur fünf Minuten reagiert!"

Ich brauche Ihnen wohl nicht zu schildern, wie sehr sie darüber erstaunt war. Nachdem ich ihr zugehört hatte, sagte ich zu ihr: „Ich werde dir heute Abend ein schönes Geschenk machen. Ich glaube, dass du die Botschaft des Himmels noch nicht ganz richtig verstanden hast, und das ist normal. Weißt du, die Geistigen Führer sind ganz große Pädagogen. Wir müssen Ihre Denkweise und Pädagogik kennen und verstehen lernen. Kommen wir auf dein Gästehaus zurück. Seit acht Jahren versuchst du, es zu verkaufen. Du könntest den besten Immobilienhändler finden, wenn die Himmlischen Mächte beschließen, dass du es nicht verkaufen wirst, dann wirst du es nicht verkaufen. Alles kommt von Oben. Und wenn SIE beschließen, dass der Augenblick für den Verkauf gekommen ist, dann brauchen SIE nur auf den Kopf eines Käufers zu drücken und schon morgen wird er an deine Tür klopfen. Die Himmlischen Gesetze sind absolut gültig. Also, was bedeutet es, dass es dir noch nicht gelungen ist, dein Gästehaus zu verkaufen? Das bedeutet, dass du deinen Lehrgang an diesem Ort noch nicht beendet hast. Du erwähnst manchmal, dass du die Göttlichen Qualitäten wiederfinden und ein hohes Entwicklungsniveau erreichen willst. Doch wenn du sagst, zwar die Hausarbeit erledigen zu wollen, doch auch noch etwas anderes zu brauchen, so bedeutet dies, dass dein Schwingungsniveau während der ganzen Zeit, wo du den Haushalt verrichtest und dich um deine Mieter kümmerst, niedrig ist, weil du diese Arbeit in deinem Gästehaus nicht mit dem Herzen tust. Innerlich sagst du dir dabei: ‚Ich bin damit nicht zufrieden, ich habe diese Arbeit satt, sie ist uninteressant.' All deine kleinen Zellen hören das und nehmen es auf. Die Geistigen Führer warten darauf, dass du deine Einstellung änderst, dass du deine Situation und deine Arbeit liebevoll akzeptierst, bevor SIE dich den Lehrgang wechseln lassen."

Ich erwähnte den zweiten Aspekt ihrer Situation. Die Frau hatte mir einiges über ihre Mieter berichtet, die sehr verschieden waren. Ich sagte zu ihr: „Du kennst das Gesetz der Resonanz. Deine Mieter stellen alle Teile von dir selbst dar." – Diese Tatsache zu akzeptieren fällt dieser Frau manchmal schwer. – „Es ist kein Zufall, dass MAN dir diese Menschen und nicht andere schickt. Du hast von ihnen zu lernen. Sie sind Gesandte Gottes, die dich zur Arbeit an dir veranlassen sollen. Diese Menschen sind sich dessen meistens gar nicht bewusst. Also, du verfügst da über eine ganze Lehre und das auch noch zu Hause" (Lachen).

Ich fuhr fort: „Nun zu deinen Nachbarn: Selbst wenn du sagst, dass du nicht über sie urteilen willst, so urteilst du dennoch ein bisschen, nicht wahr? Du sagst, sie würden dir das Gefühl der Lethargie und der Monotonie vermitteln und sie würden immer das Gleiche tun. Doch das, was du mir über sie erzählt hast, sagt mir ganz was anderes: Sie lehren dich den größten kosmischen Ablauf, jenen der Lebenszyklen und des Bodenanbaus. Nachdem man gesät hat, muss man während der Keimzeit abwarten. Dieser Vorgang dauert lange und man kann das, was vor sich geht, nicht sehen, da es unter der Erde geschieht. Und dann eines Tages ist Erntezeit, doch das ist die letzte Etappe. Du würdest gerne ernten, bevor du gesät hast. Du musst den gesamten Vorgang lieben lernen. Darin bestehen das wahre Wissen und die wahre Erkenntnis. Und das lehren dich deine Nachbarn. Erinnere dich daran, dass du noch in der Keimphase steckst und nicht sehen kannst, was sich auf der Ebene deiner Wurzeln abspielt. Folglich musst du dich in Geduld üben, regelmäßig die Engel-Rezitier-Übung machen und dir sagen: ‚Gott, Du hast mir diese Etappe geschickt, weil sie das für mich beste Programm darstellt, weil kein anderes Programm meiner Entwicklung besser dienen könnte.' Als du mir sagtest, dass du dich auf dein Bett gelegt und an den Himmel gewandt hast, mit den Worten: ‚Ich akzeptiere meine Lethargie', da hast du sie nicht wirklich akzeptiert. Eigentlich warst du gegen den Himmel aufgebracht. Da haben sich die Himmlischen Mächte gesagt: ‚Das macht nichts, sie lehnt sich auf und schreibt somit eine kleine Rebellion in sich ein.' Hättest du es wirklich akzeptiert, dann hättest du gesagt: ‚Lieber Gott, hab Dank für all das, was Du mir schickst. Ich bin glücklich, meinen Mann zu haben. Wir arbeiten zusammen. Außerdem habe ich zu essen und alles, was ich zum Leben brauche. Ich kann mich glücklich schätzen, über all das zu verfügen.'"

Manchmal vergleichen wir uns mit den anderen und vergessen, dankbar zu sein. Die Dankbarkeit verschwindet schnell. Wir müssen jeden Tag unseren Dank aussprechen. Ich fuhr fort: „Dann hast du fünf Minuten später einen Telefonanruf erhalten und zwar deshalb, weil sich die Geistigen Führer mit ihrer unvorstellbaren Pädagogik gesagt haben: ‚Sie begreift nicht. Also gut! Wir werden ihr woanders einen kleinen Lehrgang anbieten.'"

So manch einer würde mir da sagen: „Aber das ist doch eine gute Nachricht für sie! In der esoterischen Buchhandlung kann sie über die Spiritualität reden." Natürlich scheint rein oberflächlich betrachtet alles schön und gut. Ich sagte zu der Frau: „Ja, Sie haben dir in der Tat etwas anderes geschickt, doch hast du jenen Teil deines Programms, der die Bereinigung der Resonanzen betrifft, die du mit deinen Mietern, deinem Gästehaus und deinen Nachbarn hast, nicht beendet, und das weißt du sehr wohl. Wer nach der Erleuchtung strebt, muss lernen, das Gute und das Böse zu meistern. Und eben dazu engagiert man sich, wenn man mit der Engellehre arbeitet."

Sie sagte zu mir: „Ich will die Erleuchtung in diesem Leben erreichen." Darauf erwiderte ich: „So funktioniert das aber nicht. Die Entscheidung darüber, ob du diese hohen Ebenen in diesem Leben erreichen wirst oder nicht, liegt nicht bei dir. Willst du das erreichen, dann musst du so weit kommen, dass dich nichts mehr stört. Also, was kann passieren? Die Himmlischen Mächte hören deine Bitten und SIE stört es nicht, wenn du deine Begrenzungen nicht transzendierst. SIE lassen uns alle möglichen Lehrgänge besuchen. Manche Menschen leben in extremen Verzerrungen und missbrauchen ihre Macht und ihre Mittel, und die Himmlischen Mächte sehen dabei zu und sagen sich: ‚Das ist in Ordnung, diese Menschen lernen anhand der Verzerrungen.' Sie sind deswegen nicht weniger Kinder Gottes, doch ihr Lernen erfolgt mittels der Verzerrungen. Eines Tages aber – nach zahlreichen Leben – werden diese Menschen so tief hinabgestiegen sein, dass sie mit beiden Knien zu Boden sinken und sagen werden: ‚Das reicht!'"

Ich fügte hinzu: „Wenn du die Einschränkungen deines jetzigen Lebens nicht akzeptierst, was könnte dann in einem zukünftigen Leben auf dich zukommen? Ich will dir ein Beispiel geben: Du könntest in einer armen Gegend wiedergeboren werden, als Mutter von 15 Kindern, die erzogen und verpflegt werden müssen. Da hättest du keine andere Wahl mehr, als deine Tage mit Hausarbeit zu verbringen." Die Frau sah mich mit großen Augen an. Für eine andere Frau könnten 15 Kinder die Seligkeit bedeuten, nicht wahr? Alles hängt immer vom jeweiligen Programm des Menschen ab.

Dann sagte ich zu der Frau: „Die Lethargie, die dir die anderen vermitteln und die dich stört, rührt von deinen inneren lethargischen Teilen her. Du wünscht dir in deinem äußeren Leben mehr Handlung, weil dir das gesellschaftliche Anerkennung verschaffen würde, was dir die Arbeit zu Hause in deinem Gästehaus nicht bietet. Doch deinen Haushalt musst du bezüglich dieser lethargischen Teile in dir machen. Setz nun künftig jedes Mal, wenn du Hausarbeit verrichtest, diese hinterherhinkenden lethargischen Teile ans Werk."

Zwei Monate später sah ich die Frau und ihren Mann wieder. Beide sahen vollkommen erschöpft aus. Was war geschehen? Die Frau berichtete mir: „Die Stelle in der esoterischen Buchhandlung, das war nicht nur eine Vertretung." Den Zufall gibt es nicht: Eine Angestellte hatte gekündigt und so war ein voller Posten frei geworden,

den diese Frau angenommen hatte, wodurch die ganze Arbeit im Gästehaus von ihrem Mann allein erledigt werden musste. Das hatte ihr ganzes Leben aus den Fugen gebracht.

Doch das war es, was dieses Paar durchleben musste. Die Himmlischen Mächte hatten ihnen ein erzieherisches Geschenk geschickt, wodurch SIE der Frau sagen wollten: „Also, du willst dich in der Außenwelt betätigen? Deine Arbeit erfüllt dich nicht? Du willst etwas anderes? Einverstanden. Das sollst du haben." Und MAN gab ihr mehr als sie verlangt hatte. Das schickt MAN uns in solchen Fällen, bis es uns zu viel wird, bis wir zu viel Druck ausgesetzt sind oder sich in manchen Fällen sogar eine Krankheit einstellt. „Du wolltest es, also nun, experimentiere damit." Die Himmlischen Mächte sind ganz Liebe, doch die Göttlichen Gesetze sind sehr streng. Eines Tages werden wir in einer solchen Situation erkennen können: „Im Grunde genommen war ich in meinem Gästehaus mit meinem Mann gar nicht so schlecht dran. Wir hatten doch ein recht schönes Leben, wir hatten alles, was wir brauchten."

Die in diesem Beispiel enthaltene Lektion könnte im Leben vieler Menschen von Nutzen sein. Wenn man mit den Engeln arbeitet, nimmt man Kontakt mit der großen Kosmischen Pädagogik auf und lernt sie schätzen. Unser Leben ist ein Experimentieren, eine Ansammlung von Erfahrungen, bis zu dem Tag, wo die Materie uns empfindungslos bleiben lässt, wo sie uns kalt lässt. Von diesem Augenblick an bestimmt sie nicht mehr unsere Überzeugungen und wir suchen die Empfindungen in unserem eigenen Innern. Dadurch tut sich eine Öffnung auf und wenn wir erneut auf der materiellen Ebene zu handeln beginnen, so wird dies ohne das Bedürfnis nach äußerer Anerkennung und Wertschätzung geschehen. Die Außenwelt kann uns dann keine Energie mehr rauben. Alles wird von innen kommen und wir werden uns in einem Zustand ständiger Wachsamkeit befinden. Von da an wird der wahre Grund unseres Daseins auf Erden all unser Handeln durchdringen. Natürlich ist es zu Beginn kein Vergnügen, in der Außenwelt tätig zu sein. Der Materialisierungsprozess stellt eine bedeutende Arbeit dar, wenn man sein ganzes Bewusstsein daran setzt. Auch muss man regelmäßig meditieren, um das Gefühl für die wahre Erkenntnis und das wahre Wissen nicht wieder zu verlieren.

Deshalb sage ich Ihnen: „Die Engel, das ist ein Ruf, dem man folgt." Das bedeutet eine Riesenmenge Arbeit, doch nach einiger Zeit, wenn man alles bereinigt hat, fühlt man sich so glücklich und wohl! Und folgt man diesem Ruf in diesem Leben nicht, weil es nicht Teil unseres gegenwärtigen Lebensprogramms ist, so wird man es in anderen Leben tun. Auf jeden Fall werden alle Menschen eines Tages an diesem Punkt angelangt sein, denn der Weg der spirituellen Entwicklung ist ein Vorgang, der überall im Universum abläuft.

Hier ein weiteres Beispiel, das eine der Verzerrungen der Engelenergie IEZALEL betrifft: *Entfernung der geliebten Menschen.* Diese Verzerrung kann manchmal auf sehr heimtückische Weise all unsere Beziehungen untergraben. Man entfernt die anderen aufgrund gewisser unbewusster Erinnerungen. Ich will dazu folgendes Beispiel geben: Ich bereitete gerade diesen Vortrag vor und rief tagelang den Engel der Treue an. Eine freiwillige Helferin – ein sehr treuer, ergebener Mensch – sagte zu mir: „Während des letzten Vortrags habe ich Folgendes erlebt: Als du auf mich zugetreten bist, um mich zu umarmen, war es mir unmöglich, deine Umarmung zu erwidern. Irgendetwas hielt mich davon ab. Und später hast du die Deutung des Traumes unterbrochen, um die ich dich gebeten hatte, und das hat mich gestört." Darauf erklärte ich ihr: „Das ist wahr, doch wir hatten bereits eine ganze Weile darüber gesprochen und wir mussten auch den Saal vorbereiten, denn die Zeit nahte, wo die Leute ankommen würden. Ich hatte dir auch gesagt, dass wir mit der Deutung deines Traumes nach dem Vortrag weitermachen würden."

Natürlich hatte ich gespürt, dass etwas sie betrübte. Ab einem gewissen Punkt auf dem Weg der spirituellen Entwicklung nimmt man die Seelenzustände und die Gedanken der Menschen wahr. Die Umstände hatten dazu geführt, dass unsere Unterhaltung unterbrochen worden war. Das hatte MAN so gewollt. Sie fuhr fort: „Am gleichen Tag kam eine andere freiwillige Helferin, die ich sehr mag, und ging schnurstracks an mir vorbei, ohne mich zu begrüßen. Als sie dann später auf mich zukam, um mich zu umarmen, fühlte ich mich ebenfalls außer Stande, ihre Umarmung zu erwidern."

Danach sagte sie zu mir:
- Heute Nacht habe ich Folgendes geträumt: *Ich befand mich hinter einer sehr, sehr alten Frau, die einem Skelett glich, und ich sah ihren Rücken. Danach sah ich ihr Gesicht. Sie hatte Papiertaschentücher im Mund und trug Prothesen. Ein sehr intensives Leiden ging von*

dieser Frau aus. Das war unglaublich! Sie war wirklich sehr mager. Und mit diesem Traum bin ich aufgewacht.
- Das wundert mich nicht, dass du dich heute so fühlst, erwiderte ich darauf.

Ein Traum verwirklicht sich meistens am darauf folgenden Tag oder dem Tag danach. Ich fuhr fort: „Als du mir erzähltest, was du erlebt hattest, befandest du dich in der gleichen Energie wie diese sehr alte skelettartige Frau. Wir wollen die enthaltenen Symbole analysieren. Du sahst ihren Rücken. Wenn man den Rücken von jemandem sieht, ist dies ein Hinweis auf die Vergangenheit. MAN hat dir ein großes Geschenk gemacht. MAN hat einen Bereich deiner Seele geöffnet, in dem sehr alte Erinnerungen enthalten sind, Erinnerungen an falsche Handlungen, die das Kennzeichen mangelnder Liebe tragen. MAN konnte diese Öffnung nicht früher vornehmen, da du dazu noch nicht bereit warst. In deinem Traum hast du dieser Erinnerung, dieser Frau ins Gesicht gesehen. Die Magerkeit in einem Traum ist immer ein Symbol mangelnder Liebe. Und der Mund ist ein Symbol der Kommunikation und der Liebe. Die Papiertaschentücher, die im Mund der Frau steckten, geben an, dass in ihrem Mund Wunden eiterten. Die Prothesen weisen darauf hin, dass sie bereits Operationen und Reparaturen erlitten hat. Diese Frau durchlebte einen großen Schmerz und du befandest dich in ihrer Energie, als du hier ankamst. Da hätte ein völlig mit Liebe durchtränkter Mensch ankommen können – z.B. Jesus oder Buddha – und du hättest das gleiche ablehnende Gefühl empfunden, denn in diesem Bewusstseinszustand entfernt und verstößt man die geliebten Menschen und die Liebe."

Sie fügte hinzu:
- Das war so stark, dass es mir trotz der Engellehre nicht gelang, auf mich selbst zurückzukommen.
- Das ist normal, bemerkte ich. MAN hat dich wirklich tief hinabtauchen lassen. Das Geschenk für dich besteht darin, dass du beim nächsten Mal auf den Vorgang bereits vorbereitet sein wirst, denn du musst wissen, dass es noch nicht vorbei ist. SIE haben gerade erst mit der Öffnung deines Bewusstseins begonnen, damit du diese alten Erinnerungen aufsuchen und bereinigen kannst. Das nächste Mal wirst du dich bereits stärker fühlen.

Darin besteht einer der großen Vorteile der Träume. Man kann das, was einem in der konkreten Wirklichkeit widerfährt, verstehen und man kann aufpassen. In einem Fall wie diesem ist man sich bewusst, dass man in einem Mangel an Liebe und im Schmerz badet, und so ist man wachsam und untersagt sich die Projektionen auf die anderen. Dadurch vermeidet man zusätzliche karmische Lasten. Ich sagte zu ihr: „Das nächste Mal, wenn du ein derartiges Gefühl hast, wenn die skelettartige leidende Frau in dir hochsteigen wird, wirst du sie erkennen. Du wirst wissen, dass sie die Liebe entfernt, und du wirst die Gelegenheit ergreifen können, um die Erinnerungen, die sie symbolisiert, zu bereinigen. Wie kannst du das tun? Indem du die Engel-Rezitier-Übung machst."

Man kann an diesem Beispiel sehr gut die doppelgleisige Bewegung der verzerrten Energie erkennen: Einerseits entfernt man den geliebten Menschen und andererseits will man ihn besitzen und zurückhalten. Stellen Sie sich einmal die innere Zerstückelung vor, die das in dem betreffenden Menschen verursacht. Dieses Beispiel lässt sich in unterschiedlichem Ausmaß auf sehr viele Menschen anwenden.

Ich will mit einem sehr rührenden Tatsachenbericht enden. Die Frau, die ihn mir anvertraut hat, wurde am 25. Mai geboren. Ihr Schutzengel auf der physischen Ebene ist folglich IEZALEL. Wir werden sehen, dass die Treue in ihrem Leben eine große Rolle gespielt hat. Diese Frau hat wirklich immer versucht, ihre Engagements treu zu erfüllen, auch ihre spirituellen Engagements, obwohl sie Schwierigkeiten hatte, die Zeichen zu verstehen und richtig zu deuten.

Diese Frau erzählte meinem Mann und mir, dass sie, als sie sechzehn Jahre alt war, in einen religiösen Orden eingetreten war, um Nonne zu werden. Schon als Novizin befielen sie hin und wieder Zweifel, doch sie wiederholte sich: „Ich bin eine Bindung eingegangen. Ich trage einen Ehering – man vermählt sich für die Ewigkeit, wenn man in einen religiösen Orden eintritt –, ich habe Treue versprochen."

Sie hatte 27 Jahre lang in dieser Kongregation ein gutes Stück Weg zurückgelegt und eines Tages – sie war inzwischen 43 Jahre alt –, während sie einem Priester lauschte, begann sie für diesen zu beten, weil sie das, was er sagte, so wunderschön fand. In ihrem Gebet bat sie darum, er möge seine Arbeit fortsetzen können. Sie sagte an mich gewandt: „In jenem Augenblick vernahm ich eine Stimme und spürte sogar eine Gegenwart. Das war so stark! Ich war völlig benommen. Das werde ich mein ganzes Leben lang nicht vergessen. Diese Stimme sagte zu mir: ‚Das was er tut, ist richtig. Doch für dich ist eine andere Arbeit vorgesehen. Ein Ehemann wartet auf dich.'"

Sie war 27 Jahre lang Nonne gewesen und MAN kündigte ihr nun das an. Sie sagte sich: „Das kann nicht sein." Sie war schockiert und verwirrt. Diese Stimme verfolgte sie mehrere Wochen lang. Die Frau versuchte sie zu verjagen, indem sie sich sagte: „Das bilde ich mir ein. Das ist eine Versuchung." Sie war wirklich vollkommen durcheinander.

Ihr Mund begann auszutrocknen und ihre Lippen sprangen auf. Sie verlor auch den Appetit, versank in eine Depression und wurde körperlich krank. Da bat sie den Schöpfer: „Lieber Gott, wenn Du es bist, der durch diese Stimme zu mir spricht, dann schick mir ein Zeichen. Heile mich." Augenblicklich durchströmte eine heilende Kraft ihren Körper. Sie spürte Wärme in ihrem Herzen und fühlte sich wieder belebt. Das war unglaublich, sagte sie. Und sie wurde sehr schnell wieder gesund. Das Zeichen war klar und eindeutig und so akzeptierte sie das Offensichtliche: „Du warst also die Stimme, die zu mir sprach." Und sie wusste, dass sie dieser Stimme gehorchen musste.

Doch diesbezüglich mit der Oberin zu sprechen, war für sie keine leichte Sache. Sie überlegte eine gewisse Zeit lang und ging dann zu ihr: Die Oberin gab ihr einen Rat: „Du bist dabei, deine Ausbildung als Hebamme zu machen." – Die Frau befand sich zu jener Zeit in England, um diesen Beruf zu erlernen. – „Unterbrich diese Ausbildung und geh nach Afrika auf Mission. Du hast immer davon geträumt, nach Afrika zu reisen. Wenn du das jetzt nicht tust, wirst du es vielleicht eines Tages bereuen. Mach diese Erfahrung und danach wirst du weitersehen. Wenn du dann immer noch den Wunsch hast, auszutreten, so kannst du es tun."

Die Frau fand, dass dies einen Sinn ergab. Sie nahm also das Schiff nach Malawi. Sie berichtete mir: „Es war eine sehr intensive Arbeit mit vielen Geburten und vielen Kranken. An manchen Tagen nahmen wir mehr als 300 Personen auf. Wir standen sehr früh auf und gingen sehr spät zu Bett. Ich hatte nicht einmal mehr Zeit fürs Beten."

Sie fuhr fort: „Nach einer gewissen Zeit erkrankte ich an Malaria und musste nach Hause, nach Kanada entlassen werden. Sobald ich wieder gesund war, sagte ich zu mir: ‚Ich kehre nach Afrika zurück. Ich will die Afrikaner retten.' Das wollte ich wirklich tun." Sie identifizierte sich tatsächlich mit einer Heiligen und wollte wie die Heilige Therese werden. Hier erkennt man eine der Qualitäten des Engels IEZALEL: *treuer Diener, treue Dienerin.*

Doch vor ihrer Abreise erhielt sie einen Traum. *Sie befand sich in Malawi und um sie herum gab es sehr viel Schnee, Schnee, der nicht schmelzen wollte, und sie fühlte sich traurig.* Hier sei erwähnt, dass Malawi ein afrikanischer Staat ist, es dort also sehr warm ist. Am Morgen beim Aufwachen sprach sie zu Gott: „Was willst Du mir damit sagen? Ich verstehe nicht, was Du mir sagen willst." – Ihre Seele spürte, dass MAN ihre eine Botschaft mitteilen wollte. – „Ich will dienen. Ich will die Afrikaner retten. Ich will ihnen zur Hilfe eilen."

Sie kehrte nach Malawi zurück und nahm dort die gleiche Arbeit wieder auf. Wir fragten sie:
- Gefiel dir deine Arbeit?
- Sie war mein Opium.

Doch sie erkrankte abermals an Malaria und musste erneut nach Kanada heimgeführt werden. Als sie wieder gesund war, wollte sie abermals nach Afrika zurückkehren. Für sie war das ihre Mission. Diese Frau ist sehr intensiv. Und wieder schickte MAN ihr vor ihrer Abreise den Traum mit *dem Schnee, der nicht schmolz.* Und immer noch verstand sie nicht. Sie fühlte, dass dieser Traum eine wichtige Botschaft enthielt, doch sie verstand sie nicht. Sie kehrte ein drittes Mal nach Afrika zurück und erkrankte dort abermals. Ich fragte sie:
- Wie äußerte sich die Malaria?
- Durch hohes Fieber und sehr oft durch die Lust, mich umzubringen.

Dieses Mal schritt der Arzt ein und warnte sie: „Das reicht! Du kannst nicht mehr nach Malawi zurückkehren. Du würdest es nicht überstehen. Für dich ist es mit Afrika vorbei." Da kehrte sie nach Kanada zurück und begann erneut an die Stimme zu denken, die sie vier Jahre zuvor gehört hatte: „Gott hat zu mir gesprochen. Ich muss Ihm gehorchen. Ich muss den Orden verlassen." Sie war damals bereits 31 Jahre lang Nonne gewesen und 47 Jahre alt. Sie können sich also vorstellen, dass es für diese Frau nicht ganz einfach war, sich so plötzlich außerhalb des gewohnten religiösen Rahmens zu befinden und sich um sich selbst kümmern zu müssen. Außerdem musste sie dem Papst schreiben, was ihr als eine sehr schwierige Aufgabe erschien.

Sie verließ schließlich die Kongregation und wurde als Krankenschwester im Hohen Norden eingestellt, also am entgegengesetzten Pol. Dort pflegte sie die Eskimos und die Cri-Indianer. Diese Frau hat eine gewisse Starrheit, doch sie strahlt auch eine angenehme Frische aus. Manchmal wenn sie spricht, erweckt sie den Eindruck eines kleinen Mädchens. Sie vertraute uns an: „Ich hatte ein wachsames Auge. Die Stimme hatte mir gesagt, dass ein Ehemann auf mich wartete. Manchmal also, wenn ein Mann kam, betrachtete ich ihn und sagte zu mir: ‚Das ist er vielleicht. Nein! Dieser ist es nicht.'"

Sie musste noch sieben weitere Jahre warten (Lachen). Oh ja, das erfordert Geduld, nicht wahr? Doch die Geschichte ist noch nicht zu Ende. Sieben Jahre später also schickte MAN ihr einen neuen Traum: *Sie sah einen Mann, den sie nicht kannte, und* MAN *sagte zu ihr:* „*Das ist er, dieser Mann ist dein Gefährte.*" Sie musste noch ein weiteres Jahr warten und dann sah sie ihn daherkommen. Sie erkannte ihn: „Aber das ist er ja! Das ist ja der Mann, den ich in meinem Traum gesehen habe!" Das war unglaublich! Das berührte sie wirklich sehr. Ich brauche Ihnen nicht zu sagen, dass ihre Verbindung sehr schnell erfolgte. Diese Frau hatte keine Zeit mehr zu verlieren (Lachen).

Sie sagte zu mir: „Ich habe wirklich sehr viele Dinge verstanden. Das Arbeitsthema in meiner Kongregation war die Dankbarkeit." – Die Kongregationen haben alle ein Thema, eine Bestimmung, d.h. in ihnen arbeitet man an der Entwicklung bestimmter Qualitäten. – „Mir wurde bewusst, dass ich mein ganzes Leben lang undankbar gewesen war. Diese Kongregation hatte mir viele Möglichkeiten und Öffnungen geboten: Ich konnte studieren, ich war in London und in Afrika. Ich hatte viel erhalten. Dennoch war mein Leben immer farblos, geruchlos und geschmacklos gewesen. Nun lehrt mich mein Mann die Dankbarkeit. Er ist immer nett und freundlich, er singt, er ist sehr fröhlich, und sehr oft erinnert er mich: ‚Wie glücklich wir uns doch schätzen können, all das zu haben.'"

Wir wollen nun den Lebensverlauf dieser Frau etwas näher betrachten. In ihren Träumen hatte MAN sie kontinuierlich über die kommenden Ereignisse in Kenntnis gesetzt. Sie erhielt allerlei Träume – sie träumte sehr viel –, doch zur damaligen Zeit verstand sie ihre

Träume nicht. Schnee ist gefrorenes Wasser. Das Wasser symbolisiert die Emotionen und sofern der Schnee nicht ganz besonders schön und leuchtend ist, stellt er symbolisch eine emotionale Einsamkeit und Kälte dar. Die beiden Male, wo sich diese Frau nach Afrika auf den Weg machte, kündigte MAN ihr an, dass sie sich zu einer großen Einsamkeit aufmachte. Es handelte sich um unbewusste Erinnerungen, die sie aufsuchen musste.

Wenn wir nicht über das wahre Wissen und die wahre Erkenntnis verfügen, sind wir uns nicht bewusst, dass unser Tun in der Außenwelt dem entspricht, was wir in unserem Innern tun müssten. Diese Frau wollte die Afrikaner retten. Die Afrikaner stellten jedoch Teile ihres Selbst dar, die sie pflegen und heilen musste. Sie hatte auch bei vielen Entbindungen geholfen. Die Entbindung, das Gebären ist ein bedeutendes Symbol der Materialisierung. Diese Frau hatte Schwierigkeiten mit der Materialisierung, mit dem Erhalten und Empfangen – ihr Leben war farblos und geschmacklos. Welche Energiezentren waren davon betroffen? Die beiden ersten: das rote Chakra und das orange Chakra, die den Energiezentren der Sexualität und der Wahrnehmung der materiellen Welt entsprechen.

Warum hatte MAN Afrika gewählt? Auf energetischer Ebene entspricht dieser Kontinent dem ersten Chakra, jenem Energiezentrum, das mit den physisch-körperlichen Wurzeln des Menschen zu tun hat. Diese Frau ist sehr sensibel und sie hatte in früheren Leben bereits eine große spirituelle Öffnung entwickelt. Doch ihre Energie reichte nicht bis zur Erde hinab, sie war in der Region des Sonnengeflechts blockiert. Und dies war der Grund, weshalb sie ihr Leben langweilig und fade empfand. Sie hatte vermutlich in früheren Leben auf dem Gebiet der Sexualität und der Materialisierung Fehler begangen und deshalb in ihrem jetzigen Leben ihre Lebensenergie und ihre Instinkte unterdrückt und gefesselt. Sie hatte übrigens diesbezüglich zahlreiche Träume erhalten, deren Sinn sie jedoch erst viel später verstand.

Erfährt man Einschränkungen, so gibt es dafür immer gute Gründe. Die Menschen, die sich zu den Indianern des amerikanischen Kontinents hingezogen fühlen, haben ebenfalls unbewusste Erinnerungen im Zusammenhang mit dem ersten Chakra zu bereinigen. Diese Anziehung kann unter anderem mit vergangenen Leben in Verbindung stehen, in denen der betreffende Mensch eingeborene Lebensgemeinschaften beraubte oder mittellos werden ließ, oder in denen er selbst ein Indianer war. Wie Sie sehen, dient jeder Beruf und jede Tätigkeit, die man ausübt, dazu, sich selbst zu helfen, und die Art der Arbeit, die man in der Außenwelt durchführt, entspricht der Arbeit, die man in seinem Inneren durchzuführen hat.

Diese Frau fragte meinen Mann:
- Bin ich denn mein ganzes Leben hindurch untreu gewesen, weil ich meine Träume nicht befolgte und die Zeichen, die MAN mir sandte, nicht verstand?
- Nein, antwortete ihr mein Mann, kein einziges Komma dürfte deinem Leben entzogen werden, keine einzige Seite, und das gilt für uns alle. Man sollte kein Bedauern und keine Schuldgefühle haben. Du hattest das alles zu leben. Das alles war Teil der Lebenserfahrungen, die du sammeln musstest. Wärst du nicht durch all das hindurchgegangen, dann wärst du für deinen Lebensgefährten nicht bereit gewesen: Du hättest ihn nicht zu schätzen gewusst.

Nun nehmen diese Frau und ihr Mann gemeinsam an den Vorträgen über die Engellehre teil, um zu lernen, wie man an sich selbst arbeitet. Sie bereinigt dabei all jene Erinnerungen, die den Stempel der Unsicherheit tragen. Das ist eine umfangreiche Arbeit der Bewusstwerdung und sie durchlebt sie wie eine Folge von Offenbarungen. Sie gestand uns, dass ihr Leben, seit sie es mit ihrem Lebensgefährten teilt, sehr an Farbe und Geschmack gewonnen hat. Gemeinsam machen sie nun die Erfahrung, was es bedeutet, wenn sich Geist und Materie in vollkommener Eintracht vereinen: Sie entdecken eine völlig neue Lebensweise.

Engel 22 YEIAYEL
Renommee und Berühmtheit

Zu Beginn möchte ich Sie darauf aufmerksam machen, dass dieser Vortrag – besonders im Rahmen des heutigen Themas – gefilmt und öffentlich ausgestrahlt werden wird. Für all jene, die nicht erkannt werden wollen, ist es noch Zeit, sich zu entfernen. Ich weise aber auch darauf hin, dass MAN Sie dennoch, auch außerhalb dieses Saals, weiter filmen wird, bis zu Ihnen nach Hause, bis in Ihr Inneres hinein (Lachen). Sie haben wahrscheinlich verstanden, dass ich von den Kameras der unsichtbaren Welten spreche. MAN filmt und erkennt uns ständig. Ob wir es wollen oder nicht, wir sind immer berühmt. Heute Abend werden wir den wahren Sinn der Berühmtheit und des Renommees erfassen.

In den unsichtbaren Welten gibt es sogar Paparazzi, die das kleinste Vergehen – einen geringfügigen Gedanken der Traurigkeit, der Kritik oder des Hochmuts – KLICK! aufnehmen. Diese Informationen werden dann verbreitet, ohne dass wir wissen, bis wohin sie gelangen. Doch die Folgen sind eine Tatsache: Das, was aufgenommen worden ist, wird seinen Niederschlag in unserem Leben finden – oftmals, ohne dass wir es voraussehen können. Mit dem Engel 22 YEIAYEL, dem Engel des Renommees und der Berühmtheit, werden wir uns des dynamischen Ablaufs dieser Boomerang-Wirkung bewusst, sowohl auf der Ebene des Ur-Geistes als auch auf der Ebene der Materie.

Das Wort *Renommee* kommt aus dem Französischen und bedeutet die neue, erneute Benennung. Was wird erneut benannt? Unsere Göttliche Natur. Durch ihre erneute Benennung – denn benannt ist sie schon von jeher – werden wir uns immer renommiert und berühmt fühlen. Unabhängig davon, ob eine große Anzahl Menschen uns in der konkreten Wirklichkeit kennen und ob ein Ruf uns begleitet, wir werden uns immer anerkannt und berühmt fühlen. Es ist wichtig, sich dessen bewusst zu sein, denn der Mensch sucht ständig nach Anerkennung. Sei es aufgrund seiner intellektuellen Fähigkeiten, seiner Qualitäten im Bereich der Gefühle und der Beziehungen oder aufgrund seiner beruflichen Kompetenzen, der Mensch strebt um jeden Preis nach Anerkennung. Zunächst versucht er diese in der Außenwelt zu erhalten, doch eines Tages – und dies ist das wesentliche Thema dieses Vortrags – erwirbt er die Schlüssel, die es ihm ermöglichen, sich selbst anzuerkennen, seine Göttliche Natur erneut anzuerkennen. Von diesem Augenblick an akzeptiert er sein Lebensprogramm, seinen Lebensplan und die äußere, soziale Anerkennung und Berühmtheit verlieren in seinen Augen jegliche Bedeutung.

Ich möchte Ihnen von einem Menschen berichten, der weltweit sehr berühmt und sehr bekannt gewesen ist. Es handelt sich um Grace Kelly, die Prinzessin von Monaco. Diese Frau, deren Schicksal und Temperament außergewöhnlich waren, wird immer noch verehrt, da sie die Schönheit und die körperliche Grazie inkarnierte. Hinter diesem Beispiel eines Erfolgs auf allen Ebenen, der selbst ein Märchen übertrifft, verbirgt sich noch eine andere Geschichte. Diese Frau trug in ihrem Herzen sehr viel Schmerz, Sorge und Frustration.

Die folgenden Worte über Grace Kellys Leben sollen zum Verständnis der Lehre dieses Vortrags beitragen. Diese Frau hatte ihre Kindheit in den Vereinigten Staaten verbracht, wo sie eine sehr strenge katholische Erziehung erhielt. Ihr Vater, ein Autodidakt, der sich im Bauwesen ein Vermögen erarbeitet hatte, sagte sehr oft zu ihr: „Gehör nicht zu denjenigen, die alles nehmen, ohne jemals etwas zu geben." Wir werden sehen, dass diese Regel in Grace' Geist ihre Wirkung getan hat. Wie jeder weiß, ist Grace Kelly später durch ihre Karriere als Schauspielerin sehr berühmt geworden. Sie erhielt unter anderem mehrmals den Oscar als beste Schauspielerin der Vereinigten Staaten. Dann begegnete sie ihrem Prinzen, Rainier von Monaco, und wurde seine Frau. Diese Heirat wurde sehr stark mediatisiert: Hunderte von Journalisten waren vor Ort und gut 30 Millionen Zuschauer verfolgten die Trauung vor dem Fernseher. Grace Kelly verkörperte also in der Außenwelt die Berühmtheit.

Sie musste aber aus Gründen der Ethik auf ihre Karriere als Schauspielerin verzichten, denn als Prinzessin durfte sie nicht alle möglichen Rollen spielen. Später vervielfachte sie ihre wohltätigen und philanthropischen Werke und wirkte als Mäzenin. Sie haben vielleicht die beiden Wörter *Mäzen* und *Philanthrop* in der Merkliste der Qualitäten und Tugenden des Engels YEIAYEL gesehen. Diese Ausdrücke sind aus unserem Wortschatz praktisch verschwunden. Ein Mäzen ist ein vermögender Mensch, der die Künstler beschützt und durch Subventionen finanziell unterstützt und der völlig uneigennützig die Entwicklung der Humanwissenschaften fördert. Ein Philanthrop ist ein Mensch, der den ständigen Wunsch hat, die materielle und moralische Lage der anderen zu verbessern. Er begnügt sich nicht mit hohen philosophischen Ideen, sondern lässt diesen sehr konkrete wohltätige, menschenfreundliche Taten folgen.

Wenn wir an die Philanthropie denken, kommen uns oft Beispiele wie dasjenige dieser wohltätigen Prinzessin in den Sinn. Wir werden jedoch sehen, dass die Philanthropie ein Wesensaspekt bzw. ein Bewusstseinszustand ist, den wir in unserem Alltag ständig anwenden können. Der Engel YEIAYEL erinnert uns daran und hilft uns dabei.

Hinter der Fassade der Vollkommenheit und des großen Erfolges war Grace Kelly ein unglücklicher Mensch. Als sie auf die Fünfzig zuging, vor ihrem Tod bei einem Autounfall, war ihre Ehe am Auseinanderbrechen, die Liebe war verschwunden. Grace hatte Angst vor dem Altern und vor einer Gewichtszunahme, und obwohl sie so lange im Fürstentum Monaco gelebt hatte, sehnte sie sich nach ihrem Heimatland. Sie bedauerte es auch, ihre Schauspielerkarriere aufgegeben zu haben. Wir werden den tief liegenden Gründen auf die Spur gehen, die diese so angebetete Frau gegen Ende ihres Lebens derart unglücklich werden ließen.

Während eines Teils ihrer Karriere als Schauspielerin war einer ihrer Mentoren – ein Mentor ist eine Person, die uns berät und unterstützt – Alfred Hitchcock, der berühmte Filmemacher, dessen manchmal alptraumhafte Werke auf Angst und Horror aufbauen. Grace spielte Rollen dieser Art. Nun muss man aber wissen, dass ein Schauspieler nicht zufällig eine Rolle spielt: Es besteht zwischen ihm und der Rolle eine Resonanz. Die Rollen, die die Schauspieler und Schauspielerinnen spielen, stellen Teile ihres Selbst dar, Teile, die sehr wohl vorhanden sind, jedoch oft verborgen, verschleiert, unbewusst bleiben.

Angesichts ihrer zahlreichen wohltätigen Werke kann es erstaunen, dass Grace Kelly sich so unglücklich und ungeliebt fühlte. Denn man weiß, dass es einen glücklich macht, sich in der wahren, reinen Großzügigkeit zu üben, da man dadurch seine Ähnlichkeit mit dem Schöpfer wiederfindet. Alfred Hitchcock bringt uns mit einer Aussage, die er über Grace Kelly machte, auf die Spur: „Sie ist eine große Lady. Sie ist ein Vulkan aus Leidenschaft und Erotik." Wenn man in der Psychologie von Vulkan spricht, bezieht man sich auf unterschwellige oder verborgene psychische Kräfte, die bei der geringsten Gelegenheit an die Oberfläche treten und eine wahrhaft zerstörerische Auswirkung haben können.

Wer von Leidenschaft spricht, spricht auch von Verführung. Alfred Hitchcocks Aussage lässt uns erkennen, dass die wohltätigen Werke dieser Frau nicht ganz uneigennützig waren, sie wollte damit der Öffentlichkeit gefallen. Das ist kein Urteil über sie, sondern lediglich eine Feststellung. Was sie tat, waren durchaus gute Werke, doch in künftigen Leben wird sie lernen, darin noch weiter zu gehen.

Dieses Beispiel zeigt, dass wir manchmal den anderen helfen, weil wir gefallen wollen und nach Anerkennung suchen. Der Engel 22 YEIAYEL hilft uns, diese Einstellung zu ändern. Natürlich bedeutet das nicht, dass man es vermeiden sollte, den anderen zu helfen. Man sollte nicht die Vollkommenheit abwarten, bevor man mit dem Helfen beginnt, da man ansonsten Gefahr läuft, sehr lange auf einer Couch ausgestreckt liegen zu bleiben (Lachen). Doch während man hilft, sollte man in sich hineinhören, sein Schwingungsniveau beobachten und zu sich selbst sprechen: „Aha, sieh mal, ein kleiner Prozentsatz deiner Motivation ist uneigennützig, doch deine Schwingungen zeigen dir sehr wohl, dass du dies zum Teil tust, um anerkannt zu werden. Ich bin dem Himmel für diese Erkenntnis dankbar." Mit dieser Einstellung werden nach und nach unsere philanthropischen Taten und Gesten der Hilfe wahrhaftig uneigennützig und rein. Und am Ende unseres Lebens werden wir uns nicht voller Leid und Kummer fragen: „Wie kommt es, dass ich mich nicht wohl fühle? Ich habe mein ganzes Leben lang den anderen geholfen und nun fühle ich mich so elendiglich. Das ist doch nicht normal." Mit dem Engel YEIAYEL verfügen wir über einen Schlüssel, durch den wir eines Tages immer aus dem richtigen Motiv heraus handeln werden.

Wenn man erfährt, welche Angst diese Frau vor dem Altern und Dickwerden hatte, erkennt man, dass die Schönheit für sie eine Behinderung war. In manchen Fällen schadet die äußere Schönheit dem Menschen, da sie ihn davon abhält, seine innere Schönheit zu suchen. Seine körperliche Schönheit dient ihm als Pass, der ihm auf der irdischen Ebene alle Türen öffnet. Je weiter der Mensch aber in seiner Entwicklung voranschreitet, umso mehr findet er die innere Schönheit wieder, die vom Alter unabhängig ist. Ja er strahlt sogar immer mehr Schönheit aus, je älter er wird. Und er befürchtet weder das Altern noch das Dickwerden, da er nicht mehr um das Bild besorgt ist, das er nach außen projiziert. Das, was er ausstrahlt, wird ihm wichtiger sein als seine äußere Erscheinung.

Die Sehnsucht dieser Frau nach ihrem Heimatland ist eine weitere Projektion nach außen. Sehnt man sich nach dem Land seiner Herkunft, so bedeutet dies, dass man in seinem Innern noch nicht sein wahres Heimatland gefunden hat. Wir haben alle die gleiche Heimat, das gleiche Vaterland und das ist unser Himmlisches Ursprungsland. Sobald wir dieses wieder gefunden haben, können wir uns in Timbuktu, Australien, Frankreich oder sonst wo befinden und dennoch immer und überall den Eindruck haben, zu Hause zu sein.

Sie sehen also, dass trotz des Anscheins der Vollkommenheit, die Grace Kelly, die von so vielen Menschen beneidet wurde, ausstrahlte, gewisse Aspekte ihres Lebens alles andere als harmonisch waren. So manch einer von uns kann sich in diesem Beispiel wiedererkennen, auch ohne dass uns in gleichem Maße materieller Reichtum und Wohlstand umgeben.

Manchmal spielt man Rollen. Befindet man sich in Gegenwart eines spirituellen Menschen, ist man fähig, dessen Schwingungsniveau zu erreichen. Befindet man sich etwas später in Gesellschaft von Freunden, die kritisieren, dann nimmt man die gleiche kritisierende Haltung ein. Natürlich muss man sich an die Leute anpassen, z.B. an ihr sprachliches Niveau. Doch wenn man Rollen spielt, passt man sich nicht nur an die anderen an, man ändert auch seine Schwingungsfrequenz. Grace Kelly bedauerte es, auf ihre Schauspielerkarriere verzichtet zu haben, da sie nach ihrer Heirat mit dem Prinzen Rainier dazu verurteilt war, für den Rest ihres Lebens immer die gleiche Rolle zu spielen: die perfekte Prinzessin, die Achtung einflösst und die Selbstbeherrschung wahrt. Und sie spielte diese Rolle sehr gut mit ihren langen weißen Handschuhen. Doch in ihrem Inneren war der Vulkan weiterhin vorhanden. Ihr Problem bestand darin, dass sie in der Außenwelt eine Prinzessin wurde, bevor sie es in ihrer Innenwelt war.

Wir werden in einem anderen Vortrag sehen, dass es möglich ist, unsere königliche Herkunft in unserem Innern wiederzufinden. Sobald wir sie gefunden haben, hat es keinerlei Bedeutung mehr, ob wir in der Außenwelt den dazugehörigen Titel tragen oder nicht. Dann verbringen wir keine Zeit mehr damit, das Leben königlicher oder berühmter Persönlichkeiten zu verfolgen und all unsere Wünsche, unsere Sehnsüchte und unseren Neid auf sie zu projizieren. Wenn man sich selbst nicht anerkennt, dann ernährt man sich von der Energie, die berühmte Personen ausstrahlen, weil man sich mit ihnen identifiziert. Mit Hilfe des Schlüssels, den uns der Engel 22 YEIAYEL bietet, wird man das eines Tages nicht mehr nötig haben. YEIAYEL befreit uns von dieser Art der Frustrationen, denen im Allgemeinen eine mangelnde gesellschaftliche Wertschätzung zugrunde liegt. Und dann können wir fortlaufend glücklich sein.

☉

Engel, Geistige Führer und Wesenheiten (Entitäten)

Ich möchte nun kurz mit einem Thema fortfahren, zu dem uns oft die Frage gestellt wird: Was ist der Unterschied zwischen einem Engel, einem Geistigen Führer und einer Wesenheit (einer Entität)? Wenn man einen der 72 Engelnamen rezitiert, wendet man sich an ein immens großes und mächtiges, ur-reines Bewusstseinsfeld der Schöpfung. Man könnte es durch einen Satelliten darstellen, einen riesengroßen Göttlichen Satelliten, an den man sich anschließt.

Was die Geistigen Führer betrifft, so handelt es sich im Allgemeinen um Wesen, die die irdische Ebene transzendiert haben und die in vielen Fällen von anderen Planeten stammen, deren spirituelle und materielle Entwicklung der unseren voraus ist. Ihre Aufgabe oder Rolle besteht darin, an der Entwicklung des Universums mitzuwirken, wobei SIE die ihm zugrunde liegenden Gesetze absolut befolgen müssen. Jeder Geistige Führer hat eine spezifische Aufgabe. Es gibt Milliarden von Geistigen Führern, die uns bedingungslos helfen und dienen. SIE haben alle ein kleines Handy mit einem ständigen Anschluss an den riesengroßen Lebenden Computer, den wir Gott oder das Kosmische All-Bewusstsein nennen. Den Geistigen Führern werden Aufgaben und Zielsetzungen erteilt, genauso wie den Angestellten eines Unternehmens auf Erden.

Was die Wesenheiten (Entitäten) betrifft, so handelt es sich um entkörperte Seelen, die schon die Erde und andere Orte bewohnt haben und nun in den verschiedenen Regionen der Astralwelt leben. Es gibt in den Astralwelten ebenso viele Bewusstseinsebenen wie auf der Erde. Nach unserem Tod werden wir eine Entität, eine Wesenheit, und gelangen in jene Zonen der Parallelwelten, die unserem Entwicklungsniveau entsprechen – wie es mehrere Länder auf der Erde gibt, so gibt es auch mehrere Parallelwelten. Nachdem wir die Erleuchtung erreicht haben, werden wir ein Geistiger Führer und erhalten bestimmten Seelen gegenüber Verantwortungen zuerteilt, um ihnen zu helfen.

Es gibt Entitäten aller Art: nette, boshafte, eifersüchtige, kriminelle usw. Und eben deshalb ist Vorsicht geraten, denn mit ihnen muss man auf alles gefasst sein, genauso wie mit uns Menschen. Oft streben wir nach dem Licht oder haben den Wunsch, eine Berühmtheit oder ein großer Weiser zu werden, doch solange wir noch Verzerrungen in uns tragen, die uns nach persönlicher Macht suchen lassen, ziehen wir Entitäten an, die damit im Einklang sind und uns in sehr negativer Weise beeinflussen.

Man kann daraus ersehen, wie umfassend die Welten und Dimensionen sind. Wenn wir mit den Engeln arbeiten, schließen wir uns an die gleiche Quelle an wie die Geistigen Führer. Das hindert diese jedoch keineswegs daran, uns zu helfen, im Gegenteil, es lässt S<small>IE</small> erkennen, dass wir die Ur-Quelle des Bewusstseins wiederentdeckt haben und an der Entwicklung der Göttlichen Qualitäten, Tugenden und Kräfte arbeiten. Das Universum ist auf der fundamentalen Philosophie des Altruismus aufgebaut und aus diesem Grund ist der Altruismus auch unser Endziel, das höchste Ziel des Menschseins.

☉

Das Wort *Yeiayel* bedeutet in der hebräischen Sprache unter anderem wieder unser eigener Vater, unsere eigene Mutter und unser eigenes Kind werden. Darin besteht der Sinn der Heiligen Dreifaltigkeit, d.h. der vollkommenen inneren Einheit. Untersuchen wir nun die Zahl, die diesem Engel zugeordnet ist. Die Schwingung der Zahl 22 ist sehr subtil. Zunächst symbolisiert die Zwei die Verbindung und den Austausch, denn beide werden möglich, sobald zwei Menschen miteinander in Kontakt treten. Diese Zahl betrifft folglich den Handelsverkehr und die Kommunikation. Außerdem wird man eine öffentliche Person, sobald man sich in Gegenwart eines anderen Menschen befindet. Dabei bedeutet 'öffentlich' nicht unbedingt, bei Hunderten oder Tausenden von Menschen bekannt zu sein. Der Handel und der Austausch beziehen alle Menschen ein, nicht nur jene, die von Beruf Handel treiben. Die Zwei symbolisiert also die Kommunikation unter all ihren Aspekten.

Wenn man die 2 mit sich selbst multipliziert, erhält man die 4 – die Zahl, die die Materialisierung symbolisiert, die wirklich dichte Materie, die spiritualisiert werden muss. Wir werden anhand von Beispielen sehen, dass man den Handel zunächst vom energetischen Standpunkt aus betrachten muss. Im Handelsverkehr verkauft einer der Teilnehmer einen Überfluss und erhält von dem anderen im Austausch einen gleichwertigen Gegenstand oder Dienst. Früher nannte man dies einen Tauschhandel. Heute erfolgt der Handel gewöhnlich über einen Geldverkehr, doch auf der energetischen Ebene ist die diesbezügliche Dynamik die gleiche geblieben. Im Handel wird ständig Energie ausgetauscht.

Jedes Mal, wenn wir Brot, ein Kleidungsstück oder einen sonstigen Gegenstand oder Dienst erwerben, treiben wir Handel. Doch sehr oft vergessen wir dabei die schönen altruistischen Werte. Wir befinden uns vor einer Verkäuferin und sind geistesabwesend, da wir das gewollte Kleidungsstück nicht finden konnten, deshalb schenken wir ihr keinerlei Beachtung oder Feingefühl. Mit einer altruistischen Lebenseinstellung würden wir auf der materiell-konkreten Ebene mit den Mitmenschen natürlich ebenfalls austauschen, denn wir müssen ja essen und die Lebensbedürfnisse sind kontinuierlich vorhanden, doch würde dabei unsere innere Einstellung für Ausgleich sorgen.

Dabei geht es nicht darum, der Verkäuferin oder dem Verkäufer bei der Arbeit zu helfen, sondern um einen energetischen Austausch mit diesem Menschen. Allein schon die Tatsache, dass wir daran denken – und somit aufhören, auf unser eigenes kleines Ich mit seinen Anliegen fixiert zu bleiben –, genügt, um unser Sein altruistisch werden zu lassen. Sie sehen also, dass wir die altruistischen Eigenschaften im Alltagsleben entwickeln können, bei all unseren Begegnungen. Wenn wir bei all unseren Handelsbeziehungen diese Einstellung wahren, dann wird dies die Welt verändern.

Renommee. Wie bereits gesagt, geht es dabei darum, sich neu zu benennen, sich an die Göttlichkeit im eigenen Wesen zu erinnern. Darin liegt die Essenz dieser Qualität. *Berühmtheit.* Wenn man einen Menschen rühmt, so bedeutet das, dass man ihn bewundert und sich mit ihm in Einklang befindet. Dieser Mensch ist Träger von etwas, das man mag, ansonsten würde man ihn nicht rühmen. Wie können wir nun unsere Göttliche Natur, den Schöpfer in uns rühmen? Indem wir die Göttlichen Qualitäten und Tugenden ausstrahlen. Das stellt die höchste Anerkennung dar.

Mäzen, Philanthrop (Menschenfreund). Ich habe vorhin über diese beiden Ausdrücke gesprochen, doch in unserer Gesellschaft spricht man vorwiegend von Gönner, Geldgeber oder *Sponsor.* Wenn ein Unternehmen oder eine Organisation beschließt, diese oder jene Aktivität zu sponsern, so entscheidet die Betriebsleitung über den Einsatz der Mittel. Die gleiche Fragestellung lässt sich auf die individuelle, energetische Ebene übertragen: „Wer lenkt mich? Wer ist mein Boss?" Ist unser Göttliches Wesen an der Leitung, dann werden all unsere Gesten und Energieübertragungen von Liebe erfüllt sein, und zwar in absolut allen Bereichen des täglichen Lebens. Dann werden wir allein schon durch unseren Blick und durch die Energie, die wir ausstrahlen, unaufhörlich ein Philanthrop und Mäzen sein.

Bei unserer Arbeit mit dem Engel YEIAYEL kann es zunächst vorkommen, dass wir diese Haltung vergessen, da die unbewussten Erinnerungen noch vorhanden sind – und wenn wir das, was uns zur Natur geworden ist, verjagen wollen, holt es uns im Galopp sofort wieder ein. Doch durch den Bewusstseinszustand, der sich dank der Rezitier-Übung mit diesem Engel einstellt, werden wir beim Brotkaufen oder bei einer anderen Austauschhandlung fühlen, wann unserer Schwingung keine philanthropische Haltung zugrunde liegt, und dann können wir uns sagen: „Als ich das tat, war ich nicht von dem Wunsch beseelt, den Qualitäten und Tugenden den Vorrang zu geben."

Hier ein weiteres Beispiel eines Austauschs. Nehmen wir einmal an, wir haben eine wichtige Verabredung in einem Viertel, das wir nicht kennen, und sind in Eile. Wir haben Verantwortungen wahrzunehmen und werden zu einer bestimmten Uhrzeit erwartet. Wir halten einen Menschen an, um ihn nach dem Weg zu befragen, haben jedoch für ihn nicht einmal ein „Guten Tag!" übrig, sondern wollen einzig und allein die notwendige Auskunft, das ist für uns ja so wichtig! Außerdem kennt der befragte Mensch die gesuchte Straße nicht. Da sind wir auch noch unzufrieden und fahren weiter. Stellen Sie sich das vor: Anstatt zu geben, haben wir genommen, wir haben dem betreffenden Menschen Energie abgezogen. In einer philanthropischen Haltung nutzt man eine solche Gelegenheit, um einen schönen Austausch zu schaffen. Natürlich wünscht man eine Auskunft, doch man kommuniziert auch mit dem anderen Menschen: Der Austausch erfolgt auch über den Blick. Die Tatsache, dass sich dieser Mensch auf unserem Weg befindet, bedeutet, dass er wichtig ist.

Mit einer philanthropischen Einstellung geschieht der Austausch nicht nur auf der horizontalen Ebene, sondern auf allen Ebenen. Wenn man alles von einem vertikalen Blickfeld aus betrachtet, kommt man sehr schnell voran. Dann kann man auch ein großer Wohltäter sein – das sind Mäzenen ja: Sie sind Wohltäter. Auf dem Weg der spirituellen Entwicklung ist man nicht nur hin und wieder ein Wohltäter, man ist es im Alltag, immer und überall.

Sollten Sie von diesem Vortrag nur eine Sache in Erinnerung behalten, dann diese: Wir werden ständig gefilmt. Wir geben und helfen, weil wir gerne großzügig sind und weil die Großzügigkeit die anderen Menschen berührt. Doch sollten wir dabei nicht vergessen, dass die Himmlischen Mächte sehen, wie wir geben.

Leader, Führungs- und Befehlsposten, Diplomatie; Vermögen, Handel. Wir haben diese Qualitäten bereits angesprochen und werden dazu im Folgenden zahlreiche Beispiele sehen.

Ermöglicht überraschende Entdeckungen. Wenn man sich von der Materie einfangen lässt und auf der Suche nach Anerkennung in Stress gerät, dann befindet man sich nicht in der geeigneten Verfassung, um überraschende Entdeckungen machen zu können. Mit dem Engel YEIAYEL hingegen wandert man von einer Überraschung zur nächsten und das Leben wird zu einem großartigen Erlebnis, zu einem schönen, großen Abenteuer.

Reisen. Eine Reise in der äußeren Welt kann sehr schön sein und man kann dabei alle möglichen interessanten Menschen kennen lernen. Doch muss man das Wesen des Reisens erfassen lernen und dieses besteht in der Erkundung der inneren Dimensionen des Seins.

Diesbezüglich möchte ich anhand einer Reklame aufzeigen, wie man die an uns gerichteten Werbebotschaften tiefgründig analysieren und, wenn man will, auch vertikal lesen kann, so als würde man einen Traum deuten. Eine derartige Analyse der Werbereklamen fördert unsere Entwicklung und lässt uns erkennen, dass alles interessant ist. Es handelt sich um die Werbung eines Reisebüros. Man sieht darauf ein Krokodil und zu lesen ist Folgendes: *Wir haben an alles gedacht, damit Sie alles vergessen können.* Und in kleineren Buchstaben steht noch geschrieben: *Denken Sie nur an sich.*

Was uns dabei sofort durch den Kopf geht, ist die Tatsache, dass das Reisen für viele Menschen eine Flucht darstellt. Diese Menschen sind so sehr gestresst, sie haben so viel gearbeitet, dass sie eine Reise in dem ganz starken Bedürfnis antreten, vergessen zu können. Das wissen die Werbefachleute sehr wohl und sprechen folglich dieses Bedürfnis an, um Kunden anzulocken.

Wir werden jedoch sehen, dass es auf dem Weg der spirituellen Entwicklung darum geht, eben gerade nicht zu vergessen. Darauf beruht auch die Arbeit mit der Engellehre. Im Gegenteil, alle Erinnerungen, die Verzerrungen enthalten, müssen nacheinander wieder aufgerufen werden. Alles, was wir gedacht, gefühlt und getan haben, ist aufgezeichnet und wir müssen all diese Erinnerungen wiederfinden, um die darin enthaltenen Verzerrungen zu bereinigen und die Erinnerungen danach umzuprogrammieren. Dazu ist es nicht notwendig, an jene Orte zurückzukehren, wo man gelebt hat. Auch ist es nicht nötig, die betreffenden Menschen wieder zu treffen: Man vollbringt diese Arbeit direkt in seinem Innern durch die Meditation und die Bewusstwerdung. Dabei geschieht alles im Hier und Jetzt, wobei vor allen Dingen darauf zu achten ist, dass nichts vergessen wird.

Was den Zusatz „*Denken Sie nur an sich*" in der Reklame betrifft, so enthält er nicht die geringste philanthropische Einstellung. Denkt man nur an sich, so denkt man nicht an die anderen. Sie werden nun vielleicht erwidern: „Es gibt da aber doch diesen Spruch, der besagt: ‚*Die wahre Wohltätigkeit beginnt bei sich selbst.*'" Ich würde Ihnen darauf antworten, dass es wahr ist, dass man die erste wohltätige Tat an sich selbst verrichten muss. Man muss sich zuerst um seine eigenen inneren Armen kümmern, d.h. um jene Teile von sich selbst, denen die Qualitäten und Tugenden fehlen. Doch sobald man innerlich reich ist – oder besser gesagt, in dem Maße, in dem man es wird –, kann man den anderen helfen und wohltätig sein.

Tut man das, dann denkt man auch an sich, was Grace Kelly nicht getan hat, genauso wenig wie all jene Menschen, die sich den anderen ergeben widmen oder die sich um ihre zahlreichen Kinder und Familienmitglieder kümmern, und sich ab einem bestimmten Alter dann frustriert fühlen. Ihnen fehlt die innere Dimension des Dienens.

Man muss sowohl an sich als auch an die anderen denken. Oft hört man Menschen sagen: „Nun muss ich an mich selbst denken" und man kann aus ihren Worten etwas Verzerrtes heraushühlen. Denkt man an sich selbst und gleichzeitig auch an die anderen – denn die anderen stellen ja Teile unseres Selbst dar –, so kann die Energie fließen und man schafft einen schönen Austausch.

Wir wollen nun das Bild des Krokodils analysieren, das auf dem Werbeplakat zu sehen ist, so als würden wir einen Traum deuten. Das Krokodil ist ein archetypisches Symbol. Es versinnbildlicht den Herrn und Meister der Ur-Wasser und sein gefräßiges, zerstörerisches Benehmen weist auf eine dunkle, in den unbewussten Zonen hausende Kraft hin. Zeigt MAN uns dieses Symbol in einem Traum, so braucht uns das nicht in Angst zu versetzen. Mit der Zeit gewöhnt man sich an die Begegnung mit derartigen Symbolen. Durch ein Krokodil in einem Traum will MAN uns darauf hinweisen, dass es in unserem Unbewusstsein eine heimtückische Kraft gibt, die unerwartet auftauchen und ganz plötzlich – klack! – zuschlagen kann. Es ist diese Kraft, die uns im Verlauf unseres spirituellen Werdegangs von Zeit zu Zeit in unserem Innern diese zerstörerischen kleinen Stimmen hören lässt, die sagen: „Hör doch auf mit diesem Engelzeug und der Rezitier-Übung. Vergiss das alles und leg dich lieber auf die faule Haut." Diese Stimmen regen uns keineswegs zur Einkehr, zur Verinnerlichung und zur Meditation an. Oh nein, diese finsteren Stimmen, die aus unseren Tiefen auftauchen, stammen von in uns abgespeicherten, weit zurückliegenden Erinnerungen. Der Engel YEIAYEL hilft uns die zerstörerischen Aspekte dieser Erinnerungen zu verwandeln. Eines Tages, wenn die Menschen das tiefgründige Lesen gelernt haben werden, wird die Werbung gewiss ein anderes Gesicht annehmen.

Wir wollen nun die Verzerrungen der Engelenergie YEIAYEL betrachten. *Megalomanie (Größenwahn), Tyrannei, Sklaverei.* Hat man diese

Engelenergie falsch verstanden, so kann man in die Haltung eines Größenwahnsinnigen verfallen. Was bedeutet nun Größenwahn oder Megalomanie? Das Vorwort *megalo* bedeutet grandios, großartig, durch die Hinzufügung des Wortes *Manie* wird es jedoch ein Hinweis auf eine Verzerrung. Ein Größenwahnsinniger oder Megalomane ist ein Mensch, der sich für Gottvater hält. Er kann in der materiellen Welt großen Erfolg erreicht haben, wobei er jedoch vergessen hat, dass alles vom Himmel kommt. Wir kennen gewiss alle solche Menschen. Sie werden tyrannisch und ihr Verhalten erzeugt die Sklaverei. Wir werden sehen, dass es verschiedene Grade der Tyrannei und der Sklaverei gibt. Der Tyrann kann sich sehr wohl in unserem Innern befinden. Unser Wesen kann kleine Tyrannen bergen. Sind wir der Tyrannei eines Menschen ausgesetzt, so bedeutet dies, dass wir in unserem Innern kleine Tyrannen haben, die uns unterdrücken. Dabei handelt es sich um Erinnerungen, die uns Sklaven sein lassen, z.B. Sklaven von Abhängigkeiten.

Manipulation, Verbissenheit, Wettbewerbsdenken, Profitgier. Diese Verzerrungen treten oft im Handel und in der Geschäftswelt auf, wenn ein Mensch höchste Gewinne herausschlagen möchte. Der Handel ist eben einer dieser Bereiche, wo die durch Manipulation gefärbten Erinnerungen freies Spiel haben, denn beim Experimentieren mit der Materie bringen die Menschen das zum Ausdruck, was sie sind. Ein Mensch, der fähig ist, selbst in seinen geschäftlichen Tätigkeiten eine philanthropische Haltung zu wahren, hat in seiner Entwicklung eine hohe Stufe erreicht.

Hochmut, Unterdrückung. Alle Traditionen sind sich darin einig, dass der Mensch veranlasst werden muss, sich vom Hochmut zu befreien. Das ist jedoch nicht leicht, denn der Hochmut nimmt manchmal sehr subtile Formen an. Doch es geht in jedem Fall nicht darum, den Hochmut zu beseitigen, sondern darum, ihn zu verwandeln. Wenn man hochmütig ist, bedeutet dies, dass man sich nicht anerkannt fühlt. Man ist hochempfindlich, übelnehmerisch und leicht reizbar, und sobald ein Mensch die geringste negative Bemerkung macht, reagiert man entweder aggressiv und angriffslustig oder man beginnt zu schmollen. Im ersten Fall handelt es sich um eine ganz offensichtliche mangelnde Meisterung seines Selbst und im zweiten um eine Unterdrückung der Gefühle, was aber ebenfalls keine Meisterung bedeutet. Die Meisterung erlangt man durch die Arbeit an sich selbst, so lange, bis eines Tages weder die Unterdrückung noch die Aggressivität fortbestehen.

Im Zustand des Hochmuts errichtet man über sich eine Decke und um sich herum Mauern. So kann man weder von Oben, also vom Himmel, noch von den Menschen um sich herum Informationen erhalten und man ist im eigenen Hochmut eingesperrt. Die einzigen Informationen, die man in diesem Zustand aufnehmen kann, sind jene, die eine niedrige Schwingungsfrequenz haben. Der Engel YEIAYEL hilft uns, den Hochmut und die Unterdrückung zu transzendieren.

Wünscht sich reich und berühmt zu sei; hat Schwierigkeiten, sich selbst anzuerkennen; Gier, Unersättlichkeit. Eines Tages sagte Grace Kelly, dass ihr, obwohl sie es bedauere, ihren Beruf als Schauspielerin aufgegeben zu haben, die Welt Hollywoods absolut nicht fehle. Sie gab dafür als Grund an, dass von allen Städten, die sie kannte, Hollywood die Stadt mit der größten Ansammlung von unglücklichen Menschen sei, von Menschen, die unter allerlei Abhängigkeiten und starken Depressionen litten. Dabei ist Hollywood nun ja wirklich bekannt als Ort des Reichtums und der Berühmtheiten. Das erklärt sich dadurch, dass die Menschen dort in ihrem Inneren eine Leere empfinden, die sich nicht durch äußere Mittel füllen lässt. Sie können noch so viele Komplimente erhalten und noch so hohe Ehren erwiesen bekommen, das wird niemals ausreichen. Es giert sie danach und sie sind davon abhängig. Durch die Arbeit mit dem Engel YEIAYEL werden wir eines Tages einen Zustand erreichen, wo weder Kritik noch Beleidigungen uns die Anerkennung rauben können, die wir uns selbst gewähren, da diese Anerkennung vom Himmel kommt. Die Anerkennung unserer Göttlichen Natur wird uns eine große Stabilität empfinden lassen.

Ich möchte Ihnen nun eine kleine Anekdote erzählen, die sich zugetragen hat, als ich während der Zeitspanne seiner Regentschaft (vom 7. bis 11. Juli) den Engel YEIAYEL anrief. Diese Geschichte, die den Hochmut betrifft, zeigt, wie wir bei unserer Arbeit mit den Engeln die Zahlen verwenden können.

Unsere Tochter Kasara kam nach einem Tag, den sie draußen in der Natur verbracht hatte, nach Hause. Sie wusste nicht, dass ich mit dem Engel 22 YEIAYEL arbeitete, und als sie ankam, sagte sie zu mir: „Also, mich haben die Stechmücken ganz schön zerstochen. Ich habe gezählt: Ich habe 22 Stiche." Die Übereinstimmung brachte mich zum Lachen und ich wusste, dass MAN dabei war, mir eine Lehre zukommen zu lassen.

Kasara kennt mich. Sie weiß, dass ich die Zahlen, die den Engeln zugeordnet sind, als Zeichen verwende. Deshalb fragte sie sofort nach:
- Welcher Engel ist das?
- Das ist der Engel YEIAYEL, mein Herzchen, der Engel des Renommees. Er trägt die Zahl 22.
- Was ist das Renommee?
- Ah, das Renommee, das ist ein Engel, der uns hilft, die Anerkennung zu finden.
- Also, da habe ich bei den Stechmücken aber ordentlich Anerkennung gefunden.

Ich musste Tränen lachen. Sie hätten diesen Knirps von kleiner Frau sehen müssen, als sie das so ganz natürlich von sich gab (Lachen).

Sie werden feststellen, dass man aus dieser kleinen Anekdote eine ganze Lehre ziehen kann. Eines Tages wird für uns alles eine Quelle des Lernens darstellen. Was wollte MAN mir durch Kasaras Erlebnis sagen? Wenn ein Mensch uns gegenüber aggressiv ist – auch wenn es ungerechtfertigt ist –, fühlen wir uns in unserem Hochmut verletzt, wir saugen die ganze negative Energie in unserem Sonnengeflecht auf und fühlen uns nicht gut. Wie bereits erwähnt, gibt es in einer solchen Situation zwei mögliche Reaktionen: Entweder reagiert man ebenfalls aggressiv oder man unterdrückt seine Gefühle und schmollt. Man kann aus Angst, gestochen zu werden, sogar beschließen, das Haus nicht mehr zu verlassen, d.h. man befürchtet, dass der Austausch mit anderen unseren Hochmut stechen könnte. Zuhause hat man Fliegennetze und die Stechmücken können uns deshalb nichts anhaben. Doch kann man sich nicht ständig hinter vier Wänden verbergen und so wird man im Austausch mit den anderen introvertiert und verhält sich so, als würde man in einem Panzer stecken. Dadurch gerät man in einen Zustand der Misanthropie, der Menschenfeindlichkeit.

Ein Misanthrop ist ein Mensch, der die anderen Menschen verabscheut. Das ist natürlich eine extreme Haltung. Sobald wir die Energie des Engels YEIAYEL integriert haben, können die Stechmücken ruhig weiter vorhanden sein, doch wir kümmern uns nicht mehr darum, sondern nehmen sie ganz einfach hin. Und ein Kompliment wird uns nicht mehr in Verlegenheit bringen können oder uns das Gefühl vermitteln, ganz plötzlich größer geworden zu sein. Auch sind wir dann nicht mehr gierig darauf aus, Komplimente zu erhalten. Mit anderen Worten: Sobald wir die Meisterung erlangt haben, ist es ganz gleich, ob man uns Komplimente macht oder kritisiert, unser Seelenzustand wird dadurch nicht mehr beeinflusst. Wenn die Meisterung unser innerer Zustand geworden ist, sind uns Komplimente natürlich willkommen, doch sie verändern nicht mehr unseren Bewusstseinszustand. Unsere innere Standfestigkeit ist gut verwurzelt, da wir uns selbst anerkennen. Wir fühlen uns wohl in unserer Haut und strahlen Liebe und Mitgefühl aus. Zudem können wir verstehen, warum uns der andere kritisiert. Eines Tages, wenn die Menschheit in ihrer Entwicklung vorangekommen sein wird, werden die Stechmücken verschwunden sein. Doch gegenwärtig sind sie noch vorhanden und das hat seine Richtigkeit.

Wir werden nun anhand einiger Beispiele sehen, wie sich die Engelenergie YEIAYEL in unseren Träumen äußern und uns Lehren vermitteln kann. Die Träume sind wesentliche Schüssel. Sie lassen uns unverhoffte Elemente entdecken, die in unserem Unbewusstsein hausen und die wirklich sehr subtil, ja schädlich sein können.

Eines Abends beim Einschlafen schickte MAN mir einen Traum, um mir zu zeigen, was die Berühmtheit ist, was es bedeutet, ein berühmter Mensch zu sein, und welches der Schlüssel ist, der uns zu ständiger Anerkennung verhilft.

Sie werden sehen, was für ein Bild MAN mir geschickt hat! Die Himmlischen Mächte meistern die Symbolsprache ja so gut! SIE haben mir *das Bild einer riesengroßen kosmischen Küche geschickt, in der sich menschengroße Töpfe und Gerichte befanden. Wie konnte ich nun erkennen, dass sie so groß waren? Ich befand mich in einem der Gerichte, als Zutat*, so, als wollte der Himmel mir sagen: „Christiane, du bist eine Zutat" (Lachen). Nach einem solchen Traum hält man sich ganz gewiss nicht mehr für was Besonderes. Man wird sich bewusst, dass man nur eine Zutat ist und dass alle anderen ebenfalls an der Schöpfung des Renommees und der Berühmtheit beteiligt sind. Es spielt auch keine Rolle, welche Zutat man ist – Lauch, Salz oder Pfeffer –, da ja in jedem Fall alle Zutaten notwendig sind, um die Nahrung vorzubereiten, die man den anderen anbietet. Der Altruismus baut auf dem gleichen Prinzip auf.

Durch diesen Traum hat MAN mich gelehrt, dass der Schlüssel des Renommees – jenes Renommees, durch das wir uns immer anerkannt fühlen können – darin besteht, sich selbst hinzugeben, d.h. sich selbst als Gabe anzubieten.

Das ist das wahre Dienen, dessen Ziel nicht darin besteht, die Anerkennung der anderen zu suchen. Es ist Ihnen gewiss aufgefallen, dass das Wort *dienen* in der gegenwärtigen Auffassung des Renommees nicht sehr gut dasteht. Man fügt meistens zwei Buchstaben hinzu und macht daraus *bedienen*. Und man glaubt, dass man sich selbst herabwürdigt und unterwirft, wenn man den anderen dient. Oft strebt man nach Renommee und Macht und unterjocht aus diesem Grunde sich selbst und die anderen – weil man nicht versteht, worum es wirklich geht. Darin liegt der Schlüssel: An dem Tag, an dem wir wirklich verstehen werden, was es bedeutet, sich selbst hinzugeben, werden wir uns wahrhaftig als Teil des Großen Ganzen anerkannt fühlen, und das in all unseren Zellen. Dies wird dann auch in all unseren Austauschhandlungen und -gesten durchscheinen, welcher Art sie auch sein mögen.

Diesbezüglich möchte ich von einem schönen Symbol sprechen, das in unseren Träumen auftauchen kann. In seiner positiven Bedeutung stellt es die Ideen dar, die der Inspiration und Verschönerung der Gesellschaft dienen; in seiner negativen Bedeutung – die weit häufiger ist – versinnbildlicht es den Hochmut. Es handelt sich um den Pfau. Der Pfau symbolisiert im Negativen die Suche nach gesellschaftlicher Anerkennung, die uns veranlasst, der äußeren Schönheit und dem äußeren Glanz zu viel Gewicht beizumessen. Analysieren wir nun dieses Symbol! Wann schlägt der Pfau sein Rad? Wenn er die Pfauhennen verführen will. Die negative Seite des Pfauensymbols ist also das Bedürfnis zu gefallen und zu verführen. Wenn wir diesen Vogel in unseren Träumen sehen, wollen die Geistigen Führer uns sagen: „Vorsicht! Du spielst den Pfau. Das reicht. Hör auf mit deinem Getue, um anerkannt zu werden." Da ist die Botschaft ganz klar und eindeutig und man sollte dafür dankbar sein.

Der Wunsch zu gefallen betrifft nicht nur das Gefallenwollen, das sich zwischen Mann und Frau abspielt. Nein, es ist der generelle Wunsch zu gefallen, dem das Bedürfnis, geliebt zu werden, zugrunde liegt. In einem gewöhnlichen Bewusstsein ist das auch ganz normal, da jeder Mensch nach Liebe sucht. Diese Suche ist auf das Wiederfinden unserer Göttlichen Natur ausgerichtet. Wir suchen nach dem Wesentlichen, nach der Essenz, doch wissen wir nicht immer, wie wir sie finden können.

Lernt man, sich selbst anzuerkennen, dann wird auch die Identifizierung der Traumarten, die man erhält, einfacher. Man glaubt dann nicht mehr so leicht, einen zukunftweisenden Traum erhalten zu haben, während es sich eigentlich um einen Traum handelt, in dem alle vorkommenden Personen Teile des eigenen Selbst darstellen – und oftmals nicht besonders schöne Teile.

Um auf das Thema der Philanthropie zurückzukommen, will ich Ihnen einen meiner Träume mitteilen. *Eine Person, die ich kenne, weinte und ich schloss sie in meine Arme mit den Worten: „Morgen werden wir miteinander telefonieren und uns sehen."* Am nächsten Morgen konnte ich sehr leicht erkennen, dass dieser Traum die betreffende Person betraf und nicht einen Teil von mir selbst in Szene setzte. Dieser Traum sollte mich veranlassen, diesem Menschen im richtigen Augenblick meine Hilfe zukommen zu lassen. Den anderen zu helfen ist eine wahre Kunst. Man muss erkennen können, wann man helfen soll und darf und wann nicht, denn wenn die Hilfeleistung nicht im richtigen Augenblick erfolgt, kann man die Anwendung der karmischen Gesetze behindern. Eines Tages werden wir wieder ganz bewusst als Teil des Kosmischen Bewusstseins handeln und dabei ständige Führung erhalten.

MAN schickte mir auch Träume, in denen MAN mir bezüglich gewisser Menschen, mit denen ich Umgang hatte, sagte: „Hör auf! Das reicht. Wenn du ihm begegnest, fahr nicht fort mit der Lehre, denn er muss erst noch gewisse Prüfungen durchstehen, bevor er zur nächsten Etappe übergehen kann." Auch das ist Philanthropie.

Unser Leitmotiv darf nicht das Bedürfnis sein, den anderen zu gefallen. Wir müssen auch lernen, uns plötzlich aus einer Beziehung zurückzuziehen, ohne den anderen zu verletzen und auch ohne Konflikte hervorzurufen, denn es ist möglich, dass der andere Mensch es nicht verstehen kann und es uns übel nehmen würde. Sich gekonnt zurückzuziehen zeugt von Weisheit.

☉

Die Identifizierung der Traumarten

Wie bereits erwähnt, sollte man immer auf sich selbst zurückschliessen, wenn es einem nicht gelingt, die erhaltene Traumart zu identifizieren. Dabei sagt man sich: „Die darin vorgekommenen Personen stellen alle Teile von mir selbst dar." Wenn einem z.B. die vorgekommene Person hochmütig erscheint, so beschließt man, mit dem Engel des Renommees zu arbeiten. An einer Qualität zu arbeiten kann uns nur zugutekommen. Und sollten wir uns geirrt haben, dann werden sich die Himmlischen Mächte sagen: „Ah, bravo! Welch schöne Demut! Dieser Mensch verdient es, künftig klarere Hinweise zu erhalten", und SIE lassen uns der betreffenden Person begegnen oder Zeuge eines Ereignisses werden, das den Inhalt unseres Traumes bestätigt. Dadurch wird uns dann bewusst: „Aha! Mein Traum betraf eigentlich diesen anderen Menschen." Wenn wir Vertrauen haben, werden uns die Geistigen Führer alle Informationen geben. Doch wenn wir hochmütig sind, können wir dazu neigen – besonders wenn MAN uns Verzerrungen aufzeigt – zu sagen: „Nein, das betrifft nicht mich, das ist etwas, was der andere durchlebt." Außerdem verleihen uns Träume, die wir für die anderen erhalten, sehr viel Macht. Haben wir unsere eigenen Verzerrungen bezüglich des Renommees nicht bereinigt, so können wir aus all diesen Gründen geneigt sein, zu glauben, dass der erhaltene Traum ein zukunftweisender Traum für den betreffenden Menschen darstellt.

Man kann die Träume der anderen erst dann tiefgehend analysieren, wenn man es sich zur Gewohnheit gemacht hat, seine eigenen Träume einer tiefen Analyse zu unterziehen. Zunächst schickt MAN uns – vor allem, wenn wir darum bitten – sehr viele Träume, die uns selbst betreffen, und danach, sobald unsere Weisheit Früchte trägt, schickt MAN uns Träume und Missionen, durch die wir anderen Menschen helfen können. Doch die diesbezügliche Entwicklung erfolgt in der Tat stufenweise und im Zweifelsfall muss man immer auf sich selbst zurückschließen, da in der Einweihungswissenschaft die Versuchung, den Retter zu spielen, eine erhebliche Falle darstellt.

☉

Die Lektüre der Zeichen, die das Alltagsleben uns bietet, stellt eine andere Art und Weise dar, die verschiedenen Teile unseres Wesens zu erkennen – denn um unsere Verzerrungen transzendieren zu können, müssen wir sie zuerst einmal zur Kenntnis nehmen. Der Wunsch, die Zeichen zu lesen, versetzt uns in einen Zustand ständiger Rezeptivität. Man lässt sich nicht mehr von der Materie gefangen nehmen, da man ununterbrochen in Beziehung zu den höheren Ebenen der Schöpfung steht. Eines Tages wird es für uns zwischen der physisch-konkreten Welt und den Parallelwelten keine Trennung mehr geben. Dies einzusehen bedeutet, die Tatsache anzuerkennen, dass wir jederzeit gefilmt werden, jederzeit anerkannt sind und in unseren Gedanken ständig von diesem großen Lebenden Computer angeleitet werden, der uns eine Vorstellung Gottes vermittelt.

Ich möchte Ihnen eine Begebenheit erzählen, die gut erkennen lässt, wie sich die Zeichen einstellen können. Eines Tages fühlte sich eine Frau, die mit der Traditionellen Engellehre arbeitet, durch eine Unstimmigkeit mit ihrem Schwager etwas in ihrem Hochmut angestachelt. Einige Tage später las sie in der Zeitung einen Artikel, der ihr im Hinblick auf ihre Uneinigkeit Recht gab. Da sagte sie sich: „Aha! Ich werde ihm das zufaxen. Da wird er schon sehen, dass ich Recht hatte" (Lachen). Selbst wenn man an sich arbeitet, sind da immer noch zu bereinigende Erinnerungen übrig, deshalb sollte man sich in solch einem Fall sagen: „Nein! Wart mal einen Augenblick. Frag zuerst Oben nach. Überprüf das mit *Skynet*."

Bevor sie den Artikel losfaxte, bat die Frau innerlich: „Bitte schickt mir ein Zeichen." Wenn man das tut, antwortet einem die Kosmische Intelligenz immer in der einen oder anderen Weise. Man bewahrt die Bitte oder Anfrage im Bewusstsein und wartet auf ein Zeichen.

Während sie auf die Antwort wartete, ging diese Frau ihren Beschäftigungen nach. Als sie im Laufe des Tages in einem Wartezimmer saß, öffnete sie eine Zeitschrift, und sah, wie sie später meinem Mann mitteilte, in großen Buchstaben: *„Nein! Nein! Nein!"* Dreimal Nein! Da kapierte sie sofort und sagte sich: „Oh, das ist meine Antwort. Ich soll den Artikel nicht faxen."

Sie war rezeptiv gewesen. Hätte sie im Hochmut verharrt, so würde sie den Artikel sehr wahrscheinlich geschickt haben, wodurch ihrem Unbewusstsein eine weitere karmische Last hinzugefügt worden wäre, eine weitere Schicht, die sie später irgendwann zu bereinigen gehabt hätte. Wenn man auf den Hochmut verzichtet, bleibt man offen und die Leitung zum Himmel ist frei. Warum zeigte MAN ihr dreimal das Nein? MAN wollte ihre Aufmerksamkeit auf die drei Ebenen ihres Seins lenken: „Hör auf, mit deinen Gedanken zu *faxen*," – ich weiß nicht, ob Sie das wissen, doch man kann mit den Gedanken *faxen* – „hör auf, mit deinen Gefühlen zu *faxen*, denn diese sind sehr machtvoll, und schick auch kein *Fax* auf der

physischen Ebene. Das bringt nichts und ist auch nicht richtig."
Sie war zufrieden und gehorchte.

Nachdem die Frau meinem Mann ihr Erlebnis erzählt hatte, sagte er zu ihr:
- Weißt du, Gott ist ein riesengroßer Lebender Computer. Wenn man täglich die Zeichen liest, wird man sich bewusst, wie präzise alles funktioniert. Das ist wirklich bemerkenswert.
- Ah! Das berührt mich, umso mehr als mein Mann Systemanalytiker ist und ich weiß, wie wesentlich die Präzision in der Computerwelt ist.

Das Universum ist ausgesprochen gut aufgebaut und bis ins kleinste Detail programmiert, damit wir in Übereinstimmung mit unserem Schicksalsweg voranschreiten können.

Ich möchte Ihnen eine Erfahrung mitteilen, die ich selbst gemacht habe und die zeigt, wie präzise die Zeichen sind. Ich hatte begonnen, den Vortrag über den Engel YEIAYEL vorzubereiten. Bei der Vorbereitung der Vorträge gehe ich in sehr einfacher Weise vor: Ich rufe am Abend vor dem Einschlafen den betreffenden Engel an und auch tagsüber, während ich meinen Beschäftigungen nachgehe, und beobachte, was sich ereignet. Eines Morgens sah ich beim Aufwachen auf meine Uhr. Sie war stehen geblieben. Ich hatte schon einige Zeit lang die Batterie nicht mehr gewechselt und sie war nun leer. Was bedeutete dieses Zeichen? Meine Uhr war nicht zu einer x-beliebigen Zeit stehen geblieben – ich sage Ihnen: Es gibt keinen Zufall.

Die Geistigen Führer bedienten verschiedene Knöpfe – alles ist ja ein elektromagnetisches Pulsieren – und die Batterie setzte genau in der Zeitspanne aus, die der Regentschaft dieses Engels auf der intellektuellen Ebene entspricht: Meine Uhr zeigte 7.19 Uhr an. Warum? Weil ich mit dem Engel 22 YEIAYEL arbeitete. MAN wollte mir damit sagen: „Christiane, Wir werden dich einige Augenblicke lang zum Stillstand bringen. Wir werden deine inneren Batterien auswechseln" – die Analyse muss immer zuerst in der vertikalen Ebene erfolgen – „doch du musst vorher einige kleine innere Veränderungen vornehmen."

Oh, ich war ja so froh, als ich sah, dass meine Uhr stehen geblieben war – nach einer gewissen Zeit ändert sich unsere Optik –, weil ich wusste, dass MAN mir dadurch sagte: „ Da kommt eine Lehre auf dich zu!" Ich blieb also wachsam und in der darauf folgenden Nacht, schickte MAN mir einen Traum, in dem MAN mir sagte: „Christiane, du wirst eine Reise unternehmen müssen. Du musst dich nach Paris begeben. Und wir werden dir ein kostenloses Ticket dafür liefern." Das war kostenlos, weil ich mit einer ganz besonderen Gesellschaft reisen sollte: mit der Bewusstseins-Airline (Lachen).

MAN kündigte mir an, dass MAN mich in diese Stadt zurückkehren lassen würde, wo ich während der siebziger Jahre gelebt hatte, in engem Kontakt mit dem Renommee, der Berühmtheit und dem Reichtum – wirklich mit der ‚Megamaterie" –, welche alle Aspekte der Engelenergie YEIAYEL sind, und wo ich mit diesem Bewusstseinsfeld experimentiert und Erfahrungen gesammelt hatte. Natürlich verfügte ich damals nicht über das Wissen und die Erkenntnis, die ich heute habe. MAN ließ mich mehrere Nächte lang dorthin zurückkehren. Das war so, als wollten SIE mir sagen: „Wenn du dich geistig entfalten willst, wenn du neue Batterien haben willst," – symbolisch gesehen erhält man jedes Mal, wenn man an sich selbst arbeitet, neue Batterien, weil man neue Energien integriert – „dann musst du dich fein säuberlich reinigen. Deshalb haben wir für dich eine kleine Hausaufgabe vorgesehen."

Im Laufe jener zwei Wochen vollzog ich in meinem Innern eine gründliche Reinigung. MAN zeigte mir Bilder und erteilte mir Lehren über das, was ich zu berichten hatte. Da ich unter anderem auch mit der Symbolsprache arbeitete, wartete ich auf ein Zeichen, ein Signal, bevor ich mich auf den Weg machte, mir eine neue Batterie zu kaufen. Ich wartete darauf, für den Übergang zur nächsten Etappe bereit zu sein. Ich wollte, dass meine innere und meine äußere Veränderung übereinstimmten. Natürlich kann man *ad vitam aeternam* warten, denn diese Arbeit ist endlos. Doch die Himmlischen Mächte können uns bei jedem Übergang zur nächsthöheren Bewusstseinsstufe neue Batterien einsetzen und ich wusste, dass dies mein Fall sein würde.

Während dieser Zeitspanne schickte MAN mir einen Traum, in dem ich mir eine neue Armbanduhr kaufte, doch MAN gab mir an, dass es noch nicht der richtige Moment war, um dies auch konkret zu tun. Dafür war eine bestimmte Zeit festgelegt worden. Zwei Wochen nachdem die Uhr stehen geblieben war, spürte ich, dass die Zeit gekommen war.

Ich begab mich also wie gewöhnlich in einen Laden, um diesen Einkauf zu erledigen. Doch Sie werden sehen, dass dort auf mich eine ganze Lehre wartete. Sie alle können Erfahrungen wie diese durchleben. Ich befand mich nur 10 oder 15 Minuten lang in diesem kleinen Laden in einem Einkaufszentrum, doch der gesamte Vortrag zum heutigen Thema könnte einzig und allein auf den Zeichen aufbauen, die ich während dieser kurzen Zeitspanne erhielt. Das war wirklich Goldschmiedearbeit. Ein Szenenaufbau, der mit großer Sorgfalt organisiert war. Ich will davon nur ein Zeichen erwähnen, an dem man schwerlich hätte vorbeigehen können, ohne es als solches zu erkennen.

Während die Verkäuferin die Batterie meiner Uhr austauschte, kam ein Mann daher, der sie zu kennen schien – wahrscheinlich ein anderer Händler, der ihr etwas brachte, worauf sie gewartet hatte. Er trat ein, stellte einen Gegenstand auf die Theke und ging wieder. Ich gehe jede Wette ein, dass Sie nicht erraten werden, um welchen Gegenstand es sich handelte: Es war ein Miniatur-Eiffelturm. Stellen Sie sich das vor! Zwei Wochen lang hatte ich an der Bereinigung meiner Pariser Erinnerungen gearbeitet und MAN setzte mir nun einen Eiffelturm direkt vor die Augen. Stellen Sie sich den Synchronismus vor! Für mich war das der schönste Oscar, da wir ja von Berühmtheiten und Oscar-Verleihungen sprechen. Mit einer hohen Pädagogik und sehr viel Feingefühl bedeutete mir die Kosmische Intelligenz: „Du hast gute Arbeit geleistet. Zwei Wochen lang hast du sorgfältig in dir sauber gemacht, dich bereinigt und geläutert. Du hast auf den Wink des Universums gewartet. Hier, das ist nun für dich. Das erhältst du dafür." In Fällen wie diesem kann man nicht umhin, die Göttliche Dimension der Schöpfung zu spüren. Auch kann man nicht mehr daran zweifeln, dass wir immer unter Beobachtung stehen und Führung erhalten.

Zu Beginn, solange man es sich noch nicht zur Gewohnheit gemacht hat, die Zeichen zu analysieren, und einem dann plötzlich ein Synchronismus ins Auge springt, sagt man sich: „Das gibt es doch nicht! Das kann kein Zufall sein!" Doch es kommt der Augenblick, wo man die kleinsten und feinsten Zeichen zu lesen beginnt und so zum ständigen Zeugen des im gesamten Universum wirkenden Synchronismus wird. Um die Zeichen analysieren zu können, muss man sich jedoch mit der Symbolsprache vertraut machen. Das verhält sich wie mit einem Computer – man muss seine Sprache lernen –, wobei jedoch die Symbolsprache die Sprache der Himmlischen Sphären, die Sprache Gottes ist.

Hier nun ein weiterer Erlebnisbericht, welcher die Zahl 22 betrifft und gut aufzeigt, wie man die Zeichen in der Tiefe liest. Wir waren mit dem Wagen unterwegs, mein Mann, eine Frau, die am Steuer saß, und ich. Ich rief während der Fahrt den Engel 22 Yeiayel an. Unterwegs hielt die Frau an, um zu tanken. Das kostete 22 Dollar. Da dieser Betrag und die Zahl des Engels, den ich gerade anrief, übereinstimmten, sagte ich zu mir: „Aha! Eine Lehre naht! Was will Man mir damit sagen?"

Das war kein Zufall. Die Geistigen Führer hätten als Preis 21 oder 23 Dollar eingeben können. Das wäre für Sie eine leichte Sache gewesen. Doch nein, es war die 22. So wartete ich ab und hörte zu. Die Frau – die ebenfalls mit den Engeln arbeitet – zahlte und wir fuhren weiter. Während der Fahrt sagte sie zu uns: „Ah! Der Mann an der Tankstelle hatte eine schöne Energie und auch einen schönen Blick." Sie schien von ihm beeindruckt zu sein. Mein Mann und ich hingegen hatten bei dem Tankwart etwas anderes gespürt, wobei dies jedoch nicht als ein Urteil aufzufassen ist. Wir hatten ihn jenseits der physischen Form wahrgenommen. Da sagte mein Mann zu ihr: „Ja, auf den ersten Blick hat er eine ganz starke Energie, dieser Mann birgt ein ganzes Potenzial. Doch es ging von ihm auch noch etwas anderes aus: ein gewisses Interesse für Macht und für das Trinkgeld. Und wenn man in der Wahrnehmung seiner Energie noch weiter geht, dann kann man erkennen, dass er ungemein frustriert ist, nur Tankwart zu sein. Um ein solches Charisma und eine derartige Ausstrahlung zu haben, muss er wohl in früheren Leben über Macht, umfangreiche materielle Mittel und gesellschaftliche Anerkennung verfügt haben und sich diesbezüglich karmische Lasten geschaffen haben, die er in sein jetziges Leben mitgebracht hat. Vermutlich hat er alles verloren und das gibt ihm nun das Gefühl, nicht am richtigen Platz zu sein."

Nach diesen Worten sagte die Frau zu uns: „Da haben wir's wieder! Ich lieg mit meiner Einschätzung abermals daneben." Warum sagte sie das? Weil unsere Kommentare sie an einen anderen Mann erinnerten, den sie uns früher vorgestellt hatte, und sie nun wieder dabei war, den gleichen Typ von Mann zu bewundern. Sie dachte an diese Person und mein Mann und ich konnten sofort ganz klar die energetische Ähnlichkeit zwischen diesen beiden Menschen feststellen. Dieser Mann, zu dem sie sich sehr stark hingezogen fühlte, mit dem sie jedoch keine intime Beziehung hatte, pflegte Umgang mit ihr, weil er in ihrer Gegenwart sehr viel reden konnte, während sie zuhörte – sie ist eine Frau, die nicht viel redet. Dieser Mann hatte gewisse künstlerische Talente, doch er war ständig frustriert, weil er keine Anerkennung fand, und er beklagte sich. Eigentlich litt er an Hochmut. Außerdem hatte sie ihm – und darin liegt eine ganze Lehre – gesagt: „Einer deiner Schutzengel ist der Engel 22 YEIAYEL, der Engel des Renommees."

Sie sehen also, dass diese Frau bezüglich des Renommees etwas zu lernen hatte. Der betreffende Mann wollte nichts vom Gesetz der Resonanz hören, doch weil sie sich von ihm angezogen fühlte, pflegte sie weiterhin Umgang mit ihm. Äußerlich gesehen schien sie keine Resonanz mit dem Hochmut dieses Mannes zu haben: Die Anziehung, die sie für ihn empfand, war Ausdruck eines Aspekts ihres inneren Mannes.

Diese Frau arbeitet ganz intensiv an sich selbst, doch die Bereinigung der unbewussten Erinnerungen ist ein langer, stufenweise ablaufender Prozess. Manche Verhaltensmuster ändern sich auf der konkreten, materiellen Ebene, was jedoch nicht besagen will, dass innerlich bereits alles geregelt ist. Diese Frau verfügte in früheren Leben ebenfalls über Macht, Renommee und umfangreiche materielle Mittel – das weiß sie. Und in ihrem gegenwärtigen Leben hatte sie Zugriff zu einem gewissen materiellen Wohlstand gehabt, doch sie erkrankte an Krebs – davon ist sie heute geheilt – und alles wurde ihr entzogen. Das sollte sie veranlassen, nach der wahren Anerkennung zu suchen, die sich jenseits der Macht der Materie befindet. Auch sollte sie lernen, sich selbst anzuerkennen – aufgrund ihrer Qualitäten und Tugenden. Durch die Resonanzen, die sie noch mit diesem Mann hatte, ernährte sie sich energetisch dadurch, dass sie ihm zuhörte, wenn er sprach.

Sie sehen also, dass man durch die Anwendung des Resonanzgesetzes sehr viel über sich selbst erfahren kann. Der Vorgang der Bewusstwerdung dient dabei lediglich dazu, sich selbst besser kennen zu lernen. Deshalb sollte man weder über sich selbst noch über die anderen urteilen. Man fragt sich einfach: „Wie kommt es, dass mich dieser Mensch anzieht? Das bedeutet also, dass gewisse Teile von mir sich von seiner Ausstrahlung und seinem Benehmen ernähren." Indem man den anderen dann so studiert, als würde man sich selbst in einem Spiegel betrachten, kann man die Verzerrungen in der eigenen Haltung und im eigenen Verhalten berichtigen.

Ein Mensch, der sich durch diesen Mann gestört gefühlt hätte, weil er so von sich eingenommen war, wäre im Hinblick auf diesen Charakterzug (d.h. den Hochmut) weiter entwickelt gewesen als diese Frau, die sich aus den gleichen Gründen zu dem Mann hingezogen fühlte. Nun werden Sie mich vermutlich fragen: „Wieso denn das? Der andere fühlt sich gestört und ist dabei weiter entwickelt?" Ja, und zwar deshalb, weil er diese Art von Verzerrung besser erkennen kann als die Frau und sich bewusst oder unbewusst sagt: „Das will ich nicht mehr. Von solcher Energie will ich mich nicht mehr ernähren. Ich habe davon noch in meinen Erinnerungen und das zeigt MAN mir in der Außenwelt, doch will ich das nicht mehr. Das ist nicht schön."

Sobald wir die Meisterung erreicht haben und einem Menschen wie diesem Mann begegnen, fühlen wir uns nicht nur weder angezogen noch gestört, sondern wir sind auch fähig, ihn nicht zu verstoßen. Dann haben wir Mitgefühl mit diesem leidenden Menschen und versuchen nicht, ihn vom Gesetz der Resonanz zu überzeugen, damit er so denkt wie wir, sondern wir respektieren den Rhythmus seiner Entwicklung.

Das Gesetz der Resonanz wirkt wie eine Waage. Man schwingt zwischen der Anziehung einerseits – welche ein Zeichen der Naivität ist, in deren Zustand man die Verzerrung nicht erkennen kann – und der Störung andererseits hin und her. In beiden Fällen befindet man sich im Zustand einer Verzerrung. Sobald man ein bisschen an der Oberfläche kratzt, sobald man in sich hineinhört, kann man die Verzerrung identifizieren. Doch es ist zunächst normal, dass man von einem Extrem zum anderen übergeht. Man muss auch das Gefühl der Störung akzeptieren können und dessen Wohltat verstehen lernen: Durch die Störung zeigt MAN uns an, woran wir arbeiten müssen. Und wir empfinden dabei Mitgefühl. Das bedeutet es, ein Philanthrop zu sein. Ein Philanthrop kann die Verzerrungen und das Böse erkennen und weiterhin wohltätig sein, und vor allen Dingen kann er dies tun, ohne über den anderen zu urteilen. Sie sehen also, wie bereichernd unser Austausch mit den anderen werden kann. Dazu dienen auch der Handel und das öffentliche Leben: Bei jedem Austausch kann man den anderen als einen

Teil von sich selbst betrachten. Dadurch verleihen wir unserem Tun eine wundervolle, sehr lehrreiche Dimension.

Ich möchte Ihnen nun eine Geschichte erzählen, welche die Dienstleistungsberufe und die gesellschaftliche Anerkennung betrifft. Gemäß den Kriterien unserer Gesellschaft haben gewisse Berufe einen höheren Stellenwert und vermitteln eine größere Wertschätzung als andere. Wir werden anhand dieses Beispiels sehen, dass die Menschen, die einen Dienstleistungsberuf ausüben, von ihrer Stellung sehr viel zu lernen haben. In diesen Berufen können die Machtspiele einen bedeutenden Platz einnehmen, besonders bei jenen Menschen, die ihre unbewussten Erinnerungen noch nicht bereinigt haben. Eine Frau erzählte mir die folgende Begebenheit. Eines Tages begab sie sich in eines dieser Restaurants, wo man vom Auto aus bestellen kann. Sie befand sich in Begleitung ihres etwa 28 Jahre alten Sohns, über den Sie eine ganze Geschichte erfahren werden.

Während die Frau und ihr Sohn in der Reihe warteten, wurden sie Zeugen einer Szene. Mehrere weibliche Bedienungen standen zur Verfügung, um die Bestellungen aufzunehmen, und ein etwas tyrannischer Kunde hatte einer Angestellten gegenüber kein besonders nettes Verhalten. Als er weg war, gab diese dazu öffentlich ihre Kommentare ab. Das Verhalten des Kunden hatte sie wirklich entrüstet. Kurze Zeit danach hielt eine Kundin vor der Theke der gleichen Bedienung an – sie hätte sich sehr wohl an eine andere wenden können, da mehrere frei waren – und sagte zu dieser in einem ganz unzufriedenen Ton: „Mein Messer. Da fehlt das Messer. Ich warte nun schon eine ganze Weile auf mein Messer und ich habe Hunger." Die betreffende Angestellte stand bereits seit dem Weggang des ersten Kunden – symbolisch gesprochen – mit gezogenen Messern da und nun bekam sie abermals eine Messergeschichte vorgesetzt. Es sei daran erinnert, dass das Messer im Negativen ein Symbol der Aggressivität darstellt.

Als die Frau und ihr Sohn an der Reihe waren, nahm die gleiche Bedienung ihre Bestellung entgegen. Wie Sie sehen werden, hatte der Sohn aus diesem kleinen Ereignis etwas zu lernen. Seine innere Einstellung war nicht gänzlich die des Mitgefühls. Seine Einstellung glich vielmehr einem: „Wenn mir das passieren würde, so würde ich das nicht hinnehmen." Er nutzte die Gelegenheit, um der Bedienung zu sagen: „Es ist wirklich nicht leicht, mit solchen Kunden zu arbeiten, nicht wahr?"

Die Frau und ihr Sohn nahmen zum Essen an einem Tisch Platz und die Mutter erklärte ihrem Sohn das Gesetz der Resonanz. Um ihm ein Beispiel zu geben, sagte sie: „Siehst du, das war kein Zufall, dass unsere Bedienung diese lebhafte Auseinandersetzung hatte. Würde sie das Gesetz der Resonanz kennen, dann hätte sie diese Art von Kommentar nicht abgegeben. Sie hätte sich vielmehr gesagt: ‚Dieser Mensch ist tyrannisch, er ist in seinem Herzen krank, er hat Probleme' und sie hätte Mitgefühl gezeigt. Doch in dem erlebten Beispiel schürte ihre Haltung die Konfliktenergie weiter."

Die Bedienung reagierte mit einer Erwiderung darauf. Sie hätte sehr wohl durch ein Schmollen reagieren können, dadurch hätte sie jedoch ihre Gefühle unterdrückt. In beiden Fällen hätte sie in ihrem Unbewusstsein eine weitere karmische Last aufgeladen und neue Erinnerungen zu den Erinnerungen ihrer inneren Kunden hinzugefügt, die sie aufgrund mangelnder Anerkennung leiden ließen. Die aggressive Energie ihrer Kommentare zog eine andere aggressive Kundin an. Und das war kein Zufall sondern ein Teufelskreis, dessen Muster manchmal mehrere Leben hindurch beibehalten wird.

Sobald man diesen Kreislauf versteht, kann man ihn aufhalten. Wie tut man das? Indem man, anstatt zu erwidern oder zu schmollen, die Engelenergie YEIAYEL einatmet, sobald man sich gestört fühlt. Man muss wissen, dass es ganz normal ist, wenn man sich zunächst gestört fühlt, denn man erlangt nicht über Nacht die Meisterung. Durch die Arbeit mit der Engelenergie berührt man die entsprechenden verzerrten Erinnerungen im eigenen Sein, wie tief sie sich auch befinden mögen. Diese werden dann neu aufgerufen und es genügt, die Energie, welche der Störung zugrunde liegt, in dem Augenblick zu erfassen, wo sie sich äußert, um die Erinnerung umzuprogrammieren. Wenn man so vorgeht, kommt man in seiner Entwicklung sehr schnell voran.

Stellen Sie sich einmal vor, wenn wir dies auch an unserem Arbeitsplatz tun! Die größten Lehrgänge werden uns an unserem Arbeitsplatz angeboten, und dafür werden wir sogar noch bezahlt. Ist das nicht wunderbar? Diese Lehrgänge stellen ein ganzes Entwicklungspotenzial dar, doch sehr oft begeben wir uns an unseren Arbeitsplatz mit der Einstellung: „Ich hab keine andere Wahl, ich gehe arbeiten, weil ich mein Brot verdienen muss." Gehen wir hingegen mit einer engelhaften Einstellung zur Arbeit, so erzeugt das in uns ein tiefes Gefühl der Zufriedenheit, da wir wissen, dass jeder

Tag eine Reihe von Lehren für uns bereithält, die sehr bereichernd sein werden.

Die Erklärungen seiner Mutter halfen dem Sohn, das, was er in seinem Inneren durchlebte, besser zu verstehen. Er hatte an der Universität studiert und fühlte sich frustriert, weil er keinen Posten innehatte, der seinem Wunsch und seiner Ausbildung entsprach. Er sagte, er sei gezwungen, gewisse Arbeiten durchzuführen, die er als abwertend empfand. Man sieht daran, dass die Himmlischen Mächte dabei waren, an seinem Hochmut zu arbeiten, denn wenn man sich selbst anerkennt, macht man keine derartigen Aussagen. Ein Mechanismus war in Gang gesetzt worden und gewisse Ereignisse spielten sich in seinem Leben ab: Man lud ihn zu Vorstellungsgesprächen ein, und da er ein umfangreiches Potenzial aufweist, wurde er oft aus einer großen Anzahl von Bewerbern ausgewählt, doch jedes Mal an zweiter Stelle. Und er wurde zu guter Letzt nicht eingestellt, weil seine Haltung dem jeweiligen Verantwortlichen für die Personaleinstellung nicht zusagte, der seine Frustration und sein Persönlichkeitsproblem sehr leicht erfühlen konnte.

Der Sohn nutzte das Gespräch mit seiner Mutter, um dieser zu berichten, dass ein Mann, für den er während seines Universitätspraktikums gearbeitet hatte – also sein Exarbeitgeber – ihn während eines kürzlichen freundschaftlichen Treffens beweihräuchert und mit Komplimenten übergossen hatte. Dieser Mann hatte ihm Folgendes gesagt: „Das war unglaublich! Schon sehr kurze Zeit, nachdem du den Posten eingenommen hattest, verrichtetest du die Arbeit besser als ich. Dabei tat ich das schon seit vielen Jahren." Der Sohn, der haschischabhängig war und schon seit mehreren Jahren erfolglos versuchte davon loszukommen, gestand seiner Mutter: „Weißt du, als er mir diese Komplimente machte, da durchfuhr es mich wie ein Blitz: Ich empfand genau das Gleiche, wie wenn ich kiffe."

Wenn die Bemerkung dieses Mannes auch überraschen mag, so zeigt sie doch die wahre Ursache seiner Drogenabhängigkeit. Wer Drogen nimmt oder sonstige Mittel, die den psychischen Zustand verändern, erlebt kurzzeitig eine Bewusstseinserweiterung. Wenn wir verstehen, warum diese Menschen das tun, dann empfinden wir für sie sehr viel Mitgefühl. Sie konsumieren diese Mittel wegen all ihrer unbewussten Erinnerungen, aufgrund deren sie sich hin- und hergerissen, gestresst und begrenzt fühlen. Das ist schwer zu ertragen und der betreffende Mensch weiß nicht, wie er vorgehen muss, um diese quälenden Erinnerungen zu bereinigen. Er verfügt noch nicht über die nötigen Schlüssel und deshalb sucht er in der Außenwelt nach etwas, das augenblicklich das Gefühl der Begrenzung aufhebt und ihm die Illusion der Ausdehnung verschafft.

Dieser Mann empfand also, wenn er Gras rauchte, die gleichen Gefühle der Bewusstseinserweiterung, wie wenn er ehrliche Komplimente erhielt. Hier wird ein wesentlicher Punkt berührt, der im Zusammenhang mit der Anerkennung eines Menschen steht: das Kompliment. Dieses Thema betrifft eine sehr große Anzahl von Menschen, wenn sie auch nicht alle unter einer äußeren Abhängigkeit leiden. Solange man die Engelessenz YEIAYEL noch nicht richtig integriert hat, erzeugt ein Kompliment die gleiche Wirkung wie ein Zug Haschisch. Man erhält einen Augenblick lang den Eindruck, nicht mehr unter dem Zugriff der aggressiven Erinnerungen zu stehen, die einem die Anerkennung verweigern.

Komplimente sind eine schöne Sache, besonders wenn sie ehrlich sind. Die Kosmische Intelligenz setzt jedoch Ereignisse in Gang, um uns von dem drängenden Bedürfnis nach Komplimenten zu befreien und uns so weit zu bringen, dass es uns nicht mehr danach giert und wir nicht mehr frustriert sind, wenn wir keine Komplimente erhalten. Dazu taucht SIE uns in eine typische Situation ein: Unsere Werke finden keine gesellschaftliche Anerkennung, wir haben keinen Heller und unsere Freunde kehren uns den Rücken zu. Da fühlen wir uns nackt wie ein Regenwurm und sind gezwungen, die Anerkennung in unserem Innern zu suchen, da es in der Außenwelt nichts mehr gibt, was unser Bedürfnis nach Anerkennung befriedigen könnte. Tun wir das nicht, so versinken wir in Hoffnungslosigkeit.

Natürlich ist die Rezitier-Übung mit dem Engel YEIAYEL kein Zauberstab! Das Resultat stellt sich nicht umgehend ein, etwa so: Wir sniffen einmal die Engelenergie YEIAYEL und ha! da ist sie, die Bewusstseinserweiterung (Lachen)! Um Bewusstseinserweiterungen wie jene, die ehrliche Komplimente erzeugen, beibehalten zu können, müssen wir uns sagen: „Ich will meine verzerrten Erinnerungen bereinigen. So werde ich mich eines Tages selbst schön finden und von der Ewigkeit anerkannt fühlen." Doch das ist eine lange Arbeit, die wir nicht in einem Tag vollbringen können.

Zum Abschluss möchte ich Ihnen eine Geschichte erzählen, die Ihnen einen Einblick in unser Familienleben geben wird. Anhand dieser Geschichte werden Sie sehen, wie und zu welchen Zwecken wir die Zeichen und Botschaften unserer Träume im Alltag verwenden. Diese Geschichte berührt Gefühle, die mit der freien Wahl und der Unterdrückung zu tun haben.

An einem Freitagnachmittag gingen mein Mann und ich Kasara in der Schule abholen, wo sie zum Abschied einige ihrer Kameraden grüsste. Dabei sah ich, dass sie einen davon ganz besonders grüsste. Wenn man viel an sich arbeitet, entwickelt man das Hellhören, das Hellsehen, das Hellriechen und das Hellfühlen, mit anderen Worten: Man kann wirklich in die Tiefe vordringen und das Drehbuch sehen, nach dem das Leben der anderen abläuft. Der Geste, die Kasara einem ihrer kleinen Kameraden als Gruß zuschickte, konnte ich eine ganz schöne Tragweite entnehmen (Lachen), doch ich sagte nichts und wir gingen nach Hause. An jenem Abend schmiegten Kasara und ihr Vater sich wie gewöhnlich aneinander – die beiden sind sehr anhänglich –, doch plötzlich sagte Kasara: „Das reicht nun, Papa!"

Da sahen mein Mann und ich uns an und jeder von uns sagte sich: „Aha! Da sind kleine Veränderungen aufgetaucht." Denn es ist nicht Kasaras Art, den Austausch von Zärtlichkeiten zu unterbrechen. Sie ist, wie gesagt, ein sehr anhänglicher Mensch. Wir gaben jedoch keinerlei Kommentar ab. Während der Nacht aber schickte MAN meinem Mann einen Traum – einen Traum, der Kasara betraf –, in dem MAN ihn darauf hinwies, dass die Weiblichkeit unserer Tochter zu knospen anfing und dass er folglich wachsam sein musste, damit sie sich nicht zu früh in intime Beziehungen mit Jungen einließ.

MAN ließ meinen Mann in die Zukunft reisen, um ihm zu zeigen, was passieren würde, falls er das, was seine Tochter durchlebte, als simple Kinderspiele abtat. Am darauf folgenden Morgen erzählte er mir nicht sofort seinen Traum. Wenn man einen derartigen Traum erhält, muss man den richtigen Augenblick abwarten, bevor man darüber spricht. Man muss abwarten, bis man erkennen kann, in welcher Art und Weise sich seine Materialisierung vorbereitet. Andererseits muss man aber auch im richtigen Augenblick eingreifen, da ansonsten die Folgen schädlich sein können. Er wartete also ab, während er gleichzeitig beobachtete.

Er bemerkte zunächst eine Veränderung auf der energetischen Ebene: Der Zustand der Verschmelzung, den er gewöhnlich empfand, wenn er mit Kasara zusammen war, hatte sich verändert und war schwächer geworden.

Danach erhielt er eine Reihe von Zeichen: Im Laufe des Tages ging er mit Kasara in den Keller hinunter, um ihren Roller aus einem großen Schrank hervorzuholen. Der recht schwere Fahrradständer aus Stahl befand sich auf dem Schrank und als mein Mann die Schranktür öffnete, fiel er herunter und wäre beinahe auf Kasaras Kopf gefallen. Mein Mann konnte es gerade noch verhindern. Das war ein Zeichen, durch das MAN ihm sagte: „Pass auf. Halt die Dinge auf, ansonsten könnte ihr etwas auf den Kopf fallen und ihre Unschuld verletzen."

Sofort nach diesem Vorfall sah Kasara ihren Vater an und sagte zu ihm, ganz spontan und ich weiß wirklich nicht, wie sie darauf kam: „Papa, erinnerst du dich an den Traum, in dem der liebe Gott dir deinen Vertrag verbrannte?" Aha! Das war ein weiteres Zeichen, durch das mein Mann spürte, dass Kasaras Seele ihn bat: „Halte diesen Vertrag auf, beende diese kleine Liebesgeschichte, die ich mit meinem Freund beginne. Das ist nicht gut für mich, ich bin erst sieben Jahre alt." Diese spontane Frage Kasaras bezog sich auf einen Traum, den mein Mann etwas mehr als ein Jahr zuvor erhalten und den er ihr erzählt hatte. In seinem Traum *sah er eine Lichtenergie einen Vertrag verbrennen, den er in der konkreten Wirklichkeit erhalten hatte*. Es war ihm ein sehr lukrativer Vertrag vorgeschlagen worden, durch den er hätte berühmt werden können. Durch diesen Traum hatte MAN meinem Mann bedeutet: „Unterzeichne diesen Vertrag nicht. Es ist noch nicht die richtige Zeit dafür. Auch ist es nicht das, was du zu tun hast."

Die Versuchung war groß, doch mein Mann ist sehr rezeptiv und so unterzeichnete er nicht. Wenn wir auf diese Weise zu leben beginnen, erscheint unser Handeln in den Augen der anderen Menschen manchmal vollkommen unlogisch, da ihren Entscheidungen andere Kriterien zugrunde liegen.

Kasara war von dem Bild des brennenden Vertrages beeindruckt geblieben. Doch war es kein Zufall, dass ihr dieses Bild in genau jenem Augenblick wieder einfiel. Die Geistigen Führer bedienten einfach die Knöpfe und ließen die Erinnerung an diesen Traum in Kasaras Geist auftauchen, damit mein Mann ein zusätzliches

Zeichen erhielt. Alles funktioniert auf diese Weise, über elektromagnetische Impulse. So verfahren die Himmlischen Mächte bei unserer Führung, damit wir auf die eine oder andere Weise verstehen können. Wenn wir noch nicht über das Feingefühl verfügen, das die Wahrnehmung der Zeichen ermöglicht, so lieben SIE uns deshalb nicht weniger, doch müssen SIE dann die Holzhammermethode verwenden, um uns zum Verstehen zu bringen. So werden wir mit der Zeit feinfühliger und rezeptiver.

Der Tag verlief, ohne dass mein Mann mir von all dem etwas mitteilte. Am Abend machte er sich dann zu einem Spaziergang auf den Weg. Er hatte das Bedürfnis, das Haus zu verlassen und beim Gehen zu meditieren, um all seine Träume – denn er träumt sehr viel – sowie die Zeichen, die er im Laufe des Tages erhalten hatte, zu deuten und miteinander in Bezug zu setzen.

Während dieser Zeit kümmerte ich mich um Kasara und wir nahmen zusammen ein Bad. Mit einem Kind zusammen zu baden ist eine wundervolle Sache. Das Wasser hat eine beruhigende Wirkung und ich habe oft feststellen können, dass das auch der Augenblick ist, den unsere Tochter wählt, um sich zu äußern, wenn es ihr schwer fällt, über gewisse Dinge zu sprechen.

Da ich ja bis dahin von den Ereignissen des Tages noch keinen Wind bekommen hatte, war ich mit den Eindrücken verblieben, die ich hatte, als ich sah, wie Kasara ihren kleinen Klassenkameraden zum Abschied gegrüßt hatte. So sprach ich also während des Bades ganz vorsichtig das Thema an und fragte sie: „Dieser kleine Junge, spielst du oft mit ihm?" Darauf antwortete sie mir mit einem ganz natürlichen Ja. Einige Minuten vergingen, bevor sie von selbst, etwas zögernd, auf das Thema zu sprechen kam: „Ich würde dir gerne etwas sagen, doch ich weiß nicht, ob du das verstehen kannst." Darauf antwortete ich ihr: „Das weiß ich auch nicht, Kasara, doch ich werde versuchen, dich zu verstehen. Ich verspreche dir, dass ich es versuchen werde." Dann ließ sie die Angelegenheit noch in ihrem Kopf kreisen. Ich spürte sehr wohl, dass ich bereits wusste, was sie mir mitteilen wollte, doch ich wartete ab.

Dann fragte sie mich:
- Ja, doch wenn ich es dir sage, wirst du es Papa sagen?
- Natürlich werde ich es ihm sagen, antwortete ich ihr. Du weißt doch, dass ich es ihm nicht verschweigen kann. Ich hätte den Eindruck, ihn zu verraten.

- Hm, auch ich hätte den Eindruck, ihn zu verraten, wenn ich es ihm nicht sagen würde.

Schließlich beschloss sie, es mir zu sagen:
- Gut. Also, was ich dir sagen möchte, ist, dass der kleine Junge, von dem du vorhin gesprochen hast, so etwas wie mein Verehrer ist.
- Ach ja? Wie dein Verehrer ?
- Ja, er beschützt mich und gibt mir Handküsse.
- Ach so! Gut.

Das war doch herzig, nicht wahr? Doch gleichzeitig war es auch ein wichtiger Augenblick in der Entwicklung ihrer Seele. Sie wusste sehr wohl, dass ihr Vater sagen würde: „Nicht zu früh mit einem Verehrer. Die Zeit für das Verliebtsein ist noch nicht gekommen. Denk an etwas anderes." Er hat ihr oft unsere Einstellung zu diesem Thema erklärt. Sie weiß, dass sieben Jahre noch kein Alter ist, um Verehrer zu haben und um verliebt zu sein. Doch in unserer Gesellschaft wird die Aufmerksamkeit der Kinder leider sehr früh auf dieses Thema gelenkt.

Ich sagte zu ihr:
- Ich verstehe dich, Kasara. Weißt du, auch ich habe die Erfahrung der Anziehung gemacht. Ich werde dir meinen Trick verraten. Was machte ich da? Stellen wir uns einmal vor, dass ein Verehrer wie ein Buch ist und dass der liebe Gott uns die Gabe verliehen hat, das Ende der Geschichte zu kennen, ohne das Buch lesen zu müssen. Es kam vor, dass mich ein Buch besonders anzog, doch schon nach dem Lesen der ersten Seite wusste ich, was in dem Buch alles geschehen würde. Verstehst du? Außerdem, und das weißt du sehr wohl, denn du hast es schon bemerken können, zanken sich die Leute und trennen sich, um mit anderen von neuem anzufangen, bis sie sich schließlich abermals trennen. Dabei handelt es sich dennoch um nette Menschen. (Das fügte ich hinzu, damit sie den anderen gegenüber nicht in eine puritanische, verurteilende Haltung geriet.) Doch stell dir einmal vor, wie viel leichter es ist, wenn man diese Gabe verwendet.
- Oh, das will ich auch können! Ich will auch die Geschichte eines Buches kennen, ohne das Buch lesen zu müssen. Wie macht man das?

- Ah, gut also, antwortete ich ihr. Du musst den lieben Gott in deinen Gebeten darum bitten. Bitte um Zeichen bezüglich des kleinen Jungen.
- Gut, doch wenn ich um ein Zeichen bitte und der liebe Gott mir sagt, dass Er einverstanden ist?
- Nun, wir werden ja sehen.

Ich wusste, dass die Himmlischen Mächte etwas tun würden (Lachen). Denn wenn die Erwachsenen den Kindern gewisse Ratschläge erteilen, so können diese dennoch denken: „Wenn ich aber etwas anderes fühle, was soll ich dann tun?", und das ruft in ihnen innere Konflikte hervor. Wenn aber die Kinder wissen, dass sie sich auf die Informationen verlassen können, die auf direktem Wege zu ihnen gelangen, dann stellt das für sie den Beginn ihrer Autonomie dar. Abschließend sagte Kasara zu mir: „Du kannst es Papa erzählen, doch warte, bis ich eingeschlafen bin. Du wirst schon wissen, wie du ihm das am besten erzählst."

Bevor die Kinder einschlafen, ist der günstigste Moment, um ihnen eine Geschichte zu erzählen. Dabei verwendet man seine Einbildungskraft und lässt eine Lehre in die Geschichte einfließen, die sich aus den Elementen zusammensetzt, die im Laufe des Tages aufgetreten sind, wobei man auch Symbole verwendet. Ich holte also meine Geschichte vom Pfau und dem Pelikan aus dem Sack und erzählte, wie ein junger Pfau sich aufblies und dabei sein Rad schlug, um die Aufmerksamkeit der jungen Pfaumädchen auf sich zu lenken. Und da gab es auch einen Pelikan. Doch dieser wollte nicht zu früh eine Verlobte haben. Er wollte lieber den Menschen helfen. Das war es, was ihn wirklich interessierte. Eines Tages gab es dann große Überschwemmungen und der Pfau, huh, der hatte solche Angst, dass er davonlief. Der Pelikan jedoch tat alles, was er konnte, um den Menschen zu helfen. Und natürlich ging die Geschichte gut aus: Er fand ein nettes, kleines Pelikanmädchen, das ebenfalls den Menschen helfen wollte. Oh! Kasara sah mich mit ihren großen Augen an. Sie sehen, man kann das alles in eine Geschichte einbauen, und auf diese Weise integriert das Kind die Lehre. Darauf schlief Kasara ein.

Am darauf folgenden Morgen sprach ihr Vater dann sanft zu ihr: „Nein, Kasara, das ist zu früh", und er erklärte ihr ganz lieb, warum, ohne ihr vorwurfsvolle Bemerkungen zu machen und auch ohne jegliche Absicht, sie zu unterdrücken. Dann vergingen ein Tag und eine Nacht, und morgens um sechs Uhr weckte uns Kasara ganz aufgeregt, wobei sie wiederholte: „Ich hab meine Antwort! Ich hab meine Antwort!" Sie hatte ihre Antwort direkt erhalten, direkt vom lieben Gott. Stellen Sie sich einmal vor, wie zufrieden sie war. Da erzählte sie uns ihren Traum.

Der besagte kleine Junge saß auf einem weißen Bett und hatte einen Koffer. Der Koffer hatte auf der einen Seite einen Apfelbaum aufgezeichnet und auf der anderen eine Uhr, deren Zeiger sich rückwärts drehten, d.h. die Zeit verlief rückwärts. Dann sah sie viele Jugendliche, die mit Steinen nacheinander warfen. Danach tauchte die Aufseherin auf und die Jugendlichen bewarfen sie mit Sand.

Was wollte MAN ihr mit diesem Traum sagen? Der Apfelbaum versinnbildlicht die Fähigkeit, sich selbst wie auch die anderen zu ernähren und ist somit ein Symbol, welches angibt, dass ein Mensch in seinem Leben die Reife erlangt hat. Das Symbol des Koffers ist leicht verständlich: Der Koffer weist auf eine neue Bestimmung hin. Und was die Uhr betrifft, so stellt sie den Schlüssel für die Deutung dieses Traumes dar. MAN wollte ihr durch die Uhr sagen: „Sieh mal, die Uhrzeiger drehen sich rückwärts! Das bedeutet, dass es noch zu früh ist, dass die Zeit noch nicht gekommen ist. Halte dieses Vorhaben auf! Mach damit nicht weiter!

Die Jugendlichen symbolisierten alle Teile von ihr selbst. Die Jugendlichen wollen generell wie Erwachsene handeln. MAN wollte ihr damit abermals sagen: „Es ist zu früh, um wie ein Erwachsener zu handeln." Sie bewarfen sich mit Steinen. Das bedeutet, dass eine unbewusste Rebellion im Gange war, denn das Mineralreich steht mit dem Unbewusstsein in Verbindung. Danach bewarfen sie die Aufpasserin mit Sand. Der Sand ist ein Hinweis auf eine Vielzahl kleiner Kräfte, die aus dem Unbewusstsein auftauchen, und es erübrigt sich, zu sagen, dass es sich in diesem Fall um negative Kräfte handelte. Die Jungendlichen, welche die Aufpasserin mit Sand bewarfen, stellten ebenfalls jene etwas rebellischen Teile dar, die wie Erwachsene handeln wollten, bevor ihre Zeit gekommen war. Sie lehnten sich gegen die innere Aufseherin auf.

Kasara war mit der Deutung ihres Traumes zufrieden. Das ist ein ganz wunderbares Beispiel, denn wenn man um Zeichen bittet, dann muss man die Möglichkeit akzeptieren können, dass die Antwort, die man erhält, nicht unbedingt die gewünschte ist, und man folglich gewisse Verhaltensweisen ändern muss. Aber die Lösung kam direkt vom lieben Gott. Kasara setzte sie also um und war sehr froh, dies zu tun, denn das bedeutete, dass sie selbst an ihrer Erziehung mitwirkte.

Nach der Deutung ihres Traumes sagte ihr Vater:
- Doch du kannst dem kleinen Jungen nicht erklären, dass du einen Traum erhalten hast. Vielleicht wird er das nicht verstehen.
- Mach dir keine Sorgen, Papa (Lachen). Ich kenne ihn sehr gut. Er wird das schon verstehen. Und ich werde dir etwas sagen: Weißt du, gestern habe ich den ganzen Tag und jedes Mal, wenn wir ein Gebet gesprochen haben, so sehr den lieben Gott um ein Zeichen gebeten! Ich habe wirklich sehr stark darum gebeten und Er hat mir geantwortet.

Was für ein schönes Beispiel der Intensität, das uns alle inspirieren kann! *Bittet und ihr werdet erhalten!* Doch es kann sein, dass wir ein Nein erhalten werden, und das müssen wir dann akzeptieren und befolgen, genauso wie in Kasaras Geschichte und in jener, wo MAN den Vertrag verbrannte. Wenn wir unsere Antwort erhalten, müssen wir uns dem, was MAN uns sagt, beugen, und das ist nicht immer einfach. Die Antwort kann dem, was wir uns wünschen oder was die Gesellschaft wertschätzt, ganz und gar zuwiderlaufen. Das kann sehr weit gehen. Doch auf diese Weise erhalten wir die wahre Anerkennung, die Anerkennung des Himmels, jene Anerkennung, die rein und schön ist und die uns wieder Flügel verleiht.

Engel 9 HAZIEL
Die mystische Liebe

Eines Tages, während sie Missionsschwester in einem kleinen Krankenhaus in Afrika war, klopfte ein Mann an ihre Tür und bat sie um Hilfe. Der Mann war ein afrikanischer Lehrer, der Jugendliche unterrichtete, und großes Vertrauen zu dieser Frau hatte. Er gestand ihr, dass er eine außereheliche Beziehung mit einer seiner Schülerinnen gehabt hatte, die schwanger geworden war und soeben nach der Geburt ihres Babys gestorben sei. Er bat sie, den Säugling aufzunehmen, da seine Frau sehr wütend war und es nicht in Frage kam, das Baby in seinem Haus großzuziehen. Die Missionsschwester erklärte sich einverstanden.

Als der Säugling ins Krankenhaus gebracht wurde, trug er noch keinen Namen. So nannten ihn die afrikanischen Angestellten Massida, was in ihrem Dialekt Waise bedeutet. Die Missionsschwester bemerkte dazu, das Baby sei bereits ausreichend dadurch gebrandmarkt, dass es Waise war, und sie sollten ihm deswegen nicht noch zusätzlich diesen Namen geben. Doch die Angestellten erwiderten: „Das ist in unserem Land so Brauch."

Die Missionsschwester bemerkte sehr bald, dass der kleine Massida ein Augenleiden hatte. Er schielte. Auch darauf reagierten die Angestellten mit einem: „Das ist normal. Waisen schielen immer."

Wenn sie das Baby berührte, spürte sie, dass es unglücklich und traurig war, und das bereitete ihr großen Kummer. Innerlich sagte sie sich: „Ich wäre so froh, wenn dieses Kind glücklich wäre, lachen würde und einen anderen Namen hätte." Einige Wochen später bat sie die Angestellten abermals, einen anderen Namen für das Kind auszusuchen, doch erfolglos. Eine Art Tabu und ein gewisser Fatalismus schwebten über der Situation: Weil das Kind eine Waise war, musste es sein ganzes Leben lang so bleiben.

So wandte sich die Missionsschwester eines Abends in ihrem Gebet ganz besonders an die Seele von Lorraine, der toten Mutter des Babys: „Es ist dein Kind. Hilf mir, einen anderen Namen für dein Kind zu finden. Ich möchte so sehr, dass es glücklicher ist." In der Nacht erhielt sie einen Traum. *Sie sah sich im Zimmer des kleinen Massida und spazierte mit ihm in ihren Armen herum. Sie sprach zu ihm, lachte mit ihm und nannte ihn mehrmals Patrick.*

Als sie am Morgen aufwachte und sich an ihren Traum erinnerte, sagte sie sich: „Das werde ich auf keinen Fall den Angestellten erzählen, denn ich mag diesen Namen nicht." Doch am Nachmittag des gleichen Tages, als sie den Angestellten beim Schichtwechsel den Tagesbericht gab, hörte sie sich voller Überraschung den Traum erzählen, wobei sie sich innerlich gleichzeitig sagte: „Nein, nein, nein! Warum erzähle ich ihnen meinen Traum? Ich mag diesen Namen nicht."

Nachdem sie den Traum erzählt hatte, stoben die Angestellten in Windeseile auseinander und sie blieb allein zurück. Erstaunt fragte sie sich: „Was ist denn los? Wohin eilen sie denn?" Sie folgte ihnen und fand sie alle im Zimmer des kleinen Massida vor, wo sie sich das Kind nacheinander reichten und es dabei fröhlich Patrick nannten. Sie sagte ihnen vergebens immer wieder: „Nein, nein, nein, nennt ihn nicht Patrick." Die Angestellten hörten nicht auf sie. Es war, als würde sie ins Leere reden. Das gab ihr sehr zu denken.

Einige Tage später, als sie das Baby beobachtete, stellte sie fest, dass es nicht mehr schielte. Auch hatte sie den Eindruck, es sei fröhlicher, als hätte es wieder Geschmack am Leben gefunden. Da beschloss sie, es ebenfalls Patrick zu nennen.

Einige Monate zogen ins Land und eines Tages kam eine von Lorraines Tanten ins Krankenhaus, um mit ihr zu sprechen. Die Tante sagte zu der Missionsschwester: „Ich habe soeben ein Schulheft von Lorraine gefunden, in dem auf einer Seite Folgendes zu lesen ist: *Wenn es ein Mädchen ist, so soll es Cimwemwe heißen* – das bedeutet in ihrem Dialekt Güte – *und wenn es ein Junge ist, soll er Patrick heißen.*" Wie alle Leute im Dorf hatte auch die Tante vom Traum der Missionsschwester Wind bekommen. Sie war ganz perplex, dass die Missionsschwester im Traum den gleichen Namen erhielt, den die Mutter des Kindes ausgesucht hatte, und hatte dies bereits allen Angestellten des Krankenhauses mitgeteilt, bevor sie die Nachricht der Missionsschwester kundtat.

Während die Tante mit der Missionsschwester sprach, lauschten die Angestellten hinter der Bürotür, und sobald die Tante gegangen war, stürzten sie in den Raum und wiederholten mit großen Augen: „*Ciuta wali na Ngongono* – Gott ist allmächtig." Sie waren wirklich beeindruckt.

Wieder vergingen einige Monate und der kleine Patrick war inzwischen schon über ein Jahr alt. Die Missionsschwester musste Afrika verlassen und ließ deshalb den Vater des Kindes zu sich kommen, um ihn über ihre bevorstehende Abreise in Kenntnis zu setzen. Sie sagte zu ihm: „Es wäre so gut, wenn Patrick eine wirkliche Familie finden könnte. Versuch doch mit deiner Frau zu sprechen." An jenem Abend sprach sie vor dem Einschlafen ein ganz inniges Gebet und bat darin um eine Gnade: „Lieber Gott, ich bitte Dich inständig, öffne das Herz dieser Frau. Hilf ihr zu verzeihen, damit sie den kleinen Patrick in ihr Heim aufnehmen kann."

Am darauf folgenden Morgen fand sich Patricks Vater in Begleitung seiner Ehefrau am Empfang des Krankenhauses ein. Da nahm die Missionsschwester den kleinen Knaben zärtlich in die Arme, ging mit ihm zum Empfang und legte ihn in die Arme der Frau. Oh, wie war sie von der Reaktion des Kindes überrascht! Der kleine Patrick legte ganz spontan seine Ärmchen um den Hals dieser Frau, drückte sich ganz fest an sie, Wange an Wange, Brust an Brust, und ließ sie nicht wieder los. Dabei waren sich die beiden zuvor noch nie begegnet. Das war äußerst rührend! Ein wirklicher Augenblick der Ewigkeit! Während sie diese schöne Szene beobachtete, hörte sie die Angestellten hinter ihrem Rücken flüstern: „Er darf sie nicht wieder zu sehen bekommen, ansonsten wird er nicht bei seiner Adoptivmutter bleiben wollen."

Doch die Missionsschwester hatte ihren Glauben und vertraute dem Geschehen. Sie ging um die Ehefrau des Lehrers herum, um das Gesicht des kleinen Patrick zu sehen, doch dieser schmiegte sich weiterhin an die Frau, so als würde sonst nichts mehr existieren. Durch diese sehr aussagekräftige Gebärde teilte die Seele des Kindes der Missionsschwester mit: „Du kannst beruhigt und in Frieden abreisen. Ich habe eine neue Mutter gefunden. Du hast deine Mission erfüllt."

Ein Wunder war geschehen. Die sehr mächtige Kraft der Liebe hatte die Ehefrau des Lehrers berührt und dieser Kraft war es gelungen, die negative Einstellung, die Feindseligkeit und den Groll aufzulösen und Platz für das Vergeben und Verzeihen zu schaffen. In jenem Augenblick erkannte die Missionarsschwester den Ausdruck der mystischen Liebe, jener Liebe, welche uns die Geheimnisse Gottes enthüllt. *Ciuta wali na Ngongono*: Die Kraft der Liebe Gottes ist allmächtig.

Das Thema dieses Vortrags ist die mystische Liebe, welche uns die Geheimnisse des Universums offenbart, die Göttliche Liebe, die so mächtig ist, dass sie alles verwandeln kann. Ein Engel kann uns dabei helfen, diese reine, ursprüngliche Liebe wiederzufinden: der Engel HAZIEL, dem die Zahl 9 zugeordnet ist. Mit diesem Engel berühren wir die höchsten Ebenen der Liebe, ihre mächtigsten und erhabensten Schwingungen.

Durch die Arbeit mit dem Engel 9 HAZIEL finden wir diese Liebe in unserem Innern wieder, indem wir so oft wie möglich innerlich seinen Namen wiederholen, z.B. abends vor dem Einschlafen oder während einer aktiven Meditation tagsüber, beim Gehen, beim Autofahren oder bei sonstigen Tätigkeiten: HAZIEL, HAZIEL, HAZIEL... Auf diese Weise verbinden wir uns mit dieser ur-reinen Engelessenz, bis wir eines Tages selbst in diesem Bewusstseinsfeld leben und dessen Schwingungsfrequenz ausstrahlen.

Wir wollen uns nun die Qualitäten dieses Engels ansehen, von denen mehrere in der Geschichte des kleinen Patrick und der Missionsschwester zum Ausdruck kommen. *Göttliche Liebe, Göttliche Barmherzigkeit.* Barmherzigkeit ist die Fähigkeit, verzeihen zu können, was immer auch geschehen sein mag. *Gabe des Verzeihens, Versöhnung, Gutgläubigkeit, Vertrauen, Aufrichtigkeit, Güte, die alles Böse vergibt, machtvolle Energie, die alle negativen Einstellungen verwandelt.* Als der kleine Patrick in der Geschichte seine neue Mutter umarmte, handelte es sich um diese Güte, die alles Böse zu verwandeln vermag. Das war sehr intensiv und aussagekräftig. Eines Tages werden wir keine äußeren Ereignisse mehr nötig haben, um in uns diese hohen Bewusstseinszustände auszulösen, weil die Göttliche Liebe, die alles auf ihrem Weg verwandelt – zunächst in unserem Innern und dann in unserer Außenwelt –, immer in unserer Energie enthalten sein wird.

Stütze, Freundschaft, Rückhalt, Gnade, Gunst der Mächtigen. Den Rückhalt erhalten wir zunächst aus den unsichtbaren Welten, denn die Geistigen Führer gewähren Ihre Stütze allen Menschen. Ob wir nun voller Liebe oder voller negativer Einstellungen sind, SIE helfen uns immer, jedoch mit dem Unterschied, dass sich Ihre Hilfe im ersten Fall anhand von schönen, harmonischen Ereignissen äußert, während sie im zweiten Fall die Form von Prüfungen annimmt, die uns manchmal das Leben sehr schwer machen. In diesem Fall erfolgt unsere Erziehung anhand des Bösen mit der Absicht, uns aufzubrechen, damit wir eines Tages vollkommen offen und frei von allem Groll und Hader sein können. Manchmal glauben wir, verziehen zu haben, doch dieses Verzeihen ist nicht in der Tiefe erfolgt, sondern lediglich an der Oberfläche, auf der intellektuellen Ebene. Wir wissen zwar, dass wir verzeihen müssen, doch in unserem Innern gibt es zahlreiche verzerrte Erinnerungen und diese verwehren uns den Zugang zu den hohen Bewusstseinsebenen, die das wahre Verzeihen möglich machen. Mit dem Engel HAZIEL erhalten wir die Unterstützung und die Gunst der Mächtigen durch Menschen, mit denen MAN uns hier auf Erden in Verbindung setzt. Mit anderen Worten: Die Unterstützung, die uns die Himmlischen Mächte gewähren, äußert sich auch im konkreten Leben.

Versprechen, Engagement. Der Engel HAZIEL hilft uns zu erkennen, wann und wie wir uns engagieren sollen, d.h. mit Weisheit, Erkenntnis und Wissen. *Altruismus, Uneigennützigkeit.* HAZIEL setzt uns mit altruistischen Menschen in Verbindung und lehrt uns das uneigennützige, wahre, wirkliche Geben. Er berührt unsere Emissivität und unsere Art zu geben, so dass wir dies eines Tages bedingungslos tun können.

Kindliche Reinheit. HAZIEL ist der Cherubim der Cherubim. Manche Künstler haben Ihn in Form eines schönen, pausbäckigen Babys dargestellt, um den Zustand der kindlichen Reinheit zu versinnbildlichen, dieses kindliche Vertrauen und dieser kindliche Glauben, die es uns ermöglichen, alles zu erhalten.

Nun wollen wir die entsprechenden Verzerrungen dieser Engelenergie näher betrachten. Solange man den Bewusstseinszustand HAZIEL noch nicht meistert, verfällt man in all jene Zustände, die durch fehlende Liebe gekennzeichnet sind: *Besitzergreifung, Eifersucht, Leidenschaft, Angst, zu lieben und geliebt zu werden.* Die Liste der Unterprodukte der fehlenden Liebe ist lang, nicht wahr? *Hass, Krieg, Unversöhnlichkeit. Heuchelt, täuscht die Mitmenschen.* Alle Konfliktsituationen und alle Lagen, in denen es einem Menschen an Integrität fehlt oder in denen er untreu ist, stellen Verzerrungen dieser Engelenergie dar. *Manipuliert, um die Gunst der Mäch-*

tigen zu gewinnen. Genauso wie man die Unterstützung der Mächtigen erhält, wenn man sich im Bewusstseinszustand dieses Engels befindet, genauso versucht man, die anderen zu manipulieren, um an sein Ziel zu gelangen, wenn man in den Verzerrungen dieser Engelenergie lebt.

Auf der Ebene des bewussten Seins sind wir alle auf der Suche nach Liebe. Doch gleichzeitig bereitet die Liebe vielen Menschen große Angst. Die Gründe dieser Angst liegen in den unbewussten, verzerrten Erinnerungen, die wir in uns bergen. Die Suche nach Liebe erfolgt manchmal anhand der Qualitäten und manchmal anhand der Verzerrungen. Die Rezitier-Übung mit dem Engel HAZIEL ermöglicht es uns, diese Erinnerungen in unseren Träumen und durch die bewusste Anwendung des Resonanzgesetzes aufzusuchen und klar zu erkennen, ob wir uns in den Qualitäten oder in den Verzerrungen befinden. Auf diese Weise können wir, sobald wir bemerken, dass wir uns in einer Verzerrung befinden, einfach durch die Anrufung dieses Engels die betreffende Erinnerung bereinigen.

Wie ich eingangs erwähnte, ist der Engel HAZIEL tatsächlich eine Energie, durch die wir das Geben lernen. Oft sagen mir Menschen: „Mir fällt nicht das Geben schwer, wohl aber das Empfangen. Wenn ich etwas erhalte, fühle ich mich ganz unwohl. Wie kann ich dies besser lernen?" Darauf erwidere ich, dass die erste Etappe darin besteht, geben zu lernen, und dass danach das Empfangen sehr leicht fallen wird.

Wie kommt das? Wie funktionieren wir dabei? Wenn wir geben, dann denken und fühlen wir – sind dabei voller Gefühle und Emotionen – und in diesem Zustand vollbringen wir die Handlung. Doch in unserer Geste des Gebens kommt alles, was wir sind, zum Ausdruck: die Qualität unserer Gedanken und Gefühle und unserer Art zu geben. Wir denken, dass wir durch das Geben großzügig sind, doch dieses enthält auch all unsere unbewussten Impulse. Manchmal steckt hinter unserem Geben der Wunsch zu gefallen, wodurch unsere Geste der Großzügigkeit nicht bedingungslos ist, da sie gleichzeitig den Wunsch, geliebt und anerkannt zu werden, enthält sowie die Absicht zu manipulieren und allerlei sonstige verzerrte Impulse. Dessen sind wir uns jedoch sehr häufig gar nicht bewusst.

Was läuft in unserem Innern ab, sobald jemand uns etwas geben oder etwas für uns tun will? Vergleichen wir uns dazu einmal mit einem Computer, dessen Speicher allerlei Daten und Verbindungen enthält. Sobald uns etwas angeboten wird, werden im Bruchteil einer Sekunde eine Vielzahl von Erinnerungen aufgerufen, Erinnerungen, die Situationen betreffen, in denen wir gegeben haben, sowie die Art und Weise unseres Gebens. Der Inhalt dieser Erinnerungen fügt sich zusammen und wird auf den Menschen projiziert, der uns eine Sache oder einen Dienst anbietet. Das ruft in unserem Geist folgenden Bezug wach: „Geben bedeutet Manipulieren, Besitzergreifen und Probleme. Deshalb will ich das nicht", und so sagt man zu dem gebenden Menschen: „Geh weg damit, ich will das nicht."

Gleichzeitig will ein Teil von uns aber sehr wohl empfangen, denn das Empfangen ist ein kosmischer Vorgang, der überall im Universum stattfindet. Der Mensch, der etwas erhält, ist also innerlich hin- und hergerissen. Sein Mund verzerrt sich und er fühlt sich nicht wohl. Es kommt manchmal vor, dass Menschen, denen man Komplimente macht, unfähig sind, diese einfach und natürlich anzunehmen. Sie geben als Erwiderung darauf sofort ebenfalls ein Kompliment ab.

Man kann sich in der Folge sagen: „Nun verstehe ich. Ich weiß jetzt, dass meine Art zu geben sich in meinem Innern festschreibt. Also werde ich meine innere Haltung und Absicht ändern." Natürlich werden wir nicht von heute auf morgen altruistisch, doch durch die Arbeit mit dem Engel HAZIEL offenbaren sich uns unsere unbewussten und verzerrten Impulse in unseren Träumen und wir lernen bewusster geben. Dabei beginnt man sich beim Geben zu überwachen, indem man sich z.B. sagt: „Hier gibst du zwar, doch in deinem Kopf hast du dabei einen kleinen Hintergedanken. Du willst, dass man dir dafür Zeit widmet. Du willst, dass man sich um dich kümmert. Doch ich sage dir: Nein, nein und abermals nein!" und man bereinigt diese Erinnerungen, indem man die Rezitier-Übung macht. Man atmet den Engel HAZIEL ein und sagt sich: „Oh, Engel HAZIEL, hilf mir bitte, richtig zu geben, altruistisch zu geben. Verwandle mit Deiner mächtigen Kraft diesen verzerrten Aspekt in meinem Innern, sobald ich gebe."

Hier ein Beispiel, das uns zeigt, wie dieser Mechanismus funktioniert. Eine Frau berichtete mir, dass sie sich seit Jahren jeden Abend vor dem Schlafengehen duscht. Sie hatte sich dies zur Gewohnheit gemacht, weil sie festgestellt hatte, dass sie das Duschen zu einer anderen Tageszeit in einen schläfrigen Zustand versetzte.

Wir alle konditionieren uns unaufhörlich. Dieser Vorgang ist natürlich, wir sind so beschaffen. Der kleine innere Computer dieser Frau enthält Erinnerungen, die besagen: „Duschen bedeutet schlafen gehen und folglich schläfrig sein." Das Gleiche spielt sich ab, sobald die Liebe an unsere Tür klopft. Liebe bedeutet... und hops, die mit der Liebe verbundenen Erinnerungen – Schmerz, Verlassenwerden, Verstoßenwerden, Traurigkeit – tauchen in unserem Bewusstsein auf. Und natürlich will man dies nicht. Man hat aufgrund dieser im eigenen Innern festgeschriebenen Verbindungen Angst, sich in der Liebe zu engagieren, und sagt sich: „Das tut weh. Das will ich nicht." Doch gleichzeitig strebt man nach Liebe, denn ohne sie stirbt man. Die Liebe ist lebensnotwendig. Aus diesem Grunde setzt sich der Mechanismus der gleichzeitigen Anziehung und Ablehnung in Gang.

Durch die Arbeit mit den Engeln berichtigt man diese Erinnerungen eine nach der anderen. Das ist eine großartige Arbeit, die sich über mehrere Leben erstrecken kann. Dabei muss man all jene Erinnerungen wieder aufsuchen, die das Kennzeichen fehlender Liebe tragen. Dazu gehören die Trennungen, die uns Schmerz zugefügt haben und in deren Verlauf wir Gefühle des Verlassen- und Verstoßenwerdens, des Verrates und allerlei andere schmerzhafte Empfindungen durchlebt haben. Doch man sucht diese Erinnerungen nicht allein, sondern in Begleitung der Engel auf, und dazu dient die Engel-Rezitier-Übung. Natürlich fühlen wir uns in diesen Zonen unseres Wesens nicht wohl, weil wir das Fehlen der Liebe spüren. Doch in Begleitung des angerufenen Engels bereinigen wir schrittweise erst dieses Stückchen Erinnerung, dann das nächste und das folgende usw. Auf diese Weise wird es eines Tages – wie im Gleichnis „Duschen = schläfrig sein" – heißen „Liebe = Entfaltung, Glück, Freude, Verschmelzung und Wohlsein".

Im Nachhinein versteht die Missionsschwester, die die Geschichte mit dem kleinen Patrick erlebte, das Vorgefallene sehr viel besser. Sie befolgt die Traditionelle Engellehre und weiß nun, dass sie den Ruf Afrikas nicht zufällig vernommen hatte. Würde man in ihrem Unbewusstsein, in ihren früheren Leben nachforschen, so fände man gewiss Leben, die sie in Afrika zugebracht hatte. In ihrem jetzigen Leben musste sie bestimmte Kreise schließen. Sie hatte ein bedeutungsvolles Rendezvous mit Afrika und sie trug dazu bei, den Schicksalsweg von Patricks Seele zu ändern, indem sie für das Kind um einen anderen Namen und um eine Familie bat.

Da jeder Name Träger einer Symbolik ist, übt der Name, den ein Mensch trägt, eine machtvolle Wirkung aus. Um das zu verstehen, brauchen wir nur ein konkretes Beispiel aus dem Alltag zu nehmen: Würden Müsli oder Getreideflocken den Namen ‚Verlassenheit' tragen, würde niemand sie kaufen. Sie könnten gesund, nährreich und köstlich sein, dennoch hätte niemand Lust, sie zu kaufen und zu essen. Die Assoziationen und Verbindungen, die durch die Symbole geschaffen werden, sind sehr stark. Durch den Namen Massida, der ‚Waise' bedeutet, drang die damit verbundene negative Energie bis in den physischen Körper des Kindes ein.

Doch die Geste dieser Frau war nicht ganz uneigennützig: Sie diente ihr auch dazu, sich von einem karmischen Knoten zu befreien. Wie können wir aber wissen, ob unsere Hilfe vollkommen altruistisch ist oder ob unsere Seele durch die Hilfeleistung danach trachtet, sich von einer karmischen Schuld zu befreien? Liegt unserer Handlung ein persönlicher Wunsch oder ein persönliches Bedürfnis zugrunde, so entspricht sie einer karmischen Schuld. Im Gegensatz dazu seien als Beispiel die Geistigen Führer in den unsichtbaren Welten erwähnt, die keinerlei karmische Bindung zu uns haben und uns dennoch helfen. SIE tun dies bedingungslos und mit einer altruistischen Haltung, da SIE ein hohes Entwicklungsniveau erreicht haben.

Wir wollen nun das Verhalten der Missionsschwester analysieren. Zunächst einmal weist allein die Tatsache, dass die Situation des Babys sie bekümmerte, darauf hin, dass sie mit dem, was das Kind durchlebte, Resonanzen hatte. Ansonsten hätte ihr das Leid des Kindes keinen solchen Kummer bereitet. Sie hätte einfach mit ihm mitgefühlt und für seine Lage Verständnis gehabt. Sie hätte mit diesem kleinen Wesen verschmelzen können, ohne selber Schmerz und Leid zu empfinden. Auch ihr innerer Widerstand, als sie im Traum den Namen Patrick erhalten hatte, sowie ihre wiederholte Ablehnung, dem Kind diesen Namen zu geben, offenbaren ihre Resonanz mit der Situation.

Was war geschehen? Dieses kleine Kind hatte jenen Teil ihres Selbst widergespiegelt, der Waise war. Würde man in die unbewussten Tiefen dieser Frau hinabsteigen, fände man zweifelsohne ein früheres Leben vor, in dem sie selbst ein kleines Kind verlassen hatte. All unsere Gesten und Taten schreiben sich in uns ein und diejenigen, die Verzerrungen darstellen, werden wir eines Tages erneut durchleben müssen. Es besteht auch kein Zweifel daran, dass diese Frau ebenfalls das Verlassenwerden erfahren hatte. Doch im Laufe der Zeit hatte sie durch das hingebungsvolle Dienen an sich gearbeitet und eine Situation angezogen, die ihr die Befreiung dieser karmischen Last ermöglichte.

Aus welchen Gründen leistete diese Frau derartigen inneren Widerstand? Dazu möchte ich bemerken, dass wir alle dazu neigen, auf diese Weise zu reagieren, sobald wir einer karmischen Last gegenüberstehen, so als würde es uns in unserem Elend und in unseren Schwierigkeiten gefallen. Diese Neigung wird von gewissen Kräften unterhalten, die uns bewohnen und die wir unbewusst nähren. Wir sind in einen Kampf zwischen dem Guten und dem Bösen verwickelt. So bieten wir Widerstand, bis wir uns eines Tages daraus befreit haben. Es spielt in unserem Beispiel keine Rolle, ob es der kleine Patrick oder eine andere Seele war, die diese Frau verlassen hatte. Diese beiden Menschen hatten die gleichen Resonanzen und so leitete MAN ihre Begegnung in die Wege, da sie zum gleichen Zeitpunkt die gleiche Art von Problemen zu lösen hatten. Ja, wenn man das versteht, kann man über die Präzision, mit der die Himmlischen Mächte arbeiten, nur staunen!

Ich möchte nun ein Beispiel mitteilen, das ein Unterprodukt der fehlenden Liebe berührt: die Besitzergreifung. Eine Frau, die seit einiger Zeit mit der Engellehre arbeitet und auch an den Seminaren über die Traumdeutung und die Symbolsprache teilnimmt, war sehr froh darüber, dass ihr Mann sie zum ersten Mal zu einer dieser Veranstaltungen begleitete. Bei dieser Gelegenheit bat sie meinen Mann um die Deutung eines Traumes: *Sie befand sich auf einem großen Fest, das für ihren Mann organisiert worden war und zu dem alle Mitglieder seiner Familie sowie zahlreiche andere Personen eingeladen waren. Das Ereignis überraschte sie, so als wäre sie darüber nicht informiert gewesen. Sie befand sich in der Küche und plötzlich sah sie unter den Gästen die Exfrau ihres Mannes. Das gefiel ihr ganz und gar nicht und sie spürte, wie die Eifersucht von ihr Besitz ergriff. Sie ging in den Keller hinunter und traf dort auf ihren Mann, den sie fragte: „Wer hat die da eingeladen?" und ihr Mann antwortete ihr: „Dein Vater."*

Nach der Traumschilderung fragte mein Mann die Frau:
- Was stellt die Exfrau deines Mannes für dich dar?
- Ach, eine Menge Probleme. Sie sorgte zu Beginn unserer Beziehung für sehr viel Störung.

Diese Antwort ließ meinen Mann in der Energie der Frau die fehlende Liebe für die Exfrau erfühlen. Er konnte auch ihre Unsicherheit und die Angst, ihren Ehemann zu verlieren, wahrnehmen. Da gestand sie ihm ihre Unsicherheit und fügte hinzu:
- Dieser Traum hat mich jedoch sehr überrascht, da ich niemals Eifersuchtsszenen mache. Eigentlich ist mein Mann derjenige, der immer eifersüchtig ist. Er hat mir erst neulich wieder eine Szene gemacht.
- Siehst du, entgegnete ihr mein Mann, MAN wollte dir durch diesen Traum zeigen, dass du die Eifersucht und Besitzergreifung in dir trägst. Das ist in deine Seele eingeschrieben. Dein Ehemann widerspiegelt Aspekte deines eigenen inneren Mannes. Alle in deinem Traum vorgekommenen Personen stellen Teile von dir selbst dar. Es handelt sich hier nicht um einen Traum, in dem du die Seele deines Mannes oder seiner Exfrau aufgesucht hast. Am Anfang des Traumes warst du in der Küche, die die Vorbereitung, die Art und Weise, wie wir eine Handlung vorbereiten, symbolisiert. Dann stelltest du fest, dass die Exfrau anwesend war. Das bedeutet jedoch nicht, dass sie wieder in eurem Leben auftauchen wird. Sie stellt ganz einfach einen Teil von dir selbst dar. Die beiden Prinzipien – Mann und Frau – sind in deinem Traum anwesend, um sich näherzukommen und ein gemeinsames Fest zu feiern. MAN hat dir gezeigt, dass du diejenige bist, die ein störendes Element einlädt.

In ihrem Traum war die Frau in den Keller hinuntergegangen. Der Keller symbolisiert jene Ebene des unbewussten Seins, die sich unmittelbar unterhalb des Schleiers befindet. Er versinnbildlicht Aspekte und Elemente, die im Unterbewusstsein enthalten sind. Im Keller erfährt die Träumerin, dass ihr Vater die Exfrau eingeladen hat. Da der Vater ein Mann ist, stellt er die Handlung, den Tag, die Manifestierung dar. MAN zeigte der Frau also, dass sie in die Welt der Manifestierung diejenigen Teile ihres Selbst – und zwar innere Teile, da die Exfrau die weibliche Polarität darstellt – einlädt, die Probleme schaffen und ständig dabei sind, ihr Glück zu zerstören.

Nachdem mein Mann ihren Traum interpretiert hatte, sagte er zu der Frau: „Das entschuldigt natürlich nicht das Verhalten deines

Mannes und eines ist sicher: Er wird an sich arbeiten müssen. Doch es bleibt die Tatsache bestehen, dass du ihn einerseits angezogen hast, dich aber andererseits nicht wirklich in dieser Beziehung engagierst und dich nicht vollkommen hingibst. Wenn die Liebe an unsere Tür klopft, weckt das Erinnerungen, genauso wie in der Geschichte mit der Dusche. Da werden Gedankenverbindungen wach wie: Liebe bedeutet Leiden, Schwierigkeiten, Traurigkeit, Trennung, Verlassenwerden. Und aus diesem Grunde gibst du dich nicht ganz hin, sondern bleibst innerlich auf der Flucht. Das ist so, als hättest du gleichzeitig einen Fuß drinnen und einen draußen, bereit, wieder zu gehen. Wenn du auch nichts sagst, so strahlst du das doch aus, da es in deiner Energie enthalten ist. Dein Mann spürt das und folglich reichen eine Bagatelle und die geringste Unsicherheit aus, um ihn zu einer Eifersuchtsszene zu veranlassen." Diese Erklärungen halfen der Frau, eine Menge zu verstehen.

Wenn man diese inneren feinstofflichen Vorgänge nicht versteht, d.h. wenn man nicht weiß, dass man selbst das Problem in seiner Seele trägt und folglich dessen Duftnote ausstrahlt, und dann derartige übermäßige Reaktionen bei einem Menschen wahrnimmt, für die es auf der konkreten Ebene keinerlei Grund zu geben scheint, sagt man sich leicht: „Das bringt mir nichts, weiter mit diesem Menschen zusammenzuleben, der ist ja ganz verdreht", und man sucht sich einen anderen Lebensgefährten. Doch das gleiche Problem wird sich erneut einstellen oder aber es wird in einer anderen Form in Erscheinung treten: Anstatt unter dem besitzergreifenden Charakter des anderen zu leiden, wird man selbst besitzergreifend und klammert sich am anderen fest, da man auf einen unerreichbaren Menschen gestoßen ist, der seinerseits innerlich auf der Flucht ist.

Das Verstehen kommt einer Gnade gleich, da man aufhört, sich im Kreise zu drehen. Sobald man versteht, kann man auf sich selbst zurückschließen und die Beziehung nutzen, um an sich zu arbeiten – es sei denn, extreme Schwierigkeiten, wie etwa körperliche oder verbale Gewalttätigkeit, würden sie in Frage stellen. Ist dies jedoch nicht der Fall, dann bittet man den Himmel um Führung: „Ist es für mich gut und richtig, weiterhin mit diesem Menschen zusammenzubleiben?" und im Zweifelsfalle enthält man sich. Man arbeitet an seinem inneren Mann – beziehungsweise an seiner inneren Frau – und erhält dabei die Führung durch die Himmlischen Mächte. Man lernt auch das richtige Geben, wobei man sich nicht sagt: „Da ich nicht weiß, ob es sich um den Mann – oder die Frau

– meines Lebens handelt, ist es sinnlos, alles zu geben." Durch das völlige Engagement lernen wir, mit dem anderen zu verschmelzen.

Die Verschmelzung zweier Menschen ist keine naive Liebe, die uns sagen lässt: „Ich muss immer verfügbar sein, ich muss mich hingeben." Nein, darin besteht die wahre Verschmelzung nicht. Die Verschmelzung zweier Menschen ist nur dann möglich, wenn man sich um die Resonanzen kümmert, die man mit dem anderen hat. Dabei analysiert man zunächst alles, was vor sich geht. Man nimmt die Verhaltensweisen des Lebensgefährten zum Anlass, um in sich selbst nach Resonanzen zu lauschen und die eigenen Verzerrungen zu identifizieren. Danach berichtigt und bereinigt man sie. Da man versteht, was der andere durchlebt, ist man ihm nicht böse. So kann man, anstatt mit Angst und Aggressivität zu reagieren, Liebe und Weisheit ausstrahlen. Die Verschmelzung wirkt wie ein Energiekreislauf.

Es ist unmöglich, die hohen Ebenen der mystischen Liebe ohne dieses Verständnis zu erreichen. HAZIEL, der Engel der Göttlichen Liebe berührt im Übrigen auch die Göttliche Weisheit sowie das wahre Wissen und die wahre Erkenntnis. Ohne sie gibt es keine aufrichtige, wahrhaftige, reine Liebe, denn die naive Liebe führt zu Frustrationen und hat gegebenenfalls eine Trennung zur Folge, weil der Mensch zu viel verdrängt. Wir sehen also, dass die Beziehung zwischen Mann und Frau – sofern wir bereit sind, sie als solches wahrzunehmen – ein wunderbares Übungsterrain darstellt, durch das wir eines Tages die höchsten Gipfel der Göttlichen Liebe erklimmen können.

Ich möchte nun eine Anekdote erzählen, die die Zeichen und den Synchronismus der Ereignisse betrifft. Während ich den Vortrag zum Bewusstseinszustand HAZIEL vorbereitete, beschloss unsere Tochter Kasara, sich einen Videofilm anzusehen. Es handelte sich um *Kiriku und die Zauberin*, einen sehr schönen und empfehlenswerten Film, der sowohl Kinder wie auch Erwachsene inspirieren kann. Es geht um eine Einweihungsgeschichte, die sehr gut erkennen lässt, dass das Böse einen erzieherischen Sinn hat, und zeigt, wie man das Böse verwandeln kann, um schließlich die Verschmelzung, die Heirat, zu erleben.

Kasara beschloss also, sich diesen Film anzusehen, doch die Kassette war nicht zurückgespult. Während sie sie zurücklaufen ließ, lief auf dem Bildschirm ein Eishockeyspiel ab, und sie sah, wie die

Spieler aufeinander einschlugen und miteinander rauften. Da schüttelte sie den Kopf und fragte mich: „Warum raufen sie denn miteinander?" Man konnte Tausende von Zuschauern in den Tribünen sehen. „Wie kommt es, dass sich so viele Menschen das ansehen", fragte sie mich, stand auf und begann, die Spieler nachzuahmen. Sie sagte zu mir: „Schau mal. Ich tu so, als hätte ich einen kleinen Ball, den werfe ich dir zu, man filmt mich dabei und Tausende von Menschen sehen mir zu. Was soll das Ganze?"

Als sie das Klicken des Videogerätes hörte, das anzeigte, dass die Kassette zurückgespult war, stürzte sie los, doch in ihrem Eifer verstauchte sie sich den großen Zeh und fiel hin. Das tat sehr weh und sie vergoss heiße Tränen. Ich nahm sie in die Arme und tröstete sie. Dann untersuchten wir ihren Zeh, um zu sehen, ob er nicht gebrochen war oder eine Wunde erkennen ließ.

Nach einer Weile stand sie auf und alles war wieder in Ordnung. Sie wollte ihren Film ansehen, doch ich sagte zu ihr:
- Kasara, bevor du deinen Film laufen lässt, wollen wir ein wenig miteinander reden. Du hast dich an deinem großen Zeh verletzt und du weißt, dass es keinen Zufall gibt. Was will dieses Zeichen deiner Meinung nach aussagen? Woran dachtest du in dem Augenblick, als du deinen Zeh verstaucht hast?
- Na, ich wollte den Film laufen lassen.
- Und kurz davor, was tatest du da?
- Oh, die Eishockeyspieler, antwortete sie mir nach kurzer Überlegung.
- Ja, genau. Natürlich hast du Recht: Es ist nicht richtig, miteinander zu raufen, die anderen zu schlagen und einer kleinen Scheibe so viel Bedeutung beizumessen. Du hast das Recht, zu bewerten und „Das ist richtig" oder „Das ist falsch" zu sagen, doch muss in deiner Bewertung immer die Liebe zu spüren sein. Immer. Als du vorhin deine Kommentare abgabst, ging eine etwas negative Energie von dir aus. Und deshalb haben Sie dir ein Zeichen geschickt: Du bist hingefallen und hast dir deinen großen Zeh verletzt. Der große Zeh symbolisiert genauso wie der Daumen die Göttliche Liebe und den Göttlichen Willen. In deiner inneren Einstellung und in deinem Benehmen waren die Göttliche Liebe und der Göttliche Wille abwesend und so tatest du dir weh. Man wollte dir zeigen, dass diese Art, zu denken, Verletzungen hervorruft.

Oh! Sie sah mich mit großen Augen an. Ich fuhr fort:

- Würdest du einem Hockeyspieler begegnen, so würde sich dieser in deiner Gegenwart nicht wohl fühlen, selbst wenn du ihn nur ansehen würdest, ohne eine Wort zu sagen. Seine Seele würde wissen, was du denkst. Unsere Seele weiß immer, was die anderen denken. Er würde also wahrnehmen, dass du über ihn urteilst und sich deshalb nicht wohl fühlen.
- Also gut, ich hab's getan, doch die Hockeyspieler befanden sich nicht hier, sie waren im Fernseher.
- So funktioniert das nicht. Auf der Ebene unserer Seelen sind wir alle ständig miteinander in Verbindung. Außerdem musst du dich darin üben, Bewertungen mit Liebe vorzunehmen. Du musst verstehen lernen, dass die Menschen experimentieren und dass sie alle Kinder Gottes sind, genauso wie du.

Ich fuhr fort: „Weißt du, die Hockeyspieler sind Menschen, die enorm viel Energie haben und nicht immer wissen, was sie damit anfangen sollen. Sie wissen noch nicht, wie sie ihre Energie richtig zum Ausdruck bringen können. Deshalb gibt es Orte, wo sie ihre Aggressivität in einer gut organisierten Form kanalisieren können. Dadurch wird verhindert, dass sie diese auf ihre Familie und auf ihre Kinder projizieren. Diese Art von Spiel hat durchaus ihren Platz, Kasara. Und deshalb lässt Gott sie zu. Diese Menschen experimentieren."

Kasara hörte mir aufmerksam zu. Ich fuhr fort:
- Denk an deine kleine Cousine Ariel, die noch ein Baby ist. Erinnere dich daran, wie sie vor einigen Monaten entdeckte, dass sie selbst ihre Händchen bewegen kann. Wenn sie aß, warf sie die Nahrung auf den Boden und du sagtest zu ihr: „Nein, Ariel, tu das nicht. Man darf das Essen nicht auf den Boden werfen." Du sagtest das liebevoll zu ihr und nicht kritisierend.
- Ja, doch Ariel ist ganz klein, und die Hockeyspieler, die sind groß.
- Das stimmt, doch du weißt, dass das nicht so funktioniert. Du darfst das nicht nur in Bezug auf ein Leben und das Alter eines Menschen sehen, sondern im Hinblick auf die Entwicklung seines Bewusstseins über mehrere Leben hinweg. Du kannst Erwachsene beobachten und dabei sehr wohl wissen, dass sie auf der Ebene ihres Bewusstseins noch Babys sind. Du wirst sie dann mit den gleichen Augen sehen, wie du Ariel siehst, und wissen, dass es nicht richtig ist, das Essen auf den Boden zu werfen oder wegen einer runden Scheibe miteinander zu raufen, doch wirst du voller Liebe sein.

Ah, eine ganz andere Sicht der Dinge schrieb sich da in ihr ein.

Wir begannen den Film miteinander anzusehen und nach einer Weile läutete das Telefon. Wir stellten das Videogerät auf Pause. Dabei erschien das Hockeyspiel wieder auf dem Bildschirm. Kasara sah sich das Spiel an und von Zeit zu Zeit zwinkerten wir einander zu.

Das Telefongespräch dauerte eine Weile und nachdem es zu Ende war, sagte ich zu Kasara:
- Der liebe Gott nimmt sich deiner gut an, nicht wahr? Er will, dass du lernst.
- Ja, doch ich finde das nicht lustig.
- Kasara, wenn du dein Problem mit den Hockeyspielern nicht regelst, was könnte in einem späteren Leben auf dich zukommen? Du könntest einen Vater, einen Ehemann oder vielleicht sogar einen kleinen Sohn haben, der Hockeyspieler ist.
- Oh, oh! Da bin ich lieber ruhig.
- Du hast eine Fehltat begangen. Deshalb empfehle ich dir, eine Zeichnung anzufertigen, mit der du den Hockeyspielern gegenüber deine Liebe zum Ausdruck bringst. Du kannst auch die Engel-Rezitier-Übung mit HAZIEL machen, weil du dich in diesem Fall in einer Verzerrung dieses Engels befindest. Während du zeichnest und den Engel HAZIEL anrufst, bitte die Hockeyspieler um Verzeihung und schicke ihnen Liebe.

Sie fertigte eine Zeichnung an, auf der sie dabei zu sehen ist, wie sie den Hockeyspielern in Form von Herzen Liebe zuschickt. Die Kinder zum Zeichnen oder Schreiben zu veranlassen ist eine gute Erziehungsmethode, weil sie dies zum Nachdenken und Fühlen anregt und sie auf diese Weise ihre Gedanken und Emotionen zum Ausdruck bringen können.

Hier nun ein Erlebnisbericht, der die Versöhnung und das Verzeihen betrifft. Eine Frau, die zum ersten Mal an einem Vortrag über die Engellehre teilnahm, bat mich um die Deutung eines Traumes, den sie erhalten hatte. Sie wusste in ihrem Traum, dass sie schlief. *Sie saß mit geschlossenen Augen auf einem Sofa. Sie spürte, wie eine Menge negativer Energien in sie eindrangen und sie versuchte den Namen ‚Jesus' auszusprechen, doch es gelang ihr nicht. Plötzlich kam ihr Mann daher – er hatte ebenfalls die Augen geschlossen –, setzte sich neben sie auf das Sofa und sagte zu ihr: „Diese negativen Energien haben uns getrennt. Wir wollen uns versöhnen." Danach - immer noch im*

Traum – wachte sie auf, öffnete die Augen und konnte den Namen ‚Jesus' aussprechen.

Ich fragte sie zunächst:
- Was stellt dein Mann für dich dar?
- Ach, er hat mich und unsere beiden Kinder vor einiger Zeit wegen einer anderen Frau verlassen. Außerdem hatte ich eine Freundin, mit der ich mich sehr viel austauschte. Sie hatte das gleiche Problem durchlebt wie ich. Wir waren Vertraute und uns gegenseitig eine große Stütze. Irgendwann sagte sie mir, sie sei meinem Mann begegnet und er habe sich ihr anvertraut. Doch einige Monate später erfuhr ich, dass sie die Geliebte meines Mannes geworden war.

Sie fuhr fort: „Ich war ein spiritueller Mensch. Wenn ich das Wort *Hass* sah," – wie man es unter den Verzerrungen der Engelenergie HAZIEL finden kann – „dachte ich, dass ich weit davon entfernt wäre. Ich war mir sicher, dass ich niemals Hass empfinden könnte. Doch diese Frau hasse ich nun. Eines Tages tauchte sie bei mir auf und ich habe sie regelrecht verjagt."

Was wollte MAN dieser Frau durch ihren Traum mitteilen? Warum schickte MAN ihr einen solchen Traum? MAN wollte ihr zu verstehen geben, dass dieser Verrat und das sich daraus ergebende Leid dazu dienten, in ihr eine Öffnung für die wahre Spiritualität und eine größere, höhere, umfassende Liebe zu bewirken. Deshalb hatte sie versucht, den Namen Jesus auszusprechen. Jesus hat trotz Leid und Schmerz die höchsten Ebenen der Göttlichen Liebe erklommen und ist deren symbolische Darstellung geworden. Diese Frau litt und durch ihren Traum sagte MAN ihr: „Dein Leiden hat einen Sinn. Nutz es, um zu wachsen und um diese hohen Ebenen der Göttlichen Liebe zu erreichen." In diesem Traum hatte sie die Seele ihres Ehemannes aufgesucht, jedoch unbewusst. Dieser stellte aber gleichzeitig einen Teil ihres inneren Mannes dar.

Dadurch, dass beide die Augen geschlossen hatten, gab MAN ihr an, dass dieser Austausch auf der Ebene ihrer Seelen nicht unbedingt zu einer Versöhnung auf der physisch-konkreten Ebene führen würde, kündigte aber eine Aussöhnung auf der inneren Ebene ihrer Wesen an. Ein solcher Traum kann sich in der konkreten Wirklichkeit in Form eines neuen besseren Verhältnisses zu ihrem Exmann äußern. Andererseits muss man es bei der Deutung der Träume vermeiden, definitive Interpretationen abzugeben – z.B. in diesem Fall die Diagnose einer unmöglichen Wiederaufnahme der Beziehung zu stellen. Dieser Traum kann sehr wohl nur einen Teil des Weges aufzeigen, den diese Frau zurücklegen muss, um sich auf der physisch-konkreten Ebene mit ihrem Mann aussöhnen zu können. Gewiss, manche Träume enthalten Hinweise auf eine endgültige Trennung, doch nicht dieser Traum. Diese Frau muss verschiedenen Möglichkeiten gegenüber offenbleiben und dabei gleichzeitig über eine ausreichende Meisterung und Bereitschaft verfügen, um ihr persönliches Begehren zu opfern. Eine lange Arbeit an sich selbst ist erforderlich, bevor man so hohe Bewusstseinsebenen erreichen kann. Aus diesem Grund ist es auch unmöglich, absolut genaue Informationen in den Träumen zu erhalten, bevor man gewisse Grade der Weisheit erreicht hat, da die persönlichen Bedürfnisse den Menschen dazu verleiten würden, das Schicksal zu seinen Gunsten zu beeinflussen.

Wenn MAN uns in einem Traum eine schlafende Person zeigt, so symbolisiert das im Positiven, dass sie sich ausruht und regeneriert, während es im Negativen – wie in diesem Traum – ein Hinweis darauf ist, dass dieser Mensch ein gewöhnliches, d.h. noch nicht erwachtes Bewusstsein hat. Was ist unter einem erwachten Menschen zu verstehen? Ein Mensch mit einem gewöhnlichen Bewusstsein ahmt die Außenwelt nach, er lernt aufgrund der Imitation, ein erwachter Mensch hingegen lernt von innen her. Natürlich unterhält er Beziehungen zur Außenwelt und bedient sich der Überschneidungen zwischen dieser und seiner Innenwelt, doch der Lernvorgang erfolgt bei einem erwachten Menschen tatsächlich von innen.

Ein Mensch kann die hohen Gipfel der Göttlichen Liebe nur dann erreichen, wenn in ihm das männliche und das weibliche Prinzip wieder eins geworden sind und die innere Hochzeit in ihm stattgefunden hat. Um dies zu veranschaulichen, will ich eine Geschichte erzählen. Eine Frau, die die Engellehre befolgt, teilte uns einen ihrer Träume mit. *In ihrem Traum war sie zur Hochzeit einer ihrer Freunde eingeladen. Sie tanzte einen Bauchtanz, eine Art arabischer Tanz. Danach unterhielt sich ihr Mann mit ihr und nach einer Weile bat er sie plötzlich um ihre Hand. Diese Bitte versetzte sie derart in Angst, dass sie ihre vier Kinder holte und auf und davon lief.*

Beim Aufwachen war sie über diesen Traum sehr überrascht, denn sie verstand sich gut mit ihrem Mann, ihre Beziehung war solide und sie hatten vier Kinder miteinander. Da fragte ich sie:
- Habt ihr schon von Heirat gesprochen?

- Nein, darüber sprechen wir nicht.

Für dieses Paar war das Thema Heirat eine Art Tabu. Warum schickte MAN ihr also einen solchen Traum? MAN wollte ihr durch diesen Traum – in dem ihr Lebensgefährte ihren inneren Mann versinnbildlichte – zeigen, dass sie nicht vollkommen mit ihm verschmolzen war. Sie regte ihren Gefährten zwar an, ohne sich jedoch ganz zu engagieren und vollständig mit ihm verschmelzen zu wollen. Da der Mann auch als Symbol für den Ur-Geist steht, wollten die Himmlischen Mächte sie ferner wissen lassen, dass sie vor der Verschmelzung mit dem Ur-Geist Angst hatte. Ein Mensch, der einen solchen Traum erhält, könnte sich sagen: „Oh, ich muss mich sofort verheiraten. Ich muss mein inneres Problem lösen." Doch darauf zielt dieser Traum nicht ab. Er gibt lediglich eine Öffnung des Bewusstseins an, durch die MAN die Träumerin auf gewisse Erinnerungen aufmerksam macht, die ihre Angst vor einem vollständigen Engagement offenbaren. Natürlich werden sich derartige Erinnerungen nicht durch eine Heirat auflösen.

Seit einigen Jahrzehnten scheinen sich die Paare besser außerhalb der heiligen Bindung der Ehe zu entfalten als innerhalb dieser Bindung. Warum ist dies so? In der Vergangenheit wurde den Menschen die Heirat durch die Religion aufgezwungen, was der ehelichen Bindung ihren tiefen, heiligen Sinn raubte. Eine aufgezwungene Ehe geht mit einer starren, den Formen verhafteten Haltung einher. So wurde die Ehe schließlich ein Sinnbild für Gefangenschaft, Unterdrückung und den Zwang, auf einen Teil von sich selbst zu verzichten. Folglich wollten die Menschen vom Heiraten nichts mehr hören und dieser alte Brauch ist ins Abseits geraten, weil er falsch verwendet wurde.

Doch das Heiraten erlebt gegenwärtig einen neuen Aufschwung. Die modernen Paare äußern wieder zunehmend den Wunsch, sich zu vermählen, den heiligen Bund der Ehe einzugehen. Wie äußert sich die mystische Liebe in der Ehe? Welchen Platz nimmt sie ein? Man muss zunächst verstehen, dass diese Form der Liebe nur dann die Grundlage einer Ehe bilden kann, wenn die Lebensgefährten als Zielsetzung die Arbeit an sich selbst und den Erwerb der Qualitäten und Tugenden anstreben. Erst dann sind sie für ein wirkliches Engagement und eine wirkliche Verbindung bereit. Als nächsten Schritt müssen sie die Genehmigung der Kosmischen Intelligenz einholen, die sie im eigenen Innern, durch einen Traum und/oder durch ein Zeichen erhalten werden. Auf diese Weise wird dem Paar die Bindung nicht wie früher, nach der alten Mentalität, von außen aufgezwungen.

Mit einem solchen Verständnis erfasst man auch viel leichter den Sinn des Ausdrucks *sich im Guten wie im Bösen vereinen*, der falsch verstanden wurde, weil der tiefere Sinn des Engagements abhandengekommen war. Dieser Ausdruck bedeutet nicht, dass man einen gewalttätigen Ehemann ertragen muss, nein, ganz und gar nicht. Im Guten wie im Bösen vereint sein bedeutet, dass man dem anderen im Falle eines Misserfolgs, einer Krankheit, beim Verlust des Arbeitsplatzes, bei Problemen mit einem Kind oder Schwierigkeiten anderer Art beistehen wird und diese Umstände nutzt, um daran zu wachsen. Weil man das Gesetz der Resonanz kennt, kann man die Ehe als Übungsfeld verwenden. Eine solche Einstellung fördert in einem ehelichen Bündnis sehr stark die spirituelle Entwicklung der Lebensgefährten, die sich von innen her aufbauen, weil sie ständig Teile ihres Wesens berichtigen. Gleichzeitig bauen sie sich aber auch äußerlich auf – die Beweise dafür sind erkennbar –, da sie Stabilität, Integrität und Treue bezeugen.

Wie ich bereits erwähnte, spielt das Verständnis des Resonanzgesetzes bei solchen Paarbeziehungen eine Schlüsselrolle. Wir wollen uns nun näher ansehen, warum dies so ist. Wenn sich zwei Menschen begegnen, haben sie natürlich eine Menge Affinitäten und Resonanzen auf der Ebene ihrer Qualitäten, doch genauso viele bestehen auch auf der Ebene der Verzerrungen. Alles wird nicht einfach deshalb vollkommen sein, weil die beiden im Traum oder durch Zeichen die Erlaubnis zur Ehe erhalten haben. Sie bergen noch zahlreiche Verzerrungen in sich und werden sich so manches Mal anpassen müssen. Wenn eine Ehe auf der mystischen Liebe aufbaut, wird sie zunehmend – und zwar exponentiell zunehmend – paradiesischer, anstatt die Hölle auf Erden zu werden, da die Verzerrungen aufgrund der unmittelbaren Nähe des anderen umso störender empfunden werden.

Zunächst bergen also die beiden Lebensgefährten noch eine Menge Verzerrungen in sich. Doch jene Menschen, die über das wahre Wissen und die wahre Erkenntnis verfügen, wissen, dass sie auf sich selbst zurückschließen müssen, sobald sie das Benehmen oder die Haltung des anderen stört, selbst wenn dieser sich nicht richtig verhält. Sie schließen also auf sich selbst zurück und machen die

Engel-Rezitier-Übung. Auf diese Weise bereinigen sie ihre eigenen Verzerrungen und warten ab, bis sie sich besser fühlen, bevor sie mit dem Lebensgefährten darüber sprechen. Da beide das Gesetz der Resonanz und das Gesetz der Störung kennen, weil ja beide zum wahren Wissen und zur wahren Erkenntnis Zugang haben, warten sie den richtigen Zeitpunkt, das richtige *Timing* ab, bevor sie miteinander Aussprache halten. So erhält und bewahrt ihre Kommunikation eine höhere Qualität. Eben darin liegt das Geheimnis. Manchmal weiß man sehr wohl, dass man miteinander sprechen müsste, doch es gelingt einem nicht. Sobald man aber diese Gesetze kennt, wird die Kommunikation viel leichter und wirkungsvoller.

Es wird einem auch leichter fallen, über seine eigenen Fehler zu sprechen. Normalerweise wollen die Ehepartner untereinander nur über die Erfolge sprechen, über das, was schön und gut ist, während der Rest unter den Teppich gekehrt wird. Vermeidet man es jedoch, auch über das zu sprechen, was einen stört, so wird das Fass irgendwann überlaufen, weil es innerlich zu viel geworden ist. Wenn man dann endlich miteinander spricht, geschieht das so, als wäre man Gegner, was zu Streitereien führt. Man muss wissen, dass durch das Verständnis des Resonanzgesetzes Gespräche über die eigenen Fehler und Schwächen sehr interessant und erbauend werden. Man freut sich darüber, weil man weiß, dass ihre Identifizierung dazugehört, dass man seine eigenen Verzerrungen einsehen und akzeptieren muss, um ein Eingeweihter zu werden. Dies bewirkt die innere Arbeit mit den Engeln. Dabei sagt MAN uns zunächst: „Du willst" – wie im vorliegenden Fall dank dem Engel HAZIEL – „die Göttliche Liebe erfahren? Bravo. Das ist gut. Einverstanden. Doch zunächst musst du in dein Unbewusstsein hinabtauchen und all jene Erinnerungen aufsuchen, die durch fehlende Liebe gekennzeichnet sind."

Wir wissen, was dies bedeutet. Deshalb können wir unterschiedslos und voller Zufriedenheit sowohl über unsere Fehler als auch über unsere Qualitäten sprechen. Wenn zwei Menschen auf diese Weise an sich arbeiten und sich gegenseitig ihre Träume erzählen, wird ihre Beziehung immer authentischer. Durch das Erzählen unserer Träume enthüllen wir uns dem anderen gegenüber. In einem Traum steht man grundsätzlich immer enthüllt, nackt dar, weil die verschiedenen Aspekte unseres Seins, die direkt aus dem Unbewusstsein auftauchen, nicht gefiltert werden. Manchmal entdeckt man dabei Dinge oder Probleme über sich, die man ganz und gar nicht vermutet hätte, und dank der Aussprachen, die man mit dem Lebensgefährten über die Träume – sowohl die eigenen als auch die seinen – führt, kann man erkennen: „Ah! Nun verstehe ich! Das hatte ich zwar gespürt, doch ich konnte es nicht beim Namen nennen, ich konnte es nicht erkennen."

Und in dem Fall, wo der eine oder andere der beiden Lebensgefährten sich durch die Angelegenheit gestört fühlt, wird diese Erkenntnis ihm ein Feedback gestatten und eine Lehre anbieten, anhand deren er das Phänomen der Resonanz besser verstehen wird. Auf diese Weise setzt sich der Mensch aus und er tut gut daran. Und das ist es auch, was er will: Er hat dies sogar zu seiner Priorität gemacht. Wir sahen, dass die spirituelle Entwicklung im Rahmen einer ehelichen Beziehung den Wunsch voraussetzt, sich zu verbessern und ein schönerer und altruistischer Mensch zu werden. Mit dieser Absicht wird der in die Wege geleitete Prozess auf beide Lebensgefährten eine verwandelnde und wiedergutmachende Wirkung haben und beide in ihrer Entwicklung sehr schnell voranbringen. Man hört im Rahmen der ehelichen Beziehungen selten von der mystischen Liebe sprechen, so als ob diese Dimension der Liebe dem Menschen nur dann zugänglich wäre, wenn er allein an sich arbeitet, außerhalb einer intimen Beziehung. Doch wie wir sahen, kann diese Arbeit innerhalb einer Liebesbeziehung etwas Wunderbares sein. Natürlich ist sie nicht immer leicht, weil sie Neuausrichtungen erforderlich macht, doch das funktioniert.

Arbeitet man auf diese Weise, so erkennt man zunehmend, dass man jedes Mal, wenn in der Beziehung Verzerrungen anklingen, den noch abgetrennten, zerstückelten Teilen seines inneren Mannes – sofern man selbst eine Frau ist – oder seiner inneren Frau – sofern man ein Mann ist – begegnet. Das erklärt auch die zahlreichen Anziehungen, die man erlebt und durch die sich diese innere Zerstückelung äußert. Fühlt man sich zu anderen Menschen hingezogen, so ist es besser, die Engel-Rezitier-Übung zu machen, wodurch man sich auf das spirituelle Projekt der inneren Wiedervereinigung konzentriert, anstatt diesen Anziehungen Ausdruck zu verleihen.

In dieser Art von Ehe wird man, anstatt den Eindruck zu haben, einen Teil von sich selbst zu verlieren – wie dies bei einem gewöhnlichen Bewusstsein der Fall ist –, wissen, dass man im Gegenteil dabei ist, die verschiedenen Teile der eigenen inneren Frau oder des eigenen inneren Mannes wieder zu vereinigen. Durch das wahre Engagement findet man diese abgetrennten und stark verstreuten Teile wieder. Die wahre Liebe kommt immer von innen. Das Äußere ist nur eine Erscheinungsform. Eines Tages wird man so alle inneren Zerstückelungen transzendiert haben und wieder vollkommen sein. Das wird dann auch äußerlich in Erscheinung treten. Man sieht also, dass diese Art von Eheleben unserer Entwicklung sehr förderlich ist.

In einem gewöhnlichen Bewusstsein beginnt eine Beziehung in der Regel mit der Leidenschaft und entartet sehr schnell in Unstimmigkeit oder sie nimmt die Form eines Status quo an, bei dem die Liebe all ihre Poesie verloren hat. Eine spirituelle Paarbeziehung dagegen beginnt als tiefe Freundschaft und entwickelt sich ständig weiter. Man hört oft sagen, dass sich viele Menschen in ihrer Ehe nach einer Weile langweilen und nach etwas anderem sehnen, weil die Beziehung eintönig geworden ist und stagniert. In einer spirituellen Lebensgemeinschaft findet genau das Gegenteil statt: Die Beziehung ist sehr anregend und entwicklungsfördernd, weil die Verwandlung der Lebensgefährten täglich fortschreitet. Jeden Abend schlafen beide in einem gewissen Bewusstseinszustand ein und beim Aufwachen am nächsten Morgen sind sie nicht mehr dieselben. Ihr Bewusstseinszustand hat sich geändert, weil beide während der Nacht ihre inneren Welten im Traum aufgesucht haben. Dadurch bereinigen sie ihre zahlreichen früheren Leben. Beide verändern sich fortlaufend und da sie ein gemeinsames Schicksal teilen, empfinden sie keinerlei Verschiebung zwischen sich.

Hier nun ein schönes Beispiel zu dieser Art von Lebensgemeinschaft. Eines Tages erzählte mir eine Frau, die die Engellehre befolgt, einen Traum, den sie einige Monate zuvor erhalten hatte. *Sie befand sich in Begleitung ihrer Schwester in einem Restaurant. Ihre Schwester wies auf einen Mann, der an einem Tisch saß, und sagte: „Das ist dein zukünftiger Ehemann. Ihr werdet im Februar heiraten." Die Träumerin kannte den Mann nicht und dieser sah sie nicht an. Er saß nur in seiner Ecke.*

Einige Monate vergingen und sie lernte einen Mann kennen, einen wirklich schönen, angenehmen Menschen, der seitdem auch die Engellehre befolgt. Doch ihr Traum war ihr nicht sofort wieder eingefallen. Erst bei ihrer zweiten Begegnung, einem Rendezvous zu zweit, fiel ihr der Mann in ihrem Traum wieder ein und sie stellte fest, dass der Mann, in dessen Begleitung sie sich befand, den gleichen besonderen Haarschnitt hatte und auch dem Mann im Traum äußerlich ähnelte. Sie sagte zu mir: „Oh, da bin ich richtig rot geworden!" Die Röte war in ihr hochgestiegen, weil sie das so sehr beeindruckte. Sie fügte hinzu: „Natürlich habe ich nichts davon erwähnt, aber das hat mich schon etwas verlegen gemacht, da sich zwischen uns eine schöne Freundschaft zu entwickeln begann. Doch als Frau fühlte ich mich nicht zu diesem Mann hingezogen. So verging die Zeit und ich erhielt einen weiteren Traum." In diesem Traum, *zeigte* MAN *ihr, dass sie in ein Haus einziehen würde, das dem Haus dieses Mannes ähnelte.* Da bekam sie richtig Angst, da sie weiß, dass man den Träumen Beachtung schenken muss.

Sie suchte uns auf, um mit uns darüber zu sprechen. Doch bereits einige Tage davor hatte mein Mann diese beiden Menschen, die er sehr gut kannte, in einem Traum gesehen. Er hatte ihre Seelen aufgesucht und gesehen, wie die beiden sich zu einer Kappelle im Osten begaben. Er wusste, dass dies eine spirituelle Bindung ankündigte.

Als diese Frau uns von ihren Träumen berichtete und von ihrer Angst, sich zu binden, erzählte mein Mann ihr nichts von seinem Traum. Man kann im Traum viele Dinge sehen, wenn man die Seele eines anderen Menschen aufsucht, doch manchmal ist es besser, nichts zu sagen und den betreffenden Menschen seine Erfahrungen machen zu lassen. Mein Mann sagte nur ganz einfach: „Wenn die Energie frei fließt, man aber nicht bereit ist, sie zu empfangen, dann fließt sie vorbei und man wird sehr lange warten müssen."

Das gab ihr zu denken und veranlasste sie, sich an die Arbeit zu machen. Sie wählte einen passenden Engel und machte die Rezitier-Übung, um sich von ihren Ängsten zu befreien, denn sie fühlte, dass die erhaltene Botschaft wichtig war. Zwei Tage später klopfte der Mann an ihre Tür an und sagte ihr auf der Türschwelle stehend etwas verlegen: „Ich möchte dich etwas fragen." Sie sah ihn an und erwiderte einfach: „Ich weiß, und die Antwort lautet: Ja." Da rief er aus: „Wenn ich daran denke, dass ich mir das Gehirn zermartert habe, um die passenden Worte zu finden!" Er freute sich sehr.

Die beiden leben nun schon seit mehreren Jahren zusammen und die Frau gestand mir: „So sonderbar es auch zu Beginn war – ich fühlte mich wie von einem Magneten angezogen, es war jedoch eine emotions- und leidenschaftslose Anziehung –, so sehr entwickelt sich unsere Beziehung nun weiter." Sie wendet sich abends oft an den Himmel und sagt: „Vielen Dank für den wunderbaren Schatz, den Ihr mir geschickt habt." Sie verhätschelt und umsorgt ihren Mann und er tut das Gleiche mit ihr. Sie sind sehr glücklich zusammen und es ist wunderbar, dies zu sehen. Ihre Beziehung wächst und gedeiht, während die beiden immer enger miteinander verschmelzen. So sieht eine entwicklungsfördernde Verbindung aus. Ein hundertprozentiges Engagement ist uns auf energetischer Ebene nicht möglich, solange wir noch unbewusste Erinnerungen in uns bergen, die bereinigt werden müssen. Das Experimentieren und die Arbeit an uns selbst tragen zur Vertiefung des Engagements bei und gegebenenfalls zur inneren Verschmelzung, der dann die äußere Verschmelzung folgen wird. Die innere und die äußere Verschmelzung erfolgen Hand in Hand, denn *wie innen so außen, und wie außen so innen, wie Oben so unten und wie unten so Oben.*

Dieser schöne, sympathische Mann vertraute mir seinerseits an: „Wenn ich diese Frau ersetzen müsste, bräuchte ich mehrere Frauen, um das Gleiche wiederzufinden, so vollkommen ist sie." Man erkennt daran, wie wunderschön es ist, sein Leben auf diese Weise zu gestalten, aber auch, dass es auf dem Weg der mystischen Liebe wichtig ist, die Komplementarität von Mann und Frau zu verstehen. Um die Erfahrung der mystischen Liebe zu machen, empfehlen gewisse spirituelle Traditionen das Zölibat, doch muss man wissen, dass es sich dabei lediglich um die erste Stufe auf dem Weg hin zur konkreten Verwirklichung, d.h. zur konkreten Einswerdung zwischen Mann und Frau handelt.

Hier eine Geschichte, die die *kindliche Reinheit* berührt, jene Reinheit, die uns der Engel Haziel wiederfinden lässt. Eines Nachts erhielt mein Mann einen Traum. *Unsere Tochter Kasara stand vor einem Waschbecken, in dem sich eine Ratte befand. Diese war nicht lieb, sondern aggressiv. Kasara beugte sich vor, um sie zu berühren, doch mein Mann sagte zu ihr: „Nein, nein, nein! Berühr sie nicht!"* Er wusste, dass dieser Traum unsere Tochter betraf und ihm nicht einen Teil seines eigenen Wesens aufzeigen sollte. So wartete er ab, um zu sehen, auf welche Weise sich der Traum materialisieren würde. Ein Traum materialisiert sich immer in der einen oder anderen Art, da er in der Symbolsprache den inneren und/oder äußeren

Zustand der träumenden Person wiedergibt, oder aber – wie in diesem Fall – der Person, deren Seele der Träumer aufgesucht hat.

Am darauf folgenden Tag befanden wir uns auf Tournee. Normalerweise hilft uns Kasara sehr viel und gerne, doch an jenem Tag konnte man – wenn man richtig in die Tiefe vordrang – fühlen, dass sie weniger bei der Sache war als gewöhnlich.

Ich befand mich am anderen Ende des Saales, als ich vernahm, was vor sich ging. Kasara war dabei, mit einer freiwilligen Helferin einen Tisch vorzubereiten, und ich hörte, wie die Helferin zu Kasara sagte:
- Nein, die CDs müssen in dieser Reihenfolge hingelegt werden.
- Nein, erwiderte Kasara, sie müssen nicht so, sondern so hingelegt werden.
- Ich versichere dir, dass sie so liegen müssen.
- Nein, mein Vater hat mir gezeigt, dass sie so liegen müssen.

Daraufhin erwiderte die Helferin nichts mehr. Als mein Mann später den Büchertisch betrachtete, bemerkte er, dass die CDs nicht ganz richtig lagen, und er sagte es ihnen. Da wandte sich die Helferin an Kasara und sagte zu ihr: „Ich habe es dir gesagt, doch ich wollte nicht darauf bestehen, weil du wirklich sehr darauf beharrt hast." Ich nahm Kasara beiseite und sagte in einem freundlichen Ton zu ihr: „Kasara, du musst aufpassen. Du warst zu emissiv und viel zu autoritär. Du hast der Helferin keinen Platz gelassen, und außerdem konnte sie wegen deines Verhaltens die Sachen nicht richtig hinlegen. Du hast gesehen, dass du nicht Recht hattest. Du musst auf diesen Aspekt deines Verhaltens wirklich aufpassen." Sie hatte verstanden.

In der folgenden Nacht erhielt Kasara einen Traum. *Sie befand sich in einem Vortragssaal und spürte, dass sie keine Lust hatte zu helfen. Eine Frau, die als Karotte verkleidet war, trat ein und wollte in den inneren Vergnügungspark gehen, um sich zu amüsieren.* Als Kasara uns ihren Traum erzählte, hatte sie bereits eine recht klare Idee dessen, was er besagen wollte. Sie hatte ihn selbst schon ausreichend gut gedeutet.

Ich sagte sofort zu ihr: „Du, Glückliche! Was hast du doch für ein Glück!" Sie sah mich erstaunt an, denn sie wusste, dass ihr Traum Verzerrungen beschrieb, unrichtige Haltungen. Da fügte ich hinzu: „Ist dir bewusst, was du für ein Glück hast, solche Informationen bereits im Alter von acht Jahren zu erhalten? Es gibt Erwachsene, die ihr ganzes Leben lang keine solchen Informationen erhalten und andere Leben abwarten müssen, um einen Traum zu bekommen, in dem Man ihnen ganz klar ihre Absichten aufzeigt. In diesem Traum zeigten Sie dir deine wahre Absicht: Du hattest keine Lust zu helfen. Und Sie zeigten dir auch, warum. Die als Karotte verkleidete Frau stellte einen Teil deines Selbst dar, einen inneren Teil, da es sich um eine Frau handelte. Die Karotte ist ein schönes Symbol der Emissivität und in ihrer verzerrten Form symbolisiert die Farbe Orange falsche Vergnügungen. Man zeigte dir also, dass es in dir Teile gibt, die die Emissivität falsch verwenden. Eine Verkleidung stellt etwas Falsches, Unwahres dar, nicht wahr?"

Danach stellte ich die Verbindung zu den Ereignissen des Vortags her. Ich sagte zu Kasara: „Erinnerst du dich: Gestern, als du mit der freiwilligen Helferin sprachst, warst du zu autoritär und zu emissiv. Man hat dir nun in deinem Traum gezeigt, dass es eben diese Form der Energie in dir war, die bewirkte, dass du keine Lust zum Helfen und zum Dienen hattest. Du wolltest lieber in einen Vergnügungspark gehen."

Kasara war sich dieser Energie nicht bewusst gewesen. Wie Sie sehen, enthüllt Man uns über die Träume wichtige Dinge. In jenem Augenblick erinnerte sich auch mein Mann an seinen Traum mit der Ratte und konnte zu dem, was sich zugetragen hatte, eine Verbindung herstellen.

Was versinnbildlicht die Ratte? Ein Tier kann in einem Traum sowohl eine positive wie eine negative Bedeutung haben. Um zu wissen, nach welcher Seite die Symbolik tendiert, muss man das Verhalten des Tieres näher betrachten. In dem Traum war die Ratte aggressiv, folglich stellte sie einen Hinweis auf eine Verzerrung dar. Generell ist die Ratte ein Tier, das in den Abwasserkanälen lebt, sich von Abfällen ernährt und sich gierig bedient, also ein Tier, das nur an sich selbst denkt und somit das Gegenteil der Großzügigkeit und des Altruismus symbolisiert.

In seinem Traum warnte mein Mann Kasara davor, das Tier zu berühren. Mit anderen Worten musste er dem Vorgang, durch den sich Kasara dieser Energieart näherte, Einhalt gebieten. Dieser Traum veranlasste ihn folglich, klar und direkt mit Kasara zu sprechen und ihr zu erklären, wie man den anderen Menschen dient und ihnen hilft. Der Grund dafür war einfach: Kasara war noch ein Kind und musste die Bedeutung einer altruistischen Haltung so früh wie möglich lernen.

In der Vergangenheit ist man in Extreme verfallen. Man zwang die Kinder zur Arbeit und war mit ihnen sehr streng und autoritär. Das war nicht richtig. Als diese Kinder dann Erwachsene und Eltern geworden waren, ließen sie ihrerseits ihren Kindern zu viel durchgehen. Diese mussten das Dienen und Arbeiten nicht lernen, da ihnen die für sie verantwortlichen Erwachsenen das ersparen wollten, worunter sie selbst gelitten hatten. Es ist wichtig, das richtige Mittelmaß zwischen diesen beiden extremen Haltungen zu finden und die Kinder an der Hausarbeit zu beteiligen und sie das Dienen zu lehren.

Eine der Schönheiten der Engellehre liegt darin, dass man die Tendenzen in der Welt der Ursachen wahrnehmen kann, bevor sie beginnen, in der konkreten Welt Wurzeln zu ziehen. Wenn die Erzieher nicht rechtzeitig eingreifen, werden die verdrängten Energien ähnlich dem Unkraut allmählich immer mehr Platz einnehmen. Zehn Jahre später hat man dann einen egozentrisch-egoistischen, in sich gekehrten Menschen vor sich. Weiß man aber, dass der Mensch durch den Altruismus das Glück findet, dann kann man großzügig geben, ohne Anerkennung zu erwarten. So lernt man das richtige Geben.

Später in der gleichen Woche gab Kasara ihrem Vater eine Zeichnung, die sie in der Schule für ihn angefertigt hatte und auf der geschrieben stand: *Für Papa, die Liebe.* Darauf waren Sterne zu sehen, die Kasaras spirituelle oder psychische Welt darstellten. Doch war die Liebe noch nicht bis auf die körperliche Ebene herabgestiegen, sie befand sich auf einer Zwischenebene: Die Zeichnung enthielt viel Gekritzel, das eine gewisse negative Energie anzeigte. Kasara zeichnet normalerweise keine solchen Sachen. Drang man in die Energie dieser Zeichnung ein, so konnte man das fühlen, was die Geistigen Führer meinem Mann in seinem Traum mit dem Symbol der Ratte gezeigt hatten. Daraufhin erzählte er Kasara seinen Traum und teilte ihr auch dessen Deutung mit, damit sie diese sehr feinstofflichen und manchmal verborgenen Aspekte gut verstehen konnte.

Mit den Kindern kann man eine Erziehungsmethode anwenden, die sowohl die feinstofflichen Welten als auch die Tiefen des menschlichen Wesens berücksichtigt. Manchmal hört man sagen, ein Kind habe im Alter von sechs oder sieben Jahren seine Reinheit verloren, und macht dafür die anderen Kinder, mit denen es Kontakt hatte, sowie die Gesellschaft generell verantwortlich. Das stimmt teilweise, doch handelt es sich dabei lediglich um eine Folge. Der Verlust der Reinheit beginnt für alle Kinder in der Welt der Ursachen – der unsichtbaren Welt –, von der aus dem Kind negative Energien eingeflösst werden, die es verwandeln lernen muss. Diese Energien rühren von den karmischen Lasten her und sie werden dem Menschen in Übereinstimmung mit seinem Lebensplan und seinem Lernprogramm auf Erden wieder eingegeben. Einen höherentwickelten Menschen wird dieses Einfliessen von negativen Energien veranlassen, sein Bewusstsein im Hinblick auf die Göttliche Liebe und Weisheit zu verstärken und zu entwickeln. Solche Menschen haben die eingeströmte negative Energie rasch transzendiert und sie erzeugt somit keinerlei Folgen oder Karma. Wird dieser Vorgang regelmäßig gesteigert, so führt er den Menschen zur Erleuchtung.

Mit der Traditionellen Engellehre geht man den Verzerrungen auf den Grund und verwandelt sie, anstatt ihnen zu entfliehen. Sobald der Eingeweihte auf der höchsten Ebene angelangt ist, hat er das Böse der Menschheit transzendiert und all seine Resonanzen bereinigt. Man kann diesen Schlüsselvorgang leicht verstehen, wenn man beobachtet, wie sich die Kinder im Verlauf ihrer zahlreichen Bewusstseinsveränderungen verhalten. Sobald man die Kosmischen Gesetze versteht, kann man bei ihrer Erziehung eine wunderschöne Pädagogik anwenden.

Die mystische Liebe ist die Frucht einer langen Arbeit an sich selbst.

Engel 72 MUMIAH
Tod und Wiedergeburt

Kürzlich erhielten wir auf der telefonischen Auskunftslinie der *Universe/City Mikaël* den Anruf einer Frau in einer Notlage. Sie hatte Träume erhalten, durch die sie tief verstört war. Zuerst war ihr in einem Traum ein weiß gekleideter Mann erschienen, der ihr sagte: „Du wird am 31. März sterben." Als sie dieses Datum hörte, erfasste sie eine unglaubliche Furcht. Als aber der schicksalhafte Tag zu Ende ging, musste sie erkennen, dass nichts geschehen war; sie war immer noch am Leben. Es vergingen einige Wochen, bis sie einen weiteren Traum erhielt, in dem MAN ihr ankündigte, sie werde am 31. Oktober sterben. Sie vertraute der Koordinatorin der *Universe/City Mikaël* an, wie sehr sie diese überaus intensiven Träume verängstigten und verwirrten und dass sie deren Bedeutung nicht verstünde.

Behutsam erklärte ihr die Koordinatorin: „Weißt du, der Tod ist nicht unbedingt negativ und kann in den Träumen verschiedene Bedeutungen haben." Seit einiger Zeit erhalten wir zahlreiche Zeugnisse dieser Art. Tatsächlich kündigt MAN uns mit solchen Träumen, wo der Tod als Sinnbild für die Öffnung des Unbewusstseins steht, eine große spirituelle Wiedergeburt an. Der symbolische Tod bedeutet das Ende einer bestimmten Denkweise und bewirkt grundlegende Veränderungen in allen Lebensbereichen des Menschen, der auf dem Weg ist, ein *Eingeweihter* zu werden. Dieses Wort bedeutet, dass man Zugang zum wahren Wissen und zur wahren Erkenntnis erhält.

Die ersten Einweihungen erfolgen über unsere Träume. Darin erhalten wir wertvolle Informationen, um unsere Alltagserlebnisse, aber auch die wahre Natur einer Depression, einer Krankheit, einer Angst oder des Todes tiefgründig verstehen zu können. Sobald wir die Fähigkeit erworben haben, zu erkennen, warum der Ur-Geist hier auf Erden Form annimmt, können wir dem Kreislauf der Ängste und Begrenzungen ein Ende setzen und schließlich den Zustand der Erleuchtung erreichen.

Warum müssen wir sterben? Mit dieser Frage kommen wir zum Thema dieses Vortrags. Ein Engel kann uns helfen, den wahren Sinn von Tod und Sterben zu verstehen, vor allem aber des Sterbens, das während des Lebens stattfindet. Es ist der Engel 72 Mumiah, der letzte der von der Traditionellen Engellehre beschriebenen 72 Engel.

Seine vorherrschende Qualität ist die *Wiedergeburt*. Das Verständnis dieser Qualität hilft uns natürlich, *das Gesetz der Reinkarnation zu erfassen*, d.h., die Tatsache, dass wir nicht nur ein, sondern mehrere Leben haben, aber es hilft uns auch zu erkennen, dass wir in jedem Moment unseres Lebens wiedergeboren werden können. Dies entspricht dem Tod und Sterben im täglichen Leben. So müssen wir beispielsweise, wenn wir verärgert oder beleidigt sind, weil jemand uns gegenüber eine unfreundliche oder verletzende Bemerkung gemacht hat, lernen, in Bezug auf den Bewusstseinszustand dieser Beleidigung oder Verletzung zu sterben, um so schnell wie möglich oder sogar augenblicklich in einem neuen, qualitativ höherstehenden Bewusstseinszustand wiedergeboren zu werden.

Der Engel Mumiah hilft uns, das Ende eines Zyklus und den Beginn eines neuen Zyklus zu verstehen. Er ist jedes Mal zur Stelle, wenn wir eine Arbeit, eine Beziehung oder sogar eine Diskussion beenden. Solange wir diese Engelenergie nicht richtig erfasst haben, befinden wir uns in einer entsprechenden Verzerrung, was zu Schwierigkeiten führt, wie etwa bei einem schlecht akzeptierten Stellenverlust, einer nicht verdauten Kündigung oder einer unverarbeiteten Trennung, weil wir nicht verstehen, dass der frühere Lebensgefährte sich anderen Horizonten zuwenden muss.

Der Engel Mumiah hilft uns die Etappen unseres Lebens abzuschliessen, um auf einer neuen Grundlage wieder zu beginnen. Gelingt es uns nicht, den Kreis unserer Erfahrungen zu schließen, so kann man auf den feinstofflichen Ebenen wahrnehmen, dass wir Klötze an den Beinen herumschleppen, die unseren vollkommenen Einsatz und unser volles Engagement für eine neue Tätigkeit oder Beziehung unmöglich machen. Das belastet uns und dazu kommt, dass uns das, was wir noch nicht verstanden haben, erneut aufgetischt wird, weil die damit verbundenen Resonanzen in unserem Innern weiterhin bestehen. Und jedes Mal wird das Dargebotene schwerer verdaulich sein, bis wir endlich das, was wir daraus zu lernen haben, verstehen können.

Wie wir sehen, hilft uns dieser Engel, unseren Alltag hier auf Erden gut zu leben. Und wir werden gleich sehen, dass er uns auch hilft, in den anderen Dimensionen ein gutes Leben zu führen. Der Engel MUMIAH *berührt die Medizin und die Gesundheit.* Er hilft uns, die Natur der Krankheiten und ihre Entstehung zu erkennen und ihnen dadurch ein Ende zu setzen. Wenn wir ein Gebet sprechen, um wieder gesund zu werden, sollten wir es nicht so formulieren: „Oh Engel MUMIAH, bitte beende meine Krankheit", sondern vielmehr: „Bitte, Engel MUMIAH, beende mein Verhalten, das diese Krankheit ausgelöst hat", denn sofern wir die Ursachen des Problems nicht erkannt und die entsprechenden Berichtigungen nicht vorgenommen haben, wird dieses zwangsläufig in einer anderen Form wieder auftauchen. Wenn wir gewillt sind, unsere Schwierigkeiten wirklich an der Wurzel zu packen, dann lassen uns die Himmlischen Mächte über unsere Träume und die Zeichen im Alltagsleben den wahren Grund unserer Probleme erkennen.

Der Engel MUMIAH hilft uns bei der *Sterbebegleitung,* sowohl von Menschen, die sich im Endstadium einer Krankheit befinden, als auch in unserem Alltagsleben bei der Begleitung jener Teile unseres eigenen Wesens, deren Dasein im Endstadium steckt. Wer sich auf den Weg der spirituellen Entwicklung begibt, erkennt, dass er gewisse Dinge – die er bis dahin aus Unwissenheit tat – nicht mehr tun kann, weil sie nicht richtig sind. Aber selbst wenn wir die betreffende Frage auf der intellektuellen Ebene gelöst haben und guten Willens sind, tauchen doch erneut Impulse und Triebkräfte auf, die uns wieder zu den unrichtigen Verhaltensweisen zurückführen wollen, da in unserem Inneren gewisse unbewusste Erinnerungen aus anderen Leben weiterbestehen.

Der Engel 72 MUMIAH hilft uns in der Tat dabei, diese Teile unseres Wesens – diese Impulse und Triebkräfte – ins Endstadium ihres Daseins zu versetzen. Dies bedeutet, dass wir in unserem Innern eine Reihe Sterbender mit uns herumtragen, weil wir beschlossen haben, diese Teile nicht mehr zu pflegen und zu ernähren. Wir können dann während einer gewissen Zeit extreme Einstellungen und Verhaltensweisen an den Tag legen – die wir vorher nicht an uns kannten –, da wir zu diesen Teilen, die wir mehrere Leben hindurch genährt haben, nun plötzlich sagen: „Nein! Jetzt ist Schluss damit." So können wir richtige innere Aufstände, ein Hin-und-Herfeilschen oder sonstige vorübergehende Seelenzustände durchleben. In solchen Fällen spricht man innerlich mit sich. Man wendet sich an diese Teile und sagt zu ihnen: „Du befindest dich in der Endphase deines Daseins. Ich werde dich begleiten." Man überlässt diese Teile nicht einfach sich selbst, da sie ein Energiepotenzial bergen, das man nicht vergeuden, sondern verwandeln will. Diese Teile unseres Selbst müssen sterben, damit wir in einem neuen Bewusstseinszustand wiedergeboren werden können.

Während einer bestimmten Zeit können sich auch Zustände großer Müdigkeit einstellen. Dazu kommt es, weil wir plötzlich aufhören, gewisse innere Kräfte zu nähren, die zwar nicht richtig waren, uns jedoch eine gewisse Motivation und damit einen gewissen Antrieb verschafften. Sobald wir uns weigern, diese Kräfte weiter zu versorgen, ist diese Motivation nicht mehr vorhanden, und bis wir eine neue, auf gerechten Kräften beruhende Motivation entwickelt haben, können wir eine große Müdigkeit empfinden. Es ist nicht einfach, diese zu akzeptieren, doch wir müssen ihren Seinsgrund verstehen und sie annehmen lernen und nicht etwa versuchen, den Prozess zu beschleunigen, oder sich zwingen wollen, äußerlich eine schöne, glatte, lächelnde Fassade zu zeigen. Wir müssen lernen, diese Mutationsphasen anzunehmen.

Kommen wir nun zu den Verzerrungen dieser Engelenergie. *Unbewusstes Sterben.* Solange wir die Energie dieses Engels nicht verinnerlicht haben, werden wir den Tod nicht verstehen und auf unbewusste Weise sterben. Zu den Verzerrungen gehören auch die *Verzweiflung* und der *Selbstmord:* Der Mensch schreitet zur Tat, weil er sich in einer ausweglosen Situation befindet.

Die Angst zu sterben ist eine der in unserer Gesellschaft am meisten verbreiteten Ängste und der Tod ist praktisch aus den Gesprächen verschwunden und zu einem Tabu geworden. Warum? Wir leben in einer Gesellschaft, in der man sich an die Formen klammert und in der Materie versinkt. Das Wesentliche ist uns verloren gegangen. Beginnt ein Mensch, der auf diese Art und Weise gelebt hat, sich wahrhaftig mit dem Tod auseinanderzusetzen, so ist er gezwungen, all seine Wertvorstellungen zu hinterfragen. Dabei entdeckt er, dass seine Welt aus Illusionen besteht und wie ein Kartenhaus in sich zusammenfällt. Aus diesem Grund ziehen die meisten Menschen es vor, nicht über den Tod nachzudenken.

Ich möchte Ihnen eine schöne Geschichte erzählen, die die Angst vor dem Tod betrifft und mir von einer jungen Frau anvertraut wurde, die mit der Traditionellen Engellehre arbeitet. Eines Abends, als sie vor dem Fernseher saß, wurde ein Film gezeigt und sie spürte, dass sie sich diesen Film anschauen musste. Er erzählte die Geschichte einer Frau, die an einer unheilbaren Krankheit litt und ein kleines Kind gebar, das ihrer eigenen Tochter aufs Haar glich. Sie erzählte mir: „Ach, ich fand das so schwer. Ich weinte bitterlich und konnte mir den Film kaum ansehen, vor allem, als man der Mutter ihr Baby zeigte."

Während sie vor dem Fernseher saß, stellte sie sich vor, es könnte an jenem Abend das letzte Mal sein, dass sie ihr Kind umarmen und küssen würde. Sie sagte mir: „Ich hielt es kaum aus und empfand einen tiefen Schmerz." Als der Film zu Ende war, ging sie zu Bett, konnte aber nicht einschlafen. Sie schaute das Foto ihrer kleinen Tochter an und fragte sich: „Was würde aus ihr werden, wenn ich jetzt sterben würde?" Sie wusste wohl, dass ihr Ehemann sich um sie kümmern würde, aber es gelang ihr nicht, wieder vernünftig zu denken. Nie hatte sie so intensiv an den Tod gedacht und es war ihr unerträglich.

Am nächsten Tag sprach sie mit ihrem Ehemann darüber, der ebenfalls mit der Traditionellen Engellehre arbeitet, und er sagte zu ihr: „Falls dies geschehen sollte, ist es klar, dass ich um dich trauern und mich um unsere Tochter kümmern und für sie sorgen würde. Aber mein Leben ginge weiter. Was sollte ich anderes tun?" Dann riet er ihr mit viel Weisheit und Güte, dieses Erlebnis zu nutzen, um an sich zu arbeiten und sich von ihren Todesängsten zu befreien.

Der Film hatte viele Erinnerungen aus dem Unbewusstsein dieser Frau aufsteigen lassen. Nun verwendet man aber in der Traditionellen Engellehre all das, was uns zustößt und was aus unseren unbewussten Seinsebenen auftaucht, anstatt es in Opferhaltung hinzunehmen. Denn es dient als Stoff für unsere Erziehung und Entwicklung. Mein Mann und ich empfahlen dieser Frau, mit dem Engel MUMIAH zu arbeiten, der wirklich der ideale Engel ist, um sich von Ängsten dieser Art zu befreien. Wir warnten sie jedoch: „Durch die Arbeit mit diesem Engel kann aber alles Mögliche aus deinem Innern emporsteigen. Du wirst Alpträume erhalten und gewisse Vorkommnisse erleben müssen." Sie begann, intensiv mit MUMIAH zu arbeiten.

Einige Wochen später telefonierte ich mit der Frau und bemerkte bereits an ihrem Gruß, dass sich in ihrer Seele etwas verändert hatte. Ich spürte in ihrer Stimme etwas Neuartiges und als ich diesen Gruß tiefgehend ergründete, nahm ich eine Leichtigkeit und Natürlichkeit wahr. Es war ein ungekünstelter Gruß voller Lebensfreude.

Ich sagte zu ihr:
- Ah, es scheint dir gut zu gehen.
- Ich bin dabei, meinem Dank Ausdruck zu geben. Ich empfinde Gnade und Dankbarkeit. Trotzdem fühle ich mich ganz drunter und drüber.

Der Ausdruck *drunter und drüber* überraschte mich, doch ich verstand ihn, als sie erklärte, was sie gerade erlebt hatte: „Ich gab meiner Tochter zu essen und ließ sie dann alleine ins Wohnzimmer gehen. Dort sind ihre Spielsachen und es gibt keine gefährlichen Gegenstände. Derweil aß ich und war danach in der Küche beschäftigt, wobei ich immer mit einem Ohr ins Wohnzimmer lauschte. Ich hörte die Kleine plappern, dann die Seiten eines Buches umblättern und sich schließlich anderen Spielsachen zuwenden. Sie war friedlich und sehr fröhlich. Plötzlich unterbrach ich meine Tätigkeit und sagte mir, ich müsse ihre Windeln wechseln. Als ich auf der Schwelle des Wohnzimmers stand, oh Schreck! da war die Kleine gerade dabei, einen Fuß ins Leere zu setzen, um die Treppe hinunterzusteigen. Ich hatte vergessen, das Schutzgitter wieder anzubringen."

Sie fuhr fort: „Ich tat einen Sprung, wie er normalerweise unmöglich ist. Meine Kräfte hatten sich vervielfacht. Ich fasste meine Tochter und drückte sie an mich. Ich sprach zu den Himmlischen Mächten und dankte IHNEN, denn es war mir bewusst, dass SIE uns beschützt hatten – ich war durch meine Eingebung gewarnt worden. Nur eine halbe Sekunde später und die Kleine hätte die Treppe hinunterstürzen, einen Schädelbruch erleiden und sterben können. Ich sagte zu IHNEN: ‚Ich weiß, dass IHR mich auf die Probe stellt. Ich tue mein Bestes, aber bitte, so etwas brauche ich wirklich nicht!'"
Sie betete und bedankte sich. Dabei berührte sie hohe Bewusstseinszustände. Ihre Dankbarkeit war sehr groß. Es war eine Danksagung für das Geschenk des Lebens.

Dieses hohe Schwingungsniveau hatte ich in ihrer Begrüßung wahrgenommen, denn ihr Erlebnis hatte sie das Wesentliche berühren lassen: die Dankbarkeit in ihrem ur-reinen Zustand. Da sagte ich zu ihr: „Ich möchte dir etwas erzählen, das ich vor ungefähr fünfzehn Jahren erlebte. Ich hatte mir damals eine Formel ausgedacht. Zu jener Zeit kannte ich weder die Engellehre noch den Engel MUMIAH, doch die Formel berührt tatsächlich die Essenz dieses Engels."

Worin bestand diese Formel? Einige Jahre lang versuchte ich – ich sage bewusst „versuchte" –, jeden Tag so zu leben, als wäre es der letzte, und gleichzeitig aber auch in dem Gefühl der Entdeckung, ähnlich wie ein Kind, das die Dinge so betrachtet, als würde es sie das erste Mal sehen. Darin besteht in der Tat die Essenz des Engels MUMIAH. Über eine Formel zu verfügen ist ja schön und gut, doch sie bleibt wirkungslos, wenn man damit nur auf der intellektuellen Ebene arbeitet. Genauso wie bei der inneren Arbeit mit den Engeln ergibt sich die Wirksamkeit einer symbolischen Formel aus ihrer Anwendung. So machte ich mir die Anwendung dieser Formel zur Gewohnheit. Und zwar durch meine innere Haltung und Absicht.

Morgens, bevor ich zur Arbeit ging, machte ich mein Bett und räumte meine Wohnung auf. Dabei ließ ich in all meine Gesten eine ganz besondere Absicht einfließen. Ich sagte mir: „Ich mach das so, als wäre es mein letzter Tag" und stellte mir vor, dass ich vielleicht nicht wiederkommen würde. Und am Abend, wenn ich nach Hause kam, betrachtete ich meine Wohnung mit einem neuen Blick, so als würde ich sie das erste Mal sehen. Ich ließ diese beiden Standpunkte allgegenwärtig werden.

In meinen Beziehungen tat ich das Gleiche. Wenn ich mich leicht wütend oder beleidigt fühlte, weil man mir etwas gesagt hatte, das mir nicht passte, sagte ich zu mir: „Christiane, wenn dies dein letzter Tag wäre, würdest du dann weiterhin so empfindlich reagieren?" Natürlich beantwortete ich diese Frage mit einem Nein, was eine augenblickliche Bewusstseinsänderung zur Folge hatte. Und diese innere Umstellung machte sich auch in der Kommunikation mit der betreffenden Person bemerkbar. Ich konnte wahrnehmen, dass sie dies spürte. Kurz gesagt, diese Formel hatte positive Auswirkungen. Sie ließ all meine Beziehungen harmonischer werden. Ich versuchte unabhängig vom Verhalten der anderen immer mein Bestes zu geben.

Ich spürte auch ganz klar den Unterschied zwischen den verschiedenen Schwingungsebenen, die ich dadurch berührte, und das motivierte mich, mit dieser Formel weiterzumachen. Ihre Anwendung ließ mich die gleichen hohen Bewusstseinsebenen erreichen, die ich bei dieser jungen Mutter wahrgenommen hatte. Damals hatte ich noch keinen Zugang zum wahren Wissen und zur wahren Erkenntnis und so kam es vor, dass ich absackte. Doch mit dieser Formel gelang es mir, mich wieder aufzuraffen. Hinsichtlich meines Schwingungsniveaus durchlebte ich ständige Hochs und Tiefs, doch ich übte mich weiter darin. Das half mir, das Loslassen und das innere Ungebundensein zu entwickeln, sowohl was die Menschen betraf als auch im Hinblick auf die Materie und die Dinge. Ich hörte auf, sie besitzen zu wollen.

Wie war es mir möglich, diese Formel so ausdauernd anzuwenden? Ich werfe diese Frage auf, weil es oft vorkommt, dass man schöne Formeln lernt, jedoch sehr schnell Regungen und Triebkräfte aus dem Unbewusstsein hochsteigen und bewirken, dass man sie schnell wieder vergisst. Ich konnte der Anwendung meiner Formel treu bleiben, weil ich damals einem inneren Ruf folgend Menschen, die sich in der Endphase ihres Lebens befanden, beim Sterben begleitete. Dabei handelte es sich um Menschen aller Altersstufen, Kinder und alte Menschen, Männer und Frauen. Ich verstand damals den Grund dieses inneren Rufes nicht, doch heute weiß ich, dass es sich um ein Zeichen handelte, das mir die Einweihungen der kommenden Jahre ankündigen sollte. Wir üben eine Tätigkeit niemals zufällig aus. Wenn man Sterbebegleitung leistet, so deshalb, weil man aus dieser Erfahrung etwas zu lernen hat.

Diese Tätigkeit leitete große Einweihungen ein, in deren Verlauf ich alte Auffassungen in mir sterben lassen musste, um in einem neuen Bewusstsein wiedergeboren werden zu können. Und ich muss gestehen, dass ich sehr bald zu spüren bekam, dass ich diese Menschen nicht mit der Einstellung eines Retters begleiten konnte, denn sie wurden meine größten Lehrer. Ich lernte unendlich viel von ihnen. Zu jener Zeit erkannte ich, dass wir immer gleichzeitig Schüler und Lehrer sind, ganz gleich durch welche Art von Tätigkeit wir mit den anderen Menschen in Beziehung stehen. Das war eine wesentliche Erfahrung für mich. Diese sterbenden Menschen, die vollkommen mittel- und hilflos in ihren Betten lagen, boten mir, ohne es zu wissen, eine große Lehre an: Sie lehrten mich das wahre Leben. Sie zeigten mir wie in einem Spiegel und durch eine Lupe vergrößert meine Ängste, meine inneren Widerstände und den illusorischen Aspekt des Lebens, wie ich es damals manchmal führte.

Die ergreifendsten Augenblicke durchlebte ich, als ich manche dieser Menschen sagen hörte: „Ich wünsche mir so sehr, mein Leben könnte verlängert werden." In der Praxis der Sterbebegleitung nennt man diese Etappe, wo der Mensch den brennenden Wunsch nach einer Verlängerung seines Lebens äußert, die Etappe des Feilschens. In diesen Fällen fragte ich die betreffende Person: „Warum würdest du noch gerne einige Jahre länger leben? Was würdest du in diesen zusätzlichen Jahren tun?" Sehr oft fing sie dann an, heiße Tränen zu weinen, unter denen sie mir sagte: „Ich würde so gerne das, was ich falsch gemacht habe, berichtigen. Ich habe so viele oberflächliche, vergängliche und unnütze Dinge getan. Und jetzt, wo mir das bewusst geworden ist, würde ich es gerne wiedergutmachen."

Das half mir, sobald ich in den materiellen Wohlstand meines Alltags zurückkehrte, meine Formel nicht zu vergessen und jeden Tag so zu leben, als wäre er gleichzeitig mein erster und mein letzter, denn es ist sehr leicht, sich im materiellen Überfluss festzufahren, vor allem, wenn man nicht über das wahre Wissen und die wahre Erkenntnis verfügt und die wahren Werte nicht entwickelt hat. Wenn ich schwierige Momente durchlebte, rief ich mir diese Worte der Sterbenden in Erinnerung und sagte zu mir: „Christiane, du bist dabei, deine Zeit zu verlieren. Du hast die Gelegenheit, reparieren zu können. Schätze dies, sei dankbar dafür und tu es auch!" Ein Mensch, den wir in seinem Sterben begleiten, lehrt uns sehr viele Dinge. Wenn wir die anderen Dimensionen vergessen haben, dann hilft uns seine Gegenwart, einen Übergang zu schaffen, so als würde sie uns eine Transfusion des Göttlichen vermitteln. Die Sterbebegleitung hat mich Gott, den ich zu jener Zeit etwas vergessen hatte, sehr viel näher gebracht. Durch sie habe ich IHN wahrhaftig wiedergefunden.

Sterbende können sich in der Endphase einer Krankheit befinden und unter starken körperlichen Schmerzen leiden. Sehr oft durchleben sie auch Depressionen. Da ihr Zustand sie zur Bewegungslosigkeit zwingt, können sie sich nicht mehr nach außen projizieren. Es bleibt ihnen nur noch die Verinnerlichung. Bei dieser Einkehr nach innen lassen sie den Film ihres Lebens ablaufen und dabei kann ihre Welt zusammenstürzen. Arbeitet man jedoch an sich selbst, so betrachtet man den Film seines Lebens tagtäglich. Jeden Abend hält man mit sich Rücksprache: „Was hat sich heute für mich ereignet?" und man repariert, was repariert werden muss. Doch man braucht nicht erst den Abend abzuwarten. So kann man sich z.B. nach einer Diskussion sofort fragen: „Habe ich mich richtig verhalten? Habe ich das Richtige gesagt? Ach, ich hätte dies sagen und jenes tun können!" Diese gedankliche Berichtigung stellt jedoch keine Verurteilung dar. Sie gehört einfach zu unserem Lernprozess.

Das Hauptwort *Depression* gehört zum Verb *deprimieren*, in dem das Wort *prima* (ursprünglich; vorrangig) enthalten ist. Diese Ausdrücke beziehen sich also auf das, was man an die erste Stelle setzt – oder vergaß, an die erste Stelle zu setzen? Wenn wir in unserem Leben der Materie und dem materiellen Erfolg den Vorrang einräumten, werden wir in eine Depression verfallen, sobald der Tod am Horizont auftaucht. Haben wir jedoch den Qualitäten und Tugenden den ersten Platz eingeräumt – selbst wenn wir bei weitem noch nicht vollkommen sind –, werden wir beim Näherkommen des Todes weder Bedauern noch Gewissensbisse empfinden.

Dabei wird es schon noch vorkommen, dass wir abstürzen und uns danach wieder besinnen: „Ach, ich hätte das nicht sagen oder tun müssen." Doch wenn uns auch gelegentlich etwas entschlüpfen kann, weil in unserem Innern noch unbewusste Kräfte am Werk sind, so wird MAN uns während der Nacht Träume schicken, die es uns gestatten, alles wiedergutzumachen. Dadurch werden wir kontinuierlich das Gefühl haben, auf dem aktuellen Stand zu sein. Wir werden trotz unserer Unvollkommenheit jeden Tag unser Bestes tun, unser Leben hier auf Erden gut verbringen und am Ende unserer Reise kein Bedauern empfinden. Durch die Arbeit an uns selbst tragen wir wesentlich zur Verbesserung unseres Lebens bei und bereiten uns gleichzeitig schöne künftige Inkarnationen vor.

Nach jener Zeit, in der ich sterbende Menschen begleitete, wurde ich selbst zweimal mit dem physischen Tod konfrontiert. Beide Ereignisse stellten wahre Testsituationen dar. Das erste Mal befand ich mich in einem Wagen und sah plötzlich ein Fahrzeug, dessen Fahrer die Kontrolle über seinen Wagen verloren hatte, in rasender Geschwindigkeit auf uns zukommen. Das Fahrzeug war vollkommen auf unsere Fahrbahn gelangt und steuerte direkt auf uns zu. Mir wurde bewusst, dass es nicht rechtzeitig anhalten konnte, und einige Sekunden lang stellte ich mir den Zusammenprall vor. Dann prallte das Fahrzeug mit unserem Wagen zusammen und wir überschlugen uns zweimal. Unser Wagen erlitt Totalschaden. Ich hing, durch den Sicherheitsgurt festgehalten, mit dem Kopf nach unten und meine Reaktion bestand in einem lauten Beten. Dabei wiederholte ich mehrere Male: „Lieber Gott, nimm mich zu Dir. Wenn meine Stunde gekommen ist, nimm mich zu Dir." Durch dieses Beten fühlte ich mich vollkommen in Sicherheit und ließ alles los. Ich fühlte mich im Herzen Gottes.

Ich kam letztendlich schadlos aus diesem Unfall davon. MAN hatte ihn auf meinen Weg gesetzt, damit ich den Tod noch tiefgründiger verstehen konnte und vor allen Dingen damit mir bewusst wurde, dass das Leben hier auf Erden nur einen Übergang darstellt.

Das zweite Erlebnis ereignete sich zwei Jahre später, als ich eine spirituelle Skiwanderung hoch oben in den Schweizer Bergen machte, dort, wo der ewige Schnee ruht. Ich sage bewusst spirituelle Wanderung, da ich während des Aufstiegs aktiv meditierte. Wir waren eine Gruppe und stiegen in Begleitung eines Bergführers auf Gipfel, die nicht mit der Seilbahn erreichbar sind. Es sind Gegenden überragender Schönheit, deren Schwingungsniveau ganz von selbst zur Meditation einlädt.

Während der Abfahrt, als ich dabei war, einen steilen Abhang hinunterzufahren, und sich der Rest der Gruppe schon etwas weiter unten befand, hörte ich plötzlich das Geräusch einer sich lösenden Lawine. Die verschneite Schneefläche unter meinen Skiern begann zu erzittern und ich hörte, wie der Bergführer mir zurief: „Flieh nach links! Flieh nach links!" Doch ich hatte eine Reaktion, die unlogisch erscheinen mag: Ich setzte mich in den Schnee und betete. Dabei wiederholte ich: „Lieber Gott, wenn meine Stunde gekommen ist, nimm mich bitte zu Dir. Dein Wille soll geschehen." Gleichzeitig schrie der Bergführer aus vollem Halse: „Steh auf! Geh nach links! Steh auf!" und der Boden erzitterte.

Ich betete weiter, während allerlei Empfindungen mich durchliefen. Ich hatte alles losgelassen und das Unvermeidbare in einem stillen Gehorsam vollkommen akzeptiert. Ich fühlte mich in Gott aufgenommen. Ich spürte eine unvorstellbare Energie und meine Empfindungen waren unbeschreiblich. Nach einer gewissen Zeit war die Lawine vorüber. Meine Stunde war noch nicht gekommen.

Diese Erlebnisse ließen mich natürlich weitere Überlegungen zum Tod anstellen und ich verstand unter anderem auch – es handelte sich dabei nicht nur um ein rein intellektuelles Verstehen –, dass alles geschrieben steht. Alles, absolut alles steht geschrieben. Sobald wir dieses Kosmische Gesetz erfasst haben, wonach jeder Mensch ein Lebensprogramm hat, das bereits vor seiner Geburt in Übereinstimmung mit seinen früheren Leben festgelegt wird, können wir mit dem Kämpfen aufhören und loslassen, wir können unseren Lebensplan akzeptieren, selbst wenn er sehr schwer ist.

Im Universum ist alles mathematisch aufgebaut und es gibt keinen Zufall. Man kann Gott mit einem riesengroßen Lebenden Computer vergleichen, in dem wir alle existieren und in dem alles bis ins kleinste Detail für jeden von uns vorgesehen ist, wo jedes Ereignis zum Zwecke unserer Weiterentwicklung vorprogrammiert ist. Natürlich steht es uns frei, uns dagegen aufzulehnen, doch genauso können wir es auch akzeptieren und dadurch jedes Ereignis gut durchleben, weil unser ganzes Wesen zur Annahme bereit ist.

Man hört oft den Ausdruck *Loslassen*, doch meistens sind es nur Worte und das Loslassen bleibt auf der intellektuellen Ebene hängen. Es gibt drei Engel, die uns dabei helfen können, das wirkliche Akzeptieren und Loslassen zu verstehen und auf allen Ebenen unseres Seins zu integrieren. Einer dieser drei Engel ist YEHUIAH, der Engel der Unterordnung, dem die Zahl 33 zugeordnet ist. Er hilft uns, während der Einweihungsprozesse sehr hohe Spannungen zu ertragen, ohne uns aufzulehnen, weil wir verstehen, dass wir alles, was das Leben für uns bereithält, akzeptieren und verwandeln müssen, um zur nächsten Etappe übergehen zu können. Die beiden anderen Engel sind LEAHHIAH, der Engel der Gehorsamkeit, dem die Zahl 34 zugeordnet ist, und der Engel 39 REHAEL, der Engel der Unterstellung unter die Göttliche Gerechtigkeit.

Durch die Integrierung der Qualitäten dieser drei Engel schwindet jede Spur von Rebellion und Wut in unserem Innern und eine umfassende Rezeptivität breitet sich in uns aus. Es fällt uns leichter, zuzuhören und auf Empfang eingestellt zu sein. Wir verschwenden eine Unmenge Energie, wenn wir gegen den Lebensplan – unseren eigenen wie auch denjenigen anderer Menschen – ankämpfen. Doch wir dürfen Akzeptieren nicht mit Resignieren verwechseln. Die Resignation ist eine verständnislose Unterwerfung, während dem Akzeptieren ein umfassendes Verstehen zugrunde liegt, und dieses stellt den ausschlaggebenden Unterschied dar.

Ich möchte an dieser Stelle von einem Erlebnis meines Mannes berichten. Zu Beginn seines spirituellen Werdegangs begleitete auch er sterbende Menschen und diese Erfahrung veränderte seine Lebensauffassung ebenfalls. Eines Tages war er an die Seite eines jungen Mädchens gerufen worden, das an Leukämie erkrankt war und dem nach Ansicht der Ärzte nur noch sehr wenig Zeit zu leben blieb. Dieses junge Mädchen hatte geträumt, dass es meinem Mann begegnen würde, und das Erste, worum es bat, als es ihn sah, war: „Erzähl mir bitte von Gott." Es konnte kaum die Augen offenhalten und während er seine Hand hielt, teilte mein Mann ihm mit ganz einfachen Worten seine Sicht des Todes mit. Er sagte ihm, dass der Tod einen Übergang darstelle und es während dieses Übergangs einen unbeschreiblich schönen Lichttunnel durchschreiten würde.

Bevor mein Mann sich verabschiedete, vertraute ihm das Mädchen seinen Wunsch an, noch einige Tage länger leben zu können, damit seinen Eltern etwas Zeit blieb, um zu verstehen, dass es wirklich zu Ende ging, dass es dies spürte und keine Angst hatte. Dann bat das Mädchen meinen Mann, für es zu beten und darum zu bitten, dass sein Wunsch erhört werde. Darauf erwiderte er: „Weißt du, ich bin nicht derjenige, der entscheidet. Vertraue auf Gott und es wird das geschehen, was deinem Schicksal entspricht – das, was für dich am besten ist."

Zwei Wochen später erhielt mein Mann folgenden Traum. *Er saß an einem Tisch und das junge Mädchen hielt seine Hand. Es befand sich in Begleitung seiner Eltern und sagte zu meinem Mann: „Ich habe um die Erlaubnis gebeten, dich aufsuchen und mich bei dir bedanken zu können. Weißt du, S*ie *sind hier sehr zufrieden mit dir. Du wirst sehen, S*ie *haben für dich große Projekte vorgesehen. Ein Geschenk erwartet dich." Danach führte es ihn in einen Raum, dessen Wände schwarz waren und in dessen Mitte sich ein Tisch befand. Als er sich dem Tisch näherte, sah er in dessen Innern einen Tunnel aus weißem und kristallblauem Licht, dem eine unbeschreiblich kraftvolle Liebe entströmte. Das Mädchen wandte sich meinem Mann zu und sagte: „Normalerweise muss man den körperlichen Tod durchqueren, um den Lichttunnel sehen zu können. Das ist dein Geschenk. Hab keine Angst. Sprich darüber."*

Mein Mann hatte beim Aufwachen Tränen der Freude in den Augen und empfand einen inneren Frieden, wie er ihn noch nie zuvor empfunden hatte. Diese Botschaft prägte sich ganz tief in seine Seele ein. Eine halbe Stunde später erhielt er einen Telefonanruf und es wurde ihm mitgeteilt, dass das junge Mädchen am Abend davor um 17 Uhr gestorben war und dass seine Eltern ihm für seine Begleitung dankten. Diese Begegnung war für meinen Mann eine der Erfahrungen, die am stärksten zu seiner spirituellen Entwicklung beigetragen haben, und sie veränderte tatsächlich sein ganzes Leben. Er arbeitet nun seit mehreren Jahren mit der Traditionellen Engellehre und bereist regelmäßig die Parallelwelten. Er erhält sehr viele Träume und Lehren während der Nacht.

☉

Wohin kommen wir nach dem Tod?

Irren wir nach unserem physischen Tod zwischen den Sternen im Dunkeln herum? Nein, wir gelangen in andere Dimensionen, in die Parallelwelten. Diese sind gut durchorganisiert und ihre Regierungen und Gesellschaften werden von hochintelligenten Himmlischen Mächten geleitet.

Wir werden nach unserem physischen Tod nicht automatisch intelligenter oder liebevoller sein. Welche Kriterien bestimmen, in welcher Sphäre wir nach unserem Durchgang hier auf Erden unsere Reise fortsetzen werden? Diese Kriterien sind sehr einfach definiert: Ausschlaggebend sind unser Bewusstseinszustand, die Art und Weise, wie wir in unserem Herzen gelebt und empfunden haben, und vor allen Dingen, welche inneren Absichten unseren Handlungen zugrunde lagen. So kann man z.B. den anderen gegenüber den Anschein eines sehr großzügigen Menschen erwecken, wenn sich jedoch hinter den Gesten der Großzügigkeit die Absicht und der Wunsch nach Anerkennung und Liebe verbergen, wird sich dies in die Seele einschreiben und für den Verlauf der Reise ausschlaggebend sein. Hat man vorwiegend in den Verzerrungen gelebt, so wird man den entsprechenden parallelen Welten zugeordnet. Hat man hingegen ein Leben geführt, in dem die Liebe vorherrschte, so wird man jenen Seinsebenen zugeführt, wo die Göttliche Liebe herrscht, wo alles schön ist und sich Rosenfelder erstrecken. Das ist absolut gewiss und diese Auffassung ist im Übrigen nichts Neues.

Auch in der Bibel steht geschrieben: *Du wirst dahin gehen, wo du in deinem Herzen gelebt hast.*

Sobald wir dies nicht nur mit dem Kopf, sondern mit unserem ganzen Wesen erfasst und darüber gründlich meditiert haben, werden wir unweigerlich den Göttlichen Qualitäten, Tugenden und Kräften den ersten Platz einräumen. Wir werden natürlich weiterhin in der Gesellschaft und in der Materie leben, dabei jedoch unsere innere Haltung und unsere Absichten gut überwachen, da sie es sind, die uns prägen. Alles Weitere – d.h. die Ergebnisse – gehört der Welt der Folgen an und dient lediglich unserem Lernen.

Wenn wir sterben, gelangen wir in eine andere Dimension, auf eine andere Seinsebene, genauso wie beim Träumen. All jenen, denen noch nicht die Möglichkeit gegeben ist, die Parallelwelten in ihren Träumen zu bereisen, empfehle ich den Film *Hinter dem Horizont*, in dem Robin Williams die Hauptrolle spielt. Trotz seines romanhaften Charakters wird darin sehr gut gezeigt, was nach dem physischen Tod geschieht.

☉

Der Selbstmord

Wir wollen nun das Thema des Todes mit der Frage des Selbstmordes fortsetzen. Ich will Ihnen zunächst ein Erlebnis unserer Tochter Kasara erzählen. Sie hatte an einem Sommercamp für Kinder teilgenommen und kam ganz verstört und bestürzt davon zurück. Während ihres Aufenthalts hatte eine Betreuerin die Kinder nach den Namen ihrer Eltern befragt und als ein kleines Mädchen an der Reihe war, sagte es den Namen seiner Mutter, doch als es den Namen seines Vaters aussprechen wollte, hielt es inne und sagte schließlich: „Er hieß... er ist tot."

Im Laufe des Nachmittags fühlte sich dieses kleine Mädchen recht niedergeschlagen und es vertraute sich Kasara an: „Vor vier Jahren hat sich mein Vater umgebracht.". Es erzählte Kasara, wie schwer es damit zurechtkam. Natürlich stellte unsere Tochter, als sie zu Hause angelangt war, uns diesbezüglich Fragen:
- Warum hat er seine kleine Tochter verlassen? Warum hat er das getan?

- Weißt du, Kasara, es gibt keinen Zufall, erwiderte darauf ihr Vater und begann zu erklären. Natürlich ist das für dieses kleine Mädchen nicht leicht, doch es hat sehr wahrscheinlich in einem früheren Leben ebenfalls Selbstmord begangen und dabei vielleicht auch Kinder zurückgelassen. Es hat experimentiert.

Er erklärte ihr weiter, der liebe Gott sei kein rächender Gott und Er habe diesem kleinen Mädchen seinen Vater nicht etwa genommen, um es zu bestrafen. Er gab Kasara zu verstehen, dass all unsere Erfahrungen sich in unserem Wesen einschreiben, wir sie also immer mit uns herumtragen und sie irgendwann in einer anderen Form oder unter einem anderen Blickwinkel wieder erleben werden. Auf diese Weise erfahren wir das Leid, das wir anderen Menschen zugefügt haben und lernen dadurch dieses Leid nicht mehr zu verursachen.

Eines Tages fragte eine Frau meinen Mann:
- Wo kommt man hin, wenn man sich umbringt? Mein Neffe hat Selbstmord begangen. Ist er verloren?
- Nein, antwortete ihr mein Mann. Es gibt Geistige Führer, die sich jener Seelen annehmen, die Selbstmord begehen. Ihr Neffe ist nicht verloren. Er wird in ein Zentrum geleitet, das sich in etwa mit den Umerziehungszentren für Verbrecher hier auf der Erde vergleichen lässt. Er wird dort von anderen Seelen umgeben sein, die ebenfalls Selbstmord begangen haben, und natürlich ist die Energie, die dort herrscht, nicht leicht. Es wird schwer für ihn sein, da sich an seinen Problemen durch den Selbstmord nichts geändert hat. Doch MAN ist für ihn da und lehrt ihn umzudenken.

☉

Warum begeht ein Mensch Selbstmord? Der Selbstmord ergibt sich aus mangelndem Wissen. Der betreffende Mensch durchlebt Verzerrungen, sein Unbewusstsein ist überlastet, was Schmerz und Leid hervorruft und ihm den Horizont versperrt. Durch den Selbstmord will er seinem Leiden ein Ende bereiten. Ein Mensch, der über das wahre Wissen und die wahre Erkenntnis verfügt, weiß, dass Schmerz und Leid eine Folge der Verzerrungen sind – er weiß, dass sie durch den menschlichen Geist erzeugt werden –, und anstatt ihnen auf der Ebene der Form durch das Töten des Körpers ein Ende bereiten zu wollen, beschließt er vielmehr, die Verzerrungen, die ihre Ursache darstellen, sterben zu lassen. Da er weiß, dass sein Geist in den anderen Dimensionen fortlebt und das Leid den Menschen dorthin begleitet, setzt er seinen Verzerrungen ein Ende und leitet damit seine Wiedergeburt in den Qualitäten ein.

Die Arbeit mit dem Engel MUMIAH kann ein regelmäßiges Auftauchen von Selbstmordgedanken bewirken, wenn diese Tendenz bei einem Menschen sehr stark vorhanden ist. Das hängt vom jeweiligen Lebensprogramm ab. Doch man nutzt diese Situationen, um mit den damit verbundenen, unbewussten Erinnerungen Aussprache zu halten und ihnen Einhalt zu gebieten: „Stopp! Nun reicht's! Der Selbstmord ist keine Lösung. Ihr werdet jetzt bereinigt." Mit Hilfe der Engel-Rezitier-Übung werden sich diese Gedanken nach einer Weile auflösen, weil die inneren Teile, die sie bisher nährten, nicht mehr genügend Kraft haben, um den Menschen in die Versuchung zu bringen, seinem physisch-körperlichen Leben ein Ende zu setzen.

Für selbstmordgefährdete Menschen ist MUMIAH der ideale Engel. Doch Er ist auch in den Fällen der ideale Engel, wo Menschen in unserem unmittelbaren Umfeld mit Selbstmordgedanken spielen oder tatsächlich Selbstmord begangen haben, denn es gibt keinen Zufall. Wir werden mit solchen Situationen in Kontakt gebracht, weil sie uns helfen sollen, das Wesen des Todes richtig zu verstehen. Dabei kann es durchaus sein, dass wir selbst nie den Wunsch nach Selbstmord verspürt haben. Wenn Situationen im Zusammenhang mit dem Selbstmord in uns jedoch schmerzhafte Schwingungen in Bewegung setzen, so ist dies ein Hinweis darauf, dass unser Unbewusstsein Erinnerungen enthält, die eine Ablehnung des Lebens betreffen und die bereinigt werden müssen.

☉

Eine andere Frau, deren jugendlicher Sohn Selbstmordgedanken hatte, berichtete mir über ihre intensive Arbeit mit dem Engel MUMIAH und teilte mir deren Ergebnisse mit. Einige ihrer Träume hatten ihr enthüllt, dass dieses Thema in ihrem Unbewusstsein enthalten war und die Selbstmordtendenzen ihres Sohnes nicht die Früchte des Zufalls waren. Die intensive Arbeit mit diesem Engel hatte ihr schließlich geholfen, ihrem Sohn besser zur Seite stehen zu können. Man muss jedoch wissen, dass man den anderen nicht retten kann. Der selbstmordgefährdete Mensch allein ist es, der sich retten kann.

Man hört oft von den Selbstmordtendenzen der Jugendlichen. Das Jugendalter ist eine Lebensphase großer Veränderungen, in der auch die Sexualität aufblüht und der junge Mensch Schwierigkeiten haben kann, diese neue Energie richtig zu kanalisieren. Besitzt er ein stark belastetes Unbewusstsein, kann er in dieser Lebensphase große Anpassungsschwierigkeiten durchleben. Den Eltern solcher Jugendlicher bietet die Arbeit mit dem Engel MUMIAH eine sehr große Hilfe – insbesondere falls es zum Selbstmord kommt –, da sie sie von den Schuldgefühlen befreit, denn bekanntlich neigen die Hinterbliebenen dazu, sich für einen solchen Tod schuldig zu fühlen. Dieser Engel vermittelt uns das Verständnis, dass man den Verstorbenen seine Reise fortsetzen lassen muss und dass es im Jenseits sehr befähigte Wesen gibt, die sich seiner annehmen und ihm das vermitteln werden, was für ihn am besten ist.

Warum müssen wir auf der physischen Ebene sterben? Warum durchleben wir diese Abfolge von Tod und Wiedergeburten? Bevor wir auf diese Fragen näher eingehen, wollen wir uns einem Extremfall zuwenden, dem Fall Hitler. Hätte die Existenz dieses Mannes auf der physischen Ebene kein Ende gefunden, dann hätte er noch jahrhundertelang mit seinen Missetaten weitermachen können und somit seine karmischen Schulden endlos vervielfältigt. Durch seinen physischen Tod wurde dem Tun dieses Menschen ein Ende gesetzt und er gelangte in eine andere Dimension, die ihm die Möglichkeit einer Umerziehung bot.

Nehmen wir als weiteres Beispiel dasjenige eines Menschen, dem der Himmel eine große materielle Macht zur Verfügung gestellt hat und der diese Macht missbraucht. Er ist ehrgeizig, undankbar und sein Tun ist falsch und unrecht. Kurz gesagt, er ist auf dem *Machttrip*. Wozu dient einem solchen Menschen der physische Tod? Da der Reichtum in den Parallelwelten aus den erworbenen Qualitäten und Tugenden besteht, wird dieser Mensch nach seinem physischen Tod in einen aus energetischer Sicht sehr armen Ort gelangen. Er muss all die Dinge, die ihm hier auf Erden Vergnügen bereiteten, hinter sich zurücklassen – solche Menschen kann man mit kleinen Kindern vergleichen, die mit ihren Spielsachen spielen. Sie experimentieren, bleiben aber dennoch trotz allem Kinder Gottes. Wenn sich ein solcher Mensch in sein nächstes Leben inkarniert, kann er in einem sehr armen Land auf die Welt kommen. Auf diese Weise wird seine Erziehung fortgesetzt. Der physische Tod erspart dem Menschen, dass seine karmischen Lasten, die er durch sein Experimentieren ansammelt, ins Unendliche anwachsen.

Wir wollen nun die Stellung des Engels MUMIAH im Lebensbaum näher betrachten. Dieser Engel hat Sein Domizil in der Sephira YESOD und befindet sich somit am Ende des Verdichtungsprozesses der Energien. YESOD ist die Lebenssphäre, die der Ebene der Materialisierung und der physischen Handlung unmittelbar vorausgeht. Der dieser Sephira aus symbolischer Sicht zugeordnete Himmelskörper ist der Mond. Wir sahen, dass alle Engel, die ihren Wohnsitz in einer Sephira haben, ihre jeweilige Besonderheit in einer anderen Sephira zum Ausdruck bringen, bis auf einen, für den seine Herkunftssphäre gleichzeitig auch seine Ausdruckssphäre darstellt. Dies ist beim Engel MUMIAH der Fall, was diesem Engel einen zweifachen Mond-Charakter vermittelt.

Der Mond symbolisiert die weibliche Polarität. Jeder Mensch – unabhängig davon, ob er ein Mann oder eine Frau ist – trägt sowohl die männliche als auch die weibliche Polarität in sich. Mit dem Engel MUMIAH arbeiten wir an unserer weiblichen Polarität, deren Hauptfunktion – wie diejenige des Mondes – darin besteht, das, was sich in den feinstofflichen Ebenen befindet, zu verdichten, zu kristallisieren und zu materialisieren. Eine andere wesentliche Funktion dieses Engels besteht in der *Rezeptivität*. MUMIAH verleiht uns eine große Rezeptivität. Diese Rezeptivität bezieht sich auf das, was unsere Gedanken erzeugen, und im Wesentlichen auf das, was wir an die erste Stelle setzen, denn das werden wir letztendlich materialisieren. Das ist absolut gewiss. Die Engelenergie MUMIAH hilft uns, all das in uns absterben zu lassen und in den Tod zu begleiten, was uns daran hindert, die Schöpfungsenergien in ihrer urreinen Essenz zu empfangen, ganz so, als würden wir einen Filter einsetzen, der nur das durchlässt, was das wahre Wissen und die wahre Erkenntnis widerspiegelt.

Genauso wie der Mond symbolisiert die Sephira YESOD die Umwandlung aller Impulse und Antriebskräfte – kurzum, die Umwandlung aller Anordnungen, die von den anderen Sephiroth und Planeten stammen – in konkrete Bilder. Die energetischen Impulse gelangen in die durch YESOD symbolisierte Schale und erscheinen anschließend in Form von Bildern in unserem Geist. Diese Funktion des Mondes und insbesondere des Engels MUMIAH lässt sich anhand einer Analogie gut verstehen: Ein Film, den man auf dem Bildschirm eines Fernsehgerätes betrachtet, wird natürlich nicht vom Gerät selbst erzeugt. Der Fernseher erhält Impulse und wandelt diese in Bilder um. In unserem Wesen nimmt der Engel MUMIAH die gleiche Rolle wahr.

Wie erhalten wir nun Zugang zur Welt der inneren Bilder? Das zu wissen ist von wesentlicher Bedeutung, denn diese Bilder bestimmen, wie sich unser Leben gestalten wird. Es besteht in uns eine interaktive Kraft, die bewirkt, dass alle Bilder, die uns innerlich zukommen – seien sie positiv oder negativ, eine große Güte darstellend oder eher einem Horrorfilm gleichend –, in unserem Leben zu konkreter Wirklichkeit werden. Haben wir das einmal verstanden, so wissen wir, wie wichtig es ist, auf die Qualität unserer Gedankenbilder zu achten. Wir werden dann unser inneres Fernsehgerät nicht abschalten, solange es Programme auf dem Bildschirm zeigt, die Aggressivität, Kritik oder sonstige Verzerrungen zum Inhalt haben. Im Gegenteil werden wir in diese Programme eindringen, die Verzerrungen bearbeiten und aufheben, genauso wie es die Mutter des selbstmordgefährdeten Jugendlichen tat.

Wie erhalten wir Zugang zu den Programmen, die solche Bilder erzeugen? Wie können wir wissen, was in unserem Innern vor sich geht? Wir sahen, dass die Impulse, die letztendlich in Bilder umgesetzt werden, hauptsächlich aus den unbewussten Teilen unseres Wesens stammen. Diese Teile sind uns zunächst – Gott sei Dank! – verborgen. Doch nach und nach wird MAN uns den Zugang dazu gewähren, unter anderem über unsere Träume. So werden wir manchmal im Schlaf alptraumartige Programme zu sehen bekommen, die wir vielleicht mit einem „Was für ein Unsinn!" abtun und nicht weiter beachten. Doch diese Alpträume enthüllen uns unsere Ängste und wenn wir den ihnen zugrunde liegenden Kräften keinen Einhalt gebieten, werden sie eines Tages in der konkreten Wirklichkeit Gestalt annehmen. Da wir jedoch unseren Träumen keine Bedeutung beigemessen haben, werden wir nicht erkennen, dass die schwierigen Situationen, denen wir im Alltag begegnen, die Materialisierung dieser Kräfte darstellen.

Mit dem Engel MUMIAH entwickeln wir die Fähigkeit, unsere inneren Bilder aufzufinden, jene Bilder, die uns der Ur-Geist über unser inneres Fernsehgerät zukommen lässt. Solange diese Fähigkeit nicht in Funktion gesetzt ist, erhalten wir bloß vage, verschwommene oder nur schwarz-weiße Bilder. Es kann auch vorkommen, dass sich überhaupt keine Bilder einstellen und wir nur Töne empfangen. Manchmal ist die Übertragung voller Parasiten oder der innere Fernseher ist außer Betrieb.

Wir können die Fähigkeit, innere Bilder zu erhalten, wiedererlangen, auch dann, wenn wir gegenwärtig keine Träume erhalten. Wenn wir mit den Engeln zu arbeiten beginnen, stellt sich diese Fähigkeit nach und nach oder augenblicklich wieder ein, das hängt letztendlich von den Himmlischen Mächten und auch von unserer Reaktion ab. Ein sehr einfaches Beispiel macht uns verständlich, warum die Bildübertragung eingestellt sein kann und warum MAN aufgehört hat, uns Träume zu schicken. Nehmen wir einmal an, ein Freund ruft uns an und hinterlässt uns ein, zwei, drei Mal eine Nachricht, doch wir schenken ihr keine Beachtung und rufen ihn nicht zurück. Was wird dieser Freund tun? Nach einer Weile wird er ganz einfach aufhören, uns anzurufen.

Mit den Himmlischen Mächten verhält es sich genauso. SIE schicken uns Träume, schöne und weniger schöne, kurzum das gesamte Szenarium, das wir zu leben haben. Wenn wir dem keine Bedeutung beimessen, werden SIE deswegen nicht verärgert oder böse auf uns sein. Nein, SIE werden sich einfach sagen: „Wir werden diesem Menschen die Botschaft anders zukommen lassen. Wir werden sie ihn auf der Ebene der konkret-materiellen Wirklichkeit durchleben lassen." Denn eines ist absolut gewiss: Was wir sind, das werden wir letztlich auch durchleben.

Diese Erkenntnis lässt uns bewusst werden, dass die Träume ein großes Geschenk darstellen, ein Geschenk Gottes, das uns hilft, gewisse Dinge zu berichten und zu reparieren, wodurch wir schließlich das, was wir ansonsten auf der konkret-materiellen Ebene zu durchleben hätten, vorwegnehmen können. Wenn man auch nur einen einzigen Traum pro Monat erhält, so kann einem dieser dennoch ein ganzes Leben lang nützlich sein. Man dreht und wendet ihn in alle Richtungen und beobachtet aufmerksam alles, was man erlebt, um zu erkennen, in welcher Form und auf welche Weise er sich materialisiert. Man umhegt ihn wie ein kleines Baby und befragt sich unaufhörlich: „Worauf will MAN mich mit diesem Traum aufmerksam machen? Was will MAN mir durch ihn sagen?" Eines Tages werden wir zwischen den Träumen, die MAN uns schickt und die uns unsere Entwicklung in den Parallelwelten aufzeigen, und dem, was wir hier auf Erden erleben, keinen Unterschied mehr machen.

Ich möchte nun eine Geschichte erzählen, die die Absicht betrifft, einem Zyklus willkürlich ein Ende zu setzen. Wenn wir selbst entscheiden möchten, ob und wann eine Etappe beendet ist, ohne diesbezüglich von den Himmlischen Mächten ein Zeichen erhalten zu haben, so bedeutet dies, dass wir nicht rezeptiv sind.

Eines Tages kam eine Frau, die zum ersten Mal an einem Vortrag über die Engellehre teilnahm, auf mich zu und sagte zu mir:
- Ich weiß, dass dies meine letzte Inkarnation hier auf Erden ist.
- Wissen Sie, erwiderte ich darauf, im Allgemeinen spricht ein Eingeweihter nicht über das Ende seiner Inkarnationszyklen auf der Erde, da seine Zielsetzung in der vollständigen Läuterung, der Begleichung seiner karmischen Schulden, der Befreiung von seinen karmischen Lasten sowie dem Dienen besteht. Für ihn spielt es absolut keine Rolle, ob er hier auf Erden dient oder in einer anderen Dimension auf einem anderen Planeten.
- Damit bin ich einverstanden, erklärte die Frau und beharrte dann weiter darauf, dass es sich um ihr letztes Leben hier auf Erden handeln würde: Ich weiß es, denn ich hab so viel Gutes in meinem Leben getan!

Sie erwartete eine Zustimmung meinerseits, deshalb sagte ich zu ihr:
- Ich werde Ihnen Folgendes darlegen und es steht Ihnen frei, es anzunehmen oder nicht. Sie sind nicht der erste Mensch, aus dessen Mund ich derartige Äußerungen höre. In manchen spirituellen Kreisen bekommt man solches des Öfteren zu hören. Ich stelle in diesen Fällen gewöhnlich fest, dass die betreffende Person versucht, gewissen Verzerrungen zu entfliehen. Sie zieht es vor, in ihrer kleinen, künstlich aufrechterhaltenen Sphäre eines vermeintlichen Wohlseins zu verharren, und lehnt es ab, gewisse Zonen ihres Seins zu erforschen. Ihr Hochmut hindert sie daran, diese dem Tageslicht auszusetzen. Sie neigt dazu, sich selbst als vollkommen und die anderen als unvollkommen zu betrachten, doch in Wirklichkeit lehnt sie es ab, gewisse Aspekte ihres Seins wahrzunehmen.
- Sie reden wie meine 13-jährige Tochter, erwiderte sie mir darauf, wobei sie mich mit großen Augen ansah. Meine Tochter ist sehr intuitiv und wenn ich solche Aussagen mache, sagt sie: „Mutti,

du hältst dich wohl für vollkommen, wenn du behauptest, dass dies deine letzte Inkarnation sei."
- Sie haben eine weise Lehrerin im Haus und täten gut daran, der Weisheit Ihrer Tochter Gehör zu schenken.

Darauf sah die Frau mich lächelnd an.

Hier nun ein Beispiel, das zeigt, wie MAN uns die Wiedergeburt einer größeren Rezeptivität auf der spirituellen Ebene ankündigen kann.

Ein Mann erzählte mir seinen Traum. *Er war in einer Kirche, in deren Mitte sich eine Feuerstätte befand. Der Mann befand sich auf der einen Seite der Kirche und es kamen Leute an, die sich auf der anderen Seite niederließen, um zuzuhören. Er blieb auf seiner Seite und sah den Lehrer ankommen. Er ließ sich neben dem Lehrer im Lotussitz nieder und steckte sich ein Räucherstäbchen in den Schenkel. Danach verließ er seinen physischen Körper. Er sah sich über seinem Festkörper schweben und plötzlich sagte er zu sich: „Ich muss wieder in meinen Festkörper zurückkehren, denn es besteht die Gefahr, dass das Räucherstäbchen meinen Schenkel verbrennt." Er kehrte also in seinen physischen Körper zurück. Der Lehrer sah ihn an und sagte: „Das hättest du nicht tun sollen." In der Tiefe seines Wesens spürte der Träumer, dass etwas in seinem Innern nicht richtig war. Danach befand er sich im anderen Teil der Kirche und sah mich plötzlich mit einem Buch daherkommen, das den Titel „Angelica Yoga" trug. Er fragte mich, ob ich ihm das Buch leihen würde, was ich tat. Anschliessend sah er auf einem Manuskript, das sich auf dem Altar befand, leuchtende Zahlen erscheinen, fortlaufend von 1 bis 72. Danach wiederholte sich die ganze Zahlenserie.*

Das ist ein sehr schöner Traum. Was wollten die Himmlischen Mächte diesem Mann durch den Traum mitteilen? Dadurch, dass er sich in einer Kirche befand, zeigte MAN ihm seinen spirituellen Lebensbereich, d.h. wie er auf der spirituellen Ebene handelte und reagierte. Sobald es um die spirituelle Dimension geht, ist natürlich immer das gesamte Wesen des Menschen betroffen, da sich der Geist in allen Lebensbereichen äußert. Die Spiritualität ist wesentlich, denn sie stellt den Gipfel unserer Seinspyramide dar.

Durch die Tatsache, dass sich der Mann neben den Lehrer setzte, wies MAN ihn darauf hin, dass sein Verhalten emissiv war. Die andere Hälfte der Kirche symbolisierte die Rezeptivität, auf dieser Seite befanden sich auch die Zuhörer.

Er hatte sich ein Räucherstäbchen in den Oberschenkel gesteckt und das war nicht richtig. Was bedeutete diese Geste? MAN wollte ihm dadurch zeigen, dass er auf der spirituellen Ebene nach angenehmen Gerüchen strebte, diese jedoch eine Kompensation darstellten, denn normalerweise steckt man sich ein Räucherstäbchen nicht in den Oberschenkel. Der Geruchssinn steht mit dem ersten Chakra und der Farbe Rot in Verbindung, die beide die Materie und die Handlung versinnbildlichen. Damit teilte MAN ihm mit, dass er in diesem Bereich noch Dinge zu bereinigen hatte und dies der Grund war, weshalb er so darauf bedacht war, *gut zu riechen*, d.h. in den Augen der anderen als angenehmer Mensch zu erscheinen.

MAN zeigte ihm auch, dass er bei der Verwendung der übersinnlichen Kräfte, die er zu entwickeln begonnen hatte – er war aus seinem Festkörper ausgetreten –, aufgrund seines Kompensationsproblems zu Rückschritten gezwungen war, da er sich Gefahren aussetzte. Dadurch wollte MAN ihm sagen: „Für dich ist die Zeit noch nicht gekommen, nach diesen machtvollen Kräften zu streben und dein Wissen zur Schau zu stellen. Du musst vorher noch einige deiner unbewussten Erinnerungen bereinigen." Der Vorwurf des Lehrers war im gleichen Sinne gemeint. Da er zudem von selbst gespürt hatte, dass etwas in seinem Verhalten nicht richtig war, erkannte er auch, dass er ein Egoproblem zu regeln hatte.

Danach befand er sich im anderen Teil der Kirche, der die Rezeptivität versinnbildlichte, und sah mich daherkommen. MAN verwendete mich in diesem Traum sowohl als ein spirituelles Symbol der Engellehre – um die spirituelle Seite des Träumers darzustellen – wie auch als ein Symbol der Rezeptivität, da ich eine Frau bin. Wie man sieht, kündigte dieser Traum dem Mann eine größere Rezeptivität auf der spirituellen Ebene an.

Sein spirituelles Symbol hielt in den Händen ein Buch mit dem Titel *Angelica Yoga*. Warum hatte MAN ihm diesen Titel gezeigt? Das *Yoga* ist eine Disziplin, die die Entwicklung der Rezeptivität in der Handlung fördert, und *Angelica* bezieht sich auf die Engelenergien. MAN ließ ihn dadurch wissen, dass er einerseits in seinem Handeln für die Engelenergien empfänglicher wurde und ihm andererseits der Zugang zum wahren Wissen und zur wahren Erkenntnis gewährt wurde. Etwas in ihm öffnete sich, wodurch ihm neue Horizonte zugänglich wurden.

Durch die Abfolge der leuchtenden Zahlen wollten die Geistigen Führer ihn darauf hinweisen, dass man bei der inneren Arbeit die verschiedenen Etappen einhalten muss und man nach dem Durchlauf eines Zyklus eine Wiedergeburt und einen Neubeginn erlebt. Wenn wir bei der Arbeit mit den Engeln dem Engelkalender Nummer 1 folgen – d.h. jeden Tag die Engel-Rezitier-Übung mit dem jeweils regierenden Engel machen –, schließen wir am 21. März einen Zyklus ab und beginnen einen neuen Arbeitszyklus. Auf diese Weise bereinigen wir Jahr für Jahr nach jedem Durchlauf einen Teil unseres Wesens und unserer Verzerrungen, und zwar denjenigen, der dem Energiestrahl des jeweiligen Engels entspricht. Wir können nicht alles auf einmal ins Reine bringen.

Dieser Traum veranlasst mich, Ihnen eine Engel-Formel mitzuteilen. Seine Deutung lässt erkennen, dass auf dem Weg der spirituellen Entwicklung das Gleichgewicht zwischen der männlichen und der weiblichen Polarität – also zwischen dem emissiven und dem rezeptiven Teil unseres Seins – eine wesentliche Rolle spielt. Der Mann, der diesen Traum erhielt, ist Arzt. Er ist der Spiritualität gegenüber sehr offen und der Himmel hat für ihn ein sehr schönes Schicksal vorgesehen. Er durchlebt gegenwärtig äußerst machtvolle Einweihungen und das ist gut so für ihn, denn die Falle, die auf jeden Therapeuten und Lehrer lauert, ist eine zu starke Emissivität. Diese können über eine gewisse Rezeptivität verfügen und dennoch zu emissiv sein. In diesem Fall sind sie unfähig, all die Geschenke, die die Himmlischen Mächte für sie bereithalten, zu empfangen.

Hier nun die erwähnte Engel-Formel: *Bevor man Lehrer sein kann, muss man Schüler sein, und wenn man Lehrer geworden ist, ist man dennoch weiterhin Schüler.* So gelangen wir alle – wie es mir geschah, als ich die Sterbenden begleitete – eines Tages zu der Erkenntnis, dass wir immer gleichzeitig sowohl Lehrer als auch Schüler sind. Diese Formel sollten wir uns oft in Erinnerung rufen. Wir bleiben unser Leben lang Schüler, da der Himmel uns unentwegt Lehren zuschickt. Natürlich erkennen wir diese nicht immer, vor allem dann nicht, wenn sie die Form von Verzerrungen annehmen, doch der Schöpfer und die Geistigen Führer schicken uns durch alle Menschen, denen wir begegnen oder mit denen wir Umgang haben, Lehren zu. Sehr oft entgehen uns diese Botschaften aufgrund unserer mangelnden Rezeptivität. Deshalb sind Demut und Einfachheit so wichtig. Sobald wir unseren Hochmut abgelegt haben, können wir offen und ein Vollzeitschüler sein. Das Lesen der Zeichen, die sich in unserem Alltagsleben einstellen, versetzt uns in einen Zustand der Rezeptivität und ermöglicht uns, die Himmlische Führung rund um die Uhr anzunehmen. Ganz gleich, ob wir einem Verkäufer, einem Kind oder sonst wem gegenüberstehen, wir bewahren den Zustand der Rezeptivität und sind im Geiste nicht mehr an soziale Hierarchien gebunden. Erst dann können wir wirklich alles erhalten und empfangen.

Ich möchte Ihnen nun die Geschichte einer Frau erzählen, die mit den Engeln arbeitet und ebenfalls Träume erhielt, die sie erschütterten. Sie bat meinen Mann um deren Deutung.

In einem ihrer Träume hatte sie das Wort *Armageddon* gehört. Als sie am Morgen aufwachte, fühlte sie sich erschüttert und von Existenzängsten befallen. Sie wusste nicht, was der Ausdruck *Armageddon* bedeutete, und sie versuchte auch nicht sofort, die Bedeutung dieses Wortes in Erfahrung zu bringen. Im Verlauf des Tages betrat sie einen Videoladen, um eine Filmkassette auszuleihen. Sie traf ihre Wahl und begab sich zur Ladentheke, doch in dem Augenblick, wo sie den Titel ihrer Wahl aussprechen wollte, hörte sie sich das Wort *Armageddon* sagen. Natürlich verwirrte sie das und sie fragte sich: „Was soll denn das! Wie kommt es, dass mir in diesem Augenblick dieses Wort entschlüpft?" Sie war noch viel verdatterter, als der Angestellte ihr antwortete: „Ja, wir haben den Film."

So lieh sie den Film *Armageddon* aus und während sie ihn ansah, durchlief es sie heiß. Der Film beginnt mit einer Sicht auf die beiden Türme des *World Trade Center* und schildert die Vernichtung der Stadt New York durch Meteoriten. Es wurde ihr ganz heiß und sie fragte sich: „Warum veranlassten SIE mich, diesen Titel auszusprechen? Was ist los?" In der darauf folgenden Nacht erhielt sie einen weiteren Traum. *Sie befand sich in einem mit Menschen gefüllten Saal. Auf einem Tisch befanden sich Wasserkrüge und sie bereitete Wasser für die Menschen vor, die erwartet wurden. Auf dem Fußboden sah sie in großen Buchstaben das Wort Harmagedon.* Dieses Mal war dem Wort ein H vorgesetzt. Sie fragte sich: „Wieso kommen SIE mir wieder mit diesem Wort und warum ist es diesmal mit einem zusätzlichen H geschrieben?"

Als die Frau meinen Mann um die Deutung ihrer Träume bat, konnte er das Zittern ihrer Seele wahrnehmen, obwohl diese Frau nicht zu jenen Menschen gehört, die leicht in Aufregung geraten. Er spürte auch, dass sie ihre Träume eigentlich bereits verstanden hatte und nur nach einer Bestätigung suchte.

In ihrem ersten Traum ließ MAN sie lediglich eine Stimme hören, die das Wort *Armageddon* aussprach, welches in ihr unbewusste Erinnerungen wachrief. Mein Mann sagte zu der Frau: „Diese Träume kündigen nicht das Ende der Welt an. Es sind Einweihungsträume, mit denen MAN dir mitteilt, dass gewisse Teile von dir ihrem Ende entgegengehen und du demnächst einen Neubeginn erleben wirst. Natürlich wird das Erschütterungen und Umwälzungen aller Art zur Folge haben, doch das ist sehr positiv. Danach führte MAN dich diesem Videofilm zu, damit du dir ein Bild über den Umfang der Veränderungen, die in deinem Innern stattfinden werden, machen konntest."

Und schließlich hatte MAN dem Wort *Armageddon* ein H hinzugefügt, um ihr ein tieferes Verständnis der Vorgänge in ihrem Innern zu vermitteln. Der Name *Harmagedon* wird in der Bibel erwähnt, in der *Apokalypse*, was Offenbarung bedeutet. Dieser Teil der Bibel sagt nicht das Ende der Welt voraus, sondern kündigt große Öffnungen des Unbewusstseins an.

Der Ausdruck *Harmagedon* steht mit *Megiddo* in Verbindung, dem Namen eines Berges und eines Tals in Israel, allgemein bekannt als Ort, an dem eine große Schlacht zwischen den Kräften des Guten und den Kräften des Bösen stattgefunden hat. Die folgenden Erläuterungen sollen den Grund erkennen lassen, warum MAN dieser Frau den Namen *Harmagedon* zu sehen gab. Dieser Name taucht in einem Vers der *Apokalypse* auf, wo es heißt: *Und der sechste Engel goss aus seiner Schale auf den großen Wasserstrom Euphrat; und sein Wasser vertrocknete...*

Die *Apokalypse* betrifft die Engellehre und die Öffnung der Siegel. Der Engel goss seine Schale aus und der Fluss trocknete aus. Der Engel ist eine reine Energie und der Fluss – das Wasser symbolisiert die Emotionen – trocknete aus, weil der Mensch Allerlei experimentierte und diesbezüglich Erinnerungen in sich aufnahm, die sein Wasser verunreinigten und verdarben. Deshalb muss er *den Bottich leeren*, um ihn eines Tages mit reinem Wasser füllen zu können.

Das sechste Siegel und der sechste Engel der *Apokalypse* entsprechen der sechsten Sephira TIPHERETH und dem dritten Auge, das die Quelle spiritueller Fähigkeiten darstellt, wie das Hellsehen und die Medialität, um nur diese beiden zu nennen.

Im gleichen Absatz *der Apokalypse* ist zu lesen: *Und ich sah aus dem Munde des Drachen und aus dem Munde des Tieres und aus dem Munde des falschen Propheten drei unreine Geister herauskommen...* An dieser Stelle wird auf die falschen Propheten Bezug genommen, doch darf man sich unter dem Ausdruck ‚falscher Prophet' nicht nur einen Menschen vorstellen, der prophezeit und auf gewisse illusorische Wahrsagungen gestützt falsche Voraussagen zur Zukunft verbreitet. Dieser Ausdruck trifft auch im Alltagsgeschehen zu: Jedes Mal, wenn wir Wissen und Erkenntnis auf egoistische Art benutzen, um persönliche Vorteile oder materiellen Besitz zu erwerben, handeln wir als falsche Propheten.

Wenn die Himmlischen Mächte beschließen, die Öffnung des Unbewusstseins in die Wege zu leiten, beginnt ein sehr großer Reinigungsprozess – genau das bewirkt die Arbeit mit den Engeln. Diese umfassende und tiefgründige Läuterung führt uns zu sehr hohen Ebenen der Reinheit. Durch die Arbeit mit den Engeln kommen wir mit außerordentlich machtvollen Energien in Berührung, da die Engel die reinen Ur-Essenzen darstellen. Das löst in unserem Innern einen großen Kampf aus, einen Kampf zwischen den Wohltätern und den Saboteuren. Und so lange, bis die unbewussten, verzerrten Erinnerungen nicht alle transzendiert sind, durchleben wir große innere Erschütterungen.

Hinter jedem Engel befindet sich das Gute und hinter jeder Verzerrung hält sich ein kleiner Dämon versteckt. Hinter der kleinsten Verzerrung, der geringsten Kritik und der geringfügigsten Aggressivität steckt ein Diener des Bösen – ein Dämon –, der Gott bedingungslos gehorcht. Wenn die Kosmische Intelligenz beschließt, dass für uns die Zeit gekommen ist, die Öffnung unseres Unbewusstseins zu erleben, müssen wir unseren inneren Dämonen gegenübertreten. Für jeden von uns wird der Tag kommen, wo wir für diese Begegnung bereit sind, und dann können wir alles, absolut alles in uns bereinigen und läutern. Sobald diese Arbeit vollbracht ist, haben wir keinerlei negative Resonanzen mehr, können die Nützlichkeit der Dämonen und des Bösen erkennen und verstehen, dass das Böse eine erzieherische Funktion hat. Wenn unsere Resonanzen alle aufgelöst sind und wir mit dem Bösen nicht mehr im Einklang schwingen, wird dieses sofort verwandelt und transzendiert, sobald es auftaucht. Wir wissen dann, dass Gott jenseits von Gut und Böse ist, und unsere Angst vor dem Bösen verschwindet, da wir haben seine Nützlichkeit erkannt haben.

Nach der Deutung ihrer Träume und den Erklärungen meines Mannes sagte die Frau: „Nachdem ich diese Träume erhalten hatte, hörte ich mir auf der CD die Meditation mit dem Engel MUMIAH an, der einer meiner drei Schutzengel ist, der Schutzengel der intellektuellen Ebene. Während ich dem Meditationstext folgte, hatte ich Empfindungen wie noch nie zuvor. Ich zitterte innerlich und sogar körperlich. Das war so stark, dass ich die CD anhalten musste."

Dazu erklärte ihr mein Mann: „Die Engelenergie ist eine vollkommen reine Energie, da jedoch die Himmlischen Mächte beschlossen haben, dir die Tür zur Einweihung zu öffnen, musst du nun deinen Verzerrungen entgegentreten und gewisse Zyklen zu Ende bringen. Du musst jene Teile in dir sterben lassen, die mit dem, worüber wir gesprochen haben, zusammenhängen, und diese Etappe kommt tatsächlich einer Prüfung gleich."

Danach fragte er sie:
- Wie lange besuchst du schon die Vorträge über die Traditionelle Engellehre?
- Seit drei Jahren.
- Aha! Deshalb also. Der Prozess läuft stufenweise ab. Je weiter man vorankommt, umso schwieriger, doch gleichzeitig auch umso wunderbarer wird es. Manche Menschen durchleben äußerst schwierige Situationen und ihr Unbewusstsein ist noch gar nicht offen, die Geistigen Führer haben den Schleier noch nicht entfernt. Wenn jedoch der Augenblick gekommen ist – der im Vorhinein festgelegt wurde und in unserem Lebensprogramm verzeichnet ist –, dann heben SIE den Schleier und wir durchleben große innere Tode, die gleichzeitig sehr machtvolle Einweihungen darstellen und unsere innere Wiedergeburt zum Ziel haben. Dabei sind die Himmlischen Mächte diejenigen, die beschließen, wie viel Energie durch uns hindurchströmen wird. Wir können dann eines Tages, während wir mit einem Engel arbeiten und Ihn anrufen, plötzlich spüren, dass die Energie sehr viel stärker als vorher in unseren Festkörper einströmt und eine neue Etappe einleitet, die uns ein größeres Wohlbefinden bringen wird. Doch während der Einweihungsperioden sind die Erlebnisse und Empfindungen tatsächlich sehr intensiv.

Das zu wissen hilft uns, die Vorgänge in unserem Innern besser zu verstehen und anzunehmen.

Das war bei dieser Frau der Fall. Sie fühlte sich erleichtert, sobald sie verstand, was in ihrem Innern vor sich ging.

Zum Abschluss dieser Geschichte möchte ich noch Folgendes erwähnen: Einige Wochen später befand sich mein Mann auf der Post, um ein Paket nach Europa aufzugeben, das die Vorbereitung der bevorstehenden Tournee betraf. Die Postbeamtin teilte ihm das Gewicht des Paketes mit: 720 Gramm. Die Zahl 72 war also aufgetaucht. Wenn man mit den Engeln arbeitet, ist man ganz erpicht auf alle Zeichen, die sich im Alltagsverlauf einstellen können, da man weiß, dass alles zu uns spricht und dass das Leben aus zauberhaften Fügungen besteht. Im gleichen Augenblick drehte sich mein Mann um und sah die Frau auftauchen, die den Harmagedon-Traum erhalten hatte und zu deren Schutzengel der Engel 72 M<small>UMIAH</small> gehörte.

Sie sprachen eine Weile miteinander und sie erzählte ihm, dass sie kürzlich einen Traum erhalten hatte, in dem *er ihr ein weißes Buch übergab*. Sie hatte verstanden, dass mein Mann in ihrem Traum einen Teil ihres Selbst darstellte und M<small>AN</small> ihr durch dieses Symbol angeben wollte, wie sich dieser Teil ihres Wesens äußerte – ein Mann symbolisiert immer die Ebene der Handlung und der Manifestierung –, während das weiße Buch die Spiritualität versinnbildlichte, das wahre Wissen und die wahre Erkenntnis. Sie wusste, dass M<small>AN</small> ihr durch diesen Traum mitteilte, dass sie nun fähig war, Wissen und Erkenntnis direkt von der Ur-Quelle zu empfangen, und sie fühlte sich wirklich wohler. Doch ein solches Wohlgefühl ist natürlich nur vorübergehend – es sei denn, man habe bereits die letzte Etappe der Erleuchtung erreicht. Die Träume, die diese Frau erhielt und die sie uns mitteilte, ließen eindeutig erkennen, dass sie noch nicht am Endziel angelangt war und zahlreiche weitere Einweihungen auf sie warteten. Die Einweihungen stellen in der Tat eine Göttliche Gnade dar, dank deren wir eines Tages hohe, erhabene Ebenen des Glücks erreichen werden.

Ich möchte Ihnen nun den Erlebnisbericht eines Mannes mitteilen, der durch sein Talent als Maler zum Wachstum der *Universe/City Mikaël* beiträgt. Er hat uns die Erlaubnis gegeben, seinen Namen zu nennen: Es handelt sich um den Kunstmaler Gabriel Lavoie, dessen Gemälde zum Teil auf den Buchdeckeln und CD-Hüllen der *Universe/City Mikaël* erscheinen. Seine Werke offenbaren eine Himmlische Inspiration.

Gabriel arbeitet mit der Traditionellen Engellehre und er durchlebt große Einweihungen. Ich möchte an dieser Stelle einen seiner Träume erzählen. *Er befand sich auf seinem Bett und drehte den Kopf nach links. In der Ferne sah er grauen Rauch, der sich in einen Wirbelsturm verwandelte und beim Näherkommen immer größer und beeindruckender wurde.* Dazu sagte er: „Das war sehr intensiv, denn ich war mir bewusst, dass ich mich in einem Traum befand, und gleichzeitig wusste ich, dass ich in meinem Bett lag." So ist das mit den Träumen: Eines Tages werden sie uns genauso reell erscheinen wie die Ereignisse, die wir im Wachzustand durchleben.

Dann fuhr er mit dem Bericht seines Traumes fort: „*Oberhalb dieser wirbelnden Bewegung sah ich übernatürliche Wesen, die eine menschliche Form hatten und einen Kreis bildeten. Ich hatte zunächst etwas Angst, doch ich erkannte bald, dass sie mich einfach nur fröhlich beobachteten. Dann hörte ich mich magische Formeln aussprechen, die wie aus einer sehr fernen Zeit stammende Gebete klangen und dem Hebräischen glichen. Nach einer gewissen Zeit rissen mich diese magischen Formeln aus dem Wirbelsturm und aus meiner Erstarrung heraus. Danach sah ich erneut die Geistigen Führer, die fröhlich und humorvoll wirkten, gleichzeitig aber voller Mitgefühl waren."*

Warum hatte MAN ihm diesen Traum geschickt? Das Bett versinnbildlicht die intimen Aspekte des Menschen. Gabriels Kopf war nach links gekehrt. Die linke Seite symbolisiert die innere Welt, MAN zeigte ihm also innere Aspekte seines Wesens. Der Rauch, der in die Luft – welche die Gedankenwelt versinnbildlicht – hochstieg, war ein Hinweis auf Verwirrung. Die Farbe des Rauchs war grau, also eine Mischung von Weiß und Schwarz – oder im übertragenen Sinne von Gut und Böse. MAN wollte ihm dadurch mitteilen, dass in seinem Verständnis von Gut und Böse manchmal Verwirrung herrschte. Die Tatsache, dass die Rauchwolke sich auf ihn zu bewegte und dabei immer größer wurde, bedeutete, dass seine gedankliche Verwirrung ein solches Ausmaß annehmen konnte, dass sie sein ganzes Wesen in Beschlag nahm. Die Bewegung des Wirbelsturms, in dem er eingefangen war, sollte darauf hinweisen, dass die Verwirrung in seinen Gedanken die Form von Turbulenzen annehmen konnte, die ihn gefangen hielten.

Man hatte ihm auch seine Geistigen Führer gezeigt. Man kann so manches über die Geistigen Führer nachlesen – gewisse Bücher erwähnen Sie oder behandeln dieses Thema –, doch es ist sehr selten, dass man einen direkten und bewussten Zugang zu Ihnen erhält. Sie in seinem Traum zu sehen bedeutete für Gabriel eine wahre Bestätigung. Man wollte ihn dadurch wissen lassen, dass unsere Einweihungen immer von Geistigen Führern überwacht werden. Was immer wir auch tun, wir werden kontinuierlich von diesen Wesen überwacht, die bedingungslos und unpersönlich Ihr Werk verrichten. Sie wahrzunehmen vermittelt uns das starke Gefühl, auf der Ebene des konkreten Lebens über Schutz und Führung zu verfügen.

Selbst wenn Sie sehen, dass wir allerlei recht schwierige Erfahrungen durchlaufen, bewahren die Geistigen Führer Ihre Heiterkeit, da Sie das Gute und das Böse verstehen. Sie selbst haben dies alles transzendiert und empfinden deshalb sehr viel Mitgefühl mit uns. Sie wissen, dass die Prüfungen, die wir durchleben, unserer Erziehung und Weiterentwicklung dienen. Deshalb tut es Ihnen nicht weh, wenn Sie uns leiden sehen. Eines Tages werden wir ebenfalls fähig sein, diese Haltung einzunehmen: Prüfungen, Schmerz und Leid werden dann in uns keine Traurigkeit mehr hervorrufen, weil wir ihre Nützlichkeit als erzieherische Elemente vollkommen erfasst haben.

Gabriel erhielt noch weitere Träume dieser Art, die ihn aufforderten, seinen negativen Kräften und inneren Dämonen entgegenzutreten, und das war nicht leicht. Eines Tages rief er meinen Mann, mit dem er ein brüderliches Verhältnis hat und sich oft ausspricht, an, um ihm mitzuteilen, dass es ihm in einem Traum gelungen war, einen Dämonen verschwinden zu lassen, indem er die Engel-Rezitier-Übung machte: Er hörte sich den Namen eines Engels wiederholen. Für Gabriel war dies ein Beweis der Macht der Engel.

Solange wir derartige Erfahrungen nicht selbst erlebt haben, fällt es uns schwer, die Stärke und Macht, die in der Engel-Rezitier-Übung liegt, zu erfassen. Diese Übung ist ein unverzichtbares Werkzeug, um den Wahnsinn des Bösen und seine Macht zu transzendieren, sobald diese in unserem Bewusstsein aufsteigen. An dem Tag, an dem wir verstehen werden, dass das Böse eine erzieherische Funktion erfüllt und Diener des Guten ist, werden wir auch verstehen, dass das Universum eine Schule darstellt. Dann können wir der grenzenlosen Liebe und Weisheit Gottes begegnen.

Wie Oben so unten, und wie unten so Oben. Wie innen so außen, und wie außen so innen.

Engel 49 VEHUEL
Die Erleuchtung

Auf dem Weg zur Erleuchtung muss der Mensch durch zahlreiche und sehr lange Einweihungen hindurchgehen. Es gibt vier große Etappen oder Stufen der Erleuchtung, die zurückgelegt sein müssen, bevor man die letzte Stufe der Einweihung erreichen kann. Die erste Stufe betrifft den Bereich der Gedanken. Auf dieser Stufe erhält der Mensch Zugang zur Welt der Ursachen. Die zweite Stufe berührt das Herz und die Ebene der Gefühle. Die dritte Stufe der Erleuchtung betrifft die physische Welt und wenn der Mensch diese Stufe erreicht hat, werden ihm große spirituelle Kräfte verliehen. Und die vierte Stufe schließlich betrifft die konkrete Anwendung und Realisierung.

Ich werde Ihnen nun sehr persönliche Elemente meines Lebens mitteilen, über die ich noch nie in der Öffentlichkeit gesprochen habe: Ich werde über meine Einweihungen auf dem Weg der Erleuchtung berichten.

Viele Jahre hindurch hatte ich an meiner spirituellen Entwicklung gearbeitet. Ich hatte mehrere Philosophien und Methoden der inneren Arbeit ausprobiert, die mir gut bekommen waren: Ich hatte eine positive Einstellung und eine gewisse Meisterung in Disziplinen wie Yoga und einigen anderen erlangt. Gesellschaftlich anerkannte Diplome bestätigten meine Befähigung, energetische Behandlungen durchzuführen. Ich fühlte mich damit wohl. Es schien mir damals, dass ich ein gewisses Niveau an Bewusstsein, Glück und Wohlsein erreicht hatte. Doch war ich mir nicht bewusst, dass die hohen Einweihungen noch nicht begonnen hatten und all meine Erfahrungen und Erlebnisse bis dahin lediglich eine Vorbereitung dazu darstellten.

Irgendwann kündigte MAN mir durch einige Träume an, dass ich hohe Einweihungen durchleben würde. Diese finden in unserem Innern statt. Natürlich werden sie von äußeren Ereignissen begleitet, die jedoch lediglich die Spitze des Eisberges darstellen. Ich möchte Ihnen nun meine drei wichtigsten Einweihungsträume mitteilen.

Ich befand mich in Genf, meinem Geburtsort in der Schweiz, und es war Nacht. Ich stand an einem der beiden Enden der Mont-Blanc-Brücke. Am gegenüberliegenden Ende befand sich ein senkrecht aufgerichteter Löwe, der hell leuchtete.

Wenn in den Träumen der Geburtsort auftaucht, ist dies bedeutungsvoll, da er die Herkunft des Menschen versinnbildlicht. MAN führte mich also an meinen Ursprung zurück. Eine Brücke symbolisiert immer einen Übergang von einem Bewusstseinszustand zu einem anderen, und der Name der Brücke – Mont Blanc (Weisser Berg) – ist ein Hinweis auf die Dimension dieses Übergangs. Der Mont Blanc ist ein sehr hoher Berg in Frankreich, dessen Ausmaß mit dem Himalaya verglichen wird. Dies alles sowie die Tatsache, dass es Nacht war, wiesen darauf hin, dass MAN mir eine umfangreiche innere Arbeit ankündigte. Zu welchem Niveau sollte mich diese Arbeit führen? Die Gegenwart eines Löwen – der sowohl die instinktbezogenen Aspekte des Menschen als auch die in ihm enthaltene Sonnenkraft symbolisiert – bedeutet, dass die betreffende Person ihre Instinkte bereinigen und transzendieren muss, damit sie ihre Sonnenkraft wiederfinden kann. Der Löwe in meinem Traum verhielt sich bereits nicht mehr wie ein Tier, da er in aufrechter Stellung stand. Diese senkrechte Position versinnbildlichte die Verbindung zwischen Himmel und Erde. Außerdem war er hell leuchtend. Ich musste die Brücke überqueren, um diese Kraft werden zu können. Der Traum kündigte mir also an, dass ich eine wichtige Etappe durchleben würde, bei der ich alle instinktverhafteten Teile meines Wesens transzendieren musste.

Der zweite Traum beeindruckte mich noch stärker. Zu jener Zeit studierte ich mit einem spirituellen Lehrer, der sich unter anderem auch für die Kabbala interessierte. Er war in meinem Traum anwesend. *Ich befand mich zusammen mit diesem Lehrer in den obersten Rängen eines Vorlesungssaals in einer Universität. Vor der Klasse befand sich auf einem Podium stehend eine Professorin, die einen Frauenkörper und einen Schakalkopf hatte, jedoch nicht irgendeinen beliebigen Schakalkopf: Es war der Kopf von Anubis. Dann ging ich die Stufen hinunter, um mit dieser Frau zu sprechen, und sie gab mir die Erlaubnis, hinter den großen Vorhang zu treten, der sich hin-*

ter ihr befand, was ich tat. Danach ging ich in die Kulissen und stieg Treppen hinab. Das war ein langer Abstieg in die Hölle. Dann bekundete der spirituelle Lehrer, der oben in den Rängen geblieben war, dass er damit nicht einverstanden war, und verließ den Saal.

Taucht in den Träumen eine Universität auf, so versinnbildlicht sie hohe innere Studien. Gemäß dem Gesetz „Wie Oben so unten, und wie unten so Oben" kündigte MAN mir folglich hohe Studien an. Da mir die ägyptische Symbolik etwas vertraut war, verwendete MAN das Bild von Anubis, dem Hüter der Schwelle zur unsichtbaren Welt und Symbol des Todes. Ich würde also dieser Energie begegnen und da der Professor eine Frau war, handelte es sich um einen inneren Tod.

Indem die Professorin mir gestattete, hinter den Vorhang zu gehen, gab sie mir die Erlaubnis, hinter den Schleier zu sehen, der die Ebene des bewussten Seins von den unbewussten Seinsebenen trennt. Dieser Traum löste eine Reihe von Einweihungsprüfungen aus, die mich in Bereiche meines Wesens hinabführten, die mir unbewusst waren und mir wie die Hölle vorkamen – denn wenn man die Erinnerungen der Vergangenheit bereinigt, so kommt dies einem Abstieg in die Hölle gleich. Man dringt dabei in die verschiedenen Schichten des unbewussten Seins vor – in das persönliche, familiäre, ethnische Unbewusstsein usw. –, denn um erneut über all seine Fähigkeiten verfügen zu können, muss der Mensch seine Verzerrungen bereinigen, d.h. all jene Erinnerungen in seinem Unbewusstsein, die nicht recht und richtig sind. Doch der spirituelle Lehrer war nicht einverstanden. Er wollte nicht, dass ich dort hinabstieg, da er damals noch nicht wusste, dass für uns beide nicht der gleiche Weg vorgesehen war und unsere Wege auseinanderlaufen würden. MAN kündigte mir also an, dass sich unsere Wege trennen würden.

Als ich aus diesem Traum aufwachte, fühlte ich mich ziemlich abwegig. Ich konnte diesen Traum dem Lehrer nicht erzählen, da er nicht bereit gewesen wäre, das hinzunehmen, außerdem glaubte er nicht an die Bedeutung der Träume. Deshalb behielt ich das für mich, doch dieser Traum sollte mein Leben prägen und den Verlauf meines Schicksals ändern.

Hier nun der dritte Traum dieser Einweihungsetappe. MAN *zeigte mir die Handfläche meiner linken Hand und auf dem Daumenballen sah ich die hell erleuchteten Skipisten der Laurentides-Berge in der kanadischen Provinz Quebec. Und ich sah auch ein Skelett und eine Sichel, die ebenfalls hell erleuchtet waren.*

Als ich in Kanada ankam, bemerkte ich die zahlreichen erleuchteten Skipisten und fand sie wunderschön. Ich nannte sie die Landepisten der Engel (Lachen). So verwendete MAN dieses Bild denn in meinem Traum. Die linke Hand versinnbildlicht die innere Welt und der Daumenballen symbolisiert die Venus-Aspekte im Menschen, die Liebe. Das Skelett symbolisiert den Tod und die Sichel das Schneiden. Mit diesem Traum wollte MAN mir sagen: „Wenn du die Engel in dir landen lassen möchtest – wenn du die Qualitäten, Tugenden und Kräfte der Engel verkörpern möchtest –, wirst du auf der Ebene deines Bewusstseins sterben müssen. Du wirst alte Konzepte in dir sterben lassen müssen sowie all das, was in dir nicht recht und richtig ist. Alles, was schlecht und falsch ist, muss von dir abfallen." Eben darin besteht die hohe Einweihung: Unsere alte Welt stürzt in sich zusammen.

Und da begannen meine Einweihungen erst wirklich. Ich war mir dessen nur mehr oder weniger bewusst, da mir zur damaligen Zeit der Einweihungsprozess unbekannt war. Ich hatte nie zuvor davon reden gehört und auch nichts darüber gelesen. Ich kannte natürlich die Qualitäten und Tugenden der Engel, die ich in verschiedenen Büchern über die Kabbala und die Traditionelle Engellehre gefunden hatte, doch darin sprach man nur von der Anrufung der Engel. So begann ich recht naiv – worin mich natürlich die Kosmische Intelligenz anleitete –, während ich wach war, die Engel anzurufen: Vom Aufwachen bis zum Einschlafen, den ganzen Tag über, jederzeit und unaufhörlich rief ich die Engel an. Ich konnte das, weil ich mir eine Auszeit gönnte. Natürlich war auch diese von den Himmlischen Mächten vorgesehen. MAN wollte mir eine ausreichend hohe Dosis verabreichen, um mich in die Lage zu versetzen, diese Lehre später weiterzuvermitteln zu können. Diese Lernphase war folglich äußerst intensiv.

Ich war davor immer ein fröhlicher Mensch voller Begeisterung gewesen. Ich war dynamisch, hatte großes Vertrauen sowohl in mich selbst als auch in das Leben. Ich wusste nicht, was es bedeutete, deprimiert zu sein. Später wurde mir bewusst, dass ich damals ein übermäßiges Selbstvertrauen hatte, dass gewisse Aspekte meines Vertrauens nicht richtig waren und ich diese bereinigen musste.

Ganz plötzlich durchlebte ich schreckliche Existenzängste und große Phasen der Müdigkeit. Dabei gab es in der Außenwelt keine Situation, die diese Angstzustände und Müdigkeit erklären konnte. Ich hatte meine gesellschaftlichen Verpflichtungen erfüllt und in dieser Hinsicht war alles bestens. Ich war immer sehr sportlich gewesen, doch nun genügte ein kleiner Rundgang durchs Dorf und ich kam erschöpft zu Hause an. Das hatte ich nie zuvor erlebt. Dieser Zustand der Müdigkeit zog sich monatelang hin.

Als mich der erwähnte spirituelle Lehrer in diesem Zustand sah, fragte er mich: „Was ist denn aus dir geworden? Was ist mit dir los?" Auch andere Menschen erstaunte mein Aussehen. Ich aß kaum noch, hatte stark abgenommen und war ganz mager geworden. Sie konnten es nicht fassen. Ich durchlebte eine große innere Umwandlung, bei der ich zahlreiche Teile meines Wesens in den Tod begleitete. Das Haus, in dem ich damals lebte, befand sich ganz in der Nähe eines Friedhofs, was natürlich kein Zufall war (Lachen).

Ich verspürte ein großes Bedürfnis, auf allen Ebenen meines Seins – bis in den physischen Körper hinein – authentisch und natürlich zu sein. Da ich bereits im Alter von 20 Jahren einen Kranz weißer Haare hatte, färbte ich sie mir. Ich tat wie die anderen und fand es in Ordnung, mir die Haare braun zu färben, da dies ihre natürliche Farbe war. Doch nun ertrug ich es plötzlich nicht mehr, mich mit gefärbtem Haar zu sehen, und sagte mir: „Anstatt zu warten, dass sie nachwachsen, werde ich mir den Kopf rasieren." Ich führte ein wirklich schönes Ritual durch und rasierte mir den Kopf.

Das bewirkte natürlich zahlreiche Veränderungen. Als ich nach Europa zurückkehrte, reagierten all meine Bekannten, selbst meine eigene Familie darauf: „Was ist denn mit dir geschehen?" Manche Menschen konnten meine Veränderung nicht hinnehmen. Sie spürten, dass es die alte Christiane nicht mehr gab und ich ein anderer Mensch geworden war. Ich hatte mich innerlich ganz stark verändert und diese Veränderung war äußerlich durch meine weißen Haare, die keiner übersehen konnte, deutlich sichtbar geworden.

Es war offensichtlich, dass die Menschen um mich herum meinen Werdegang nicht verstanden. Ich nahm es hin und akzeptierte, dass man mich nicht verstand. Für mich war es wichtig, diesen Weg weiter zu gehen, denn ich hatte mein Leben Gott geweiht und wollte Ihm und meinen Mitmenschen dienen. Das war das Einzige, was für mich zählte, und so akzeptierte ich alle Folgen. Nachdem ich eine große gesellschaftliche Anerkennung genossen hatte, war ich aus gesellschaftlicher Sicht ganz plötzlich wieder auf den Nullpunkt herabgesunken. Mein ganzes Wesen lag im Sterben – in der Erwartung eines Todes, auf den eine Wiedergeburt folgen würde. In vielen Traditionen spricht man von diesem Vorgang des inneren Todes und der inneren Wiedergeburt, der in mir ablief und den meine Träume mir angekündigt hatten.

Als ich noch jünger war, sagte ich oft: „Ich werde jung sterben", wobei ich keinerlei negative oder selbstmörderische Absichten hatte. Erst mit dem Beginn meiner Einweihungen verstand ich, warum ich das sagte. Bereits in jungem Alter hatte meine Seele gespürt, dass ich ein umfassendes inneres Sterben durchleben würde. Der Tod des physischen Körpers stellt lediglich einen Übergang dar, doch das innere Sterben ist etwas sehr Mächtiges, da der Mensch dabei ganz bewusst seine Vergangenheit bereinigen muss. Seit diesen Einweihungen denke ich überhaupt nicht mehr an meinen Tod oder an die Anzahl Jahre, die mir auf Erden noch zu leben bleiben.

Während dieser Einweihungsphase erlebte ich eine schöne Begegnung: Ich begegnete meinem zukünftigen Ehemann. Unsere Beziehung begann mit einer schönen Freundschaft. Auch er hatte an seiner spirituellen Entwicklung zu arbeiten begonnen und träumte außerordentlich viel. Er war der erste Mensch, mit dem ich im Einklang schwang, bei dem ich den gleichen Durst und den gleichen sehnlichen Wunsch zu dienen verspürte. Und er interessierte sich sofort für die Engellehre. Wenn ich mit ihm darüber sprach, hatte ich das Gefühl, dass es ihm nie schnell genug ging. Es war, als würde er dies alles bereits kennen. Wir waren uns gegenseitig eine große Stütze.

Ich entdeckte die Auswirkungen der Arbeit mit den Engeln. Viele Menschen sprechen vom Lebensbaum und von den Engeln, doch was bedeutet es tatsächlich, mit dieser Lehre zu arbeiten? Es bedeutet, die Engel-Rezitier-Übung sowohl mit der Einstellung eines studierenden Theoretikers wie auch mit derjenigen eines Kindes durchzuführen. In spirituellen Kreisen analysiert man die verschiedenen Bewusstseinsebenen manchmal, wie ein Wissenschaftler ein Stück Obst analysieren würde: Ein Apfel hat diese Textur und jene chemische Zusammensetzung usw. Man kann daraus ein breites Wissen schöpfen, das wohl nützlich ist, jedoch auf die horizontale Ebene beschränkt bleibt. Ein Kind hingegen sieht den Apfel, beisst hinein und isst ihn. Wer kennt nun den Apfel besser: Der Wissenschaftler oder das Kind?

Mit der Traditionellen Engellehre vermählt man beide Vorgehensweisen, diejenige des Kindes, das direkt vorgeht, um diese saftigen, schmackhaften Früchte, die die Qualitäten und Tugenden der Engel darstellen, selbst zu werden, und diejenige des Wissenschaftlers, der analysiert, überlegt und schließlich versteht. Ich wandte diese Methode an, die mich die Dinge und die Menschen besser erfühlen ließ und meine Fähigkeit des Hellsehens entwickelte. So gewöhnte ich mich daran, in die Tiefe vorzudringen und mich nicht mehr auf den äußeren Schein zu verlassen.

Ich begegnete Menschen, bei denen man sich nicht hätte vorstellen können, was sie alles an Gepäck zusammengetragen und in anderen Leben geleistet hatten. Ich konnte bei vielen Menschen feststellen – und das kommt auch heute noch sehr oft vor –, dass die Himmlischen Mächte plötzlich beschließen, sie in ihr Unbewusstsein hinabtauchen und ihre spirituelle Identität entdecken zu lassen. Es sind immer die Himmlischen Mächte, die entscheiden, wann, wie und warum sich das Unbewusstsein eines Menschen öffnet. Wie in meinem Traum mit Anubis muss die Kosmische Intelligenz Ihre Genehmigung erteilen: „Jetzt kannst du hinabsteigen. Du bist bereit, die verborgene Weisheit kennen zu lernen."

Sobald man das verstanden hat, kann man den Rhythmus und das Bewusstseinsniveau der Menschen um uns herum respektieren. Die Tatsache, dass ein Mensch hohe Einweihungen durchlebt oder bestimmte Stufen der Erleuchtung erreicht hat, bedeutet nicht, dass er besser oder mehr wert ist als ein Mensch, der sich hinsichtlich seiner spirituellen Entwicklung erst auf der Stufe des Kindergartens befindet. In Gottes Augen gibt es zwischen diesen beiden Menschen keinen Unterschied. Es ist äußerst wichtig, sich immer wieder daran zu erinnern.

Wie bereits erwähnt, waren mein Mann und ich uns gegenseitig eine große Hilfe bei der umfangreichen Arbeit, die wir beide in unserem Innern durchführten. Mehrere Menschen fragten uns: „Wie habt ihr das ganz allein geschafft?", denn sie wussten, dass wir zu Beginn über keinerlei Richtlinien oder Strukturen verfügten. Es gab auch keine. Wir schlugen diesen Weg ein, ohne im Voraus zu wissen, welche Prüfungen uns erwarteten oder wohin uns dieser

Weg führen würde. Wir kannten die Qualitäten und die Verzerrungen der Engelenergien, doch die Auswirkung und Reichweite der inneren Arbeit mit den Engeln mussten wir selbst entdecken.

Ich wünschte mir so sehr, mich in den Dienst meiner Mitmenschen zu stellen, dass ich mich, wenn es im Verlauf der intensiven Einweihungen, die ich durchlebte, sehr schwer wurde, an Gott wandte und zu Ihm sagte: „Gut denn, ich hoffe nur, dass die Erfahrungen meines Weges den anderen Menschen weiterhelfen werden. Ich hoffe, dass sie nicht auch durch all diese Schwierigkeiten hindurch müssen." Meine Einstellung war die einer Mutter, die ihren Kindern die Erfahrung von Schmerz und Leid ersparen will. Später begriff ich, dass dies nicht möglich ist, dass jeder Mensch seinen Weg selbst gehen muss und niemand dies an seiner Stelle tun kann. Der Unterschied zwischen Ihrer Wegbeschreibung, lieber Freund, liebe Freundin, und der unseren besteht darin, dass Sie sich aufgrund dessen, was wir Ihnen mitteilen, sobald Sie Einweihungen durchleben und es nicht leicht sein wird, zuversichtlich sagen können: „Das ist normal. Ich bin auf dem richtigen Weg." All das, was man im eigenen Innern zu sehen und fühlen bekommt, kann einen leicht in den Wahnsinn treiben, denn der Einweihungsweg ist nirgends beschrieben und gegenwärtig gesellschaftlich auch nicht anerkannt.

Wenn man Bücher über die Erleuchtung liest, z.B. gewisse Werke, die sich auf die orientalischen Traditionen beziehen, so kann man feststellen, dass nirgendwo erklärt wird, was eigentlich im Menschen vor sich geht, der die verschiedenen Stufen der Erleuchtung erreicht. Das Thema wird sehr abstrakt behandelt und der Stil bleibt sehr hermetisch. Die einzigen Texte, die diese Etappen in einer zugänglichen Weise beschreiben, sind die Einweihungsmärchen. Darin werden Situationen geschildert, die denjenigen in unseren Träumen gleichen, wo ebenfalls alles möglich ist: Wir begegnen Monstern und müssen Prüfungen bestehen – das beschreibt ganz genau, was sich während einer Einweihungsphase in uns abspielt. Die Weisen haben folglich den Einweihungsprozess in Form von Märchen geschildert.

Nach den ersten Einweihungsetappen, bei denen ich das Gefühl hatte, mich etwas verloren durch die Leere zu tasten, erwarb ich allmählich einen gewissen Orientierungssinn und eine gewisse Stabilität. Die Fundamente begannen sich abzuzeichnen. Nichtsdestotrotz durchlebte ich noch über mehrere Jahre hinweg sehr hohe innere Spannungen.

Um den Sinn und die Rolle dieser Spannungen verständlich zu machen, möchte ich einen Erlebnisbericht schildern. Während ich diesen Vortrag vorbereitete, kam ein Mann zu uns, um die Balkonböden mit einem wasserundurchlässigen Mittel zu streichen. Dieser Mann erklärte mir, sein Sohn, der ihn begleitete – ein groß gewachsener junger Mann in den Zwanzigern –, mache bei der Armee eine Ausbildung als Ingenieur und entschärfe Bomben. Während der Vater seine Malerarbeiten durchführte, unterhielt ich mich mit dem jungen Mann.

Er beschrieb mir unter anderem die erste Etappe, die es zu bestehen gilt, um Offizier zu werden. Er sagte:
- Das ist äußerst schwierig. Wochenlang untergräbt man unsere Moral.
- Und wie machen sie das? fragte ich ihn.
- Ein leitender Offizier kann z.B. ein Möbelstück packen, es aus dem Fenster werfen und sagen: „Du da, geh das holen." Oder sie nehmen das Foto deiner Liebsten und sagen alle möglichen Dinge über sie. Sie tun, was ihnen einfällt, manchmal ist es völlig sinnlos. Sie hindern uns auch daran, die Nächte durchzuschlafen, indem sie uns allerlei Aufgaben zu erledigen geben. Natürlich fühlt man sich schnell erschöpft und die Moral geht flöten, wenn man Nächte hindurch kaum einige Stunden Schlaf findet. Sie knacken uns auf und zwar absichtlich.

Darin ist eine ganze Pädagogik enthalten. Ein Eingeweihter lernt ebenfalls, Bomben zu entschärfen, mit dem Unterschied, dass sich die Bomben, die er neutralisiert, direkt in seiner Umgebung befinden, nämlich in seinem Innern sowie in seinen Beziehungen zu den Mitmenschen. Die Kunst des Bombenentschärfens und die Kunst, ein Eingeweihter zu sein, ähneln sich auch aufgrund der Tatsache, dass beide einen hohen Grad der Selbstmeisterung und sehr viel Diplomatie erfordern. Wie wir sahen, erfordert die Arbeit des Eingeweihten die Meisterung der inneren Impulse. Wir werden anschliessend feststellen, dass der Engel VEHUEL uns gleichzeitig sehr viel Diplomatie, Liebe, Sanftmut und Entschlossenheit verleiht.

Doch im Hinblick auf die Selbstmeisterung unterscheidet sich der Werdegang eines Eingeweihten von demjenigen der Offiziere und Soldaten. Deren Meisterung betrifft ein ganz bestimmtes Gebiet, auf dem sie in Konfliktsituationen oder sonstigen schwierigen Umständen kaltes Blut bewahren müssen. Beobachtet man jedoch ihr Leben, so entdeckt man, dass sie sehr häufig verschiedene Ausweichventile haben: ein übermäßiges Verhalten aufgrund der verdrängten Aggressivität, übermäßiger Alkoholkonsum, ein übermäßiges Sexualleben oder sonstige zwanghafte Verhaltensweisen. Diese Ausflüchte lassen erkennen, dass sie keine vollständige Selbstmeisterung besitzen. Ein Eingeweihter hingegen verwendet keine Ausweichventile.

Warum wird den zukünftigen Offizieren eine so schwere Ausbildung auferlegt? Weil sie Waffen tragen werden, was eine große Verantwortung darstellt. Sie müssen in der Lage sein, davon den richtigen Gebrauch zu machen. Aus diesem Grunde bricht man ihren Charakter durch eine solche Ausbildung. Auch der Eingeweihte erhält eine äußerst große Macht, eine spirituelle Macht. Eines Tages wird der Eingeweihte über seinen inneren Computer Zugang zum kollektiven Unbewusstsein erhalten. Er muss folglich all seine Verzerrungen – den Machtmissbrauch, ein verführerisches Verhalten usw. – transzendiert haben, da er andernfalls diesen Zugang zum kollektiven Unbewusstsein nutzen könnte, um Verwüstungen anzurichten. Deshalb wird der Mensch auf dem Weg der Einweihung und der Erleuchtung ständig von den Himmlischen Mächten getestet.

Man misst die Kraft einer Kette an ihrem schwächsten Glied. Deshalb müssen wir auf dem Weg der Einweihung ohne Unterlass an unseren Schwächen arbeiten. Wie in der Armee drängt MAN uns ständig – auch dann, wenn es uns nicht gut geht und wir leiden. Wir müssen jeder Form von Rebellion entsagen. In unserem Innern darf nicht mehr die geringste Unze einer Auflehnung übrig bleiben, da wir lernen müssen, den Befehlen der Himmlischen Hierarchien zu gehorchen. Manchmal hat das, was MAN uns zeigt oder was MAN uns erdulden lässt, keinerlei Sinn, genauso wie das, was die Offiziere den neuen Soldaten antun. MAN taucht uns in Situationen ein, wo uns die Verzerrungen, das Falsche und Ungerechte ins Gesicht springen.

Diese Testsituationen stellen sich im Alltag ein – man spürt sie anhand der starken Resonanzen, die sie erzeugen – oder in den Träumen, in denen natürlich alles möglich ist. Als MAN mir zum ersten Mal Einblick in diese Dimension der Wahrheit gewährte, erhielt ich einen solchen Schock! Ich glaubte damals, die anderen in der Tiefe erfühlen zu können. Als MAN mich jedoch die Datenbank ihrer Seele einsehen ließ, als MAN mir zeigte: „Sieh mal, dieser Mensch, der dir nahesteht, sieh mal, wie er wirklich ist und was er über dich denkt", und ich die Kritik und den Neid in ihm sah – selbst wenn er sich dessen gar nicht bewusst war –, da weinte ich oft wie ein Kind. Ich dachte damals: „Ja, wenn es das bringt, dann will ich diese Öffnung nicht weiter erleben." Ich verhielt mich wie ein Kind, dem man enthüllt, dass der Weihnachtsmann ein verkleideter Alkoholiker ist. Meine Naivität erhielt einen ordentlichen Schlag.

Doch nach einer Weile gewöhnt man sich an diese Ebene der Wahrheit. MAN öffnet uns jedoch diese Türen zur Wahrheit erst, wenn wir ein gewisses Maß an Weisheit und Tugend entwickelt haben, da wir es ansonsten nicht ertragen würden, es würde uns niederschmettern. Wenn wir zur Seele eines anderen Menschen Zugang haben, bleibt uns nichts mehr verschleiert und es wird auch nichts mehr gefiltert. Wir bekommen die nackte Wahrheit zu sehen, selbst dann, wenn der betreffende Mensch keineswegs ahnt, dass wir ihn durchschauen können. So könnte sich z.B. ein Mensch, der die Absicht hat, uns zu verraten, bei uns einfinden und ganz nett und freundlich tun, doch wir würden seine Gedanken wahrnehmen und könnten seine wahren Absichten erkennen. Die Geistigen Führer tun das absichtlich: SIE verwenden die betreffende Person, um uns die Möglichkeit zu bieten, Liebe und Mitgefühl zu entwickeln und sie genauso zu empfangen wie jeden anderen Menschen auch. Auf der Ebene der Ereignisse scheint nichts durch, da sich alles auf der Ebene der feinstofflichen Energien abspielt. Das ist so, als wäre bei der betreffenden Person ein Hahn aufgedreht, wodurch sie uns in Kontakt mit einem kollektiven Egregor der Kritik oder des Neids bringt.

Aus diesem Grund können wir uns glücklich schätzen, über diese wunderbaren Schlüssel, welche die Engel darstellen, zu verfügen. In solchen Situationen macht man dann einfach die Engel-Rezitier-Übung. Wir brauchen nicht mit einem „Ach, was ist das doch für ein verzerrter Mensch" zu reagieren und zu versuchen, ihn aus unserem Leben zu entfernen, da wir wissen, dass er ein Gesandter Gottes ist, ein wichtiger Lehrer oder eine wichtige Lehrerin, durch die wir das Böse meistern lernen sollen. So lernen wir denn und bei der geringsten Rebellion, beim geringsten verzerrten Gedanken werden wir durch die Träume und durch das Gesetz der Resonanz gewarnt und die Himmlischen Mächte lassen uns wissen: „Sieh mal, wie du dich in dieser Situation benommen hast. Das hast du nicht gut gemacht." Deshalb sind die Träume so präzise. Das, was wir übergangen, übersehen oder nicht gespürt haben, wird uns in einer formen- und farbenreicher Version auf unserem inneren Bildschirm gezeigt, dem wir uns nicht entziehen können. Es ist keine Person in der äußeren Welt, die da sagt: „Dieser Mensch ist ungerecht. Das, was er da tut, ist nicht richtig." Wir beziehen unsere Lehren direkt aus der spirituellen Welt in unserem Innern. Wenn wir die erhaltenen Botschaften berücksichtigen, schreiten wir Tag für Tag, Monat für Monat, Jahr für Jahr und Leben für Leben einer perfekten Meisterung entgegen.

Ich möchte an dieser Stelle berichten, wie ich eine der Etappen der Erleuchtung durchlebte. Bereits einige Wochen bevor sich die Bewusstseinsöffnungen ereignen, steigen im Allgemeinen die Spannungen, so als würden die Himmlischen Mächte die Dosis des Bösen erhöhen. Man durchlebt allerlei sehr intensive Situationen. Ich fühlte mich in den Wochen, die der Öffnung vorausgingen, wirklich wie eine Bombe. Ich wusste nicht mehr, was ich mit meiner äußerst intensiven Energie anfangen sollte. Und in meinen Träumen wurde ich mit negativen Energien beschossen: Ich hatte allerlei Alpträume. Doch ich musste die Selbstmeisterung bewahren, denn das Alltagsleben ging weiter. In der Engellehre lebt man nicht zurückgezogen von der Welt, sondern man widmet sich weiterhin seinen Kindern, seiner Umwelt und allem Übrigen.

Hier nun einige Elemente aus Träumen, die ich während dieser Phase erhielt. MAN *zeigte mir* mehrere Male *den Mont-Blanc-Tunnel*, den es in der konkreten Wirklichkeit gibt und der über mehrere Kilometer durch den Mont Blanc führt. Ein Tunnel stellt einen unterirdischen Durchgang dar, folglich symbolisiert er den Abstieg ins Unbewusstsein. In einem meiner Träume *musste ich meinem Großvater in Italien einen Besuch abstatten, doch ich konnte nicht über die Grenze, weil ich den notwendigen Pass nicht hatte.* Der Großvater und die Großmutter stellen bedeutende Schutzsymbole dar.

In einem anderen Traum *musste ich den gleichen Tunnel durchqueren und ich begegnete einem Mann, der keine Augen hatte und irgendwann das Licht ausmachte.* An dem auf diesen Traum folgenden Tag hatte ich das Gefühl, nichts mehr zu sehen, es war, als würde ich nichts mehr verstehen. Ich fühlte mich von Gott abgetrennt, so als hätte Er mir alles weggenommen. SIE *zeigten mir auch, dass mein Großvater und meine Großmutter starben.* Das bedeutete, dass

MAN mir meinen Schutz wegnahm, um mich zu veranlassen, einen anderen, höheren Schutz zu suchen. Ich fühlte mich ganz nackt und meine Empfindungen waren außerordentlich stark.

In einem dieser Träume *näherte sich mir eine schwarze, aggressive Hyäne, die ich streicheln konnte. Sie blieb aggressiv und ging dann wieder.* Was bedeutete dieser Traum? Die Hyänen ernähren sich von Kadavern, genauso wie die Geier, doch da diese fliegen können, gehören sie dem Bereich der Luft, also der Welt der Gedanken an, während die Hyänen der physisch-körperlichen Welt angehören. In der Symbolsprache versinnbildlicht die Hyäne die Boshaftigkeit, sie wird jedoch auch verwendet, um eine machtvolle Einweihung, einen weiteren Schritt auf dem Weg zur Erleuchtung anzukündigen. MAN zeigte mir durch diesen Traum, dass ich fähig war, meine Angst zu meistern, da ich ein aggressives Tier streichelte. Damit gab MAN mir an, dass ich in der Lage war, dieser Art von Energie zu begegnen und dabei ruhig und liebevoll zu bleiben. Ein Symbol stellt eine Kraft dar, die sich sowohl positiv als auch negativ äußern kann.

Mehrere Wochen lang durchlebte ich eine Reihe äußerst intensiver Situationen. Ich fühlte mich erschöpft. Eines Nachts erhielt ich einen besonderen Traum. An jenem Abend rief ich wie jeden Abend vor dem Einschlafen einen Engel an und überließ mich dann den Himmlischen Mächten, indem ich sagte: „Dein Wille geschehe." Zu Beginn sagt man oft: „Ach, das ist wirklich nicht einfach, so durchgebeutelt zu werden. Wann wird das endlich aufhören?" Doch sollte man sich dies nicht wünschen, da all diese Turbulenzen in unserem Entwicklungsverlauf ihren Seinsgrund haben und die Einweihungsphase lange dauern kann. Bei manchen Personen können die Turbulenzen mehrere Leben hindurch andauern. Das hängt vom jeweiligen Entwicklungsprogramm ab. Man sollte keinerlei Erwartungen haben und einfach das akzeptieren, was das Leben einem jeden Tag anbietet.

In jener Nacht also erhielt ich einen Traum, dessen erster Teil sehr intensiv war. MAN *zeigte mir den Schatten eines Skorpions auf meiner Stirn. Danach ließ* MAN *mich eine Art Gaststätte oder Bar aufsuchen, in der sich nur Männer befanden.* Dadurch ließ MAN mich Energien sehen, die ein sehr niedriges Schwingungsniveau hatten und, da es sich um Männer handelte, bis auf die Handlungsebene und in den physischen Körper vordrangen.

Dann zeigte MAN mir verschiedene Szenen. Zunächst begegnete ich einem Vergewaltiger, über den ich nicht urteilte und vor dem ich weder Angst noch Abscheu hatte. Ich verhielt mich einfach nur weiterhin natürlich und hatte Mitgefühl mit ihm. Dann zeigte MAN mir einen drogensüchtigen Mann, dem gegenüber ich die gleiche Haltung beibehielt. Danach folgten ein Mann und eine Frau inmitten eines erotischen Geschlechtsverkehrs und auch da konnte ich zentriert und urteilsfrei bleiben und die Szene betrachten, ohne mit der Wimper zu zucken. Dann verließ ich die Gaststätte und stieg Treppen hinauf, die jedoch nirgendwohin führten, so als befände ich mich in einem Labyrinth. Irgendwann sah ich wie ein kleines Kind nach oben und sagte zu den Himmlischen Mächten: „Ich würde so gerne mein Zuhause wiederfinden." Das Haus versinnbildlicht unsere Himmlische Heimat, wo wir alle herkommen.

Dann nahm ich ganz intensiv meinen physischen Körper wahr. Ich hatte Schweißausbrüche und Juckreiz und ich zitterte am ganzen Körper. Es war so, als würde sich in mir eine Quelle reiner Energie inkarnieren. Die Empfindungen waren extrem stark und plötzlich hörte alles auf. Danach sah ich ein Foto von mir, das in der Vergangenheit aufgenommen worden war und auf dem noch Verführung zu sehen war. Eine Stimme sagte zu mir: „Damit ist es nun vorbei." Ich betrachtete das Foto liebevoll. Dann kam ein schöner Mann in einem weißen Kittel. Er war ein Geistiger Führer. Mehrere Menschen waren anwesend und dieser Mann horchte die Wirbelsäule und die Kundalini dieser Personen ab.

Er wandte sich freundlich an mich und sagte zu mir:
- Ich würde gerne Ihre Wirbelsäule abhorchen.
- Das ist nicht nötig, ich habe keine Probleme.
- Doch, bestand er, wirklich, ich würde gerne Ihre Wirbelsäule sehen.

Die Untersuchungen dieses Mannes kosteten sehr viel, doch ich spürte in meinem Innern, dass dies nichts mit Geld zu tun hatte, sondern symbolisierte, dass die untersuchte Person auf der Ebene der Energie im Hinblick auf ihre Bemühungen Rechenschaft ablegen musste. Schließlich erklärte ich mich einverstanden und er untersuchte mich kostenlos. Er ließ seine Hand über meine Wirbelsäule gleiten. Eine starke elektromagnetische Energie ging von seiner Hand aus. Danach untersuchte er meinen ganzen Körper. Dabei bemerkte ich eine sehr dichte Aura um meine Arme herum. Mein Energiekörper hatte sich verstärkt und verdichtet. Der Mann rief nach den anderen Personen und sagte zu diesen: „Das ist sehr, sehr selten. Sie hat einen höheren Widerstandspegel als ein Schwarzgurt und das hängt mit dem Rotwein zusammen."

Dieser Teil des Traums enthält mehrere wichtige Symbole. Der Schwarzgurt entspricht in den Kampfkünsten dem höchsten Grad der Meisterung. Auf die Spiritualität übertragen bedeutet dieses Symbol, dass der betreffende Mensch eine solche innere Kraft erworben hat, dass er das Böse nicht mehr zu bekämpfen braucht. MAN sagte mir, dass meine Kraft stärker war, als jene, die diesem Meistergrad in den Kampfkünsten entsprach und dass dies mit dem Rotwein zu tun hatte. Im Positiven und im Hinblick auf die Emotionen symbolisiert der Rotwein die Ekstase und die Fähigkeit, Freude zu empfinden und auszustrahlen und zwar bis hin zur Ebene der alltäglichen Handlungen, da die rote Farbe des Weines auf das erste Chakra hinweist. MAN gab mir an, dass meine innere Kraft in jenem Augenblick so stark war, dass dies meine Widerstandskraft dem Bösen gegenüber wesentlich erhöhte.

Dann sah mich der Geistige Führer an und sagte: „Herzliche Glückwünsche! Sie sind ein seltener Vogel." Danach kündigte Er mir an, dass ich den ersten Grad der Erleuchtung erreicht hatte, und die Zahl 49 erschien in großen roten Ziffern. Einige Sekunden später wurde sie durch die Zahl 50 ersetzt. Die 49 ist die Zahl des Engels der Erleuchtung und durch die rote Farbe teilte MAN mir mit, dass diese Energie bis in meinen physischen Körper vorgedrungen war. 50 ist die Zahl, die DANIEL trägt, der Engel der Redekunst und der Kommunikation, und ihr Auftauchen bedeutete, dass ich meine Erfahrungen den anderen Menschen mitteilen konnte.

Als ich aus diesem Traum aufwachte, stellte ich überrascht fest, dass ich mich in der Meditationsstellung des halben Lotus befand, obwohl ich ausgestreckt liegend eingeschlafen war. Ich fühlte mich innerlich ganz ruhig, sehr heiter und gelassen. Ich empfand keinerlei überschwängliche Freude, jedoch einen großen inneren Frieden. Im Laufe des Tages lebte ich normal weiter, aber die Erfahrung der Nacht ließ mich in tiefe Meditationen eintauchen und ich dachte sehr viel über diesen Traum nach.

Mit der Bemerkung „Sie sind ein seltener Vogel" kündigte mir der Geistige Führer an, dass ich die erste Stufe der Erleuchtung erreicht hatte. Die Vögel gehören dem Tierreich und dem Bereich der Luft an, sie versinnbildlichen also die Welt der Gedanken und zwar der instinktgesteuerten Gedanken. MAN kündigte mir folglich die Transzendierung meiner instinktgesteuerten Denkweisen und die Erleuchtung auf der Ebene der Gedanken an, die der ersten Etappe entspricht. Im Laufe des Tages sagte ich mir: „Also, ich werde weiterhin jeden Tag aufstehen und so weitermachen wie immer. Es wird weiterhin Regen und schönes Wetter geben. Ich werde weiterhin netten und weniger netten Menschen begegnen." Das Leben ging weiter und ich sprach den ganzen Tag mit niemandem über meinen Traum. Ich habe diesen Zustand der Verinnerlichung wirklich bewusst durchlebt. Es handelte sich um eine wesentliche Etappe. In den darauf folgenden Tagen setzten die hohen Spannungen wieder ein und der Einweihungsprozess ging weiter. Die Fortsetzung der inneren Spannungen hat zum Ziel, uns noch höhere Stufen erreichen zu lassen.

☉

Die Stufen der Erleuchtung

Um verstehen zu können, was vor sich geht, wenn ein Mensch die verschiedenen Stufen der Erleuchtung durchschreitet, wollen wir diese Etappen kurz überfliegen. Die vier Stufen sind leicht anhand der in den Träumen auftauchenden Symbole erkennbar.

Die erste Stufe der Erleuchtung betrifft die Ebene der Gedanken und gewährt uns den Zugang zur Welt der Ursachen, wodurch wir die Geschehnisse und Situationen vorwegnehmen können, noch bevor sie hier auf Erden in Erscheinung treten, denn wie wir nun wissen, steht alles geschrieben. Wenn auch diese erste Stufe der Erleuchtung die Welt der Gedanken betrifft, so berührt sie dennoch den ganzen Menschen, also auch seine emotionale und physische Dimension. Deshalb erschien in meinem Traum die Zahl 49 in rot, der Farbe, die die physisch-körperliche Ebene versinnbildlicht.

Was geschieht, wenn der Mensch die zweite Stufe der Erleuchtung, die das Herz betrifft, erreicht? Auf dieser Stufe wird der Mensch ein Heiliger oder eine Heilige, und zwar nicht in dem Sinne, in dem man das generell versteht, sondern im Sinne eines Menschen, der für alle Dinge, alle Tiere, alle Menschen Liebe und Mitgefühl empfindet. Welcher Art deren Verzerrungen auch sein mögen, sein Mitgefühl wird nicht schwinden.

Auf der dritten Stufe der Erleuchtung dringt die Göttliche Energie bis in den physischen Körper vor. Die Menschen, die diese Stufe erreicht haben, sind große Meister und hohe Eingeweihte. Sie haben große spirituelle Kräfte erlangt, die es ihnen ermöglichen, hier auf Erden zu materialisieren.

Die vierte Stufe der Erleuchtung ist schließlich jene, wo der Mensch die Göttlichen Gesetze universell anwendet, sich nicht mehr von den Göttlichen Prinzipien entfernt und den Willen Gottes sowohl hier auf Erden wie auch in den Parallelwelten verwirklicht.

Dahin führt uns der Weg der Kabbala und der Traditionellen Engellehre. Auf diesem Weg lernen wir, die beiden Welten – die Welt des Ur-Geistes und die Welt der Materie – zu vereinen. Hat man den Wunsch, eines Tages im Einklang mit den Kosmischen Gesetzen materialisieren zu können, so muss man gewillt sein, eine lange, umfassende Arbeit zu vollbringen. Man beginnt wieder am Nullpunkt, denn bisher hat man zwar mit einem gewissen Vertrauen gehandelt, doch dieses Vertrauen war eigentlich ein übermäßiges Selbstvertrauen, und plötzlich muss man die Dinge ganz anders angehen. Von diesem Augenblick an sind nicht mehr die Ergebnisse oder der Erfolg das Ausschlaggebende, sondern die Art und Weise, wie wir handeln und materialisieren sowie die innere Absicht, die unseren Gesten und Taten zugrunde liegt. All unsere Werke – unsere Kinder, unsere Worte und unsere materiellen Schöpfungen – werden dem Schöpfer zunehmend ähnlicher.

Wir wollen nun die Stellung des Engels 49 VEHUEL im Lebensbaum untersuchen. Das wird uns helfen, den Zusammenhang zwischen diesem Engel und der Erleuchtung zu erfassen. Da VEHUEL seine Residenz in der Sephira NETZACH hat, die dem Planeten Venus verbunden ist, gehört Er zu den Engeln, die die Venus-Merkmale aufzeigen: Zu diesen gehören u.a. die fühlbare Liebe und die glücklichen Lebenserfahrungen. Die Integrierung der Engelenergien, die die Venus-Qualitäten enthalten, ermöglicht dem Menschen in allem, was er unternimmt, Erfolg zu haben und all seine Träume und Bestrebungen zu verwirklichen, weil ihn die Himmlische Vorsehung schützt und begleitet.

Die negative Seite dieser Energie liegt im illusorischen Aspekt der großen Versuchungen. Deshalb ist es notwendig, dass der Mensch seine unbewussten Erinnerungen bereinigt hat, bevor Man ihm umfangreiche Mittel zur Verfügung stellt, da diese ansonsten seinen Fall bewirken würden, weil die Materie immer im Dienste des Schöpfers verwendet werden muss. Eines Tages wird der Mensch über alle Mittel und Ressourcen verfügen können. Doch solange die Arbeit der Bereinigung nicht abgeschlossen ist, ist es für den Menschen besser, mit Beschränkungen zu leben, da er sich ansonsten zusätzliche karmische Schulden schaffen würde, für deren Berichtigung er Tausende von Leben bräuchte.

Sobald man das verstanden hat, hört man auf, dem materiellen Erfolg nachzujagen. Es kann sogar vorkommen, dass der Mensch diesen ablehnt, da er Angst davor bekommen hat und dies ihn veranlasst, der Materie zu entfliehen. Darin besteht im Übrigen eine der Verzerrungen dieser Engelenergie, die man bei Menschen auf dem Weg der spirituellen Entwicklung häufig antrifft. Diese Menschen haben in früheren Leben im Rahmen ihres Experimentierens mit der Materie Fehler begangen und wollen nun deren Wiederholung vermeiden, folglich flösst ihnen die materielle Macht Angst ein. Wenn man vor einer Sache Angst hat, muss man sich dieser Sache und der Angst stellen, um den entsprechenden Teil im eigenen Wesen meistern zu lernen.

Der Venus-Charakter des Engels 49 Vehuel vermittelt Entzückung, Freude, Sanftmut, Raffinesse sowie einen Sinn für die Ästhetik und Schönheit. Jeder Mensch sucht nach Schönheit – denn Gott ist Schönheit –, doch wenn er die Schönheit nicht in seinem Innern finden kann, neigt er dazu, sie sich vorwiegend in der Außenwelt zu suchen und beschaffen zu wollen. Eines Tages wird der Mensch in seiner Entwicklung so weit gekommen sein, dass er beides wiederfindet: sowohl die Schönheit in seinem Innern als auch die Schönheit in der äußeren Form. Doch um das zu erreichen, müssen wir zunächst vor allen Dingen an unserer inneren Schönheit arbeiten. Wir müssen zuerst innerlich eine schöne *Kleidung* anlegen und diese wird dann in unserer äußeren Erscheinung in Form einer großen, schönen Schlichtheit sichtbar werden.

Wie äußert sich nun der Engel Vehuel in diesem durch die Venus-Merkmale gekennzeichneten Umfeld oder Land? Seine Besonderheiten kommen im oberen Teil des Lebensbaums zum Ausdruck, und zwar in der Sephira HOCHMAH. In dieser Lebenssphäre haben die Cherubim ihren Wohnsitz, also jene Engel, die sehr hohe, von der Göttlichen Liebe und Weisheit durchtränkte Bewusstseinsebenen darstellen. Auf dieser Ebene haben wir es wirklich mit der bedingungslosen, universellen Liebe zu tun. Das astrologische Symbol, das dieser Sephira zugeordnet ist, ist der Planet Uranus, dessen Energie jegliche Verzerrung auflösen kann. Die Uranus-Energie befreit von allem Bösen, von all dem, was nicht durch den Altruismus geprägt ist. Sobald einer Handlung – so großzügig und uneigennützig sie auch scheinen mag – das Bedürfnis nach Anerkennung und Liebe oder der Wunsch nach Privilegien und materiellen Gütern zugrunde liegt, zeigen uns die Himmlischen Mächte sogleich: „Das ist nicht altruistisch, das tust du für dich selbst."

Die *Scheinheiligkeit* ist eine weitere Verzerrung dieser Engelessenz. Während man durch die Arbeit mit den Engeln schrittweise die verschiedenen Etappen auf dem Weg zur Erleuchtung zurücklegt, muss man nach und nach alle Masken fallen lassen. Die Scheinheiligkeit besteht darin, dass man sich den Anschein von Qualitäten gibt, die man eigentlich nicht hat. Man ist also künstlich. In diesen Fällen lassen einen die Himmlischen Mächte sehr klar erkennen, was alles am eigenen Sein falsch ist.

Wenn wir den Lebensbaum betrachten, sehen wir, dass sowohl das Domizil als auch die Besonderheit des Engels 49 VEHUEL auf der rechten Säule liegen, die den Tag versinnbildlicht, folglich kommt in der Manifestierung dieses Engels die Verherrlichung des Göttlichen zum Ausdruck. Deshalb verspüren wir, wenn wir diese hohen Ebenen erreicht haben und es uns nach der Verherrlichung des Göttlichen drängt, eine mystische Trunkenheit. Doch bevor wir soweit sind, zeigt MAN uns, sobald wir diesen Engel anrufen, jene Teile in uns, die noch nicht die Göttliche Liebe integriert haben: „Sieh mal, das ist es noch bei weitem nicht, das ist noch viel zu persönlich und egoistisch."

Wir wollen nun die Hauptqualitäten dieses Engels betrachten. *Gefühle der Brüderlichkeit, humanitäre Hilfe, Erhebung zu Größe und Weisheit, Erleuchtung, berührt die großen Persönlichkeiten.* Dabei handelt es sich um die großen Persönlichkeiten, die wir in unserem eigenen Innern wiederfinden müssen. *Befreit vom Einfluss der instinkthaften Begierden und Wünsche.* Durch den Venus-Charakter dieses Engels kann MAN unsere Aufmerksamkeit auf die Gefahr eines

Absturzes in die Leidenschaft als Folge der ungemeisterten Instinkte lenken. MAN wird uns in unseren Träumen Tiere zeigen, um uns zu veranlassen, die instinktgesteuerten Teile unseres Wesens, die unsere Fähigkeit zu lieben auf ein niedriges Niveau beschränken, zu bereinigen.

Unter den Verzerrungen dieser Engelenergie finden wir: *Flucht und Angst vor der Materie.* Da VEHUEL in uns eine große Ergebenheit wachruft und zu unserer Erhebung durch den Dienst an unseren Mitmenschen führt, hat dies ganz automatisch zur Folge, dass wir der Materie nicht zu entfliehen suchen, sondern in ihr aktiv werden, ohne uns jedoch an sie zu binden. Das Ziel der verschiedenen Stufen der Erleuchtung besteht ja gerade in der Entwicklung unserer Fähigkeit, in der Materie tätig zu sein, ohne von ihr in Besitz oder gefangen genommen zu werden. Man erkennt und vergisst nie wieder, dass die Materie eine erzieherische Rolle spielt und lediglich ein Resultat darstellt und dass alles immer von Oben kommt, den Kopf, das Herz und den Körper durchquert, um schließlich in der Materie zum Ausdruck zu gelangen. Eines Tages werden wir diese Tatsache nicht mehr vergessen und uns dann auch nicht mehr in der Materie verlieren. Wir werden völlig losgelöst von ihr sein und uns dennoch in ihr wohl fühlen können.

Ich möchte Ihnen mehrere Erlebnisberichte mitteilen, wobei einige davon durch Traumschilderungen ergänzt sind. Wir sahen, dass der Berg ein wichtiges Symbol der spirituellen Erhebung gegenüber der Materie darstellt. Eine Frau, die bereits seit mehreren Monaten die Vorträge zur Traditionellen Engellehre besuchte, berichtete mir einen ihrer Träume, den sie drei Jahre zuvor erhalten und der sie tief beeindruckt hatte. *Sie stieg in einer spiralenförmigen Bewegung einen Berg hoch und mitten im Aufstieg fühlte sie sich außer Atem und demotiviert. Plötzlich hörte sie eine Stimme, die ermutigend zu ihr sagte: „Steig weiter hinauf!" Sie begann zu laufen und gelangte schnell auf den Gipfel. Da war sie wirklich sehr beeindruckt: Sie sah eine Brücke, die sich vom Gipfel ins Unendliche erstreckte und keine gewöhnliche Brücke war. Sie war mit Diamanten und anderen Edelsteinen besetzt. Da hörte sie sich sagen: „Der Aufstieg lohnte sich wirklich."*

Diese Frau ist eine Eingeweihte und durch diesen Traum kündigte MAN ihr an, dass sie eine Erhebung erleben würde, die Übergänge enthielt. Wie bereits erwähnt, versinnbildlichen Brücken

Übergänge zu neuen Bewusstseinszuständen. Die Edelsteine symbolisieren ihrerseits hohe Ebenen eines reinen Bewusstseins. MAN kündigte ihr also den Übergang zu sehr hohen Bewusstseinsebenen an.

Die Frau vertraute mir an, dass sie tatsächlich das Gefühl hatte, sich in einer Übergangsphase zu befinden. Sie hatte ihre spirituelle Entwicklung mit anderen Philosophien und Methoden zurückgelegt und war auf diesem Weg irgendwann außer Atem geraten, doch die Vorträge über die Traditionelle Engellehre sprachen sie sehr stark an. Diese Frau träumt auch sehr viel.

Sie sagte zu mir: „Ich bin so weit, dass ich Lust habe, meine berufliche Ausrichtung zu ändern. Ich arbeite als Buchhalterin, doch ich habe wirklich keine Lust mehr, weiter in diesem Beruf zu bleiben. Ich würde gerne den Bereich der Gesundheit angehen und habe die Himmlischen Mächte deshalb gefragt, ob es richtig wäre, mich diesem Bereich zuzuwenden."

SIE haben ihr mit folgendem Traum geantwortet. *Sie stieg in das zweite Stockwerk hoch und befand sich vor einer verschlossenen Tür. Sie versuchte sie zu öffnen, doch es gelang ihr nicht. Da sagte sie sich: „Wenn ich stärker drücke, wird sie sich öffnen." Da drückte sie ganz stark und die Tür knallte gegen die Wand. Dann sah sie einen Chirurgen, der dabei war, zwei Kinder zu operieren. Er entfernte ihre Leber. Und sie sah auch eine kleine herabhängende Hand. Da sagte sie sich: „Hier geht etwas vor, das nicht richtig, nicht gerecht ist."*

Was wollte MAN ihr durch diesen Traum bedeuten? Der Aufstieg in das zweite Stockwerk versinnbildlicht den Zutritt zur Welt der Ursachen. MAN sagte ihr nicht einfach: „Es ist richtig, dich dem Bereich der Gesundheit zuzuwenden" oder „Es ist richtig, Buchhalterin zu bleiben". MAN ging der Sache auf den Grund und zeigte ihr, warum sie sich zum Gebiet der Gesundheit hingezogen fühlte.

In diesem Bereich ist man auf der Suche nach Heilung. MAN wollte ihr folglich zwei Aspekte ihres Seins zeigen, die der Heilung bedurften. Wie man es leicht an ihrer Art, die Tür gewaltsam zu öffnen, erraten kann, betrifft der erste Aspekt ihre Tendenz, die Dinge erzwingen zu wollen. Dazu bemerkte ich: „Du drängst zu sehr. Du erzwingst die Dinge und wartest den richtigen Augenblick nicht ab. Das hat einen Mangel an Synchronismus zur Folge. Das ist etwas, was du heilen musst." Der zweite Aspekt ergibt sich aus der Analyse der

Symbole, die der zweite Teil des Traumes enthielt. Ein Mann entfernte die Leber zweier Kinder. Das bedeutet, dass gewisse Teile ihres Wesens am Tag – da die Handlung von einem Mann durchgeführt wurde – ihren Giftfilter entfernten, d.h. sie ihrer alchemistischen Macht beraubten, was der Grund für ihre Atemlosigkeit und ihre mangelnde Motivation war. Diese beiden Probleme waren bereits drei Jahre zuvor in ihrem Traum mit der Bergbesteigung und der edelsteinbesetzten Brücke aufgetaucht und stellten sich seither ständig als Störfaktoren ein. Auch diese Teile ihres Seins musste sie heilen.

Ich riet ihr: „Begnüge dich im Augenblick damit, an dir selbst zu arbeiten, denn ein weiser Spruch besagt, dass man sich im Zweifelsfall enthalten solle. Wenn die Zeit für eine berufliche Neuorientierung gekommen sein wird, werden Sie es dich wissen lassen. Im Augenblick haben Sie dir gezeigt, was du in dir heilen musst, und darin besteht deine Aufgabe. Wenn du an deiner inneren Verwandlung arbeitest, wirst du die Folgen zu sehen bekommen: Entsprechende Veränderungen werden sich auch in der Außenwelt einstellen, das ist absolut gewiss. Doch man muss zunächst vor allen Dingen im eigenen Innern arbeiten."

Dieses Beispiel veranlasst mich zu erwähnen, dass wir auf dem Weg der spirituellen Entwicklung irgendwann den Punkt erreichen, wo uns gewisse Tätigkeiten, die uns nicht spirituell genug erscheinen, abstoßen können. Wenn man wie diese Frau in der Buchhaltung arbeitet, so bedeutet dies – auf das Innenleben übertragen –, dass man lernen muss, seine Energien richtig zu verwalten und nicht durch ein übermäßiges Verhalten zu verschwenden. Genau dem entspricht die Arbeit eines Buchhalters.

Falls uns die Arbeit, die wir in der Außenwelt leisten, stört und wir gerne etwas anderes tun würden, ohne die dazu erforderliche Arbeit in unserem Innern durchzuführen, so bedeutet dies, dass wir versuchen, Etappen zu überspringen. Sobald uns etwas stört, sollten wir innehalten und uns sagen: „Wenn mich das stört, dann heißt das, dass MAN mich auf etwas aufmerksam machen will. Ich kann die hohen Bewusstseinsebenen nicht erreichen, wenn ich diese Etappe überspringe, wenn mir dieses Teilstück fehlt. Deshalb bin ich froh, dass Sie mich darauf hinweisen. Ich befinde mich in einer Schule und die Arbeit, die ich im Augenblick mache, stellt einen Lehrgang dar."

Manche Familienmütter flüchten sich in Ausreden wie: „Ach, ich habe die Kinder und die kosten mich viel Energie. Ich kann mich nicht zurückziehen und meditieren, denn dazu habe ich keine Zeit mehr." Manche Menschen haben einfach nur noch Lust zu fliehen und nach der Erleuchtung zu suchen, ohne ihre Verantwortungen erfüllen zu müssen. Wenn man jedoch Kinder hat, so ist das kein Zufall, sondern hat einen ganz bestimmten Grund. Kinder aufzuziehen ist eine Arbeit, die uns erheben und der Erleuchtung näher bringen kann. Der Engel VEHUEL hilft uns, sowohl konkret unsere Kinder aufzuziehen, als auch das Schwingungsniveau all unserer Werke zu erheben.

Die Elternrolle ist eine erhabene Rolle, die eine wunderbare Erhebung gestattet. Unsere Tochter Kasara und mein erwachsener Sohn waren und sind für mich Quellen, aus denen mir wundervolle Lehren zufließen. So erhebt man sich denn und hört auf zu sagen: „Ich habe nicht genügend Zeit, um dieses oder jenes zu machen. Ich kann es mir nicht erlauben, mich zurückzuziehen." Stattdessen sagt man sich: „Mein Kind lehrt mich und hilft mir, mich zu erheben. Und ich lerne so unendlich viel, indem ich ihm meinerseits helfe, sich zu erheben, indem ich mich ihm gegenüber richtig und gerecht verhalte und seinen Rhythmus respektiere sowie das Niveau, auf dem es angelangt ist und auf dem es zu lernen hat." Wenn man so verfährt, erzieht und erhebt man auch seine eigenen inneren Kinder und erlernt die Anwendung der bedingungslosen Liebe und Weisheit.

Nun zur Geschichte einer Frau, die ganz intensiv mit den Engeln arbeitet und von heftigen Einweihungsprozessen durchgerüttelt wird. Sie lebt mit ihrem Mann, einem Kleinkind und zwei Jugendlichen aus erster Ehe. Die Jugendzeit an sich ist bekannterweise schon keine einfache Phase, doch wenn sich die Jugendlichen dazu auch noch in den Rahmen einer zweiten ehelichen Beziehung einfügen müssen, reagieren sie oft überempfindlich und man muss sehr diplomatisch mit ihnen umgehen. Diese Frau hatte es also nicht leicht. Im Verlauf ihrer Einweihungen erwachte sie manchmal nachts aus Alpträumen auf und natürlich war der darauf folgende Tag dann nicht einfach für sie. Eines Tages war sie sehr müde und sagte zu mir: „An mich denkt keiner." Da sah ich sie an und sagte zu ihr: „Ich verstehe dich. Ich weiß, dass es nicht einfach ist. Doch das ist dein Weg. Vergiss nicht, dass du eine Eingeweihte bist. Ein Eingeweihter ist ein Mensch, der seine Verbindung zu den höheren, unsichtbaren Welten wiedergefunden hat und sich der zahlreichen Geistigen Führer und Kosmischen Intelligenzen bewusst ist, die mit sehr viel Liebe ständig an uns denken und sich voller Ergebenheit unserer Entwicklung widmen. Wenn man das weiß, dann möchte man auch an Sie denken." Mit diesen Worten hatte ich einen wichtigen Punkt berührt und ihre Augen begannen zu leuchten. Ich hatte ihr eine Facette aufgezeigt, die ihr helfen würde, weiterzumachen.

In der Engellehre – mit der uns ein wertvoller Schatz angeboten wird – verwendet man alle Lebenssituationen und hört auf, sich zurückziehen zu wollen. Man sagt sich nicht mehr: „Ach, ich würde so gerne etwas anderes tun. Ich könnte mich so viel leichter erheben, wenn meine Situation eine andere wäre." Nein! Jede durchlebte Situation ist die jeweils beste für uns. Sie ist ideal, da Man sie für uns nach Maß geschneidert hat. Sie wurde uns von der Kosmischen Intelligenz gesandt, die absolut alles über uns weiß. Wenn wir uns diese Denkweise zu eigen machen, werden wir eines Tages keinerlei Rebellion mehr verspüren, sondern in der Lage sein, ähnlich wie ein Kind zu leben, mit dem Unterschied, dass wir in all unseren Zellen den Sinn und die Nützlichkeit der Übergänge verstehen können.

Hier ein weiterer Erlebnisbericht, der den Berg und die Erhebung berührt. Eine Frau, die mit den Engeln arbeitet, berichtete uns, was ihre Nachbarin erlebt hatte. Diese Frau hatte mit verschiedenen Philosophien und Methoden an ihrer spirituellen Entwicklung gearbeitet, doch nichts gefunden, was ihr wirklich zusagte, und sich deshalb nicht richtig engagiert. Sie hatte keine Kinder und verspürte in sich eine Leere, die sie ausfüllen wollte, und so richtete sie eine Bitte an den Himmel. Eines Tages stieg sie auf einen Berg, auf dem sich eine kleine Kapelle befand, hielt Einkehr, betete zu Gott und bot sich Ihm an: „Gib mir bitte eine Mission."

Einige Wochen später erlitt ihr Mann einen Schlaganfall, durch den eine Seite seines Körpers gelähmt wurde. Die Ärzte wussten noch nicht, ob er die verlorenen Funktionen wiedererlangen würde, doch musste auf jeden Fall als Erstes eine lange Periode der Rehabilitation ins Auge gefasst werden. Da erinnerte sich die Frau an ihre Bitte und ihr wurde bewusst, dass sie ihre Mission erhalten hatte. Natürlich hatte sie nicht im Geringsten eine derartige Mission erwartet. Sie musste sich nicht nur um ihren Mann kümmern, sondern auch um ihre Finanzen. Sie hatte vorher keinerlei finanzielle oder materielle Probleme gekannt. Ihr Mann war selbständiger Unternehmer und hatte sich vor seinem Schlaganfall um alles gekümmert. Die Geschäfte liefen gut. Doch nun fiel die gesamte Verantwortung der Frau zu und das Geld hörte plötzlich auf, die Tresore zu füllen. Da ergriff eine große finanzielle Unsicherheit von ihr Besitz. Ihre innere Leere war nun ausgefüllt durch große Sorgen.

Es ist wichtig zu verstehen, dass die Himmlischen Mächte die Bitten und Fragen, die wir an SIE richten, im Hinblick auf unser Entwicklungsprogramm analysieren und nicht im Hinblick darauf, wie SIE uns das Leben erleichtern könnten. Es kann sogar sein, dass sich, wie im erwähnten Fall, Prüfungen einstellen.

Man könnte mich fragen: „Doch warum muss man Prüfungen durchleben?" Wie wir sahen, bergen wir in unserem Innern eine ganze Menge Erinnerungen, die negative Elemente, karmische Lasten und Fehltaten beinhalten. Die Gesamtheit dieser negativen Elemente hat zur Folge, dass unser positives Potenzial nicht vollständig zum Ausdruck kommen kann. Das ist vergleichbar mit einem Apfel, dessen eine Hälfte gut und dessen andere Hälfte faul ist. Wenn man nichts unternimmt, wird die Fäule auf die gute Hälfte übergreifen und sogar andere Äpfel, die mit ihr in Berührung kommen, anstecken. Die Geistigen Führer sind große Pädagogen. SIE lassen uns die gute, saftige Hälfte des Apfels kosten – oder anders gesagt, SIE lassen uns Zustände des Wohlseins erfahren –, um uns vorzubereiten, danach sagen SIE uns: „Und nun reinige die faulen Teile in deinem Innern." Ohne eine solche Vorbereitung würde uns das Ausmaß der Aufgabe niederschmettern. MAN setzt uns allen möglichen Prüfungen aus und lässt uns in Bereiche unseres Unbewusstseins hinabsteigen, um diese zu bereinigen, damit uns eines Tages nichts mehr stören kann.

Die vier folgenden Berichte betreffen alle die Erhebung und enthalten jeweils eines oder mehrere der vier Elemente. Der erste Bericht bezieht sich auf das Element Luft, also die Welt der Gedanken. Der zweite auf das Element Wasser, also die Welt der Emotionen; der dritte betrifft die Leidenschaft, also eine Mischung aus Wasser und Erde, und der vierte bezieht sich auf die physische Ebene, genauer gesagt die Behinderungen, also das Element Erde.

Wir sahen, dass die Scheinheiligkeit zu den Verzerrungen der Engelenergie VEHUEL gehört. Wir werden sehen, dass dieser erste Erleb-

nisbericht ein Symbol der Scheinheiligkeit enthält. Ich möchte Ihnen zunächst kurz etwas zur betreffenden Person sagen. Es handelt sich um eine Frau, die hin und wieder an den Vorträgen über die Engellehre teilnimmt. Eines Tages berichtete mir eine ihrer Freundinnen, die die Vorträge regelmäßig besucht:
- Ich sage ihr oft: „Komm doch mit! Und mach die Engel-Rezitier-Übung."
- Das solltest du nicht tun, erwiderte ich darauf. Du siehst ja, dass ihre Seele sich angesprochen fühlt, doch du musst ihren Rhythmus respektieren. Wenn man einem anderen Menschen helfen will, sollte man nicht zu viel des Guten tun und ständig wiederholen: „Na, komm doch!" oder „Na, mach doch!" Respektier ihren Rhythmus und warte, bis sie auf dich zukommt.

Von den Menschen, die mit der Engellehre in Kontakt gebracht werden, kommen dank ihr die einen einen einzigen Schritt, die anderen zehn Schritte weiter. Mein Mann und ich werden diesbezüglich immer durch unsere Träume in Kenntnis gesetzt. Wir sehen neue Menschen ankommen und MAN zeigt uns: „Diese Person wird durch die Berührung mit der Engellehre einen Schritt nach vorne tun, doch damit nicht weitermachen, und jene wird unbeirrt auf dem Weg, der zur Erleuchtung führt, voranschreiten." Das ändert nichts an unserer Einstellung den Menschen gegenüber. Wir lassen sie alle ihre jeweilige Etappe durchlaufen. Das ist es auch, was man tun muss, will man es den großen Kosmischen Intelligenzen gleichtun. Dabei entwickelt man die hohen Stufen des Mitgefühls und der Liebe, lernt urteilsfrei sein, behandelt alle Menschen gleich und respektiert das Entwicklungsniveau jedes Einzelnen, ohne dem einen mehr oder weniger Wert beizumessen als dem anderen. Dabei muss man sich natürlich sprachlich an die jeweilige Person anpassen.

Eines Tages begegnete ich dieser Frau, die nur gelegentlich an den Vorträgen über die Engellehre teilnimmt, auf der Straße und sie teilte mir ihre Ratlosigkeit mit. Ihr Ehemann arbeitet im Flugverkehr – wir werden also unter anderem die Welt der Luft und der Gedanken berühren. Die Frau erwähnte, dass ihr Mann sie aufgefordert hatte, sich eine Beschäftigung zu suchen. Da sie auf der materiellen Ebene alles hat, was sie braucht, verbringt sie den größten Teil ihrer Zeit im Internet. Das gefiel ihrem Mann nicht und so hatte er sehr diplomatisch bemerkt: „Ich denke, eine kleine Beschäftigung könnte dir guttun."

Diese Frau ist von Katzen besessen. Die Katze ist ein wichtiges Symbol, das häufig in den Träumen jener Personen auftaucht, die ihr Leben mit diesem Tier teilen. Die Katze hat eine weibliche Polarität, stellt also den weiblichen Aspekt des Menschen und folglich die Rezeptivität dar. Bei den alten Ägyptern wurde die Katze als Symbol verehrt, während man sie in anderen Kulturkreisen als ein negatives Element ansah. Warum war das so? An der Oberfläche der Erde verlaufen elektromagnetische Strahlungen, die man Erdstrahlen nennt und die die alten Ägypter kannten. Die Erdstrahlen bilden die Form eines Gitternetzes, an dessen Kreuzungspunkten die Energiefrequenzen besonders niedrig sind. Die Katzen halten sich sehr gerne an diesen Kreuzungspunkten auf. Das bedeutet, dass dieses Tier die Fähigkeit besitzt, das Negative zu verwandeln.

Unser Verhalten den Katzen gegenüber enthüllt sehr viele Dinge über uns. Ein Mensch, der die Energie der Katze transzendiert hat, versteht die Rezeptivität gegenüber den negativen Kräften und hat ein gutes Verständnis der weiblichen, rezeptiven Polarität erworben. Die Transzendenz der Katzenenergie bedeutet auch, dass man generell im Hinblick auf die Grundbedürfnisse eine größere Unabhängigkeit erworben hat. Die Katze stellt also ein wichtiges Symbol dar, doch sie hat auch ihre negative Seite: Sie kann scheinheilig und heimtückisch sein, hinterhältig auf der Lauer liegen, bis sich die Gelegenheit bietet, sich auf ihre Beute zu stürzen, wobei sie ganz unschuldig tut, während sie ihren Plan schmiedet. Dieser Aspekt der Katze versinnbildlicht eine übermäßige Unabhängigkeit.

Wenn ich dieser Frau begegne, spricht sie unweigerlich von Katzen. Sie kümmert sich um ungefähr dreißig Katzen, die sie bei sich ernährt – es ist eine wahre Leidenschaft. Das ist unvorstellbar. Sie arbeitet sogar als freiwillige Helferin in einem Tierheim, das 200 Katzen beherbergt.

Ihre Freundin, die regelmäßig in die Engelvorträge kommt, sagte zu mir:
- Sie geht mir mit ihren Katzen auf die Nerven. Das ergibt doch keinen Sinn. Sie täte besser daran, die Engel anzurufen.
- Sie schwingt mit den Katzen im Einklang, mit ihrer Dualität, erwiderte ich darauf. Sie stellen einen Teil ihrer inneren Welt dar und indem sie sich um die Katzen kümmert, kümmert sie sich eigent-

lich um den entsprechenden Teil ihrer inneren Tierwelt. Sie hat noch nicht die Stufe der Engel erreicht. Das musst du respektieren und sie so lieben, wie sie ist. Eines Tages wird sie sich ändern. Doch das ist nicht deine Angelegenheit. Die Tatsache, dass dich das stört, zeigt, dass die noch nicht transzendierte tierhafte Seite im Wesen deiner Freundin auch einen Teil deines Selbst widerspiegelt.

Als ich der Frau mit den Katzen auf der Straße begegnete, sagte sie zu mir:
- Ich bin ratlos und entmutigt. Mein Mann hat eine Arbeitsstelle für mich gefunden, beim Empfang in einem Immobilienbüro, und ich habe keine Lust, das zu tun.
- Weißt du, Empfangsdame sein bedeutet rezeptiv sein und empfangen können. Wenn du diese Stelle annimmst, kannst du an deiner Rezeptivität den Menschen gegenüber arbeiten. Alles, was du hier unten (auf der materiellen Ebene) tust, wird gleichzeitig zur Entwicklung deiner höheren, spirituellen Natur beitragen. Du weißt sehr wohl – darüber sprachen wir bereits –, dass du zu emissiv bist. Und nun bietet MAN dir diese Stelle an, damit du an deiner Rezeptivität arbeiten kannst.
- Schon, sagte sie, doch ich würde lieber in einem spirituellen Bereich arbeiten, z.B. in einer esoterischen Buchhandlung. Ich hatte mich schon einmal einige Monate lang um eine esoterische Buchhandlung gekümmert und diesen Posten dann verlassen müssen, doch ich würde gerne in dieses Milieu zurückkehren.
- Doch MAN bietet dir im Augenblick etwas anderes an, erwiderte ich. Weißt du, eine esoterische Buchhandlung kann etwas Gutes sein, doch sie kann auch eine extrem große Falle für das spirituelle Ego darstellen. In einer solchen Buchhandlung findet man eine Menge Bücher, deren Inhalt nicht immer richtig ist. Manche dieser Bücher verbreiten falsche Ideen, und wenn sie auch ihre Rolle zu spielen haben, so bleibt doch die Tatsache bestehen, dass du ihren Inhalt gutheißt, wenn du ihrem Verkauf dienst. Indem du zu ihrer Verbreitung beiträgst, lädst du dir auf der Ebene deines Bewusstseins eine Verantwortung auf. Und diese ist nicht geringfügig, da es sich um Bücher handelt, die mit der Spiritualität zu tun haben. Natürlich haben die Kunden, die diese Bücher kaufen, Resonanzen mit deren Inhalt, denn es gibt keinen Zufall. Wenn man jedoch dazu beiträgt, die Menschen irrezuführen und sich dessen auch noch bewusst ist, dann schafft man sich karmische Schul-

den. Handelt man aus Unkenntnis, so hat man selbst daraus noch etwas zu lernen. Sobald man jedoch Bescheid weiß, ist man nicht mehr bereit, dies zu tun, weil man sich keine weiteren karmischen Lasten aufladen will.

Ich sah, dass sie dies nachdenklich stimmte, und fügte hinzu: „Ich weiß, dass du hohe spirituelle Ebenen anstrebst. Warum akzeptierst du nicht diesen Posten, der sich dir anbietet? Du könntest dabei das Empfangen lernen – das Empfangen des wahren Wissens und der wahren Erkenntnis – und an der Entwicklung der Göttlichen Qualitäten arbeiten. Dass du danach strebst, zeigt schon die Tatsache, dass du gerne in einer esoterischen Buchhandlung arbeiten würdest. Mach dich also bereit, Wissen und Erkenntnis von innen, direkt von der Urquelle zu erhalten."

Ganz zufrieden sagte sie darauf: „Ich werde die Stelle annehmen." Das machte Sinn für sie. Dann fuhr sie fort: „Bevor ich gehe, muss ich dir noch etwas erzählen. Ich hatte eine ganz schöne Katze. Sie hatte weiße Pfoten und der Rest war ganz schwarz – schwarz und weiß, Yin und Yang, das Gute und das Böse – und ich musste diese Katze zu einer Person in Florida bringen, mit der ich schon seit langem über Internet Kontakt habe. Da mein Mann bei einer Fluggesellschaft arbeitet, kann ich kostenlos fliegen. Ich machte also die Reise – von der Provinz Quebec nach Florida –, um ihr die Katze zu überbringen. Doch ich war so unglücklich! Stell dir vor, was mir passierte. Ich begegnete der Direktorin der Fluggesellschaft, die ich über meinen Mann kenne, und sie sagte zu mir: ‚Komm doch in die erste Klasse, um mir während der Reise Gesellschaft zu leisten.' Ich befand mich also in der ersten Klasse und mein kleines Kätzchen war irgendwo im Gepäckraum." Das hatte sie äußerst traurig gestimmt.

Ein Mensch mit einem gewöhnlichen Bewusstsein würde dazu wohl sagen: „Nun übertreibt sie aber ordentlich." Doch dieser Bericht hatte eine wichtige symbolische Bedeutung für die Frau, wenn sie sich dessen auch nicht bewusst war. Das Flugzeug versinnbildlichte die Gedankenwelt dieser Frau und die Katze ihre instinktgesteuerte Seite, ihre innere Tierwelt. In früheren Leben hatte diese Frau bereits hohe Ebenen des Verständnisses erreicht und davon falschen Gebrauch gemacht, was eine Verschiebung zwischen ihren Gedanken und ihren Instinkten bewirkt hatte. In ihrem jetzigen Leben strebt ein Teil ihres Selbst nach hohen spirituellen Ebenen, doch ihre Instinkte – durch die Katze symbolisiert – befinden sich im Gepäckraum des Flugzeugs. Aufgrund dieser Verschiebung fühlt sich die Frau zerstückelt. Auf der negativen Seite symbolisiert die Katze auch die Dualität. Aus diesen Gründen ist bei dieser Frau eine schrittweise Entwicklung angesagt. Sie muss zuerst den instinktgesteuerten Teil ihres Wesens bereinigen – ihren Gepäckraum –, bevor sie die höheren Bewusstseinsebenen erreichen kann.

Sie sehen also, wenn wir einem Menschen wirklich zuhören, dann spricht alles zu uns. Dann treten wir in die symbolische Bedeutung ein, hören voller Liebe und Mitgefühl zu und der andere fühlt sich verstanden. Manche Menschen hätten in diesem Fall mit einem „Wie ist sie doch lächerlich mit ihrer Katzengeschichte" reagieren können und die Frau hätte sich unverstanden gefühlt. Begegnet man ihr jedoch mit Mitgefühl und Liebe, dann spürt sie, dass man sie nicht kritisiert und auch nicht über sie urteilt, wenn sie ihre Erlebnisse erzählt. Ihre Geschichte war bedeutungsvoll, denn sie enthüllte tief liegende Erinnerungen.

Der folgende Erlebnisbericht berührt die Welt des Wassers und lässt sehr gut erkennen, wie wichtig die Bereinigung unserer Emotionen ist, damit wir die anderen Menschen richtig einordnen und richtige Diagnosen über sie stellen können. So vermeidet man es, sie irrezuführen oder ihre Entwicklung erzwingen zu wollen.

Eine Frau suchte mich ganz erfreut auf, da sie überzeugt war, dass ihr Sohn – ein großer, junger Mann – den Weg der spirituellen Entwicklung gehen würde. Dieser junge Mann hatte einen Traum erhalten, in dem er einem Weisen begegnet war, und nach Ansicht der Frau bedeutete dies, dass es nun so weit war und dies für ihren Sohn den Beginn seiner spirituellen Entwicklung ankündigte. Doch das war nicht der Fall. Diese Frau arbeitet an sich, ihr Ehemann jedoch will von der Spiritualität nichts wissen. Und ihr Sohn hatte die gleiche Tangente genommen wie der Vater; auch er ist eher an der Materie interessiert. Er mag Hochleistungssport und hat beschlossen seine sportlichen Fähigkeiten zu entwickeln. Das passt der Mutter nicht ganz, die dazu neigt, das Schicksal der anderen forcieren zu wollen.

Sie erzählte mir den Traum ihres Sohnes. *Es war Nacht. Er befand sich in einer Schneelandschaft und war dabei, einen Marathon um ein Haus zu laufen. Im Untergeschoss des Hauses befand sich ein benachbartes Paar, das er bewundert.* Die Frau erklärte mir, dass diese Nachbarn für ihren Sohn das ideale Paar darstellten. Sie leben schon seit mehreren Jahren zusammen, haben Kinder und eine schöne Familie. Ihr Sohn bewundert am Nachbarn am meisten seinen materiellen Erfolg. Er ist Chef eines Unternehmens und betreibt Leistungssport.

Doch nun zurück zum Traum. Danach befand er sich in ganz tiefen Gewässern, wo auch ein Weiser mit weißen Haaren und einem weißen Bart war, der ihm half, sich zu erheben und an die Wasseroberfläche aufzusteigen. Er machte seinen Aufstieg aus den dunklen Tiefen dem Licht entgegen und je höher er kam, umso besser konnte er die Sonnenstrahlen sehen, die in das Wasser eindrangen. Danach sah er seinen rechten Arm, den etwas behinderte. Zuerst wusste er nicht, was diese Behinderung hervorrief, doch irgendwann sah er, dass es eine Spinne war und diese sprang ihm an die Kehle.

Es ist wichtig, daraus nicht zu schlussfolgern, der junge Mann werde bald die Erleuchtung erreichen, weil er von einem Weisen träumte, der ihm aus dem Wasser, also aus seinen Emotionen heraus half. Wenn ein Mensch einem Weisen begegnet, der ihm hilft, einen Übergang zu schaffen, so handelt es sich dabei immer um einen Übergang, der dem nächsten Niveau im Entwicklungsverlauf des betreffenden Menschen entspricht.

Es war für diese Mutter wesentlich, den Traum ihres Sohnes richtig zu verstehen, um diesen nicht irrezuleiten. Zum Zeitpunkt seines Traumes wurde das Ideal dieses jungen Mannes durch das benachbarte Paar versinnbildlicht. Mit dem Marathonlauf wies MAN darauf hin, dass die Handlungen des jungen Mannes gegenwärtig sehr stark seine Willenskraft zum Ausdruck brachten. In seinem Leben herrschte viel Zwang und es war nicht leicht für ihn. Der Schnee ist ein Hinweis auf das Gefühl der Einsamkeit, dem er entgegenging. Die Anwesenheit der Nachbarn in seinem Traum zeigte, dass dieser junge Mann sowohl in der Außenwelt wie auch in seiner inneren Welt eine Etappe der Leistung und der Suche nach materiellem Erfolg zu durchqueren hatte und dass dies für ihn gut und richtig sein würde, da es von Gott so vorgesehen war. Das, was sich im Untergeschoss befindet, stellt das Unterbewusstsein dar, d.h. das, was dabei ist, konkret in Erscheinung zu treten.

Durch den zweiten Teil des Traumes – wo ein Weiser dem jungen Mann half, aus dem Wasser, also aus den Emotionen aufzusteigen – wollte MAN darauf hinweisen, dass er, um das ideale Paar verkörpern zu können, eine Bereinigung auf der Ebene der Handlung – weil der rechte Arm die Manifestierung symbolisiert – vornehmen musste. Die Spinne ist ein Symbol tiefer Angst. Dass sie ihm an die Kehle sprang, bedeutet, dass seine tief sitzende Angst ihn daran hindert, sich auszudrücken und seiner Liebe Ausdruck zu verleihen. MAN kündigte diesem jungen Menschen die Läuterung seiner Emotionen an, um ihn auf die Etappe des Zusammenlebens in einer Paarbeziehung vorzubereiten.

Wenn man das verstanden hat, ist man nicht mehr geneigt zu sagen: „Dieses Paar ist aber doch kein ideales Paar. Sie streben nach Leistung und materiellem Wohlstand. Das ist doch nicht schön." Man versteht und respektiert, dass dies dem Programm des jungen Mannes entspricht. Wenn ein Kind uns seine Zeichnung zeigt, sagen wir nicht: „Deine Zeichnung ist nicht schön, da ist alles krumm." Der Weg der Weisheit lehrt uns, allen Mitmenschen gegenüber mit einem umfassenden Verständnis zu reagieren.

Bei der Deutung eines Traumes muss man zunächst die besonderen Interessen des Träumers sowie sein Bewusstseinsniveau analysieren. So könnte z.B. ein Mensch, der nur am materiellen Erfolg interessiert ist, seinen Traum analysieren und sich danach einfach sagen: „Ja, das ist es. Ich werde Erfolg haben" oder „Nein, ich werde keinen Erfolg haben." Ebenso bedeutet die Anwesenheit eines Weisen in einem Traum nicht, dass die Erleuchtung vor der Tür steht. Bei der Deutung eines Traumes muss man jedes Symbol im Hinblick auf den betreffenden Menschen, seine Interessen und Beschäftigungen sowie seine Lebensziele analysieren.

Nehmen wir z.B. einen Traum, in dem ein herrlicher goldener Tempel vorkommt und auf dessen Fußboden eine kleine Maus zu sehen ist. Natürlich ist ein Tempel ein wichtiges spirituelles Symbol, doch die Gegenwart der Maus ändert die Bedeutung des Traumes vollständig. Die Maus ist ein Symbol der Unsicherheit und diese hindert den Menschen daran, die hohen Ebenen zu erreichen, die der Tempel versinnbildlicht. Ein solcher Traum offenbart folglich eine im Menschen vorhandene Verschiebung. Alle Symbole sind wichtig – der Tempel ist nicht wichtiger als die Maus – und bei der Deutung müssen die Symbole in Bezug zueinander gesetzt werden. Jeder Traum enthält alle zu seiner Deutung notwendigen Elemente, und die im Traum verwendete Sprache ist die Sprache der Wahrheit.

Ich habe den Traum dieses jungen Mannes erzählt, um hervorzuheben, wie wichtig es ist, das Entwicklungsniveau eines Menschen zu ermessen und zu respektieren. Das Wesentliche ist, ihm zu helfen, und nicht, ihn dorthin zu drängen, wo man ihn gerne sähe. Wenn man die anderen drängt, so bedeutet dies, dass man die entsprechende Arbeit an sich selbst noch nicht durchgeführt hat. Selbst wenn ein Mensch nur einen halben Schritt vorwärts tut, ist das wunderbar. Wohl hat er weiterhin ein gewöhnliches Bewusstsein, doch er ist vorangekommen. Er hat gelernt, sich auszudrücken und seine Liebe zu äußern, wenn es auch eine persönliche Liebe ist oder diese noch die triebhafte Seite seines Wesens mit einbezieht. Und was einen selbst betrifft, so ist man dem andern einfach eine Stütze und hilft ihm, gewisse Gefühle zu durchleben, ohne deshalb das Gleiche wie er zu tun.

Der nächste Erlebnisbericht schildert eine nicht weniger wichtige Etappe und berührt den Bereich der Emotionen sowie eine ihrer Verzerrungen: die Leidenschaft. Wir werden sehen, dass man die Erleuchtung nicht erreichen kann, ohne die Sexualität vollständig transzendiert zu haben. Manchmal denkt man, dass ein Mensch, der jahrelang allein lebte, seine Sexualität transzendiert hat, da er den Anschein erweckt, keine sexuellen Bedürfnisse mehr zu haben. Das folgende Beispiel zeigt, dass diese Kraft einfach nur eingeschlafen sein kann.

Eine Geschäftsfrau, die ich bereits seit einiger Zeit kannte und die wusste, dass ich Vorträge zur Traditionellen Engellehre abhielt, interessierte sich ebenfalls für die Spiritualität und jedes Mal, wenn ich in ihren Laden ging, stellte sie mir Fragen. Wenn man mich direkt befragt, gebe ich Antwort, ansonsten schweige ich oder beteilige mich normal an dem Gespräch, während ich auf der vertikalen Ebene zuhöre. Diese Frau bekundete jedes Mal ein lebhaftes Interesse an den Engeln. So sprach ich im Laufe unserer Begegnungen mit ihr über die Zeichen, das Gesetz der Resonanz, den Begriff der Störung und andere Themen im Zusammenhang mit der Engellehre und das alles sprach sie an.

Diese Frau und ihr Mann konsultieren regelmäßig ein Ehepaar, das eine bestimmte spirituelle Philosophie unterrichtet. Eines Tages sagte sie zu mir: „Ich finde das nicht normal. Sie erwarten, dass ich jede Woche hingehe und wenn ich einmal aussetze, versuchen sie in mir Schuldgefühle hervorzurufen. Außerdem hat es den

Anschein, als würde alles, was mein Mann tut, richtig sein, und alles, was ich tue, immer verkehrt sein. Es ist so, als hätte ich kein Anrecht auf Schwächen. Sie wollen, dass ich mich schuldig fühle, indem sie sagen: ‚Wie kommt es, dass du mit deinem Niveau noch solche Sachen durchlebst?'"

In der Traditionellen Engellehre lernt man, den eigenen Schwächen liebevoll zu begegnen, damit man sie verwandeln kann. Eines Tages wollen wir nichts mehr verbergen. Im Kopf dieser Frau begann sich das alles im Kreise zu drehen und so fragte sie mich einmal:
- Soll ich diese Lehrer verlassen?
- Das habe nicht ich dir zu sagen, antwortete ich ihr darauf und erinnerte sie an das Gesetz der Resonanz.

Solange man mit einem Menschen Resonanzen hat, setzt man die Beziehung mit ihm fort, ob man will oder nicht. Ich sagte abschliessend zu der Frau: „Bitte um Zeichen. Ich kann dir nicht sagen, was du zu tun hast." Das tat ich vor allem auch, weil ich sah, dass diese Frau ihre eigene Macht abgegeben hatte. Viele Menschen neigen dazu. Sie haben eine solche Angst vor Sekten, weil sie befürchten, diese könnten ihnen ihre Macht rauben. Und dennoch ist es generell genau das, was diese Menschen tun: Sie geben ihre Macht ab. In der Traditionellen Engellehre nimmt man den anderen nicht ihre Macht, ganz im Gegenteil: Diese Lehre führt den Menschen zu einer großen spirituellen Autonomie.

Ich hatte sehr wohl gemerkt, dass diese Frau bereit war, mir ihre Macht abzutreten, und mir eine Entscheidung überlassen wollte, die sie selbst fällen musste. Ich hatte diesbezüglich Zeichen erhalten. Die Geistigen Führer hatten mich wissen lassen, dass ich, zumindest eine gewisse Zeit lang, nicht mehr in den Laden gehen sollte. Um dieser Frau und ihrer Seele zu helfen, ging ich also nicht mehr hin.

Einige Monate später begann die Frau, den Vorträgen über die Engellehre beizuwohnen. Innerhalb weniger Monate besuchte sie mehrere Veranstaltungen. Ich erhielt von den Himmlischen Mächten dann wieder grünes Licht und konnte sie erneut in ihrem Laden aufsuchen. Sie strahlte und war zufrieden. Die Engellehre stellte für sie eine wahre Offenbarung dar und sie berichtete mir, was sie erlebt hatte: „Ich habe diese spirituellen Lehrer verlassen, doch mein Mann sucht sie weiterhin auf. Aber er respektiert meine Entscheidung. Doch nun werden ihm immer mehr Dinge bewusst und er erkennt, dass so manches nicht richtig ist. So sagte dieses Ehepaar z.B. zu ihm: ‚Wenn du diese Lehre aufgibst, werden sich negative Kräfte deiner bemächtigen.' Ihr Ehemann begann also etwas klarer zu sehen, doch er fühlte sich noch nicht bereit, diese Lehrer zu verlassen.

Bereits bevor diese Frau anfing, die Vorträge über die Engellehre zu besuchen, hatte sie mir Vertrauliches über ihre Beziehung mitgeteilt und sich mehrere Male über ihren Mann beklagt. Eines Tages hatte sie mir gesagt:
- Ich habe schon einmal fünf Jahre lang allein gelebt. Ich hatte Schwierigkeiten mit den Männern. Und nun lebe ich mit diesem Mann, der sich für das Spirituelle interessiert, doch er spielt ein Spiel. Sein Verhalten macht mich eifersüchtig. Außerdem treibt er Liebesspiele über das Internet und das mag ich ganz und gar nicht. Das finde ich nicht richtig. Was hältst du davon?
- Natürlich kann ich dir nicht sagen, dass ich diese Art von Beschäftigung richtig finde, erwiderte ich. Wenn es auch nicht die richtige Art ist, Erfahrungen zu sammeln, so stellt es dennoch eine Möglichkeit des Experimentierens dar. Der Computer berührt die Welt der Gedanken. Menschen, die sich solchen Beschäftigungen hingeben, sind auf der Suche nach getarnten Fantasiegebilden, damit sie sich nicht schuldig fühlen müssen.

Anschließend fügte ich noch hinzu: „Es ist kein Zufall, dass du mit diesem Mann zusammenlebst: Du hast Resonanzen mit ihm." Damit war die Frau einverstanden.

Danach sagte sie zu mir:
- Das ist sonderbar. Eine Stunde, bevor du ankamst, habe ich mir den rechten kleinen Zeh an einem Stuhl gestoßen und gebrochen. Was bedeutet dieses Zeichen?
- Die Füße versinnbildlichen das Vorankommen, die Art und Weise, wie man sich vorwärtsbewegt und auf der physischen Ebene manifestiert. Die rechte Seite symbolisiert die Handlung, die am Tag erfolgt, und der kleine Zeh das wahre Wissen und die wahre Erkenntnis. Einen Stuhl verwendet man, um sich hinzusetzen, um sich in einen rezeptiven Zustand zu versetzen. Folglich hindert dich etwas am Vorwärtskommen, weil du auf der Ebene der Handlung nicht rezeptiv genug bist und auch weil bei dir auf der Ebene des wahren Wissens und der wahren Erkenntnis ein Problem vorliegt.

Danach sagte sie zu mir: „Ich muss dir den Traum erzählen, den ich heute Nacht erhielt. Ich arbeite im Augenblick mit dem Engel 69 ROCHEL und rief ihn vor dem Einschlafen an." Zu den verzerrten Äußerungsformen der Engelessenz ROCHEL gehören die sexuellen Ausschweifungen, der sexuelle Missbrauch und mehrfache Partnerbeziehungen. Durch ihren Mann stand sie mit diesen Verzerrungen in Verbindung. Deshalb nahm sie mit dem Engel ROCHEL eine tief greifende innere Arbeit vor.

Sie fuhr fort: „MAN schickte mir folgenden Traum: *Ich hatte eine Verabredung, doch bevor ich dorthin ging, trat ich in einen ‚Dépanneur'[1] ein. Die Kassiererin ließ mir ihren Platz und ich kümmerte mich um die Kasse. Dann verließ ich den Laden und fand draußen eine große Menge Leute vor. Alle waren mir fremd, außer einer Person: ein Mann, der einer meiner Kunden ist und den ich faszinierend finde. Er hat ein starkes Charisma, doch er ist verschlossen, ein Geheimniskrämer, der viele Dinge verbirgt. Dann ging ich zu einer Verabredung, doch es war nicht die vorgesehene Verabredung. Ich traf dort auf ein Ehepaar und ihre Tochter und ich massierte die Tochter. Als ich ihr Gesicht massierte, trat Eiter aus. Ich entfernte sehr viel Eiter, doch ich musste aufhören, bevor alles herausgekommen war, weil ich weg musste. Danach ging ich zu der vorgesehenen Verabredung. Diese hatte ich mit einem behinderten Ehepaar – sowohl der Mann wie auch die Frau befanden sich im Rollstuhl. Ich fragte sie: „Warum erhebt ihr euch nicht auf die höheren Etagen? Warum bleibt ihr im Erdgeschoss?" Sie antworteten mir nicht. Dann massierte ich beide und fuhr anschließend mit meiner Schwester im Wagen weg. Der Wagen fuhr sehr schnell bergab und ich hatte große Angst. Ich versuchte zu bremsen, doch das funktionierte nicht. Ich langte heil vor dem Elternhaus an, das jedoch nicht unser Elternhaus in der konkreten Wirklichkeit war. Meine Mutter befand sich im Haus und zeigte mir erotische Fotos, die bei mir einen Orgasmus hervorriefen. Mit diesem Traum bin ich aufgewacht.*"

Wir wollen den Traum von Anfang an durchgehen. Da diese Frau einen Engel anrief, sagten ihr die Himmlischen Mächte: „Wir werden dir gewisse deiner Verzerrungen aufzeigen." Genauso wie diese Frau vor ihrem Eintritt in die Engellehre jederzeit ein perfektes Aussehen haben musste, um sich wohl zu fühlen, genauso war sie

---

[1] Im französischsprachigen Kanada die Bezeichnung für eine Art Allzweck-Laden, der oft rund um die Uhr geöffnet ist.

nun bereit, die Wahrheit zu sehen. Man geht normalerweise in einen ‚Dépanneur', um sich aus einer Panne zu helfen. Man kauft in einem solchen Laden nur das Wesentliche, weil alles viel teurer ist. Man wollte ihr damit sagen: „Sieh mal, wenn du dich nicht wohl fühlst, besorgst du dir manchmal die Energie auf die gleiche Weise, wie man sich Waren bei einem ‚Dépanneur' besorgt."

Danach zeigte MAN ihr den Mann, der ein gewisses Charisma hat. Diese Frau verfügt selbst über eine sehr große physische Schönheit. Auch sie hat viel Charisma und ist eine sehr geschmackvolle, raffiniert gepflegte Erscheinung. Doch um dieses Erscheinungsbild aufrechtzuerhalten, verbirgt sie gewisse Dinge. Man trifft hier auf die Scheinheiligkeit: Ein scheinheiliger Mensch – ein Schein-Heiliger – erweckt den Anschein gewisser Qualitäten und projiziert nach außen ein etwas mystisches Bild, während er gleichzeitig gewisse Aspekte seines Wesens verborgen hält. Menschen, die die Fähigkeiten des Hellsehens, Hellhörens, Hellfühlens und Hellriechens noch nicht entwickelt haben, können sich zu solchen Personen hingezogen fühlen. MAN zeigte ihr also diesen Teil ihres eigenen Wesens auf.

Danach wies MAN sie auf das hin, was sie zu bereinigen hatte. Die Tochter des Ehepaares versinnbildlichte ein inneres Werk. Die Träumerin massierte das Gesicht der Tochter. Das Gesicht ist jener Teil des Körpers, in dem sich die Sinnesorgane – Augen, Ohren, Nase und Mund – befinden und es widerspiegelt auf symbolische Weise die verschiedenen Zustände der Seele. Mit dem heraustretenden Eiter wollte MAN sie darauf hinweisen, dass sie ihre Sinnesorgane läutern musste, um eines Tages über die feinstofflichen Sinne des Hellsehens, Hellhörens, Hellriechens und Hellfühlens verfügen zu können. Erinnerungen, die sehr instinkthafte Erfahrungen betrafen, begannen aus ihrem Unbewusstsein aufzusteigen. Durch diesen Traum gab MAN ihr zu verstehen, dass nicht sofort alles zu Tage treten würde. MAN wollte ihr nur zeigen, dass sie viele verdrängte, instinktverhaftete Emotionen in ihrem Innern barg.

Was diese Frau bei dem spirituellen Paar gelernt hatte, war ihr bis zu einem gewissen Punkt hilfreich gewesen. Ich sagte zu ihr: „Du musst ihnen innerlich liebevoll deinen Dank ausdrücken, obwohl sie nicht ganz richtig gehandelt haben und deinen Weggang nicht akzeptierten." Die Etappe, die sie mit diesem Paar zurückgelegt hatte, war unerlässlich gewesen, ohne sie hätte die Frau die folgende Etappe nicht antreten können. Wir müssen lernen, Sinn und Nutzen der Menschen, die uns begegnen, der Ereignisse, die wir durchleben, und der Lehren, mit denen wir in Berührung kommen, anzuerkennen, wenn sie auch manchmal verdreht oder verzerrt sind.

In ihrem Traum fragte diese Frau – die den Wunsch hat, sich spirituell zu erheben – bei der zweiten Verabredung ihre eigenen behinderten Teile, warum sie im Erdgeschoss blieben. MAN zeigte ihr: „Sieh mal, du hast in dir behinderte Teile, die dich daran hindern, dein Bewusstsein zu erheben." Danach fuhr sie mit ihrer Schwester weg, die in der konkreten Wirklichkeit ebenfalls dazu neigt, Dinge verborgen zu halten, und ein behindertes Kind hat. Dann fuhr sie im Wagen bergab. Der Wagen symbolisiert das Verhalten. In diesem Falle symbolisierte er die Fahrt in das Unbewusstsein. Die Frau hatte kalte Schweißausbrüche und wollte bremsen, doch es gelang ihr nicht. MAN zeigte ihr folglich, dass sie durch ihre Absicht nach spiritueller Erhebung einen Prozess in Gang gesetzt hatte.

Anschließend führte MAN sie an ihren Ursprung zurück, in ihr Elternhaus. Taucht das Elternhaus in unseren Träumen auf, so ist dies immer von wesentlicher Bedeutung, weil das, was sich dort abspielt, Aufschluss über unsere früheren Inkarnationen gibt. Die Mutter – ein wichtiges Symbol der inneren Welt – zeigte ihr erotische Fotos. MAN brachte folglich gewisse sinnlich-erotische Erinnerungen ins Bewusstsein dieser Frau zurück und durch die Tatsache, dass diese Fotos in ihr Lustgefühle erzeugten, gab MAN ihr an, dass sie sich mit der Verzerrung ihres Ehemannes im Einklang befand. Das erklärte auch, warum sie sich nicht mehr durchsetzte, um ihn zum Aufhören zu veranlassen.

Ich sagte zu ihr: „Du kannst dich glücklich schätzen. Du hast einen schönen Traum erhalten. Du weißt nun, dass du das Verhalten, das dein Mann der Erotik gegenüber hat und das du verurteilst, auch in dir selbst trägst. Solange du die Bereinigungsarbeiten in deinem Innern nicht beendet hast, bieten sich dir zwei Möglichkeiten an: Entweder wirst du aus Angst vor den Männern allein leben, wie du dies schon einmal fünf Jahre lang getan hast, oder du wirst weiterhin den gleichen Typ von Mann anziehen, weil du dieses Programm in dir trägst." Die Sprache der Wahrheit ist so wunderschön! Wenn man sie kennt, freut man sich jedes Mal, wenn die Himmlischen Mächte einen auf die eigenen Fehler und Schwächen aufmerksam machen, weil man sie dann endlich angehen und verwandeln kann.

Ich fügte hinzu:
- Ruf einfach weiterhin den Engel ROCHEL an und Er wird die Arbeit vollbringen.
- Ich verstehe nun auch den Traum besser, den ich vorgestern erhielt. In diesem Traum *hatte ich einen Blutegel an der Schamlippe und versuchte, ihn zu entfernen, doch er blieb haften. Mein Schwager war da und sagte zu mir: „Schneide ihm den Schwanz ab und du wirst sehen, er wird abfallen." Ich schnitt dem Blutegel den Schwanz ab, doch er blieb weiterhin an meiner Schamlippe haften. Er trocknete aus, doch er fiel nicht ab.*
- Was stellt dein Schwager für dich dar?
- Er ist ein sehr kontrollierender Mensch. Er will immer alles kontrollieren.
- Es ist nicht dein Mann, der dir durch sein Verhalten Energie absaugt. MAN hat dir mit diesem Traum gezeigt, dass du diese Art von Gedanken und Gefühlen in dir hast. Sie sind es, die dich vampirisieren, deine Energie absaugen. Die Blutegel saugen Blut und leben im Wasser, das den Bereich der Gefühle und Emotionen versinnbildlicht. Du musst folglich die in deinen Emotionen enthaltenen Verzerrungen bereinigen.

Diese Frau hatte sich damit begnügt, den Schnitt in der Welt der Folgen vorzunehmen: Sie schnitt den Schwanz ab, dabei hätte sie den Kopf abschneiden müssen, da alles auf dieser Ebene beginnt. Die Welt der Gedanken ist der erste Bereich, wo wir die Meisterung erlangen müssen. Deshalb berührt die erste Stufe der Erleuchtung auch diese Welt.

Folgendes Bild lässt gut erkennen, dass alles in der Welt der Gedanken seinen Anfang nimmt: Stellen wir uns einmal eine mehrere Kilometer lange Schlange vor – die Schlange ist ein wichtiges Symbol der Lebenskraft und der Sexualenergie – und nehmen wir an, dass sie irgendwo eine Öffnung findet, die zur Erleuchtung führt. Wenn anfänglich auch nur der Kopf der Schlange in diese Öffnung eindringt und der Rest ihres Körpers sich weiterhin durch die Sümpfe windet, so ist es dennoch gewiss, dass eines Tages ihr ganzer Körper durch diese Öffnung folgen wird. Hat nun analog dazu ein Mensch die erste Stufe der Erleuchtung erreicht, die den Kopf und die Gedanken betrifft, so ist es gewiss, dass früher oder später die anderen Stufen folgen werden.

◉

Behinderungen und andere Beschränkungen

Manchmal zeigt MAN uns in unseren Träumen behinderte Menschen. Damit will MAN uns sagen: „Sieh mal, was dich behindert." Wenn wir das, was uns gezeigt wird, nicht berichtigen, können wir eines Tages in diesem oder späteren Leben umfangreiche körperliche Behinderungen erleiden.

Hier ein Erlebnisbericht, der diesen karmischen Ablauf erkennen lässt. Einmal, als ich den Engel VEHUEL anrief, während ich mit meinem Mann auf einem Weg spazieren ging, der sowohl für Fußgänger als auch für Radfahrer gedacht war, hörten wir hinter uns ein eindringliches Hupen. Wir drehten uns um und sahen einen Mann, der sich in einem mit Pedalen versehenen Rollstuhl – eine Art Rollstuhlfahrrad – fortbewegte. Der Mann litt an einer körperlichen und geistigen Behinderung, die ihn jedoch nicht am Radeln hinderte. Er hatte einfach gehupt, um die Aufmerksamkeit auf sich zu lenken.

Wir blieben stehen und mein Mann sagte zu ihm, um etwas Humor in die Begegnung zu bringen: „Du bist ein Schelm. Du hast uns angehupt, wie das ein echter Schelm tut.". Wir sprachen ein wenig mit ihm. Sein Rollstuhlfahrrad war mit einer Menge Vorrichtungen ausgestattet und wir fragten ihn, wozu die eine oder andere diente. Dann sagte er zu uns: „Es ist so schwer!" Vor uns lag eine ganz leichte, kaum wahrnehmbare Steigung und dieser Mann klagte: „Es ist so schwer, die Steigungen zu nehmen."

Da fragte ihn mein Mann:
- Und das, was ist das?
- Ach, das ist ein Radio.

Der Mann drückte auf den Knopf und wir vernahmen das Lied eines Quebecer Rocksängers: „Mein Engel, Ihr Engel, es ist Zeit, dass ich das Gesicht meines Gottes ändere. Willst du meinen Brandwunden deine Schönheit anbieten…?"

Natürlich war es kein Zufall, dass dieses Lied gespielt wurde. Dadurch teilte uns die Seele des Mannes mit, wie sehr sie litt und verletzt war.

Gleichzeitig teilte uns der Mann damit seine Rebellion mit – in diesem Lied kommt in der Tat sehr viel Rebellion zum Ausdruck – und ließ uns den Umfang seiner Fehltaten und karmischen Lasten erahnen, die er angesammelt hatte und deretwegen er nun behindert, verletzt und durch so viel Rüstzeug eingeengt war. Seine Seele war von Rüstungen und allerlei Schutzvorrichtungen umgeben.

Wenn ein Mensch mit einer Behinderung auf die Welt kommt oder im Laufe seines Lebens behindert wird, so bedeutet dies, dass er gewisse Göttliche Gesetze nicht respektiert hat. Diese sind absolut und streng. Aus ihrer Nichtbeachtung ergeben sich Folgen, die man im gegenwärtigen oder in späteren Leben hinnehmen muss. Sobald man dies weiß, kann man immer mit den anderen Menschen mitfühlen. Sieht man jemanden, der seine materiellen Mittel schlecht gebraucht, verschwendet, egoistisch verwendet oder eventuell sogar damit Zerstörungen anrichtet, so kann man großes Mitgefühl für ihn aufbringen, da man weiß, dass er in seinem gegenwärtigen oder in einem späteren Leben arm sein wird, um die Folgen seiner Taten zu erfahren. Man hat Mitgefühl, da man sich bereits die Konsequenzen vorstellt.

Verwendet z.B. ein äußerlich sehr schöner Mensch seine Schönheit, um zu verführen, die anderen zu Fall zu bringen oder Privilegien zu erzielen, so könnte er in einem zukünftigen Leben dickleibig sein oder unter allerlei Behinderungen leiden. Er könnte seine Schönheit vollkommen verlieren, doch in seinem Unbewusstsein eine vage Erinnerung an seine ehemalige körperliche Schönheit bewahren, die ihm als Schlüssel gedient hatte, um alle Türen zu öffnen. Das hätte bei dieser Person ein starkes Gefühl der Beschränkung zur Folge. In gleicher Weise könnte ein Mensch, der über intellektuelle Fähigkeiten und besondere Talente verfügt und die Früchte seiner Arbeit falsch verwendet, in einem späteren Leben intellektuell beschränkt oder gar geistig behindert sein. Wenn man das weiß, kann man Mitgefühl empfinden.

Eine falsche Verwendung der Ressourcen während einer einzigen Inkarnation kann Tausende von Jahren der Wiedergutmachung und Hunderte von Leben mit verschiedenen Formen der Behinderung zur Folge haben. Ein Mensch, der in einem Leben über sehr viel Macht verfügte – z.B. als Minister oder Regierungsoberhaupt – und diese falsch gebrauchte, kann sich in einem späteren Leben plötzlich als Bedienung in einem Restaurant wiederfinden und sich in dieser Rolle äußerst behindert und beschränkt fühlen, während ein anderer Mensch die gleiche Arbeit schön fände, weil er gerne bedient.

☉

Sobald man weiß, dass die Kosmischen Gesetze absolut sind, achtet man sie. Und man achtet auch die anderen Menschen. Man hat sie nicht zu ändern. Wenn man spürt, dass man etwas sagen oder machen müsste, so tut man es, ansonsten überlässt man es Gott und den Geistigen Führern, sich dieser Personen anzunehmen. Dann kann man alle Menschen gleichermaßen lieben, so als würde es sich um die eigenen Kinder handeln. Es wird der Tag kommen, wo alle Resonanzen aufgearbeitet sein werden und man alle Wesen weiter lieben kann, was immer sie auch tun mögen. Solange noch das Gefühl der Störung auftaucht, hat man im eigenen Innern noch entsprechende Resonanzen. Wenn wir an unserer spirituellen Entwicklung arbeiten, können uns die verzerrten Verhaltensweisen der andern noch stärker stören und prägen als vorher, weil unser Unbewusstsein offen ist. Durch die Anwendung des Gesetzes der Störung – das Teil des Resonanzgesetzes ist – lernen wir das wahre Mitgefühl und die Göttliche Liebe.

Ich möchte Ihnen an dieser Stelle einen interessanten Traum mitteilen, der die verschiedenen Stufen auf dem Weg zur Erleuchtung erkennen lässt. Der Mann, der diesen Traum erhielt, ist eine alte Seele. Seine Träume sind sehr detailliert und seine jetzige Inkarnation soll ihm dazu dienen, die Reinheit seines Bewusstseins und den spirituellen Edelmut wiederzufinden. Dieser Mann hat den starken Wunsch, sich in einer altruistischen Arbeit zu engagieren.

Er erzählte meinem Mann folgenden Traum. *Als Erstes sah er mich in der Nähe eines Kiosks, der sich vor einem Gebäude befand, in dem eine große Bibliothek untergebracht war. Danach trat er in die Bibliothek ein, wo ihn eine freiwillige Helferin empfing. Er gab ihr einen 20-$-Schein und sie gab ihm einen 5-$-Schein zurück. Dann trat er in den Raum ein, der die große Bibliothek enthielt. Es gab dort einen angrenzenden Raum, an dessen Eingang sich mein Mann befand, der in diesem Raum ein Seminar über die Träume abhalten sollte. Der Träumer näherte sich dem Saaleingang und mein Mann sagte zu ihm: „Das Seminar wird bald beginnen." Er sah meinen Mann* *an und fragte ihn: „Wie geht es dir?" Dieser überlegte und analysierte, ob er ihm sagen sollte, was er dachte. Mein Mann sah ihn an und sagte: „Das muss aufhören" und ging danach in den Saal, um sich für den Beginn des Seminars über die Traumdeutung bereit zu machen. Der Träumer trat ebenfalls ein und nahm in der ersten Reihe Platz, damit er sich so nahe wie möglich bei meinem Mann befand, um ihn unterstützen zu können. Er sah diesen sehr liebevoll und aufmerksam an.*

Mehrere Journalisten befanden sich hinten im Saal. Dann sah sich der Träumer mit einem großen Laib Brot, einem riesigen Stangenbrot, das so lang war wie die ganze Stuhlreihe. Schließlich begann mein Mann mit dem Seminar. Der Träumer sah meinen Mann wechselweise verschiedene Masken tragen: diejenige eines Vampirs, eines Verführers und viele andere, die nacheinander abfielen, um der nächsten Platz zu machen. Irgendwann verwandelte sich mein Mann sogar in einen Hund und zuletzt war er ganz nackt. Der Träumer sagte zu sich selbst: „Nur sehr wenige Menschen werden erkennen und bewerten können, auf welcher Stufe er angelangt ist." Danach verwandelte sich sein Stangenbrot in einen ganz runden Laib Brot.

Dieser Traum ist sehr wichtig. MAN zeigte darin dem Träumer, welche Etappen er zurücklegen musste, um die Erleuchtung zu erreichen. Mein Mann und ich versinnbildlichen in diesem Traum die beiden spirituellen Prinzipien – das innere und das äußere Prinzip – der Engellehre. Der Mann legte zunächst die erste Etappe zurück: Er sah mich an einem Kiosk und ging danach auf den Eingang der großen Bibliothek zu. Dies versinnbildlicht den ersten, bewusst getanen Schritt auf dem Weg der Einweihung, durch den der Mensch sich bei seiner Suche nach Antworten auf seine Fragen dem wahren Wissen und der wahren Erkenntnis nähert.

In der Bibliothek empfing ihn eine freiwillige Helferin. Diese symbolisierte einen Teil seines Wesens, der den Wunsch hat, bei der Verbreitung der Engellehre mitzuhelfen, sonst wäre sie in seinem Traum nicht vorhanden gewesen. In den Träumen enthüllen alle Symbole Informationen, die die Absicht des Träumers oder seinen Bewusstseinszustand erkennen lassen.

Der Träumer gab der freiwilligen Helferin einen 20-$-Schein, um damit seinen Eintritt zu bezahlen. Der Engel, dem die Zahl 20 zugeordnet ist, ist PAHALIAH. Dieser Engel hilft uns, die Sexualität zu transzendieren und die Lebenskraft meistern zu lernen. Die freiwillige Helferin händigte ihm als Wechselgeld einen 5-$-Schein aus. Der Engel 5 ist MAHASIAH, der unter anderem den Eintritt in die Einweihungsschulen gewährt. Das bedeutete, dass dieser Mann bereit war, an seiner Lebenskraft zu arbeiten, und dass ihm die Himmlischen Mächte den Eintritt in seine eigene, innere Einweihungsschule gewährten. Man sieht hier, wie bedeutungsvoll dieser Traum ist, der mit großer Genauigkeit den Entwicklungsverlauf dieses Mannes beschreibt. Mein Mann und ich sind daran gewöhnt, die Träume der Menschen, die uns diesbezüglich aufsuchen, zu studieren. Das gestattet uns auch, ihr Entwicklungspotenzial abzuwägen. In dem Wissen, dass in den Augen der Kosmischen Intelligenz alle Bewusstseinsöffnungen wunderbar sind, ist es notwendig, die Stärken und Schwächen der anderen Menschen erkennen zu können, wenn man ihnen gut und richtig helfen und ihr Entwicklungsniveau respektieren will.

In den meisten Fällen gehen die Leute bewusstseinsmäßig nicht über die Etappe, die der Kiosk symbolisiert, hinaus. Sie begnügen sich damit, allgemeine Informationen zu sammeln, und das ist für sie das Richtige. Andere gehen etwas weiter und beginnen für die Engellehre ein intellektuelles, philosophisches Interesse zu entwickeln, ohne jedoch die Engel-Rezitier-Übung zu machen und ihre Träume sowie die Symbole im Alltagsleben zu beobachten. Diese Menschen sind noch nicht bereit, den Einweihungsweg zu begehen, und ihre Art, vorzugehen, stellt eine Vorbereitung dar für das, was sie später in ihrem Leben tun werden, oder vielleicht auch erst in einem zukünftigen Leben. Die verschiedenen Etappen, die dieser Mann in seinem Traum durchlief – er kam am Kiosk vorbei, ging auf die Tür der großen Bibliothek zu, trat in diese ein, gab der freiwilligen Helferin das Eintrittsgeld, trat danach in den Raum ein, in dem mein Mann das Seminar abhalten sollte – beschreiben symbolisch die Etappen des Einweihungswegs und zeigen ganz klar, dass der Träumer dazu berufen ist, ein hoher Eingeweihter zu werden.

Ich möchte an dieser Stelle einige Worte zum Entwicklungsweg dieses Mannes sagen. Bereits vor diesem Traum hatte er sich mehrere Male mit meinem Mann unterhalten. Eines Tages teilte er ihm seinen großen Hunger nach der Spiritualität mit und fragte ihn:
- Was muss ich tun, um die Erleuchtung zu erreichen?
- Was ich dir raten kann, ist täglich methodisch anhand des Engelkalenders Nr. 1 mit den 72 Engeln zu arbeiten. Dieser Kalender sieht für jeden Engel über das Jahr verteilt eine Zeitspanne von 5

Tagen vor. Wenn du ernsthaft und intensiv mit der Rezitier-Übung die Engel anrufst, wirst du die Erleuchtung erfahren. Als Ausgangspunkt, um deine Lebensenergie und deine Sexualkraft zu läutern, empfiehlt die Einweihungstradition eine lange, umfassende Arbeit der sexuellen Enthaltsamkeit mit dem Engel 20 Pahaliah. Dabei solltest du deine Träume und die Zeichen beobachten und sie anhand der Symbolsprache analysieren.

Mein Mann warnte ihn ausdrücklich, dass diese Methode nicht leicht ist, da sie alles sichtbar werden lässt. Das wäre so, als hätte man immer wilde Tiere gefüttert – die gewisse innere Kräfte versinnbildlichen – und würde plötzlich beschließen, sie fasten zu lassen. Natürlich würden sie dadurch äußerst unruhig, gereizt und aggressiv reagieren. In unseren Träumen würden dann alle möglichen Szenen auftauchen – z.B. Szenen sexueller Orgien –, um uns zu veranlassen, die diesbezüglichen unbewussten Erinnerungen zu bereinigen. Für solche Fälle ist es sehr wichtig, die Sprache der Träume – die Symbolsprache – zu kennen und auf das, was geschehen könnte, vorbereitet zu sein. Sobald solche Erinnerungen auftauchen, macht man die Engel-Rezitier-Übung, die eine sehr wirksame Methode für die Transzendierung der Sexualität darstellt.

Kaya hatte diesen Mann, kurz bevor dieser ihn um die Deutung seines Traumes bat, in einem Traum gesehen. Darin hatte er der Seele des Mannes einen Besuch abgestattet. Das kommt manchmal vor. Man lässt uns auf diese Weise einige Elemente zukommen, damit wir in der Lage sind, dem betreffenden Menschen zu helfen und seinen spirituellen Werdegang in der Materie zu verstehen. In dem Traum, den mein Mann erhalten hatte, *befanden sie sich beide auf einem Berg*, was eine spirituelle Erhebung versinnbildlicht. *Dann sah er diesen Mann nach Afrika umziehen und sein neues Heim dort war sehr schön und hell.* Afrika symbolisiert die beiden ersten Energiezentren, das rote und das orange Chakra, die unter anderem die Lebenskraft, die Sexualität und die Instinkte betreffen. Kaya wusste folglich, dass dieser Mann eine diesbezügliche Lehre erhalten würde. In dem Traum meines Mannes *ging dieser Mann auf Kaya zu und sagte zu ihm: „Ich habe solche Angst vor dem, was sich anbahnt. Ich habe Angst davor, an meiner Sexualität zu arbeiten." Und mein Mann antwortete ihm: „Das ist normal, dass du Angst hast, denn es ist in der Tat nicht leicht."* Er sprach dabei zur Seele des Mannes. Als Kaya ihn danach mit seinem Traum ankommen sah, wusste er bereits, was in ihm vor sich ging.

Wir wollen nun mit der Deutung fortfahren. Dieser Mann fragte meinen Ehemann, der den spirituellen Aspekt seines Wesens, die Art, wie er handelt und sich am Tag verhält, symbolisiert: „Wie geht es dir?" und mein Mann erwiderte darauf: „Das muss aufhören." Mit dieser Antwort gab er dem Träumer zu verstehen: „Ja, jetzt bist du bereit, die Wahrheit zu erfahren." Der Mann wollte ernsthaft, den Weg einschlagen, der zu seiner Erhebung führen würde. Er war bereit, dem Geist den ersten Platz einzuräumen. Ein Seminar über die Träume sollte stattfinden, was bedeutet, dass die Erhebung dieses Mannes hauptsächlich anhand der Traumarbeit erfolgen würde.

Danach wohnte er den verschiedenen Stufen bei, die ihn erwarteten. Das Brot ist ein Symbol der Göttlichen Nahrung und es hatte zuerst eine längliche Form. Dadurch gab MAN ihm an, dass er den Bereich der Emissivität und der Manifestierung bearbeiten musste, um diese hohen Bewusstseinsebenen erreichen zu können. Nachher sah er eine Transfiguration, die ihm alle Etappen zeigte, die er durchlaufen musste: Masken mussten fallen gelassen werden, wie z.B. diejenige des Vampirs, welche die Tendenz symbolisiert, den anderen ihre Energie zu rauben. Auch die Maske des Verführers musste fallen. Anschließend verwandelte sich mein Mann in einen Hund, was bedeutet, dass dieser Mann seine instinkthafte Natur transzendieren musste. Und danach sah er meinen Mann nackt. Wenn MAN uns in unsere unbewussten Erinnerungen hinabtauchen lässt, kommt dies wirklich dem Zustand der Nacktheit gleich. Die Nacktheit stellt für einen Mystiker etwas sehr Positives dar: Sie gibt an, dass der Mensch hohe Ebenen der Reinheit, der Transparenz und der Authentizität erreicht hat. Ein anderes Symbol der Transparenz, das in dem Traum vorkam, war die Anwesenheit der Journalisten im Saal. Was tun Journalisten? Sie veröffentlichen Informationen. MAN zeigte also diesem Mann, dass er von nun an nichts mehr vor sich selbst verbergen konnte, da sein gesamtes Inneres öffentlich bekannt, d.h. seinem Bewusstsein vollständig zugänglich sein würde.

Als Nächstes erkannte er, dass nur sehr wenige Menschen in der Lage sind, so hohe Stufen der Erhebung zu erkennen und zu ermessen. Und er hatte Recht damit, da dies eine stark verfeinerte Wahrnehmung erfordert. Die Eingeweihten, die diese hohen Stufen der Erleuchtung erreicht haben, leben in großer Einfachheit und Demut. Man muss sehr viel an sich gearbeitet haben, um diese hohen Bewusstseinsebenen erkennen zu können. Danach verwandelte sich das ganz lange Stangenbrot, das seine starke Emissivität symbolisierte, in einen runden Laib Brot, was bedeutet, dass er rezeptiv sein würde und auf der langen Reise, die sich vorbereitete, Nahrung empfangen konnte. Er würde Zugang zum Inhalt der großen Bibliothek erhalten, die er am Anfang seines Traumes gesehen hatte, und Wissen und Erkenntnis direkt von der Urquelle empfangen können. Darin besteht die Allwissenheit: Sie ist die wiedergefundene allumfassende Rezeptivität. Sie sehen also, dass dieser Traum sehr wichtig ist, da er alle Etappen beschreibt, die dieser Mensch auf seinem Weg zur Erleuchtung durchlaufen muss.

Wenn wir mit dem Engel VEHUEL in dem Bestreben arbeiten, diese hohen Ebenen zu erreichen, so zeigt MAN uns alles, was falsch und unrecht ist. Wir sahen die Masken, doch es gibt weitere Symbole, die Aspekte der Falschheit enthüllen und in unseren Träumen auftauchen können. MAN könnte etwa, um auf die Verführung hinzuweisen, gefärbte Haare oder eine Perücke verwenden. Das Gleiche betrifft die Zähne: Jedes Mal, wenn MAN uns in einem Traum Zahnprothesen zeigt, will MAN uns auf falsche Aspekte unseres Wesens hinweisen, die mit der Struktur unserer Grundbedürfnisse zusammenhängen.

Eine Frau, die seit einiger Zeit die Traditionelle Engellehre anwendet, erzählte mir, dass sie in einem ihrer Träume ihre Zahnprothese gesehen hatte. Ich sagte zu ihr: „Man kann auf der physisch-konkreten Ebene Zahnprothesen haben und sich auf den feinstofflichen Ebenen dennoch mit natürlichen Zähnen sehen. Wenn wir jedoch in einem Traum eine Zahnprothese sehen und auch im konkreten Leben eine haben, so bedeutet dies, dass MAN uns auf etwas Falsches, Unrichtiges hinweisen möchte."

Auch das, was diese Frau mir über ihre Situation anvertraute, berührte die Erhebung. Sie wohnte in der Provinz Quebec, in der Region des unteren Sankt-Lorenz-Stroms, und musste in die Stadt Montreal umziehen, wohin ihr Mann aus beruflichen Gründen versetzt wurde. Sie sagte mir: „Ich hänge am Meer, an meinem Dorf und an meinem Haus. Ich habe überhaupt keine Lust, in einer Großstadt zu leben. Mein Mann ist bereits dort und das schafft Probleme. Ich muss das Haus verkaufen und weiß sehr wohl, dass es mir nicht gelingt, es zu verkaufen, weil ich daran hänge und nicht weg will."

Dann fügte sie hinzu:
- Ich habe zwei Träume erhalten, die wahrscheinlich damit zusammenhängen. In meinem ersten Traum *befand ich mich auf einem Motorrad für Kinder, das mein Mann lenkte. Ich saß etwas tiefer hinter ihm.* Als ich aus diesem Traum aufwachte, fühlte ich mich erniedrigt. Der Gedanke, meinem Mann folgen zu müssen, gibt mir das Gefühl, nicht mehr selbst über mein Schicksal bestimmen zu können. Ich fühle mich herabgesetzt, weil ich meinem Mann folgen muss.
- Ich kann verstehen, dass du dich so fühlst. Doch du kennst die Lehre. Du weißt, dass dein Ehemann deine männliche Polarität versinnbildlicht und dass diese eine symbolische Darstellung des Ur-Geistes ist. Wenn du nicht lernst, dem Ur-Geist in dir zu folgen, so bedeutet dies, dass du den Gehorsam ablehnst und rebellierst. Dein Traum ließ dich erkennen, dass du dich herabgesetzt fühlst, dabei ist dieser Umzug durch die Himmlischen Mächte in die Wege geleitet worden. Betrachte ihn also wie den Beginn eines Lehrgangs, den MAN für dich organisiert hat. Manche Menschen müssen ihren Geburtsort verlassen, um an der Universität studieren zu können. Stell dir vor, dass du in die Stadt umziehst, um an der Universität zu studieren, an der Universität des Bewusstseins.
- Eben... In meinem zweiten Traum *war meine Zahnprothese entzweigebrochen. Ich sah auch vier weiße Umschläge und* MAN *sagte mir: „Die musst du einordnen." Danach sah ich eine Treppe, die im Bau war und noch keine Stufen hatte.*
- Dies zeigt, dass das, was du im Augenblick durchlebst, dabei ist, das, was in dir falsch ist, zu zerbrechen. Die Zahnprothese symbolisiert eine falsche Auffassung der Weisheitsstruktur und die Tatsache, dass sie entzweibrach, bedeutet, dass du mit dieser Auffassung nicht mehr weiterkommen kannst, dass du dich darauf nicht mehr verlassen kannst. MAN kündigt dir auch vier Nachrichten an, die sich materialisieren werden und um die du dich kümmern musst. Du musst sie einordnen. MAN lässt dich wissen, dass diese Nachrichten dich für den Bau einer Treppe vorbereiten werden. Im Augenblick kannst du noch nicht aufsteigen, weil du keine Stufen hast, doch durch den Umzug wirst du gewisse Qualitäten des Engels VEHUEL wiederfinden. Deine neue Situation wird dich veranlassen, dich von der Materie, d.h. von deiner Arbeit, deinem Haus und dem Meer zu lösen. Du bist an diesen Ort gebunden. Sobald wir unsere Himmlische Heimat, unser Ursprungsland wiedergefunden haben, können wir überall hingehen, der Ort spielt dann

keine Rolle mehr. Unsere Anbindung an einen Ort ist bezeichnend. Doch eines Tages müssen wir ihn verlassen können. Manche Menschen mögen die Großstädte nicht. Sie kommen ihnen wie Monster vor. Wenn du dich nicht daran gewöhnst, in einer Großstadt zu leben, und diesen Aspekt deines jetzigen Lebens verwirfst, dann könntest du dich in einem späteren Leben in einer Riesenstadt wiederfinden, in einem schwierigen Viertel leben und gezwungen sein, dort auszuharren.

Das ließ sie die Dinge anders sehen. Sie sagte lachend zu mir: „Ich habe verstanden. Ich werde meinen Lehrgang in der Stadt antreten." Es ist so viel leichter, wenn man die Dinge versteht. Man könnte sich sagen: „Das ergibt doch keinen Sinn, in eine Großstadt umzuziehen. Das wird mich von der Spiritualität entfernen, da ich dort viel weniger Ruhe finden werde." Doch kann genau das Gegenteil der Fall sein. Durch ihren Traum hatte MAN dieser Frau mitgeteilt: „Sieh mal, das wird dich erheben, da du gewisse deiner Beschränkungen transzendieren wirst. Später kannst du wieder aufs Land ziehen, sofern es dein Lebensplan vorsieht." Natürlich ist das ideale Lebensumfeld ein Ort, der sich zur Meditation eignet und fernab von Lärm und Umweltverschmutzung liegt. Wenn man aber in die Stadt muss, so darf man nicht sektiererisch werden. Wir müssen in der Lage sein, Gott überall dort studieren zu können, wo Er uns hinführt.

Ich möchte Ihnen einen letzten Erlebnisbericht mitteilen, der in engem Zusammenhang mit dem Bewusstseinszustand VEHUEL steht. Es ist die Geschichte einer Frau, die diesen Engel anrief und einen Traum erhielt, den sie Kaya erzählte. *Sie betrat einen Laden, in dem sich prächtige weiße und goldfarbene Kleidungsstücke befanden. Ihr fielen unter anderem eine weiße Bluse und eine gold-orangefarbene Handtasche auf. Die Verkäuferin im Laden war sehr nett. Die Frau fragte eine andere Person, ob die Handtasche und die Bluse gut zusammenpassen würden, worauf diese antwortete: „Ja, das passt sehr gut zusammen." Auf dem Blusenetikett stand der Markenname dieser Kleidungsstücke, der lautete: „Den Großen Seelen".*

Als die Verkäuferin sagte: „Der Laden wird schließen", begab sich die Träumerin zur Kasse. Sie hatte bemerkt, dass die Bluse 800 Dollar kostete, was sehr teuer war, doch sie sagte sich: „Ich werde mich anstrengen, um sie mir leisten zu können." Als sie an der Kasse angelangt war, sagte die Verkäuferin: „Das macht 8000 Dollar." Oh! Das lag denn doch weit über ihren Mitteln. Ganz verwirrt sagte sie: „Ich bitte um Entschuldigung. Außerdem haben Sie durch mich auch noch Zeit verloren." Die Verkäuferin war voller Liebe und Mitgefühl und erwiderte freundlich: „Machen Sie sich nichts daraus. Das ist nicht wichtig." Dann ging die Träumerin davon. Sie konnte sich diese Kleidungsstücke nicht leisten. In einem anderen Teil ihres Traumes saß sie auf einem Thron – sie war eine Königin –, doch sie konnte nicht ruhig sitzen bleiben. Ihre Sexualenergie war so stark – und das war erotisch –, dass sie sich dadurch gestört fühlte und es ihr unmöglich war, auf ihrem Thron auszuharren.

Was wollte MAN dieser Frau mitteilen? Durch diesen Traum ließ MAN sie – da in ihm nur Frauen vorkamen – ihre innere Welt aufsuchen. MAN ließ sie sehr hohe Bewusstseinsebenen berühren, diejenigen, zu denen uns der Engel VEHUEL erhebt. Die Kleidung symbolisiert unsere Aura, unsere spirituellen Qualitäten, und die Handelsmarke „Den Großen Seelen" weist auf eine Erhebung des Bewusstseins hin. Diese Kleidung war also für die Großen Seelen bestimmt. Auch die Preise und die Farben Weiß und Gold wiesen auf energetisch hohe Ebenen hin. Die Handtasche versinnbildlicht die Mittel, über die wir verfügen und dank deren wir uns manifestieren können. Und die Farbe Orange symbolisiert das zweite Chakra, das die Sexualität betrifft. Da die Handtasche diese Farbe enthielt, stellte sie einen Hinweis auf hohe Ebenen der Reinheit in der Manifestierung dar.

MAN zeigte der Frau jedoch auch, dass sie noch nicht über die Mittel und Ressourcen verfügte, um zu diesen hohen Ebenen Zugang erhalten zu können. Was bedeutet es, in den Parallelwelten reich zu sein? Unser Reichtum in den feinstofflichen Welten beruht auf den Qualitäten und Tugenden. Wir müssen folglich die Qualitäten und Tugenden sowie hohe Ebenen der Reinheit entwickeln, um Zugang zu diesen hohen Bewusstseinsebenen zu haben.

Im zweiten Teil ihres Traumes ließ MAN die Frau ein anderes bedeutendes Symbol sehen: das Königtum. Auch hier zeigte MAN ihr wieder: „Sieh! Deine sexuelle Energie ist noch nicht transzendiert. Sie enthält noch Elemente der Verführung und andere Verzerrungen. Du hältst es auf deinem Thron nicht aus und kannst folglich noch keine irdische Macht erhalten. Das musst du zuerst bereinigen."

Die Frau sagte zu meinem Mann: „Am nächsten Morgen hatte ich enorm viel Energie, doch ich fühlte mich nicht wohl in meiner

Haut." Der Grund dafür lag in der großen Verschiebung, die es in ihrem Innern gab. MAN hatte sie hohe Bewusstseinsebenen kosten lassen, ihr jedoch gleichzeitig den Zutritt verwehrt. Sie hatte das Gefühl, zugleich sehr reich und sehr arm zu sein. Das war unangenehm. In solchen Fällen fühlt man sich wirklich innerlich zerrissen.

Daraus kann man ersehen, wie wichtig es ist, seine Träume zu verstehen. Man fragt sich dann nicht mehr: „Was ist nur mit mir los?" und weiß nicht, was man mit sich anfangen soll. Man sammelt keine weiteren Fehltaten und karmischen Lasten mehr an, weil man weiß, was im eigenen Innern vor sich geht.

Welchen Sinn hatte es also, der Frau Einblick in diese Bewusstseinsebenen zu gewähren, wenn sie letztendlich doch keinen Zugang dazu hat? Das tat MAN, um einerseits ihre Demut zu entwickeln – denn diese hohen Bewusstseinsebenen kann man ohne Demut nicht erreichen –, und um sie andererseits zu motivieren. MAN wollte ihr damit sagen: „Sieh mal, es lohnt sich. Das wirst du erreichen, sobald du alles bereinigt hast. Fahr mit deiner Arbeit fort."

Zum Schluss noch ein letzter Kommentar zum Engel VEHUEL. Eine seiner Qualitäten ist die *Erhebung durch das Dienen*. In manchen Kursen zum Thema des persönlichen Wachstums sagt man den Teilnehmern: „Du hast dich genug um die anderen gekümmert. Es ist nun an der Zeit, an dich zu denken und Selbstbestätigung zu suchen." Im gleichen Sinne höre ich manchmal sagen: „Ich war zu großzügig." Doch man ist nie zu großzügig. Wenn man denkt, man habe zu viel gegeben und keine ausreichende Selbstbestätigung erhalten, so bedeutet dies, dass das Geben nicht auf dem Altruismus beruhte. Man war großzügig in der Erwartung einer Gegenleistung oder um anerkannt, geliebt und geschätzt zu werden. Da diese Erwartungen nicht erfüllt wurden, fühlt man sich geschädigt und sagt sich deshalb: „Von nun an muss ich an mich selbst denken und Selbstbestätigung suchen."

Mit den Engeln funktioniert das anders. Mit Ihnen lernen wir der Göttlichkeit den ersten Platz einzuräumen, weil wir dadurch unsere innere Vollkommenheit erlangen und sich in der Folge die Selbstbestätigung auf ganz natürliche Weise von selbst einstellt. Alles erfolgt dann wie von selbst. Sobald wir diese Bewusstseinsebenen erreicht haben, ist der Beruf, den wir ausüben, nicht mehr das Ausschlaggebende, weil der Ausgangspunkt unserer Motivation nicht mehr die Geldfrage ist, sondern in altruistischen Erwägungen liegt. Das Geld ist eine verdichtete Energie. Reichtum und Wohlstand werden also eine Folge und nicht mehr der Antrieb unseres Handelns sein.

So verhält es sich mit den hohen Ebenen des Bewusstseins. All das wird in der schönen Schule der *Universe/City Mikaël* gelehrt, damit wir eines Tages alle die hohen Ebenen des Altruismus und unsere innere Göttlichkeit wiederfinden und die Erleuchtung erreichen können.

Engel 17 LAUVIAH
Offenbarungen

Neulich traf ich eine innerlich aufgewühlte, zwischen der Materie und der Spiritualität hin- und hergerissene Frau. Diese innere Zerrissenheit ließ sie manchmal in große Existenzängste hinabtauchen. Ihr ganzer Körper tat ihr weh und ihre Hände waren manchmal taub und leblos. Ich hörte ihr voller Mitgefühl zu. Ihre Schilderungen riefen meine eigene Vergangenheit wach, damals, als ich mich am Anfang meines eigenen Einweihungsweges befand.

Zu jener Zeit hielt ich mich für rein, doch in meinen Träumen enthüllte MAN mir zahlreiche Facetten meiner verführerischen Seite. Ich dachte, ich hätte mich von der Materie losgebunden, doch in meinen Träumen enthüllte MAN mir, dass diese Loslösung eigentlich nur eine Fassade war, die meine Wünsche nach Macht verschleierte. Ich hielt mich für demütig, doch in meinen Träumen entschleierte MAN mir einen gut getarnten Hochmut, der sich als so genannte großzügige Taten verkleidet hatte. Ich war mir sicher, eine gute Mutter zu sein, doch in meinen Träumen zeigte MAN mir, dass ich so manches Mal die Kontrolle ergriff. Von Schuldgefühlen und Gewissensbissen überflutet, weinte ich beim Aufwachen oftmals heiße Tränen.

Alles in mir brach zusammen. Das Bild, das ich mir von mir selbst zusammengeschmiedet hatte, zerbröckelte durch diese Offenbarungen so nach und nach. Eines Tages war es dann die große Leere. Dabei hatte ich doch darum gebeten, MAN möge mir die Geheimnisse des Universums enthüllen. Ich verstand nun gar nichts mehr. Ich fühlte mich verloren, vom Gewicht dieser Offenbarungen erdrückt. Und während die Zeit verging, spürte ich, wie sich eine chronische Müdigkeit in mir ausbreitete. Ich war vollkommen erschöpft und nichts konnte in mir ein Wohlgefühl erzeugen, weder das körperliche Ruhen noch irgendeine Tätigkeit. Ich spürte ganz starke, sonderbare Schmerzen in meinen Muskeln, Sehnen und verschiedenen anderen Teilen meines Körpers, und diese Schmerzen nahmen in der Nacht zu. Es war eine Art Stechen, das ohne ersichtlichen Grund von einem Punkt zum andern wanderte. Manchmal empfand ich es als brennenden Schmerz, der sich entlang meiner Wirbelsäule oder an anderen Körperstellen äußerte. Manchmal waren meine Hände und Füße taub und gefühllos. Ich hatte Schwierigkeiten, mich auszudrücken, und gewisse Gerüche und Geräusche wurden mir unerträglich. Nur die Stimmen der Kinder, die draußen spielten, brachten mich ins Leben zurück. Mein Leben war fade geworden. Das kam mir sehr sonderbar vor, denn ich war immer eine dynamische und sehr optimistische Frau gewesen.

Nach einigen Jahren intensiver innerer Kämpfe und nach großen Läuterungsprozessen mit den Engelenergien, in deren Verlauf ich manchmal sehr hohe mystische Zustände erfahren durfte, konnte ich verstehen – mit allen Fasern meines Wesens verstehen –, dass diese Offenbarungen Geschenke des Schöpfers waren und dass sie mich Ihm näher gebracht hatten. So nach und nach fand ich wieder Geschmack am Leben. Dabei stellte ich fest, dass sich meine Sinne weiterentwickelt hatten: Meine Fähigkeit des Hellsehens, Hellhörens, Hellriechens und Hellfühlens war stärker ausgebildet. Und meine Einstellung gegenüber den Träumen hatte sich gänzlich gewandelt: Ich dankte nun Gott und Seinen Boten dafür – und ich danke Ihnen immer noch –, da mir heute der Wert dieser Enthüllungen über mich selbst bewusst ist. Offenbarungen aller Art können nun verstärkt erfolgen und Hunderte von Menschen berichten mir von Erfahrungen, die den meinen ähneln. Ich höre ihnen voller Mitgefühl und mit ganzer Seele zu, da ich ihren Schmerz nachempfinden und verstehen kann. Wie ich damals, erleben diese Menschen die Öffnung ihres Unbewusstseins. Dabei hebt sich der Schleier, um die Enthüllungen und Offenbarungen durchtreten zu lassen.

Das Thema dieses Vortrages sind die Offenbarungen. Wie können wir Offenbarungen erhalten? Ein Engel kann uns dabei helfen. Es handelt sich um den Engel LAUVIAH, der die Zahl 17 trägt. Er ist im wahrsten Sinne des Wortes der Engel der Offenbarungen.

Unter den 72 Engeln befindet sich ein anderer, der ebenfalls den Namen LAUVIAH trägt, doch Ihm ist eine andere Zahl, die 11, zugeordnet und Er hat andere Qualitäten. Er wird ebenfalls in einem

Kapitel dieses Buches behandelt. Die Tradition lehrt uns, dass diese beiden Engel sich ergänzen. Der Engel 11 LAUVIAH ist der Engel des Sieges, der Ausdehnung, der Begeisterung und des Erfolges. Er ist ein Engel des Tages und der Aktion, während der Engel 17 LAUVIAH ein Engel der Nacht ist, der von innen arbeitet und uns in unseren Träumen und meditativen traumähnlichen Zuständen Offenbarungen erhalten lässt. Der Tatsache, dass es zwei Engel gibt, die den gleichen Namen tragen, kommt im Einweihungsgeschehen eine Schlüsselfunktion zu, die uns einerseits erkennen lässt, wie bedeutungsvoll unsere Absicht ist, und die andererseits dazu beiträgt, die übliche Funktionsweise unseres Verstandes zu unterbrechen, der manchmal ausschließlich auf die Form ausgerichtet ist. Man könnte analog dazu folgendes Beispiel anführen: Ich kann an eine Nathalie denken, die in Paris wohnt, oder an eine andere Nathalie, die in Stuttgart wohnt.

Der Engel 17 LAUVIAH *ist wirksam bei Sorgen und Traurigkeit.* Um eines Tages wieder die Begeisterung und die Freude in ihrem reinen ursprünglichen Zustand empfinden zu können, müssen wir in unsere unbewussten Tiefen hinabsteigen. Wir müssen all das läutern und verwandeln, was unseren Sorgen und seelischen Qualen zugrunde liegt, was gut eingenistet in unserem Unbewusstsein verborgen ist und uns veranlasst, nach äußerem Ersatz zu suchen. Eines Tages werden wir all diesen Erinnerungen gegenübertreten müssen.

Jedes Mal, wenn wir ein Göttliches Gesetz übertreten, verursachen wir Kummer oder Traurigkeit, genauso wie bei der Übertretung eines irdischen Gesetzes. Die Übertretung hat unweigerlich Kummer und Sorgen zur Folge.

Wenn man mit den Engeln arbeitet, kann man die Zahlen als Zeichen betrachten und ihre Bedeutung interpretieren. Die Zahlen versinnbildlichen psychologische Aspekte der Engelessenzen. Es kommt vor, dass Menschen, die zum ersten Mal in die Vorträge über die Engellehre kommen und die Einweihungswissenschaft noch nicht kennen, uns sagen: „Das ist komisch. Seit mehreren Wochen, ja sogar Monaten, jedes Mal, wenn ich nach der Uhrzeit sehe, zeigt die Uhr die gleichen Ziffern an: Ich sehe 11:11. Andere Male sehe ich 12:12 oder 14:14." Die Zahl wechselt je nach Person und Zeitspanne, kommt jedoch immer wieder vor. Zu Beginn unseres geistigen Werdegangs häufen sich die so genannten Zufälle. Zunächst hat dieses Zusammentreffen der Ereignisse keine bestimmte Bedeutung. Die Kosmische Intelligenz will damit einfach nur unser Bewusstsein anregen und uns veranlassen, in der Tiefe, jenseits des Schleiers und der Form, nach den Antworten zu suchen. Auf diese Weise gewöhnen wir uns daran, in die parallelen Welten vorzudringen. Diese 'Zufälle' tragen zur Entwicklung unserer spirituellen Neugier bei, der guten, richtigen Neugier, der Neugier des Kindes, das Fragen stellt. Diese Neugier stellt die erste Tür dar, durch die der Mensch in eine höhere Dimension eintreten kann. Sie bewirkt gleichzeitig auch eine Öffnung, durch die er in immer größere Tiefen vordringen kann. Auf diese Weise wird ein innerer Prozess in Gang gesetzt.

Eine Zahl erhält erst dann eine Bedeutung, wenn ein Mensch zwischen ihr und dem, was er im Augenblick, als sie ihm auffiel, sah oder tat, eine Verbindung, einen Zusammenhang herstellen kann. Diese Verbindung lässt die Zahl zu einem Zeichen werden: Die Zahl erhält eine Bedeutung. Das gleiche Konzept findet auf alles, was wir in unserem unmittelbaren Umfeld beobachten können, Anwendung. Wenn z.B. in einem Saal, in dem sich 100 Menschen befinden, plötzlich ein Geräusch zu hören ist, so kann dieses für jeden der anwesenden Menschen eine andere Bedeutung haben. Diese hängt davon ab, was die betreffende Person gerade dachte, als sie das Geräusch vernahm. Mit der Zeit werden wir uns daran gewöhnen, so zu denken und die Ereignisse tiefgründig zu sehen und zu lesen. Wir werden die im Alltagsleben auftauchenden Zeichen fortlaufend lesen, da wir dann ständig und bewusst mit den parallelen Welten in Verbindung stehen. Durch das Lesen der Zeichen und die Deutung der Träume kann der Mensch eine umfassende spirituelle Autonomie entwickeln. So kommt dann irgendwann der Tag, wo er seine Verbindung zu Gott und den Himmlischen Mächten ununterbrochen aufrechterhalten kann.

Wir wollen uns nun die Qualitäten des Engels 17 LAUVIAH näher ansehen. Dieser Engel *gewährt die Wahrnehmung der großen Geheimnisse des Universums während der Nacht und lässt uns Offenbarungen in unseren Träumen und in meditativen traumähnlichen Zuständen erhalten.* Er hilft uns, wieder Gefallen am Träumen zu finden, sofern wir dieses verloren hatten, doch vor allen Dingen hilft Er uns die Botschaften zu verstehen, die in unseren Träumen enthalten sind. MAN wird uns zunächst enthüllen, wer wir sind und was wir zu ändern haben. Diese Enthüllungen sind zu Beginn manchmal schwer zu akzeptieren, doch es wird der Augenblick kommen, wo wir ausrufen werden: „Mehr, bitte, noch mehr!" Dann wünschen wir uns, dieser Enthüllungsprozess möge andauern, weil wir wissen, wohin er uns führt. Er ist ein wahres Geschenk, doch natürlich empfinden wir ihn zu Beginn nicht als solches. Bevor uns die Geheimnisse des Universums offenbart werden können, müssen wir uns mit einer Menge Hindernissen und Widerständen auseinandersetzen, denen unsere unbewussten Erinnerungen zu Grunde liegen.

Eines Tages werden wir dank dieses Prozesses Inspirationen aller Art erhalten können, denn der Engel 17 LAUVIAH verleiht *die Begabung für die transzendentale Musik, Poesie, Literatur und Philosophie.*

Dieser Engel lässt uns auch die Mechanismen der Psyche erkennen. Das Wort 'Psyche' ist von der griechischen Wurzel 'psy' abgeleitet, die all das umfasst, was die Seele berührt. Letztendlich ist die Psyche mit einem Spiegel vergleichbar, den man nach Belieben neigen kann. Dieses Konzept der Psyche als ein Spiegel der Seele ist sehr alt. Uns sind so viele Aspekte verschleiert, dass praktisch all unsere Wahrnehmungen verfälscht sind, solange wir den durch LAUVIAH dargestellten Energiestrahl nicht erneut integriert haben. Solange wir diese Engelenergie falsch verwenden, durchleben wir ihre Verzerrungen: *Sorgen und seelische Qualen, Traurigkeit, Depression, Schlaflosigkeit und Hyperaktivität.*

Ich möchte Ihnen nun eine wahre Begebenheit erzählen, die erkennen lässt, wie die Psyche funktioniert und insbesondere wie die unbewussten Erinnerungen unsere Wahrnehmungen verfälschen können. Eines Tages berichtete mir eine Frau, dass in dem Gästehaus, wo sie wohnte, eines Morgens, als Erdbeermarmelade serviert wurde, die Frau, die neben ihr saß, sie fragte:
- Findest du auch, dass die Marmelade einen Aspiringeschmack hat?
- Nein, erwiderte die Frau, ich finde, dass sie köstlich schmeckt.

Und alle übrigen am Tisch anwesenden Personen waren der gleichen Ansicht. Das veranlasste die Frau, die den Aspiringeschmack wahrgenommen hatte, über die Angelegenheit zu meditieren und am darauf folgenden Tag erklärte sie, den Grund erkannt zu haben, warum sie in der Konfitüre diesen Geschmack wahrgenommen hatte. Sie berichtete, dass ihre Mutter die Gewohnheit hatte, eine zerdrückte Aspirintablette mit Erdbeermarmelade zu vermischen und ihr diese jedes Mal, wenn sie als Kind Fieber hatte, so zu verabreichen. Sie wollte auf diese Weise dem Kind das Hinunterschlucken erleichtern. Die Frau fügte hinzu: „Ich mochte das nicht, doch ich hatte keine Wahl, das wurde mir aufgezwungen."

Dieses einfache Beispiel zeigt uns die Macht des Geistes, der den Geschmack verändern und uns einen anderen Geschmack als den tatsächlichen wahrnehmen lassen kann. Daran erkennt man, dass die unbewussten Erinnerungen die Wahrnehmungen verändern können. In einem Fall wie dem erwähnten – wo eine unangenehme Verbindung hergestellt wird – kann man auf zweierlei Weise reagieren. In einem gewöhnlichen Bewusstsein könnte man sich sagen: „Wenn Erdbeermarmelade bei mir jedes Mal einen Aspiringeschmack aufkommen lässt, dann werde ich eben ganz einfach keine mehr essen." Doch auf diese Weise wird das Problem nicht gelöst. Mit einem wachen Bewusstsein hingegen wird man dieselbe Situation als ein Zeichen betrachten, das auf unbewusste Teile im eigenen Innern hinweist. Und anstatt dem Problem auszuweichen, beginnt man darüber nachzudenken und zu meditieren.

Man glaubt oft, das Meditieren bestehe darin, den Zustand der gedankenlosen Leere zu erreichen. Doch dieser Zustand der Leere stellt die letzte Etappe dar und man sollte niemals versuchen, sie zu erzwingen. Wenn beim Meditieren Gedanken auftauchen, sollte man sie einfach behandeln. Sie stellen meistens nur die Spitze des Eisberges dar, d.h. den sichtbaren Teil eines umfassenden Problems. So ist z.B. diese Frau durch ihre Meditation in ihre Kindheit zurückgekehrt und hat damit einen Schritt getan. Doch da sollte man nicht stehen bleiben, sondern die Gelegenheit ergreifen und das Erlebnis anhand der Symbolsprache analysieren, so als handle es sich um ein Zeichen oder um einen Traum. Darin liegt der Schlüssel.

Ich möchte nun von einer Situation berichten, die gewisse Verzerrungen dieser Engelenergie betrifft, insbesondere *die Schlaflosigkeit und die Existenzängste*. Dieses Beispiel zeigt uns auch, wie man über eine Person, während man ihr zuhört, Offenbarungen erhält und wie man durch das Lesen der Zeichen Teile ihres unbewussten Seins wahrnehmen kann.

Es handelt sich um eine Frau, die zum ersten Mal an den Vorträgen über die Engellehre teilnahm und die sich mir anvertraute.

Sie erzählte mir zunächst, dass ihr Haus abgebrannt sei. Es gibt keinen Zufall: Wenn sich etwas in unserem Leben ereignet, dann kann man dem Erlebten immer einen tieferen Sinn entziehen. Das Feuer versinnbildlicht den Ur-Geist. Als Symbol des Geistes kann das Feuer sowohl einen positiven, aufbauenden, lichtvollen Aspekt darstellen als auch einen negativen, zerstörerischen. Ein negativer Geist ist wie ein Mensch, der Feuer legt. Er nährt kritikvolle Gedanken, diese fließen in seine Gefühle ein und treten schließlich in der Außenwelt in Form von Aggressivität und zerstörerischen Gesten in Erscheinung.

Ich sagte zu dieser Frau:
- MAN gibt Ihnen da etwas zu verstehen. Die Auslösung eines Ereignisses hat immer in der Welt der Gedanken ihren Ursprung.
- Ah, bemerkte sie dazu, das Haus ist einige Zeit, bevor mein Exmann und ich uns trennten, abgebrannt. Zu jener Zeit gab es zwischen uns sehr viel Uneinigkeit und Zwietracht. Es war jedoch immer mein Exmann, der Angst vor dem Feuer hatte.

Woher stammen solche Phobien und scheinbar unbegründeten Ängste? Könnte man im Unbewusstsein dieses Mannes nachsehen, dann würde man wahrscheinlich sehen, dass er in früheren Leben Opfer von Bränden gewesen ist. Doch auch hier muss man weiter vordringen, da man ansonsten diese Ängste nährt und sich diesbezüglich rechtfertigt: „Es ist normal, dass ich Angst habe, weil ich das schon durchgemacht habe." Man muss dem Problem auf den Grund gehen und sich befragen: „Ich hatte Gedanken, die nicht richtig waren. Was für Gedanken waren das?"

Ich sagte zu der Frau: „Obwohl es Ihr Mann war, der Angst hatte, ist es dennoch kein Zufall, dass Sie mit diesem Mann gelebt haben. Es bestehen zwischen ihm und Ihnen Resonanzen." Die bildhafte Darstellung der verschiedenen Bewusstseinsebenen auf Seite 6 zeigt uns, dass das bewusste Sein nur einen ganz geringen Teil unseres Seins darstellt und dass wir in unserem Innern, jenseits des Schleiers, massenweise Erinnerungen bergen, die uns unbewusst sind. Diese Erinnerungen ziehen bestimmte Ereignisse an uns heran. Die Ereignisse, die wir erleben, und die Menschen, mit denen wir Umgang haben, enthüllen uns folglich, was die verschiedenen Ebenen unseres unbewussten Seins enthalten. Wenn wir unsere Erlebnisse tatsächlich verstehen wollen, dann offenbart MAN uns diese verborgenen Inhalte. Ich fügte hinzu: „In der Welt der Ursachen gehört das, was zu diesem Brand geführt hat, teilweise auch zu Ihnen und nicht nur zu Ihrem Mann. Es handelt sich um Haltungen und Denkweisen, die Sie korrigieren müssen. Wenn Sie das nicht tun, dann werden sie sich erneut in der einen oder anderen Form manifestieren."

Danach berichtete sie mir von den Schwierigkeiten, die sie an ihrem Arbeitsplatz hatte: „Ich arbeite dort schon seit einigen Jahren, doch mein Chef und meine Chefin, die Bruder und Schwester sind, wiederholen ständig das gleiche Gerede und ich habe es satt, mir das anzuhören. Sie sind zudem aggressiv und kritisieren andauernd."

Außerdem fühlte sich diese Frau in ihrer Arbeit nicht anerkannt. Da sagte ich zu ihr: „Sie sind da auch nicht zufällig. Es bestehen zwischen Ihnen und diesen Menschen Resonanzen. Irgendwo in Ihrem Unbewusstsein hausen ähnliche Erinnerungen. Wenn auch dieser Gedanke zunächst nicht leicht zu akzeptieren ist, Sie werden sehen, wenn Sie das vertikale Lesen lernen, wird Ihnen das sehr helfen."

Um ihr zu zeigen, wie man dabei vorgeht, fragte ich sie:
- Was wiederholt Ihre Chefin andauernd?
- Sie wiederholt sehr oft, dass ihr Mann mit ihrer Kreditkarte auf und davon ist und alles ausgegeben hat und auch dass er überhaupt niemals im Haushalt mitgeholfen hat, sondern sich nur bedienen lassen wollte.
- Wenn ein Mensch von einem anderen Menschen spricht, ganz gleich, ob er dabei von dem spricht, was er an diesem Menschen mag, oder im Gegenteil, von dem, was ihn an ihm stört, dann spricht er eigentlich von sich selbst. Man spricht übrigens immer von sich selbst, auch dann, wenn man von den andern spricht, es sei denn, man hat bereits das, worum es geht, transzendiert. Doch in diesem Fall ist die Schwingungsenergie ganz anders und die betreffende Person spricht im Allgemeinen nicht von den andern.

„Wenn Ihre Chefin von ihrem Exmann spricht, dann erzählt sie Ihnen eigentlich Sachen über sich selbst. Sie können das, was sie Ihnen berichtet, so analysieren, als handle es sich um einen Traum, den sie Ihnen erzählt. Der Diebstahl der Kreditkarte bedeutet, dass gewisse Teile von ihr stehlen oder den andern die Energie rauben. Es ist zunächst normal, dass man den andern die Energie stiehlt. Man kann die Energie noch nicht direkt von der Ur-Quelle beziehen, weil gewisse Energiezentren verstopft sind, durch allerlei Blockierungen wie zum Beispiel Aggressivität, Kritik usw., und so ist man gezwungen, sich die Energie von außen zu besorgen, von den andern. Wenn Ihre Chefin davon spricht, dass ihr Mann zu Hause niemals arbeiten, sondern sich nur bedienen lassen wollte, dann spricht sie auch von sich. Das weist darauf hin, dass sie in sich noch egozentrische Teile trägt, die nicht auf das Wohlergehen der anderen Menschen bedacht sind."

Eines Tages hält man keine solchen Reden mehr, weil man sehr froh darüber ist, den andern dienen zu können, einschließlich des Lebensgefährten. Natürlich hat unser Austausch der Frau hinsichtlich der Art, wie sie ihre Chefin wahrnahm, neue Dimensionen eröffnet. Ich fügte hinzu: „Solange das, was Ihre Chefin sagt, Sie stört, solange ist es ein Hinweis, dass Sie ihr ein bisschen ähneln. Wenn sie vor Ihnen über diese Dinge spricht, können Sie sich dies zunutze machen und die Engel-Rezitier-Übung durchführen, anstatt zu stressen und zu verdrängen. Daran kann Sie niemand hindern. Und sagen Sie sich dabei: ‚Ich fühle mich gestört. Das bedeutet, dass ich irgendwo in mir ebenfalls diese Aspekte besitze, obwohl sie nicht sichtbar in Erscheinung treten. Durch die Rezitier-Übung werde ich die Pfropfen beseitigen.' Ansonsten verdrängen Sie Ihre aggressive Energie und kritisieren im Stillen, wodurch Sie die gleichen Kräfte in sich selbst nähren und sich weitere karmische Lasten aufladen. Ich werde Ihnen einen Tipp geben. Ich werde Ihnen sagen, wie ich selbst viele Jahre hindurch vorgegangen bin: Von allen Göttlichen Gesetzen habe ich mir vier unentwegt ins Gedächtnis gerufen. Diese vier Gesetze bildeten mein Motto, das ich meinen *Denk-wie-ein-Engel* nenne."

Während all der Zeit, wo ich mir diese Gesetze ständig ins Bewusstsein rief, führte ich mit mir Selbstgespräche, denn man sollte sich selbst niemals verurteilen. Man sollte Gedanken wie ‚Ach, nein! Wie kommt es, dass ich wieder abgestürzt bin, und dazu noch mit der gleichen Person?' vermeiden. Wenn man den Weg der spirituellen Entwicklung eingeschlagen hat, will man die Güte, die Großzügigkeit und all die übrigen schönen Qualitäten verkörpern. Gerät man jedoch mal aus den Fugen, dann fühlt man sich unwohl, kommt sich hässlich vor und schlägt sich auf den Kopf. Das ist zunächst normal.

Die Unfähigkeit, die vollkommene Meisterung zu bewahren, bedeutet aber nicht notwendigerweise, dass man erneut zu Fall gekommen ist. Die bildhafte Darstellung der verschiedenen Bewusstseinsebenen zeigt, wie immens groß der Speicher der unbewussten Erinnerungen ist. Zahlreiche Leben sind enthalten und ein Mensch, den man vor sich hat, kann Verzerrungen von 72 verschiedenen Energien verkörpern. So bearbeitet man erst eine, dann die nächste, und die folgende, und irgendwann öffnen SIE den Kanal. Würden SIE uns sofort all dem aussetzen, was wir sind, dann würden wir wie eine Bombe explodieren, weil es so gewaltig ist. Die Himmlischen Mächte verfahren folgendermaßen: SIE geben uns Energie und lassen uns alles Mögliche experimentieren, wobei dies mehr oder weniger richtig sein kann. Darin fühlen wir uns wohl und voller Tatendrang. Doch eines Tages öffnen SIE uns den Zugang zu unseren unbewussten Erinnerungen. Das veranlasst uns, an uns zu arbeiten, und etappenweise sagen SIE dann: „Wunderbar! Dieser Mensch hat eine Etappe zurückgelegt. Wir werden ihn etwas weiter führen." So entspricht die Erhöhung der Dosis des Bösen oder der Verzerrungen, in die wir hineingetaucht werden, einem Übergang, einem Einweihungsgrad. In diesem Sinne kann das, was uns wie ein erneuter Niederfall erscheint, eigentlich einen Lehrgang für eine schwierigere Prüfung darstellen.

Ich erinnerte mich also selbst unentwegt an die vier Gesetze, weil man natürlich im Eifer des Gefechts, wenn jemand einem bis zum Gehtnichtmehr auf den Nerven herumtanzt, leicht alles vergisst. Man wird von der mächtigen Energie, die aufsteigt, mitgerissen und das Gesetz der Resonanz sowie alle übrigen schönen Konzepte gehen in Rauch auf. Deshalb hatte ich meinen *Denk-wie-ein-Engel* immer bei der Hand. Zu Hause befestigte ich ihn an all jenen Stellen, wo ich mich regelmäßig befand, wie z.B. in der Küche am Kühlschrank. Da sprang er mir immer in die Augen. Das half mir, diese Gesetze fest in mir einzuschreiben.

☉

Mein Denk-wie-ein-Engel

Das erste Gesetz betrifft die Gerechtigkeit. Ich sagte mir: „Christiane, vergiss nicht. Du fühlst dich gestört. Das, was dieser Mensch im Augenblick tut, ist nicht richtig. Doch erinnere dich: **Die Göttliche Gerechtigkeit ist absolut.** Man erntet das, was man sät. Die Geistigen Führer werden sich um diesen Menschen kümmern, das ist absolut gewiss." Ich sagte mir auch: „Außerdem ist das nicht der geeignete Moment, um dich für die Gerechtigkeit einzusetzen, denn du fühlst dich nicht wohl, du bist nicht zentriert, du bist verärgert. Wenn du in dieser Verfassung mit diesem Menschen sprichst, wirst du dir eine weitere karmische Schuld einhandeln. Solltest du mit ihm sprechen müssen, dann mit Sanftmut und frei von jeglichem Rachegefühl. Atme gut durch und meditiere..."

Andererseits muss man aber auch mit dem Satz ‚Die Geistigen Führer werden sich schon darum kümmern' vorsichtig umgehen und sich daran erinnern, dass das Gefühl der Störung daher rührt, dass man in sich selbst ebenfalls diese Verhaltensweisen trägt, die einen bei dem andern stören. Dieser Rückschluss auf sich selbst ist zu Beginn nicht leicht, da die Kräfte, die durch das Erwachen der Resonanzen aufsteigen, sehr machtvoll sind. Nachdem man das Urteilen über die andern Gott anvertraut hat, sollte man sich auf das konzentrieren, was im eigenen Innern vor sich geht, und sich an **das Gesetz der Resonanz** erinnern, das zweite Gesetz meines *Denkwie-ein-Engel*.

Ich wiederhole mir: „Du hast nun dieses Problem. Dadurch zahlst du einfach deine karmischen Schulden ab. Das lässt dich wachsen." Es ist nicht notwendig, umfangreiche Psychologiestudien durchgeführt zu haben, um zu erkennen, was uns an der Haltung und dem Betragen der andern stört. Wenn wir – sobald das Gefühl der Störung in uns aufkommt – auf uns selbst zurückschließen, werden wir gewisse Teile unseres unbewussten Seins entdecken. Und mit Hilfe der Engel-Rezitier-Übung können wir dann die Bereinigung dieser Teile vornehmen. Auf diese Weise brechen wir die Kette der karmischen Schulden auf, ansonsten fahren wir fort, diese anzuhäufen.

Wenn wir uns mit einem Menschen wohl fühlen, fällt es uns leicht, zu sagen: „Du bist ich und ich bin du" und uns als Teil des Großen Ganzen zu fühlen. Das sind im übrigen Worte, die man in manchen spirituellen Kreisen sehr oft hört. Es ist jedoch nicht so einfach, zu sagen, dass der andere ein Teil von uns ist, wenn wir uns durch ihn gestört fühlen. Dazu gehört viel Mut. Bringt man diesen Mut nicht auf, dann befindet man sich noch nicht wirklich auf dem Einweihungsweg.

Sobald man im Falle einer Störung auf sich selbst zurückschließen kann, hat die Kraft, die aus dem Unbewusstsein auftaucht, keine

Ausweichmöglichkeiten mehr. Da man es sich nun nicht mehr gestattet, sich über die andern zu ärgern, wird diese Kraft nicht mehr umgeleitet, was einem vorher ein momentanes Wohlbefinden verschaffen konnte. Sie bleibt im eigenen Innern und man ist gezwungen, sich ihr zu stellen. Natürlich verursacht sie dort Wirbel. Doch es handelt sich nicht mehr um ein Verdrängen, was ja auch nicht richtig wäre. Es handelt sich nun um die Bewusstwerdung der Tatsache, dass man ein zugehöriger Teil des Ganzen ist. Man macht dann die Engel-Rezitier-Übung, bittet die Himmlischen Mächte um Hilfe, atmet und bereinigt. Irgendwann kehrt die Ruhe wieder ein und man kann spüren, dass der Pfropfen geplatzt ist. Eine weitere Etappe wurde zurückgelegt und ein Sieg davongetragen. Natürlich muss man diesen Vorgang oft wiederholen, denn die Bereinigung des Unbewusstseins ist ein langes Unterfangen, doch eines Tages ist man so sehr daran gewöhnt, dass er automatisch abläuft.

Hier nun das dritte Gesetz: **Das Böse hat eine erzieherische Funktion**. Es besteht, um uns wachsen und stark werden zu lassen, um uns anzuregen. Wenn sich nicht gewisse Ereignisse in unserem Leben zutragen würden, um uns ein wenig durchzurütteln, dann würden wir in unserer gemütlichen Bequemlichkeit verharren und weiterhin falsche Verhaltensweisen und Betragen nähren. Das Verständnis, dass das Böse im Dienste des Guten steht, hilft uns allen Situationen gegenüberzutreten, welcher Art sie auch sein mögen. So kann das, was uns zunächst wie ein unglückliches Ereignis erscheint, als ein Segen betrachtet werden.

Ich wiederhole mir auch das vierte Gesetz: „Christiane, erinnere dich: **Die Materie ist ein zeitlicher und ein erzieherischer Faktor**." Aus allen möglichen Gründen – die im Allgemeinen unserem Bedürfnis nach Anerkennung und Liebe entspringen – binden wir uns an die konkreten Ergebnisse, da wir meinen, diese würden uns Ansehen, Bewunderung und Macht verschaffen. Unsere Handlungen sind auf das Resultat ausgerichtet. Ich sagte mir: „Die Materie ist ein zeitlicher Faktor. Die Qualitäten, die du entwickelst, hingegen währen ewig."

Diese vier Gesetze habe ich mir jahrelang aufgesagt. Im Laufe der Zeit kamen sie mir immer schneller ins Bewusstsein, jedes Mal, wenn ich sie brauchte, um die Meisterung zu wahren. Sie beruhigten mich und halfen mir mein Zentrum wieder zu finden, so dass ich meine Arbeit fortsetzen konnte. Wenn man so vorgeht, hebt sich das eigene Schwingungsniveau und irgendwann, einem Wunder gleich, klärt sich der Himmel, man hat einen größeren Durchblick, kann alles leichter hinnehmen und die Situation kommt wieder ins Lot. Das ist absolut wahr und gewiss, und man wird sich dessen selbst bewusst, nachdem man einige Male auf diese Weise vorgegangen ist. Eines Tages werden sich diese Gesetze, die die Grundlage der ersten Stufe der Erleuchtung darstellen, in unserem Herzen und all unseren Zellen festgeschrieben haben, doch bevor dies erreicht ist, müssen wir natürlich üben.

Hier nun eine ganz einfache Analogie, die erkennen lässt, wie wichtig das ausdauernde Wiederholen ist, und die zeigt, dass auf dem Weg der spirituellen Entwicklung eine gewisse Disziplin unerlässlich ist. In Kanada fährt man auf der rechten Fahrspur. Wenn man seinen Wagen besteigt, sagt man sich nicht: „Augenblick mal! Auf welcher Seite muss ich nun fahren? Rechts oder links?" Nein, man besteigt den Wagen und fährt rechts, da das Rechtsfahren eingeprägtes Gesetz geworden ist.

Begibt man sich nun aber mehrere Jahre lang in ein Land, wo man links fährt, dann wird sich das Linksfahren ins Gedächtnis einprägen. Und wenn man wieder nach Kanada zurückkehrt, muss man zu Beginn sehr vorsichtig sein und sich jedes Mal fragen, auf welcher Seite gefahren wird, da man sowohl Erinnerungen des Rechtsfahrens als auch Erinnerungen des Linksfahrens in sich trägt, und das kann Verwirrung schaffen. Sogar mehrere Jahre später kann man einen kurzen Augenblick der Schwäche haben und, hopps, man findet sich auf der linken Straßenseite wieder. Das kann Unfälle verursachen. Genauso verhält es sich mit dem Bewusstsein. Zahlreiche Erinnerungen haben sich angehäuft, die uns zu unseren ehemaligen verzerrten Verhaltensweisen zurückkehren lassen, und selbst wenn man sehr viel an sich gearbeitet hat, kann man ausrutschen und die Meisterung verlieren. Deshalb ist es notwendig, wachsam zu sein und sich die Kosmischen Gesetze ständig in Erinnerung zu rufen, da sie uns helfen, die Meisterung zu wahren.

Ich will nun mit dem Beispiel der Frau fortfahren, um Ihnen zu zeigen, wie der Beruf, den wir ausüben, uns unsere inneren Bedürfnisse offenbart und mit unserem Lebensprogramm übereinstimmt. Anders gesagt: Wir üben diesen oder jenen Beruf nicht zufällig aus.

Diese Frau sagte zu mir:

– Aber ich habe mir die Arbeitsstelle mit diesen Leuten als Vorgesetzte nicht ausgesucht. Ich war arbeitslos und wurde regelrecht auf diese Stelle hinkatapultiert. Danach hatte ich keine andere Wahl mehr. Und diese Situation halte ich nun schon mehrere Jahre lang aus.

Dass man auf einen Arbeitsplatz oder in einen Beruf katapultiert wird, d.h. dass man ihn nicht bewusst wählt, ändert nichts an der Tatsache, dass die äußere Arbeit anzeigt, was man in seinem Innern entwickeln und festschreiben muss. Wenn die Zugvögel auf Reise sind, werden sie von ihrem Instinkt gesteuert, der sie gewissen Flugbahnen folgen lässt, welche durch die elektromagnetischen Felder bestimmt sind. Was uns Menschen betrifft, so verhält es sich genauso: Wir haben ein inneres Programm, das uns auf gewisse Orte und Menschen zusteuern lässt. Der Mensch glaubt, wählen zu können, doch eigentlich kann er nur in dem ihm gewährten Rahmen wählen. Die Hauptlinien unseres Lebens – wo wir geboren wurden, wer unsere Eltern sind usw. – sind durch die karmischen Dimensionen unseres inneren Programms festgelegt. Doch wir sind selbst diejenigen, die diese karmischen Dimensionen durch unser Experimentieren mit dem Guten und dem Bösen geschaffen haben. Hat ein Mensch ein gewisses Niveau an Wahnsinn, Angstgefühlen oder Boshaftigkeit erreicht, versetzt MAN ihn in konkrete, schwierige Situationen, die dem entsprechen, was er selbst gesät hat. So ist er selbst Urheber der Prüfungen, die er durchleben muss. Auf diese Weise wirkt das Gesetz der Göttlichen Gerechtigkeit und darin unterscheiden wir uns von den Tieren. Wir haben vom Schöpfer das Geschenk des Bewusstseins erhalten und damit aber auch die Verantwortung für unsere Gedanken und Taten. Wir besitzen die Fähigkeit, unser Bewusstsein grenzenlos weiterwachsen zu lassen, seine Möglichkeiten erstrecken sich ins Unendliche. Um dieses Potenzial zu entwickeln, müssen wir die verschiedenartigsten Experimente durchleben. Unter der Leitung der Kosmischen Intelligenz nehmen wir durch unsere Gedanken, Gefühle und Handlungen unmittelbar am Aufbau unseres Lebensprogramms teil. Wir erschaffen unsere Zukunft unter anderem durch unsere täglichen Entscheidungen und dabei führt uns unser Lebensprogramm jeweils dorthin, wo wir uns gerade befinden. Deshalb befinden wir uns immer genau dort, wo wir sein müssen.

Wenn unser Erwachen beginnt und wir fähig werden, diesen Ablauf zu verstehen, dann können wir uns sagen: „Da bin ich nun und mag hier nicht sein, denn ich fühl mich hier nicht wohl, doch das gehört zu meinem Programm. Ich verstehe, dass ich diesen Tätigkeitsbereich in meinem Innern integrieren muss." So kann man die Notwendigkeit einer Arbeit, die eine karmische Komponente darstellt, akzeptieren. Doch da man nun das, was man durchlebt, auch verstehen kann, wird man das Leben dennoch schön und angenehm finden.

Worin bestand nun die Arbeit, die dieser Frau als Broterwerb diente? Sie nähte aus festem Tuch Schutzverkleidungen für Autos. Wenn man einen Beruf analysiert, wendet man die gleiche Symbolsprache an wie für eine Traumdeutung und untersucht ihn ebenso tiefgründig. Zunächst ist das Nähen ein Zusammenfügen: Man fügt Teile zusammen. Auf der Ebene unseres inneren Seins symbolisiert das Nähen ein Bedürfnis nach Vereinigung unserer verschiedenen Persönlichkeiten. Wir sahen, dass wir alle in unserem Unbewusstsein eine große Menge Erinnerungen tragen, die ebenso zahlreiche wie verschiedene Persönlichkeiten ins Leben rufen. Wenn man ein Kleidungsstück näht – die Kleidung bezieht sich auf die Aura –, so deutet dies auf ein Bedürfnis nach Vereinigung der verschiedenen Persönlichkeiten hin. Diese Frau nähte Schutzverkleidungen für Autos. Ein Auto – wie alle Fahrzeuge – symbolisiert das Betragen, die Art und Weise wie wir uns in Gesellschaft, d.h. im Umgang mit den anderen verhalten. So berührt der Beruf dieser Frau den Schutz im Hinblick auf ihr persönliches Verhalten im Zusammenleben mit den anderen. Diese Frau vereinigt Teile von sich selbst, die wieder zusammengefügt ihren inneren Schutz darstellen werden. Um dies zu erreichen, muss sie aufhören, sich den anderen gegenüber so zu verhalten, wie sie es gegenwärtig tut.

Es gibt einen positiven und einen negativen Schutz, wobei letzterer zu bearbeiten ist. Was ist jedoch unter einem negativen Schutz zu verstehen? Der negative Schutz besteht darin, sich zu isolieren, wenn man sich mit den anderen nicht wohl fühlt. Man verschließt sich und mauert sich ein. Je mehr man sich verschließt, umso mehr trennt man sich aber auch vom Großen Ganzen ab, vom Schöpfer.

Ich sagte zu der Frau: „Da Sie in einem Nähberuf arbeiten und oft die gleichen Handbewegungen wiederholen müssen, können Sie dies nutzen und intensiv die Engel-Rezitier-Übung machen. Sie verfügen über sehr viel Zeit, um an sich zu arbeiten. Indem Sie sich das Resonanzgesetz im Bewusstsein halten, können Sie sich während des Nähens sagen: ‚Das stört mich, das öffnet eine Wunde und berührt mich zutiefst, doch anstatt mich zu verschließen, akzeptiere ich den Gedanken, dass ich diese Aspekte auch in mir trage.' Auf diese Weise werden Sie an Ihrem inneren Schutz arbeiten."

Gegen Ende unseres Gesprächs gestand mir die Frau, dass sie an einer Phobie litt, die sich allmählich bei ihr eingeschlichen hatte. Sie hatte eine riesige Angst davor, aggressiv zu werden, zu platzen und die Kontrolle zu verlieren. Das belastete und beunruhigte sie sehr und verursachte ihr Schlaflosigkeit. Ich erwiderte darauf: „Diese Phobie, die Sie erwähnen, enthüllt Ihre Resonanzen mit Ihrem Mann, bei dem sie sich durch die Angst vor dem Feuer äußert. Es handelt sich um Erinnerungen der Aggressivität. Das Gleiche gilt für Ihre Arbeitgeber, die Sie mir als aggressiv geschildert haben. Sie haben diesbezügliche Erinnerungen zu bereinigen. Als Sie mir von Ihnen berichteten, sprachen Sie zwar von deren Aggressivität und das ist schon o.k. Doch eines Tages werden wir gelernt haben, immer mit Bezug auf uns selbst zu lesen. Alles, was wir verdrängen und in unserem Unbewusstsein aufbewahren, verwandelt sich in eine emotionale Ladung, die jederzeit explodieren kann. Sobald sich der Schleier über dem Unbewusstsein zu lüften beginnt, wird das Druckventil, das normalerweise diese Ladung unter Kontrolle hält, ganz plötzlich wirkungslos. Wir sind dann gezwungen, uns um diese Erinnerungen zu kümmern. Jene Menschen, die das nicht tun, werden natürlich zu guter Letzt in der Tat explodieren. Das äußert sich bis in die physische Ebene hinein, manchmal durch eine kriminelle Handlung." Die Frau war sehr zufrieden: Diese Erklärungen stellten für sie wahre Offenbarungen dar.

Im Übrigen sagte sie zu mir: „Ich habe ein Buch über weiße Magie gelesen, in dem man erklärt, dass man mit dieser Technik anderen Menschen helfen kann. Ich sagte mir, dass ich das gerne tun würde." – Das schien ihr einfach. – „Am Abend vor dem Einschlafen habe ich an S<small>IE</small> die Frage gestellt, ob es gut sei, ob es für mich das Richtige sei, weiße Magie zu betreiben und damit den anderen zu helfen. In jener Nacht erhielt ich einen Traum. *Ich befand mich an einem Strand, wo es vor Insekten wimmelte. Überall gab es Insekten. Sogar eine leere Flasche, die da lag, füllte sich mit Insekten.* Am Morgen beim Aufwachen wusste ich, dass ich meine Antwort erhalten hatte. Der Traum war klar: ‚Keine weiße Magie! Kümmere dich erst um deine Insekten, bevor du dich daran machst, dich um die Insekten der anderen zu kümmern.' (Lachen)"

Ich beglückwünschte die Frau zu ihrer spirituellen Ehrlichkeit und Integrität. Ich sagte zu ihr: „Bravo! Manche Menschen glauben, weiße Magie zu betreiben, werden jedoch dabei unwissentlich und unbewusst von ihren Wünschen nach persönlicher Macht unterlaufen: dadurch verwandelt sich ihr Wirken in schwarze Magie. Sie haben Ihrer Seele wirklich eine schwere karmische Schuld erspart."
Die Magie ist ein Experimentieren, und so gesehen ist sie nicht dramatisch, doch schafft man sich durch sie karmische Lasten, die man später bereinigen muss. Man soll den anderen helfen – man muss altruistisch sein –, bevor man jedoch weiße Magie betreiben kann, muss man erst einmal in sich selbst ein großes Reinemachen und Läutern vornehmen.

Bevor sie sich verabschiedete, erzählte mir die Frau einen Traum, der, wie Sie sehen werden, sehr aufschlussreich ist. Sie sagte zu mir: „In der letzten Zeit vor meiner Trennung von meinem Mann verstand ich mich überhaupt nicht mehr mit ihm, und MAN schickte mir folgenden Traum: *Eine Frau stieg Treppen hinauf. Oben angelangt, sah sie in einem Hundekorb einen ganz mageren Mann liegen, der vom Krieg heimgekehrt zu sein schien. Die Frau war ihm gegenüber gleichgültig, sie sah ihn nicht einmal an. Dann fiel sie die Treppen hinab und zerbrach in Tausend Stücke.* Was bedeutet dieser Traum?"

Ich sagte zu ihr: „Alle Personen, die in Ihrem Traum vorkommen, stellen Teile Ihres Selbst dar. In Bezug auf das Erdgeschoss eines Hauses symbolisiert der Teil, zu dem eine Treppe hochführt, die Zukunft, die Welt der Ursachen, das, was herannaht. Dieser Traum enthält zwei Teile. Sehen wir uns zunächst den ersten Teil näher an. Der Mann symbolisiert die Welt der Handlung und der Manifestierung. Dass der Mann im Traum mager ist und den Eindruck eines Kriegsheimkehrers vermittelt, weist auf fehlende Ressourcen und einen Mangel an Liebe hin. Dieser Mensch hat Konflikte und Aggressivität erfahren und das hat ihn seiner Energie beraubt. Er befindet sich in einem Hundekorb: Das zeigt an, dass dieser Teil Ihres Wesens sich wie ein Hund behandelt fühlt. Im zweiten Teil des Traums ist die Frau – welche die Innenwelt symbolisiert – gleichgültig. Sie will nichts sehen und bleibt kalt. Der Inhalt eines Traumes manifestiert sich immer, da er das Programm beschreibt, das gerade anläuft, ob man es nun will oder nicht, ob man es berücksichtigt oder nicht. Durch diesen Traum kündigte MAN Ihnen an, dass Ihr Schutzpanzer oder Ihre Gleichgültigkeit demnächst in die Brüche gehen wird und dass Sie danach das Gefühl haben werden, nicht gut behandelt zu werden. Sie werden sich niedergeschlagen und unterdrückt fühlen."

Eben das empfand die Frau in Gegenwart ihrer Arbeitgeber. Sie hatte diesen Traum schon vor einiger Zeit erhalten und er war dabei, Wirklichkeit zu werden. Man sieht, dass sie sich einen Schutzpanzer der Gleichgültigkeit geschaffen und sich verhärtet hatte, um die schmerzhaften Resonanzen, die die anderen in ihr weckten, nicht so stark zu empfinden.

So funktionieren die Offenbarungen: Wir entwickeln ersatzweise Verhaltensmuster und Formen des Betragens, doch irgendwann lassen die Himmlischen Mächte unseren Schutzpanzer auseinanderbrechen und wir müssen dann all dem, was uns störte, gegenübertreten. Solche Situationen können Depressionen hervorrufen, vor allem wenn man den Vorgang nicht versteht. Deshalb sollte man sich über Träume wie diesen freuen, da solche Träume sehr befreiend und wichtig sind.

Wie kann sich nun ein solcher Traum in der konkreten Wirklichkeit manifestieren? Es ist gut, Träume zu haben und sie richtig zu interpretieren, doch man muss auch versuchen, ihre Verwirklichung im Alltagsleben zu erkennen. Ein Traum wie der dieser Frau äußert sich mehrere Male im Laufe des Tages und auch in den darauf folgenden Tagen und Monaten. Die Frau, von der die Rede ist, könnte jahrelang an dem Inhalt dieses Traumes arbeiten. Im konkreten Alltag könnte sie einen Mann daherkommen sehen, der wohlhabend ist, eine ungezwungene Art hat und schön reden kann, und unbewusst würde sie das mit jenem Teil in ihr in Berührung bringen, der armselig in einem Hundekorb liegt. Sie würde sich niedergeschlagen fühlen und unabhängig davon, ob das Verhalten dieses Mannes gerecht oder ungerecht wäre, würde sie sich auf jeden Fall mit ihm vergleichen und dabei denken: „Ach, ich habe dieses schöne, leichte, wohlhabende Leben nicht." Und sie würde sich minderwertig fühlen. Zwei Minuten später könnte sie einem anderen Mann begegnen, einem linkischen, ärmlich aussehenden Mann, und da könnte sie dann eine vollkommen gleichgültige oder gar vernichtende Haltung an den Tag legen.

Natürlich sind wir uns solcher Verhaltensmuster meistens gar nicht bewusst. Diese Frau ist ein angenehmer, sympathischer Mensch. Doch das Ganze spielt sich auf der Ebene der feinstofflichen Energien ab. In dem erwähnten Beispiel wäre von außen gesehen das Benehmen der Frau vollkommen richtig gewesen: Sie hätte dem ärmlichen Mann gegenüber kein einziges verletzendes Wort gesagt. Doch auf der Ebene der feinstofflichen Energien würde man ihre Abscheu spüren können. Am Anfang nimmt man diese Feinheiten nicht wahr, da sie mit anderen, grobstofflichen Wahrnehmungen vermischt sind.

Erhält man einen Traum, der auf gewisse Verzerrungen aufmerksam macht, so kann man den betreffenden Energiestrahl anpeilen. Sobald sich dann eine damit verbundene Situation ergibt, nimmt man die diesbezüglichen inneren Reaktionen viel leichter wahr. Da sagt man sich: „Nein, das betrifft mich selbst. Das hat nichts mit diesem Mann zu tun. Ich werde diesen Teil in mir mal bereinigen." Macht man es sich zur Gewohnheit, sich selbst zu beobachten und auf diese Weise zu reagieren, kann man eines Tages alles erhalten und seine Umwelt jederzeit verstehen.

Man sieht den Reichtum und die Schönheit solcher Träume. Sie stellen große Geschenke dar, die uns die Himmlischen Mächte anbieten. Und natürlich sind Sie freundlich und nett: Hin und wieder schicken Sie uns Träume voller Licht, um uns zu sagen: „Sieh mal, du bist in deiner Entwicklung vorangekommen." Die schönen Träume sind leicht anzunehmen, doch man muss so weit kommen, Träume aller Art erhalten und demutsvoll hinnehmen zu können. Auf diese Weise kommt man sehr schnell voran, so, als würde man an einem fortlaufenden Lehrgang mit einem ganz persönlich abgestimmten Unterricht teilnehmen, denn die Informationen werden ständig direkt, von innen her, übermittelt. Darin besteht die spirituelle Autonomie.

Ich möchte Ihnen noch einen anderen Erlebnisbericht mitteilen, der mit den Offenbarungen zu tun hat und zeigt, dass der Arbeitsplatz ein idealer Ort ist, um Offenbarungen zu erhalten und um die Qualitäten und Tugenden zu entwickeln. Es handelt sich um die Lage, in der sich ein Mann befand, der schon seit mehreren Jahren mit der Traditionellen Engellehre arbeitet. Er vertraut sich regelmäßig meinem Mann an und bittet ihn auch um die Deutung seiner Träume. Dieser Mann arbeitet in einem multinationalen Unternehmen und verwaltet millionenschwere Portofolios. Einmal sagte er zu meinem Mann: „Ich bin es müde, mit gewissen Personen zu arbeiten. Ich muss umfangreiche Projekte ausarbeiten und das hat zur Folge, dass ich manchmal mit Geschäftsleuten zu tun habe, die wirklich über alle Maßen von sich eingenommen sind." Er fühlte sich zwischen seiner spirituellen Philosophie und dem, was er an seinem Arbeitsplatz erlebte, hin- und hergerissen.

Darauf sagte mein Mann zu ihm: „Du weißt, dass das Gesetz der Resonanz auch in deinem Fall Anwendung findet. Solange du dich durch den Hochmut dieser Geschäftsmänner gestört fühlst, so lange trägst du selbst noch diese Aspekte irgendwo in deinen unbewussten Erinnerungen mit dir herum. Eines Tages wirst du diese Menschen lieben können und sie wie kleine Kinder betrachten, die mit ihren schönen Spielsachen prahlen. Denn genau das tun sie. Doch bis du so weit bist, solltest du deine Arbeit in diesem Unternehmen dazu nutzen, deine diesbezüglichen Erinnerungen zu bereinigen, die bewirken, dass du dich derzeit unbehaglich fühlst."

Später erzählte ihm dieser Mann einen seiner Träume, in dem MAN ihn seine Fortschritte erkennen ließ und auch zeigte, wo er auf seinem Entwicklungsweg angelangt war. *Er befand sich mit Geschäftsmännern in Mexiko auf dem Gipfel eines Berges. Während des Abstiegs spürte er auf halbem Weg plötzlich, wie ihn etwas in die Brust stach. Es war eine Distel. Als er versuchte sie zu entfernen, riss er sich die Haut auf, doch er sah kein Blut fließen. Später hatte er die Distel in der Hand und im Inneren seiner Brust auf Herzhöhe befand sich ein lebendes Auge.*

Mein Mann sagte zu ihm: „Das ist wirklich ein schöner Traum, ein bedeutender Traum, in dem MAN dir zeigt, wie du in die Materie hinabsteigst. MAN zeigt dir, wie du Geist und Materie vereinst. Von nun an wirst du mit dem Auge des Herzens sehen können. Die Verzerrungen der Geschäftsmänner werden dich weniger stören, da du sehr viel an dir gearbeitet hast." Ah! Der Mann war zufrieden und sagte lächelnd: „So hatte ich diesen Traum auch gedeutet."

Analysieren wir nun diesen Traum. Da wir das Arbeitsumfeld dieses Mannes kennen, zeigt die Tatsache, dass er sich mit Geschäftsmännern in Mexiko befand, dass MAN ihn in ganz alte Erinnerungen zurückführte, die z.B. ein Leben bei den Azteken betreffen könnten, ein Leben, in dem er wahrscheinlich eine bedeutende wirtschaftliche und soziale Macht besaß, diese jedoch nicht richtig verwendet hatte. Er entdeckte auf seiner Brust eine Distel. Er hätte ein völlig anderes schmerzhaftes Symbol entdecken können, doch die Distel hat eine ganz besondere Bedeutung. Zunächst gehört sie dem Pflanzenreich an, das symbolisch gesehen mit den Gefühlen in Verbindung steht. Diese Symbolik wird noch dadurch verstärkt, dass die Distel sich in der Nähe seines Herzens befand. Außerdem hat die Distel therapeutische Eigenschaften, sie regt unter anderem die Sekretion der Galle an und ist im Falle von Lebervergiftungen sehr wirkungsvoll.

Dieser Traum half dem Mann die tief liegende Ursache einer schweren Lebensmittelvergiftung zu verstehen, an der er einige Jahre zuvor erkrankt war. Wenn man eine Vergiftung dieser Art nicht mit einer gewissen Tiefe analysiert, dann sagt man sich einfach: „Na, meine Lebensmittelvergiftung kommt daher, dass ich dies oder jenes gegessen habe." Doch dieser Traum zeigte dem Mann den wahren Grund seiner Vergiftung: die Resonanzen, die er mit den Geschäftsleuten hatte, die ihre Macht nicht richtig gebrauchten. Das Lebensprogramm dieses Mannes ist sehr spirituell und deshalb wollte MAN ihn veranlassen, gewisse noch in ihm vorhandene Verhaltensmuster zu ändern. Das Symbol der Distel zeigt uns abermals, dass das Böse einen therapeutischen Wert hat und unserer Entwicklung dienlich ist. Die innere Zerrissenheit, die dieser Mann in seiner Arbeit durchlebte, veranlasste ihn, an sich zu arbeiten und dadurch den Wert des Herzens wieder zu entdecken.

Das Erreichte ließ ihn einen weiteren Traum erhalten, der für ihn eine sehr überraschende Offenbarung darstellte. *Er wanderte im Innenbereich einer Universität umher und wurde sich plötzlich bewusst, dass alle ihn beobachteten. Da sah er an sich herunter und bemerkte, dass er nur eine Babywindel trug* (Lachen). *„Oje, das kann doch nicht sein', sagte er sich da und fühlte sich ganz geniert.* Stellen Sie sich das einmal vor, das ist, als würde ich nur mit einer Windel bekleidet nun hier vor Ihnen stehen. Das wäre was!

Warum hatte MAN ihm diesen Traum geschickt? Selbst wenn wir nie Universitätsstudien absolviert haben, symbolisiert eine Universität in einem Traum immer die Hohen Studien, die unser Bewusstsein durchläuft. MAN wollte diesem Mann durch den Traum sagen: „Was die Hohen Studien des Bewusstseins betrifft, da bist du noch ein ganz kleines Baby. Da steckst du noch in den Windeln und kannst weiter nichts als brabbeln." Und all jene, die ihn betrachteten, stellten Teile von ihm selbst dar. MAN hätte ihm auch einen anderen Traum schicken können, in dem die Leute es ganz normal gefunden hätten, dass er in einer Windel herumspazierte. Welchen Unterschied hätte das ergeben? Dieser Traum, in dem alle Anwesenden, einschließlich des Träumers, sich dessen bewusst waren, dass der Mann eine Windel trug, weist auf ein höheres Niveau der geistigen Entwicklung hin, da er zeigt, dass der Mann wusste, auf welchem Niveau er angelangt war. Dieser Mann trägt in seinem Beruf große Verantwortung, hat Universitätsstudien abgeschlossen und genießt folglich einen hohen sozialen Rang. Doch mit diesem Traum ließen ihn die Himmlischen Mächte wissen: „Was deine Bewusstseinsstudien betrifft, da bist du noch ein ganz kleines Baby."

Wozu dienen solche Träume? Sie lehren uns die Demut. Darin liegt der Schlüssel: Wenn man Offenbarungen erhalten möchte, ist die Entwicklung der Demut eine absolute Notwendigkeit. Sobald die Himmlischen Mächte mit der Öffnung des Unbewusstseins beginnen und einem enthüllen, wer man wirklich ist, erweist sich das Bild, das man von sich selbst zusammengeschmiedet hat, plötzlich als vollkommen falsch. Dabei dachte man doch, man sei ein großzügiger Humanist und hätte allerlei Qualitäten, und entdeckt nun: „Nein, so bin ich nicht, und so auch nicht. Und auch das bin ich nicht!" Zu Beginn lassen einen all diese Offenbarungen ganz schwindlig werden und man fühlt sich sowohl auf der mentalen als auch auf der emotionalen und körperlichen Ebene ganz zerstört. Doch man baut sich schließlich wieder auf. Und in der Zwischenzeit lernt man, sich so zu sehen, wie man tatsächlich ist, und freut sich sogar darüber. Die Demut ist in der Tat eine Tür, die zu den Offenbarungen führt. Viele Traditionen bestätigen das, doch jeder muss selbst über die Schwelle dieser Tür treten.

Dieser Mann hat ein starkes Charisma, er ist in schöner Weise schlicht und hat ein angenehmes Wesen. Er erhält in seinen Träumen Offenbarungen und benutzt diese in seinem konkreten Leben. So beschloss er z.B., in seinem Betrieb das Verfahren der Personaleinstellung zu ändern. Er muss nämlich gelegentlich neue Mitarbeiter einstellen. Er teilte den Stellenagenturen, mit denen er zu tun hatte, mit, dass sie künftig eine erste Auswahl unter den Bewerbern vorzunehmen hätten und er danach nur die von ihnen ausgewählten Kandidaten treffen würde. Er hatte die Idee, die Lebensläufe der Bewerber nicht sofort einzusehen, sondern erst gegen Ende des

Vorstellungsgespräches, da er seine Entscheidungen nicht mehr anhand der Lebensläufe treffen wollte. Natürlich lieferte er den Stellenagenturen weiterhin genaue Angaben bezüglich der erforderlichen Kompetenzen sowie eine detaillierte Stellenbeschreibung, doch diese mussten künftig selber prüfen, ob die Bewerber diesen Kriterien entsprachen oder nicht. Die Agenturen waren vor den Kopf gestoßen und ebenso die Bewerber. Diese Art des Verfahrens ist wirklich sehr ungewöhnlich, besonders bei der Einstellung leitender Angestellter.

Warum wollte dieser Mann das Einstellungsverfahren ändern? Er war sich bewusst geworden, dass er, wenn er den Lebenslauf zuerst las, das Vorstellungsgespräch mit dem Bewerber voller Vorurteile anging – eine Begegnung, der eine vorausgehende Analyse zugrunde liegt, stellt das Erscheinungsbild eines Menschen an den Pranger. Außerdem hatte dieser Mann Vertrauen in *das intuitive, nicht analytische Verstehen* gefasst, welches eine der Qualitäten des Engels 17 LAUVIAH darstellt. Er glaubte, dass diese Vorgehensweise ihm helfen würde, seine Intuition zu entwickeln sowie seine Fähigkeit, die Menschen aufgrund der subtilen Wahrnehmung zu erfassen, d.h. indem er die Schwingung erfühlen lernte, die sich hinter der konkreten Erscheinung und den gesprochenen Worten verbarg. Diese Methode hinderte ihn ja auch keinesfalls daran, anschließend den Lebenslauf des Bewerbers zu studieren.

Natürlich sind die nicht auf Analyse basierenden Methoden zur Erkenntnis der Mitmenschen nichts Neues. Dieses Thema wird in zahlreichen Werken behandelt, unter anderem in Werken über das Personalmanagement. Diese Werke haben ihre Nützlichkeit, dennoch bleibt die Tatsache bestehen, dass man die anderen Menschen nur insoweit tiefgründig erfassen kann, als man sich selbst in der Tiefe kennt. Anders gesagt, es ist unmöglich, das wahre Wesen eines Menschen zu erkennen, wenn man diese Arbeit nicht in sich selbst vollzogen hat, denn das Bild, das man sich von dem anderen macht, wird durch die eigenen unbewussten Erinnerungen verzerrt. In einem Gespräch kann der andere etwas sagen, das plötzlich eine unbewusste Erinnerung berührt, und man wird dann glauben – um das erwähnte Beispiel wieder aufzunehmen –, dass der andere der Erdbeermarmelade Aspirin beigemischt hat. Das verwirrt und fälscht die Wahrnehmung, dabei ist man selbst derjenige, der das Aspirin beigefügt hat. Folglich wird nur ein Teil der Wahrnehmung richtig sein, während der andere Teil verzerrt ist. So funktioniert das mit der Wahrnehmung. Natürlich kann unsere Wahrnehmung zu Beginn nicht klar sein und folglich können wir in unserer Beurteilung der anderen auch nicht gerecht sein, doch wir können beobachten und lernen: „Ah! Ich habe das gefühlt, und in meinem Traum hat MAN mir das gezeigt, und jene Erinnerung ist in mir aufgestiegen..." Auf diese Weise lernt man sich selbst durch die anderen kennen.

So löst man die eigenen karmischen Knoten auf, bis man eines Tages keine Resonanzen mehr hat, die mit Verzerrungen in Bezug stehen. Dann kann man die Menschen richtig wahrnehmen, da man in gewissem Sinne neutral geworden ist. Wenn man dann sagt: „Ja, es ist Konfitüre, doch sie enthält Aspirin", so enthält die Konfitüre in der Tat Aspirin. Man muss jedoch eine lange innere Arbeit vollziehen, um ein so hohes Niveau genauer Wahrnehmung zu erreichen. Dabei handelt es sich um eine Arbeit der Verfeinerung, um eine wahre Goldschmiedearbeit am Bewusstsein.

Wie ich Ihnen berichtete – und Sie konnten sehen, weshalb –, fühlte sich dieser Mann zwischen seiner spirituellen Philosophie und seiner beruflichen Arbeit hin- und hergerissen. Einige Zeit lang schon fragte er sich, ob er seinen Posten verlassen sollte oder nicht, und darüber sprach er natürlich auch mit meinem Mann, der ihm einfach riet, um einen Traum zu bitten. Dieser Mann träumt sehr viel und seine Träume sind sehr präzise. „Bitte darum, MAN möge dir klar zu erkennen geben, ob Folgendes der Fall ist: ‚Ja, nun ist es Zeit zu gehen, du hast deine Lehre in diesem Unternehmen beendet.' Doch musst du die Verpflichtung eingehen, die Anweisung dann auch zu befolgen und nicht etwa darauf zu reagieren mit einem: ‚In Ordnung, doch man hat mir einen höheren Posten angekündigt, und außerdem ist da noch dies und jenes. Und wovon soll ich leben, wenn ich diesen Posten aufgebe?' Denn so funktioniert unsere Beziehung zu Gott und den Himmlischen Mächten nicht." Wenn wir darum bitten, durch unsere Träume Führung zu erhalten, dann müssen wir uns daran gewöhnen, ohne Netz und doppelten Boden zu arbeiten.

Wenn man so zu leben beginnt, werden einem viele Horizonte eröffnet. Dabei experimentiert man zunächst mit mehr oder weniger wichtigen Fragen, und so nach und nach unterstellt man der Himmlischen Führung Entscheidungen von immer größerer Tragweite. Sich nach den Träumen und Zeichen zu richten wird so eines Tages zu einer Lebensweise, bei der man vollkommen der Göttlichen Intelligenz vertraut.

Der Mann fühlte sich dadurch sehr erleichtert und er weiß nun, dass er in diesem Unternehmen noch weitere Erfahrungen zu leben hat. Doch hat er nun nicht mehr einen Fuß drinnen und einen draußen und auch plagt ihn die Zwiespältigkeit nicht mehr. Er akzeptiert sein Lehrprogramm und wenn die Zeit gekommen ist, wird er etwas anderes tun.

Ich will Ihnen nun anhand eines erlebten Beispiels aufzeigen, wie unsere beiden Polaritäten funktionieren. Wir müssen uns immer daran erinnern, dass wir beide Prinzipien in uns enthalten, das männliche und das weibliche.

Das Beispiel wurde mir von einer Frau anvertraut, die mich um eine Traumdeutung bat. Diese Frau ist sehr natürlich, ja ich würde sagen, eine äußerst schlichte, nüchterne Erscheinung. Sie erzählte mir ihren Traum: *„Ich befand mich in meinem Elternhaus, das Haus, in dem ich meine Kindheit verbracht habe. Plötzlich hörte ich ein Geräusch, das von draußen kam. Ich ging in die Küche und schaute zum Fenster hinaus, um zu sehen, was draußen los war. Ich sah eine Kuh, die ruhig dasaß und Gras käute. Plötzlich kam ein Stier an, der vor Lebenskraft strotzte und ganz übermütig war. Er begann der Kuh mit seinem Maul kleine Stöße zu versetzen, die Beine zu heben und zu tändeln. Er war so zufrieden und von sich eingenommen, dieser Stier. Die Kuh sah ihn an und sagte: „Zieh ab! Lass mich in Ruhe!", worauf sie fortfuhr, an ihrem Gras zu käuen und ihre Kiefer nach rechts und nach links wandern zu lassen. Der Stier zog ab, doch nach einer Weile kam er wieder an, immer noch keck und feurig, und stieß die Kuh erneut mit seinem Maul an. Da wurde die Kuh ärgerlich. Sie sah ihn an und sagte zu ihm: „Hau ab, du lästiger Typ! Du gehst mir auf die Nerven!" Der Stier zog wieder ab und die Kuh käute weiter an ihrem Gras. Es verging wieder ein Weilchen, bevor er mit geschwellter Brust abermals ankam und begann, wie ein Tenor zu singen. Ich war überrascht. Dann bin ich aufgewacht aus diesem Traum."*

Diese Frau wünschte sich einen Lebenspartner und nach diesem Traum fragte sie sich: „Wollen Sie mir damit sagen, dass es der Charmeur des Gesangvereins sein wird? Oh, nein! Bitte nicht den! Bitte nicht den Charmeur des Gesangvereins!" (Lachen). Da sie sich ein bisschen mit Astrologie beschäftigt, dachte sie außerdem: „Vielleicht kündigt MAN mir einen Mann an, der im Sternzeichen des Stiers geboren ist."

Ich sagte zu ihr: „MAN kündigt Ihnen weder den Charmeur des Gesangvereins noch einen Mann im Sternzeichen des Stiers an. In diesem Traum stellen der Tenor und die Kuh Teile Ihres Selbst dar." Oh! Da war sie aber überrascht. Sie konnte sich ein wenig in der Kuh wiedererkennen (Lachen), doch ganz und gar nicht in dem Tenor. Sie erzählte mir ein bisschen aus ihrem Leben und vertraute mir an, dass sie immer etwas männerscheu gewesen war.

Ich deutete ihren Traum und sagte zu ihr: „In diesem Traum hat MAN Sie an den Ort Ihrer Kindheit zurückversetzt. Das bedeutet, dass MAN Erinnerungen berührte, die mit den Urkräften zu tun haben. Sie befanden sich in der Küche. Die Küche symbolisiert die Vorbereitung der Ressourcen. Folglich zeigt Ihnen dieser Traum, wie Sie sich vorbereiten, bevor Sie sich äußern, bevor Sie handeln. Warum hat MAN Tiere als Symbole verwendet? Dadurch will MAN Ihnen andeuten, dass Sie an unbewussten Erinnerungen arbeiten müssen, die mit der Lebensenergie zusammenhängen. Der Tenor verfügt über eine sehr starke Sexualenergie, er hat eine gewaltige, feurige Materialisierungskraft, die auf andere Menschen anregend wirkt. Doch einige Teile Ihrer Lebensenergie verstoßen ihn, indem sie sagen: ‚Hau ab, du lästiger Typ!' und diese Teile käuen auch wieder. In der Umgangssprache sagt man: ‚Hör auf, das immer wiederzukäuen!', womit man sagen will: ‚Hör auf, ständig in deinen Sorgen herumzurühren!' Die Kuh käut Gras wieder. Das Gras symbolisiert, wie alle anderen Pflanzen auch, die Gefühle, und die Farbe Grün versinnbildlicht die Liebe. Sie haben folglich unbewusste Erinnerungen in sich, die Sie veranlassen, über Fragen der Liebe nachzugrübeln und diese ständig wiederzukäuen. Und das macht Sie unglücklich."

Diese schöne Frau öffnete ganz groß ihre Augen und sagte: „Ah! Jetzt kann ich meinen Lebensverlauf besser verstehen." In der Vergangenheit hatten sich mehrere Männer um sie bemüht, doch waren es immer Männer, die bei den Frauen sehr gut ankamen, und persönlich hatte sie diese Frauen sehr aufreizend gefunden. Wenn diese Männer sich ihr näherten, entfloh sie ihnen oder wurde sehr scheu. Die gegebenen Erklärungen halfen ihr, ihre Reaktion gegenüber den Männern, die sie anzog, besser zu verstehen.

Ich fuhr fort: „Aus diesem Grunde haben Sie sich auch nicht in dem Tenor erkannt, der versuchte, die Kuh zu verführen." Von außen gesehen hatte diese Frau nichts von einer Verführerin an sich. Ihr Auftreten und ihre Erscheinung waren sehr schlicht und nichts ließ vermuten, dass sie aufreizende Teile in sich trug. Das Verhalten der Kuh, die MAN ihr gezeigt hatte, konnte ein Hinweis auf Wunden darstellen, die z.B. Erfahrungen der Trennung oder des Verlassenwerdens hinterlassen hatten. Da diese Erinnerungen schmerzvoll sind, widerstrebt es einem, ihnen zu begegnen. Dies erzeugt in der betreffenden Person auf energetischer Ebene einen gewissen Zwiespalt, der zur Folge hat, dass sie einen anderen Menschen gleichzeitig anreizen und zurückstoßen kann. Das zu hören stellte für die Frau eine wahre Offenbarung dar.

Als ich sie einige Zeit später wiedersah, sagte sie zu mir: „Ich kann nun meinen Tenor erkennen." Anders gesagt, sie konnte es nunmehr spüren, wann diese Energie, diese besondere Duftnote verströmt wurde. Darin liegt die Schönheit solcher Offenbarungen. Verhaltensweisen dieser Art sind nicht unbedingt äußerlich erkennbar. Manchmal treten sie sogar in der gegenteiligen Form in Erscheinung, wie bei dieser Frau, mit ihrem sehr schlichten, ja fast strengen Erscheinungsbild. Wie soll man da erkennen können, was man in sich trägt? So wird einem bewusst, dass solche Träume eigentlich wahrhaftige Offenbarungen sind und wertvolle Geschenke darstellen. Ein solcher Traum kann das Leben dieser Frau vollständig verändern. Doch natürlich wird sie eine gewisse Arbeit leisten müssen, um die betreffenden Erinnerungen zu bereinigen.

☉

Fibromyalgie, chronische Müdigkeit und Depression

Ich möchte Ihnen eine Offenbarung über eine der Krankheiten des 21. Jahrhunderts machen. Zurzeit ist diese Krankheit von der Ärzteschaft noch sehr schlecht erfasst und sie lässt sich nicht anhand von radiologischen oder biologischen Untersuchungen nachweisen. Auch ist sie noch nicht zugeordnet, weshalb man von einem Syndrom spricht.

Es handelt sich um die Fibromyalgie. Welche Symptome weist diese Krankheit auf? Die Liste ist lang: chronische Müdigkeit bis hin zur totalen Erschöpfung; starke Schmerzen in den Bändern, Muskeln und anderen Körperstellen, die mal als von Punkt zu Punkt wanderndes Stechen gespürt werden, mal als ein Brennen entlang der Wirbelsäule, wobei diese Schmerzen in der Nacht zunehmen; gelegentlich Sprech- und Ausspracheschwierigkeiten; Schlaflosigkeit, tief sitzende, unerklärliche Ängste, die bis zur Depression führen können; Überempfindlichkeit gegenüber gewissen Gerüchen und Geräuschen; Taubheitsgefühl in den Gliedern, das manchmal von Krämpfen begleitet wird.

Erinnern diese Symptome Sie nicht an etwas? Es sind die gleichen, die ich Ihnen eingangs schilderte und unter denen ich vor einigen Jahren, zu Beginn meines Einweihungsweges gelitten hatte. Wäre ich damals zu einem Arzt gegangen, der der Spiritualität gegenüber nicht offen gewesen wäre, hätte dieser sehr wohl die Diagnose der Fibromyalgie stellen können, obwohl damals diese Krankheit noch nicht als solche anerkannt war.

Wie auch im Fall der Depression, der chronischen Müdigkeit und des Burn-out-Syndroms stehen die Ärzte dem Problem der Fibromyalgie ratlos gegenüber und die meisten verschreiben ihren Patienten Antidepressiva. Wenn man weiss, dass die Wirkung dieser Mittel darin besteht, das Übel *einzufrieren* und eine tatsächliche Behandlung zu verschieben, kann man sich schon fragen, was das bringen soll. In Kanada werden jährlich 700 Millionen Dollar für den Kauf von Antidepressiva ausgegeben, was einem jährlichen Betrag von 100 Dollar pro Familie entspricht. Man weiss, dass in fünf Jahren die Zahl der Verschreibungen für Antidepressiva von zwei auf fünf Millionen gestiegen ist. Manche Ärzte gehen so weit, dass sie diese Medikamente verschreiben, sobald ein Patient eine Trauerphase, eine Trennung oder eine Entlassung durchlebt. Dieses Phänomen, das zu einem wahren gesellschaftlichen Problem geworden ist, zieht tatsächlich schwere Folgen nach sich.

Wie gesagt, litt ich eine gewisse Zeit lang an Fibromyalgie, und auch mein Mann machte die gleichen Schmerzen, Ängste und Schwierigkeiten durch. Doch Gott sei Dank konnten wir dies mit Hilfe der Traditionellen Engellehre überwinden und es kam uns dabei nie in den Sinn, Antidepressiva einzunehmen. Wir suchten nach den tieferen Ursachen dieses Unwohlseins und wir entdeckten, dass es sich im Grunde genommen um eine Reaktion des Menschen auf die Öffnung seines Unbewusstseins handelt. Der Mensch wird in seine unbewussten Erinnerungen eingetaucht, von denen die meisten schmerzhaft sind, und das ist nicht leicht, da der Geist natürlich Widerstand leistet. Das, was man Fibromyalgie nennt, ist in Wirklichkeit ein Problem, das die Essenz, die Seele, betrifft und aus dieser Sicht betrachtet, ist es keine Krankheit. Eines Tages werden wir nicht mehr sagen: „Ich bin krank", sondern: „Ein neuer Einweihungsprozess läuft in mir an."

Jahre hindurch genießt man eine gute Vitalität, macht Erfahrungen und alles verläuft gut, und plötzlich taucht man in unbewusste Erinnerungen ein. Warum? Weil man an der Schwelle der Offenbarungen steht. Die Fibromyalgie ist eine Reaktion des Menschen auf dieses Eintauchen ins Unbewusstsein. Die betroffene Person fühlt sich unverstanden, denn von außen gesehen unterscheidet sie sich nicht von den anderen Menschen. Äußerlich hat sich oft nichts geändert, obwohl manchmal ein auslösendes Ereignis – eine Trauer, eine Entlassung, eine Trennung – der Diagnose vorausgehen kann. Ein solches Ereignis spielt jedoch nur die Rolle des Auslösers. Die Spezialisten sehen die Ursache der Fibromyalgie in einer unzureichenden Sekretion gewisser Neurotransmitter, die für die Schmerzregelung verantwortlich sind. Anders gesagt, der Hypothalamus tut seine Arbeit nicht mehr.

Die Traditionelle Engellehre bietet dem Menschen, der an diesem Zustand leidet, sowohl eine Erklärung als auch eine Arbeitsmethode. Dabei zeichnet sich ein wunderbares Ziel ab: das Wiederfinden unserer Himmlischen Herkunft, die Bereinigung unseres Bewusstseins und die Wiederentdeckung der Göttlichen Liebe in ihrer ursprünglichen Reinheit. Eines Tages wird uns nichts mehr stören. Wir werden voller Mitgefühl leben, da wir das Leiden der andern Menschen verstehen können. Wir können es verstehen, weil wir es selbst durchgemacht haben. Dann werden die körperlichen Leiden der Fibromyalgie verschwinden – und das gilt auch für die chronische Müdigkeit, das *Burn-out-Syndrom*, das prämenstruelle Syndrom (PMS) und die Menopause. Das ist doch eine sehr hoffnungsvolle Botschaft. Im Verlauf der kommenden Jahre wird sich bei einem bedeutenden Teil der Bevölkerung eine große Öffnung des Unbewusstseins vollziehen, in deren Folge viele Menschen die Erfahrung dessen machen werden, was hier beschrieben wird. Jeder Mensch hat ein inneres Programm und wenn der Augenblick gekommen ist, sein Unbewusstsein aufzusuchen, hat er keine Wahl. Er kann nicht einmal mehr seinen früheren Tätigkeiten, die ihm als

Ausgleich und Ersatz gedient haben, nachgehen, da ihm dazu die Kraft fehlt.

Die chronische Müdigkeit gibt es aus einem bestimmten Grund: Durch sie wird der Mensch auf sich selbst zurückgeführt, da er in seiner Außenwelt vollkommen handlungsunfähig geworden ist. Doch wenn auch der Körper praktisch funktionsunfähig ist, kann der Geist dennoch weiter herumreisen. Durch die Öffnung seines Unbewusstseins ist es dem Menschen viel leichter als sonst möglich, alte, verdrängte und vergessene Erinnerungen aufzusuchen, die den Stempel der Armut, der Gewalt und anderer Verzerrungen tragen. Er ist dann sehr hohen Spannungen unterworfen und das ist der Grund, warum er sich so schlapp und innerlich auseinandergenommen fühlt.

☉

Hier nun ein Erlebnisbericht, der diese Problematik gut aufzeigt. Eine Frau, der man die Diagnose der Fibromyalgie gestellt hatte, wollte sich heilen und fragte deshalb die Himmlischen Mächte, mit welchem Engel sie dazu arbeiten sollte. Sie erhielt einen Traum, den sie uns mitteilte. *Sie befand sich in einem Krankenhaus, um einen Chirurgen zu treffen, bei dem sie einen Termin hatte und der sie am Bauch operieren sollte. Sie befand sich im Wartezimmer und hielt in der Hand die Nummer 19. Als ihre Nummer aufgerufen wurde, hörte sie es nicht und kam so nicht an die Reihe. Eine andere Frau nahm ihren Platz ein. Nach einer Weile wurde sie sich dessen bewusst und ging zu den Krankenschwestern, um ihnen dies zu erklären. Doch diese hörten ihr nur mit halbem Ohr zu und schenkten ihr keine Beachtung. Da beharrte die Frau: „Ich habe heute Urlaub genommen, morgen muss ich wieder arbeiten. Was wird sonst mein Chef sagen?". Darauf sagten die Krankenschwestern einfach zu ihr: „Der Chirurg ist nicht verfügbar."*

Was wollte MAN dieser Frau mitteilen? Alle Personen, die in ihrem Traum vorkamen, stellten Teile ihres Selbst dar. MAN zeigte ihr, wie sie ihre Art, sich um ihre Gesundheit zu kümmern, verbessern konnte. Da es sich um eine Operation am Bauch handelte, kündigte MAN ihr eine Verwandlung auf der emotionalen Ebene an. Sie hatte die Nummer 19. Der Engel 19 LEUVIAH, veranlasst uns, unsere früheren Leben aufzusuchen. Er ist der Spezialist der früheren Leben. MAN wollte ihr also sagen: „Dein Problem ist mit Erinnerungen aus früheren Leben verbunden. Diese Erinnerungen musst du bereinigen."

Im Wartezimmer des Krankenhauses hatte sie entweder nicht zugehört, als ihre Nummer aufgerufen wurde, oder man hatte diese Nummer einfach vergessen. Ein Mangel an Aufmerksamkeit oder ein Vergessen sind niemals bedeutungslos. MAN wollte dieser Frau zeigen, dass sie in ihrem Innern unbewusste Kräfte trug, die sie daran hinderten, das für ihre Heilung Notwendige zu tun, da ihr ganzes Wesen wusste, dass der Heilungsprozess nicht leicht sein würde. Gewisse Teile von ihr legten folglich den Rückwärtsgang ein.

Die Krankenschwestern – Frauen symbolisieren immer die Innenwelt – waren nicht aufmerksam. Sie stellten Teile der Träumerin dar, die nicht ihre gesamte Energie für die Heilung einsetzen wollten. Die Tatsache, dass der Chirurg nicht verfügbar war, bedeutet, dass diese Frau auf der Handlungsebene noch nicht bereit war, dem Problem auf den Grund zu gehen, ein Problem, das, wie wir sahen, mit Erinnerungen aus früheren Leben verbunden ist, mit karmischen Schulden, die zu begleichen sind, und mit Bereinigungsarbeiten, die geleistet werden müssen. Darin besteht der Einweihungsweg. Die Frau hatte gesagt: „Morgen muss ich arbeiten gehen, was wird sonst mein Chef sagen?". Das zeigt, dass sie ihrer Arbeitsstelle eine größere Bedeutung beimisst als ihrer Heilung.

Diese Frau hat einen verantwortungsvollen Posten. Sie ist leitende Angestellte im Öffentlichen Dienst und ihr Selbstwertgefühl baut sehr stark auf ihrer Arbeit auf. Wir suchen zunächst immer in der Außenwelt nach dem, was uns in unserem Innern fehlt. Und wenn der Augenblick kommt, wo wir uns sagen müssen: „Ich muss nun eine Weile auf diese Tätigkeit, die mir in der Außenwelt ein bisschen Anerkennung einbringt, verzichten", dann bedeutet dies, dass wir eine gewisse Zeit lang – solange, bis unsere Heilung erfolgt und wir die wahre Anerkennung gefunden haben – nichts mehr haben. Und außerdem müssen wir uns auch noch an die schwierige Aufgabe machen, all das zu bereinigen, was uns bisher verborgen geblieben war.

Dieser Traum zeigte der Frau, dass sie zur Tat schreiten musste. Doch wie? Indem sie sich mehr Zeit für sich selbst nahm, unter anderem Zeit, um zu meditieren und über das nachzusinnen, was sie verdrängt hatte, über gewisse emotionale Schocks, die sie erlebt hatte, Zeit, um sich die vier Gesetze, über die ich gesprochen habe, einzuprägen und um die Engel-Rezitier-Übung zu machen. Dadurch würde sie in ihr Unbewusstsein eintauchen, die betreffenden Erinnerungen transzendieren und ihre wahre Natur wiederfinden, und damit auch den Sinn des Lebens auf Erden.

Ich möchte mit der Deutung eines Traumes enden, in dem MAN einer jungen Frau offenbarte, dass sie eine Einweihung durchleben würde. Diese schöne junge Frau, die zum ersten Mal an den Vorträgen über die Engellehre teilnahm, kam am Ende des Vortrags mit leuchtenden Augen auf mich zu, um mit mir zu sprechen. Sie berichtete mir: „Während ich dem Vortrag zuhörte, verstand ich plötzlich einen Traum, den ich vor 4 Jahren erhalten hatte. Ich war damals 19 Jahre alt. *Ich befand mich in einer Küche und mein Bruder, zu dem ich volles Vertrauen habe, befand sich ganz oben auf einer Leiter. Er reinigte die Küchenschränke und reichte mir eine riesige Bibel. Als ich sie öffnete, traten Dämonen aus ihr heraus. Und das hörte nicht auf, so viele waren es. Oje! Ich hatte solche Angst! Ich machte mich auf und davon. Danach befand ich mich in meinem Bett und sah das Bild einer Freundin auftauchen, zu der ich auch sehr großes Vertrauen habe. Sie sagte zu mir: „Bete, bitte um Hilfe. Das beginnt mit M."* Ich sagte zu mir: „M..., M steht für Mamaca." Dann bin ich aufgewacht."

Ich fragte sie:
- Darf ich dich fragen, was Mamaca für dich bedeutet?
- Ach, antwortete sie mir, das ist der Name einer Rock-Blues-Sängerin, die ich mir vor vier Jahren oft anhörte, die ich mir jedoch nun nicht mehr anhöre. Doch neulich ging ich in eine Kapelle, wo ich ein Gemälde mit dem Titel *‚Erzengel Michael, Der die Dämonen erschlug'* sah, und da verstand ich, dass der Buchstabe 'M', den MAN mir in meinem Traum angegeben hatte, für Michael stand. Kurz danach fiel mir Ihre Anzeige mit dem Namen *Universe/City Mikaël* auf. Ich kam in den Vortrag und Sie sprachen genau über dieses Thema.

An jenem Abend hatten wir über die Apokalypse gesprochen, was Offenbarung bedeutet, sowie über das Verständnis von Gut und Böse. Mit diesem Traum wollte MAN das junge Mädchen wissen lassen, dass ihm eine große Öffnung des Unbewusstseins bevorstand, welche ihm Zugang zur Erkenntnis von Gut und Böse verschaffen würde. Diesen Weg haben alle Großen Weisen – Abraham, Moses, Jesus und viele andere, deren Namen die Geschichte nicht aufgezeichnet hat – zurückgelegt. Sie alle mussten das durchmachen: Sie haben das Böse der gesamten Menschheit transzendiert und sind so zur Meisterung gelangt. Dadurch konnten sie die Göttlichen Offenbarungen, die verborgene Weisheit erhalten.

Die Göttlichen Gesetze

- Gott ist ein Lebender Computer
- Die Göttliche Gerechtigkeit ist absolut
- Das Gesetz der mehrfachen Dimensionen
- Das Gesetz der Reinkarnation
- Das Gesetz des Synchronismus
- Das Gesetz der Resonanz
- Das Gesetz des Karmas
- Das Böse hat eine erzieherische Funktion
- Das Böse ist nicht dramatisch
- Die Materie ist ein zeitlicher und ein erzieherischer Faktor
- Die Illusion hat einen erzieherischen Sinn
- Der Traum ist eine Wirklichkeit
- Alles ist Bewusstseinszustand
- Alles ist Symbol
- Der Ur-Geist ist ewig

Die Göttlichen Gesetze

Die Göttlichen Gesetze sind die Hohen Prinzipien, denen die Funktionsweise des Universums zugrunde liegt. Sie sind die Grundlage der gesamten Schöpfung. Da sie folglich auch die Funktionsweise des Bewusstseins steuern, sind sie gleichzeitig Rechtfertigung und Anregung für das Experimentieren der Menschen. Jene Menschen, die diese Gesetze kennen, deren Wirken in ihrem Alltagsleben erkennen und sich ihrer für ihre Weiterentwicklung bedienen, sind ihrem Schöpfer und ihrer eigenen spirituellen Dimension gegenüber offen und empfänglich. Sie wenden diese Gesetze bewusst an und ihnen können demzufolge alle Geheimnisse des Universums offenbart werden. Die Zahl dieser Gesetze ist groß, doch man kann fünfzehn von ihnen hervorheben, deren Kenntnis all jenen, die bewusst den Weg der spirituellen Entwicklung gehen, von großer Hilfe sein wird.

1) Gott ist ein Lebender Computer

Gott ist ein unermesslich großer Lebender Computer, der alle Ereignisse des Universums orchestriert. Dieser Computer verwaltet das Leben aller Seinsformen – u.a. ihre Entscheidungen und Gesten – und all das, was wir denken, fühlen und tun, ist darin gespeichert. Gemäß dem Prinzip des freien Willens gestattet es dieser Computer jedem Lebewesen zu experimentieren, wobei er gleichzeitig das gesamte Universum zum Wohl aller verwaltet. In diesem großen Kosmischen Computer hat jeder Mensch sein eigenes Programm, dessen Experimentierparameter von Geistigen Führern festgelegt sind und dessen diverse Etappen zu im Voraus bestimmten Zeitpunkten eingeleitet werden. Wie Einstein bereits sagte: „Gott hat gewiss nicht gewürfelt, als Er das Universum erschuf."

2) Die Göttliche Gerechtigkeit ist absolut

Im Universum ist alles gerecht, in dem Sinne gerecht, dass alle Ereignisse mit unendlich genauer Präzision berechnet sind. Wenn wir gewisse Situationen durchleben, die uns ungerecht erscheinen, so deshalb, weil in uns die Erinnerungen unserer eigenen ungerechten Gedanken, Emotionen und Handlungen vorhanden sind. Der Mensch ist nicht vollkommen und im Laufe seiner zahlreichen Inkarnationen hat er falsche, fehlerhafte Taten begangen. Da der Geist ewig ist und das Bewusstsein sich ständig weiterentwickelt, müssen diese Fehler wiedergutgemacht werden und diese Wiedergutmachung erstreckt sich im Allgemeinen über mehrere Leben hinweg. Im Hinblick auf die Entwicklung unserer Seele ist das, was wir erleben, immer richtig und gerecht. So ist das, was uns aus horizontaler Sicht als Ungerechtigkeit erscheint, aus vertikaler Sicht gesehen keineswegs eine Ungerechtigkeit. Sinn der Existenz der Seele ist allein ihre Verbesserung und ihre Weiterentwicklung. Wenn wir – bewusst oder unbewusst – bei dieser Mission scheitern, schaffen wir ein Karma, das wir gezwungenermaßen früher oder später abtragen müssen. Der Rückschluss auf uns selbst in Situationen, wo das Gefühl der Ungerechtigkeit aufkommt, fällt uns leichter, sobald wir dieses Gesetz verstehen. Wir können dann auch im Tun und Lassen der andern ihren Entwicklungsweg erkennen und für sie Mitgefühl empfinden.

3) Das Gesetz der mehrfachen Dimensionen (der Multidimensionalität)

Wie Oben so unten, und wie unten so Oben. Der Mensch lebt auf mehreren Ebenen gleichzeitig, wobei die körperliche, die emotionale und die intellektuelle Ebene nur gerade die dichtesten Ebenen darstellen. Alle Ebenen gleichen sich, nicht hinsichtlich ihrer Funktion, wohl aber im Hinblick auf ihre Struktur und ihre Gesetze. So führt uns die Beobachtung der konkreten Welt zum Verständnis der anderen Welten. Ein Eingeweihter weiß, dass all das, was er in der äußeren Welt erlebt, das genaue Spiegelbild seiner inneren Welt darstellt: *wie innen so außen, und wie außen so innen.* Deshalb ist das Studium der Symbolsprache von so wesentlicher Bedeutung.

4) Das Gesetz der Reinkarnation (der Wiedergeburt)

Der Mensch stirbt und wird wiedergeboren... einzig mit dem Ziel, eine bessere Seele zu werden. Die verschiedenen Leben stellen dabei den Rahmen und das Experimentierfeld dar, in dem sein Lernprozess abläuft. Sobald der Mensch ausreichend hohe Bewusstseinsebenen erlangt hat, verschwinden die Begrenzungen, die bis dahin Teil seines konkreten Lebens darstellten, und er muss sich nicht mehr in weitere Leben inkarnieren, um karmische Erfahrungen zu durchleben. Er entwickelt dann große metaphysische Fähigkeiten, dank deren er Lebenswelten und Traumwelten zu erschaffen vermag. Und dies mit dem alleinigen Ziel, an der Entwicklung der Menschheit teilzuhaben und seinen Mitmenschen auf ihrem Lebensweg zu helfen. Eines Tages wird der Mensch in der Tiefe seines Wesens verstehen, dass der Grund seiner Existenz einzig und allein in der Ausbildung und Entfaltung der Göttlichen Qualitäten, Tugenden und Kräfte besteht.

5) Das Gesetz des Synchronismus (der Gleichzeitigkeit und der zeitlichen Folgerichtigkeit)

Der Synchronismus ist das universelle Prinzip, demzufolge jede Situation – mag sie positiv oder negativ sein – in perfekter Weise von Gott, dem allumfassenden Lebenden Computer, geplant ist. Aus diesem Grunde gibt es keinen Zufall. Um eines Tages jederzeit und unter allen Umständen die Folgerichtigkeit erkennen zu können, muss man sich sehr tiefgehend geläutert haben. Diesen Zustand der Gnade, der sich bis in die Materie hinein äußert, kann man nur erleben, wenn man keinerlei Erwartungen, Zweifel oder Ängste mehr hat. Man nennt diese Etappe das 'Dharma', das spirituelle Leben.

6) Das Gesetz der Resonanz (des Einklangs)

Man zieht das an, was man selbst ist, und ebenso steht man mit dem in Einklang, was man selbst ist. Dieses Gesetz findet seine konkreteste Entsprechung im Phänomen der mechanischen Resonanz, das sich wie folgt ausdrücken lässt: Jeder Gegenstand besitzt eine ihm eigene natürliche Schwingungsfrequenz; eine Schwingung, deren Frequenz der natürlichen Schwingungsfrequenz eines Gegenstandes entspricht, kann diesen zum Schwingen bringen. In gleicher Weise kann ein Mensch auf die Schwingungen eines anderen Menschen reagieren, auf das, was dieser Mensch ist, einschließlich seiner zutiefst unbewussten Erinnerungen. Diese Schwingungen können positiver oder negativer Art sein. Auf die Menschen angewandt bedeutet das Gesetz der Resonanz, dass eine andere Person – zu der wir uns hingezogen fühlen oder die uns stört – uns als Anzeiger dient, dass wir in unserem Innern Erinnerungen bergen, die den ihren ähneln, d.h. die dem gleichen Energiestrahl angehören. Das Gesetz der Resonanz ist das Gesetz, mit dem der Eingeweihte in seinem Alltag am meisten arbeitet, da seine bewusste Anwendung den Menschen zu den höchsten Ebenen der Erkenntnis führt.

7) Das Gesetz des Karmas

Man erntet immer das, was man sät. Wenn wir in den Garten unseres Lebens das Saatgut der reinen, engelhaften Qualitäten, Tugenden und Kräfte säen und die Göttlichen Gesetze befolgen, werden wir den Wohlstand erfahren und die Stabilität der höheren geistigen Glückszustände ernten. Säen wir hingegen schlechte Körner und Samen – sowohl durch unsere Gedanken als auch durch unsere Gefühle und Taten –, dann werden wir Armut und Prüfsteine ernten.

8) Das Böse hat eine erzieherische Funktion

Das Böse ist ein Weg, der zum Guten führt. Es ist der Ablauf, den die Kosmische Intelligenz vorgesehen hat, um uns bewusst werden zu lassen, dass eine negative Tat oder eine fehlerhafte Handlung in unserem Entwicklungsverlauf früher oder später notwendigerweise einen Zyklus von Prüfungen und Wiedergutmachungen einleiten wird. So gesehen stellen Leid und Prüfungen für die Seele Lernsituationen dar. Die Erfahrung dieser Schwierigkeiten lehrt uns, dass es uns nur möglich ist, das Licht zu erkennen, wenn wir auch die Dunkelheit erkennen können. Die Transzendierung der bösen Kräfte in unserem eigenen Innern befähigt uns, diese mit liebevollem Verständnis bei den anderen Menschen zu akzeptieren und zu studieren. Dadurch können wir die Menschen besser verstehen und ihnen besser helfen, sowohl im Alltagsleben als auch im Traumleben, und so wird die Göttliche Wirklichkeit eines Tages unsere konkrete Wirklichkeit sein. Eine hochentwickelte Seele ist eine Seele, die bewusst darauf verzichtet, das Böse zu tun, da sie weiß, dass das Böse Böses erzeugt.

9) Das Böse ist nicht dramatisch

Für die Seele und ihre Entwicklung sind Schmerz und Leid von geringfügiger Bedeutung. Diese haben keine negativen Auswirkungen auf die Seele. Sie sind eigentlich ihre Werkzeuge. Die negative Seite der Dinge und Geschehnisse besteht nur, um uns zu veranlassen, noch tiefgehender die positive Seite zu entwickeln. So versteht es sich von selbst, dass das Negative keineswegs dramatisch ist. Wenn der Mensch das Böse dramatisiert, so trennt er sich von dem Guten, das in ihm wohnt, ab und verliert damit den Seinsgrund seines Experimentierens aus den Augen. Durch das Dramatisieren wird das Negative verstärkt. Gelingt es dem Menschen in schwierigen Situationen und Seelenzuständen, nicht zu dramatisieren, kann er große Hindernisse überwinden und sich neuen Arten der Wahrnehmung öffnen.

10) Die Materie ist ein zeitlicher und ein erzieherischer Faktor

Die materielle Wirklichkeit ist weiter nichts als die Umkleidung, die Form, die der Ur-Geist für die Zeitspanne eines irdischen Lebenszyklus annimmt und die der Seele die Gelegenheit bietet zu lernen. In diesem Sinne ist die konkret-materielle Wirklichkeit zeitgebunden. Folglich ist es notwendigerweise eine Illusion, die materielle Welt als Sinn und Zweck zu betrachten, in dem Glauben, sie hätte einen reellen, zweckbestimmten Wert. Die Materie dient uns insofern, als sie uns gestattet, die Göttlichen Qualitäten und Tugenden zu entwickeln, und in diesem Sinne existiert sie aus erzieherischen Gründen.

11) Die Illusion hat einen erzieherischen Sinn

Die aufeinander folgenden Situationen im Leben eines Menschen entsprechen seinem Lebensprogramm – dem, was er ist, und dem, was er zu erfahren, zu lernen und zu durchleben hat. Diese Situationen sind Illusionen, deren Natur sich in dem Maße weiterentwickelt, wie der Mensch fähig wird, neue Konzepte in sich aufzunehmen. Ein Mensch mit einem gewöhnlichen Bewusstseinsniveau kann eine Situation, die er erlebt, als positiv empfinden, während einem anderen Menschen, der bereits Zugang zum wahren Wissen und zur wahren Erkenntnis hat, die gleiche Situation negativ erscheinen wird. Dies deshalb, weil Ersterer den tieferen Sinn dessen, was er erlebt, nicht erkennt: Seine Entwicklung erfolgt mittels der Illusion. Die Existenz dieser illusorischen Realität hat einen erzieherischen Zweck. Der Mensch findet darin ein Experimentierfeld, wo er so lange die Erfahrung der Verzerrungen machen kann, bis er die Fähigkeit entwickelt hat, zwischen Gut und Böse zu unterscheiden. Dabei geht er nach seinem eigenen Rhythmus vor. Der Eingeweihte, der dieses Gesetz kennt, respektiert die illusorische Realität der anderen ebenso wie ihren Lernrhythmus.

12) Der Traum ist eine Wirklichkeit

Der Traum ist das Mittel, das uns am besten über die Wirklichkeit der Dinge und der Menschen belehrt. Durch die Träume werden uns der tiefere Sinn unserer Taten sowie die in uns wirkenden Resonanzen enthüllt. Ein Traum trügt nie, da er nicht durch das gewöhnliche Bewusstsein verformt ist. Das Verständnis unserer Träume lässt uns wissen, wo wir in unserer Entwicklung angelangt sind. Insofern sind sie unsere verlässlichsten Anhaltspunkte. Für die Eingeweihten ist der Traum ebenso reell wie die materielle Wirklichkeit, er ist konkretes Leben und eine Zugangstür zu den anderen Welten. Eines Tages wird zwischen der Physik und der Metaphysik keine Trennung mehr bestehen und der Mensch wird die Multidimensionalität des Lebens erkennen können.

13) Alles ist Bewusstseinszustand

Der Mensch wechselt ständig von einem Bewusstseinszustand zu einem andern, selbst wenn er schläft. Er befindet sich jederzeit entweder auf der reinen, lichtvollen Seite eines Bewusstseinszustandes oder auf seiner finsteren, verzerrten Seite. Das gesamte Universum funktioniert nach dem Prinzip des Experimentierens dieser Bewusstseinsebenen. Durch die Bewusstwerdung der Gesamtstruktur dieser Bewusstseinszustände oder -felder erlangt der Eingeweihte das Verständnis des Lebens und den Zugang zum wahren Wissen und zur wahren Erkenntnis.

14) Alles ist Symbol

Das physische und metaphysische Universum ist in seiner ursprünglichen Gestaltung mathematischer Natur. All das, was man auf der physischen Ebene antrifft, trägt Bedeutungen in sich, die der metaphysischen Ebene entstammen, und dies sowohl in Bezug auf das Innen- und Außenleben als auch in Bezug auf den Makrokosmos und den Mikrokosmos. Alles ist Symbol.

15) Der Ur-Geist ist ewig

Für die Kosmische Intelligenz ist die Zeit lediglich ein pädagogisches Mittel und dient als Rahmen für den Lernprozess. Da der Ur-Geist mit dem Ziel der Evolution existiert und sein Ausdehnungs- und Entwicklungsprozess endlos ist, besteht auch der menschliche Geist – d.h. unsere Lebensenergie – ewiglich.

INHALTSVERZEICHNIS

Vorwort v

Einleitung ix

Die Traditionelle Engellehre 1
    Die Kabbala 1
    Die praktische Kabbala 3
    Was ist ein Engel? 3
    Die Vorteile der Traditionellen Engellehre 4
    Die Arbeit mit den Engeln 4
    Die bildhafte Darstellung
    der verschiedenen Bewusstseinsebenen 6
    Die Anrufung der Engel oder Engel-Rezitier-Übung 7
    Die Wahl des Engels 9
    Die Kurzzeit-Wirkung 10
    Die Auswirkungen der Arbeit mit den Engeln 12
    Die Schutzengel 12
    Engelkalender Nr. 1 – Physische Ebene 16
    Engelkalender Nr. 2 – Emotionale Ebene 18
    Engelkalender Nr. 3 – Intellektuelle Ebene 20

Der Lebensbaum 23
    Die Zuordnung der Engel im Lebensbaum 24
    Die Bedeutung der Namen der Sephiroth
    und der Erzengel 25
    Der Lebensbaum oder Kosmische Computer 26
    Die Bedeutung der Engelnamen 29
    Die Beschreibung der Sephiroth 31
    Die Hin- und Rückwege 34
    Tabelle der Entsprechungen mit dem Tierkreis 37

Die 72 Engel der Traditionellen Engellehre 39

Engel 24 HAHEUIAH – Der Himmlische Schutz 115
   Das wahre Wissen und die wahre
   Erkenntnis kommen von innen 119
   Die Traumarten 121
   Das Gesetz der Resonanz 122
   Alles steht geschrieben 135
   Die Hilfe der Engel 157

Engel 11 LAUVIAH – Der wahre Erfolg 165
   Gott ist ein Lebender Computer 170
   Das Lesen der Zeichen 180
   Das männliche und das weibliche Prinzip 183

**Engel 19 LEUVIAH – Die Erinnerungen
der früheren Leben** 209
   Die Reinkarnation und der Schleier 225

Engel 15 HARIEL – Ein Leben ohne Abhängigkeiten 243
   Die Essenz der Abhängigkeiten 253
   Symbole der Reinheit und der Läuterung 271

**Engel 20 PAHALIAH – Die Transzendierung
der Sexualität, der Lebenskraft** 279
   Schwesterseelen und Zwillingsseelen 317

Engel 18 CALIEL – Die Kinder der Wahrheit 319

Engel 23 MELAHEL – Der Seelenarzt 351
   Die Deutung der Träume und Zeichen 381

Engel 13 IEZALEL – Die Treue 397

Engel 22 YEIAYEL – Renommee und Berühmtheit 439
   Engel, Geistige Führer und Wesenheiten (Entitäten) .. 444
   Die Identifizierung der Traumarten 456

Engel 9 HAZIEL – Die mystische Liebe 477

Engel 72 MUMIAH – Tod und Wiedergeburt 507
    Wohin kommen wir nach dem Tod? 520
    Der Selbstmord 521

Engel 49 VEHUEL – Die Erleuchtung 541
    Die Stufen der Erleuchtung 556
    Behinderungen und andere Beschränkungen 580

Engel 17 LAUVIAH – Offenbarungen 593
    Mein Denk-wie-ein-Engel 602
    Fibromyalgie, chronische Müdigkeit und Depression 619

Die Göttlichen Gesetze 627

Danksagung

Wir danken von ganzem Herzen allen freiwilligen Helfern und Helferinnen, die mitwirken, um die Traditionelle Engellehre weltweit bekannt zu machen.

Kontaktmöglichkeiten:

Die *Universe/City Mikaël (UCM)* bietet Vorträge über die Traditionelle Engellehre und die Kabbala, Seminare über die Traumdeutung und die Symbolsprache, praktische Kurse über das Angelica Yoga sowie Studiencamps an.

Wenn Sie bei der Organisation dieser Aktivitäten in Ihrer Region mithelfen oder als freiwilliger Helfer oder freiwillige Helferin mitarbeiten möchten, nehmen Sie bitte mit uns Kontakt auf unter:

Verlag Universe/City Mikaël (UCM)
Gemeinnütziger Verein
Chemin d'Arche 41a
CH-1870 Monthey
Schweiz

Telefon: (0041) 24 471 92 17
Fax: (0041) 24 471 92 15
E-Mail: verlag@ucm-europa.eu
Homepage: www.ucm-europa.eu oder www.72engel.eu

Die *Universe/City Mikaël (UCM)* ist ein gemeinnütziger Verein und in keinerlei Weise irgendeiner Bewegung oder religiösen Gruppe verbunden. Die im Rahmen der *Universe/City Mikaël (UCM)* erteilte und verbreitete Lehre ist universeller Art und richtet sich an alle.

WEITERE WERKE UND SCHÖPFUNGEN
des Verlags Universe/City Mikaël (UCM)
www.ucm-europa.eu

DIE KARTEN DER 72 ENGEL
TRÄUME – ZEICHEN – MEDITATIONEN
Kaya und Christiane Muller
ISBN: 978-2-923097-15-2
Veröffentlichung: September 2007

DAS BUCH DER ENGEL, BAND 2
TRÄUME – ZEICHEN – MEDITATIONEN
Kaya und Christiane Muller
ISBN: 978-2-923097-20-6
In Vorbereitung

WIE MAN DIE ZEICHEN LIEST
EINE EINWEIHUNGSPSYCHOLOGIE
Kaya und Christiane Muller
ISBN: 978-2-923097-18-3
In Vorbereitung

TRÄUME UND SYMBOLE, BAND 1
AUSZÜGE AUS SEMINAREN UND INTERPRETATIONEN
Kaya
ISBN: 978-2-923097-17-6
In Vorbereitung

ANGELICA YOGA
EINFÜHRUNG
Kaya und Christiane Muller
ISBN: 978-2-923097-23-7
In Vorbereitung

ANGELICA YOGA, BAND 1
François Bouchard, chiropraktischer Arzt,
und Denise Fredette
ISBN: 978-2-923097-16-9
In Vorbereitung

**DAS SPIRITUELLE TAGEBUCH
EINES NEUNJÄHRIGEN KINDES**
Kasara
ISBN: 978-2-923097-21-3
In Vorbereitung

IM LAND DES BLAUEN HIMMELS
(Ein Märchen)
Kaya und Christiane Muller
Illustration: Gabriell
ISBN: 978-2-923097-22-0
In Vorbereitung

CD-Kollektion:
ANGELICA MEDITATIONEN
Meditationen mit Christiane Muller

CD Nr. 1   (Engel 72 bis 67)   ISBN: 978-2-923097-27-5
CD Nr. 2   (Engel 66 bis 61)   ISBN: 978-2-923097-28-2
CD Nr. 3   (Engel 60 bis 55)   ISBN: 978-2-923097-29-9
CD Nr. 4   (Engel 54 bis 49)   ISBN: 978-2-923097-30-5
CD Nr. 5   (Engel 48 bis 43)   ISBN: 978-2-923097-31-2
CD Nr. 6   (Engel 42 bis 37)   ISBN: 978-2-923097-32-9
CD Nr. 7   (Engel 36 bis 31)   ISBN: 978-2-923097-33-6
CD Nr. 8   (Engel 30 bis 25)   ISBN: 978-2-923097-34-3
CD Nr. 9   (Engel 24 bis 19)   ISBN: 978-2-923097-35-0
CD Nr. 10 (Engel 18 bis 13)   ISBN: 978-2-923097-36-7
CD Nr. 11 (Engel 12 bis 7)   ISBN: 978-2-923097-37-4
CD Nr. 12 (Engel 6 bis 1)   ISBN: 978-2-923097-38-1

In Vorbereitung

CD-Kollektion:
ANGELICA MUSICA
Instrumentalmusik von André Leclair und Kaya

CD Nr. 1 (Engel 72 bis 67)   ISBN: 978-2-923097-39-8
CD Nr. 2 (Engel 66 bis 61)   ISBN: 978-2-923097-40-4
CD Nr. 3 (Engel 60 bis 55)   ISBN: 978-2-923097-41-1
CD Nr. 4 (Engel 54 bis 49)   ISBN: 978-2-923097-42-8
CD Nr. 5 (Engel 48 bis 43)   ISBN: 978-2-923097-43-5
CD Nr. 6 (Engel 42 bis 37)   ISBN: 978-2-923097-44-2
CD Nr. 7 (Engel 36 bis 31)   ISBN: 978-2-923097-45-9
CD Nr. 8 (Engel 30 bis 25)   ISBN: 978-2-923097-46-6
CD Nr. 9 (Engel 24 bis 19)   ISBN: 978-2-923097-47-3
CD Nr. 10 (Engel 18 bis 13)   ISBN: 978-2-923097-48-0
CD Nr. 11 (Engel 12 bis 7)   ISBN: 978-2-923097-49-7
CD Nr. 12 (Engel 6 bis 1)   ISBN: 978-2-923097-50-3

In Vorbereitung

ANGELICA EXPOSITION
Originalgemälde, Reproduktionen, Wunschkarten und Poster von Gabriell - www.AngelicaExposition.eu

Verlag Universe/City Mikaël (UCM), gemeinnütziger Verein
Homepage: www.ucm-europa.eu und www.72engel.eu

Notizen